iHuman

成为更好的人

The History of the Standard Oil Company

Ida Tarbell

美孚石油公司史

[美] 艾达·塔贝尔
著

肖华锋 方芳 等
译

GUANGXI NORMAL UNIVERSITY PRESS
广西师范大学出版社
·桂林·

MEIFU SHIYOU GONGSI SHI

图书在版编目（CIP）数据

美孚石油公司史 /（美）艾达·塔贝尔（Ida Tarbell）著；肖华锋等译. —桂林：广西师范大学出版社，2019.2

ISBN 978-7-5598-1359-6

Ⅰ. ①美… Ⅱ. ①艾…②肖… Ⅲ. ①石油工业—工业史—美国 Ⅳ. ①F471.262

中国版本图书馆 CIP 数据核字（2018）第 259245 号

广西师范大学出版社出版发行

（广西桂林市五里店路 9 号　邮政编码：541004
网址：http://www.bbtpress.com）

出版人：张艺兵

全国新华书店经销

北京盛通印刷股份有限公司印刷

（北京经济技术开发区经海三路 18 号　邮政编码：100176）

开本：880 mm × 1 230 mm　1/32

印张：23　字数：700 千字

2019 年 2 月第 1 版　2019 年 2 月第 1 次印刷

定价：108.00 元

一种制度是一个人影子的延伸。

——爱默生《自助》

美国漂亮的玫瑰花唯有牺牲其早期的花蕾，才能绽放光彩与芬芳。

——约翰·洛克菲勒在布朗大学关于托拉斯的演讲

第二版序言

于1904年首次出版的《美孚石油公司史》已经断印几年了。由于我正在准备该书的第三卷，故出版商将重版事宜搁置。该卷的出版之所以延后，是希望看到1911年的解体诉讼①对石油业的影响公平地显现。现在看来，其影响似乎足以追根溯源，要从历史的角度去考察。第三卷将在今后两年内的某个时间出版。不少读者一直在觅寻本书的最早版本，而该版只有零星几本进入市场，价格被炒到如此之高，出版商认为最好马上重印，第三卷留待今后写好了再说。

第三卷的写作方法将参照第一卷，即以过去二十年里收集的大量材料为依据。它们包括：州政府和联邦政府努力揭露和规范美孚石油公司动机和行为的调查数据；导致该公司解体的联邦最高法院诉讼的大量证据；政府在过去十年中为了保证未来石油的合理供应，控制私人开发油田所颁布的政府文件；美国政府为了确保在国外油田的开发过程中，本国公民与其他国家公民间机会平等而举行的谈判和会议所产生的外交通讯及报告。材料的性质表明这些问题的复杂性和重要性，具体问题留待第三卷讨论。

艾达·塔贝尔

1925年5月

---

① 译者注：1870年美孚石油公司成立，成为全美第一家托拉斯垄断公司，也是当时最大的垄断组织，并把美国带入垄断资本主义阶段。由于价格垄断和产量垄断，美国制定了多部反托拉斯法。塔贝尔的《美孚石油公司史》揭发垄断黑幕后，美孚石油公司成为政府和民众共同打击的对象，最终，1911年5月15日，最高法院判决美孚石油公司是“不合理的”托拉斯，下令解散其旗下的38家分支机构。表面看来，洛克菲勒辛苦经营四十年的石油王国轰然倒塌，但实际上，这并没有动摇其“石油大王”的地位。因为当时的判决只限制价格垄断和产量垄断，只要公司合法经营，其他任何形式的垄断组织依然可以存在。经过一百多年的分分合合，当时的38家子公司现在基本上又汇聚在几大巨头公司旗下，其中最大的当属世界500强，隶属于洛克菲勒家族的埃克森-美孚石油公司。

序　言

本书是《麦克卢尔杂志》编辑们努力的结果，他们约我在杂志上具体谈谈托拉斯问题。为了让读者对由多数人操控到由少数几个人垄断某一个行业的过程有个清晰明了的概念，几年之前，他们决定出版一部详细描述某个托拉斯公司的成长历史的作品。出于某些显而易见的原因，美孚石油公司被选为研究对象。它是石油行业第一家托拉斯，其他石油公司运作的方法、章程以及发展历程都以它为参照。它是现有的发展得最完善的托拉斯公司，几乎完全符合垄断所经营的行业的托拉斯标准。公司的巨额利润诱使其高管们进入各个不同的联合公司，如铁路、船运、天然气、铜、铁、钢材，以及银行和其他托拉斯公司，并且使用建立这家石油托拉斯公司的方法来获取和巩固他们在这些领域的利益。美孚石油公司一直在抵制旨在反对公司联合的政府立法，其影响力遍及州政府、联邦政府、媒体、大学、宗教界等。它完善的组织架构及执行项目的能力和胆识，使其成为世界上最著名的托拉斯组织，它的成长史最适合用来讲述资本融合问题。

编辑们认为，美孚石油公司的历史最适合用来表达他们的意图，其中还有一层重要的考虑是，该公司是全国为数不多的拥有可信资料佐证其成长史的组织之一。所有反映美孚石油公司历史的档案资料都得以保存，就如同反映美国内战、法国大革命或其他任何影响人们思想的国家大事而得以保存的历史档案一样。资料中主要包含以下事实：自 1870 年成立以来，美孚石油公司几乎在不停地接受美国国会以及有其业务覆盖的各州立法机构的调查。这些调查机构怀疑，该公司获得了铁路公司的回扣并设置障碍干扰自由贸易。公司先后于 1872 年、1876 年接受国会调查委员会的调查，1879 年分别接受了宾夕法尼亚调查员，纽约州、俄亥俄州议会任命的委员会的调查，其经营活动不断陷入争议，直接导致 1887 年州际贸易委员会的成立。此后，该委员会不时被召集，直接或间接调查该公司与铁路公司的关系。

1888 年，在国会和纽约州针对托拉斯的调查中，美孚石油公司成为调查的主要对象。1882 年至 1892 年期间，俄亥俄州不停地发动针对美孚石油公司的调查，由此产生了几大卷法院和议会收集的证词。其他许多州的立法机构也纷纷对美孚石油公司提起诉讼。1892 年，一部针对性立法①迫使该托拉斯组织分解成数十个子公司，但调查工作并未停止。在麦金莱总统任命的调查委员会所开展的最后大规模公司调查中，美孚石油公司仍旧是讨论的焦点，成百上千页的证据最后呈现在该委员会递交的 19 卷报告中。

大量的证词都是在当事人宣誓后被记录下来的，包括美孚石油公司经营所依据的各种各样的执照和协议，与铁路、炼油厂、管道公司的大量协议与合同，还包括大量个人的 1872 年至 1900 年间的经历。这些经历犹如历史事件参与者的个人回忆录，其史料价值在于，它们是以目击者的立场提供的。所以，可以大胆假设，这些经历的陈述要比许多回忆录的作者的陈述更小心、更精确。这些调查，如其工作性质决定的，涵盖了该托拉斯发展的所有重要阶段，包括其高管关于公司发展的所有观点陈述，以及他们在公司运作过程中对许多冲突的解释。在这些案卷中可以发现成百上千页经过宣誓的证词，这些证词分别来自约翰·D.洛克菲勒、威廉·洛克菲勒、亨利·M.弗拉格勒、H.H.罗杰斯、约翰·D.阿奇博尔德、丹尼尔·奥戴及公司的其他成员。

除我可以查阅的上述大量证词外，还有关于不同阶段的托拉斯问题的大量小册子，以及各大油区办的无数日报和评论月刊，在这些新闻专栏中不仅可以找到相关统计数据，还能发现石油人之间所有冲突的详细报道。我虽然没有完整地收集长篇的印刷材料，但还是做了几次小规模的收集工作，事实上，我已经从中找到了关于该主题的所有重要材料。宾夕法尼亚州泰

---

① 译者注：这里应该是指 1890 年国会通过的《谢尔曼反托拉斯法》，它是美国联邦第一部反托拉斯法，也是美国反托拉斯法中最基本的一部法律。

特斯维尔市的罗杰·谢尔曼夫人拥有的资料最多，我从她那里发现了几本少见的小册子。布拉德福德的小路易斯·埃默里，泰特斯维尔已故的E.G.帕特森，《与联邦对立的财富》的作者、已故的亨利·D.劳埃德，石油城的威廉·哈森，《石油城井架报》的编辑P.C.博伊尔手上都有一些有价值的资料，并非常慷慨地让我拿到了他们的文件。

但是，所有这些材料不可能全部被印刷出来。美孚石油公司及其子公司的成员在许多民事诉讼中都曾出庭，其诉讼发生地的法院卷宗内的证词仍然是手写的。这些手稿都经过当场验证，并且所有书面陈述和重要证词都被允许用来参考和研究。我也接触到了许多私人信件和文件，其中最重要的是1878年至1880年间石油生产商协会的官员和顾问的信件和文件，1887年至1895年间该组织下属各个独立公司最后促成纯净石油公司成立的信件和文件，以及罗杰·谢尔曼为应对1897年合众国管道公司根据《谢尔曼反托拉斯法》起诉某个美孚子公司所准备的诉讼材料。

许多积极参与石油业发展的当事人依然健在，我可以随时寻求他们的帮助。在每一个大的油区，我都能采访到数十人，而本书的文件资料解读由于有相关事件参与者的说明，得到了进一步的补充。

当1901年秋季首次宣布这项研究时，美孚石油公司，或者应该说是该公司的高管们，都小心翼翼地主动提供其能力范围内的帮助，我也毫无顾忌地接受了他们的帮助。接受美孚人的帮助犹如接受其他独立人士的帮助一样，我明确表明，我要的是事实，而且会保留根据我自己对他们所表达意思的判断来使用这些事实的权利，我的目的是更加完整地了解实际上发生了什么，而不是了解被采访者认为已经做了什么。无须赘言，就我所知，在美孚石油公司的历史中没有什么重要事件，或者说没有一个重要措施我未与其高管充分讨论。

毫无疑问，本书所有的结论均是我个人的。

艾达·塔贝尔

目　录

第一章
一个行业的诞生

先是一种奇物，后来变成药物的石油——其真正价值的发现——如何大量生产的故事——大量石油流出——许多问题有待解决——储存与运输——精炼油与营销——经营领域的快速扩张——大量持有足够资本的工人——常犯下损失惨重的错误——每一个困难最终都迎刃而解——为个人的努力开启了崭新且美妙的新机遇

1872年开春之际，地球最繁忙的角落之一，位于宾夕法尼亚州的西北部。这片全长不超过50英里[①]的区域，以“油区”闻名于世。十二年前，这里与荒漠相差无几，主要居民都是伐木工人。他们一年四季从山上砍伐原始松树和铁杉，等到春天，再将木材沿着阿勒格尼河运往匹兹堡。大批西进移民潮多年来都避开了这里，因为这里的道路太过于崎岖不堪，不宜定居。然而，十二年过去了，这个常年被人避开的地方摇身一变，变成了一个城镇比邻而立、人声鼎沸的贸易中心，三条铁路干线在此修筑支线，每一寸土地都成了资本家争夺的对象。在这里，发现并开发出了一种新的产品——石油，使这里从荒漠变成了贸易市场。十二年里，这个新产品不仅使地球上的一块荒芜之地开始有人居住，还改变了世界的照明方式，美国的财富亦因此飞速增长。

石油一开始被人视为一种奇物，而后，在小范围内被视为一种商品。所以，当宾夕法尼亚西北部发现大量石油，并因此吸引了世界的关注的时候，人们对石油也并不感到陌生。许多阿勒格尼及其支流河谷的早期开拓者，在日志中讲到了其所在区域的泉水和溪流的表面漂浮

① 编者注：1英里约为1.609千米。

着一层厚厚的油渍，一旦点燃就会猛烈地燃烧起来。印第安人认为这种东西可以治病。随着该地区的开发，越来越多的人听说了这些油泉。因水面漂有大量油渍，有些溪流最终都有了别称，如宾夕法尼亚西北部地区的“油溪”，西弗吉尼亚的“老油条”或卡诺瓦河。随着时间的流逝，人们越来越相信这种物质包治百病。他们定期用平底锅把油从水面上舀起来，或用羊毛毯泡水，然后把油挤出来，装进瓶子，作为一种能给人兽治病的药物沿街兜售。

直至19世纪初，除了从泉水和溪流水面提取石油，似乎还没有其他的提取办法。地下深层石油的发现，是由那些钻井找盐的盐工们在肯塔基州、西弗吉尼亚州、俄亥俄州和宾夕法尼亚州的不同地方独立完成的。盐工们经常发现盐水中会混有一种墨绿色、难闻的、被确定为众所周知的“岩油”的物质，必须将油水分离才能从中提取出盐。许多地方还设计出了蓄水池，在池里一直灌水，直到石油升至水面，然后任它流向小溪或地面。人们很快发现，这种操作非常危险，因为这些油很易燃。在好几个地方，尤其是肯塔基州，大量的石油与盐水混在一起，以至于盐工们不得不选择废弃这些盐井。然而，当人们发现，曾使盐井荒废的那些讨厌的物质的价值，比掘井者所探寻的盐水价值大得多时，那些废弃的盐井在多年后又被重新开发出来。

一开始，从盐井中批量提取的石油的目的，自然是为了将其当作药物使用。19世纪中叶前，石油毫无疑问是美国的重要药品。“塞内加油”似乎是石油在东方出现时最早的名称。紧随而来的是大量肯塔基的石油产品，以“美国医用油”的名义出售。据说，数十万瓶药油在肯塔基州的伯克斯维尔包装，然后运往欧洲和东方。最系统地大规模经营这种瓶装药油贸易的地区在匹兹堡。19世纪40年代，在匹兹堡附近阿勒格尼县的塔伦特姆镇，有一批由塞缪尔·M.吉尔拥有并经营的盐井。这些与盐水混合的石油非常麻烦，吉尔一直在摸索处理的方法。因为相信这种油能治病，他开始用瓶子把油装起来。在1850年之前，他一直在开展这一业务，“吉尔油/岩油”畅销全美国。这种油8盎司①一瓶，作为药效良好的专利药被推广，并附有使用指南，其优点是可以治疗各类疾病。当时，岩油主要作为一种涂抹外用药，被推荐用于治疗早期肠胃病、肝病、支气管炎和消化道疾病，处方剂量为一日三次，每次三茶匙。1848年至1853年间，吉尔的传单上写满了有关岩油功效的证明，并到处发放。虽然他的岩油贸易做得非常大，但他对石油仅有医药用途这一点并不满足，他对石油用作润滑剂和照明燃料的用途更感兴趣。1850年之前，不止一个地区发现石油具有上述两大用途。油区也不止一个作坊主以原始的方式使用石油来润滑他们的机器，照亮他们的作坊。不过，虽然石油具有这两大用途，但由于原油杂质太多，无法普及使用。吉尔或许是第一位试图接受专家意见，探索提炼石油的可能性的人。1849年，他送了一瓶油给费城的一位化学家，该化学家建议他蒸馏石油并在灯里点燃。吉尔接受了化学家的建议。19世纪50年代，他用来精炼原油的“五桶蒸馏器”如今在匹兹堡依然可以见到。在其小小的炼油厂里产出的石油已经不仅仅是在当地销售了。我们发现，在1858年，他同意以每加仑② 62.5美分③的价格卖出100桶④所谓“可以在普通煤油灯里燃烧的碳油”给纽约的约瑟夫·科芬。

虽然吉尔似乎在岩油贸易上做了一件好事，但至此为止，无论是他还是别人，都没有想到专门去开采石油，他们只是简单地利用眼前的泉水和溪流冒出来的石油，或是他们钻出来的与盐水混合的石油。然而，到了1854年，有一位更加认真地对待岩油的人出现了，他叫乔治·H.比斯尔，是达特茅斯学院的毕业生，作为记者和教师在南方颠沛生活了十年，准备到北方碰碰运气。在其母校，实验室的最新奇物——一瓶岩油——展现在他面前。教授肯定地说，若把岩油作为照明油使用，其效

---

① 编者注：1盎司约为28.35克。

② 编者注：1美制加仑约为3.79升。

③ 编者注：本文中具体数额或有不准确之处，因暂无法核实，均保留原文数据。另，原文中同时使用了小数与分数两种数据表示方式，本书中均保留原文用法。

④ 编者注：石油的容积单位。

果不亚于煤，甚至会更好。比斯尔被告知，这种岩油来源于宾夕法尼亚西北部一家伐木公司的农场油泉，该公司叫作布鲁尔-华森联合公司。这些油泉长久以来产出的大量石油，被定期收集且购作药用，当地作坊主也把它用作照明燃料和润滑剂。

比斯尔似乎想到了这种油的商业开发价值，他马上组建了一家公司，名为"宾夕法尼亚岩油公司"——这是美国第一家类似石油公司的公司，并且把这些油泉所在地全租了下来。然后，他送了一些油给耶鲁大学的西里曼教授，付钱请他进行试验分析。西里曼教授的分析报告公开发表后受到了广泛关注。报告中说，从岩油中可能可以提炼出一种有史以来最好的照明物，还可以制造出煤气、石蜡、润滑油。西里曼教授称："简而言之，贵公司拥有的原材料，只需要通过简单、造价低廉的加工过程，即可生产出价格极高的产品。值得注意的是，敝人的实验证明，几乎全部原产品在生产过程中都不会浪费，当然，这完全得益于一个仔细指导的过程，使之在所有的化学生产过程中，成为最为简单的一次实践。"①

石油值钱，但怎样才能批量提取石油，从而使如此偏远的地区经济发展起来呢？对比斯尔及其新公司的同事而言，他们知道的提取石油的唯一一个方法，就是直接从油泉的水面提取石油。是否还有其他方法呢？在油区一直流传这样一个故事：宾夕法尼亚岩油公司是从一次偶然的经历中获得最早的钻油灵感的。在生活中，往往就是这样的日常琐事改变了人类历史的进程。故事是这样的：一天，比斯尔沿着百老汇大街步行，来到一家药店的雨棚下小歇了一会。他看到橱窗里一个瓶子上贴有奇怪的商标，上面写道，"吉尔石油或岩油，以其治疗奇效著称，一种天然药物，采自宾夕法尼亚州阿勒格尼县地下 400 英尺②的井里"等，商标上附有一幅自流井的图画。正是从这口井里，吉尔获得了他的"天然药物"。过去，有成千上万的人看过这张商标，因为它出现在

① 见附录 1 号：西里曼教授有关石油问题的报告。

② 编者注：1 英尺约为 0.305 米。

吉尔的每一张传单和海报上，但有人以如此“专注的目光”看着它，还是第一次。正如达特茅斯实验室的那瓶岩油让比斯尔下决心要弄清楚这种奇怪物质的真正价值一样，这张商标使他找到了解决批量提取石油的方法——深入石油储藏的地下，然后把它抽出来。

西里曼教授1855年就给宾夕法尼亚岩油公司做了报告，但直到1858年春天，该公司一位代表才受命到现场寻找石油。此时公司已经易主，更名为塞内加石油公司。这个代表是公司的一位小股东，名叫埃德温·L.德雷克，他自称德雷克“上校”。德雷克从未有过与石油贸易相关的经历。他当时40岁，当过公司职员、快运代理和铁路售票员，唯一拥有的优势就是创业的热血与冲劲，一旦碰到感兴趣的事情，就有很强的韧劲可以坚持下去。德雷克是否受命到泰特斯维尔挖掘自流井，至今还是一个谜，他的崇拜者声称，挖井的想法出自德雷克本人。但不太可信的是，像西里曼教授、比斯尔及其他宾夕法尼亚岩油公司的股东们，这些聪明人，竟然都没有采取方法研究类似“吉尔油/岩油”如何提取的问题。至少，西里曼教授一定知道这些石油是在不同州通过挖掘盐井提取的。在其报告中（见附录1号），确实说到挖井目的是为了收集这种产品。他曾任编辑的《美国科学杂志》于1840年刊文说道，1830年左右，肯塔基州伯克斯维尔附近掘井找盐时，碰巧发现了一口著名的油井。这样看来，似乎最有可能的是，通过挖掘自流井在宾夕法尼亚岩油公司租赁地找油的想法，已经经过了股东们的长时间讨论，之后才指示德雷克到泰特斯维尔掘井。不管怎样，可以肯定的是，德雷克马上向公司总部的上司解释了获得挖掘机、发动机房及其他工具的难处，同时利用这段时间开辟新的油井，也试图让旧的油井产生更多利润。

德雷克面前的任务并不轻松。他被派往的泰特斯维尔，是一个坐落在油溪岸边的伐木工人小村庄，距离阿勒格尼河交汇处14英里，与外界的主要联系方式是乘驿车到40英里以外的伊利运河。该地远离现代文明，当地人对石油事业持怀疑态度，再加上德雷克本人对自流井一无所知，导致事业开展面临巨大困难，耽误了很长时间。在德雷克成功获得了挖井必备的工具、发动机和绳索，并找到一个知道如何操作它们的挖井人时,已经是几个月之后的冬季了,他不得不延期开工。德雷克痴迷于这一工程,人们都叫他疯子,但这对他毫无影响。来年一开春,他就借来了一匹马和一驾马车,驱车 100 多英里到塔伦特姆,在那里,吉尔仍然在通过盐井,或直接将石油装瓶,或提炼与盐水混在一起的石油。德雷克希望在塔伦特姆物色一名钻井工。他最终带回一位钻井工,并在几个月的试验和无数次的事故后,正式开始钻井。1859 年 8 月下旬的一天,泰特斯维尔沸腾了。这口被许多围观者称为"德雷克的福利"①的油井证明了一切,该井满满的都是石油。翌日即开始抽油,总共抽出 25 桶石油。

德雷克的这口井在当地人们心目中的意义毋庸置疑。他们很久以前就接受了西里曼教授关于这里可能有石油的说法,而现在,他们已经知道如何批量提取石油了。整个乡村的人蜂拥而上,大家疯狂地租赁土地。泰特斯维尔的一位皮革匠,名叫威廉·巴恩斯代尔,马上在附近钻了第二口井。巴恩斯代尔是英国人,成年后到了美国,想要发财。他一路西进,披荆斩棘,不停环顾周围寻求机会。在德雷克的油井钻成的那天,巴恩斯代尔知道,机会终于来了!他很快就成立了一家公司,也开始钻井。他甚至没耐心等待发动机的到来,直接用手工冲钻开钻。②虽然钻井过程耗时三个月,花费了 3000 美元,但最终证明物有所值。1860 年 2 月 1 日,巴恩斯代尔开始开采石油,一天可以开采 25 桶,并以每桶 18 美元的价格售出。五个月内,这位英国皮革匠卖出了 16,000 多美元的石油。

---

① 译者注:原文为"Drake's Folly"。"Folly"的原意是"愚蠢、荒唐事",此处音译为"福利",旨在取得一种诙谐的效果。实际上这口"Folly"井确实为德雷克带来了财富。

② 用一根有弹性的白蜡木或山核桃木制成的杆,长 12—20 英尺,杆子的一端固定在一个支点上,另一端箍筋,或固定在一个倾斜的平台上,二至三人通过撞击,使杆子往下钻。当工人慢慢放松时,杆子的弹力将产生足够的力量将工具提升几英寸。其运作原理就像缝纫机的脚踏板一样,操作时缝纫针上下运动。这些工具在导管里旋转——那是一根 8—10 英寸宽的木质管,放置在岩石挖开的洞中——用绳子固定在弹簧杆上,距离工人 2—3 英尺,冲击的速度很快。还有一个砂泵——一个直径 3 英寸的喷口,用铰链固定在一块底板上,朝里开口,用一个滑动手柄操控阀门,操作方式有点像注射器——主要通过在将其快速抽出时,把岩屑吸到喷口,来清除那些恼人的岩屑。引自麦克劳林(McLaurin)著的《石油的历史》(*History of Petroleum*)。

1859 年的德雷克井——第一口油井

乔纳森·华生,既是该村庄的一位伐木工人,也是一位商人。他一直相信,本地一旦有石油,那蕴藏量一定是巨大的。他与人合伙,在宾夕法尼亚岩油公司租赁地上成立了布鲁尔-华生联合公司。一听说德雷克钻井成功的消息,他飞奔上马,沿着油溪溪谷骑行,花了一整天时间租赁农场。很快他钻出了当地的第三口油井,同样用的是手工冲钻的方式。这口井自 3 月开始以每分钟 60 加仑的油量产油,并以每加仑 60 美分的价格出售。两年内,第三口井所在的农场已经产出 165,000 桶石油。

在德雷克井下游数英里处住着一位 35 岁的男子,耕耘着一块贫瘠的土地。他 22 岁时开始规划自己的人生,通过最顽强的努力获得了一家农场——他在木材制造厂工作赚钱,买了一批牲畜为别人运货,最终得到了一块土地,并以此积聚财富。他怎么知道这里可以赚钱?当德雷克开采石油时,这个男子就胸有成竹,火速买下了一块土地,随后出售获利,用盈利的钱钻下一口油井,由此赚了 70,000 美元。数年后,他辛苦赚来的农场最终变成油田。1871 年,有人出资 1,000,000 美元,他都拒绝将土地转让。在那里,他一度开采出了 200,000 桶石油。

一位一直在这片荒芜之地埋头苦干的年轻医生也发现了机会。他在德雷克的油井下方约 6 英里处的溪边，以非常低廉的价格买下 38 英亩①的土地，并将其中一半的土地卖给了附近一位仓库保管员兼伐木工人查尔斯·海德。他们从这 38 英亩的土地中赚了几百万美元，光是马普勒谢德的一口油井，就赚到了 1,500,000 美元。

在每一个石头成堆的农场，每一个人烟稀少的居民点，总能遇到这样一类人，他们的耳朵只对《财富》杂志的信息敏感，他们充满胆识和精力，敢倾其所有冒险投资石油。幸亏他们的行动足够迅速，因为，随着发现石油的新闻传播开来，俄亥俄州、纽约州、宾夕法尼亚州的城镇和农场源源不断地涌来了雄心勃勃、充满活力的年轻人，他们渴望抓住一切机会。从东部地区来的都是些携带巨款并且有公司经营经验的人，他们成立了大型股份公司，占据了数千英亩的土地，每一条岩石小道、小溪边，乃至陡峭的山上，都有人在开钻油井。与此相应的是，石油如洪水般喷涌而出。在许多地方，泵油不成问题。这些油井每天产出 2000 桶、3000 桶、4000 桶石油，如此巨大的产油数量，导致在 1861 年底，油价跌至每桶 10 美分，而在 1860 年 1 月，油价是每桶 20 美元。

这就是石油，与闻所未闻的产量一同到来的，是各种各样的问题。德雷克的开采方法过于原始，必须改进。提炼工序都是实验室的工序，必须进一步开发。与外界的沟通必须要有保障，市场必须建立起来。确实，必须建立一整套商业机制以应对石油的发现。当地到处都是努力想办法克服这些困难的人，他们“意识到急需某些东西”，而在此之前，这些问题一直没有得到解决。他们甚至必须考虑一些非常简单和基础的问题，例如设计一些装石油的容器等。虽然松节油桶、糖浆桶、威士忌酒桶，以及各种各样的大桶小桶，都已经被改装成了石油桶，但美国的油桶仍然供不应求。他们一开始曾试过在地里挖掘油池，在上面铺上木材和水泥，再用木板制成的箱式结构的容器来装油，但效果依旧无法令人满意。艾奥瓦州的一位年轻的教师兼农场主回到伊利县的

---

① 编者注：1 英亩为 4046.86 平方米。

家乡探亲时来到油区，在偶然的灵感之下，他发现了赚钱的机会，那就是创造一种能储存大量石油的容器。几位采油大亨仔细倾听了他的计划，并出资建造了一个试验油箱。试验终于成功！几个月里，这位教师购买了大量木材，雇用了几十个工人，与他们一起不分昼夜地工作。在将近十年的时间里，他一直在生产这些木制油箱。后来，由于能装数千桶石油的铁制油箱的出现，替代了那些只能装几百桶石油的木制油箱，他转向了石油生产，将装箱的事情交由别人去做。油区创业者们都有一个共同的特征，那就是具有较强的适应能力，可以随时转行。

解决储油问题之后，马上要面对的是运输问题。当地只有一条水路通往外界，是一条一百多年来被称为“油溪”的小溪。这条小溪水位不稳定，纵向贯穿发现石油的这条狭窄的溪谷，在如今被称为石油城的地方与阿勒格尼河汇合。这里与匹兹堡及最近的铁路相隔 132 英里。除该水路外，还有一些崎岖不平的乡间道路，分别通向联合市、考利、伊利和米德维尔的铁路。但是，把石油运往油溪的岸边或各条铁路，只有一条路可走，所以，只能把石油装进桶里拖走。致力该服务的马帮此时仿佛从天而降。方圆一百英里范围内的农场，都把他们的男丁、马匹和马车派来装运石油。拖运 5—10 英里，装运费一般是每桶 3 美元，有时是 4 美元，费用并不算太高。他们能走的最好的路线都是狭窄且崎岖不平的，而这些道路还只是通往外界的出口而已。要前往各油井，他们不得不披荆斩棘，穿过各大油田。对于许多马车来说，这些路几乎无法通行。延绵不断的运输队从这些大油田鱼贯而出，对于到访油区的人来说，看见有一百多辆马车的石油商队是很平常的事。这些商队经常会因为某个轮子或某匹马陷入一个危险的泥坑而耽搁数小时。即便有可能绕过障碍修一条新路，这条路也不得不穿过某个农场主的田地。事实上，农场主和马帮之间一直不停打着某种游击战。这些道路经常无法通行，以至于马帮不得不开辟新的路径，有时一支短枪就可以阻止马车走最好走的通道。实际上，这些马帮主也随身带着一种几乎没有任何农场主敢面对的武器——可怕的、又长又重的、被称为“黑蛇”的黑色马鞭。任何人的双腿一旦受过“黑蛇”的残酷一鞭，往往就再也不敢对抗该马帮主了。

运费到手之后，马帮主们也算得上是发了点小财。一位老石油生产商说过，他曾雇用一位马帮主运了九周的石油，当时其收入仅够养活自己和马匹。马帮主就睡在马车上，用绳索拴住马匹。他想着“应该回家换件干净的衬衫”，再找个地方安定下来。最后，总共赚到了1900美元。这个故事客观描述了油溪马帮队的生活和收入。由于其作用对石油业不可或缺，他们成为该地区的草根大亨，辛勤工作、不时打架，就是他们的生活方式，犹如曾经给密西西比河上的生活添彩的平底船船主，或当下正使大草原生活变得五彩斑斓的牛仔们。虽然臭名昭著，但许多人也由此获得了机会，最终变成富翁或石油业举足轻重的人物。油区为人所知的最精明、最善良但是最古怪的人之一，韦斯利·钱伯斯，就是从马帮发迹，最后爬到社会顶层的。他在加利福尼亚淘金八年不成功，最后来到了油溪地区。当看到成群结队的马帮和船只时，他说道：“我的机会终于来了！”随后开始着手组建运输队，装运石油到匹兹堡。没过多久，他购买了马匹、建造了船只。他对行业状况充满洞察力。几年后，他意识到，马帮队和运输船必定会被输油管道和铁路替代，由此，他抢先一步，华丽转身，从经营石油运输转为从事石油生产。

除马帮外，运输最关键的问题在于油溪和平底船。这条溪流的水流非常不稳定。每逢夏天，水位低，一到冬天，就会冻住。有时冰块堆成山，有时河水泛滥，奔流涌向两岸。水位低的季节，只能通过人工蓄水来提供船运条件。油溪及其支流两边有一些私人控制的水坝。根据安排，这些水坝一般在每周的某一天或某几天（通常是在星期五）泄洪，此时，满载石油的平底船即可漂流而下。这些洪水总是咆哮奔腾、危机四伏，有时甚至会造成灾难性的影响。在船只停靠的地方，船工们紧紧盯住汹涌而来的洪水，瞄准洪峰，一旦洪峰过去，他们就起锚行船。船一艘紧接着一艘地冲入咆哮的洪水之中，它们互相碰撞和堵塞的危险也随之增加。如若遇到确实罕见的洪水，两岸往往会出现几十艘出事的船只高高地堆积在岸边的场景——被撞破的船只和油桶令人绝望地堵塞在一起，浸透在石油之中，充满油臭味。如果船只安全驶入江河，则几乎不会再遇到危险。

阿勒格尼河的运输量大幅度上升——船队包括整整1000艘平底船和大约30艘轮船,以及至少4000名船员。正如其他那些在开钻油井或组建马帮队中发现机会的人一样,从事船运的都是那些从中看到发财机会的人。其中最有代表性的是一位因战争被迫来到北方的船长,J.J.范德格里夫特。范德格里夫特从船舱侍者开始做起,一直到拥有自己的船队,积累了丰富的经验。战争阻碍了他在密西西比河上的贸易,他将自己的一艘轮船改装成炮艇,移交给海军准将富特将军,然后寻找一条新的溪流从事船运。那时的油区最急需的是油桶。他拖了4000个空桶沿溪流而上,马上看到某种大宗运输的商机。他从正在精细试验的一艘油驳轮上受到启发,随即订购了12艘船,将船队拖到油溪,购买石油装船,然后运到匹兹堡销售。仅这一趟,他就赚了70,000美元。

但是,铁路运输很快就开始打击水路运输。发现石油之时,运油的马帮队可以抵达三条铁路线:费城-伊利铁路、布法罗-伊利铁路(现在的湖滨铁路,与中央铁路相连),以及与伊利铁路相通的大西洋-大西部铁路。费城-伊利铁路可以到达伊利、联合市和考利。布法罗-伊利铁路可以通往伊利。而大西洋-大西部铁路可到达米德维尔、联合市和考利。一开始,伊利是最理想的货运点,因为该方向的路最好走。第一年里铁路承载的石油运输量是巨大的。同时,人们还在尽可能快地建造铁路。1863年初,以油溪线闻名的铁路已经可以从考利延伸到泰特斯维尔了。这样,通过费城-伊利铁路和大西洋-大西部铁路就可以与东部相连。但是,由于大西洋-大西部铁路正在修建一条从米德维尔到富兰克林的支线,油溪线也变成了前者的主要支线。1865年,两条支线竣工,通过铁路即可到达石油城。

虽然修建了铁路,但把石油从油井运到装运点这个麻烦、耗时又浪费钱的问题依然存在。马帮主依然是该领域的草根大亨,但是已风光不再。在石油管道面前,马帮主的地位摇摇欲坠。几乎从石油业开始之时,人们就在讨论用管道运油的可能性。德雷克井开钻后不久,石油人就开始议论,将石油从油井运到铁路最合适的方式就是通过管道。

在许多地方，靠引力即可输油，而没有引力的时候，就需要用油泵压送。这种想法如此强烈，以至于早在1862年2月，宾夕法尼亚州就成立了一家公司，通过各种管道，从油溪各地将石油运输到溪口或费城-伊利铁路上的任何一站。该公司做过的最重要的事，似乎是获得了一张特许营业执照。1863年，至少有三条短输管道竣工并投入使用。第一条是直径2英寸①的管道，长3英里，从普卢默的华伦炼油厂将精炼油送到阿勒格尼河的沃伦码头。最受关注的是一条2.5英里长的管道，它可以将原油从塔尔农场输送到普卢默的洪堡炼油厂。虽然各种管道运输的试验都做过了，既有靠自然引力的，也有靠油泵压送的，但总是有些地方出错，有时油管会渗漏或爆炸，有时油泵动力又太弱。采油中心的不断迁移，也会影响那些本可以成功的试验。此时，应需而生的人突然出现了，他就是塞缪尔·凡·赛科尔。1864年，赛科尔随身带了一些钱来到油溪地区，希望有机会赚更多的钱。他贩卖了大量在皮托尔开采的石油，这些石油距离装运点数英里，他发现，其中的利润全被马帮赚去了。马帮的专横让他愤怒不已，但也激发了他的智慧。他决定修建一条从油井通向铁路的管道。一开始，他受到了各种讥笑与嘲讽，但他不屈不挠，顽强坚持，最终铺设了一条管径2英寸的管道，安装了三个中继泵将油送进去。该管道一举成功，每小时可以输送80桶石油。凡·赛科尔油管开始输油之日，也是石油业开始革命之时。这条管道是自德雷克井开掘以来，油区历史上发生的最重要的事件。

马帮队很快看到输油管道的意义，并为此怒火中烧。他们把大部分已经埋入地下的管道拖出来切断，导致石油泄漏。只有定点安排武装哨兵放哨，马帮队的行径才有所收敛。第二条重要油管，艾伯特-哈利管道的命运比凡·赛科尔油管更悲惨。马帮队不光切断该管道，还点燃了装有石油的油箱，躺在地上等待管道公司的员工到来，威胁要破坏油井，使得该地区充满了恐怖的氛围，以至于1866年4月，该州州长不得不派人保护这些管道公司的财产和员工的生命安全。不过，属于

① 编者注：1英寸约为2.54厘米。

马帮队的时代结束了,其中有头脑的人已经接受了现实。一批批马帮队伍从此消失,更多地开始转向石油开采。多年后,切割、堵塞油管,已成为关于马帮队残余的饭后谈资。

在德雷克井开采之时,如果人们并不了解石油的用处,也不知道精炼油的方法,就不会有如此迫切开辟大规模新油田的需求,同时还重视开发精炼油的技术和石油运输方法。虽然了解得还并不深入,但人们已经知晓石油的用处及提炼方法,提炼的程序也已经为大家所用。当时提炼石油的基本设备非常简单——一个铁铸蒸馏器,通常外包砖墙,以及一个铜制涡旋泵和两只锡或锌镶边的油箱。蒸馏器装满原油,接受高温蒸发。蒸汽穿过一根直通蒸馏器顶部的铁制鹅颈管,进入铜制涡旋泵,并溶于水中。在这里,蒸汽浓缩,并流入锌镶边的油箱。该产品被称为馏分油。之后再用化学物质处理和用水冲洗,最后流入锡镶边的油箱。任何获得这套设备的人都可以精炼石油,并且许多人做到了——当然,他们的提炼技术一开始都很拙劣,而且造成的浪费、爆炸和火灾惊人的多,但他们逐渐熟能生巧,掌握了精炼油的方法,美国一些大型炼油厂亦由此产生。

幸运的是,最开始的石油提炼者并非都是毫无经验的人。当下仍在运用的提炼工序主要归功于阿乌德、格斯纳和梅里尔等化学家,他们多年来一直忙于炼油事业。他们多少有一些关于石油的知识,所以,当石油大量产出的时候,他们马上把炼煤油的工序应用于石油的提炼。梅里尔当时与波士顿的塞缪尔·唐恩合作,用特立尼达沥青和纽芬兰买来的煤精炼石油。在发现石油的那一年,唐恩提炼了7500吨煤油,纯利润至少100,000美元。石油一出现,他和梅里尔就预感到,这种产品注定会替代煤油。他们无所畏惧且动作迅速地着手调整工作方案。为了靠近油源,他们去到距离德雷克井14英里的考利,并于1862年在那里建起了一座价值250,000美元的炼油厂,提炼出了成千上万桶石油,其中大部分被送到纽约出口。该公司将原油运往波士顿的工厂,在那加工之后向本地及加利福尼亚州、澳大利亚销售。唐恩工厂早期运用的工序基本与当下的工序一致。

1865 年，威廉·莱特在仔细研究“彼得罗尼亚”（当时油区的俗称）之后，在哈珀兄弟公司出版了一本有趣的书，其中有一章专门介绍了“精炼油及炼油厂”。莱特不仅描述了考利的唐恩炼油厂，还描述了另一家工厂——位于普卢默的洪堡炼油厂。这家工厂在油区的发展历程中虽然不太重要，但其开创性占据了非常重要的地位。来自德国的路德维希兄弟俩，于 1862 年来到油区，选择了一块远离油井、铁路及水路的地方，建起了一家据说耗资 500,000 美元的炼油厂。工厂的施工方式闻所未闻，即便是现在也不常见。地基用的是石头，锅炉和引擎都是最贵的。与炼油厂毗连的房子是用硬木和大理石建成的，并装饰以地毯、镜子和精致的家具。洪堡炼油厂的奢华及其经营的规范后来成为油区的传统。该油厂更实质的特征是莱特提到的：工厂的设计充分地利用了地势的自然斜坡，石油可以不靠任何人工动力就能从一组管道流入另一组管道；其他原油则从 3 英里外的塔尔农场获取，以泵压送，借助油管，翻山越岭地送油。

1865 年，在莱特访问期间，泰特斯维尔和石油城之间大约有 20 家炼油厂。他访问的几家炼油厂，生产出口的石脑油、汽油和挥发油。产出的照明油分为三个等级：“上等白色油”“标准白色油”“淡黄色油”。石蜡油则被炼成某种纯白色物质，在唐恩工厂大量生产。润滑油也已经投入生产。

每个人都在尝试用不同的手段钻井，为石油的储运设计并建造出各种油箱、船只、管道和铁路，调试并改进各种制造工序。我们可以发现，自石油业兴起之日起，人们就在同各种各样的难题较劲。他们蜂拥而至、朝气蓬勃、足智多谋、不畏险阻，虎视眈眈地寻找着每一个机遇。而且，他们每年都能从这一新产品中获取更多的财富与光明的未来。1872 年开春，他们生产了近 40,000,000 桶石油，出口量跃居美国出口额的第四位；1871 年，共有约 152,000,000 加仑的石油销往国外，其比例与今天非常相似。① 他们几乎将石油卖到了地球上的每一个大洲和

① 1871 年，石油出口为 152,195,167 加仑，产量为 5,795,000 桶，或者说 243,390,000 加仑。

国家——中国、印度、南美洲和非洲。1871 年，有 40 多个欧洲港口接受来自美国的精炼油。有将近 1,000,000 加仑的石油被卖往叙利亚，约 500,000 加仑卖到埃及和英属西印度，250,000 加仑运往荷属东印度。出口的不仅仅是照明油。1871 年，有近 7,000,000 加仑的石脑油、挥发油和汽油被运往国外，同时，首次有证据显示，将石油炼成润滑油的事业极具价值。唐恩炼油厂的约书亚 · 梅里尔的发现，为石油业开辟了新的财富源泉。1869 年前，由于不能给石油除臭，石油无法作为润滑油大规模地使用，但正是在那一年，梅里尔设计了一道工序，可以给润滑油除臭。他为制造润滑油的设备和润滑油本身申请了专利。这种油广受市场欢迎，唐恩工厂的市场销售额因此翻了几番，仅一年的销售额就大于该公司以前的销售总和。

油田已经遍布油溪溪谷及阿勒格尼河各支流沿岸 50 英里，面积大概有 2000 平方英里。石油只存在于溪流两边的早期理论已被推翻，现在油井已在山上开钻。人们知道，如果在钻出的第一层沙石里发现石油，那么在更深的第二或第三层沙石里也可能有石油。德雷克井一开始是钻到 69.5 英尺深时发现石油的，但如今该井深度已达 1600 英尺。无论是在河床下方还是山下，抑或各层沙石里发现石油，其寻找过程都耗资巨大。因为开采者们都是“野猫式”地盲目开钻，用诸如金缕梅枝或某种灵媒等迷信手段来勘定井眼。同时，他们也在研究现有油井的位置并测量油带可能的走向。根据油井所在位置的不同，每口井成本从 3000—8000 美元不等，①石油业头十年(1859 年至 1869 年)所钻的 5560 口井中，有 4374 口是“枯井”，或者最终因无利可图而被废弃。与大多数石油生产商一样，小规模经营要冒很大风险。但是，石油人热爱这个游戏，每个人都甘愿投注最后一个硬币来开采石油。

随着油田范围的扩大，钻井的工具、器械以及各种各样的基础设备都取得了迅猛的发展。人们学会了使用爆破筒钻开坚硬的岩石，用石

---

① 1873 年，J.T.亨利在其《石油早晚期的历史》一文中的估价。1873 年《石油月刊》的估价是 2725—4416 美元之间。

脑油来清除覆盖着沙粒并妨碍石油流动的石蜡,用种子袋防止溪水涌入。他们已经不怎么丢失工具了,一旦丢失,也知道如何在水中搜寻。简而言之,他们已经学会了如何开掘并维护这些油井。

石油业的其他部门也取得了同样的进步。用桶装油的车越来越少,取而代之的是一种供大宗运输的油罐车。之前可以容纳 200—1200 桶油的木制油箱很快被巨大的、能容纳 20,000—30,000 桶的铁制油箱替代。输油管道开始直通各大油井,不再需要从一个接收总站或被称为"临时囤积处"的地方泵油,由此,烦琐而昂贵的运油环节也得以简化。石油业不仅得到迅速发展,而且更加系统化、简单化了。

最重要的是,输油管道的开发使得运输问题得以简化。至 1872 年,输油管道都是唯一的石油收集者。有数家公司从事管道运输业务,其中两家在油区获得了巨大收获,因为它们与一些铁路干线有关系。这两家公司就是帝国运输公司和宾夕法尼亚运输公司。前者是第一家大规模开展管道业务的公司,用了不到半年时间,就在凡·赛科尔开始泵油前驻扎在了油区。帝国运输公司组建于 1865 年,通过费城-伊利铁路构建了东西货运交通,而该铁路是一条刚刚被宾夕法尼亚运输公司租赁的新线路。大约有 10 条铁路以不同方式与费城-伊利铁路相连,由此形成了贯通东西的线路。虽然拥有共同的利益,但这些线路的负责人还是因为相互间的嫉妒和恐惧,老死不相往来,每条线路都坚持按照各自的时刻表、运费标准和行事准则。要通过其中某些线路运输货物的货运主,必须分别同每一条线路讨价还价,而到站时,往往还要把货物搬到另外的车上,因为每条铁轨的轨距都不一样。帝国运输公司扮演的是铁路公司所有者和货运主之间的中间人的角色,目的是使运输更便宜、快捷和可靠。公司负责招揽运输业务,并提供车厢和油库设备,从中收取合理的费用。但是,它并不收取运费,只是使这一系统里各条线路的运费更加合理罢了。它收取的是业务回扣、车皮和其他设备的租金。

这家新公司从事的是一项艰难的业务,但是公司成立之初就有一位优秀的人在应对这些困难。这个人叫约瑟夫·D.波茨,1865 年时他

36岁。他出身于宾夕法尼亚州斯古吉尔地区众多铁匠中颇受尊敬的一系，但他离开了祖祖辈辈生活的各大锻造城——波茨城、格拉斯哥锻造城、河谷锻造城——成为一名土木工程师。他的职业使他选择服务于宾夕法尼亚铁路公司，在有关组建帝国运输公司的事务中，起到了重要作用。波茨上校——这是他内战服役期间的头衔——拥有清晰而有活力的头脑：富有远见、行事果断、主张交易公平。在突出的能力和正直的品质之外，他还十分温和谦恭。

帝国运输公司组建后主攻的货运业务就是石油运输。那一年对油区而言是伟大的一年，是"皮托尔年"。当年1月，距离阿勒格尼河6英里一片荒漠上的皮托尔溪边突然钻了一口井，这口井是用一根金缕梅细枝定位的。该井每天产油250桶，每桶油居然能够卖到8美元。随后，大大小小的油井纷纷出现。不到十个月的时间里，该油田的产油量每天已超过10,000桶。这些突然冒出来的石油使人们兴奋不已，投机者和投资者们从全国各地蜂拥至皮托尔。内战刚刚结束，战士们纷纷退伍，成百上千的退伍战士循迹至这块新油田。在第一口井开钻后的六周之内，皮托尔的居民已达到6000人。不到一年，该镇就拥有了50栋旅馆和住宅楼。其中有5家旅馆耗资在50,000美元以上。第一口井开钻后的6个月，皮托尔的邮局每天收到的信件高达10,000封，其规模位列宾夕法尼亚州第三——按顺序分别是费城、匹兹堡和皮托尔。皮托尔拥有一家日报社、多座教堂以及一座城镇该有的所有基础设施。

如何处理皮托尔油田产出的大量石油成为一个严峻的问题。当地似乎没有足够的车皮来运载这些石油，运输者只好想方设法寻找容器。当1865年6月帝国运输公司创立，代理者展示出其公司具有的稳定、大量的运载能力时，石油生意很快涌向他们。帝国运输公司刚刚成立，凡·赛科尔管道就已经开始从皮托尔输油至铁路，各大输油管道也蓬勃发展起来。铁路公司的人很快发现，管道注定会在短期内承担大量石油运输业务，所以，他们得努力控制各大输油管道。波茨上校购买的第一条从皮托尔通向泰特斯维尔的管道，便是刚刚铺好，还未投入使用就被买走了。

当帝国运输公司接管该输油管道时，该管道口径为2英寸，需要借助中继泵将石油输送到5英里以外的地方。一开始，帝国运输公司就在努力尝试以较少的泵将油送得更远。项目负责人C.P.哈奇相信，用一个泵就可以维持皮托尔到泰特斯维尔的整整10.5英里的运输。他遭到了旁人的嘲讽，但依然坚持在公司获得的这条新线路上进行试验。试验获得了成功，各种技术改进纷纷涌现，只要想得到就可以做得到。该行业在第一年做出的最重要的改进之一，就是通过管道将各个油井与泵油站的油罐直接连接起来，从而淘汰了昂贵的、需要用油桶把油拖到"临时囤积站"的方法。由于这一改进的出现，必须发明一种新的方法与石油生产商进行结算。因此，哈奇设计出了输送石油前后都要测量油罐里的油量并多联签发的"收交石油单据"。然而，生产商并非都是"正直的"，他们有时会通过输油管道上的转出订单出售石油，但实际上他们在管道公司根本没有这些石油。为防止这类情况发生，帝国运输公司于1868年开始对生产商的石油颁发贷方余额证书。这些证书很快成为石油贸易的通用凭证，并流行至今。

帝国运输公司对管道设备所做的最聪明的事情之一，就是评估浪费和火灾风险。在输油过程中，因为泄漏和蒸发，石油多少会有些损失。1868年9月，哈奇宣称，他将扣除2%的费用作为输油过程的损耗。这在油区几乎引发了一场暴乱。当时集会不断，大家斥责帝国运输公司的行为是拦路抢劫，并威胁道：如果强制推行该方案，他们将诉诸暴力。正当大家情绪激动之时，输油管道突然发生了一场大火。公司的领导层从一开始就在研究火灾风险的问题。油区的火灾犹如密西西比河上的轮船爆炸一样司空见惯，已成为石油业的一大特征，而愿意承担这个风险的保险公司又很难找到。按照公司之前做出的决定，本来第一场火灾发生时就应该是宣布"总体平均评估"计划的时候，这个计划实际就是征收火灾税，公司已经准备好了空白表格。现在，就在大家抵制损耗评估之时，突然发生一场大火，且管道公司宣布通过管道输油的生产商必须支付保险费，冲突随即升温。但最终冲突缓和了下来，大家协商的结果是，生产商们必须交损耗费。他们最终都交了这笔费用，并且在后来发生火灾时，都是使用“总体平均评估”方法解决，也没有遇到太大的阻力。时至今日，这些做法依然流行。至 1871 年底，帝国运输公司成为石油业效益最好并受到尊重的公司之一。

帝国运输公司的主要对手是宾夕法尼亚运输公司，该公司起源于油区铺设的第二条输油管道。这条管道由亨利·哈利建造，他整整花了十年才保持住油区最有名人士之一的地位。哈利是一位土木工程师，毕业于特洛伊工艺学院，有段时间在胡莎克隧道公司担任重要职位，任赫尔曼·豪普特将军的助手。1862 年，他开始对石油业感兴趣，一开始从事的是石油销售，之后在西弗吉尼亚做石油贸易。1865 年，他铺设了一条输油管道，从油溪资源最丰富的油场之一通往铁路。该项目取得成功，由此，哈利与他的合作伙伴 W.H.艾伯特共同开发了一个重要的运输系统。艾伯特是全国最富裕、最有活力的人之一。1868 年，伊利铁路公司的董事长杰·古尔德急于增加石油运输量，控股艾伯特-哈利输油管道，任命哈利为伊利铁路公司的“石油总代理”。现在，哈利、菲斯克和古尔德紧密联系在一起，三个人着手进行了一系列大胆且可以说是海盗式的石油投机活动，大大激怒了油区同行。他们在泽西市附近建起了一家炼油厂，借以拓展他们的输油网络。1871 年，当他们以宾夕法尼亚运输公司的名义重组时，大概已控制了该地区任何一家公司拥有的最长的管道里程数，然后激烈地与帝国运输公司争夺货运业务。

在石油业的发展史上，没有什么比 1872 年前石油人为了石油销售而设计出的商业机器更有趣。1862 年，持有“千桶油井”的石油人陷入了困境。因为缺乏储油库，他们不得不马上出售石油，或者被迫放任石油自流。没有交易所、没有市场、没有电报，甚至附近都没有可以安排销售的邮局，他们只能干等买主上门。这些买主都是来自不同城市炼油厂的代理商，或者是纽约的原油出口代理商。如果路况不是太差，他们就会骑着马在油井之间到处逛逛，路况差时则改换步行。一旦看中某一口油井，他们就会停下来讨价还价，确定购买的数量和把油运走的困难程度。当时买油者就是运油者，按惯例，需要由他们提供油桶或船把油运走。没过多久，因为购买量的巨大波动，石油贸易的投机性也随即增强，从而引来了一群掮客整天沿着油溪上下走动。当铁路通进来后，火车成为买卖双方的交易总部。因为沿着油溪前进的火车几乎会在每一个油场停靠，这样的交易方式更容易把控。事实上，这些火车成为某种流动的石油交易所，在这里，进行着一大部分石油贸易的讨价还价。

1869 年，掮客和买主们率先在石油市组建交易总部，但早在 1866 年，纽约市就已经有了一家石油交易所。泰特斯维尔直到 1871 年才有了第一家交易所。至此，各大输油管道公司已经开始给他们接收的石油颁发证书，一定程度上，石油贸易就是这样完成的。生产商把石油送入某一管道，石油获得的证书上显示了管道公司按生产商的信用度所持有的油量，一旦销售完成，就交换证书，而一旦有人需要石油，就递交证书，方法简单，而且相较以前便利许多。

石油人特别自豪的一大成就是提升了油区的精炼油能力。一开始，把精炼油设备运到油溪的困难非常大，以至于大量的原油被迫要运到最近的制造城市——伊利、匹兹堡、克利夫兰。也有许多原油被运到滨海地区，波士顿、纽约、费城和巴尔的摩都承担了大量的炼油业务。油区人有种强烈的使命感：油应该在自己的地盘上炼！在通铁路前，油区人反反复复做出了许多英雄般的努力，试图把必要的精炼油设备运进来。按常理，要先通过水路，把设备从匹兹堡运到石油市，这里虽然没有码头，但在油溪泥泞的沙滩上有临时的货物集散地，然后，再通过难以描述的烂路，将设备从石油市拖曳到指定地点。把设备运进来要花几个星期、甚至几个月的时间。精炼油的化工制品、装油的油桶，所有这些都要从外面运进来。神奇的是，即便在这样的条件下，依旧有人试图在溪边精炼油。不管怎样，炼油厂最终还是建起来了。而且通铁路后，新建的炼油厂越来越多。至 1872 年，油区的日精炼油能力几乎达到了 10,000 桶。但是，油溪边现存的炼油厂中，设备完备的，或者说赢利的只有两三家。有几家炼油厂增建了油桶工厂，酸性物质要就地炼制，石油市和泰特斯维尔的制铁工厂承诺马上满足钻井者和精炼油者的需要。当地的新闻媒体和民众都兴奋不已，认为他们为世界精炼石油的日子很快就会到来，与石油相关的一切都应该在他们狭窄的溪谷里出现。克利夫兰、匹兹堡，乃至其他滨海城市，都必须放弃精炼油业务。炼油业属于油区，而石油人就是想把该行业拿下。

油区的一大明显趋势是，许多石油人倾向于整合石油业的不同部门。几家大的石油生产商已着手经营运输公司，处理自己乃至别人的石油运输。皮尔斯-内哈特公司就是一家在19世纪六七十年代初如此经营双重业务的著名公司。J.J.范德格里夫特，前面提到过，他是第一批敢吃运输螃蟹的人之一，但他早就对石油生产产生了兴趣。输油管道获得成功后，他开始铺建管道线路。此外，他又建设了一家大型炼油厂，即石油市的帝国炼油厂。至1870年，范德格里夫特上尉不仅生产、运输和提炼自己的石油，还大量运输和提炼他人的石油。在当时，油区某家炼油厂通过自己的管道把石油直接输送到自己的工厂已司空见惯。在1872年，泰特斯维尔有一家名叫奥克塔夫的炼油厂，通过约一英里长的管道将其精炼油输送到铁路。虽然此时大多数炼油厂都是把产品出售给经销商或出口商，但是，直接与新的地区接触以构建市场，已逐渐成为各大生产商考虑范围内的事情。比如，1872年，泰特斯维尔的奥克塔夫炼油厂租赁了一艘油轮，满载石油，并由自己的代理负责，将石油运往南美洲各大港口。

石油人面临的不只有物质层面的困难，他们不仅要征服一片荒漠，或是开发一种新产品。早期艰苦奋斗的岁月里，他们头上一直笼罩着南北内战的乌云。他们远离外面的世界，以至于内战爆发，萨姆特堡沦陷四天了，他们也不知道。在得知这一消息后，他们对哗哗流油的油井失去了兴趣。当李将军至少两次入侵宾夕法尼亚州时，整个石油业都停工了，人们放下钻机、丢弃油泵、关闭炼油厂，随时准备反击入侵者。他们因战争而被征税——1865年，税额涨至每桶10美元——原油1美元，精炼油为每加仑20美分（通常每桶为42加仑）。为响应征兵的号召，他们一再放弃政府给他们的人员配额。当内战结束后，上百万人留在了宾夕法尼亚州，这个小地方吸收的军人，可能比美国其他任何地方都多。士兵得以优先安排工作，他们受到各大石油公司的欢迎，公司还会根据他们的战争记录，分配相应价值的股份。整个油田到处都是中尉、上尉、少校甚至将军，石油人感觉非常自豪，并且像往常一样，到处吹嘘他们有多少士兵和多少军官。部队突然解散后，他们都要在油田谋生了。

南北内战给油区带来灾难，1870 年普法战争也使得石油的国外市场支离破碎，整个石油业蒙受巨大损失。麻烦还不止如此。从一开始，石油人就得与油价的疯狂波动抗争。1859 年，油价为每桶 20 美元，1861 年，每桶均价为 52 美分。两年后，也就是 1863 年，均价为 8.15 美元，到了 1867 年，则只有 2.4 美元。在头十二年里，不曾有过稳定的油价。当石油供应似乎趋于稳定的时候，"野猫式"的盲目钻井就会再次出现，由此油价又会"撞到市场的谷底"。这样的波动对投机商而言是自然现象。他们来得早，收购了大量石油并囤积在油箱里，等待高价出售。如果囤积了足够多的石油，或者油区产量下降，油价自然会上升，然而一旦囤积石油被大量抛售，油价只会下跌。生产商们自己也会囤积石油，虽然这样做并不完全是为了自己的私利。1871 年，在麦克雷油场发生了一起极具历史教训的囤积事件。该油场是当时油区产量最大的油田，油价一直在每桶 3 美元上下波动，但麦克雷发誓低于 5 美元不出售。他大量购买、租用并自建铁制油箱装油，最后，他囤积的油量高达 200,000 桶。石油泄漏、蒸发等使他损失惨重，不仅如此，他还要交税，但麦克雷顽固坚持，4 美元不卖，4.5 美元也不卖，甚至到了 5 美元，还不出手。不久之后，油区迎来了灾难性的时刻，随之而来的是"美元石油"①。最终，麦克雷不得不以每桶 1.2 美元左右的价格抛售囤积的石油。面对这样的价格波动和原油的投机行为，可以看出，要发展一个产业，不仅需要勇气，还要有点赌博的劲头。当然，如果不是源源不断地流入，且明显是有选择地流入该地区的资金流，这个产业可能永远也发展不起来。1865 年，莱特估算，油区的运作资本为 100,000,000 美

① 译者注：指每桶 1 美元的石油。

元。1872 年，石油人声称其运作资本为 200, 000, 000 美元。据预测，在该产业的头十年，石油业几乎有 50, 000, 000 美元的投资。

各个石油公司的投机行为也是石油业发展的一大毒瘤，这种投机行为在 1864 年和 1865 年达到顶峰——这两年正是石油行业的“丰裕期”。公司股票被到处兜售，其价值几乎不值证书上的印花税。1865 年 3 月，在纽约阿尔巴尼存档登记的石油公司总资本为 350, 000, 000 美元，而 1864 年、1865 年两年，光在费城，就成立了 1000 家石油公司，大多数都是皮包公司。这些骗子公司往往冠以美国军队知名军官的名义，因为当时内战即将结束，将军们的名字是最受欢迎也是最有说服力的。当然，神话很快破灭。1866 年，“石油泡沫”爆发，正是油区那种无法遏制的疯狂态势，使得石油行业进入了恐慌当中。

来自国外的竞争也对石油业的发展产生了不利影响。试想，如果国外也发现了大量的石油，他们会怎样？1866 年，当政府发布国外的石油业发展报告时，一场市场萧条注定要发生。石油人认为，如果在日本、中国、缅甸、波斯①、俄国、巴伐利亚，拥有政府报告所说的大量石油，那么，宾夕法尼亚的石油就一直会有麻烦，一天之内，市场就可以崩溃——只需要一天。但是，19 世纪 60 年代的油区人总是忘记这点。

1871 年，石油人才开始逐渐认识到另一个行业毒瘤——各大铁路公司正在实施的邪恶的运费歧视制度。至 1872 年，有三条铁路干线在争夺石油运输——宾夕法尼亚铁路公司，它已经租下费城-伊利铁路，另外，还有伊利铁路公司和中央铁路公司（后者已深入油区，通过湖滨-南密歇根支线从阿斯塔布拉通到石油市，该支线于 1868 年竣工）。宾夕法尼亚铁路公司声称，石油运输是其自然享有的权利，因为油区位于宾夕法利亚州，这难道不正是汤姆·斯科特②控制的那个州吗？伊利铁路公司在过去五年一直被一些“强盗”牢牢控制，如杰·古尔德和“吉姆”·菲斯克。他们尽其所能地争夺石油运输，其使用的方法往往是海

① 译者注：现在的伊朗。
② 译者注：宾夕法尼亚铁路公司董事长。

盗式的。“逼入绝境”和“套住对方”是他们抢生意的惯用伎俩，且不止一次地将这些伎俩运用于肆无忌惮的石油投机之中。当时的中央铁路公司对伊利铁路公司发动了著名的绝地反击，①如同纽约州的大多数物产一样，海军准将范德比尔特也将伊利铁路公司视为自己的囊中之物。这三条线路早在 1868 年就公开地在石油运费上使用私下回扣的方式来抢夺货源。这种私下交易发展到 1871 年时，一些大生产商、炼油商，或者采购商都能够恐吓货运代理商给出特殊运费。“里面的人”“能拉到生意的人”也可以得到特殊运费。造成的结果是，只有那些懵懵懂懂的、弱势的人，才会执行公开运费。

尽管问题非常严峻，但石油人一点都不泄气，也不退缩。他们决定要把“石油泡沫”吹破。他们开始整治交易中的掮客们，并制定严厉的规章制度束缚他们的行为。他们碰到倒霉的“枯井”也不气馁，遇到发财的“自流井”也不兴奋，学会了冷静和沉着，不再畏惧外国的石油从业者。对待每一个行业毒瘤，他们都胸有成竹，甚至对待各个铁路公司，也毫不畏惧，并豪迈宣称，如果不终止价格歧视行为，他们将筹建一条自己的铁路。确实，1871 年，石油业出现的各种问题不仅没有打击石油业，反而刺激了它的发展。他们心无他念，只有奋斗——十二年的发展并没有冷却他们为了公平而斗争的热情。

头十二年里，油区人所做的不仅仅是开发一个新的产业。一开始，石油人就胸怀雄心壮志，要让照亮地球的石油为他们正在聚集财富的这块荒蛮之地带来文明，改变该地区的群氓环境，创造一个秩序井然的社会。讨厌野蛮，首先要把一夜之间兴起的粗俗社区里的文明市民集中在一起。出于激情，威士忌经销商和妇女云集于这一地区。他们一开始住在到处游弋的平底驳船的小棚屋里，之后来到劳斯维尔——这里都是一些架在泥泞平地上的松木小屋和石油井架，曾经是地球上最荒凉最破烂不堪的城镇，如今，他们为了贸易而团结在一起。劳斯维尔意味着体面的生活。这里让他

---

① 译者注：伊利铁路公司是典型的投机工具，当时在华尔街和伦敦滥发股票和债券，而丹尼尔·德鲁控制的伊利铁路公司董事会一直坐庄操纵其股票股价。中央铁路公司的范德比尔特认为这明显是在向他宣战，发誓要不择手段予以反击，若控制不了伊利董事会，即实行收购。

们感到自由,也让他们获得了体面。其他城镇纷纷效仿。在居民的一致同意之下,恶习大部分被限制在某个镇上。在那里,留出了整整一条街办舞厅和沙龙,那些要"寻欢作乐"的人就得到石油中心去享受了。

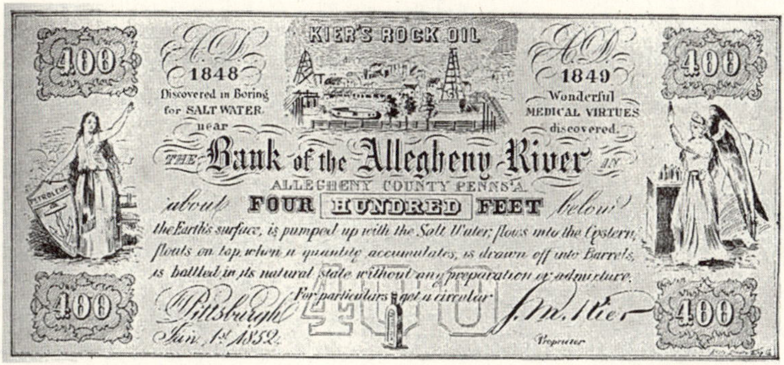

S.M.吉尔在宾夕法尼亚的塔伦特姆附近钻盐井时所提取的岩油的广告单复制品

费贡达斯——一座典型的石油镇

要获得体面就必须办学。为了摆脱恶习,他们需要老师。孩子们十分可怜，找不到可以学习的地方。这些石油人奋斗的目的虽然是为了发财，但也正是他们，保证了每个居民点都配备了一个教师小屋。不久之后，教堂也建起来了。信仰的统一是为了未来的发展。一开始，社会管理的每项安排都经过了仔细设计。没有警察，每个人都要负责看管做坏事的人；没有消防员，每个人都要学会拿木桶装水灭火；没有银行，每个人不得不尽自己所能把钱保管好，直到一家来自匹兹堡的银行到了这里，才帮他们解决了存钱的问题。据说，一位富裕的名叫艾格伯特的外科医生，一度在家里存了1,800,000美元的现金。1861年劳斯油井的火灾，首次暴露了石油火灾的风险。这次火灾导致19人丧生，许多人受伤。没有医院，伤者在妇女们的小木屋里得到了精心照料。由于需要照料的家庭很多，在很长一段时间里，这些小木屋人满为患。

为了摆脱贫困、建立秩序，他们花了十年时间，不仅发展了商业组织，同时也建立了社会组织。泰特斯维尔，这座德雷克曾在其村外掘井的小村庄，现在已经是一座拥有10,000居民的城市了。它拥有一座剧院，1871年，克拉拉·路易丝·凯洛格[①]和克里斯丁·尼尔森曾在这里演唱，乔·杰斐逊[②]和雅纳斯切克曾在这里演出，温德尔·菲利普斯[③]和辛普森主教曾在这里演说；它拥有两份畅销的报纸和无所畏惧的报社；它拥有的学校可以培养人考上大学。石油市的情况也不相上下。两座城市之间建起了一串生机勃勃的小镇，许多油区的人都过上了体面的社区生活。哥伦比亚油田为其雇员建立了图书馆和阅览室；建立了一所很好的学堂，每逢周日上课；还有拥有一支在油区颇有声誉的哥伦比亚乐队。

时至1872年开春，在油区生活已不仅仅是一时的权宜之计。生活舒适体面且有秩序，社交活动和受教育的机会也很多。这是让油区人引以为傲的发展，就像他们曾经为石油业以史无前例的速度发展感到骄傲一样，总体来说，这里的状况令人满意。

---

① 译者注：克拉拉·路易丝·凯洛格(1842—1916)，美国著名女歌唱家，其演唱的歌剧风靡欧美。

② 译者注：乔·杰斐逊（1829—1905），出生于演员世家，是19世纪美国最著名的喜剧演员之一。

③ 译者注：温德尔·菲利普斯（1811—1884），演说家、律师，美国著名废奴主义者。

没有人比石油人对油区的成就了解得更全面。没有人会像他们一样为这里的成就大声欢呼。“在这十年里，”他们总喜欢这样说，“我们白手起家，把石油业发展到年产量达6,000,000桶。我们发明和设计出这个新兴产业所需要的所有设备、器械和图纸。我们投资了200,000,000美元并养活了60,000人。为提高石油供应，我们每个月可以掘挖100口新井，平均每口耗资6000美元。在美国的出口额中，我们位列第四。我们开拓了海外市场，覆盖了世界上的每一个文明国家。”

但是，按照他们的说法，他们现在所做的一切只是万里长征的第一步。这些人过得红红火火、欢天喜地。他们依然年轻，大多数人不到40岁，都是刚学会使用权力的年轻人，用自己的满腔热情展望未来，那是充满了奋斗和发展的未来。他们将会解决过度生产、铁路歧视和投机等所有复杂的问题，尽力满足自己所需，将炼油业引入它该去往的地区。他们将把自己的城镇建成世界上最漂亮的城镇。对他们来说，没有什么是奢望，没有什么是不敢想、不敢做的。但是，就在他们信心满满的时候，一只巨手不知从哪里突然伸了出来，窃夺他们的成果，扼杀他们的未来，对他们行业发起突然和阴险的攻击，公平游戏的观念被搅了个底朝天。整个油区奋起抗争，其阵势在美国商业历史上独一无二。

第二章

美孚石油公司的崛起

约翰·D.洛克菲勒首次接触石油业——他在克利夫兰的早期经历——第一批合伙人——1870 年 6 月组建美孚石油公司——洛克菲勒能干的合伙人——铁路公司在石油业实行货运歧视的初步证据——发现那些通常给予大货运主的折扣——秘密联合的初始计划——南方发展公司——与铁路公司签订的秘密协议,提供折扣和退款——洛克菲勒及其合伙人强迫克利夫兰炼油商要么加入这一新的联合体,要么出售产权——该计划的流言传到油区

1872 年,油溪精炼油的主要竞争对手来自俄亥俄州的克利夫兰市。自 1869 年以来,该市的精炼油年产量超过美国其他任何地方。克利夫兰市沿着沃尔沃斯和金斯贝里溪岸而建,城市中大量充满恶臭的垃圾经常被倒入溪中。在 19 世纪 60 年代初,这里就已经有二三十家炼油厂了。为什么它们会建在这个距离采油点足足 200 多英里的地方呢?看看铁路运行图就知道了:通过铁路和水路,克利夫兰市操控了整个西部市场。它有两条铁路直通纽约,都用于运油。而伊利湖及运河在一年的大部分时间里都能承接大宗廉价的水路运输。由此,就在石油业开启之时,克利夫兰从地理位置上就注定了会成为精炼油中心。

大家都看到了克利夫兰的这个优势,蜂拥而至争抢机会。严格来说,石油投资是有风险的。原油供应不一定充足,而且,即使原油供应充足,也不一定有稳定的精炼油市场。但是,在 19 世纪 60 年代,吸引人们进入石油业的并不是某个肯定的结果。财富在全国上下飞速流通,大家都拜倒在财富的石榴裙下。石油人还未能成功,他们依旧在追逐财富。克利夫兰的许多人都试图在某家炼油厂试试运气,正如油区成

千上万的人试图在石油业一试身手一样。到1865年,克利夫兰市已有30家炼油厂,资本约达1,500,000美元,日产量约2000桶。工厂数量还在迅速增加。1866年,克利夫兰贸易局报告给出的数据显示,至该年年底,当地炼油厂已达到50家,而且,凭借地理优势,它们发展飞速,规模甚至超过了匹兹堡。至此,克利夫兰成为炼油业的中心。如果铁路和水路的运输者们像宾夕法尼亚铁路对匹兹堡的石油一样,采取自由、公平的运输政策,那么,凭借其天然优势,克利夫兰注定会成为美国最大的精炼油中心。1868年,贸易局欣喜地报告,克利夫兰已生产近300,000桶石油,这一产量与匹兹堡一样多。到了1869年,克利夫兰炼油业的发展已超越所有对手。"克利夫兰宣布已取得石油生产业的龙头老大地位,可以非常合理地推断,这个地位将会保持一段时期,"贸易局如此评论道,"投资炼油业,每年都看得到更大的资本回笼、更大的能量和更大的成功。虽然有些灾难性的火灾,但克利夫兰人有强大的决心为这种最重要产品的质和量建立不可撼动的声誉。克利夫兰对该行业的总投资不到4,000,000美元,但产品总值不会少于15,000,000美元。"

在克利夫兰的年轻人中,有一群生产代理商,他们一开始就目光紧盯炼油业,一旦该行业显示出可持续发展的合理性,就积极参与进来。他们都是一些精明的商人,其中一位更是具有超凡的商业眼光。这个人名叫洛克菲勒——约翰·D.洛克菲勒。他第一次涉足石油业的时候,只有23岁。而且,他已经牢牢地在该行业站稳了脚跟,通过自身努力专营石油。从一开始,他就善于瞄准划算的生意,而且很会存钱。他曾在一场针对年轻人的关于商业成功之道的座谈中,告诉他们,他是如何学会这些对赚钱非常有用的课程的。做划算生意的习惯是从为他父亲购买堆积材①时学会的:"我知道了1考得②优良的山毛榉和枫木是什么样子。我父亲告诉我,只选那些直木,不选有枝条的或者朽木。这

① 译者注:堆积材指以考得为单位出售或堆垛的薪炭材及小木料的层积材,一般为锯成4英尺长的木材。

② 译者注:考得,木材的层积单位,一般为128立方英尺,约为3.6246立方米。

对我就是一个很好的训练，我不需要父亲或者别人告诉我1考得木材有多少立方英尺①。”

从此，他学会了“投资的价值”：“在那些快乐的，且对我非常有帮助的早期经历中，有一次，我为邻居挖了好几天土豆——他是一位勤奋节俭的农场主，地里有大量的土豆。我当时大概是十三四岁，从早忙到晚，每天劳作10小时。但当我一点点攒钱的时候，我意识到，按当时纽约州的法定利息7%放贷，50美元所赚的年息相当于我挖100天土豆所赚的钱。我越来越明白，应该把金钱当作我的奴隶，而我不应该成为金钱的奴隶。”在此，我们知道了一个金融业的基本原理。

洛克菲勒13岁的时候，他父亲从他的出生地，纽约州中部的农场搬到俄亥俄州克利夫兰附近的一个农场。洛克菲勒在克利夫兰上了三年学。1855年，他开始自谋生路。那年的西部生活异常艰辛，这个小伙子整天在街上晃荡，寻找工作。正当他打算放弃，准备到乡下去的时候，机会来了。就如洛克菲勒曾经对克利夫兰主日学校的学生所说的：“好运来了挡也挡不住。那天，我走到码头，又投了一份申请。我被告知，如果我饭后能到场——他们想看看我是否有能力为他们工作。饭后我去了，并得到了这份差事，就这样，我继续留在了这座城市。”他做的是店员和记账员的工作，这并不是什么肥缺。因为宗教教义的教诲，洛克菲勒有一本小账本，他经常把账目记在上面。账本上显示，1855年9月26日至1856年1月，他赚了50美元。“就这点钱，”洛克菲勒告诉主日学校的年轻人，“我付了洗衣工和房东阿姨的费用后，就只剩一点点积蓄了。”

事实证明，他是一位充满才干的会计——早晚都会成功的那种，能洞察一切、记住一切，但从不乱说。1856年，他的月薪涨到了25美元，但他仍与过去一样，总是“把赚的一点钱存起来”。1858年，他终于等到机会，把所有积蓄投资出去。在他的熟人圈子中有一位年长他12岁的英国人，名叫M.B.克拉克，为了摆脱在英国的窘迫生活，20岁时，他来到

① 编者注：1立方英尺约为0.028立方米。

美国寻求发财的机会。1847 年,他抵达波士顿,身无分文、举目无亲,花了三个月的时间才赚够前往俄亥俄的钱。在这里,他获得了在美国的第一份工作,后来干过杂役、伐木工,还当过马夫。最后,他终于成功留在了克利夫兰,成为各家作坊中有价值的人,还上了夜校,赚到了一些钱。

Roby Frank, cabinet maker, bds 17 Johnson

BOBY E.W. & CO. (Edward W. Roby anD. William H. Keith), wood and coal, C.& P.R.R. Coal Pier, and Merwin n Columbus St. Bridge

Rochert Conrad, h 175 St Clair

Rock John, bar keeper, bds 11 Public Square

ROCKAFELLOW JOHN J., coal, C.& P.R.R. Coal Pier, h 183 Prospect

Rockefeller John D., book-keeper, h 35 Cedar

Rockefeller William, physician, h 35 Cedar av

Rockett Morris, rectifier, h 182 St Clair

Rockwell Edward, Sec.C. & P.R.R., bds Weddell House

1857 年俄亥俄州克利夫兰城市介绍中的片段。这是约翰・D.洛克菲勒的名字首次出现在城市介绍中。1859 年,洛克菲勒成为克拉克-洛克菲勒公司的一员。

克拉克和洛克菲勒志趣相投,1858 年,他们将积蓄聚拢到一起,在克利夫兰码头开了一家产品代销公司,这次投资成功了。当地历史学家对克拉克和洛克菲勒的记录显示,他们第一年经营了一家市值 450,000 美元的公司。随后,内战爆发,两位合伙人都没有上前线,他们全力以赴,抓住机会从事大宗军需物资的供销业务。比军需物资供销更赚钱的,也是大多数人发现有暴利可图的,正是石油行业,而克拉克和洛克菲勒正开始考虑从事这一行业。所以,1862 年,当一位名叫塞缪尔・安德鲁斯的精力十足且颇具实力的英国人,请求他们支持他开办一家炼油厂的时候,他们二话不说,投资了 4000 美元,并许诺如有必要,将继续增资。安德鲁斯是一位机械奇才，他设计出新的工序，生产出的石油越来越好，从原油中提炼出的精炼油也越来越多。这个小小的炼油厂规模迅速扩大，克拉克和洛克菲勒马上又投资了约 100,000 美元在该项目上。此时，克利夫兰正成长为精炼油中心。在 1860 年还有些赌博性质的炼油业，到了 1865 年已成为该城最有前景的行业之一。这还仅仅是开始——洛克菲勒这样想道。当年，他出售了其代销公司的全部股份，把钱全部投到洛克菲勒-安德鲁斯石油公司里。

在这家新公司里，安德鲁斯负责生产，而推广和销售产品的任务则落到了洛克菲勒身上。从一开始，洛克菲勒就收获了巨大的成果。他天生节俭，讨厌浪费和混乱，对别人的指手画脚和不必要的干预反感，于是开始大刀阔斧地清理公司的这些恶习。其他炼油厂放任自流的残渣物，他都会收拢出售。废铁最终都会被卖到废品店里去。他从各大油井直购石油，自制油桶，关注每一个环节，节约每一点材料，谋划每一个步骤。他斤斤计较、讨价还价的能力成为克利夫兰说书人的谈资。他轻声细语、不卑不亢，迈着缓慢的步子，对每个人的每一项业务都细心关注。他总是孜孜不倦地讨价还价，直到以有可能的最低的价格买到他需要的货物。“约翰总是在交易中赚大便宜。”克利夫兰的老人们对此津津乐道，虽然他们说起此事时面带笑容，但面部不时会有一阵抽搐。“滑头”“抠门的小子”是大家对洛克菲勒的描述。谈好买卖是他生活的乐趣所在。“我曾看见约翰·洛克菲勒热情四射的样子，”有人曾经这样告诉笔者，“当时从油溪传来消息，说他的买手以比市场价低得多的价格购得一船石油。他尖叫着从椅子上跳起来，手舞足蹈，接着紧紧抱住我，并随手把帽子抛出，看起来就像一个疯子，这让我终生难忘。”

他不仅会讨价还价，还很会借贷。公司的资金有限，随着业务的扩大，他们经常需要资金应急，有时还要填补资金缺口，借贷是必须的。对此，洛克菲勒几乎没有失败过。从克拉克和洛克菲勒合作做产品代理时开始，在克利夫兰就流传着一个故事，形象地描述了洛克菲勒的借贷方法。有一天，一位著名的富商跨进公司办公室，要求见洛克菲勒。

他正好外出，克拉克接待了来访者。“克拉克先生，”他说道，“当洛克菲勒回来，你可以告诉他，我考虑用他需要的10,000美元以我的名义投资贵公司。我仔细考虑过了。”

“天啊！”克拉克惊呼道，“我们并不需要10,000美元的投资。约翰刚出去只是想借到5000美元就可以了。”

事后证明，为了借到他预计的5000美元，洛克菲勒告知这位先生，他和克拉克需要10,000美元的投资。

“而且，好笑的是，”经常谈及这段经历的克拉克说道，“即使我不小心道出内情，约翰还是借到了这5000美元。哦，他就是你见过的最会借钱的人！”

他的个人情况到此介绍完毕。公司随着克利夫兰石油业的发展而迅速扩展，第二家炼油厂威廉·A.洛克菲勒联合公司建成了。他们吸纳了一位新合伙人H.M.弗拉格勒，并在纽约开了一家石油销售店。在所有这些公司中，约翰·D.洛克菲勒是老大。最后，1870年6月，在他积极参与炼油业的五年之后，洛克菲勒把旗下的所有公司合而为一——美孚石油公司成立了。这家新公司的运营资本为1,000,000美元。投资方分别是约翰·D.洛克菲勒、亨利·M.弗拉格勒、塞缪尔·安德鲁斯、斯蒂芬·V.哈克尼斯和威廉·洛克菲勒。①

洛克菲勒-安德鲁斯公司在三四年中取得的巨大进步，主要归功于洛克菲勒超强的讨价还价和借贷能力。接着，洛克菲勒的主要竞争者们开始心生怀疑。他们说，约翰·洛克菲勒可以不时地买到廉价石油，他们却经常无法做到这点。他可能是签订了某种协议，而竞争者们对此既无耐心也无兴趣；或者说，他可能拥有一位不同寻常的机械师和充满才干的天才合伙人。但所有这些无法解释他全部的成功。他们相信，他们购买石油的价格与洛克菲勒相差无几，而且他们知道，他们生产的石油也和他的一样好、一样实惠或者可以说更加实惠，他们的石油售价也并没有比他的高多少。洛克菲勒的优势到底在哪？只有一处或

---

① 见附录2号：美孚石油公司注册活动概要。

许可以说明问题，那就是运输。他一定是从铁路公司拿到了比他们更优惠的运费。1868 年或 1869 年间，一家名叫亚历山大-斯科菲尔德公司的竞争者，长期经营石油业，从创立起就一直生意火爆，创建者对其精炼油方法、经济效益和员工活力也非常自豪。该公司先是通过大西洋-大西部铁路公司，后来通过伊利铁路公司运输石油。他们经常会有些怨言。“你们给别人的运费比给我们的更优惠，”该公司的代表亚历山大说道，“如果你们那样做，我们就无法与其他公司竞争。”而铁路公司的代理对此并不否认，只是同意也给亚历山大回扣。这种安排有点滑稽。从油区到克利夫兰，每桶油的公开运费通常是 40 美分，每个月底，亚历山大要给铁路公司每桶 40 美分的凭单，但要以现金的方式从铁路公司拿回每桶 15 美分的回扣。这种运费上的让步只适用于从油井运出来的油。运往东部的油他就根本拿不到回扣。① 根据亚历山大的证词，大西洋-大西部铁路公司给的从油区到克利夫兰的回扣到 1871 年为止，之后这一体制终止。但是，在 1871 年下半年，该公司从油田运油出来时，首次从湖滨铁路公司拿到回扣。

还有一位克利夫兰人，名叫 W.H.唐恩，从事原油运输。他也在大约同一时间，像亚历山大一样，怀疑美孚石油公司正在拿回扣。唐恩一直抵制“回扣业务”，但他不可能按照美孚石油公司除去回扣所支付的低价来给客户提供原油，并且他也不会拿任何回扣。当各大铁路公司青睐洛克菲勒的说法在克利夫兰广为流传时，他登门拜访了铁路公司代理商。“我告诉他们，我不会要任何回扣，除非别人都在拿。如果别人拿了，我就拿。当时，他们给了我 10 美分的回扣。”唐恩说这种安排只持续了很短的时间。在他说这些话时——1872 年春天——他已经两年没有得到任何回扣了。

何时开始给克利夫兰各家炼油厂商回扣、谁获得第一批回扣以及为什么有回扣呢？一个更重要的证据存在于 1880 年实行的这一运费歧

① 1872 年，亚历山大在美国众议院贸易委员会上的证词。

视政策当事人的宣誓书中。[1] 这个人就是德弗罗将军,他于 1868 年接替阿玛撒·斯通的位置,担任湖滨铁路公司副董事长。德弗罗将军说他涉足石油运输始于他在湖滨铁路公司工作期间。他上任后在办公室发现的有关石油的唯一备忘录里,记载着克利夫兰 25 家精炼油公司的代表们一致同意,从油区钻出的原油,每加仑向他们支付 1 美分。德弗罗说,他马上发现关于石油运输有一堆麻烦的问题需要处理。25 家公司间的竞争刀光剑影,而宾夕法尼亚铁路公司又在对石油运输"申请专利",竭尽全力要把匹兹堡和费城变成主要精炼油中心。油区也在吹嘘自己将是世界未来的精炼油中心。所有这些让状况变得一团糟,按照德弗罗将军的说法,"当时克利夫兰的精炼油能力非常有限"。从这句话可以看出,他对该行业是多么的陌生,因为,正如我们早已发现的,1868 年,克利夫兰就已有了较强的精炼油能力。当年,有 3,000,000—4,000,000 美元被投资到炼油厂,提炼的石油量既不低于纽约市的 35,000 桶,也不亚于匹兹堡的 300,000 桶。克利夫兰的石油人曾吹嘘,第二年他们的产量将超过其竞争对手,事实上,他们也做到了。

德弗罗将军需要考虑的一点是,他是否能够接受宾夕法尼亚铁路公司给出的运费,以及要给湖滨铁路公司增加的运量。该铁路有一条支线通往宾夕法尼亚的富兰克林市,离石油市数英里远。由此,他得出结论,正如其宣誓书中所言:"随着宾夕法尼亚铁路公司竞争性的抵制,一场史无前例的争斗将会发生。宾夕法尼亚铁路公司制定这样的运费率和安排,并在石油市、泰特斯维尔和其他地方的公共媒体广泛宣传,说克利夫兰作为精炼油中心,将会像海绵一样被挤干。"德弗罗将军说,当地的所有炼油商都感到惊恐万分,纷纷来找他,说他们要么不再精炼石油,要么就迁到泰特斯维尔或油区的其他地方。洛克菲勒、安德鲁斯和弗拉格勒则是例外,他们要他保证,湖滨铁路公司能够而且必须像宾夕法尼亚公司一样提供廉价运输,并建议坚守克利夫兰阵地,在这条线

---

① 见附录 3 号:詹姆斯·H.德弗罗的誓书。1880 年,他是纽约-宾夕法尼亚-俄亥俄铁路公司董事长。

路上杀出一条血路。由此，在阿玛撒 · 斯通之前与各位炼油商商定的运费标准上，德弗罗将军给了美孚石油公司回扣。为什么他不同样降低运费以安抚其他 24 或 25 家炼油商的恐惧心情呢？这没有在宣誓书中体现。不管怎样，回扣有了，且正如我们所见，马上遭到其他炼油商的怀疑，其他人也要求回扣，而且在某些时候也获得了回扣。但一般来讲，回扣只针对那些从油区运出来的油。亚历山大声称，往东部的运输从来没有享受类似的低运费率。铁路公司对他的态度是，只要他的运量和美孚一样多，就能享受同样的低价，否则免谈。而 1870 年，美孚石油公司的日产量大约是 1500 桶油，其炼油厂规模是克利夫兰最大的。虽然也有几家旗鼓相当的竞争者，但它依旧凭借强大的产量获得了特殊优惠。“铁路作为公共运输工具，无权对客户区别对待”这条规定虽然没有明确写进法律，但当时大家都是这样遵守的，现在却以一种貌似有理的方式被规避了。不管洛克菲勒的竞争对手们是否愿意接受这一现实，回扣都在继续执行，若要争斗，他们也得按照这一法则来。

1870 年美孚在东部运输中到底拿了多少回扣，现在无法说清。亚历山大说他拿到的运费率从来没有低于每桶 1.33 美元，那么，我们大致可以推测，在克利夫兰，美孚的运费是 90 美分。然而，弗拉格勒，作为该公司唯一一位就此问题受到审查的成员，他提交的 1870 年美孚石油公司与湖滨铁路公司的协议显示，当年的运费从 1.2—1.4 美元，再到 1.6 美元不等，随季节而定。当被问到这个运费中是否有退款或回扣时，弗拉格勒回答道：“根本没有。”

从前文可以看出，对 1870 年克利夫兰的石油业发展感到满意的人似乎是洛克菲勒。他的公司是全国最大的精炼油中心里最大的，也就是说，在克利夫兰的 24 或 25 家炼油厂日产的 10,000—12,000 桶油中，他独占了 1500 桶。克利夫兰不仅是全国最大的精炼油中心，而且发展迅猛——1868 年，从这里运出 776,356 桶精炼油，1869 年 923,993 桶，1870 年 1,459,500 桶，而 1871 年则达到了 1,640,299 桶。① 洛克菲勒不

① 根据 1871 年克利夫兰贸易局的报告。

仅掌控了一个繁荣行业里处于最繁荣中心的最大的公司,而且掌握了一家效率高得惊人的公司。1870 年,他把与他有关联的各个公司联合为一体,笼络了一批杰出人才。毫无疑问,塞缪尔·安德鲁斯是克利夫兰最能干的机械总监。威廉·洛克菲勒,约翰·D.洛克菲勒的兄弟,不仅是位精力旺盛、聪明绝顶的企业家,而且还是一位万人迷。他心胸开阔、乐观幽默、善于讲故事,就像一匹骏马,善于辨别方向。正如约翰的一些生意伙伴认为的,威廉不是太忠诚,但也无需对他感到怀疑或害怕,这就像许多人对约翰的看法一样。今天油区的老石油人都会告诉你他们是多么喜欢他,他过去常常到石油市为克利夫兰的公司采购石油。威廉·洛克菲勒的个人品质过去是而且一直是美孚石油公司的一笔巨大财富。该公司中能力仅次于约翰·D.洛克菲勒的人或许是亨利·M.弗拉格勒。如其他人一样,他也年纪轻轻,而且同他公司的领导一样,对金钱有种痴迷。在他还是一个孩子,需要艰难地自食其力时,就已开始像他的老板一样,学会了某些赚钱的手段。在扩张公司的过程中,他总是不知疲倦,善于发现机遇、抓住机遇。他从不怀疑对其有利的协议背后是否有悖商业道德。成功,也就是赚钱,是其做出判断的标准。像约翰·D.洛克菲勒一样,他并不是一个严守秘密的人,也不是一位梦想家,但必要时他可以守口如瓶,因为他知道一个发财梦在他面前的价值。对每一个与年轻的美孚石油公司打交道的人来说,他们都认为该公司可以繁荣昌盛起来,而公司的人也知道它一定能发展起来。确实,在 1870 年,已经没有任何东西可以阻止美孚石油公司——并不是说石油业还是老样子,而是因为整个公司员工的精神状态都脱胎换骨了。

有了这样一支优秀的团队,以及从油溪边的石油采购人员到纽约的出口代理商的一条龙架构,外加任何对手都没有的运输优势,1870 年的洛克菲勒应该是心满意足的。但实际上,洛克菲勒一点都不满意。他是一位遇事沉着、做事小心、守口如瓶的人,不仅能够洞察事物发展可能出现的所有机会,同时也会看到可能存在的危险。而且,作为游戏中的玩家,他时刻在研究那些可能会威胁其至尊地位的其他公司可能发生的联盟。克利夫兰的这25家对手——怎样才能够马上并永远将他们挤出局？不知怎的，他与合伙人一直在构思一个大胆的想法——要利用联合的优势。如果他们把克利夫兰那些正在与他们竞争的大炼油厂吸收进来，并买断那些工厂的产权，其他对手将如何应对？随着讨论的继续，这种想法越来越强烈。最后，他们有意地给一些对手消息进行试探。但除了克利夫兰，还有其他地方的竞争对手，那就是油区的各大炼油商，他们就在各大油井附近。这种地理优势究竟能起到多大作用？在那里，精炼油业务正在以越来越大的规模继续着，油区的产油量升至每天10,000桶——该产量可以与纽约媲美，已经超过了匹兹堡的4000桶，与克利夫兰的产量不相上下。油区的这些人总是大肆宣称：他们正在为世界精炼石油。他们自吹是个石油王国，最终将主宰整个石油业，并要求克利夫兰和匹兹堡的炼油商们要么关闭他们的炼油厂，要么搬到油区来。在这场野心勃勃、自吹自擂的竞争硝烟之中，宾夕法尼亚铁路公司又给他们加了一把火，该铁路公司是油区最大的石油运输商。面对这种竞争，美孚石油公司能坚持多久？

还有一件让洛克菲勒非常关心的事，就是如何保持克利夫兰精炼油中心的至尊地位。这其中的关键在于湖滨铁路和纽约中央铁路。假如大宗的炼油业都在油区完成，那么，这两条铁路有可能会失去一项有利可图的业务。目前的石油运输形势要比1868年德弗罗将军首次给美孚石油公司回扣时严峻得多。紧接着，宾夕法尼亚铁路公司试图通过其贪婪的帝国运输公司，重点争夺“石油运输的专营权”；伊利铁路公司的争夺也越来越有进攻性。古尔德和菲斯克已充满激情、肆无忌惮地参与到业务争夺中了。他们正在与帝国运输公司唯一一个大的竞争对手——宾夕法尼亚运输公司联盟。他们在泽西市附近建起了一家炼油厂，精明地利用该新兴行业的所有投机手段。

随着各大铁路线之间的竞争加剧，铁路公司开始更加随意地给予回扣，不计后果，而炼油商们也更加坚持地要求回扣。到了1871年，行业发展到了如此程度：每一个炼油商都在怀疑对手的回扣拿得比自己多。这导致货运代理商不停地围绕回扣多少讨价还价，而这些大的运输公司一般会根据货运量的多少给予相应的回扣。显而易见的是，一旦拿回扣的行为被大家默许，为了显示公平，调整回扣金额的唯一办法就是按照货运量的多少来决定回扣的等级。

在这种竞争环境下，纽约中央铁路公司要保持最大的油运规模，就必须不停运行。湖滨铁路公司货运总代理彼得·H.华生开始特别关注这一问题。华生是一位能干的律师，曾在玩命的斯坦顿[①]麾下服役，担任陆军部助理部长一职，表现优秀。内战后，他被任命为湖滨-密歇根南部铁路公司货运总代理，后来成为该线路通往油区支线的董事长。他主要在宾夕法尼亚的富兰克林有石油股份，所有石油人都对他很熟悉。他是洛克菲勒的商业伙伴，与时任湖滨-密歇根南部铁路公司董事长W.H.范德比尔特的女婿郝内斯·F.克拉克交往密切。既然美孚石油公司是克利夫兰最大的货运主，且从湖滨铁路公司获得了德弗罗将军描述的特惠条件，华生自然要经常咨询洛克菲勒，希望其保持并增加货运量。同样的，洛克菲勒也会利用其影响力，强化华生对游戏规则的理解——最大的货运主应该享受最好的运费。

还有两座城市像克利夫兰一样，也在担心油区会崛起为精炼油中心。它们是匹兹堡和费城。洛克菲勒和华生发现，在这两个地方有些炼油商强烈支持遏制油区发展的计划。但是，当地理位置的威胁成为这些先生持此观点的首要基础时，一些超越地理位置的麻烦也浮现了出来，那就是整个炼油业的生态问题。炼油业目前的发展在许多细节问题上都无法令人满意。首先是过度生产的问题。精炼油的巨大利润及市场见长的需求驱使大量人对石油生产趋之若鹜。当时，机器每次生产的精炼油能力是3桶。可以肯定的是，几乎没有几家工厂的机器会全年运转。当时，即使是在一些最繁忙的炼油厂，也总是有一些蒸馏炉不在运转。在如此情形下，还是有大量的精炼油产出，实际上供过于求，精炼油的价格持续下跌。1865年，洛克菲勒进军炼油业那一年，他出口的油价平均为每加仑58-3/4美分，而到了1870年，只有26-3/8美

① 译者注：美国南北战争时期联邦政府陆军部部长，激进的废奴主义者。

分。1865 年，除运输、生产、装桶、市场推广的成本，以及自己谋取的私利外，每加仑可获利润 43 美分；到了 1870 年，除去这些开支，利润只有 17-1/8 美分。不用说，1865 年至 1870 年之间，他的生产成本下降了很多，但利润也同样大大下跌。炼油商数量的增加加剧了行业竞争，迫使他们还要继续降低价格。看到竞争越来越激烈，利润持续走低，洛克菲勒及其朋友们自然很郁闷。

还有一个令美国炼油商揪心的问题是出口贸易的生态问题。自发现石油以来，十二年里，石油出口额上升到美国出口额中第四位。每年都有大量的石油运往国外，但外国人一开始需要的是原油，而不是精炼油。也就是说，他们发现，进口原油在本国提炼，价格比从美国购买精炼油更便宜。为了鼓励国内炼油业的发展，法国甚至对美国精炼油征税。

1871 年秋天，当洛克菲勒及其朋友们正在为这些问题焦头烂额的时候，某些宾夕法尼亚炼油商，具体是谁不确定，向他们提出了一个宏大的计划，大意是秘密成立一个足够大的炼油商和货运主的组织，说服所有运油的铁路公司给这个组织提供固定的特别回扣。如果他们得到这样一笔回扣，该组织以外的竞争者明显无法与他们长久竞争，他们最终自然会成为唯一的炼油商。那么，他们就可以按照实际需求限制产量，并把油价抬起来。如果这招成功了，他们就可以轻易说服各大铁路公司不运输出口原油，这样，外国人也不得不购买美国精炼油了。他们相信，出口油价因此将可以提升 50%。而精炼油利润的提升也对原油价格有益。既然他们是唯一的买主和卖主，该行业的投机性自然会消失。简而言之，他们设计的这一计划可以将整个石油业控制在自己手里。看起来，这个做法的结果诱人，操作起来也简单。弗拉格勒曾表示，他和洛克菲勒都不相信这一计划。① 但是，当发现他们的朋友彼得 · H.华生及费城和匹兹堡其他有类似困扰的同行对该方案深信不疑

① 见附录 4 号：亨利 · M.弗拉格勒就南方发展公司给出的证词。

时，他们马上着手组建了这样一家公司——当然是秘密进行的。这个方案旨在把几十家公司运营的业务集中到一家公司的手里，而且要通过铁路公司违背其章程精神来操作才能完成集中化运营，所以，若要保证有效运营，就必须仔细操作，滴水不漏。

当下的首要之事是获取执照——当然也是静悄悄地进行。1871 年晚秋，在费城召开的一次会议上，一位股东朋友向洛克菲勒提到，有一块清算中的地产正在挂牌出售，一旦购买，持有人有权在任何地区以任何方式从事任何业务，而且，可以在本州法律下注册登记，其后裔还可以优先购买。这个机会立即被洛克菲勒抓住，公司注册名称为“南部（往往写成南方）发展公司”。一开始，它就只是个名字，因为没有透露出任何信息。

一拿到执照，洛克菲勒、华生及其同事们开始寻找加盟者。为了确保计划不会因为大家提前公开讨论而流产，他们请求接触的每一个人都要保密。在透露任何信息之前，每个人都必须填两份保证书，保证书后来被刊登出来了，第一份刊登在《纽约论坛报》上，内容如下：

> Ⅰ.A 和 B 双方：谨以我的尊严和绅士的信誉、诚信承诺，我将对我可能与南方发展公司发生的所有交易严守秘密；即使没有与上述公司达成任何买卖，所有前期会谈内容也将保密；最后，我将不会泄露产品价格以及其他任何可能曝光该公司内部运作或构架的事实。上述所有承诺均出于自愿。
>
> 本人签字：
>
> 证人签字：

第二份保证书登载在《南方发展公司志》上，内容如下：

> 签字者必须保证以下神圣而有尊严的承诺：未经 Z（南方

发展公司董事长的名字)的允许,不能就他传递给他们,或他们中间任何人的有关南方发展公司的任何信息与任何人交流。

本人签字:

证人签字:

计划的发起者们备受鼓舞:1872 年 1 月 2 日,当成员们第一次以新公司的名义在费城聚会,并把公司交付给各大股东时,他们声称,在某种程度上,他们代表了全国大部分炼油业从业者。会上,公司的股份被分成 2000 股,每股 100 美元,其中 1100 股被认购,20% 的款项当场缴清。但在这次会议上到底是哪些人持股,笔者没有查到。同时,他们也就什么样的炼油商才被允许加入这家新公司的问题展开了讨论。每个代表都有想要照顾的朋友,经过广泛讨论之后,会议决定,吸收他们能够吸收的所有炼油厂。这一决定主要得益于那些铁路公司老板。该公司的计划一成形,华生就发现,他们一致同意,如果要给回扣或退款,那么,所有现有的炼油厂都必须按同一标准被吸收。也就是说,当公司创办者企图扼杀除自己和朋友以外的所有人时,各大铁路公司就会拒绝加入这样一个将任何人排挤在外的方案——他们一旦加入这一计划,对象就必须包括整个炼油业。这个计划将有条件阻止未来任何人进入这个行业。

1 月 2 日会议结束后,南方发展公司的剩余股份很快就被认购完毕。完整的股东名单,包括他们的持股数,具体如下:

威廉 · 弗鲁,费城 ………………………………………… 10 股
W.P.罗根,费城 ………………………………………… 10 股
约翰 · P.罗根,费城 ………………………………………… 10 股
查尔斯 · 洛克哈特,匹兹堡 ………………………………… 10 股
理查德 · S.沃林,匹兹堡 ………………………………… 10 股

W.G.瓦登，费城 ………………………………………… 475股
O.F.沃林，匹兹堡 ………………………………………… 475股
P.H.华生，俄亥俄州阿西塔布拉 …………………………… 100股
H.M.弗拉格勒，克利夫兰 …………………………………… 180股
O.H.佩恩，克利夫兰 ………………………………………… 180股
威廉·洛克菲勒，克利夫兰 ………………………………… 180股
J.A.博斯特维克，纽约………………………………………… 180股
约翰·D.洛克菲勒 …………………………………………… 180股

共计2000股①

华生被选为该新联合公司的董事长，来自费城的W.G.瓦登当选秘书。我们将会注意这样的事实：该公司的持有最多股份的个人分别是W.G.瓦登和O.F.沃林，各自持有475股。在南方发展公司里占最大股份的公司是美孚石油公司，J.D.洛克菲勒、威廉·洛克菲勒和H.M.弗拉格勒，都是该公司的股东，每人拥有180股——合起来等于在该公司占有540股。不久后，O.H.佩恩和J.A.博斯特维克也成为美孚石油公司的股东，他们各自持有180股，这样，洛克菲勒及其合伙人总共持有900股。

南方发展公司再三声明，他们代表着全国大部分炼油业务。该公司的发起者们在与各大铁路公司打交道时也要使这些铁路公司确信事实就是如此。然而实际上，上述在联合公司持有股份的十三位先生所掌控的炼油业务在1872年不超过全国的十分之一。该行业的日总产量大约为45,000桶——按瓦登的说法，应该在45,000—50,000桶之间——而南方发展公司各大股东的日产量合起来不会超过4600桶。所以，他们使各大铁路公司相信他们控制了整个行业，只是在表达他们的

① 股东名单由时任南方发展公司秘书的W.G.瓦登向国会调查委员会提供，该委员会于1872年3月至4月对瓦登和华生进行了质询。

愿望,而不符合事实。

公司的组织架构完成了,接下来就是与各大铁路公司签约。有三家铁路公司对此感兴趣:通过连接湖滨-密歇根南部铁路直通油区的中央铁路公司;伊利铁路公司,与大西洋-大西部铁路联合,有一小段线路同样经过油区的心脏地带;宾夕法尼亚铁路公司,与阿勒格尼河谷-油溪铁路相连。被争取到的铁路大亨有:中央铁路公司的W.H.范德比尔特、湖滨-密歇根南部铁路公司董事长H.F.克拉克、伊利铁路公司的杰·古尔德、大西洋-大西部铁路公司董事长G.B.麦克莱伦将军、宾夕法尼亚铁路公司的汤姆·斯科特。公司领导者们使各大铁路公司老板相信所有炼油商都会加入该联合公司后,说服这些铁路公司老板加盟似乎没有任何困难。然而,这都只是口头承诺,并没有写入他们签订的协议中。瓦登本人于三个月后站在受命调查该方案的国会调查委员会证人席上亲自澄清了这一重要事实。瓦登说:"我们也与多家铁路公司就运费回扣问题进行了长时间的讨论。他们不愿给出回扣,除非我们能吸收所有炼油厂,并且一视同仁。"

问:你说你们向铁路公司提过建议,而他们愿意在所有炼油厂都加入的情况下,给予你们回扣?

答:不,先生,我说的不是这个意思。我是说,这是我们在就这一问题与他们讨论时达成的理解,并不是我们的建议。他们在讨论这个问题时,不是提出建议,认为全部的炼油厂都应被纳入我们公司,而是从公司成立的意图和决心出发,认为一开始就应该达成这个结果。在这件事情上,我们没有其他目的。

问:假使你们能够吸纳所有炼油厂,铁路公司会提出给予你们运费回扣吗?

答:不,先生。不是以那种形式。我们准备把所有炼油厂吸纳进来,所有相同的条款均适用。我们需要获得回扣,这是我们与铁路公司协商的内容。除非我们能吸纳所有的公司,否则他们不会给我们回扣，而我们告诉他们，我们能做到这点。各铁路公司的协议就是与我们签订的。

问：但如果你们确实组建了一家公司，吸纳了所有的炼油商，你们就会获得运费回扣吗？

答：不管怎样，我们总是有回扣的。不过，所有参与进来的炼油商都能享受这样的特权。

问：就是说，无论他们是否加入，你们都会有回扣吗？

答：是的，先生。

“对那些没有参与联合或者合作的人，这些安排会产生什么影响？”调查委员会主席问道。

“我认为，我们不需要考虑这个问题。”瓦登回答道。

反对与该公司签约的第二大阻力来自宾夕法尼亚铁路公司的斯科特和帝国运输公司的波茨。他们反对的理由是该计划没有考虑到石油生产商——整个炼油业必须依靠他们。斯科特坚定地认为，计划不可能会成功，除非他们考虑到石油生产商的利益。瓦登强烈反对与石油生产商联合。“生产商的利益某种程度上与我们是对立的：一个是卖家，另一个是买家。我们有充分的理由认为，只要他们控制好自己的产量，就有足够的能力照顾好自己那块业务。”然而，斯科特的反对是如此强烈，以至于南方发展公司各成员最终让步，并以向石油生产商建议的方式，用铅笔起草了一份协议草案，该草案从未正式呈现，似乎主要是用于安抚斯科特的情绪。

说服工作进展顺利。1月18日，宾夕法尼亚铁路公司董事长J.埃德加·汤普森亲笔签订协议，接下来不久，范德比尔特和克拉克代表中央铁路公司签字，杰·古尔德和麦克莱伦将军代表伊利铁路公司签字。这些先生们签字的协议确定了总运费率，从油区内被称为“共同交割点”的各主要货运点到所有大的精炼油和货运中心——纽约、费城、巴尔的摩、匹兹堡和克利夫兰。譬如，到纽约的原油公开运费率是2.56美元。以此价格，南方发展公司可以收取1.06美元的运费回扣；但它得到的不仅是这笔回扣：未加盟的其他公司在运输原油时，运费中的一部分也要交给南方发展公司。

从克利夫兰到纽约的公开运费率是2美元，其中50美分要交给南方发展公司，同时，南方发展公司还能再获得一笔回扣，使其运费只要1.5美元。克利夫兰一位独立的炼油商曾支付每桶原油80美分的运费，将原油从油区运到其工厂，而铁路公司要将其中40美分给南方发展公司。同时，南方发展公司让联盟中的克利夫兰炼油商以每桶40美分的价格运输原油。类似的退款和回扣同样针对其他城市——匹兹堡、费城、波士顿和巴尔的摩。

协议中一个有趣的条款是，经各大铁路公司运输的所有石油的运单必须每天送到南方发展公司。这自然是为了方便他们了解到底谁在其公司之外做石油生意——做了多少，和谁在做。他们不仅全面掌握了所有货运主的业务，而且借此知道了各大铁路公司的运输记录。

协议各方同意：如果有人要进行石油运输，并可以提供与南方发展公司同样的运量、同样的条件，那么，铁路公司也可以给他们同样的退款和回扣，但为了确保该计划不流产，各家铁路公司必须在"法律许可的范围内"全天候地合作，"以避免南方发展公司因竞争带来的损失与伤害，导致业务无法盈利"。同时，"各铁路公司及其联运铁路的运费率应在法律许可的范围内，根据当时的情况以及克服竞争的需要，相应提高或降低。支付给甲方的回扣与退款，随着运费率的变化而以相同的比例变化"。①

各大铁路公司给出这些特权的理由是，南方发展公司期待实现的"扩大石油业和深化行业的运作"的目标，将会极大地提高各铁路公司的利益，有望刺激他们的业务发展。各大铁路公司获得的明显优势是拥有了正常的货运——宾夕法尼亚铁路公司承担45%的东部石油运输业务，伊利铁路公司和中央铁路公司各承担27.5%的业务，而往西部的油运则在它们之间平均分配——运费率固定，免去了以前令他们非常

---

① 南方发展公司与宾夕法尼亚铁路公司的协议，1872年1月18日。

纠结甚至可以说是灾难性的随意降价。也就是说，在石油业中，声称将囊括整个炼油业的南方发展公司正在起着杠杆平衡作用。①

1872 年 1 月 2 日，南方发展公司的构架完成了。"公司与会并投票的全体股东一致同意并决定"②，将克利夫兰的美孚石油公司的资本从 1,000,000 美元增至 2,500,000 美元。股东数较 1870 年增加了五位，分别是 O.B.詹宁斯、本杰明·布鲁斯特、杜鲁门·F.汉迪、阿玛撒·斯通和斯提尔曼·威特。后三位是总部设在克利夫兰的一家或数家铁路公司的官员或股东。增资后三周，握有南方发展公司的执照和协议的洛克菲勒，打算看看这些东西在帮他实现克利夫兰精炼油大规模联合上能起多大作用。当时，这座城市共有 26 家炼油厂，其中有些规模非常大。在过去三四年里，由于各大铁路公司实行有利于美孚石油公司的运费歧视政策，他们多多少少都感觉到了其不利影响。洛克菲勒开始一家一家走访这些炼油厂，向他们解释南方发展公司的意义。"你们看，"他告诉他们，"这一方案马上就要实施了，这意味着我们将绝对控制石油业，外面的人将没有任何机会。但是，我们准备给每个人提供加盟的机会。你们可以把你们的炼油厂交给我的评估师，我将按照我们的报价，给你们美孚石油公司的股份或者现金，随你们挑。我建议你们拿股份，这对你们有利。"有些炼油商对此表示反对。他们不想出售自己的工厂，只希望自己经营。洛克菲勒虽然感到遗憾，但态度很坚决。他告诉这些犹豫者，抵制是没用的。如果他们不接受他的提议，他们的炼油厂肯定会垮掉，而且，他还详细、温和地指出这项计划的真正好处——防止油区的炼油商破坏克利夫兰的炼油业，还能够结束竞争，提高油价，消除投机。这确实是对石油业有好处的一个宏伟计划。

这就是洛克菲勒的观点，来自不同人的大量证词都证实了这点，他们迫于压力，最终都接受了洛克菲勒的建议。洛克菲勒的兄弟，弗兰克·洛克菲勒在 1876 年就这一点给出了最确凿的证据，当时，他和其他

① 见附录 5 号：南方发展公司与宾夕法尼亚铁路公司之间的协议，1872 年 1 月 18 日。

② 见附录 6 号：1872 年美孚石油公司股本金增资至 2,500,000 美元的申请书。

人试图影响国会的州际贸易立法。

“我们在克利夫兰一度有约30家公司，但南方发展公司成立后，这些克利夫兰的公司被告知，如果不把产业卖给南方发展公司，那么他们自己的公司将会变得一文不值。铁路公司将会和石油人联合在一起，他们会尽可能去收购所有的公司，未能成功收购的公司将会变得一文不值，因为这些公司毫无与南方发展公司抗衡的能力。结果就是，30家公司中只有四五家没有出售。”

“（你们）从谁手里获得这些信息的？”调查官问道。

“从美孚石油公司的官员那里。他们对此直截了当、毫无顾忌。他们说：‘你们不把产业卖给我们，你们的产业将会一文不值，因为我们已经与铁路公司有了特惠协议。’”

“你有没有亲耳听到公司高管说过你刚刚说的话呢？”弗兰克·洛克菲勒被如此问道。

“我曾听洛克菲勒和弗拉格勒这样说过。”他回答。

W.H.唐恩，我们前面已引用过他第一次做克利夫兰的石油生意时关于回扣的证言，他在洛克菲勒采取大动作后几个月专门成立的调查克利夫兰炼油业真实情况的国会调查委员会面前说道：“这些炼油厂都被美孚石油公司买光了，他们是被迫出售的。铁路公司提高运费，美孚恐吓他们。这些人都跑到我这里来，说他们没法继续干了。他们变得心神不定，财产就这样被剥夺了。”唐恩自己的公司，一家专门运输原油的公司，也完全垮了，其客户的公司也仅留下了一家，其余的都卖出去了。

面对同一个调查委员会，亚历山大-斯科菲尔德公司的亚历山大道出了他出售公司的理由：

有种压力一直萦绕在我心头，克利夫兰几乎全民都在从事石油行业，而这给我们的感觉是，作为炼油商，我们实际上被扼杀了。若不全部出售，加入南方发展公司，我们的公司将会一塌糊涂。我的合作伙伴，黑威特先生，曾经与南方发展公司的人谈判过，他们要我们识时务，至少我的合伙人是这样转达给我的，如果我们不接受这种安排，将被挤出石油行业。他要我亲自去和他们谈，但我跟他说，无论出于何种目的，我都不会与该公司的人进行交易。而且我以前也从来没有和他们做过交易。最后，我们亏本出售了公司。没办法，市场上只有一个买主，我们不得不按照他们的条件出售，不然只能破产，摆在我们面前的现实就是这样。据说，他们与铁路公司有协议，只要他们愿意，凭这份协议，就可以把我们打趴下。在了解相关的具体内容后，我感觉，与其与这样一家垄断公司斗，还不如从该行业退出，甚至可以不计成本。我想，在我们对炼油厂投资的资金上，每 1 美元只收回了 40—45 美分。我们光去年就投资了 50,000 美元，最终收到的全部金额也就差不多这个数。而在这之前，我们已经花了 60,000—70,000 美元。我们认为，我们工厂的价值按现金算，应该值其成本的 75%。根据我们的估价，我们的炼油厂值 150,000 美元，但我们只卖了大约 65,000 美元，只有其价值的 40%—45%。我想，我的买主是南方发展公司的股东之一洛克菲勒先生，他是那家公司的董事。虽然名义上是卖给了克利夫兰的美孚石油公司，但以我的理解，他们是把它并入南方发展公司的。我现在陈述的内容都是我的合伙人告诉我的，整个交易都是他做的。他说，所有这些工厂最终都会被并入南方发展公司。就这一问题，我本人没有与南方发展公司任何成员有过交谈，我不屑与他们有任何关系。

亚历山大提到的负责整个炼油厂出售谈判的合伙人黑威特，于 1879 年在纽约州参议院的一个调查委员会接受质询，回忆了当时的情况。据他描述，当大家逐渐知道南方发展公司"已经抢夺了从西部到滨海全部石油运输权"的时候，克利夫兰的整个石油业都瘫痪了。黑威特去见过各条铁路公司的货运代理商，拜访过 W.H.范德比尔特，但没有从任何人那里获得任何令人高兴的信息。随后，他拜访了湖滨铁路公司的董事长彼得·H.华生，这家公司也在为虎作伥。“华生先生不置可否，”黑威特说道，“我没有得到任何满意答复，除了‘你最好卖掉公司——最好清空——最好卖光——其余的无能为力’。”过了一段时间后，黑威特和其合伙人的结论是，他们确实“对此无能为力”。为此，他去见了洛克菲勒，后者出价是在公司原本建设费用上每1美元只能兑现50美分。这一出价最后被接受。黑威特毫无办法，该公司给出的价格似乎早就板上钉钉。当他们移交公司产业时，洛克菲勒建议黑威特选择在新的联合公司里占股。“他告诉我，”黑威特说，“如果我持有股份，其收益足够我家人一辈子吃用，当我问到理由时，他做出了解释，我记得原话是：‘我有你们根本不懂的赚钱之道。’”

有几位炼油商曾在屈服前抗争过。其中一位是马克·汉纳的叔叔，汉纳-巴斯林顿联合公司的罗伯特·汉纳。1869年7月以来，汉纳一直从事精炼油业务。他说过去赚了不少钱，第一年的投资就足足赚回了60%，之后也有30%。1872年2月的某天，美孚石油公司要求和他及他的合伙人会谈，说要收购他的工厂。“但我们不想卖。”汉纳反对道。“按照我的判断，你们再也赚不到钱了。”洛克菲勒说道，“你们没办法与美孚石油公司抗争。现在，我们拥有所有大的炼油厂。如果你们不卖，面临的结果就是被挤出局。”汉纳和巴斯林顿对此不服气。他们去拜访了南方发展公司董事长华生、湖滨铁路公司的一位官员以及湖滨铁路公司的经理德弗罗将军。他们被告知，美孚享受的是特殊运费，与他们竞争是徒劳无功的。德弗罗将军向他们解释说，美孚享受的特权是大货运主对小货运主相较而言的合法而又必需的优待，如果汉纳-巴斯林顿联合公司能够像美孚石油公司一样，给铁路公司提供同样的运量，他们也可以享受相同的运费率。德弗罗将军说他们“意识到这一解释的得体性”。汉纳和巴斯林顿当然能感受到这一解释后代表的权威。他们表示，愿意接受无法再享受能够维系他们生存的克利夫兰运费的事实，“不情愿地”卖光了资产。卖光资产一定是不情愿的，因为他们已经在炼油厂上花费了75,000美元，平均每年的投资利润是30%。

但美孚的评估师只给了他们45,000美元的估价。“若在运输线路上能够公平诚实地竞争,这个估价确实不到真实价值的一半。”八年后,汉纳在一份誓言书里这样说道。①

在美孚石油公司与南方发展公司的联手威逼利诱之下,克利夫兰所有独立的石油公司在不到三个月内几乎全部垮掉了。26家炼油厂中,至少有21家出售。而在这三个月中,美孚石油公司的日产能力却从每天不超过1500桶飙升至每天10,000桶。通过各种手段,美孚石油公司逐渐掌控了美国超过五分之一的精炼油能力。② 接下来与其竞争的独立炼油商是纽约的索恩-弗莱明公司,生产能力为日1700桶。美孚石油公司的生产能力超过了整个油区,比纽约州所有炼油商加起来的生产能力都强。它总是鬼鬼祟祟地进行着某种谋取权益的交易,以至于连克利夫兰最神通广大的人都不知道他们在干什么。所有交易的完成都遵守洛克菲勒的重要经营之道之一——“沉默是金”。

当洛克菲勒在克利夫兰奋力谋取“石油业的福利”的同时,他在其他地点的合伙人也忙得不亦乐乎,其中匹兹堡的查尔斯·洛克哈特和费城的W.G.瓦登尤为积极,虽然他们都没有像洛克菲勒一样,获得全面彻底的好处。当他们再三告诉各大铁路公司,所有的炼油商都会加入这一计划,且就在瓦登称他们“在这件事上没有任何其他目的”之时,南方发展公司各大股东的目的已经昭然若揭。毫无疑问,再过一段时间,

---

① 见附录7号:乔治·O.巴斯林顿的誓书。

② 根据亨利的《石油早晚期的历史》,1872年美国的精炼油能力分布如下:

计量单位:桶

油区	9231
纽约	9790
克利夫兰	12,732
匹兹堡	6090
费城	2061
巴尔的摩	1098
波士顿	3500
伊利	1168
其他点	901
总计	46,571

这一宏大的计划将会成为现实。接下来，在前进的道路上出现的两大无法预见的人性的特征，将会阻碍这个宏大计划的执行。第一个特征源自人的愤怒。有人知道了美孚石油公司的计划，想要加入，但董事们都对他表示怀疑：因为他一直关注公司投机，并与曾经在其他方面伤害过公司董事们利益的伊利铁路公司做生意。董事们不想让他享受公司中的任何好处。当他确信自己无法加入该计划时，便把计划的真实情况告诉了油区人，希望以此进行报复。一开始，油区人拒绝相信他，但没过几天，另一个人性的特征出现了，证明了流言的真实性。南方发展公司与各大铁路公司一致同意的运费率表被送到了湖滨铁路公司的货运代理商手上，但还没有下令付诸实施。这位货运代理商有个儿子当时正处于弥留之际，他将公司业务交由其手下打理。在离开办公室时，由于悲伤令他分心，他忘记告诉手下，办公桌上的新运费表源自一份秘密协议，要在所有安排都完成之后才会下令生效。2 月 26 日，其手下在不知道运费表真正含义的情况下，就将其付诸实施了。这些独立的石油人听到运费被抬高了几乎一倍后十分惊讶。他们不再需要其他证据来证明那些广为流传的阴谋流言的真实性。现在，油区是否会如克利夫兰屈服于美孚石油公司一般，屈服于南方发展公司呢？情况还有待进一步观察。

第三章

1872 年的石油战

油区奋起反抗南方发展公司——石油生产商组织联盟——针对南方发展公司各成员及相关铁路的石油封锁——1872 年的国会调查及文件公布——对南方发展公司的公开讨论及公众的谴责——铁路官员与石油生产商协会委员会的协商——华生和洛克菲勒拒绝承认协商结果——铁路公司撤销与南方发展公司的协议并与石油生产商协会签约——对南方发展公司的石油封锁升级——石油战正式结束——洛克菲勒继续获得回扣——其宏大计划依然顺利推进

直到 1872 年 2 月中旬，油区人才听到一些有关为他们谋“福利”的计划。一个令人不安的传言开始在油溪地区流传。运费正在上涨，现在，光是货运单的增加就可能会毁了一个人的公司，甚至，可能毁灭整个油区。传言说，新的运费就是这个目的，将更多地覆盖石油业所有部门的边际利润。各大铁路公司不会把原本提出的运费率用到每个货运主身上。他们同意给刚刚才听说的一家公司——南方发展公司——比新公开的运费率低得多的特别运费率。这只是一个传言，而且许多人并不相信。铁路公司为什么要毁灭油区，去帮助建设一个外地的公司呢？

但事实开始被曝光。唐恩，前面提过的克利夫兰货运主，说在事先没有任何通知的情况下，2 月 22 日，他从油区到克利夫兰的运费突然从每桶 35 美分涨到了每桶 65 美分，每节车皮运费增加了 24 美元。[1] 组

---

① 《南方发展公司兴衰史》，W.H.唐恩的证词，第 45 页。

约精炼油公司埃尔斯-伦巴第联合公司的约西亚·伦巴第在石油市为其公司采购石油。他们的炼油厂月产量约12,000桶。从石油市到布法罗的运费以前是每桶40美分,但在2月19日涨到了每桶65美分,几天后,从沃伦到纽约的运费由每桶87美分涨到了每桶2.14美元。伦巴第一直被蒙在鼓里,直到纽约总部通知他运费太高,他们没有能力支付并想知道到底怎么回事时,他才知道运费涨了。①

1872年2月26日早晨,石油人读了他们的晨报后才知道,一直威胁着他们的运费最终还是上涨了,而南方发展公司所有成员的运费都没有上涨。看到这则新闻,石油人都冲向街头,没人有耐心去询问邻居对此的看法。每个人嘴里都重复着一个词,那就是"阴谋"。用当地的俚语来说,就是"一颗水地雷正在填充那个计划"。

在宣布运费涨价后24小时内,3000名情绪激动、手足无措的石油人聚集在泰特斯维尔的歌剧厅。人群中有生产商、掮客、炼油商、钻井人和泵油工人。从他们举的旗子上的口号就可看出他们的愤怒:"打倒阴谋家""绝不妥协""绝不放弃货运"。三天后,更大规模的集会在石油市爆发,人们的情绪更加激动,气氛充满火药味,随时可能会打起来,这样的情况一直持续。他们当场组建了一个石油生产商协会②,保证通过60天内不钻新井、每逢周日停产等手段减少石油产量,不向南方发展公司的任何人出售石油,但他们会支持油区的炼油商和其他地区那些拒绝加入南方发展公司的炼油商。他们会抵制那些不怀好意的铁路公司,建设属于自己的铁路。他们派了一个团队到州议会,要求吊销南方发展公司的执照,同时派了另一个团队到国会,要求国会基于石油贸易受干扰的现状,对整个行业进行调查。他们还要求把这场阴谋的来龙去脉、参与的公司及其计划都写下来,印制了30,000份,分发到"所有法

---

① 《南方发展公司兴衰史》,W.H.唐恩的证词,第57页。

② 见附录8号:1872年石油生产商协会组织纲要。

院的法官、美国参议员、国会和州议会议员、全国所有铁路公司老板和著名企业家那里去，目的是曝光那些阻碍贸易自由的敌人，让所有诚实的人对他们避而远之”。

他们准备了一份93英尺长的请愿状，请求通过自由管道立法，这是他们多年来一直想要，但宾夕法尼亚铁路公司一直在阻止的事，并通过一个委员会把提案送到了州议会。数日以来，他们组织了一千人，一旦有通知说州议会有拒绝他们请求的迹象，他们就会到哈里斯堡游行。总之，几周之内，所有石油人团结一心，放下手中常规业务到处走访，目的就是要毁灭这只“大怪物”“四十个小偷”“大水蟒”，这些都是他们对神秘的南方发展公司的称呼。但奇怪的是，他们的反对和愤怒主要针对的是从各大铁路公司获得运费优惠的联合公司，而非制定了歧视价格的铁路公司。他们说，铁路公司的趁火打劫在他们的预料之中，对此已经习以为常，但他们无法容忍的是自己行业内的人也这样做。

在他们开始反击时，石油人对南方发展公司还不甚了解，除了公司的名字，以及它从各大铁路公司获得运费率优惠的事实——这一事实将会毁灭所有独立的炼油商，并能任意摆布所有石油生产商。当他们发现这是一个秘密组织，且已经在他们的眼皮子底下运营了几个星期，而他们居然一无所知的时候，更是义愤填膺。在第一次公开集会上曝光的事实，促使该地区的炼油商们纷纷交代与这只“大水蟒”打交道的过程。根据J.D.阿奇博尔德的叙述——他后来成为美孚石油公司的副董事长——他和他的合伙人在几个月前就已经听说过这一计划。传言令人震惊，独立炼油商们成立了一个委员会，试图进行调查，但他们无法获得任何证据，直到他们承诺不会泄露任何获取的信息。当确信有一家足够强大的公司已经成立，有能力强迫或说服各大铁路公司给它特别运费率，且不会将这一运费率提供给其他人的时候，阿奇博尔德说，他和他的同事找过这些铁路公司的官员表示抗议，但毫无效果。南方发展公司通过某些手段使铁路公司相信，他们拥有整个油区的资源，石油生产商和炼油商都在他们的掌控之中，所以，铁路公司只能装运他们的石油。阿奇博尔德及其合伙人曾受邀加盟该公司，但他们表示拒绝，声称整个行业都已经不公正了，他们将会抗争到底，且他们的反抗将会得到所有石油人的支持。在被告知他们之前已经签署了关于南方发展公司内容和性质的保证书后①，一提到这份保证书的内容，他们只能沉默不语。

在确信这一计划的不公正性之后，整个油区的关注的焦点自然是谁才是幕后的阴谋家。无论相关人员是否把自己看成“阴谋家”，他们似乎从一开始就认识到“要小心谨慎，不能公开参与这一计划”，在所有签字的谈判中只让一个人的名字出现，那就是董事长彼得·H.华生。然而不管南方发展公司的成员们多焦虑，华生都不会帮助掩盖这些人的真实身份。《石油城井架报》是当时最活跃、最幽默也最大胆的报纸之一，在宣布运费提价的第二天，它就开始在编辑专栏头版刊登了黑名单，且陆陆续续登载了好几天，直至他们认为名单已经完整。最后，这份黑名单被登在报纸上。

这份名单或许并不一定完整，但已足够用于继续调查。石油生产商协会已经开始针对黑名单上的公司进行他们一直呼吁的石油封锁行动，并尽可能地将影响波及各个铁路公司。所有人都拒绝给他们提供原油，即便他们出价高出市场价 75 美分到 1 美元。在一次会议上，他们被要求“要么停止非法经营，要么滚出油区”。当他们表示拒绝时，人们要求他们退出石油交易所，即便他们是其中的成员。石油封锁执行得非常严格，以至于克利夫兰的炼油厂全部关闭，整天召开工人救济会。尽管群情激愤，但整个抗议活动期间几乎没有发生打、砸、抢的行为，只是在石油战刚开始时，在富兰克林发生了唯一一次暴力事件，当时属于华生的一批石油被倾倒在地上。

---

① 译者注：指前面提到的与南方发展公司交谈之前必须签的承诺保证书。

黑名单

P.H.华生，南方发展公司董事长

查尔斯·洛克哈特

W.P.罗根

理查德·S.沃林

A.W.博斯特维克

W.G.瓦登

约翰·洛克菲勒

阿玛撒·斯通

上述七位均为南方发展公司的董事。他们都是炼油商或经销石油的商人。

大西洋-大西部铁路

湖滨-密歇根南部铁路

费城-伊利铁路

宾夕法尼亚铁路

纽约中央铁路

伊利铁路

请看看这只“大蟒蛇”里诸位的可恶面孔！

油区对南方发展公司的突然抵制，该公司的成员一开始并不感到意外。他们互相劝慰，说事情早晚会过去，他们需要做的所有事情就是冷静克制、离开油区。但抵制的状况并未消失，人们的情绪日益激动，而且还有蔓延之势。当华生的油罐被拧开时，他开始给一位朋友，也是富兰克林一位知名的银行家和石油人 F.W.米切尔写信表示抗议。整个公司都被误会了,他抱怨道。“任命一个由主要生产商组成的委员会,”他写道,“我们将向他们说明,与铁路公司的协议不仅对其他部门有利,对生产部门一样有利。饱受责难的回扣也将有利于提升油井口的油价。我们运作的整个计划从效果上看,将会促进全美石油行业合法发展。”米切尔建议华生公开到访油区,会见所有生产商。群众集会从来就不是“一个协商机构”,华生回答道,但是,如果几位为首的石油人可以到阿尔巴尼或纽约,或者任何有利于冷静调查和协商的地方,远离那种笼罩油区的激动氛围,他就会去会见他们。米切尔将这些书信公开读给生产商们听,并做出了任命一个委员会的动议,但获得的是一片抗议和讥笑。他们说,华生害怕到访油区,这些信并不是写给联盟的,它们只是私人信件,对整个机构是一种侮辱。“我们正在放下架子与这个华生打交道,”其中一人喊道,“只要他想来,任何时候都可以来参加这些集会。”“还有什么可谈判的?”另一人问道。“开启谈判,就意味着承认我们是错的。”“我们要与这些中间人合谋欺骗吗?”“他已经为我们设下陷阱,”另一个人称,“我们做不到与他打交道而没有丝毫愧疚。”该动议由此被否决。生产商停止供应石油,最终迫使南方发展公司承认石油生产商协会。公司请求任命一个委员会来与他们就妥协方案进行商讨,生产商们给予了中肯的回复。他们认为,南方发展公司意在垄断石油业。如果真的是这样,他们就不考虑向它妥协。如果他们判断有误,他们乐于得到明示,由此,他们要求该公司将如下信息公开:第一、南方发展公司组建的章程;第二、公司的条款;第三、公司官员的姓名;第四、公司与铁路公司签署的协议;第五、公司的总体管理计划。这些石油人声称:“直到我们都了解上述信息后,我们才会和强盗就其在我们家里的特权坐下来谈判。”

生产商协会并未如其希望的那样马上获得这些资料,但没过多久,他们便如愿以偿,而且还得到了比预期多得多的信息。他们任命的委员会撰写了南方发展公司的历史,并于 3 月 20 日公布报告。4 月,在这些石油人的坚持下,国会调查委员会开始着手进行调查。上述公司报告被到处传播,今天仍可看到。但国会调查委员会的调查结果没有正式公布,现在也找不到任何相关的工作记录。在调查过程中,油区的报纸进行了相关报道。在调查结束后,生产商协会在宾夕法尼亚的兰卡斯特出版了一份小册子,名叫《南方发展公司兴衰史》,其中包含调查委员会采集的所有证据。小册子印得非常少,在三四家私人藏书屋中,笔者从来没有发现任何一本。小册子中最重要的证据是董事长彼得·H.华生和南方发展公司秘书W.G.瓦登的证词。正是在这些材料中,石油人才发现,自己正在进行的石油战完全合理,并且有充分的理由要求他们赔偿自身及其他人遭受的损失。没有任何东西比公布公司章程对南方发展公司更具毁灭性的打击。正如公司董事长在接受质询时对国会调查委员会所说的:"公司章程就像某种晒衣架,把公司的方案都晾晒出来了。"事实上,这是一个非常大的晒衣架,足够把整个地球都挂起来。公司被赋予的权利是无限的。从愤怒的石油人在《南方发展公司兴衰史》中归纳并四处传播的权利清单中可以看出,说其权利无限毫不夸张[①]:

> 南方发展公司可以拥有或经营任何种类的工作、业务(仅除银行业外);可以持有和交易任何资产、动产或不动产;可以持有并经营任何租赁业务;可以签署任何协议;可以从事股票、证券和基金的交易;可以进行信用贷款和书面担保;可以操控任何公司;可以出于铁路运输或其他目的,征用其他土地;可以无限地吸收其他公司的基础设施、资产和经销权;由它经营的运输线路,或是它给予其他公司或线路的任何业务,可以毫无限制地决定其运费或运量。
>
> 它的公司股本可以自由增量或"缩水";可以随意更名和改变地址;可以在任何地方建立机构;它不仅仅是一家宾夕法尼亚州的公司,若这些条款有效,或经由其他州立法机关确

① 参见附录9号:南方发展公司(成立)特许执照。

认，它可以在任何州或准州[1]经营业务；它的董事是美国公民即可，不一定要是宾夕法尼亚州的公民；它不用对任何人负责，股东们只需要对其在公司持有的股票份额承担相应责任；董事们在行使公司特权时，也只对其在公司持有的股票份额承担相应责任；它可以控制这片大陆的业务，持有并交易数百万的资产，即便公司的核心都是腐败的；它不用对公司行为或财务状况做任何报告；它的公司记录和讨论都是机密的；它的资本无限；它的动机未知；它今天在此处，明天可能就会换地方；它控制的范围是整个国家，其业务无所不包。现在，它掌控的是石油，而且试图垄断；明年，可能就是铁、煤、棉花或面包原料。它到处都有同伙，到处授予永久性商标型号，掠夺全国各地的所有商业。

回溯宾夕法尼亚州议会通过该公司章程的过程，我们发现其并不光明正大，而且可以说有些含糊其辞。该公司成立于 1871 年，但拥有较早前的一家公司，即成立于 1870 年 4 月的宾夕法尼亚公司的所有"权利、特权、义务和责任"，而且这两家公司均是那个以"汤姆·斯科特议会"[2]闻名的机构的产物。组建该公司的法案一直到石油战爆发后才被公布，其主理者从未为人所知，关于它的票决情况也从未被记录在册。南方发展公司的建立一直处于黑暗之中。它是大约同时在宾夕法尼亚注册的几家"发展"公司其中的一家，且享受同样的商业全权委托权。

该公司的章程看起来是龌龊的，但是石油人发现，该公司与各家铁路公司签订的协议更加龌龊。这些协议使得油区的货运费上涨了一倍多，甚至超过了他们业务的边际利润，但是，涨价所得大部分收益并不

① 译者注：成为美国正式的州之前的地方称呼。

② 译者注：洛克菲勒的好友汤姆·斯科特是宾夕法尼亚的巨贾兼政客，也是当时宾夕法尼亚州议会的实际操纵者。他利用这个立法机构向一些"特殊公司"发放许可证，授权它们公开从事一些非法活动。南方发展公司就是这些"特殊公司"中的一个。由于这些公司是在斯科特一手包办下出现的，因此人们戏称它们为"汤姆·斯科特公司"，而当时的宾夕法尼亚州议会也被称为"汤姆·斯科特议会"。

是由铁路公司获得，而是被收入了南方发展公司的囊中。该公司不仅以比其他人每桶便宜整整1美元的价格运输石油，而且还从竞争者的运费中每桶收取1美元的回扣。该公司成员在接受国会调查委员会的质询时承认，仅因运费歧视，他们每年就可以获利整整6,000,000美元。各铁路公司期望从现有运费中多得到1,500,000美元，也就是说，每桶原油的成本要额外增加约1-1/4美元，这将使得炼油商不得不将批发价每加仑至少提升4美分。当石油人获知这些协议的全部文本后，他们拒绝接受南方发展公司成员的所谓公司的计划只是为了"石油业的福利"的说法。国会调查委员会也并不相信这一点。"你们成功了，就意味着因为某些原因拒绝加盟的炼油商，或者那些你们不在乎是否加盟的炼油商的破产，并且，你们将生产商完全控制在自己手中。这将产生一个任何团体都无法对抗的垄断公司。"委员会主席这样说道。当然，公司的秘书瓦登一再抗议，说他们的目的就是吸纳所有炼油商，但当他不得不承认与铁路公司签订协议时所说的情况与实际不符时，几乎已经没有人相信他的话了。此外，除了克利夫兰，没有任何地方的炼油商加入该公司，而克利夫兰的公司也一致作证，是迫于压力才加入该公司的。事实上，那些南方发展公司从未接触过的生产商也非常不看好这家公司。华生在委员会前一再声称，公司成立的目的是关照这些生产商。"协议的基本部分就是生产商们都应该加盟。"他如此说道。但这样的条件并未在协议中体现，只是有过口头表述。此外，直到油区的争端爆发，这些条件也未在与生产商们的协议中出现。调查委员会最终像石油人一样，坚持认为，无论如何，此类口头表述都不应采信。①

调查委员会收集的证词与证据中，给人留下最糟糕印象的是，有证据表明，联合的主要目的在于抬高消费者要承担的精炼油价格，虽然从一开始就没有人否认这是其目的所在。在一份意在私下传播但后来出现在各家报纸上的通知书中，解释了南方发展公司的目标，其中给出了

---

① 见附录10号：南方发展公司与阿勒格尼河及其支流流域石油生产商之间的协议草案，1872年1月。

明晰的阐述：

“各利益体联合的目的，”通知书中写道，“可以从两个层面理解：第一，至少要大规模地消除精炼油利益体之间过度且不合理的竞争现状，因为现在的精炼油能力远远大于世界的石油需求量；第二，为了避免运油到滨海地区的各铁路公司之间不合理的竞争，通过确定统一的运费标准，要求各家公司必须遵守这样的安排，以确保每条线路都能享受石油总运量中一定比例的利润，无论该线路是否运油。同时，可以肯定的是，该联合的一个显著特色将会是限制精炼油的产量。在很大程度上，这可能有助于消除严重的阶段性石油危机。同样可以想象的是，通过遏制精炼油的生产，各铁路公司将无须提供额外的设备来运输出口原油。”

1872 年 3 月 2 日，《克利夫兰论坛报》引用《石油市日报》一位作者的话说道：“这个圈子的人假装他们是从消费者那里赚取边际利润。也就是说，他们提高精炼油的价格，让他们有能力回报原油商。……消费者成了公开的受害者，因为他们必须支付一笔费用，以确保该圈子里的人能够继续他们的某种运作。而价格安全是生产商自己应当慎重考虑的事。”

该公司的股东们无论在哪里讨论这些事，总是阐述得非常详细，试图用以证明公司联合的正当性。如果精炼油的价格被抬高，该行业的所有人都能赚更多的钱。为此，公众应该愿意支付更多。

瓦登接受委员会调查时，委员会主席对他说：“换言之，拜你们的这种安排所赐，公众一年要额外多花费 7,500,000 美元。”“您指的是哪儿的公众？”瓦登说道，“或许是欧洲人在支付这些费用。”“但是，为了抬高国外的油价，你们一定会抬高国内的油价。”主席说道。瓦登承认了这一点。他说："在这里没有更好的价格，出口也就不会有更好价格。"①

华生一直争辩说抬高价格对消费者有利。但当问及如何有利时，他回答道："通过稳定贸易来实现。您会发现，所有熟悉这种贸易的人都知道，石油市场价格波动十分迅速和频繁。当这些起伏出现时，零售商对价格上涨的反应总是非常迅速，但对价格回落的反应则相对缓慢。在一个稳定的贸易市场，即便石油价格增加到2美元一桶，零售商的价格都不会增加。1夸脱仅仅增加1美分(每加仑4美分)，我想不会加到零售商头上去，因为这种价格的波动本可以避免。这是我们要达成的一个目标。"②

然而，调查委员会并不相信，一开始就让每加仑石油费用增加4美分的计划会对消费者有好处。协议中也没有任何条款解释如何避免油价的波动。油价的波动取决于原油市场的涨跌，还取决于地下开采的原油产量。南方发展公司试图使人相信，他们会吸纳石油生产商接受他们的计划，并说服石油生产商以降低其精炼油产量的方式控制原油产量，帮助油价稳定上涨，但没有任何证据证明他们的说法是诚实的，也没有任何证据证明他们认真考虑过生产商们的利益，直到油区的争端爆发。对调查委员会而言，该公司的真正企图非常像是想通过限制产量，将精炼油价格抬高到一定程度。虽然精炼油的价格不会随着原油价格下降而下降，但也没有任何证据显示精炼油的价格不会随着原油价格的上升而上升。在如此情况下，起到中和调节作用的市场波动对消费者来说似乎比华生想当然的稳定高价更好。每加仑32美分是加盟者们心目中的理想价格，虽然自1869年以来，精炼油从来就没有卖到过这个价格——1870年的均价是26-3/8美分，1871年为24-1/4美分。1871年，精炼油售价为每加仑24-1/4美分的炼油商很容易就能赚到每桶52美分——这是其投资能获得的一大利润——但是，在这一新产业的初期阶段，炼油商们赚的利润要多得多。正是为了能够继续获得原

① 见附录11号：W.G.瓦登的证词摘录。

② 见附录12号：彼得·H.华生的证词摘录。

来的高利润,他们才加盟了南方发展公司。

国会调查委员会递交并公开的公司章程和协议并没有完全揭露南方发展公司的动机,使公众相信油区人的抗议是正确的。一开始,新闻媒体和公众站在石油人一边,是因为同情他们的遭遇。大家都清楚,如果各大铁路公司如所说的那样签订了协议(事实日益明显,他们已经这样做了),这种联合只能产生一家对整个石油业绝对垄断的组织。这就是抢劫!各家报纸一片愤怒。"在支持匹兹堡和克利夫兰炼油业发展的薄纱笼罩下,"《纽约论坛报》写道,"这家公司只要简单地掐住石油运输的咽喉,就可以要求大家乖乖交钱。"如果这种做法在石油业成功了,那么,还有什么能阻止其他行业也出现这样的情况呢?为什么不能组建一家公司像操控石油一样控制小麦、牛肉、铁或钢材呢?如果这些铁路公司可以与一家公司合谋,那么为什么不能与另一家合谋呢?人们一致认为,南方发展公司对国家的自由贸易是一大威胁。如果石油人现在退却了,所有行业或许都要为他们的软弱付出代价。所以,不仅必须惩罚未来的垄断者,而且也要给各铁路公司以教训。

石油人没有想过退却。战争每天都在进行,他们的脊梁也变得越来越坚挺。这些人变得更加冷静,因为他们发现,他们的抗议行动拥有坚不可摧的支持力量,现在,公众开始质疑南方发展公司的行为了。各方人士称,这是关于运输的重大问题,现在该是永远取消这些回扣的时候了。由于货运量等因素,全国上下反对运费歧视的情绪从一开始就很激烈,只是现在突然明朗化了而已。到处都在热烈讨论铁路作为公共承运者的义务问题,东部各大报纸的记者对此评论不断。确实,对于奔驰在该地区并变成真正谈资的火车来说,人们最常听到的说法就是,铁路的存在和权利都来自人民,它的章程即为与人民的协议,而这些协议中最基本的一条是:不应有针对某个人或某个城镇的优待政策,这种不平等本身就违反了章程。因此,既然已经发现了南方发展公司的欺诈行为,即便铁路公司不抛弃它,各级法院也必须将其解散。为与这个"怪物"斗争而成立的石油生产商协会,事实上要求的是规范州际贸易中的行为。在一份送往各报社和贸易局的请求支持破除阴谋的请愿书中，有如下段落：“我们恳请你们充分发挥作用，影响你们的议会代表，支持我们在此提出的诸条对策，以禁止未来任何铁路公司或其他运输公司的垄断行为，通过回扣或退款的方式，在贸易中对买主或货运主收取不合理的运费，或施行不公正的歧视，限制州际贸易。这事关国家利益，且唯有此最关键的行动才能使你我免于这些垄断组织的阴谋之害。”

从下面写给《克利夫兰论坛报》的信件中，可以看出一位睿智的石油人，也是一位敢于抵制克利夫兰贸易进攻，同时依然自主经营着炼油厂的老板，对这个问题的心声：

论坛报的编辑们：

据我所知，南方发展公司是基于与驶离油区的各铁路公司的官员们（以个人名义或其他名义）签订的协议来谋利的。通过协议，他们（南方发展公司）从运费中得到一笔额外的回扣，不仅他们自己装运或运出油区的每桶油有回扣，而且，其他炼油商、经销商或消费者，无论是为自己还是为别人将石油运出油区，他们也能从中收到回扣。

到克利夫兰的石油运费首次涨价：每桶原油的运费从40美分涨到了65美分。这看似不大的涨幅已经使得我了解到的各方额外支付了2000多美元。其他公司支付的费用不一，主要取决于他们分配到的油量。可以想象，这笔额外费用直接进了南方发展公司的腰包。

这仅仅是开始。如果这家公司——确切讲是公司的联合体——成功的话，那么，将对生产商、炼油商、经销商和消费者以及整个公众造成多深刻、深远的伤害，这种伤害甚至会发展到令人难以承受的程度。我不想细说，只想提出几个问题：

他们的极限在哪里？

他们将会把运费提到多高？

他们将会把原油价格降到多低？

而精炼油的价格会提到多高?

他们将会对生产商们采取自由政策,还是摧毁他们的公司,把他们完全挤出石油生产呢?他们将与经销商和消费者自由相处并采取稳定一致的价格,还是利用时间和机会,对该行业进行毁灭性的垄断呢?

上述这些及许多其他问题都非常切题和中肯,很清楚的是,如果他们操控了运输,就能控制油价,而如果他们能将每桶油的油价波动幅度控制在25美分,他们就能完全控制石油业。如果他们控制了整个石油业,那么他们的极限在哪里?谁将给他们提供指导性的政策?如果这种联合成功,倘若他们有意使坏,美国最大最重要的产业之一是否有可能被毁灭,导致成千上万的企业家破产?我并没有说他们一定会使坏。毫无疑问,他们会尽其所能地赚钱,且一定会采取依其判断能带来最大利润的政策,而不管后果如何。但那些政策将会是什么,我们无法判断。

这一联合公司涉事各方总是在公众面前引用那些毋庸置疑的事实来为他们自己及其行为辩解,诸如:作为一个产业,近来的炼油业一直而且现在依然发展过度;全国精炼油的能力超出石油生产的能力三倍;各大铁路公司已经把运费降到最低限度,甚至还在赔钱运输;炼油商们经过各种努力,仍然连运费都赚不够;克利夫兰作为精炼油中心的特殊地位正面临失去的危险;这一巨大产业可能要拱手相让,交给其他城市,这里的炼油业将会失去数百万美元的财富,成千上万的人将会失去工作;房地产将会贬值;与炼油业的损失相关的许多其他问题将会随之而来。现在,若成功实现该垄断公司的计划,上述所有问题都会避免。

与此相呼应的是,假设克利夫兰的炼油业是该公司的一部分、匹兹堡的是另一部分、纽约的又是一部分、费城的为另一部分,那么接下来,对南方发展公司的股东们来说,不管油区生产的石油是由他们在克利夫兰、匹兹堡、纽约还是费城的工厂提炼，并不重要。他们的分红丝毫不会受到影响，即使他们在价格最便宜的地方提炼石油。这个地方可能是克利夫兰，可能是匹兹堡，也可能都不是，而是纽约或费城。所以，只要在克利夫兰炼油能给该联合公司带来利益，他们就可能在克利夫兰炼油，但也可能不再继续。如果克利夫兰各家工厂停产，也是出于联合公司的利益，那么，该地区的炼油公司将会变成怎样？这个问题任何一个人都能回答。所以，说该垄断公司的行为是为了克利夫兰的利益考量的论点，我根本看不出有任何说服力。因此，我不会将无论如何都会给克利夫兰炼油业带来危险的因素考虑在内。

但是，如果不讨论克利夫兰作为炼油中心的地位（因为其优势和劣势都过于明显），那么，我敢肯定，公司的运作法则就像供需关系一样，是不可改变的，而诸如该垄断公司带给我们的财富仅是嗟来之食，只是昙花一现，不会持久，本质上是虚幻的，最终造成的影响将是破坏性的。还不止如此，如果靠这家垄断公司的成功来重建克利夫兰炼油业的辉煌，那么，我们肯定没有能力承受他们要求的代价，也就是说，我们的富裕要以那些实力不如我们，但与我们拥有同等权利的人牺牲自己的财富为代价。

我们刚刚拒绝建造一座歌剧院，因为我们应当遵从我们的道德，这是我们唯一能够把控的。当知道强加给我们的好处都源自十足的骗局，我们应该拒绝到怎样的程度？在上述歌剧院事例中，经理们没有使用胁迫的手段，他们不会强迫任何人去买票观看歌剧；但是，南方发展公司却强迫生产商以更低廉的价格出售石油，而不考虑给他们以相应的回报。

他们迫使每一个阻挡他们道路的炼油商，以微乎其微的胜算与他们作对；或者迫使炼油商按他们给出的低价将公司出售给南方发展公司，弃业不做。

他们也强迫这片广袤大地上的每一位石油消费者，在支付完所有石油生产、提炼和运输费之后还要支付一笔额外的费用——为什么？没有理由。

各大铁路公司的生存和权利源自它们所在的各州的公民（通过其州议会）赋予它们的特许执照。这份特许执照是一份由公民作为甲方、铁路公司作为乙方签订的协议，双方捆绑在一起，按照协议的条件，彼此忠诚行事。协议的基本条件之一，是在做生意时，铁路公司在提供设备或优惠特权时不能对任何个人或公司表现出任何歧视；协议明确要求，在任何情况下，铁路公司给出的运费率必须一致。

按照预期，他们为 A 运货，也必须为 B 运货，且运费必须一致。任何违反这一规定的行为，都是蓄意的欺骗和违约。如果几大铁路公司是通过这样的违约来实现与其密切相关的南方发展公司期待的成功的话，那么，整个庞大的公司就是建立在欺骗的基础上，应该将其摧毁。

敬上，

F.M.巴克斯

俄亥俄州，克利夫兰，1872 年 3 月 5 日

现在，石油人得到了该公司成员给出的，比一开始更聪明、更貌似可信的理由。他们承认，这个行业的发展的确存在弊端，也的确存在超出需求的生产能力。但是，他们辩解说，这是一个新兴行业发展的自然结果，因该行业成长方式特别，且根本没有限额规定，只有依靠时间和经验来逐步规范。给所有炼油商提供开放而规范的运费，不对任何人优惠，设备强的、好的公司将生存下来，而其他的自然消亡——但人人都有成功的机会。事实上，如果能够公平竞争，时间和能力将会规范他们所抱怨的所有问题。

石油人不仅受到了公众舆论的鼓舞，而且他们越来越清楚自身的

优势。四面八方不断有证人支持他们,甚至连当地的妇女也在询问能够做点什么,并称如果有必要的话,她们将在整个夏天戴着她们的“黑天鹅绒帽子”。坚定的支持还来自其他地区的独立炼油商和货运主,他们主动提出与石油人站在同一战线。纽约已经是美国主要炼油中心之一,但南方发展公司把它完全置于联合公司之外。随着油区群情日益激奋,纽约各大公司组建了一个联合会,并于3月中旬,派了一个由查尔斯·普拉特联合公司的H.H.罗杰斯带队的三人委员会到访石油城,与生产商协会洽谈。他们的出现令石油人非常满意。然而,最令石油人兴奋的是,他们越来越相信,作为整个计划中的关键,各大铁路公司的态度正在动摇。

无论在私密的会议室里各大铁路公司对计划表现得多么公正,他们的行为一旦被公开,漏洞马上就会出现。大西洋-大西部铁路公司的董事长G.B.麦克莱伦将军向第一次群众集会发送了如下电报:

纽约,1872年2月27日

> 无论是大西洋-大西部铁路公司,还是其公司官员,都对南方发展公司不感兴趣。本铁路公司政策是为石油业提供便利。

G.B.麦克莱伦

闻此,人群中一片欢呼,但接下来又被一群人的唏嘘声打断了,发言人宣读了如下文字:

> 与南方发展公司的协议有大西洋-大西部铁路公司董事长乔治·B.麦克莱伦的签字。我只是在其他各方签字后才签的。

各铁路公司试图以各种方式安抚石油人，称他们没有实施新的运费标准，并表示，他们只是在南方发展公司确信所有炼油商和生产商都会加入联合之后才签订协议的。两周之内，他们似乎意识到这一计划注定要破产，并做好了准备，亲切地接见了石油人委员会。委员会来到东部，要求铁路公司废除与南方发展公司的协议。委员会共有十二名成员，其中三人是前面提过的纽约代表，他们在费城的科隆尼尔酒店与斯科特上校会面。委员会以骄傲的口吻给生产商协会回信："在这方面，斯科特先生与我们后来见到的铁路公司代表们不同，他通知我们，将会到我们下榻的酒店拜会。"有一段关于这次会晤的有趣描述，于1879年由委员会成员之一W.T.沙伊德交给赫伯恩委员会：

> 我们于1872年3月18日见到了斯科特先生，他对我们说，听到油区发生骚乱，他感到非常惊讶。他说，与南方发展公司签约是为了平抑货运——通过不同铁路公司之间合伙经营石油运输的方式来实现。他们互相竞争许多年了，一直没有赚到钱，而本来是可以从中获利的。他们一直在努力自我调整，但总是失败。他说，他们以为那些代表南方发展公司的先生们代表着整个石油行业，但是，既然现在他相信南方发展公司无法代表石油行业，他们非常乐意与委员会签订协议，因为委员会毫无疑问是代表石油业的。委员会成员告诉他，他们不能签订任何协议，因为他们没有任何权力这样做。他说这很容易解决，因为当时州议会正在开会，只要去到哈里斯堡，几天内就可以获得一张特许执照。委员会依然说他们不能同意这样的安排。他们认为南方发展公司的协议不是个好东西，并且得到指示要废止它，所以，他们认为，不能接受一个类似的协议，即使他们有权这样做。

离开斯科特上校后，委员会继续北上，来到纽约，待了大约一个礼拜，整天被各大报纸严密追踪，这些报纸把“石油战”作为全国性的事件进行报道。他们在纽约的第一次重要会谈是与“海军准将”范德比尔特[①]展开的，会谈一开始，他就开门见山地说道：“我告诉过比利（W.H.范德比尔特[②]）不要去掺和那个计划。”在报告中，委员会说“海军准将”完全同意他们要求的公正性，并多次明确表示反对任何寻求垄断他人财富的联合。他告诉他们，如果他们要求各铁路公司确定运费率，让石油人在支付运费的时候，免遭退款、回扣或其他不公正费率的侵害，他很愿意配合。在和蔼地做出让步之后，“海军准将”最终向委员会各成员朗读了一封刚刚收到的南方发展公司的来信。信中提出，愿与生产商和炼油商们合作，或就现存分歧达成妥协。这些石油人向“海军准将”强调，他们不会与南方发展公司或与对该公司感兴趣的人打交道，也不会承认它的存在。这一立场，他们在整个谈判过程中一直没有改变，虽然铁路人，尤其是中央铁路公司的铁路人，再三努力说服他们达成和解。

在与伊利铁路公司和大西洋-大西部铁路公司官员的会谈中，由于铁路公司方面主张签订一个类似南方发展公司的协议，激怒了该委员会，石油人认为原来的立场必须坚持。对铁路人而言，石油人似乎不可能真的说话算话。他们相信，如果委员会有机会签订一个类似于南方发展公司那样有利可图的协议，那么，他们所谓“公平竞争”的公平说辞，诸如“共同承运者的责任”“运输上大家机会均等”等也将马上破灭。1872 年的石油战是一场反对不公的起义，这个事件中包含的道德缺失已深深扎根于油区，所以那里的人民作为一个整体，联合起来，让事情回到正轨。大西洋-大西部铁路公司的麦克莱伦将军和伊利铁路公司的董事之一戴文，是少数支持该委员会的铁路人。

3 月 25 日，在伊利铁路公司的办公室，石油人和铁路人一起召开了

---

① 译者注：全名康内留斯·范德比尔特（1794—1788），是一位靠航运和铁路起家的美国工业家、慈善家，“海军准将”是其外号。

② 译者注：康内留斯·范德比尔特的儿子。

最后一次重要会议。湖滨-密歇根南部铁路公司的董事长霍拉斯·克拉克担任会议主席。根据H.H.罗杰斯于1879年接受赫伯恩委员会调查的证词显示，参会人员除石油人外，还有斯科特上校、麦克莱伦将军、戴文、W.H.范德比尔特、斯特宾斯和乔治·霍尔。会议刚开没多久，南方发展公司的董事长华生和约翰·D.洛克菲勒就要求参会。在此之前，洛克菲勒一直置身事外。他没有接受任何采访，也没有给出任何解释。他一直让公司董事长按自己的方式去应对骚乱。但局势已发展到了关键阶段，他只有出手尝试最后一搏，来挽救该公司。只有通过该公司，他才能够把克利夫兰的炼油业牢牢控制在自己手里。他和华生一起，敲响了伊利铁路公司办公室的门，要求参会。在场的石油人非常明确地拒绝了他们。接下来出现了戏剧性的一幕。会议主席克拉克以生气的口吻抗议将他“终生的朋友华生”关在门外。石油人坚持不让步，他们不想与南方发展公司的人发生任何关系。他们的态度非常坚决，所以即使华生进了会议室，也不得不瞬间退出来。《时报》的记者看到了这两位先生为了维护摇摇欲坠的公司而发生的小插曲，在董事长被撵出会场后，洛克菲勒也马上离开了。记者同情地说他们看起来“有点沮丧”。

“铁路大王”们默许了石油人拒绝南方发展公司代表参会的行为，接着，不情愿地答应解除与该公司的协议。他们再次试图说服各独立石油商，只要他们运输等量的石油，就可以签订同样的协议，但独立石油商对此置之不理。他们要求运费公开，任何人都不能拿回扣。霍拉斯·克拉克和W.H.范德比尔特特别坚持之前的安排，他们强烈反对石油人的立场。石油人委员会代表在向联盟汇报时说：“可以说，我们绝不会因为在这些绅士手上获取的任何恩惠或照顾而对他们心存感激。”石油人委员会打了漂亮的一仗，而纽约的炼油商们也对他们给予了强力支持，最后，各大铁路公司不得不同意废除这些协议，重新制定了一份能代表油区观点的协议。这份协议最终在会谈现场签署，分别由H.F.克拉克代表湖滨铁路公司、O.H.P.阿切尔代表伊利铁路公司、W.H.范德比尔特代表中央铁路公司、乔治·B.麦克莱伦代表大西洋-大西部铁路公司、托马斯·A.斯科特代表宾夕法尼亚铁路公司。协议规定，所有石油运输必须“所有石油的运输安排，均应最为均等地有利于所有运输公司、生产商以及炼油商。不再做出，或允许做出回扣、退款或其他任何性质的安排，以避免各方在运费率上有丝毫差别，或遭到任何不公平待遇。”①协议同时规定，无论是涨价还是降价，运费不得随意变动，出现价格变动时，必须提前90天告知生产商协会主席威廉·哈森。

从克利夫兰、匹兹堡和油溪运到东部各装运点的精炼油的运费也要保持一致。也就是说，洛克菲勒可以以每桶1.5美元的价格从克利夫兰运油到纽约，他在匹兹堡的合伙人也是如此。油区炼油商的运费价格与其相同，但后者拥有位于油井边的地理优势。洛克菲勒及其匹兹堡合伙人却距离油井数英里远，对他们来说，按照新的协议，运一桶原油到炼油厂要花费50美分。油区人的意思是，应该考虑他们位于产品产地附近的区位优势，同时也要考虑洛克菲勒掌控西部市场和通往东部的廉价水路的优势。

3月28日，各铁路公司正式取消了他们与南方发展公司的协议。几乎同一时间，宾夕法尼亚议会吊销了该公司的执照。3月30日，被派往华盛顿出席国会调查的石油人委员会在与格兰特总统相处一小时后，准备打道回府。他们给家里发电报说，在他们离开时，总统说：“先生们，我注意到了垄断问题，并早就相信联邦政府肯定会采取干预措施，保护人民的利益。”总统与国会两党议员继续关注事件调查，他们的意见与5月初委员会给出的最终结论几乎或者说完全一致，即南方发展公司是一个自由国家所遇见的“最庞大、最胆大的阴谋”。这一结论终结了整个调查工作。这个“怪物”最终夭折，油区人民为此欢呼雀跃。

现在的问题是，石油人是否应该继续对南方发展公司的各大股东进行封锁？他们原谅了各大铁路公司，那么是否也要原谅南方发展公司的各大股东呢？在该公司执照被吊销时，这一问题立马浮现出来。对石油人的第一个严峻考验发生在4月初，石油城中介公司之一的费谢

① 见附录13号：1872年3月25日的协议。

尔兄弟公司,卖了大约20,000桶石油给美孚石油公司。交易的消息还在传播之时,一场骚乱就爆发了。愤怒的电报从四面八方涌来,谴责代理公司"叛徒""下作""唯利是图的东西""最不地道的手段"等。来自纽约的波特和阿奇博尔德发电报,废除了与这些被认为有罪的代理公司的所有协议。几天后,据说油溪一位商人正准备将5000桶油运往美孚,一帮愤怒的群众聚集在车厢附近,拒绝放行。最后,该商人只好加强警卫,才保住了这批石油。

由此看来,石油业必须要采取些新动作。较冷静的领导者们认为,石油封锁已持续40天,对油区造成了巨大损失,现在应该彻底取消。封锁行动的各大目标业已实现——南方发展公司已被摧毁——现在,该实行自由贸易了。如果有人要卖油给"阴谋者",那是他们自己的事情。为讨论这个问题,来自整个油区的石油人汇聚在石油城,举行了一次冗长而激动人心的集会。

生产商协会主席威廉·哈森上尉早已预料到这次集会,他给曾经是南方发展公司合作方的所有铁路公司官员发了以下电报:

石油生产商协会办公室,宾夕法尼亚石油城,1872年4月4日

曾经是南方发展公司的股东,现代表美孚石油公司在市场争取其他货运商的各方告知我们,铁路公司与南方发展公司的所有协议均被取消。你们能否给我们正式通知,告知这些协议是否取消?参加集会的人已经要求执行委员会不能出售或运输石油给这些公司,直到我们收到正式通知。烦请立即回复,以免出现暴力行为和财产损失。

威廉·哈森,主席

麦克莱伦将军、霍拉斯·F.克拉克、托马斯·A.斯科特和W.H.范德比尔特均回复了电报,进一步明确与南方发展公司的协议已经取消,至

于南方发展公司的货运问题,他们一无所知。“现在的唯一合作方就是你们。”麦克莱伦将军的电报写道。W.H.范德比尔特提醒哈森,3 月 25 日,铁路公司与生产商和炼油商联合委员会签订的协议是基于对所有人完全平等的原则,言外之意是,范德比尔特怎么可能与美孚石油公司签订特别协议呢?来自美孚石油公司的电文如下:

俄亥俄州克利夫兰市,1872 年 4 月 8 日

致威廉·哈森上尉:

回复尊电,本公司与各铁路公司及南方发展公司没有任何协议关系。南方发展公司与各大铁路公司的协议已经取消,我被告知你已经通过电报得知这一消息。我本无资格,但还是要声明,油区或其他地方流传的关于本公司乃至公司成员威胁打压石油业的说法是虚假的。

约翰·D.洛克菲勒,董事长

在读完所有电报后,该委员会递交了报告。报告大意是,既然这些可恨的协议被取消的信息已获得正式确认,且他们从各铁路公司获得了“公平的运费,无论货运量大小,均一视同仁地对待所有货运商和生产商,没有任何回扣或退款”,那么,现在就该“对所有希望按平等条件进行石油买卖或交易的贸易方开通贸易渠道”。该报告受到大家的“欢迎和赞许”,标志着“石油战”的正式结束。

但是,没有任何解决方案能够消除四十天里可怕的骚乱留下的记忆和油区所遭受的损失,没有任何胜利可以遏制在整个油区散播开的怀疑和痛苦。这些人的生活原本是独立的,他们独立人格中的因子已经被激怒了。他们原本拥有的公平游戏的规则,是在法律和秩序被确立之前,维系该地区的重要力量,如今全被颠覆了,这些都令人难以释怀。因此,生产商们对那些意在剥夺他们财产的计划,无法再产生丝毫

信任。

在石油人愤恨情绪的氛围之下,自然要有某个人或某些人承担相应的责任并受到谴责。在取消封锁前,责任承担者已经被认定是克利夫兰的美孚石油公司。油区人就是这样认为的,在他们看来,约翰·D.洛克菲勒就是“克利夫兰公司的梅菲斯特”①。《克利夫兰论坛报》也认可大家的判断。“无论公正还是不公正,”编辑写道,“克利夫兰公司都得承担发起这一计划的罪责。”随着时间的流逝,这一观点越来越为人们所接受。而美孚石油公司的董事长在纽约企图保全与铁路公司协议的举动,频频与华生碰面,国会调查委员会出示的关于南方发展公司股份大部分为美孚持有的事实等,进一步强化了公众的这一看法。但是,最让人确信的,是他们所了解的美孚石油公司在克利夫兰的所作所为。在石油战之前,该公司只是作为这个城市的几家成功公司之一而为人知晓的。该公司喜欢讨价还价,但一旦谈成,就会马上付款,所以是一家大家都希望与之交易的公司。现在,油区人第一次看到该公司的大规模扩张。1872 年初,克利夫兰有 26 家炼油公司,但现在只剩 6 家。在石油战前后 3 个月里,美孚收购了 20 家工厂。克利夫兰炼油商们控诉的理由是,洛克菲勒以南方发展公司的名义说服甚至强迫其对手把名下的公司卖给他。“为什么?”这些石油人问道,“美孚石油公司在克利夫兰所做的正是南方发展公司将要在全国做的,并且手段一模一样。”

在解除石油封锁前,另一个令人不愉快的说法笼罩油区——美孚石油公司想继续实施已被停止的南方发展公司的计划。这一消息有些是这一计划的推动者们自己说出来的。在南方发展公司遭受惨败后,他们并非如人们想象的保持沉默,反而高谈阔论,言论到处流传。有日报报道说,洛克菲勒曾对石油城某位知名石油人说过,南方发展公司可以用美孚石油公司的执照来继续运营,并且他预测,不超过两个月,这

---

① 译者注:此处的克利夫兰公司指的是美孚石油公司。梅菲斯特原本是歌德《浮士德》里的魔鬼。他妄图把伟大的浮士德引入歧途,但最终浮士德选择了为人类造福,死后灵魂并未让梅菲斯特带走,而是升上了天堂。

些人都会加盟。各大报纸均引用了纽约一位记者所做的类似报道中的内容：

> 这两天，克利夫兰一位曾是南方发展公司股东的人说："这些业务将由美孚石油公司来做。从克利夫兰到纽约，我们经由水路运输，运费为70美分。今年，这行业谁都赚不到钱。我们将操控市场，并将油溪的原油价格降至2.5美元。我们就是要向世界表明，南方发展公司当时成立的目的是为了石油贸易，而且是认真的，尽管我们一直遭到反对。同样的话得到了费城的股东的呼应。"

"这里的石油人认为，美孚石油公司将直接接替南方发展公司，随时准备如其前辈一样控制这一行业。"《纽约公报》在4月中旬如此评论道。而《克利夫兰论坛报》以"南方发展公司，又名美孚石油公司"为标题，讨论了这一现状。这些报道在油区造成的影响巨大，他们的"公开战"演变成某种"游击战"。那些售油给美孚的人遭到排斥，而美孚董事长则受到公开谴责。

如果洛克菲勒是个普通人，那些突然砸在他头上的愤怒肯定已经挫败他的锐气，并会摧垮他。但是，他不是普通人。他的思维非常活跃，如果石油业被集中控制在他手上，他能够判断出该做什么——这是一种能分析该行业的问题并找出解决方法的智慧。他具备获得成功的基本素质，一旦他想到了什么，就会有万物不可摧的、不达目的绝不罢休的韧劲。油区人可能会对他感到愤怒，称他为阴谋家，把那些卖油给他的人称作叛徒；铁路公司可能会与他解除协议；州议会可能会吊销其执照；但他依然泰然自若、永不停歇地坚守自己的伟大目标。即便有很多阻碍，他的骨子里从未动过放弃的念头。无论如何，他都会绝地反击，不顾一切地保护自己的公司。借助南方发展公司协议的力量，在克利夫兰，他将公司的炼油能力提升至10,000桶。这些协议现在被废除了，取而代之的是一份由所有铁路公司官员签署的拒绝给任何人回扣的协议。地理位置决定了在新的协议下，从各大油井运油到纽约，他要比油溪的对手多花 50 美分的成本。不可否认，他还有许多其他的优势——越来越兴旺的西部市场几乎完全由他掌控，水路运输的便利，生产的各种附属设施唾手可得。但是，这份协议仍然将其置于与竞争对手同一水平线上了。以他的生产规模，本应该拥有比他们更好的优惠条件。他要做什么呢？

他依旧得到了回扣。七年后，洛克菲勒的合伙人 H.M.弗拉格勒被俄亥俄州议会负责调查各大铁路公司的专门委员会传唤。当被问到关于其公司与各大铁路公司以前签订的协议时，他出示的其中一份资料显示，“从 1872 年 4 月 1 日至 11 月中旬”，他们向东的运费是 1.25 美元，比 3 月 25 日石油人与各大铁路达成的协议中规定的少 25 美分。① 至于弗拉格勒给出的协议日期，与范德比尔特 4 月 6 日发给哈森的电报中称其公司与美孚石油公司没有协议，以及洛克菲勒本人 4 月 8 日的电报中称与各大铁路公司没有任何协议，其日期的前后不一，笔者无法解释。洛克菲勒是如何得到这笔回扣的？很简单，通过其惯用手法——他的运量。他可以告诉范德比尔特：我可以与你签一份运输协议，确保每天运输 60 个车皮——几乎 4800 桶的运量，如果你能做些让步，我就把这笔业务固定给你。而范德比尔特在与石油人签协议的同时，也向洛克菲勒做出了让步。毫无疑问，这个运费是保密的，洛克菲勒现在才明白这一点是多么的关键——他必须守口如瓶。如今，他的任务更加艰巨，因为他面对的是一批“积极、喧闹且鄙视他的”对手，他们对他的怀疑到了那样尖锐的程度，将他想得非常邪恶，对他没有任何信任可言——这些对手就是油区的石油生产商和独立的炼油商。要想让对手们冷静下来完全不可能，因为他与他们的立场截然对立。

他们相信自力更生——对每一个个体，对大家，都必须公平竞争。他们需要竞争，他们喜欢公开战斗。他们认为，所有贸易都应该公开进行。作为公共承运者，所有铁路都必须运费一致。任何给予某家公司

---

① 见附录 14 号：亨利·M.弗拉格勒的证词。

或某个地方优惠而牺牲另一方的联合行为都是不公平并且不合法的。许多石油人践行的这种理念,最后通过这次斗争,升华为大家的共识。这已变成该地区的道德标准了。

而洛克菲勒的观点截然不同。他相信,“众人的福祉”存在于如南方发展公司提议的能控制整个行业的公司联合当中。一旦联合,该行业遭受的乱七八糟的影响就会马上消失。他赞成回扣和特别运费,因为这对控制该行业至关重要。当然,洛克菲勒一定知道铁路属于公共运输,且法律是禁止价格歧视的。但是,他也了解到,各大铁路公司并未遵守那些约束他们的法律,而且他们往往会给那些货运量大的人特别运费和回扣。也就是说,如果你是在与一个绝不依赖公共特许权、严格从事私有经营的人做生意,你就可以同各大铁路公司讨价还价。再者,洛克菲勒很可能相信,尽管签有协议,但即使他得不到回扣,别人也会得到。他们是最谨慎、最精明、最有韧性的人,如果有人能得回扣,那他为什么不能拿呢?这种观点在当时并不少见。

一方拥有强烈的自力更生的意识,另一方则对联合信仰坚定;一方决心根除铁路公司实行的邪恶的回扣制度,另一方则试图恢复回扣制度并决心从中获益。石油人认为关键且基本的原则,洛克菲勒及其合伙人要么不理解,要么充耳不闻。对其他人而言似乎是最显而易见的公正原则,在许多人那里却不被理解。许多以“好人”著称的人都是这样,而洛克菲勒就是个这样的“好人”。在克利夫兰,他是最忠诚的浸礼会教徒。从青少年时期开始,他就积极参与教会的每项事业。他捐助穷人、看望病人,为别人的痛苦而哭泣。他还非常质朴地给那些他认为值得的其他许多慈善机构捐款。他的生活习惯简单而节俭,从不看戏,从不喝酒,花许多时间培养子女,试图把他自己的节约和慈善习惯灌输给他们。然而,他挖空心思要为自己从各大铁路公司那里获取特殊而不公正的权利,这注定要毁灭每一个无法与他共享权利的同行。为了让整个行业更好,他愿意将自己置身于民意的对立面,对抗旨在矫正不公正行为的群众运动,反对公平竞争的理念,就像石油人反对铁路歧视一样。宗教的情感、慈善的胸怀、礼让克己在其心中似乎代替了公平以及对他人权利的尊重。

就这样,洛克菲勒不受任何伦理道德的束缚,也不因油区的喧闹而气馁,一如既往坚持认为解决石油业混乱局面的方法就是联合并控制整个炼油业。本着这样的信念,这位颇有忍耐力和远见的先生开始着手工作。最紧要的工作就是实施某项限制精炼油产量的计划。他已经把克利夫兰的竞争对手清理出局,而且他已经获得了运输的特权,但是,仍然有太多的炼油厂在生产。可以肯定的是,除非油区的局势能够缓和下来,否则任何计划都无法推进。这就是洛克菲勒目前最重要的工作。但他是如何开始的,无从知晓。唯一可以肯定的是,在油区各大报纸刊登国会贸易委员会的报告之后——该报告谴责南方发展公司为"最大最危险的阴谋之一",且声称,如果不及时遏制的话,它"将会吞并及垄断全国所有大公司的贸易"①,洛克菲勒与南方发展公司其他几位股东来到油区。他们解释说,他们来的目的是推荐一个新的合作计划,并向石油人表明,实施这一计划对他们有利。他们是否能够通过说服获得其通过强迫未能得到的东西,还需拭目以待。

---

① 国会调查委员会调查南方发展公司的报告一直到5月7日才做出,当时距离该公司因为与铁路公司协议的废除而被解散已有一个多月。

第四章
“一个邪恶的联盟”

洛克菲勒与其合作伙伴提议公开而非秘密的合并——“匹兹堡计划”——该计划未获得油区人的同意，因为其核心竞争力依旧是回扣——洛克菲勒并不气馁——三个月后他成为全国炼油商协会主席——美国4/5的精炼油公司与他合作——油区行动起来了——生产商协会下令停止钻探并关停油井30天，以控制原油价格下跌——成立石油生产商代理机构以提升生产商掌控自己石油的能力——洛克菲勒击败其对手并迫使生产商与炼油商联合——生产商协会及其代理机构消失——全国炼油商协会解散——洛克菲勒稳步前进

在石油战结束之际，由于相信美孚石油公司将会以某种新的方式经营南方发展公司，油区人普遍对美孚石油公司怀有愤怒情绪，而这种情绪在几周内迅速升级，因为他们了解到，洛克菲勒通过那家寿命短暂的联合公司获得了巨额利润。在那里，他借助一条线路每天向东部运输4000—5000桶精炼油——“这些油都是通过邪恶的阴谋从其邻居手中榨取来的”，人们愤恨地说道。1873年5月，在这种愤恨的情绪依然激烈之时，洛克菲勒与几位南方发展公司的同事突然出现在泰特斯维尔的街头。曾经与他猛烈争斗的人惊愕地看着他平静地微笑着与他们打招呼。难道这个人不知道他是什么时候被打败的？难道他意识不到油区人对他的看法？面对油区人的仇恨，洛克菲勒依然表现得十分平和，这让当地人感到困惑。

当人们了解到洛克菲勒、弗拉格勒、沃林及他们的其他合作伙伴正在强势推行一个新的联盟，并声称这个新的联盟没有过去南方发展公司那些令人讨厌的特征，尽管它同样标榜是为了“石油业的福利”，泰特

斯维尔还是为之经历了不小的震动。

接连几日,这些到访的先生们到处溜达,面带和蔼的微笑,从这个街角走到那个街角,从这间办公室走到那间办公室,一路解释、规劝及抚慰。"你们误会了我们的意图,"他们对炼油商们说道,"我们来的目的是拯救这个行业,而不是毁灭它。你们看到竞争给石油业带来的无序状况了。看看联合能带来什么吧!让我们试验一把——就这样。若联合不管用,那我们可以回到老办法上去。"

虽然当时洛克菲勒也在场,那些天他也听到了各种评论,但他很少表态。"我记得他很少说话,"泰特斯维尔最激进的一位独立炼油商告诉笔者。"有一天,我们几个人在一位炼油商的办公室碰面,我敢肯定,他们试图说服我们加入他们的计划。每个人都在高谈阔论,唯独洛克菲勒不作声。他坐在一把摇椅上,轻轻地前后摇晃,双手遮着脸。当我看到这些南方发展公司的人如何隐瞒我们的人,并使他们相信,若不马上联合以抬高精炼油价格并防止新人进入石油业,我们的处境都会越来越糟的时候,我的情绪变得非常激动,并发表了自己的看法。我想,当时我说的话充满了火药味。喏,就在我说话的时候,约翰·洛克菲勒停止了摇晃,放下双手看着我。你从未见过那样的眼神。他仿佛把我整个看进了眼里,想看看我身上到底有多少火药味,然后,他举起双手,继续前后摇晃着椅子。"

石油人之间私下沟通了整整一个星期,然后,在5月15日及16日,在泰特斯维尔召开了公开的会议,他们提议的新计划也随之公开呈现。这个新计划因其所在地而被称为"匹兹堡计划"①,是那些访客到访油区之前就制定好的,是一份非常聪明和完整的计划。

正如南方发展公司的计划一样,"匹兹堡计划"准备成立一家公司运营整个国家的炼油业,但该公司将是一个公开而非秘密的组织,所有炼油商都可成为它的股东。加盟的每一位炼油商都可根据总公司董事会的指示在某些特定范围内经营。也就是说,他们只能按照董事会指

---

① 见附录15号:匹兹堡计划。

定的量来炼油，并根据董事会指定的价格抬高产品价格。原油的采购、运输的安排也要与董事会的要求一致。不管是否经营工厂，每位股东都可获得分红。“匹兹堡计划”只是试探性地呈现在大家面前的，如果有更好的建议，他们乐意采纳。计划的提出者如此说道：“我们要的是一个实实在在的联合。我们并不执着于某一特殊形式。”

因“匹兹堡计划”而召开的公开会议上透露出的第一个信号是，在洛克菲勒及其朋友们辛苦地从泰特斯维尔跑到石油城，与各大石油人密切接洽后，他们已经改变了主意——不会再参加这些公开集会，除非他们能够确保，无论联合计划如何，石油人都会参与合作。若油区一些最有能力的商人，如有名的石油城J.J.范德格里夫特，以及泰特斯维尔一些与约翰·D.阿奇博尔德有合作的公司能够加入，这一联合计划肯定能够实施。所有这些人都曾经抵制南方发展公司，而他们现在都声明，如果现在计划成立的组织是复制那个计划，他们不会参与其中。他们拥护该计划是基于相信它对所有加盟的人都是公平的。毋庸置疑的是，一次成功的联合可能带来的利润和权利已经使他们对南方发展公司各位领导者的恨意消失殆尽。同时，他们以惯有思维判定，回扣是这一商业游戏中不可或缺的部分，所以他们决定，既然总会有人得到回扣，那与其让别人拿，还不如自己拿。

在知道有一大批油区的炼油商云集到洛克菲勒麾下后，那些依旧独立的炼油商们感到十分愤怒，他们用“逃兵”“帮匪”“吃独食”等词来咒骂那些加盟者。正如油区各家报纸铺天盖地的报道显示的那样，在公开集会上，人们的情绪变得不可控制，其间还出现了长时间的沉默，每个人都不敢发言。报道中没有显示洛克菲勒曾说过什么，防御和辩解的压力落到了弗拉格勒、弗鲁和沃林身上。有两三次，会议各方吵到水火不容，逼得其中一位重要的炼油商，也是油区最出名的报纸《泰特斯维尔信使》的编辑M.N.艾伦，拿起帽子，拂袖离去。联合计划的支持者本应意识到他们在油区联合一事上有点操之过急，但他们当时并未察觉，由此，很快引来了公众道义上的强烈谴责。

各大媒体和公众表达出来的意思已足够清楚，他们并不相信这个新计划中包含的劝服性主张。在街头巷尾和每一列火车上，人们都在盘算，南方发展公司的股东们在新的联合公司里到底占了多大的利益——这个比例太大了。但是，最让油区人受不了的是，回扣制度被视作这个新计划的基石。“你们将如何对付那些希望自主经营的业主?”该计划支持者之一，《石油城井架报》的一位代表如此问道。“越过他们。”这句话据说是对这个问题最简短的回答。“但怎样越过?”“通过运输合作。”——言外之意，就是通过回扣。很长一段时间里，油区一直因为回扣而饱受诟病，人们下定决心要将这一邪恶的行为连根拔除，不能有任何要加入被怀疑正在获取或给予特权的联盟组织的企图。

而正是此时，炼油商协会考虑以每桶 5 美元的价格购买全部原油，合约期为五年，以此争取石油生产商。当时的石油价格是每桶 4 美元。但生产商们纷纷拒绝。他们认为，这样的协议只有靠一家绝对垄断的公司才能维持，而它将会为满足自身贪欲来制定精炼油价格。他们对生产商所做的，就是希望生产商成为其阴谋的参与者。一旦他们突破道德底线并完成了垄断，那么以后采购的原油的价格就由他们说了算，价格不会再是 5 美元了。到那时，石油生产商们还能干什么呢?他们只能任由其摆布，不会再有任何别的买主，也不能有任何别的买主，因为联盟将会操控整个运输系统。

谈判以失败告终，支持联合的人再次被迫退出油区。“这就是独裁者的下场，南方发展公司的荣光就此消失。”《石油城井架报》以讥讽的口吻如此写道，并配以少量拉丁语①，组成生动有力的句子。但是，《石油城井架报》低估了它所嘲笑的这个人及其手段。一个更大的概念正在商业世界运作。现在，人们只将其看作犯罪，而看不到其他的东西。提出这一概念的人不仅视野远大，而且还有着誓不罢休的目的——他要控制整个石油业。他借助一种不可告人的手段，已经控制了美国精炼油产量的五分之一，还计划截取剩下的五分之四。他现在可能是暂

① 译者注：原文中“Sic semper tyrannis”是拉丁文，意思是“这是暴君应有的下场”。传说这是布鲁图斯刺杀恺撒后所说的第一句话。

时退出了，但油区人将会再次听到他的消息。事实证明确实如此。三个月后，1872 年 8 月，有消息说，虽然 5 月在泰特斯维尔提出的联盟计划未有结果，但实际上已经在静静地实施，美国五分之四的炼油公司，包括许多油溪附近的炼油商，已经加盟全国炼油商协会，而该协会的主席就是洛克菲勒，J.J.范德格里夫特任副主席。该消息引起油区人一片愤怒。就自由贸易而言，油区人的态度不再团结一致了。事实上，该地区关于石油贸易的回扣制度必须消失的说法也不再异口同声。油区内部出了叛徒。几个月以来，他们一直对遥远的克利夫兰和匹兹堡炼油业的领导者们抛出的那些连珠炮似的愤怒话语，现在要开始转向自己的邻居，而且毫无疑问还需更加谨慎。这也预示着油区内部将要不得安宁。

炼油商事实上已经联合这一消息引发的不只是愤怒。生产商们为之感到震惊。如果炼油商们成功联合，那就意味着只有一个买主购买石油生产商们的产品，没有任何人会相信，这位买主会在成本之外多付任何一分钱来买他们的石油。生产商们决定化震惊为动力。曾经用来对付南方发展公司的协会又恢复了运作，并马上开始考虑如何防止那些已联合的炼油商们掌控石油业。

准备与洛克菲勒及其联盟者抗争的协会是一个奇怪但庞大的组织，其成员来自油区的各个地方，既有日产量数千桶的大商人，也有产量不到 10 桶的小商人；既有来自东部、受过大学教育并带来巨额投资的商人，也有一些勉强能写自己的名字，至今未读过一本书，但亲自“挖出”了第一批油井的人。其中有些赚赔抵消，看起来就与刚入行时一样的生产商，充满活力和希望；也有些从未钻到过枯井，但仍然无法满足的生产商。不管他们之间的财富、受教育的程度和运气差别有多大，他们现在的精神状态和活力毫无差别。

协会主席是威廉·哈森上尉，一位对油区和石油业都十分了解的年轻人。哈森上尉是协会中少有的几个在发现石油之前就生活在该地区的人之一。早在 19 世纪 50 年代，他的父亲就在油溪附近买了一块于 1796 年交给印第安人玉米种植园主的土地，并带着全家人迁居于此。

四年后，这里发现了石油，他与合伙人处理了 300 英亩土地，赚了 750,000 美元。年轻的哈森见证了玉米种植园，也就是他父亲的农场所在地，变成了石油城。他亲眼见到一个只有小作坊、铁匠铺和乡间客栈的地方成长为欣欣向荣、拥有数千居民的城镇。他所有的兴趣和荣耀都与伴其成长的石油业密切相关。其独立的精神、铿锵有力的演讲技巧、慷慨而公正的个性，都因南方发展公司的进攻而被激发出来了。在哈森的领导下，生产商们开展了一场成功的抵制运动。在知道是参与原来计划的同一伙人正在组建一个全国性的协会后，哈森上尉更加确信必须反击。他全力说服石油生产商们拿出一个睿智而实用的计划以把控石油行业，并表示坚决支持生产商们的决定。

如果不是因为大家普遍对石油价格不满意，哈森上尉及其同事要动员生产商们采取行动会难上加难。1872 年 8 月，原油的平均价格是每桶 3.47-1/2 美元，而前一年的均价是 4.42-1/2 美元，这一价格已经被认为是亏本了。可以肯定的是，油价还会继续下跌，“3 美元油价”马上就会跌破。每个人都称，3 美元对石油业来说并不是一个“可以维持生存的价格”，生产成本都比这要高。1872 年，油区油井的日均出油为 5 桶，而当时每口油井的成本是 2500—8000 美元，这还没算上租赁费。泵井的日均成本是 8—10 美元，其中还不包括产区权益——也就是说，产量中有一部分必须交给土地所有者，通常为四分之一。① 如果一个人的油井产量大，而且数量多，那么，即使是“3 美元油价”也可以赚大钱。但是，这样的大生产商相当少。大多数人只有几口井，只能生产少量的油。

如果乐于节俭且甘于收益少的现状，即使油价远低于 3 美元，小生产商也能勉强维持生计。但在 1872 年，油区没有人乐于清贫，所有人都看不起小打小闹地做生意。石油人从小就被灌输发大财的理念，秉持着浮躁的价值标准。正如《石油城井架报》在一篇煽情的社论中写的：“他们的事业仿佛生来就是正在冉冉升起的气球，早期一直在空中楼阁

① 1872 年 9 月 10 日《石油城井架报》的估算。

中度过。”他们眼中除了极致的财富，没有任何其他东西。他们认为利润是每年投资的一倍才是合理的。如果石油资产在6个月内没有完全赚回成本并开始收获大量回报，他们往往会认为这是种失败。现在，只有5美元的价格能满足他们的欲望，这对行业投资来说，风险是非常大的，而他们渴求的就是这5美元的油价，根本不考虑供需法则。他们经营公司的方式也是出了名的大手大脚。即使能写信，他们也很少写，动辄就发电报。整套的钻井工具随手就用快运发送。井架附近经常会看见一些还能够修补的损坏工具，但他们往往选择更换新的工具，根本不会考虑修补再用。节省对他们来说是件费心的事。有些油井虽然出油少，但仍有利润可赚，可它们往往被废弃不用。有人认为只能产10桶油的油井不值得费心。然而即便油价为50美分一桶，这样一口井每年也能赚1800美元。显然这是全国各个其他行业的人都乐于接受的利润，这些石油生产商们却不屑一顾。在1872年，油区人根本不懂得什么是节俭。事实上，与炼油业一样，石油生产也正在经历着顺其自然的发展阶段。在巨大利润的刺激下，它们的生产都已经供过于求。因生产商和炼油商不断涌入而产生的竞争，以及由此产生的经济成本正在使利润下跌。这些年，炼油商和生产商都在努力实现的联合，其真实目的是要把油价抬高到早期投机年份的水平。

现在，所有人都把油价下跌归因于任其自然发展。前一年，石油产量是每天12,000桶，而现在是16,000桶。精炼油的需求并没有随着原油产量的增长而增长，石油的存量几乎到了油区的油罐都装不下的程度，但产量没有任何下降的迹象。在如此状况下，无须任何证明就能使石油人相信，若要有好的油价，他们的产量必须不能超过世界的需求量。唯一有效的办法就是，不再挖掘新井，直到手上的石油存量减少，同时，日产量要降低到与市场需求量相符。

在生产商协会的指导下，人们马上一窝蜂地支持停止钻井半年，这一举措有些极端。整个油区见不到一个石油操作工，生产商手上没有任何计划开钻的土地，也没有任何现成的油井。停止开钻意味着所有开拓性工作要中止6个月，还意味着半年后生产商持有的油量可能不到现有的一半，他们必须从头再来。同时也意味着，他们将受那些拒绝参加这一行动、继续挖井从而吸干其土地的石油的邻居的控制。然而，对他们来说，这似乎是唯一的操控原油产量的方法。8月下旬，停止钻井的承诺书发布，大多数生产商在上面签了字：

> 鉴于现阶段油价过低，现要求各位生产商马上停止生产。现在，我们生产商、土地所有者和其他宾夕法尼亚州油区的居民，在此团结一心，自9月1日起，不再开挖新井，停工6个月，同时，也不再出租我们持有或控制的土地给他人生产，也同意采取正当的手段阻止别人开采。对此，我们同意并互相约定，若任何一方在上述期间内动工，将罚款2000美元——其他任何违约都照此执行。不过，签字方可以认为，该罚没条款并不适用于勘探设备已架设完毕或正在架设的油井，或者可能在前述9月1日之前开挖的油井。

对该承诺书表示反对的主要是克拉里翁的土地所有者们。他们都是“原住民”，都是一些辛勤劳作的荷兰农民，生活总是贫穷、辛苦，平时足不出户。现在这里发现了石油，他们一夜之间暴富且变得贪心。他们是如此无知，要与他们进行真正的交易很难。对一个克拉里翁的农民来说，如果你提出8个点的矿权税，他通常会拒绝交易，理由出价太低，然后要求10个点。当时油区流传着这样一个故事：有位生产商想在克拉里翁租一块地，结果是乘兴而去败兴而归，当人们问他为什么没有租到地时，他苦笑道：“嗨，别提了，农民要求八分之七的石油缴纳矿权税，还要我提供油桶，并负责油桶两头的油漆。除最后一个条件，其他我都答应。我只能漆一头，就这样，他不签租赁合同。”当停工6个月的提议出现时，怎么解释也无法使他们明白个中的利害关系。这些人此时拥有油区最富饶的油田，他们将该提议看作是剥夺他们财富的计划，于是拒不签字。不过，除了该地区，9月1日，几乎所有油田都停止了钻井。

唯有公众舆论才能促使生产商们履行承诺。石油人组织成立了一个监督委员会，旨在确保相互间忠于承诺。曾经头戴丝绸帽、手持镀金杖、周日到教堂的人——如今却每晚偷偷跑到偏远地区看看是否有人在钻井。如果发现有人钻井，他们会去阻止，并将其工具拆散或整体运走。

停止钻井并未对生产商的艰难处境起到立竿见影的缓解效果，这需要长远的眼光。石油生产商协会牢牢地掌控着这次行动，同时开始了另一个大动作——关闭油井30天——这意味着所有油井停止泵油一个月，展示出该组织的团结和石油生产商们的坚定决心。10天内，整个油区几乎没有抽过一桶油。“一个每月产生3,000,000美元利润、雇用10,000名劳工、拥有50,000,000美元资本的产业，因为一纸自愿的承诺，和由利益攸关各方制定并完善的协议，在仅仅10天之内，就完全停滞、枯竭，乃至亡止。这是一个令人窒息的场景。这份协议令人心生疑惑。”《石油城井架报》如此写道，这份报纸一直不遗余力地说服生产商们限制产量。无论人们如何支持这个决定，看到那个场景依旧会感到悲伤。那些过去熙熙攘攘的油田，曾经有嘎吱嘎吱的步梁从早到晚在空中挥舞，轰隆隆的发动机声、刺耳的口哨声充斥四周，耀眼的巨大火焰随处可见，施工队忙碌穿梭，生意人来去匆匆，到处是一片繁忙的景象，现在却突然荒无人烟，死一般寂静，且这种荒芜包含了其行业自身特有的丑陋不堪——某种与该地区其他行业不匹配的丑陋。笨拙的井架、显眼的廉价棚屋、到处布满管道的大油罐、满是油污的地面、熏黑了的死树、泥泞不堪的道路——油田所有的特征，因为生产而被赋予了特殊的意义和尊严，如今因为停产而变得如此可怕。在那些日子里，当石油人站在安静的油井旁，想象在这场利益冲突中他的公司将会如何、家人将会如何时，石油对他来说，似乎是一种诅咒。

在生产商们采取这些行动的同时，哈森上尉及其委员会同事正忙于制定永久联合的计划，目的是要控制整个石油生产，防止其任由炼油业摆布。当知道他们在设计这样一个组织时，整个油区为之沸腾。各种各样的主意，现实的或不现实的，聪明的或愚蠢的，总是会出现在每一次生产商的会议上，令这些无聊的石油人从早到晚议论不停。在一次群众聚会上，下列决议获得通过，但这实际上是生产商的某种报复心理使然：

> 兹决定：为了在全世界拓宽石油市场，提高油价，保护生产商免遭国内炼油商的不公平联合打压，现任命成立一个委员会，请求驻华盛顿各国政府代表要求他们各自的政府对精炼油适当征收关税并允许原油自由进入各自政府的港口。

至10月底，哈森上尉展示了他和委员会一起草拟好的计划，计划中提议建立一家石油生产商代理机构。① 该代理机构实际上是一家股份有限公司，持有1,000,000美元资本，只有生产商或其朋友才有资格认购。代理机构以最低5美元一桶的价格购买协会会员的所有石油。如果库存降低，市场能马上吸纳所有的石油，所有费用将立刻现金兑付；若非如此，代理机构则用自己建的油罐储存石油，其中的部分款项将以油罐证明支付。通过控制所有石油，该机构希望不仅能保护最强大的生产商，也能保护最弱小的生产商，平衡各方利益，防止炼油商和出口商囤积石油，以此投机。该机构将积极采取行动，收集石油业的可靠信息——钻井数量、实际产量、现有储量，还有所有以前从未做过的、令人满意的事。确实，各家报纸一直争论不休的原因之一，就是它们报道的产量和储量数据不一致。而该机构将对市场进行调研，研究怎样扩大消费。它反对垄断、鼓励竞争，如有必要，它将提供由生产商持有和控制的炼油厂。

正如哈森上尉所言，代理机构的精神非常自由，甚至考虑到了钻井工和泵油工的利益。“每位雇员都为自己至少认购一股，”他在演讲中说道，“为其妻子和孩子认购一股，用他们的积蓄购买或按月支付。如果他们无法分期付款，一定要让他们相信你们会帮助他们，并鼓励他们

① 见附录16号：石油生产商代理。

勤俭节约，帮助其家庭积累财富。光是通过停工且勇敢地支持你们获得对市场的控制权，他们就已经给了你们非常大的帮助。你们得到了一切，但他们除了你们给的这些好处，别无他求。现在，你们必须关照他们的福利，以证明你们对其行动的欣赏。”

这个计划受到了热情欢迎，当正式表决时，大家一片欢呼，予以采用。在正式采用该计划后，具体来说，是在10月24日石油城宣布实施计划后没过多久，200,000美元的股票被认购，不到两个礼拜，代理机构宣布股票已被认购一空，机构的董事和官员已通过选举产生。在石油史上，这是生产商首次团结在一个组织之下，它的权利包括调控石油生产，或类似市场需求的东西，防止石油落入某些投机者手里，对任何有垄断倾向的联合提供坚强的防线。现在要把生产商变成其天敌炼油商的强大对手，唯一必须做的事，就是生产商必须忠于自己的代理机构。此时，生产商的命运就掌握在自己的手里。他们会坚持吗？所有迹象表明，他们会。他们已经想过这些问题。他们的行动是如此坚定和巧妙，甚至洛克菲勒似乎也曾这么认为。

在生产商行动的这三个月里，炼油商们也一直在派人向他们示好。8月份，几位炼油商找到某些大生产商，私下提议从钻井到出口两头联合，以更好地经营石油行业。他们的建议对那些受够了低油价的人来说颇有诱惑力。“实施限量的计划，并保证只卖石油给我们，”洛克菲勒的代理说道，“我们每桶给你4美元。价格也可以按精炼油价格上涨的比例增加，精炼油每加仑上涨1美分，每桶原油就多给你25美分。”提出该条件之时，原油市场价大约在每桶3美元上下。生产商问道：“你怎么能做到这点？”“我们期望通过联合，每桶获取75美分的运费回扣。”对方回答道。“但是，铁路方已签订协议不给回扣。”生产商驳斥道。

“说得好像铁路方曾经履行过协议似的，”精于世故的炼油商回答道，“总有人会得到回扣。这就是铁路公司做生意的方式。如果这个回扣总要给某些人，我认为应当是我们的联合公司。”生产商们很清楚，他们的协会绝不会同意加入任何基于回扣的计划，他们曾这样说过。但在炼油商看来，并非没有好处。“我们不需要所有的生产商加盟，我们只需要那些大公司。在我们的计划安排下,小生产商注定要消失,就像小炼油商一样。”这一方案从来没有走出过会议室,它有点过于愤世嫉俗了。后来,两大利益集团的代表之间又开过好几次性质相同的会议,依旧毫无成果。哈森上尉及其同事成立的组织不仅保护强者也保护弱者,他们欢迎每一位有志于从事石油业的人,鼓励竞争,反对任何形式的特权。洛克菲勒及其合伙人却主张护强去弱,只有现在入会的人才拥有会员资格,可以通过额外的特权防止竞争。他们的方案非常冷血,但必须承认,与生产商的方案相比,该方案更加牢固地掌控了当时的商业行为,对商业社会中的人性了解得更加深刻。

生产商代理机构的成立,使得炼油商们以前所未有的迫切态度回到了油区。因为这个机构的出现,让他们不得不面对一个积极活跃的对手,这个对手掌控着原材料,可以通过扣留石油等手段随时使他们的炼油厂关闭。这个新机构展现出来的活力、能力和毅力,对洛克菲勒及其合伙人梦寐以求的垄断是严重的威胁。和解必须马上达成。11 月 8 日,就在该代理机构宣布价值整整 1,000,000 美元的股票认购完毕后不久,石油城美孚石油公司一位代理商就被命令从该代理机构采购石油——每桶 4-3/4 美元,共 6000 桶。洛克菲勒通过电报发布的指示如下:

> 我们已经很清楚,如果我们在石油城按每桶 4-3/4 美元的价格购买生产商代理机构的石油,他们就会继续保持这个价格。我们愿意更进一步,只买他们一家的,就按我们告诉你的数量订购。你去见见哈森及其他人,让他们充分理解这点。我们将尽全力维持油价,继续采购,前提是他们能够完全理解我们的立场。我们这样做的目的是使生产商们相信我们的诚恳,并协助健全市场。

此时,他们还没有采取更加巧妙的行动。买油只是在表明,炼油商协会能够而且愿意按照生产商给出的价格支付。事实上,除了想表达愿意与代理机构联合外，他们别无他求。但是接下来三周内发生的事情表明，要想让其他人支付与洛克菲勒承诺的一样的价格，还需要等待一段时间。原因很明显。虽然钻井已经停止，且暂停泵油30天，但石油产量依然在增加。事实上，11月份的流量①比自石油业开始以来任何单月的流量都大。当停止钻井之时，一大批正在运转中的油井已经“在井喷”。“野猫式”的盲目开挖开辟了新的区域，关停30天也没有达到预期的减少储量的效果。很明显，要使原油产量降低至符合市场需求，生产商协会任重道远。还能依靠这个庞大的生产商组织进一步采取措施以降低产量吗？他们会一直把石油留在手里，直到代理机构完全控制局面吗？他们的油罐都装不下了。许多人已经负债累累，要靠卖油来应付开销——其中甚至包括他们的日常人员开支。当他们开始意识到，虽然该机构将把他们从行业弊端中拯救出来，但要等该机构真正发挥作用，还得再坚持几个月的自我牺牲、抗议和努力，并因此而开始躁动不安，一点也不令人意外。他们对代理机构设置的束缚日益不耐烦，机构的领导者们马上意识到，必须立即给这些石油人一些看得见摸得着的实惠，否则，就有散伙的危险。

约翰·D.洛克菲勒的伟大才能体现在，他能在复杂的形势里抓住关键行动。现在，他发现了问题的关键，公司的代表们再次来到油区寻求联合。他们通过私下会晤，把自己的观点散布到媒体和大街小巷。其观点大致如下：“我们的联合公司是唯一的大买主。我们能扛得住，而且仍是唯一的大买主。你们可以建炼油厂与我们竞争，但建厂要花几个月，你们这样等待，要如何控制其他生产商？肯定控制不了。今天，我们很容易就可以从那些为了生计而出售石油的人手里按照你们自己的定价买到我们所要的石油。你们的机构只不过是三分钟热度。就把石油卖给我们吧，我们每天可以购买15,000桶。若拒绝与我们合作，只有死路一条。”

---

① 石油产量是根据穿过管线中的石油计算的，由各条管线的测量员计算，并定期报告它们的流量。

生产商协会如果继续坚持独立，那么斗争的持久性和严峻性就足以令领导者们心力交瘁，他们担心这些分散而不安的生产商支撑不了不久，而且，他们自己也相信炼油商会履行诺言。最后，他们只好同意联合计划，《石油城井架报》将其调侃为"泰特斯维尔条约"。在宣布了联合计划的内容且知晓生产商协会很可能签约的时候，发生了一场可怕的骚乱。针对炼油商的每一个提议，原来有过的争论又再次出现了。这就是垄断！他们给出的原油价格取决于他们精炼油的不正常高价。一旦发现价格的提高与市场规律相悖，世界市场肯定会拒绝这个价格。而且，协议双方互不信任。"Timeo Danaos et dona ferentes，意思就是，当克利夫兰炼油商大方之时，你必须瞪大眼睛。"《石油城井架报》如此提醒道。不用说，南方发展公司的阴魂还徘徊在他们之间。还有一种说法，说与炼油商联合是哈森的决定，"要么联合要么破产"，没有其他的路可走。生产商们不能再等，他们手上有 1,000,000 桶石油，而炼油商们每天购买 15,000 桶，还能"当场支付"。而且，"冷静地来看"，如果无法达成最理想的目标，那么尽力尝试就好。

12 月 12 日，该协议递交至石油城的生产商们面前，立即引发争论，其激烈程度连《石油城井架报》都无法发表。哈森上尉带头表示反对，根据他的判断，生产商们只有一条路可走——摆脱所有纠缠，留出时间夯实已经计划好的构架。如果他们接受了他的建议，整个油区的历史就会重写。但他们并没有接受。协议以 27 票对 7 票获得通过。从会议上展现出来的激动气氛和参会人员的个性来看，石油商们的未来不太妙。一周后，被派去与炼油商会谈的委员会从纽约回来，带回了洛克菲勒签字的协议①以及定价为每桶 3-1/4 美元，共 200,000 桶的订单。大家一下感觉，联合或许不是那么糟糕的事情。200,000 桶是一份大订单，对缓解他们的困境颇有帮助。当确定了在协议签订之前，生产商们坚决表示，只要联合继续，炼油商们必须再签订一份拒绝所有回扣的协议时，他们的情绪也慢慢平复下来。协议的关键点是：炼油商协会应当

---

① 见附录 17 号：石油生产商协会与炼油商协会之间的协议。

允许现有所有炼油商入会，生产商协会应当允许所有现有和未来的生产商入会；前者只能购买后者的石油，而后者也只能把石油出售给前者；代理机构应当吸纳所有生产商，并享有特权处理他们的石油；炼油商必须按照世界市场的需求量来采购每天的原油，并以精炼油的价格来确定原油价格，一旦精炼油卖到每加仑26美分，原油必须卖到每桶5美元。协议的任何一方都可以在发出书面通知10天后终止协议。在协议正式签订之前，生产商们仍然坚持，要想双方的联合有效，炼油商们必须先签署拒绝所有回扣的协议。该协议文本如下：

> 此鉴：为确保互相保护的合作能够达成，我们认为，最好在石油生产商协会与石油炼油商协会合作期间，签订一份协议。炼油商协会同意，1872年3月25日，部分铁路干线与生产商和炼油商委员会所签订协议的第一、第三款仍然有效。
>
> 石油炼油商协会
>
> 约翰·D.洛克菲勒，主席

上面提到的3月25日协议条款规定，不能制定任何关于回扣的协议、合约或其他安排，以致任何一方需要支付特殊的运费；若没有提前至少90天给生产商协会的主席哈森寄出书面通知，无论是提价还是降价，运费都不得出现变动。但是，如今我们知道，即便在签订协议期间，洛克菲勒依旧在收取回扣。

现在，经过五个月的不懈工作后，代理机构开始着手处理石油问题。他们立即认真地将炼油商订购的200,000桶油的指标按比例分配给不同的产区。这是一项缓慢而得罪人的工作。首先，得设计信息收集和分配的方案，而且在预料之中的是，这种安排多多少少会引发不满，往往会被指控分配不公。然而，代理机构的工作依然在有条不紊地进行着，并运出了大约50,000桶石油。没想到的是，1月14日，炼油商突然宣布，拒绝继续接受协议中约定的石油。

生产商委员会召开紧急会议，要求炼油商协会给个说法。一个貌似有理的，来自洛克菲勒的解释是这样的："你们没有遵守你方的协议相关部分——没有限制石油供应①——今天泵出的油比油区有史以来任何时候都多。我们可以以每桶2-1/2美元的价格购买我们的所有订货，但本周石油的售价是2美元。如果你们不会或不能停止过度生产的话，你们还指望我们支付你们要求的价格吗？我们控制了精炼油的产量，所以才能有今天的价格。如果你们不降低产量，就别指望再有高价。"

生产商们能说什么呢？尽管他们通过白纸黑字制定了一系列措施，但依旧无法遏制产量。似乎是大自然对其慷慨受到控制，且只恩惠了少部分人而感到愤怒，她已打开自己的岩脉，到处都流淌着石油，让所有人都知道，这里阳光普照，即便最穷的人也能迎来光明。喷涌而出的石油，使得为生产商和炼油商人制定的限量荡然无存。生产商协会似乎突然理解了自己的愚蠢，竟认为如果每天出产的石油超出市场需求5000桶，联合组织还会愿意与炼油商保持这样的长期协议。不满的人们各种尖刻的指责信件雪片似的飞来，情况变得更糟，现在只有一种愤怒的声音，就是要求解散联盟。

面对协议的破裂，整个油区几乎没有人为之掉泪。大部分石油人从一开始就把它称为"一个邪恶的联盟"，故对联合失败非常高兴。如果联合的行为已经彻底结束，情况或许还不会这么严峻，但事实并非如此。联合失败只是代理机构和协会的消亡。反对协议的领导者已经从幕前退下来了，而那些支持联合的人，因联合失败而士气低落，不再作声。之后发起的零星几次停止钻井和再一次停止石油开采的努力，均以失败告终。大多数生产商认为，既然油价已经这么低了，他们拯救自己的唯一方法就是尽量多地提高产量，由此，一场疯狂的石油开发随之而来。生产商协会作为一个组织，在经过十个月的不懈努力后，几乎是

① 代理机构的章程规定要限制原油供应，但这一条款并没有写进两大协会签订的协议中，它只是一个口头约定。

一夜之间就消失了。这次失败使得石油人要花上五年时间才能完全恢复，并再次团结努力。如果洛克菲勒在 1872 年秋天就已经认为，为了“石油业的福利”，必须解散生产商代理机构的话，他就不会傻到让他们加入联合，至少在心理上也会放弃这种协议。

生产商们虽然因为失败而沮丧，但当得知炼油商协会的日子也不好过时，他们马上感到了慰藉。事实上，情况变得更加严峻。官方的年度进出口报告显示，精炼油出口量在石油业历史上首次下跌。1871 年，出口量为 132,178,843 加仑；1872 年，只有 118,259,832 加仑。令人他们震惊的是，欧洲的页岩油厂和煤油厂重新开业，他们出售的产品价格比进口的煤油更加便宜。全国各地到处都在抗议，洛克菲勒及其合伙人正在通过抬高精炼油价格来控制石油业，而原油却依然无法获得合理的价格。生产商渴望能找到一个替罪羊，他们辩解说，原油低价不仅是因为生产过剩，还因为消费量下降。他们对洛克菲勒的反感再次爆发。炼油商协会自身也陷入了麻烦当中，其成员没有按约定限制产量——也就是说，他们不时发现有炼油厂并未遵照洛克菲勒的指示，正在超量生产精炼油。对协会来说更致命的是，其成员有时会以比洛克菲勒指定价格更低的价格出售石油。这些限制原本是联合成功的基础，1873 年 6 月，在萨拉托加召开了成员大会，经过长时间的辩论之后，协会最终解散。

面对炼油商协会的解体，油区那些有欠思考的人对此幸灾乐祸。这条“小蟒蛇”终于死了。但对那些有思想的人来说，情况根本无法令人高兴。他们知道，虽然联合可能会解体，但克利夫兰的美孚石油公司仍然掌控着全国五分之一的生产能力。洛克菲勒不仅在 1872 年初牢牢拴住了 20 家炼油厂，而且还彻底吸收了它们，他正从中赚大钱。1873 年至 1874 年，光是与中央铁路公司的协议，就使得洛克菲勒在七个月内，每月可以至少运输 100,000 桶精炼油到滨海地区。事实上，其运量从来没有少于 108,000 桶，其中有一个月还飙升至 180,000 桶。[①] 1873

① 见附录 14 号：亨利 · M.弗拉格勒的证词。

年，在石油价格最低迷的时刻，他每加仑石油都能赚到 3 美分。有人估算他一年的运量为 700,000 桶——而实际数量比这多得多。那一年，他光是利润就赚到了 1,050,000 美元。这还不包括其 35%的产量在当地或运往西部的销售利润。难怪那些前一年刚被收购，现在看到自己的炼油厂被经营得红红火火的克利夫兰炼油商们心里越来越不是滋味。坊间传言，美孚石油公司董事长每天收到的信件中，有许多都是扬言要报复他的威胁信，以至于他在公共场所出现时，都要采取特殊的安保措施。

值得一提的是，这些巨额利润并没有全部进入他的私人腰包。1872 年，美孚石油公司利润的 37%用于分红，但在 1873 年降到了 15%。这些利润几乎全部用来拓展业务、巩固公司。洛克菲勒正在建造一些大规模的油桶生产厂，借此将炼油厂最大开销之一削减到最小。他正在自购油罐车皮，试图借此摆脱铁路划拨车皮时不规律造成的困境。他正在控制纽约枢纽站货运点的设施。他正在建设他的工厂，使之具备最完善的条件。他正在改进每一道工序，试图将生产成本降到最低。他正在勤奋地探寻各种方法以提高原油的潜在利润。那个时候，原油的浪费率可能在 10%左右。看到原油流失，他特别心痛。没有一个人像美孚石油公司的董事长那样热心关注这些，他总是在给员工展示如何利用任何一点残油。简而言之，洛克菲勒正在强化石油业发展的每一个环节，其中，他最关注的环节莫过于运输。

第五章

奠定托拉斯的基础

3月25日的协议签署后不久,回扣再度出现——尽管铁路有作为公共运输者的义务,但大货运主应当比小货运主获得更多优惠——协议达成,确定三大铁路公司向东部油运的占比——油区的地理优势被剥夺——拉特传单——洛克菲勒秘密计划实现他个人控制炼油业的梦想——组织中央协会——H.H.罗杰斯捍卫该计划——洛克菲勒冷静而成功地劝诱了炼油商协会——回扣就是他的武器——通过威逼利诱加以巩固——更频繁地谈及联合以抵制这个运动

1872年,当生产商和炼油商们尝试成立协会并结盟以规范原油和精炼油的产量时,大家都认为三大油运铁路公司的运费就是3月25日的协议中规定的运费。除了老于世故的人,大家都相信铁路公司正在按约行事。正如我们看到的,湖滨-密歇根南部和纽约中央铁路公司从未按协议金额收取运费。弗拉格勒说,1872年4月1日到11月15日,美孚公司收到的回扣金额标准为每桶25美分。这似乎表明,一方面,克拉克和范德比尔特与石油人签署协议,规定今后货运中,"所有石油的运输安排,均应最为均等地有利于所有运输公司、生产商以及炼油商。不再做出,或允许做出回扣、退款或其他任何性质的安排,以避免各方在运费率上有丝毫差别,或遭到任何不公平待遇";另一方面,他们又签署了一份协议,给洛克菲勒每桶25美分的回扣。肯定有某种强烈的诱因让他们不顾承诺。看看洛克菲勒给中央铁路公司提供的东西就知道

了——每天60车皮的石油，不少于4000桶。德弗罗将军在前面提到过的誓书中也指出了这一点。[1] 中央铁路公司允许他们组装一列固定的油运列车，每天运行。由于不运输其他东西，从克利夫兰到纽约的货运平均时间也缩短了，从30天缩减到10天。如果几个不同的货运主能够每天运输相同数量的货物，那么，这样的安排将会使货运车皮的投资减少约三分之一。往返装运的速度都有保障（一旦晚点，就无法正常获得每天50—150美元的回扣，所以，美孚一定会快速装运货物），并且可以避免同时应对多位货运主的想法或需求的麻烦。对中央铁路公司来说，这笔回扣给得值得，虽然中央铁路公司支持履行协议且没有任何异议，因为这些协议自然而然地满足了洛克菲勒的需求。还有一点，如果中央铁路公司不答应洛克菲勒的条件，毫无疑问，它将会失去货运业务。水运和伊利铁路正等着接手他们的业务呢！

这样的安排想要秘密地长期运作，是难以想象的事，但我们发现，这些安排竟然从未被曝光。事实上，石油人中的某些聪明人相信：即便签署了协议，各铁路公司也肯定不会遵守——假如他们按协议办事，将会对克利夫兰的炼油业造成毁灭性的打击。W.T.沙伊德，签订这份协议的石油人委员会中的一位成员，美国最大的石油货运主之一艾德纳·尼尔哈特的代理商，在1879年提交给赫伯恩委员会的一些直白且带有暗示性的证词中说道，在他看来，在签署该协议的时候，业内人士就没有期待过它会持久。"我的理由是，它是一个不存在可能性的协议，"沙伊德说，"它可能会立竿见影地彻底毁灭这个国家55%的炼油业。克利夫兰和匹兹堡，在之前的四年间，已经运出了油区55%的石油——它们除了要支付所有其他炼油商不得不支付的运费，还被要求支付每桶50美分的费用，将原油运往工厂。"克利夫兰和匹兹堡的炼油商一直在支付将原油运往工厂的费用，甚至连南方发展公司也要支付这笔费用。在如此安排下，克利夫兰在1871年成为全国主要的炼油中心。委员会主席在调查沙伊德时认为那是一个"已经自我调整好了的

[1] 见附录3号：詹姆斯·H.德弗罗的誓书。

不具可能性的临时方案”，对此，沙伊德予以承认。“是的，先生，我想它已经自我调整好了，其效果在当下非常明显。”

沙伊德对纽约各大铁路公司不会执行新运费率的预感十分强烈，4月10日，他到宾夕法尼亚铁路公司要求回扣——并且顺利得到了回扣。回扣是多少他没有说明，但是弗拉格勒在证言[1]中告诉我们，12月时，他发现宾夕法尼亚铁路公司正在以低至每桶1.05美元的价格运输石油。而且整整一个月内，他从范德比尔特那里得到的都是1.05美元的运费，每天运输4000桶。

沙伊德也通过伊利铁路运输精炼油。乔治·R.布兰查德1872年10月成为伊利货运总代理。在1879年，他告诉赫伯恩委员会，刚担任这个职务时他就发现，在1872年9月，光是精炼油，尼尔哈特就向沙伊德支付了7000美元的回扣。他没有说这样的回扣已经持续了多长时间。同时，布兰查德发现了3月25日签订的协议。他问为什么不遵守协议，得到的答复使他确信，宾夕法尼亚铁路公司和中央铁路公司履行协议的时间不会超过两个星期。“对我来说，这些表现，”布兰查德说道，“也使得大西洋-大西部铁路公司了解他们的对手正在干些什么，并确信每桶24美分的退款，是在1872年3月25日签订的协议规定的1.35美元运费率的基础上支付的。”

但是，布兰查德运输的仅仅是尼尔哈特的精炼油，他需要更多的业务，并且愿意给回扣去得到它们。他很快就从另一个已经签订3月25日协议的石油人那里得到了一些业务。这个石油人就是泰特斯维尔的贝内特，他和J.D.阿奇博尔德及其合作伙伴一起，同布兰查德签订了一份协议，以远低于3月25日的协议价格，运输他们的全部产品，为期一年。[2] 这又是个短命协议，因为在11月，贝内特及其合伙人把他们的货运转交给了宾夕法尼亚铁路公司。不过，伊利铁路公司也承担了其中的一部分，1873年7月，尼尔哈特的原油货运也全部交给了他们。沙伊

① 见附录14号：亨利·M.弗拉格勒的证词。
② 见附录18号：针对伊利铁路公司的回扣，乔治·R.布兰查德的证词。

德，尼尔哈特的代理商，向赫伯恩委员会解释说，他们离开宾夕法尼亚铁路公司，是因为他们认为“获得的待遇太糟糕——在提供车皮时有针对我们的歧视”。宾夕法尼亚铁路公司确实已着手实施3月25日协议的条款，规定在提供车皮方面不能有歧视。沙伊德考虑到自己是“他们的货运主”，也就是说，运量比别人大，货运周期更稳定，也的确享受到了更好的运费，但他认为车皮提前分配是不公平的，①并因此放弃了在宾夕法尼亚铁路公司的业务，把业务转交给伊利铁路公司。在那里，他大致得到对方的保证，将根据货运的数量和货运周期来分配车皮。沙伊德的证词有力地佐证了大货运主将拥有一切优势的原则在油区最优秀人们的观念中是多么根深蒂固，即便作为一个整体时，油区人都拒绝“回扣业务”。这些来自宣誓过的证词中的细节显示，在石油战结束之后的一年里，所有这些铁路公司是在实行怎样的价格歧视，一些货运主是怎样再次着手争夺有利条件，以及大货运主又是怎样致力重建“一条铁路负责一位货运主，比多位货运主共用一条铁路更加方便，更能盈利”的这一被石油战推翻的原则。实际情况是后者更能盈利，而铁路作为公共运输工具的责任与这个问题毫无关系。②

现在的情况是这样的：1873年6月，德弗罗已经成为大西洋-大西部铁路公司的董事长。同一时间，彼得·H.华生，曾经的南方发展公司的董事长，成为伊利铁路公司的董事长。两个人调查了石油运输的现状，他们发现，一年前废除的回扣制度又死灰复燃了。然而，伊利铁路公司并未能获得太多业务。1873年伊利铁路的全部货运量为当年总量4,963,000桶中的762,000桶。他们自然要努力获得新的业务，恢复曾经与美孚公司的关系，该公司正掌控着这个国家三分之一的炼油能力。他们前往美孚石油公司，想看看是否能获得从克利夫兰到滨海地区的部分货运业务。洛克菲勒同意给他们货运，前提是，只要他们愿意给出与其他铁路上的竞争对手一样低的运费，且愿意在布鲁克林的亨特油

---

① 见附录19号：W.T.沙伊德的证词。

② 见附录20号：1873年间纽约-伊利湖-西部铁路公司对石油运输的过高索价与回扣支付金额的财务报表。

站运输他的石油，因为那里有他的油厂，中央铁路公司也在那里替他运输石油；或者，如果他们不愿意的话，只要把油厂租给他就行。他有充分的理由提出后面的要求，对此，布兰查德向赫伯恩委员会解释：

> 美孚石油公司在亨特油站有精干的人员队伍、房产、油罐和其他配套设施，负责接收石油和制造油桶，他们有从别处送来的制桶材料。在此之前，都是伊利铁路公司给维霍肯以外的炼油商提供服务，并将这笔服务费算进他们的运费率中。美孚石油公司的人曾对我们说："在亨特油站，我们做这个业务的成本很低，因为我们都是老练的石油人，知道怎样去控制它。我们没有付任何额外费用，不能也不应该因为石油运输提供的服务就要比运输面粉或者棉花付给你们更多钱。并且，纽约中央铁路公司也在这个油站给我们运输石油。现在假如你们愿意在亨特油站给我们运油，并同意我们做这个业务的话，你们可以把油厂租给我们，我们想做这个业务。在维霍肯，我们不能向你们支付诸如削桶板、上桶盖、制造油桶、装满油桶、再次灌装以及检查等费用，因为我们有自己的精兵强将，在纽约港口的另一处也有应付这些工作的油厂。无论如何，作为一个运输者，这些并不属于你们的业务。"
>
> 因为我们能够从整体收费中获得利润，我们对他们说："假如你们为运到这里的每桶石油都支付一笔固定的费用，那你们就可以拿走油厂并经营，还可以对继续将石油运往这些油厂的人做出业务上的限制。"我们之间之所以能够达成这样的协议，是因为他们控制了很大一部分的货物，而且在布鲁克林还有永久性的设施；如果他们只持有少量货物，或他们没有这些设施，我们很可能就可以保留自己的油厂。

1874年4月17日美孚石油公司与伊利铁路公司签订了一份协议。通过这份协议，美孚同意通过伊利铁路运输其炼油厂50%的产品，运费

“不能高于美孚石油公司的竞争对手通过任何铁路将西部炼油厂的产品运输到纽约的运费”，并同意给所有使用伊利铁路的石油供应货商一个统一的价格，以及公平、平等地使用维霍肯的设施的权利。① 对于双方来说，这是一笔非常明智的交易。它使洛克菲勒再次成为受欢迎的货运主（在中央铁路公司他已经是最受欢迎的货运主了），而且，这给了他对伊利铁路公司的石油枢纽站的控制权，他可以确切地知道这条铁路的其他石油供应货商正在做什么——这正是南方发展公司设法得到的优势之一。至于伊利铁路公司，它与美孚绑在一起，得到了重要的贸易机会，却不得不再次被放到要讨论石油运输业务分割的位置上。除了美孚石油公司的业务，宾夕法尼亚铁路公司还承担着大宗石油运输。现在，伊利铁路公司与中央铁路公司一起，向宾夕法尼亚铁路公司展示他们作为石油货运者的地位。

中央铁路公司和伊利铁路公司决心从宾夕法尼亚铁路公司那里分得一定比例的货运，其结果毫无疑问是增加分裂，一场运费率大战似乎已不可避免。在这个节骨眼上，负责宾夕法尼亚铁路公司货运的帝国运输公司的波茨上校向其竞争对手建议，现在是三条铁路联合经营滨海石油货运的有利时机。这个提议涉及一个新的收费标准，但现在实际上还没有这样的标准。大家建议，今后的运费率应针对铁路线上所有各点的原油和精炼油，对所有的炼油商平等以待。这样的一个平等化建议实施起来错综复杂，代理商发现问题一时难以解决。1874 年夏天，他们就此展开讨论，在朗布兰奇和萨拉托加召开了多次会议，邀请了几个重要的炼油商、管道商和石油生产商，这些人都是他们信任的，会对这个计划绝对保密。

9 月 1 日，他们达成了一项协议，确定三条铁路东部运输的占比。至滨海地区的运费率对所有的精炼油商都是一致的。布兰查德用了一个例子来向赫伯恩委员会解释这个计划：“假设有 100 桶精炼油通过铁路从克利夫兰运到纽约，收货人要先在纽约支付费率为 1.9 美元的运

① 见附录 21 号：伊利铁路公司与美孚石油公司 1874 年的协议。

费。之前为了制造这100桶精炼油，他已经支付了133-1/2桶原油通过管道运输到克利夫兰炼油厂的费用，运费率为每桶35美分，或者说46.67美元。这样算来，他支付了石油从管道到炼油厂、再从炼油厂到纽约的费用，其中包括100桶精炼油的运费和提炼100桶精炼油所需的原油的运费，共计236.67美元，或者说每桶2.37美元。在月底，我们退还运输原油时支付的46.67美元运费。因此对他和其他炼油商来说，支付的运费率是1.9美元。”

1864年石油城的石油运输船队

如果炼油厂位于滨海地区，那么从油区运输提炼100桶精炼油所需的133-1/2桶原油的运费，与在西部提炼100桶精炼油再运往东部的成本应当一致。将原油运往炼油厂，其实算起来并没有收取多少费用，正如下面的协议中显示的：“铁路公司应该将成品油的运费退给炼油商，以抵扣他们在原油送抵炼油厂时交付的运费。”该规定中的第二项关于原油退费的条款如下：“通过各条线路运输到东部沿海地区的原油，每桶退费22美分。上述退费只能在铁路运输回到起始点时给付。若使用管道输送，则管道的所有者可以维持协定的运费率。”该协议显示了石油运输方面两大令人震惊的意图：首先，他们试图剥夺油区处于油井附近的地理位置优势，免费将石油运往克利夫兰、匹兹堡、纽约和费城，同时给这些城市优越的条件，以提高它们接近国内市场及作为制造中心的地位；其次，他们已经与某些管道公司联合，试图消灭其他公司。

布兰查德向赫伯恩委员会解释了这两个革命性的举措："无论是对西部的部分炼油商、滨海地区的炼油商，还是对原油货运主和接收者，以及管道的拥有者来说，这些举措从哪个方面看都是可行的，且将会成为克利夫兰、匹兹堡和那些滨海地区的炼油商在炼油厂往返运费的总运费上取得均衡的基础。"现在为了做到这点，就必须忽略距离的因素。克利夫兰位于油区西部 150 英里，但是需要将其像滨海地区各点一样对待。这个提议一旦被提出，必将遭到某些炼油商和生产商反对，除非铁路公司进一步对煤炭、酸类、制桶材料等物资实行均衡运费率。然而，铁路公司拒绝这样做。

至于第二项条款——所有管道的所有者可以维持协定的运费率——将以如下方式实现：当铁路人在朗布兰奇开会时，亨利·哈利，宾夕法尼亚运输公司的董事长来找他们，说他相信计划不可能实施，除非和管道公司结成某种联盟。在四五年之前，管道的数量一直在增加，而且出现了与石油业其他部门类似的情况。从石油的产量来看，可能需要目前两倍容量的管道才能收集所有产出的石油。由于管道处于至少十二个不同部门的管理之下，每一个部门都在争夺业务，结果自然会导致各大铁路公司和市场已经出现的情况——价格严重削减、回扣、特殊的秘密协议、混乱和损失。自第一条管道获得成功才仅仅过了九年，但考虑到石油业务的显著增长和管道在其中发挥的重要作用，出现各种问题也是很正常的。与原油开采和精炼油加工供过于求的情况一样，管道运输业的发展也需要时间和业务的稳固来补救。

哈利在铁路人面前阐述了这个状况，并且对他们说："我们想要你们帮助我们保持一个均衡的、平等的运费率。我们现在代表着油区九条最重要的线路，想停止价格削减，并将运费率保持在 30 美分，你们能帮助我们吗？"实际情况是，迄今为止，铁路收费和管道收费都毫无关系。石油的购买者支付运费，这一直以来都是惯例，也就是说，石油生产商把石油送入管道，他就会收到一张信用凭证。如果他的石油在管道里留存的时间很长，他就要支付储存费。当他出售石油时，石油通过管道运输，由购买者支付运费。现在，联合管道公司向铁路方建议，商定一个从油井到滨海地区的全程运费率，与当前铁路各接收点制定的运费率一样低，管道公司收取全程运费的20%。铁路不能从买主处直接接收石油，除非他们给出的运费超过管道公司的收费标准，亦不允许任何联盟之外的管道公司享受从油井开始的全程运费率。备忘录上明确指出，这项协议的意图和目的，就是要使联合管道的各条管线成为铁路的主要支线。在设计上，它与南方发展公司的计划类似——将其他竞争者全部驱赶出局，其意图和目的冠冕堂皇。①

当谈判还在进行时，整个油区被运费将会提高的谣言所困扰。自石油战争以来的两年，作为一个整体，油区已适应了1872年3月25日发布的运费率表，并且运营得不错。虽然边际利润较以前少了很多，但是利润空间还是充分的，足以保证山谷里的炼油厂大部分时间能正常运转，甚至还有几个大的炼油厂正在扩建工厂。报纸每天都有关于各工厂状况的详细报道。1874年夏天，《石油城井架报》的一个编辑在石油城各家炼油厂走了一圈，在报道中说，泰特斯维尔和石油城的各大炼油厂都发展繁荣，正在茁壮成长，而在这两个城市之间的小镇上的小炼油厂也“快乐地跟随慢跑”。不同炼油点之间的激烈竞争迫使他们必须节俭地经营，所以，运费要上涨的传言自然会弄得人心惶惶。不过，新的协议于9月12日公布了，这比预期的时间要早一些，油区人心中的石头才随之落地。这一协议是通过下面的方式达成的：9月9日，纽约中央铁路公司货运总代理詹姆斯·H.拉特散发了一份私人传单，宣布将有新的协议，②精炼油运输到滨海地区的运费每桶将提价50美分，其中包括把原油运往炼油厂的运输成本和要给使用了管道运输的货运主的

① 见附录22号：铁路公司与管道公司间1874年的协议。

② 见附录23号：拉特传单。

22 美分回扣。克利夫兰和匹兹堡的运费还没有相应的提价计划。这个新的计划表还附上了一段安抚人心的话:"你们将会看到,在这个制度安排下,运费率对于签约各方来说都是公平的,它阻止了任何人利用自己拥有的一些所谓或实际存在的设施,趁机占自己邻居的便宜。炼油商和货运主不时要求铁路实行均等的运费,这下,他们肯定心满意足。我们已经计划这么做了,相信人人都会满意。"

泰特斯维尔的 M.N.艾伦是拿到传单的炼油商之一。现在艾伦是一家雄心勃勃、充满活力的报纸——《信使报》的编辑。作为一名炼油商和编辑,自从业开始,他就在为人际关系和交易链奋斗,现已成为南方发展公司和随后的炼油商协会最强大的对手之一。他在拉特的传单中看见了某些邪恶的企图,并迅速在一篇强有力的社论中予以谴责:

> 假如通过纽约中央铁路公司、伊利铁路公司和宾夕法尼亚铁路公司的一纸协议,原本从泰特斯维尔的管道中运出的原油——从泰特斯维尔运到芝加哥,在那里提炼,然后精炼油被运往纽约,所有产品的运费是每桶 2 美元。精炼油需要通过各铁路公司运输,芝加哥炼油商和泰特斯维尔炼油商享受相同待遇。在 10 月 1 日之后,他们需要把从泰特斯维尔管道获得的原油运往纽约提炼。这一新的货运协议中没有针对芝加哥炼油商的政策,但是克利夫兰的炼油商却可以到泰特斯维尔购买石油,再从泰特斯维尔运走。在那里,宾夕法尼亚铁路、邱奇管道或奥克塔夫管道把石油运到克利夫兰,经提炼之后,再以同样的运费将产品运往滨海地区。总之,因为炼油商可以直接从上述各管道提取原油,现在,他们会更多地将炼油厂放在滨海地区。这是对问题的确切阐述,没必要再就此发表更多评论。
>
> 再举个例子,按照协议,1000 桶原油运到滨海地区的运费应与 715 桶精炼油运到滨海地区的运费相同。但是相对精炼油来说,原油在货运中更加危险、更易燃。在我们看来,这就

是对滨海地区的炼油商巨大的偏袒，因为油区的炼油商无法从中获得任何补偿。

现在，在这个新的货运协议付诸实践之前，负责此事的铁路官员最好考虑一下，宾夕法尼亚州的人民出于对该州铁路公司的尊重，早在去年12月16日，就签署了这个协议中的部分条款。我们的新宪法第7条第17款有如下关于本州公民主权的法令："在运输公司和个人之间，不得有运输收费或运输设施方面的歧视，也不得以折扣、退款或是其他什么手段支持任何一方。"

石油是这个州的产品，运输公司要将其运走，就必须尊重这个州的基本法。虽然我们不要求优惠条件，出于原则也一直支持自由贸易，代表油区的炼油公司说话，但我们也不主张在本州经营的运输公司暗地里屈服于任何歧视，违背我们的利益。假如铁路公司因为我们拥有优于其他地区炼油商的位置条件而试图剥夺我们这些优势，并且要求我们支付和克利夫兰的炼油商运输相同数量的石油到300英里以外的距离一样高的运费；或者在运输距离相同的情况下，支付的715桶精炼油的运费和1000桶原油的运费一样多，那么，我们将表示强烈反对。如果铁路公司对所有各点的精炼油的所有收费都一视同仁，我们也就无话可说。如果他们给硫酸定的价格是每磅1.5美分，与其在纽约的价格一样，而不是每磅2.5美分；如果他们将氢氧化钠从纽约免费运到这里；如果他们让这里的油漆和胶的价格与纽约售价一样；如果他们让这里的桶板、桶盖和桶箍的成本和克利夫兰的成本一样，那么，不管他们是否通过给予我们充足的回扣，以掩盖这些不利于我们的差异，或者以其他任何能达成相同结果的方式来做这些事，我们都将毫无怨言地接受新的协议。在协议生效之前，我们要求承运石油的各铁路公司约束自己，合法经营业务，无论是在形式上还是在实质上，都要遵守新的宪法。现在，我们的公民有必要知晓他们的新宪法是否得到应有的敬畏。

我们反对新的协议，因为石油运费将大幅增长。如果铁路公司在过去几年因为替克利夫兰的炼油厂运输石油而赔了钱，那也不应该让正处于萧条状况的整个石油行业来替它受惩罚。我们倒要问问那些铁路公司的经营者，按运输距离、运输货量来收费，或者对运输距离更远的货运业务按照英里数给些运费折扣，这样做是否不对？

对此问题，我们的言语可能有点过于绝对，但是，从去年冬天绝大多数人都支持本州新宪法的情形来看，我们有极大的信心，相信人民不会舍弃他们的主权，也不会允许自己受制于某种联营王国。

首先，油区为拉特传单所困惑。它貌似是有理的。每个人在它之下平等地分享利益，这难道不是真实的吗？石油人曾陷入某种茫然状态中，现在逐渐清醒，艾伦的社论开始起作用了。没有参加联盟的管道公司开始质问，铁路公司是如何合法地签订了一个明显会把他们踢出局的协议？油区的炼油商开始质问，铁路公司有什么权利剥夺他们靠近油井的地理位置优势，而同时允许克利夫兰保持接近西部市场的优势，允许匹兹堡保留在俄亥俄河上的位置和它控制的市场的优势，允许所有城市保持接近地方市场和就近采购诸如油桶和酸等必需品的优势？除此之外，铁路公司试图控制州际贸易，这符合宪法精神吗？就宾夕法尼亚铁路公司而言，这一安排不是被宾夕法尼亚州的新宪法明文禁止吗？生产商们也慢慢开始意识到，拉特传单，就像南方发展公司的章程和协议一样，并没有把他们看作一个主体。1872 年 3 月 25 日的协议规定，固定费率不应当“出现任何变化。如需对运费率进行调整，应至少提前 90 天，以书面形式通知石油城的生产商协会主席威廉 · 哈森”，这个条款完全被忽视。这是一种“傲慢的均衡”，石油人下了如此结论，并于 10 月 2 日在帕克码头召开的一次群众集会上表达了他们的不满。这次会议之后产生了一个委员会，他们直接寄信给斯科特、范德比尔特、朱厄特、伊利铁路公司新任董事长等诸位先生，呼吁他们关注拉特传单，并表明了生产商的强烈反对。10月6日寄送的这些信件没有收到上述任何铁路公司董事长的回应，三个多星期后才收到宾夕法尼亚铁路公司的回信，内容如下：

> 先生们：
>
> 你们于6日寄给托马斯·A.斯科特董事长的快件已收悉，并转交我来处理。
>
> 确定最近的运费率及油运安排的过程中，大家一直坚持的宗旨就是，确保所有利益体平等，不给予任何一方高于其他方的不合理的优势。
>
> 我们相信这个目标已经完成，通过坚持我们目前的运费率，无论是生产商、炼油商还是运输商，其利益都将得到提升。
>
> 您非常忠实的，
>
> A.J.卡萨特

“简短的、迟缓的和无法令人满意的”，是《石油城井架报》对卡萨特回信的描述。对于石油人来说，很明显，如果他们要采取行动破坏新运费率，最后肯定要对簿公堂，因为铁路公司的目的，就是要支持自己定下的这一制度。

在这次关于拉特传单的讨论中，洛克菲勒的名字几乎没有出现。众所周知，他参加了这些讨论新费率的会议。任何与石油业相关的事，约翰·洛克菲勒都会参与其中。布兰查德后来陈述说，计划“初稿”是某些西部炼油商提出来的。因为新的协议，克利夫兰享受了巨大的优越条件，实际上就是享受300英里的免费运输，这似乎也证明了，洛克菲勒在会议期间并非无动于衷。不管他是否在拉特传单中提出对他有利的条款，他现在都正在利用它们完成他一生中最精明、最深远的行动之一——这一行动最终将促使他的伟大目标的实现——把石油业集中在自己的手中。自从1873年夏天炼油商协会解散以来，他一直很安静，但他绝不会放弃为整个国家的炼油事业奋斗的想法，犹如他曾经通过南方发展公司为克利夫兰的炼油事业奋斗一样。

洛克菲勒反复证明，他在事业生涯中所表现出的卓越能力是从实践中学到的。炼油商协会的解散对他看似是一次灾难，但他不允许其成为一次无益的灾难，他从经验中吸取有用的教训，并且，将这些教训用新的智慧武装起来，专心制定新的征战计划。他知道不能指望再次创造出如此丰富的成果，就如他通过夭折的南方发展公司已经创造出的那样。过去一年里和炼油商在一起的经历使他确信，他需要花时间把联合的思想灌输给他们。但是他已经了解到，他们中的一些人是没有能力接受这个教育的。至于生产商，曾经试图创建的联盟足以表明，他们绝不能长时间忍受任何联盟的限制。除此之外，对洛克菲勒来说，他们中的大多数人仍然怀抱不切实际的想法，认为回扣是错误的。在这18个月里，洛克菲勒重新审视了他以前已经了解得相当充分的东西，并再次认识到：只要承诺一笔巨大的货运业务，不管是提供还是运走，都足以说服当下任何铁路公司去破坏最郑重的协议。

带着脑子里所有这些鲜活的想法，洛克菲勒再次专心研究美国炼油业的分布。这是他一直惋惜的尚未征服的世界。我们可以想象，他像一位伟大的将军一样开始征程，这位将军就是拿破仑一世，他们之间有许多共同特征——总是用红头钉在地图上标记必须征服的地方，进而开始征程。按照这样的比喻，洛克菲勒的地图上可能已经显示：在波士顿及其周边地区，大概3个钉子，代表3500桶的生产能力；在纽约及其周边地区，15个钉子，代表9790桶的生产能力；在费城及其周边地区，12个钉子，代表2061桶的生产能力；在匹兹堡，22个钉子，代表6090桶的生产能力；在油溪，27个钉子，代表9231桶的生产能力。[①] 他的工作是控制好这一大把红色的钉子，并在其上挥舞曾被称为“神圣的蓝

① 这些数据来自亨利发表于1873年的《石油早晚期的历史》。

桶”的旗帜。[1]

1874年夏天，在确定实施波茨上校的石油货运计划后，洛克菲勒写信给以前南方发展公司的同事、现在在费城的W.G.瓦登，想和他讨论石油业的状况，并请他把匹兹堡的查尔斯·洛克哈特带到美国谋划家们的麦加[2]——萨拉托加，同弗拉格勒一起，四人开个会。瓦登犹豫了。因为之前和南方发展公司的关系，他已经遭到很多辱骂。他看到了国家炼油商协会的失败，并对联合感到厌恶。除此之外，他在费城的业务做得非常好。不过，在一番犹豫之后，他和洛克哈特还是去了萨拉托加。这四位先生一起吃了早餐，后来出去散步，走到了一座亭子。在那里，他们再次讨论了石油业的状况，就像在约三年之前，他们准备南方发展公司的进攻计划时一样。

洛克菲勒除了向各位先生提出理论，还希望开始实施他的第三个计划。他拥有最具说服力的论据——实实在在的成绩。“三年前，”他可能是这样告诉他们的，“我接管了克利夫兰的炼油厂。我经营它们，直到今天我都没有向任何人支付过利润。我们自己采购，制造自己的酸和桶，控制了伊利和中央两条铁路的纽约终点站，并且运输大量的货物，让铁路方给我比其他货运主更好的运费率。1873年，通过中央铁路，我运输了超过700,000桶石油，投资的2,500,000美元获得的利润超过1,000,000美元。这仅仅是在一座城市联合的效益。铁路方现在已经制定了一个新的运费率，他们打算通过这个运费率，将我们所有人放在一个平等的基础之上。他们说将不会给任何人回扣，但假如我们能够在其他大的运输点加入克利夫兰最强大的力量，在它们身上应用我已经采用过的策略，我们将会成为最大的货运主，并能要求一个回扣，以换取我们货运的平等分割。在1872年至1873年，我们证明了，通过一个开放的联合，我们无法做成任何事。谁都知道严格的联合能取得的效果，就让我们秘密联合以实现它吧！让我们成为一家秘密公司

① 美孚石油公司的油桶都被漆成了蓝色。

② 译者注：麦加是伊斯兰教的圣地，在沙特阿拉伯境内。

的核心，逐渐地控制各地炼油厂，成为唯一的货运主。在运费率方面，我们将成为铁路的主人，一切由我们说了算。”六个小时之后，参会的先生们才离开亭子。当他们离开时，瓦登和洛克哈特已经同意以股票作为交换，将他们在费城和匹兹堡的炼油厂转交给克利夫兰的美孚石油公司。他们也同意通过劝服或者其他方式，尽快吸收他们周边的炼油厂加盟。他们和美孚石油公司的联合将对外保密——联合公司的运作均以各自的名义进行。

1874年10月15日，洛克菲勒完成了另一个非常重要的收购。他买下了纽约的查尔斯·普拉特联合公司的工厂。像以前一样，这项收购是秘密进行的。这些包含着洛克菲勒巨大野心的收购，具有极大的战略重要性。毫无疑问，他拥有除克利夫兰和油溪外，全国三大炼油中心里最成功的炼油商作为盟友。在克利夫兰，他说了算，但在油溪，无论是他还是南方发展公司的任何成员，做起生意来都无法顺心如意。为了接纳这些收购的公司，美孚石油公司的股票本金在1875年3月10日提高到了3,500,000美元。① 1874年的早些时候，普拉特联合公司至少支付了265美元来兑换他们收到的美孚石油公司的股票，以换回他们的工厂。②

1875年3月，油区首次接到洛克菲勒正在推动另一个联合的暗示。一个被称为中央协会的炼油商组织宣告成立，洛克菲勒任协会董事长。加入协会的方式是，只要炼油商将他们的工厂出租给协会数个月，他们就可以认购新公司的股票。工厂出租后，原持有者可继续自己生产，但是要给予洛克菲勒的公司“不可撤销的权利”去购买所有原油和出售精炼油，决定每家炼油厂应该提炼多少精炼油，以及为所有的货运和管道的运费谈判。中央协会是一个非常聪明的方案。它给洛克菲勒的秘密合作伙伴提供了一个貌似有理的建议，并让他们带着这些建议，去接近他们希望获得控制权的公司。

---

① 见附录24号：1875年美孚石油公司将股本金增资至3,500,000美元的申请书。

② 见附录25号：亨利·H.弗拉格勒就1874年美孚石油公司与外部炼油厂商结盟的证词。

油区对中央协会的真正目的几乎一无所知，其成立的新闻引发了一阵对垄断的愤怒呼喊。而新计划的提倡者们则被号召要一起捍卫它。捍卫方的立场是：就当下的贸易状况而言，必须成立这样一个炼油商协会。其中最出色的解释，是查尔斯·普拉特联合公司的H.H.罗杰斯接受《纽约论坛报》记者采访时说的：

> 在这个国家有五个炼油点：匹兹堡、费城、克利夫兰、油区和纽约。这些点中的每一个都具有某些当地独有的优势，可以简单地描述为：匹兹堡，有便宜的石油；费城，位于滨海地区；克利夫兰，有便宜的桶和运河，也有廉价的铁路运输；油区，有价格最低的原油；纽约，所有的石油生产商都拥有最好的市场。当下石油的供应超出需求三至四倍。[①] 如果炼油厂全负荷运转，市场将库存过剩。这个行业运作并没有规律，而是间歇性的。市场活跃时，石油需求量就大，所有的石油公司就会忙起来，公平地分享繁荣带来的利益。而在其他时候，整个贸易则会受经济疲软影响。据估计，整个石油业的投资已经超过20,000,000美元。因此，对于每个在其中投入资本的人来说，能在长久的基础上保护石油贸易，都是利益攸关的事。投机者已经破坏了市场。迄今为止，掮客们一直在市场投机，给贸易带来灾难性的影响。新的秩序及安排将迫使他们追求贸易合法，靠他们的实业和毅力去实现利润。两年前，我们就想组织一个石油炼油商的联盟，但是随后放弃了。没有共同的利益，也就无法产生任何可以履行协议的凝聚力。当前的行动实际上是在复活以前的想法，并且，可以信任的是，它已经获得了这个国家90%的石油炼油商的支持。我不相信在石油人中，有任何人有意去"哄抬"这个市场。采取行

---

① 此处罗杰斯的记忆有误。1874年产量是10,926,945桶，装运8,821,500桶，年底库存3,705,639桶。1875年，他所说的那一年，石油的消费量超过了生产量。

动的目的是让大家均衡发展，保护投入的资金。如果大家一致同意，而且态度真诚，那么，炼油商协会就会根据市场供需和生产能力，给每个人分配减产的数量，市场就能使所有人都获得合理的利润。今天，石油的价格是每加仑 15 美分。若实行提议的业务分配，价格很可能会提高到每加仑 20 美分。这种许以巨大利润的人为增长，将会被鉴别为投机而违法，一旦如此，石油公司亦会相应受损。游动资本参与永久性投资的竞争，最终将会摧毁一切。今天的石油生产商是破产的。在过去的五个月里，出现了比之前五年里更多的失败。现在，必须成立一个保护石油资本的组织。石油应该以每加仑 25 美分的价格出售，才能获得公平的利润。这个价格将保护利益链上的每一环，并且可以覆盖原油泄漏的损失、铁路运费、提炼成本及经营过程中偶然产生的费用等。国外市场将会大幅影响石油价格，因为他们是最大的消费者。中国、德国和其他国家的消费者负担不起太高的价格。对于他们来说，石油是奢侈品，因为他们的劳动没有获得足够的补偿，让他们能够以一个奢侈的价格来使用石油。因此，石油价格必须保持在合理的范围内。

油区人直截了当地拒绝接受这个形势判断。世界市场不会以每加仑 25 美分的价格购买精炼油，他们如此争论道。"1872 年，通过提高价格，你们损害了国外市场。我们唯一的希望是增加消费。今天，世界市场正在购买比以前更多的石油，因为价格便宜。我们必须学会薄利多销，就像其他产业一样。""炼油商协会的成立已经给贸易强加了一个不确定性的因素，宏观来看，已经动摇了所有合理的观点。"《石油城井架报》如此评论道。"从协会的覆盖范围来看，"一位匹兹堡的评论家说，"是想控制原油的提炼，最终目的是提高价格，获得丰厚的利润，这仅仅通过减少精炼油的产量就能做到。但是这反过来会对原油产生影响，使原油库存严重超过市场需求，以至于不得不以前所未有的超低价出售。”

“这份协议最重要的特征，”一个“经验丰富的炼油商”说，“也许是这一规定：中央协会的执行委员会有特别的权力，为原油和精炼油安排运输。这个规定将使执行委员会能够在特殊运费率方面为整个贸易说话，而那些独立的原油生产商、拒绝加盟的炼油商、可能开张的新炼油公司，都可能会被赶出石油贸易。联盟的总体目的是通过抑制原油运输、提升精炼油的价格来获得一大笔边际利润，采用的主要手段，是在铁路至滨海地区的货运上实行歧视制度。”

这位“经验丰富的炼油商”的假设是正确的：洛克菲勒打算使用联盟赋予他的巨大权利来获得特殊的运费率。事实上，在这个“经验丰富的炼油商”表达他的想法之前，洛克菲勒就已经做到这点了。1874 年 4 月，洛克菲勒已经和伊利铁路公司签订了一份协议。根据协议，他可以以任意竞争线路给其他货运主一样低的运费，通过铁路运输其 50%的精炼油，同时他还租下了维霍肯石油枢纽站。这个协议的有效期一直持续到 1875 年 3 月 1 日，协议到期当天，他又与伊利铁路公司签订了一份新的协议，保证将相同百分比的货运交给该铁路运输，而伊利铁路公司则承诺给美孚石油公司 10%的回扣，无论公开的固定运费率是多少。布兰查德说，这个回扣完全独立于当时中央铁路公司可能给予美孚石油公司的回扣比率。他说，美孚石油公司拿到回扣的原因之一，是人们怀疑宾夕法尼亚铁路公司正在给帝国运输公司提供更大的回扣。如果回扣真实存在，倒不一定会影响其他炼油商，因为帝国运输公司在 1875 年 3 月就不再是炼油商了。而美孚石油公司获得回扣的真实原因，是布兰查德后来提供的——通过回扣，他们保留了美孚石油公司的业务，该公司的业务通过收购前面提到的外部工厂，已经大幅增加了。我们应该注意，伊利铁路公司的官员对美孚石油公司已经控制了查尔斯·普拉特联合公司有所了解，但对它对其他公司的控制一无所知。

中央协会的成立赋予了石油运输一个全新的特征。假如这个组织成功了，组织内的炼油商将覆盖这个国家 90%的炼油能力——这给予了洛克菲勒“不可撤销的权利”去进行货运谈判。宾夕法尼亚铁路公司立即感觉到压力。他们已经在为诸如匹兹堡的查尔斯·洛克哈特公司和费城的瓦登-弗鲁联合公司等大公司运输石油,但这些石油都掌控在美孚石油公司的手中,并且,洛克菲勒在公开运费率的基础上,要求10%的回扣,宾夕法尼亚铁路公司对此提出异议,波茨上校更是极力反对。三年后,他在一份报纸上讨论这个回扣及其后果时说道:

> 回扣是适度的,对其接受者来说亦如此。然而,铁路的卡珊德拉[①]们从中预言了大量的邪恶——其他炼油厂被逐渐摧毁,他们的财产慢慢被侵吞,而这些受惠者,带着这个额外的武器,朝着控制所有车皮、所有管道、所有生产,并最终控制铁路本身的方向迅速前进。他们预言的实现,几乎不需要什么信念或考量。美孚石油公司的领导者们在阻止这样的激进目标方面特别积极,少量回扣对他们来说就足够了,其他每个人都应该共享繁荣,这点短期内就能看见。他们不再需要炼油厂了,他们已经拥有足够多——为什么在承担了更大的负担之后,他们还要忍饥挨饿呢?他们最主要关心的是铁路,其次是100家与之竞争的炼油厂。依然保留的善意(他们的胸腔中满溢着这种情绪)不停地召唤那些贫穷的生产商们,他们一直准备聚集在美孚羽翼的保护之下,然而美孚并不会那样做。
>
> 这种无私的语言安抚了所有的恐慌,让人安静地沉睡。它就像温柔扇动着的吸血鬼的翅膀,而其目的也是一样的——不受干扰地吸取受害者的血液。

从波茨上校对回扣的论证中我们可以看到,1875年的论据没有1878年的那么感情丰富、语言生动和理由充分——至少没有使宾夕法尼亚铁路公司信服。但他们依旧决定向美孚石油公司屈服。卡萨

① 译者注:希腊神话中的特洛伊公主,能预言吉凶,后因拒绝预言之神阿波罗的求爱,受到阿波罗的诅咒,无人再相信她的预言。之后成为不为人所信的吉凶预言者的代名词。

特——当时是该铁路公司第三副董事长，分管运输——在 1879 年说，答应给回扣是因为他们发现，美孚石油公司正在变得非常强大，而且还拥有其他铁路公司的支持。假如宾夕法尼亚铁路公司想要以公平的运费率保留美孚石油公司的业务，他们必须签订协议来保护自己。

在 1875 年 10 月 1 日之前，没有一条铁路确切地知道，其他铁路正在为美孚石油公司做什么。货运代理商们随后碰面，再次讨论他们在 1874 年形成的货运联营问题，效果不太令人满意。经过大约五个月的试验之后，原本承诺在管道运费率的基础之上向管道支付 22 美分回扣的协议被废弃。这个条款被认为刺激了新管道的建设。在制定新的调整方案时，铁路公司根本没有尝试去规范管道运费率。所谓“原油回扣”——免费把石油运输到炼油厂——仍然有效。在这次会议上，布兰查德发现，伊利铁路公司的两大竞争对手都在给美孚石油公司 10%的回扣。他也发现，他没有得到协议中美孚石油公司承诺的石油运输业务的 50%——美孚石油公司不仅控制了他知道的克利夫兰和纽约的工厂，而且控制了匹兹堡和费城的大工厂。①

洛克菲勒正在实施他的计划，并且状态极好，他要把这个国家所有的炼油厂都置于自己的控制之下。美孚石油公司在每一个大的炼油中心，纽约、匹兹堡和费城，都有一家规模很大且雄心勃勃的工厂，由该厂的建造者们经营。在公众眼中，这些工厂仍然是独立经营的，它们唯一的关系就是中央协会。但事实上，它们自己就是中央协会的主人。洛克菲勒不仅把这些强大的公司纳入了他的联合公司，而且确保了它们能获得 10%的回扣。该回扣与任何一条铁路给予他的竞争者的一样低。他撇开了中间商，也就是说，他不用“支付给任何人利润”。不可否认，为了想做的事情，他有一股惊人的力量，正如那时凭借特殊的运费率而促成的石油业的发展一样，这股力量坚不可摧。

他的新线路一完成，获取所有的外部炼油厂的工作就在各个炼油中心开始了。毫无疑问，他是尽可能用说服的方法来获得它们的。如

---

① 见附录 26 号：乔治 · H.布兰查德就 1874 年石油干线联营解体的证词。

果对方拒绝出租或出售，就会有人坚定地告诉他们，洛克菲勒已经告诉了克利夫兰的炼油商，当他在1872年带着南方发展公司的协议去找他们的时候，对他们来说，就已经没有其他希望了。联合的工作正在进行，它必定要发挥作用。那些不加盟的炼油商将不可避免地面临失败。这个新联盟收获的第一批成果，自然是那些罗杰斯前面提到的，感到失望的炼油厂。我们可以以匹兹堡的市民石油精炼公司为例。1888年，他们就托拉斯问题参与调查，向众议院制造委员会解释详细情况。A. H.塔克，该公司的合伙人，讲述了下面这个故事：

1869年，我们一天的生产能力是1000桶。一开始，一切都是美好的，如玫瑰花般灿烂，我们有个宏伟的计划发展工厂。我们制造了所有的产品，甚至开始制造蜡，充分利用锅炉里的最后一点残渣。我们接到了大量的订单，工厂日夜运转，耗尽一切原料。1872年我们开始感觉到被打压。我们不知道是怎么回事。在宾夕法尼亚，我们也受到同样的影响。没办法，我们开始四处找人商议，并组成代表团，南下费城，拜见宾夕法尼亚铁路公司的官员，会议一个一个地开，代表团一个一个地去。我们怀疑出现了问题，并告诉那些人肯定有哪里出错了。就地理位置而言，我们这里有最便宜的桶、最便宜的劳动力、最便宜的煤，通往原油地区的路线对我们也非常有利。我们有一条铁路和一条河运输原材料。我们对滨海地区各条路线进行了投资，并要求宾夕法尼亚铁路公司保护我们。但是，我们开了这么多会议，派了这么多代表团，最终一无所获。他们总是找各种借口拒绝或推脱，我们从来没有得到任何满意的结果。这造成的结果是，在两三年的时间里，我们没有任何盈余或者利润。为摆脱困境，我们开始反思，希望未来的某个时间会迎来转机。我们不喜欢破釜沉舟的想法。而就在这些日子里，美孚石油公司明显强大起来，我们立刻意识到它就是问题的关键。我们不再关注铁路公司了，转而一直注意美孚石油公司。1874 年，我去拜访洛克菲勒，尝试和他签订协议，借此我们可以自主经营一部分我们的工厂。那是一次非常短暂的会面。他说我们根本没有任何希望。他是这样说的——我无法确切引用他的原话——“对你们来说没有希望，”他说的很可能是，“对于你们任何人都没有希望。”但是他还说了，“最弱的必须先走。”就这样，我们走了。

全国各地，与塔克公司出现一样状况的炼油厂要么出售要么出租。那些虽然感到时日艰难，但只要有一线希望就想要挺住的炼油厂，一开始都对联合予以抵制。对许多人来说，抵制只是说明他对自己公司的珍爱，不愿意让外来者分享对它的控制。一个公司从开始到建设，再到健康地成长，他已经开始收获成果了，并且知道之后的收获还会更大、更丰富，他爱它如同爱自己的生命，它是他的人生成就之一。他希望它获得荣耀，因此不愿与别人分享。他能沉痛地忍受自己的错误，从中学习并改正。他能奋起抗争，忍受一切——只要这项工作依旧是属于他自己的。1875 年，炼油商们就是以这种方式爱着他们的公司。为什么一个人如此爱一个炼油厂，其他人是不可能理解的。但是对于炼油商本人来说，他从一间蒸馏室起家，通过自己的精力和智慧，看到它成长到十间的规模，从每天出售五桶油，发展到现在一天出售五百桶，对他来说，炼油厂是世界上除家之外最珍爱的地方。他带着骄傲走在那充满臭味的工厂，带着渴望注视着每一道工序，带着快乐进行每一项试验，带着胜利的心情感受着每一次的改进。要这样的一个人放弃他的炼油厂，等于是要他放弃除家人之外，生命中最重要的东西。

但对于洛克菲勒来说，这种感情只是软弱的表现。把对工作的热爱置于对利润的热爱之上，就和因为认为回扣是错的就拒绝回扣一样，简直不可理喻。就他的判断而言，一旦劝说失效，就有必要强压了——仅仅一点压力就足够向这些盲目反抗的人证明，他们不可能长期独立地开展业务。施压的方式因地而异，通常是削减他们的市场。“掠夺性竞争”并非美孚石油公司的发明，这种做法从一开始就在石油业中盛行。这原本是洛克菲勒声称他的联合计划将会治疗行业的毒瘤之一，但是他自己也不时地采用。洛克菲勒做事从不会断断续续。凭着一如既往的深思熟虑和坚韧毅力，他采用低价销售以破坏竞争对手的市场，最后获胜。当然，他还有其他强制手段。有时候这些独立石油公司发现自己无法获得石油，或者说，常常不得不等待数天才有车皮运油进来。而且，使他们经营艰难、打压他们的手段似乎无穷无尽，除非他们愿意出售或者出租自己的工厂。而往往在他们心里动摇的关键时刻，就会有一位购买者出现。以费城的哈克尼斯炼油厂的实际情况为例，他们就像塔克公司一样，向众议院制造委员会讲了下面的故事：

“我是公司的发起人，”威廉·W.哈克尼斯说道，“相信没有比费城更适合提炼石油的地方，尤其是为了出口。就我现在能够回忆的准确时间，大约是在1870年，我们正式开始运营。我们一直赚钱到大约1874年。我们非常仔细地管理公司，且没有在石油上投机。我们购买、销售、密切关注我们的业务报表以避免浪费，公司经营得很好。但是，近几年我们发现，除非以强制性亏损的价格出售，否则一年中大约有五个月的时间，我们无法出售自己的石油，随后我们停产了。然后，当我们能够出售我们的石油时，又发现很难弄到车皮。我的兄弟总是抱怨不止，但是，我相信一切均衡的时代总会到来。我从未想过不公正现象正在发生，对此，我实在无法想象。我怀着美好的信念继续工作，直到大约1874年，麻烦开始了。我们买不到石油，还被迫亏本出售。然后，我们与瓦登-弗鲁联合公司达成了某种经营协议，由他们提供原油，这样，日子稍微好过一些。又过了一段时间，公司的情况变得复杂起来，我感到厌倦，把公司移交给我的兄弟后退出了，那大约是1875年。但我心有不甘，想开一家独立的公司，否则我就退出不做石油了。1876年——我非常清楚地记得，因为当年举办了百年纪念博览会——我们当时就在百年纪念博览会上。当我坐在巨大的科利斯引擎面前称赞它时，我的兄弟告诉我，当下有一个脱手公司的好机会。瓦登-弗鲁公司准备买下我们的全部产权。我问他这是否上上策，是否我们没有更好的办法坚持下去，冲破艰难险阻？因为我相信困难都是一时的，我们最后总能得到我们需要的石油。我知道他是一个能干的炼油商，而我也想继续做石油。但是他认为最好签订这个协议。我同意了，我们出售了工厂，收回了我们的投资。”①

在这里，我们听到了一位受洛克菲勒声称他的联合将会治疗的毒瘤打压的炼油商的情况。受拉特传单的影响，以及紧接着因美孚石油公司而产生的货运歧视，炼油商获得石油的困难增加了，这位炼油商同意和费城洛克菲勒的合伙人签订一份经营协议，但是他想去开一家“独立的公司”。这是不可能的。当他坐下来，看着 1876 年那台著名的科利斯引擎飞快而可怕的动力，那台首次展示在数千人面前，展示着当引擎有巨大动力及合理引导意味着什么时，他认识到，类似的原理正作用于石油业之上——其力量无法抗拒、完美无缺——而他把自己所有的东西都卖给了那个怪物。每个地方都有人在做相同的事。自 1875 年到 1879 年，油区的炼油故事神秘离奇。一开始，这个地区有 27 家工厂，其中大部分运行良好。在 1873 年期间，精炼油的需求剧增，出口量几乎比 1872 年翻了一番。那一年，在一个经营良好的炼油厂里，精炼油的平均利润不少于每加仑 3 美分。1874 年上半年，石油业已经萧条，但是炼油商们仍在寻找更好的时机，此时，拉特传单的出现使他们的信心完全丧失，50 美分的额外货运费用强加在他们的货物上，而他们的竞争对手费用却并未提高。这笔额外的费用足以抵消他们的利润，关键是，依旧是那批在 1872 年搅乱了石油业的人在采取动作。中央协会的公告把洛克菲勒的名字放在最前，加剧了他们的恐惧。尽管如此，起初，并没有一个小炼油商听得进去中央协会的代表们在 1875 年提出的关于出售或者

① 哈克尼斯的证词摘要。

出租工厂的建议。他们直截了当地说,他们和由约翰·D.洛克菲勒策划的任何联合毫无关系。代表们收回了提议,并再次考虑此类情况。与此同时,油溪地区的状况变得更加艰难。各种各样的困难纷纷出现——很难获得车皮,已经建立的市场被削减。一个令人沮丧的说法也在海外传播开来,称这个新的、神秘的联合将获得成功。它的成员每天都在不停地重复:"我们的目的是确保整个世界炼油业的安全。"当时油溪地区的情况是这样的:1875年早秋,一个精力充沛的年轻炼油商和石油买主,油区的名人,J.D.阿奇博尔德,出现在泰特斯维尔,这次他的身份是一家新公司——顶点石油公司的代表。虽然没有证据,但每个人都相信该公司是克利夫兰美孚石油公司的子公司。事实上,顶点石油公司完全由美孚石油公司投资和控制,它的股东构成,除了阿奇博尔德,还有威廉·洛克菲勒、威廉·G.瓦登、弗兰克·Q.巴斯托、查尔斯·普拉特。顶点石油公司进驻油区的目的,就如洛克菲勒和他的同事正在其他地方吸收独立公司一样,也是来吸收独立公司的。工作进展快速顺利,该公司工程师的精力充沛且充满信心。三年之后,到了1878年,泰特斯维尔的炼油厂除仅剩的两家之外,都已经"从石油业光荣退休"。正如阿奇博尔德带着胜利的满面红光,在1879年告诉宾夕法尼亚州的法律顾问时说的,当时该州试图弄清楚这些石油公司到底做了什么,会导致这样的整体崩溃。大多数公司被买断,这些炼油商都确信,再去做一个独立的公司是不可能的,但他们也不愿意尝试联合。沿油溪而下的所有小炼油厂连续几年经历的困难不断,厂主们原本坚强的心脏都要崩溃了。"卖光""拆除""关闭",是这四年间该产业令人忧郁的记录。最后,油区实际上什么也没有留下,除了泰特斯维尔的顶点石油公司和石油城的帝国石油公司,他们现在都在美孚石油公司的管理之下。对于石油人来说,他们熟知多年的一大堆工厂突然这样消失,看上去就像是某种犯罪,但没有人能说得清楚其中的原因。当看见那些因出售了工厂而被迫停业的炼油商时,他们心中的苦涩更加深重。他们中的许多人都握有可观的投资资金,但是现在能投在哪里呢?他们是炼油商,而他们的口袋中都装着一份保证书,保证十年内不再进入石油业。他们中的部分人开始尝试那些心灰意冷的石油人才会使出的致命一招，进入投机市场，而根据惯例，最后的结果基本上都是打水漂。据传言，一位炼油商原本干公司赚了200,000美元，进入投机市场之后，不到一年钱就全打水漂了。其他人开始尝试新的事业，但是40岁的人要进入一个新的行业也有困难，许多人最终都以失败收场。1875年至1879年的美孚石油公司留给油区的伤疤是如此深重和丑陋，让那个年代的人们终生难忘。

在匹兹堡，同样的事情正在发生。在收购刚开始时，1874年，这座城镇有22—30家炼油厂。[①] 正如我们已经看见的，洛克哈特-弗鲁公司正是在1874年的某个时间出售工厂给克利夫兰的美孚石油公司的。那年秋天，一家新的公司在匹兹堡成立，即匹兹堡的美孚石油公司，董事长是查尔斯·洛克哈特，董事有威廉·弗鲁、大卫·布什内尔、H.M.弗拉格勒和W.G.瓦登——他们都是美孚石油公司的成员，其中四位还曾是南方发展公司的股东。这个公司立刻开始租赁和购买炼油厂。匹兹堡炼油商中的许多人都曾经展开斗争，试图获取合理的石油运费率，使他们能够独立经营。为了节省开支，他们曾试图通过驳船从油田运输石油，但联合中的各管道公司拒绝将石油运输到驳船，铁路公司也拒绝接受驳船卸下来的石油。曾有一条独立的管道试图运油到匹兹堡，但是为了到达各个工厂，管道必须经过宾夕法尼亚铁路的一条支线。铁路公司拒绝其通过，于是在好几个月里，通过这条管道运来的石油只能用四轮大马车从被拦截的地方拉油，跨过铁轨后再重新装进油管，最后送到匹兹堡。独立炼油商在每个地方、每个环节都受到干扰，最后不得不一一让步。根据弗鲁1879年就匹兹堡事态发展问题被质询的证词，公司在1875年开始“夺取炼油商”。1877年，他们买下了最后一家炼油厂。当时，弗鲁正在接受调查，他无法记得全部情况，只记得匹兹堡有一家仍在运营，但不属于美孚石油公司控制的炼油厂。

① J.T.亨利在《石油早晚期的历史》中的数据是22家；E.G.帕特森1880年在法院提交的一份清单中，给出的数字是30家。

被卖光的不仅仅是炼油厂。该行业的所有部门都开始向压力屈服。石油业中有一类人被称为货运商。他们购买原油,送往东部,出售给那里的炼油厂。在这些货运商中,业务做得最大的是艾德纳·尼尔哈特公司,其活跃的代表是 W.T.沙伊德。现在,对于洛克菲勒来说,独立的货运商是个麻烦。只要有货运商以现存的价格将原油提供给东部的炼油厂,那么那些炼油商就可能会抵制出售或者出租的提议。

1872 年秋天,沙伊德开始失去他在纽约的客户。他发现他们正在和美孚石油公司签订某种协议,而这恰好是他不知道的。但是,无论具体情况如何,他们不再从他那里买油,而是从美孚石油公司的购买者,J.A.博斯特维克公司那里购买。他慢慢确信,洛克菲勒正在追踪他的业务。“我知道他们正在努力,想要得到我们的业务,”他在 1879 年告诉赫伯恩委员会,“因为我过去常常在伊利铁路公司的办公室遇见洛克菲勒。”当他面对客户减少以及知晓美孚石油公司想要得到他的业务时,他对纽约的业务状况也或多或少有些厌恶。“我不喜欢那里客户的性格,”沙伊德告诉委员会,“我不认为他们正在公平公正地对待我们。石油经营竞争变得如此激烈,以至于‘外部的炼油商’,这是他们当时对自己的称呼,习惯于四处走动,在美孚石油公司价格的基础上,抬高他们工厂的价格。他们正在利用我,来将自己的炼油厂出售给美孚石油公司。他们总是对炼油商说:‘尼尔哈特将会如此这般做,而我们打算继续经营。’他们会对我们说,美孚石油公司正给出更低的价格。我想到一件事,之前有人已经签订协议,如果我能通过伊利铁路运输,他们就会从我这里购买石油,结果最后实际的价格比协议约定的每加仑低了 1 美分。一周之后我将它们卖光了。”当沙伊德去找伊利铁路的货运代理商布兰查德,告诉他自己决定出售公司时,布兰查德试图劝阻他。在交谈期间,布兰查德泄漏了一个事实,使沙伊德比以前更加相信,他决定放弃是明智的选择。布兰查德告诉他,美孚石油公司支付给他们的价格一直要比沙伊德支付的每桶多 5 美分,如果他们抛弃他而与美孚合作的话,美孚就会带走所有车皮,按期将其全部装满。有趣的是,当沙伊德在 1875 年春天出售公司时,他认为是卖给了查尔斯·普拉特公司。

对于行业的猫腻和盘根错节的关系，沙伊德可以算是了如指掌——在那时，业内几乎没有人的能力和精力可以超过他——但他居然不知道查尔斯·普拉特公司自从 1874 年 10 月就已经是美孚石油公司不可缺少的一部分。

当然，吸纳像尼尔哈特公司那样规模大的原油货运公司，对于美孚石油公司来说是有价值的工作重点。尼尔哈特公司停止向一直供油的炼油商提供原油，使得他们不得不求助于美孚——第一步，当然是出租或者出售他们的工厂。确实，在每一个炼油点，让炼油商难以获得原材料是美孚石油公司最喜欢使用的招数之一。这不仅仅指要用的原油，连利用残渣或者焦油制造润滑油，依赖美孚石油公司供货的工厂，货源都被切断。在克利夫兰有一家这样的公司——莫尔豪斯-弗里曼公司。1861 年，莫尔豪斯就已经开始试验制造润滑油，1871 年，克利夫兰贸易局的工作报告用了几页来描述该公司的业务。根据这个报告，那时莫尔豪斯正在使石油适用于润滑各种各样的机械装置——他持有几个品牌和商标的专利，那年生产的除了 120,000 盒车轴油，还有超过 25,000 桶不同的润滑油。当时，他是固定从 25 家克利夫兰炼油厂中的一两家处购买材料或者残渣的。然后，南方发展公司来了，该城镇的所有炼油业都集中到洛克菲勒手上。根据 1879 年递交给赫伯恩委员会的证词，在炼油业集中之后，莫尔豪斯去找过洛克菲勒，要求洛克菲勒安排供货。他受到了欢迎——那时，美孚石油公司还没有开始经营润滑油——他们鼓励他去建一家新的工厂。工厂建成了，花费了 41,000 美元，他和美孚石油公司签订了一份协议，美孚每天给他提供 85 桶残渣。在 1874 年的某个时间，这个供给被削减到 12 桶，价格也被提高，并被要求写进协议里，莫尔豪斯没有因为原油价格的变化得到任何好处。之后，铁路运费开始增长。他支付了 1.5—2 美元，并认为美孚正在支付的价格只有 70—75 美分（没有证据表明，通过铁路从克利夫兰到纽约，美孚石油公司享受过这样的运费）。现在只有 12 桶原材料，莫尔豪斯的产量不可能满足客户需求。他恳请洛克菲勒多给他一些——既然材料就在美孚石油工厂里放着，为什么不能给他呢？他可以付钱。他和他的合伙人提出购买5000桶原材料并储存起来，但是洛克菲勒坚决不给。他能够给莫尔豪斯的就是每天12桶。“很容易看出那意味着什么，”莫尔豪斯说，“那意味着要把你挤出局——收购你的工厂。他们已经得到了工厂，正在经营它们；我现在一无所有了。他们支付了大约15,000美元购买了我花费41,000美元建起来的东西。他说他有货运设施，石油业属于他们，他们如此有钱，留出其中一笔就足以把任何想在那个行业起家的公司消灭——这些是原话。”①

在全国的每一个精炼中心，通过劝说、恐吓或者强制手段进行兼并的工作仍在继续。炼油厂一旦被收购，相关的工作也很快开始进行。假如它是一家破旧不堪、设备恶劣的工厂，通常会被拆卸或者关闭。如果它的地理位置很糟糕，也就是说，假如不是位于某条管道或铁路边上，增加了运输成本，它也会被拆除，即便它运转得非常好。如果它规模大，设备又好，地理位置又便利，就会被分配一定的生产配额，但除了生产，别的什么也不能做。原油的购买、货运费率的制定、产品的销售等都是洛克菲勒的事。被兼并的所有炼油厂严格按照协议运行，这些协议有最详细和最严格的规定。按照原则，规定必须被秘密执行。我们可以以1876年洛克菲勒和一家名叫斯科菲尔德-舒默-蒂格尔的克利夫兰炼油厂签订的经营协议为例。这家公司的各个成员早在1872年就在克利夫兰经营炼油业，当洛克菲勒告知他们有关南方发展公司的协议时，他们把自己的工厂移交给了他。舒默曾经在一份宣誓书中称，美孚公司的伎俩，使他失去了20,000美元。然而，该公司的成员并没有脱离石油业。从南方发展公司引发的恐慌中恢复过来后，他们于1875年联合建立了一家价值65,000美元的炼油厂，拥有年消耗180,000桶原油的生产能力。第一年投产，他们就赚了40,000美元。他们干得很漂亮，而且他们确信，如果能够得到像美孚石油公司一样好的运费率，他们可能会干得更好。1876年春天，他们起诉湖滨-密歇根南部铁路公司、纽约中央-哈德逊河铁路公司，理由是“制造并实施非法的和不公正

---

① 来自莫尔豪斯1879年在接受纽约议会关于铁路的特别委员会调查时的证词摘要。

的歧视和优先权……以支持美孚石油公司，使上述的美孚石油公司能够很大程度上垄断克利夫兰的石油和石脑油贸易”，当时诉讼并没有结案。洛克菲勒似乎已经拿出一种更可靠的方式让该公司获得他们想要的运费率，那就是签订一份经营协议。他似乎已经在向炼油商们展示，按照他的计划，他们能够比外部炼油商赚更多的钱。为了一个卓越的“合资公司”，他们签署了这份协议。根据这份协议，斯科菲尔德、舒默和蒂格尔投入了一个在那时价值大约 73,000 美元的工厂和他们全部的时间。洛克菲勒投入了 10,000 美元和他获得的回扣。也就是说，他确保这家公司在他们的货运上享受和美孚石油公司一样的优惠运费率。这家公司被限制每年提炼石油不得超过 85,000 桶，既不能合资也不能独资从事任何其他形式的石油业务，时限为 10 年——这正是协议的关键。斯科菲尔德、舒默和蒂格尔得到了每年 35,000 美元利润的保证。超过 35,000 美元部分的利润需交给洛克菲勒，上限为 70,000 美元，再有超过部分则双方平分。

协议的签订和执行都是按照洛克菲勒公司特有的秘密形式进行的。根据几年后该公司的一位成员在克利夫兰的证人席上的证词，协议是在晚上签订的，地点位于克利夫兰欧几里得大街的洛克菲勒办公室。在那里，他告诉各位先生，新的协议不得告诉任何人，甚至他们的夫人，如果赚了钱，也必须藏起来——他们不用飞马扬鞭、“摆架子”或者做任何事让人们怀疑石油提炼有异乎寻常的利润，那只会招致竞争。他们被告知，所有的账目也要保密，还要相应地使用虚构的名字，为了这些虚构出来的人物，他们还在邮局租用了一个特殊的邮箱。事实上，走私者和入室行窃者的行为也远不及此神秘。

但是，就在这样秘密运作之时，洛克菲勒针对炼油业所做的持续而统一的攻击，效果日益明显。到 1876 年末，在石油生产商、少数几家仍在经营的独立炼油厂，甚至某些铁路圈里，都发出了严重的警报。各方都在谈论共同努力以实现联合的问题。

第六章

巩固基础

第一部州际贸易法案——法案在美孚伙伴的努力下被搁置——独立石油商建议修建管道以缓解运输压力——修建第一条滨海管道的计划——由于管理不善及美孚和铁路公司的反对，计划失败——帝国运输公司的发展及主动与炼油业发生联系——美孚、伊利和中央铁路公司对抗帝国运输公司及其后台宾夕法尼亚铁路公司——在付出惨痛代价之后宾夕法尼亚铁路公司最终放弃——帝国运输公司出售给美孚——油区全部管道系统控制在洛克菲勒的手中——四条铁路之间的新铁路联营——洛克菲勒于其他人的货运上实施回扣制度——洛克菲勒快速收购竞争对手

自中央协会宣布成立起，独立的炼油商和生产商就抱着怀疑的态度，观察其发展。他们没有什么其他特殊的方法。他们无法确切证明，美孚石油公司正在秘密地通过中央协会操控其竞争对手，或试图将它们挤出石油业。他们也无法得知以下事实，即美孚石油公司和中央、伊利及宾夕法尼亚铁路公司都有协议，在支付其他人支付的最低运费率的基础之上，还能获得回扣。但他们确信，实际情况必定如此，并在1876年初决定请求国会展开调查。事实上，国会曾经召开过一次听证会。自1872年以来，国会一直密切关注运输问题。1874年，温顿委员会撰写了一份报告，其中包含的建议，使得那些遭受铁路运输之苦的人们备受鼓舞。这个委员会建议，所有的回扣、退款等，必须在每一个站点公开，未经通知，不得随意变化。报告中还建议设立贸易局，但二十八年之后，也就是到了1902年，该局才最终建立。温顿委员会认为，1874年运输的实际情况十分严重，于是提出了如下建议：

确保并维持铁路之间竞争的可靠而有效的唯一方法，就是让铁路归国家或者州所有，或者控制一条或更多条线路，不能加入联盟，让其起到规范其他线路的作用。

由政府公正而彻底地建设、拥有或控制一条或者多条双轨货运铁路并慢速运行，毫无疑问，其运行成本要比在现有制度下通过相同的铁路运行速度不定的火车低得多；并且，由于不能加入任何联合，在它们的影响范围内无疑会对现存铁路公司起到非常有价值的规范作用。

国会的这种态度，让石油人感到，制定他们在1872年就已经要求的州际贸易法，可能有了一些希望。令人激动的是，在4月，众议院提交了第一份州际贸易法，并承诺其有效性。这部法案由匹兹堡的詹姆斯·H.霍普金斯提交。霍普金斯亲眼见证了匹兹堡独立石油公司的可怕命运。在一个小镇上，仅仅过了三年半的时间，原本的大约二十五家工厂，就已经只剩两三家了。他看见这个州的炼油业持续衰退，认为是时候做一些事情了。他要求众议院展开调研以支持其提案。很明显，美孚石油公司是这次调查的关键对象。通过该公司的伙伴——克利夫兰的国会议员H.B.佩恩——的努力，相关问题被提交到贸易委员会，而在该委员会正好有一位议员，名叫J.N.卡姆登——若非其炼油厂卡姆登联合石油公司现已关门，否则也即将加入美孚石油联盟——现在以顾问的身份出现。霍普金斯想迫使铁路公司公开它们和美孚石油公司签订的协议。委员会召集了一些重要的铁路公司官员，包括卡萨特、德弗罗、拉特以及美孚石油公司的财务主管O.H.佩恩。在诸位铁路人中，仅有卡萨特现身，而他拒绝就提交文件问题回答任何问题。佩恩也拒绝向委员会提供信息。石油人中有两位主要目击证人：一位是泰特斯维尔的E.G.帕特森，调查的收获主要归功于他；另一位是克利夫兰的弗兰克·洛克菲勒，约翰·D.洛克菲勒的一个兄弟。帕特森简述了自南方发展公司以来的石油业历史，认为美孚石油公司等同于那个组织，并概述了石油人的具体控诉，列举如下："铁路公司已经和美孚石油公司联合，他们给予美孚唯一的和完全的控制权，控制美国的炼油业和石油货运，造成的结果是，整个石油生产行业也完全被他们操控。假如他们获得成功，精炼油的价格他们想定多高就定多高。而我们生产的石油，我们能获得多少，都由他们说了算。"

弗兰克·洛克菲勒就之前的四年里克利夫兰一位独立炼油商的多起诉讼，讲述了一个相当完整的故事。他关于南方发展公司的证词已经被引用。他宣称，当时他的公司，先锋石油公司，也无法获得像美孚石油公司一样的运费率。货运代理商坦率地告诉他，除非他能够向铁路提供与美孚石油公司一样的货运量，否则就不能享受美孚的运费率。弗兰克·洛克菲勒说，他一直相信，在铁路公司和美孚石油公司之间有一个联合协议，回扣是"在美孚石油公司和铁路公司官员之间分配"。他反复向委员会宣称，他不知道这是不是事实，也没有证据，但是他相信这是真实的。在他提及的铁路官员中，按他的看法，正在享受这些回扣的是W.H.范德比尔特、托马斯·斯科特和德弗罗将军。各大报纸刊文说他已经发誓所说的都是事实。斯科特上校迅速发电报，做出如下否认：

> 今天早晨的报纸公布说一个名字叫洛克菲勒的男人在你们的委员会面前陈述，说我和我们公司的其他官员参与了给美孚石油公司回扣这件事。陈述中涉及我自己和我们公司官员的部分，都是拙劣的谣言，我不得不请求你们召集美孚石油公司的官员，或者其他可能了解这一问题的各方，更正这样邪恶、没有根据的陈述。

德弗罗将军也在克利夫兰的新闻媒体上发表了一篇同样的否认声明。虽然弗兰克·洛克菲勒迅速表示，他已经向委员会声明，他并不了解在铁路人和美孚之间是否有如他声称的这样一个联合，他仅仅是表达了个人的怀疑，但大多数人都忽略了他的解释，而把他之前的证言当作证据。这个看法到处传播,甚至直到今天,石油圈内都有这种说法在流传。现在,能佐证这种看法的唯一依据是,W.H.范德比尔特、彼得·H.华生和阿玛撒·斯通在1876年时是美孚石油公司的股东。笔者了解到,没有任何证据能证明,德弗罗将军或者斯科特上校在这个公司持有任何股份。事实上,在1879年,当A.J.卡萨特就宾夕法尼亚铁路公司和美孚石油公司的关系而接受质询时,他的律师曾反复针对这个要点向他提问——毫无疑问,其目的是努力平息当时不断重复的控诉。

> "卡萨特先生,"麦克维先生说,"我想提醒你注意一个你被反复问及的问题。你曾经被问及是否知道代表纽约中央铁路公司的范德比尔特先生,或者代表伊利铁路公司的朱厄特先生,在美孚石油公司或者任何隶属于它的公司有任何的利益,我希望把这个问题延伸到其他的铁路公司。我希望你说明,你是否知道,代表巴尔的摩-俄亥俄铁路公司的加勒特先生,或者其他任何人与美孚石油公司有任何这样的利益牵扯?"
>
> "据我所知,他们没有。"
>
> "然后,我希望你能说明,斯科特先生,或者你自己,或者宾夕法尼亚铁路公司的任何其他官员,在美孚石油公司有任何这样的利益吗?"
>
> "据我所知,从来没有。就我自己而言,可以说绝对没有。就斯科特先生而言,他是我最了解、最信任的人。"

当然,在这次冲突之后,铁路人比以前更加顽固。佩恩和卡姆登也在积极地阻碍调查。他们不仅很快就阻碍成功,并且一度宣称霍普金斯的州际贸易法考虑不够全面。

但是,石油人一直没有完全信任国会的解决方案。自他们确信铁路公司打算支持拉特传单的条款开始,就开始着手寻找一条通向大海的独立运输渠道。最先引起他们注意的是哥伦比亚管道。这条管道由宾夕法尼亚西部的一位传奇式人物——著名的霍斯泰特苦啤酒的制作者大卫·霍斯泰特建设。霍斯泰特的苦啤酒公司总部在匹兹堡。在那里,他对石油逐渐产生了兴趣,并在巴特勒县进行投资。1874 年,他发现自己的石油公司发展受到阻碍,便产生了通过管道把石油运输到匹兹堡的想法。在那里,管道可以与巴尔的摩-俄亥俄铁路连接,该铁路迄今一直拒绝加入石油联营。而那时,只有宾夕法尼亚西部的八个县被授予了管道修建的土地征用权,匹兹堡所在的阿勒格尼县不在其中。石油人正确地把这一限制归因于宾夕法尼亚铁路公司在州议会的影响力。而要获得该铁路公司的允许,将管道通到匹兹堡的希望渺茫,他们的管道只能和一条承诺将会尽力帮助他们的竞争铁路相连。然而,霍斯泰特成功买下了横穿该县的一条路权,并在城市方圆几英里的范围内铺设管道,直至铺设到一处不得不经过宾夕法尼亚铁路支线下方的地方。那个地方是一条小溪的河床,上方有一座铁路桥。霍斯泰特声称他已经买下了整个河床,而铁路公司只是拥有跨越小溪行驶的权利。他开始铺设管道,而铁路方则派遣了一支拥有武装人员的队伍去到那里,撕裂管道,修建堡垒,并准备长期占据这个堡垒。石油人一拥而上,抓住机会,占领了那个有争议的地方。铁路公司以暴乱为由,逮捕了 30 个人,但是不能给他们定罪。然而,这确实阻止了管道铺设,紧接而来的是关于霍斯泰特是否有权从铁路下方通过的长期官司。由于令人烦心的事接二连三,霍斯泰特把这条线路出租给了三个年轻的独立石油人,后面我们将会听到更多关于他们的事情。他们是 B.D.班森、大卫·麦凯尔维和罗伯特·E.霍普金斯陆军上校,都是泰特斯维尔人。他们足智多谋且意志坚定,他们建造油罐马车,装入来自管道的石油,通过公路横穿铁轨,再通过储油罐,重新装入管道,用泵输送到匹兹堡。他们很快做成了一笔很好的生意。争取哥伦比亚管道进入匹兹堡的斗争再次引发了对自由管道法的一片支持,早在 1875 年,相关议案就已递交至该州的参众两院,随之而来的又是长期的、痛苦的斗争。有人控诉,认为这些议案只是为了霍斯泰特的个人利益。“他想要便宜地运输他的苦啤酒！”一位竞争对手如此说道。支持议案的请愿书被到处散发，但反对意见也十分强烈，这些反对意见的来源十分令人怀疑。例如，有张请愿书上说：“匹兹堡炼油商代表了宾夕法尼亚地区炼油能力的大约三分之一，几乎是现有整个行业炼油能力的三分之一。”由于匹兹堡几乎所有的炼油厂都被美孚石油公司收购或租赁，剩下几个独立炼油厂除了建设一条自由管道，毫无其他希望，所以，那张抗议请愿书的源头毫无疑问值得怀疑。虽然议案得到强烈的支持，他们还是失败了，哥伦比亚管道继续用马车装载石油，越过铁路轨道。

建设另一条路线的计划一度有成功的可能。这条线路将通过驳船把原油运到匹兹堡，然后将精炼油沿俄亥俄河运到亨廷顿，再在那里通过里士满-切萨皮克铁路运到里士满。2月开始的这个计划一直到5月都执行得很好，独立石油商都在叫喊着要“到里士满去！”结果还是有人从中作梗，这次尝试以失败告终。有人甚至尝试阻止沿着阿勒格尼河下来的驳船卸货，并且还成功了一段时间。在独立石油商尝试的每一条线路上似乎总会出现一些问题，在某些地方，他们受到无穷无尽的干扰，只能眼睁睁看着货运机会被破坏。

1876年4月，所有项目中最雄心勃勃的项目宣布开工。这是一条滨海地区管道，从油区通往巴尔的摩。迄今为止，管道仅仅被用来从井里收集石油，然后输送到各大铁路。其中运行着的最长的一条管道是哥伦比亚管道，建成后长30英里。用泵送油越过山脉再运往滨海地区的想法常常被认为是荒唐的，然而，对于一个训练有素的土木工程师来说，这并不是不可逾越的障碍。在1875年至1876年的冬天，亨利·哈利——他与宾夕法尼亚运输公司的关系之前已经介绍——来到加莱拉隧道探望他的老领导，赫尔曼·豪普特将军，并向他推介了这个计划。如果这个想法可行，豪普特将军会负责宾夕法尼亚运输公司的工程吗？同时，哈利聘请了本杰明·巴特勒将军负责这项工程的法律事务。豪普特将军和巴特勒将军对这个想法都很有兴趣，并决心抓这项工作。

没过多久，这个计划开始引起人们的密切关注，特别是东部各家报纸都表示了支持。人们把它看作一个卓越的工程："该工程非常值得一试，"《纽约图表报》如是说，"可以与布鲁克林大桥、地狱门①的爆破和哈德逊河隧道的开挖等工程相媲美。"正如豪普特将军的计划显示的，这是一个巨大的工程，因为这条线路一旦完工，至少有500英里长，而且会配备30多台巨泵。7月25日，在帕克码头召开的会议公布了豪普特将军和巴特勒将军的报告。正如这次会议上所展现的，该计划的权威性和严密性使各大铁路公司为之震惊。假如这条滨海管道贯通，它就可以不用与铁路公司和美孚石油公司联合。豪普特将军预估，这条路线运油到滨海地区，花费可能是每桶16-2/3美分。所有公司，无论大小，都开始向这条管道发起进攻，因为他们都相信，自己的利益将会被这条管道的成功损害。

令人奇怪的是，他们首先进攻的对象是豪普特将军。他们采取的关键一步是指责他的预算不可信，进而使得投资者不敢入股。他们试图让人们回想起胡沙克隧道丑闻②，以及将军曾经修建的一座桥梁最终坍塌了的事实，肆意嘲笑他的成本预算能力，等等。豪普特将军用下面这张"卡片"回答了其中一位署名"维迪"的批评者，其态度令人钦佩：

---

① 译者注：地狱门是纽约东河最狭窄的一段河道的名称。那里流水湍急，河底全是礁石，在19世纪后期，有几百艘轮船触礁沉没，所以该段河道是名副其实的"地狱门"。1851年，部队的工程兵开始用爆破的方法清除河底的障碍物。清除过程一直延续了70年。1885年10月10日进行了最大的一次爆破，用300,000磅炸药爆破河床岩石，爆破将河水送至80米的高空。这次爆破被称为"试验原子弹之前最大的人为爆炸"。

② 译者注：胡沙克隧道位于马萨诸塞州西部，横穿胡沙克山岭，长约7.64千米，是一条非常活跃的铁路隧道。由于人为原因和技术原因，该工程断断续续、数易其主，整个工程周期长达20余年。1851年其预算成本为2,000,000美元，但1875年竣工时总成本高达21,000,000美元。1854年，马萨诸塞州政府提供了2,000,000美元信贷给爱德华·威尔曼·西里尔公司，该公司次年开工，由A. F.爱德华兹担任首位总工程师，1856年豪普特接任。该隧道工程一直受到西部铁路公司的极力反对，后者于1861年成功说服州议会停止拨款，导致豪普特的计划夭折，隧道工程也一度停工。当时，隧道开挖长度达1300米，已完成设计长度的五分之一。豪普特被迫放弃隧道工程，成为联邦军队的一位铁路工程师，最后在内战中当上了将军。该工程最终于1875年竣工，成为当时世界上第二长的隧道。1975年，美国土木工程学会因其解决了许多技术难题，将其评为具有历史意义的土木工程标志性工程。当然，在施工过程中，安全事故频发，不少工程人员为此献出了生命。

哪些是我不得不"粉碎"的指控?

它们是,正如我从其他人那里了解到的,因为有些我自己也没有见过:

1.我曾经修建了一座倒塌的桥。

2.我和花费 17,000,000 美元的胡沙克隧道有关系。

3.我对运输成本的预算低得可笑,甚至不可靠。

1.大约二十年前,我的确设计了一座桥,并在马萨诸塞的格林菲尔德附近建造了一座拱桥,但由于检测时发现桥梁建造有缺陷,最终作罢。这座桥并没有建成,也没有向公众开放,协议方更没有验收,而修补后也确保了不可能发生断裂。我修建过许多拱桥,并测试它们直到断裂,目的是确定它们最后的强度。但是我认为这是一个和我自己有关的问题,与公众没有任何关系。假如这座桥已经投入使用,并因为设计缺陷或劣质材料而发生意外事故,工程师可能已经受到刑罚惩治,而不仅是受到指责了。在近四十年的从业经历中,我建过的桥梁从来没有一座在投入使用后坍塌,或者因为一块砖石脱落而失败。即使在内战时期搭建的临时军用桥梁,就是林肯总统过去常说的,用豆架和玉米秸秆建成的桥梁,也没有发生过任何意外事故。

2.胡沙克隧道的情况是怎样呢?

1856 年,我着手修建胡沙克隧道,当时这项工程被嘲笑为胡思乱想、完全不切实际。我坚持做这个项目直到 1862 年,其可行性得到完全展示,当时却被人认为,把本州的工作交给其他州的工程师来做,是在败坏马萨诸塞州的名声。州议会某些为了体面的议员宣称,马萨诸塞州也有像宾夕法尼亚州一样能干的工程师。这个工作在我的手中,正如调查委员会的调查报告中证明的，花费不到2,000,000美元，但那时的问题是，大家认为该工程的边际利润太高，我在该州划拨的2,000,000美元上赚了太多的钱。1862年，这项工程从我手中被拿走，转交给了该州的负责专员和工程师管理、施工。结果建成的不是H.豪普特公司只花2,000,000美元就足以完工的胡沙克隧道，而是在州管理之下，几乎花费了17,000,000美元的隧道。我希望这个解释能充分"粉碎"第二个说法。

3.至于第三点，我的预算过低的问题。

为这样的一个项目做预算纯粹而简单，但也无法排除某些恶意的恶作剧或者其他不怀好意的行为。这个项目是如此不确定，如果没有更加熟悉"维迪"和他的支持者，我还不能着手去做预算。

我已经把煤估价为每吨5美元或者说每蒲式耳18美分，现在煤在布雷迪斯值5美分，在匹兹堡值8美分。难道这还不够吗？我在每一站估算的消耗已经比其他人估算的多50%，已经允许每一站给两个工程师每人一年1000美元，这还不足够吗？为安全起见，我预估的流速下降要低于任何普通的液压公式给出的结果。若告诉有经验的管道工人，石油不能通过一条4英寸的管子在900磅压力之下泵送15英里，这会让人笑掉大牙。再加上每天卸货5000桶，这就是所有预算的依据。此外，它还允许有65天的检修期。

诸位先生，请让我一个人安静一会。在前几年，我已经受够了报纸上的是是非非。我烦了。

H.豪普特

在豪普特将军被攻击的同时，宾夕法尼亚运输公司因为糟糕的管理而饱受诟病。1876年8月14日，《石油城井架报》收到一封长信，声称该公司一直管理不善，所要求的信贷不能安全投放。公司的管理如此混乱，以至于几乎无法保留任何业务。评论员声称，该公司组建的最后一条管道——基斯通管道，在过去的六个月已经做了几乎双倍于宾夕法尼亚铁路公司的业务。在宾夕法尼亚铁路公司的指导之下，各家报纸开始攻击这个计划。报纸上声称，宾夕法尼亚运输公司期待在特许执照之下操作，但该特许执照不允许他们铺设这样一条管道。反对声如此激烈，以至于纽约各家报纸也开始关注了。1876 年 9 月 16 日，《石油城井架报》从《纽约公报》转发了一篇文章，文章中说，各大铁路公司和美孚石油公司，“对此已怒目相向、剑拔弩张了”。农场主们也开始反对，因为该公司要通过他们的地产获得路权。在印第安纳和阿姆斯特朗各县，农场主们向内务部长投诉，说该公司无权占用他们的地产来修建管道。农场地区的各家报纸普遍抱怨的问题是管道的渗漏物会破坏水源，使牛奶变酸，还会烧毁谷仓。他们把问题说得很严重，以至于内务部长提请首席检察官召开一个听证会。与此同时，宾夕法尼亚运输公司正在竭尽全力要获得路权。大批人员被派去说服农场主们签订租契。他们到处发传单，呼吁大家支持，使石油业免于垄断的挤压。这些传单告诉农场主们，有家垄断公司已经沿途雇了代理商，肆意捏造事实，歪曲他们的意图。哈利一下子变成了公众人物，10 月份，纽约《插图日报》对他做了一次长时间的采访。在这次采访中，哈利声称，构思管道计划是为了摆脱美孚石油公司的垄断，且各项诉讼是其计划不得不担心的关键问题。“约翰 · D.洛克菲勒，美孚垄断公司的董事长，在国家报纸上竭力反对我们，使农场主们产生偏见，并向法院提起诉讼，同时还试图让我们和其他运输线路纠缠不清。”

然而，不久之后，比农场主们及他们的抱怨更严重的事情挡在宾夕法尼亚运输公司面前。有谣言说，该公司陷入了财务危机。他们的输油凭证不被市场认可，而且在 11 月，还任命了一位新的接管者。这个公司不同级别的成员都因诈骗被捕，其中有两三位还是油区著名的人物。谣言传得活灵活现。公司的管理已经极度不善，而反对它的各项起诉又得到了确证，结果这条滨海管道的初步计划被终止。

这些努力都曾经获得了暂时的成功，但最终都失败了。一个迎接洛克菲勒联合的更大的尝试正在悄悄进行。在那些对石油业感兴趣的人当中，最关注美孚权利增长的，是帝国运输公司的董事长约瑟夫·D.波茨上校。波茨上校于1865年与宾夕法尼亚铁路公司联手，建立了这家公司，最后将其变成了这个国家发展得最完备的石油运输商。帝国运输公司经营着500英里长的管道，拥有1000个油罐车皮，在新泽西的克缪尼帕拥有多个庞大的油厂，在各个方面都是行业组织的模范，并且，这家公司对自身的定位清晰，它所做的一切都是原创的，方法是属于它自己的，而它曾经采取的发展方式也正被其他管道公司纷纷效仿。当帝国运输公司远远超过它所有的同期竞争者时，波茨上校一定也焦虑地看到，在过去的一年里，有一家竞争公司迅速成长了起来。这家被称为联合管道的公司，其实就是美孚的一家子公司。洛克菲勒正在实施他控制这个国家所有炼油厂的计划，而且已经逐步进入管道业。

他最初在管道业的尝试似乎是在1873年。那一年，J.A.博斯特维克公司的石油运输分公司在沿着阿勒格尼河油区的下菲尔德铺设了一条短的管道。J.A.博斯特维克是南方发展公司的注册股东之一，洛克菲勒在1872年按照公司给予他的权利扩大业务时，就把博斯特维克吸收进了美孚。这个联合，就像该公司所有操作一样，是秘密的。石油战争之后数月，油区人对南方发展公司各成员的抵制态度非常激烈，以至于博斯特维克和洛克菲勒似乎在1873年就已决定铺设一条输油管道。这是个明智之举，可以起到预防作用。万一石油人再像1872年那样切断他们的原油运输渠道，他们可以依靠这条管道维持运输。因此，管道开始铺设，并交由美孚石油公司的“强人”之一来负责。这个人就是丹尼尔·奥戴，一个年轻的爱尔兰人，1867年首次出现在油区，于1869年成为运输代理商，并为自己创下了良好的记录。而当时，J.A.博斯特维克的石油运输公司正好需要一个人负责公司的运输，他由此被新公司雇用。在接下来的两年内，他创造的纪录非常惊人，甚至传到了伊利铁路公司董事长杰·古尔德的耳朵里。博斯特维克的大部分运输业务是通过伊利铁路公司完成的，而在那个时候，伊利铁路公司正在艰难地与帝国运输公司的扩张对抗。杰·古尔德认为这次的斗争非常重要。1871年，他亲自到油区督战。第一批被召集到他位于泰特斯维尔的私人车厢的人之中，就有这个年轻的爱尔兰人。奥戴像往常一样，满身油污地来到古尔德的面前，但是，古尔德正在寻找能够做事的人，他足够大度，能透过污垢看到人的本质。面谈结束时，丹尼尔·奥戴已经使杰·古尔德确信，他就是那个能将石油运输业务从宾夕法尼亚铁路公司带到伊利铁路公司来的人。奥戴走出车厢时，兜里揣着一纸任命书，提升他为伊利铁路公司货运业务的总负责人，有权调度任何地方的车皮。在这之后的几个星期里，他基本住在铁路上，成功地从宾夕法尼亚铁路公司转移了一大批货运，使伊利铁路公司获得了以前从来没有过的货运量。

在这个小插曲后的第二年，石油战争爆发。石油人的愤怒指向所有与南方发展公司的股东们有联系的人，其中就包括奥戴。一开始，他对南方发展公司的了解并不比这个地区的其他人更多，但是，他的确知道，照看好托付给他的某些资产是他的职责。石油交易和生产商协会通过了要求他辞职的决议。暴徒们威胁他的车皮、油站以及他的人身安全。但是奥戴有着爱尔兰人的刚毅，他依然坚守岗位。也许在南方发展公司的雇员中，只有一个人展现出了相同的勇气，那就是泰特斯维尔的约瑟夫·西普，其他雇员几乎全部逃走。这个悲惨公司的领导者们小心翼翼地待在油区之外的地方，唯有奥戴和西普磨尖了他们的橡木棍，日夜守护着他们的财产，直到战争结束。他们的勇气得到了回报。石油战争之后，他们被任命为美孚石油公司驻油区的首席行政代表，虽然在那时他们俩都不知道自己是受雇于美孚。他们认为运输商博斯特维克建立的是一个独立的公司。这个人毅力顽强、冲劲十足、精力充沛，1873 年控制着美孚的管道。博斯特维克公司发展飞速。他们建设的这个仅拥有一条短小管道的公司，变成了美国转运公司，其管道在克拉里翁县逐步延伸，长度达到 70 英里或 80 英里。1875 年，公司在布拉德福德油田也铺设了管道。

不久后，美国转运公司就与联合管道公司联合，J.J.范德格里夫特上尉任董事长。像这个国家的任何其他系统一样，这个管道系统也有它的核心线路，即 1869 年范德格里夫特上尉铺设的一条短的私人管道。

发展到 1874 年，它已经控制了这个地区 30%的石油运输。但在 1872 年的石油战结束之后，范德格里夫特上尉改辕易辙，接受洛克菲勒关于“石油业的福利”的理论，并且，正如我们所看见的，他作为副董事长加入了全国炼油商协会。后来，他成为美孚石油公司的一名董事。1874 年，他把他庞大的管道公司三分之一的股份出售给美孚人，这条管道按照美孚石油公司的股份进行了重组。也就是说，1876 年的美孚石油联合是一个强大的石油运输者，其董事和重要的股东们完全拥有和经营着油区 40%的管道，拥有除中央和伊利铁路上数量非常少的油罐车皮之外的所有车皮，以租赁的方式控制了伊利和中央铁路公司的两个大的石油枢纽站。波茨上校是带着恐惧的眼光注视着这种运输业和炼油业的快速集中的。这种集中比单一的货运主更危险，他一直反对基于政策基础之上的那个想法。“首先，它把巨大的权利集中在某一方的手中以控制铁路贸易，”他在 1888 年如此告诉国会的一个调查委员会，“他们能随意拆除它们。其次，我认为，很多从事同一行业的人士，根据其看待市场的方式，可以很容易地划分成两类：一类充满希望，另一类正好相反。这造成的结果是，有人会固定使用某些运输方式……我看来，这个问题取决于怎样的政策可以给承运商提供最常规的稳定运量。而根据我已有的经验判断，每天需要 100 个车皮进行运输的货运主肯定会将其常规货运业务交给固定的承运商，并且我认为，很可能的情况是，一年内总的货运量会比一个货运主每天 100 个车皮的货运量加起来更多。”①

根据这个理论，波茨上校在 1875 年就已经对宾夕法尼亚铁路公司给予美孚回扣的行为提出反对。三年后，他在一封匿名发表的书信中描述了当时回扣事件的影响：

> 和各大铁路公司签订的最终协议几乎墨汁还没有干，各条线路针对外部炼油商的鬼鬼祟祟的行动就在进行，虽然都

① 1888 年众议院关于托拉斯的记录，第 3112 号报告。

还只是些感觉，没有实际证据。但只要方案切实可行，它们就将不再仅仅是谣言。当炼油商们一个个胆战心惊，没有利用什么额外的技巧和资金，逐渐取得胜利的时候，却落入这只商业章鱼的怀抱。他们厌恶得全身颤抖，一种恐惧感在那些还存活的独立公司中迅速扩张，在一部分铁路运输者中则显著增长。

这位觉醒的主要“铁路运输者”与独立石油商一起，分享着洛克菲勒吞并炼油厂的恐惧。当波茨上校看见匹兹堡、费城、纽约和油溪的独立公司或关闭或卖光或破产的时候，美孚及其盟友却一天天变得更加强大。他发现美孚石油公司开发的运输系统比他自己的还要强大，便决定要尽可能地阻止石油业中出现这样巨大的货运主。“我们得出结论，”波茨上校在1888年说，“石油业有三大块——石油生产、石油运输和石油销售。假如任何一方绝对地控制这三大块中的任何一块，它实际上将有一个非常好的机会控制其他两大块。我们对运输情有独钟，但我们有点担心，炼油商可能会联合到某个单一的组织中，而其中有些人是强烈希望能与我们长久合作下去的。因此我们向宾夕法尼亚铁路公司建议，我们应当做些我们本不希望做的事情——联合。也就是说，虽然我们的业务只是运输，但是，为了能让炼油产量中最核心的部分进入我们的线路，我们建议应当关注一家或者多家炼油厂。事实上我们已经对两家炼油厂产生了兴趣，一家在费城，一家在纽约。每天的运输量上限仅为4000桶。”

正是在1876年春天，帝国运输公司开始对炼油厂产生兴趣。洛克菲勒一发现这件事，就去寻找斯科特和当时宾夕法尼亚铁路公司的副董事长、负责运输的卡萨特。“这是不公平的！”洛克菲勒呼喊道。帝国运输公司是一家运输公司，假如它涉足炼油业，那就别指望它处理对手的业务时会像处理自己工厂的业务一样慷慨大方；此外，它会妨碍这个他们都已经认同的，且对铁路又是如此有利的巨大货运主。斯科特和卡萨特可能已经暗示了洛克菲勒，他与帝国运输公司一样，也是一位真正的运输商，但是假如他们真的提出了这一点，洛克菲勒一定会立马否认这个众所周知的事实。他只是一个石油炼油商——只有这一点业务，没有更多的什么。“他告诉我们，他们没有控制联合管道公司。”卡萨特1879年在他的证词中这样说道。此外，洛克菲勒说，假如帝国运输公司拥有了炼油厂，那他们给自己的炼油厂的条件自然会比给其他人的好。1888年，弗拉格勒告诉国会调查委员会，美孚无法通过帝国运输公司为匹兹堡或者费城的炼油厂从宾夕法尼亚铁路公司那里获得如其在竞争铁路公司获得的一样低的费率，并且，他补充说，“当时的情况是，那些年即使在最有利的环境下，石油业也几乎没有任何盈利的余地。并且，当发现我们自己被那些没有相同设备，也没用同样方法做业务的竞争者逼得不得不低价出售时，我们知道，结论只有一个，那就是帝国运输公司给了其他某些货运主优惠，我只能说，优惠了它自己的炼油厂，却伤害了我们”。

美孚石油公司在1875年和1876年，得到了大约14%的分红，此外，他们花费了大量金钱来扩建工厂和设施，其边际利润不可能像弗拉格勒在1888年说的那么低；后来也出现了从50%到几乎100%的分红。

不久之后，范德比尔特和朱厄特也加入了洛克菲勒的抗议阵营。“它（帝国运输公司）那时正在采取的措施，”朱厄特说，“除非遏制，否则将会导致石油的运输从我们的铁路大量转移。纽约中央铁路公司和我们决定，不应支持和允许那些协议的签订，一旦签订了协议，事情将会超出我们的控制。”①抗议越来越猛烈，直到最后，宾夕法尼亚铁路公司官员向波茨上校提出抗议。“我们努力，”卡萨特说，“试图使那些问题得以协商解决，并提议帝国运输公司将它的炼油厂租赁给美孚石油公司，或者交到其他人的手中，但是我们没有成功。”“与其那样，”波茨上校告诉卡萨特，当他提议帝国运输公司出售它的炼油厂时说道，“我们宁愿你们买下我们的全部股份，结束我们和你们的协议。”

当美孚石油公司及其同盟，伊利和中央铁路公司，发现宾夕法尼亚

① 1879年纽约议会关于铁路的特别委员会报告。

铁路公司不愿意或者不能够迫使帝国运输公司改变它的立场时,他们决定依靠战争来达到目的。朱厄特,伊利铁路公司董事长,在1879年接受赫伯恩委员会质询时的证词中说道,他承担发起斗争的责任。“美孚石油公司是否担心帝国运输公司成为炼油商,我无从知晓。我从来没有关注过这个问题。我们反对让宾夕法尼亚铁路的衍生物帝国运输公司建炼油厂,这将使其无须参与竞争就可以变成通向油田和海岸的各管道的拥有者,我们可以不管美孚石油公司或者任何其他人,但是当我们确实决定这么做时,不用怀疑,我们会要求美孚石油公司从宾夕法尼亚铁路撤走它的货物。”弗拉格勒向1888年的国会调查委员会给出关于该事件的如下说法:

> 我们和帝国运输公司签订了一个协议,处理代表宾夕法尼亚利益集团的宾夕法尼亚铁路的货运,这是因为没有任何其他可供选择的办法。宾夕法尼亚铁路是匹兹堡和费城的炼油厂接收原油的唯一渠道。而要通过宾夕法尼亚铁路做业务,只能通过其子公司帝国运输公司。帝国运输公司不仅是油区管道的拥有者和宾夕法尼亚铁路公司油罐车的持有者,而且还拥有在费城和纽约的炼油厂,其规模自然够得上与我们竞争。在运输中,我们没有任何利益,①我们自然忌妒帝国运输公司,并开始注意北部的线路。在此,我指的是纽约中央和伊利铁路。由于宾夕法尼亚铁路公司在石油业中的独特地位,帝国运输公司开始涉足炼油业之后不久,他们的注意力也被吸引到这上面来了。在与宾夕法尼亚铁路公司打交道的过程中,北部两条线路所持立场,正像卡萨特在他的证词中所承认的,以及这两条北部铁路的代表范德比尔特和朱厄特对我说的一样,宾夕法尼亚铁路公司不放弃它的制造业务,对其他人来说是不公平的。

---

① 正如前面所述,那时的美孚石油公司还是一个规模很大的石油运输公司。

在得到伊利铁路公司和中央铁路公司的支持后，1877 年春天，洛克菲勒最后告诉卡萨特，他将不再向宾夕法尼亚铁路提供任何货运业务，除非帝国运输公司放弃它的炼油厂。宾夕法尼亚铁路公司拒绝强迫帝国运输公司就范。根据波茨的叙述，大约在对帝国运输公司下最后通牒的同时，洛克菲勒也顺带要求该铁路给他更多的回扣。“他们突然向铁路公司施压，”波茨说，“要求大量增加他们的回扣。他们威胁、恳求，据说还有收购——不管怎样，最终他们胜利了。一些低级别官员被赋予了给予秘密运费率的巨大权力，他们承认了被要求做的所有事情，甚至连他们的非法协议的真实性质，都对上司隐瞒了好几个月。”或许正是在这个时候，在范德比尔特和洛克菲勒及其同事之间发生了小小的一幕，而范德比尔特于 1879 年将这些情况告诉了赫伯恩委员会。美孚人开始要求更多的回扣。他们断言，其他铁路给的回扣比范德比尔特给的更多，所以，他们和他签订协议，迫使他要像其他任何人给的一样多。

“先生们，”范德比尔特告诉他们，“你们不能走进这间办公室，说我们必须按协议和你们做业务，并且价格必须与跟我们竞争的其他铁路的价格一样；现有的价格是基于公平竞争原则给出的一个公平的竞争价格，一个我认为将支付给这个公司去做成这笔业务的价格。”

会谈后不久，有谣言说，范德比尔特把他通过南方发展公司交易所获得的美孚石油公司的股份出售了。“我认为他们都是一些比我聪明的家伙，很会做买卖，”他告诉委员会，语气多少有点悲伤，“假如你们与他们接触，我猜想你们也会得出相同的结论。”

出于对索要新回扣的愤恨，以及对洛克菲勒要求帝国运输公司放弃炼油厂的刺激，宾夕法尼亚铁路公司接受了美孚的挑战，决定支持帝国运输公司，对所有货运主一视同仁。1877 年 3 月，该决议一经宣布，美孚立马撤走了占该铁路 65%货运量的石油货运业务。一个令人兴奋的场面，同时也是一场针锋相对的战争出现了。帝国运输公司通过发展自己的炼油厂，并在独立石油人中间组建了一支忠诚的支持队伍，马上展开了一场挽救损失的运动。公司官员们夜以继日地攻关难题，成功率越来越高。洛克菲勒看见这种情况后，召唤他的支持者开始行动。伊利和中央铁路公司开始削减运费率，以诱惑独立石油商。对石油人来说，无论是他们的荣誉感还是远见，都足以令人反思。他们一直在到处寻求帮助，然而与美孚合作的线路运费一降，许多人就开始试图强迫宾夕法尼亚铁路公司跟风。“他们发现，通过让交战双方互相斗争而产生的立竿见影的利润机会太诱人了，让人难以抗拒。”波茨上校说。“我们支付给他们大量回扣，”卡萨特说，“事实上，为了运输他们的石油，我们付出了所有我们能够得到的东西。有的时候，我们支付的回扣比整个货运费还多。我想起有一次，我们为奥伦或他代表的某个人，运输石油去纽约，我想回扣至少是 8 美分。我没有说任何夸张的数字，但是石油最终就是按那个运费率运输的。”

在铁路公司进行这场代价惨重的战争的同时，美孚把战火引入了炼油市场。为了自己和独立炼油厂的石油产品，帝国运输公司已经在有条不紊地开发市场。洛克菲勒的工作则是要阻止这样的发展。他对“掠夺性的竞争”制度的运用，可谓得心应手。尽管洛克菲勒一再声称，以低于市价出售的手段来驱使竞争对手退出市场的做法是他要治疗的行业毒瘤之一，但他也会毫不犹豫地运用这种手段。为了驱逐某个竞争对手退出市场，他是精于算计、持之以恒的。很长时间以来，他一直在以随心所欲的价格销售石油产品。其他的炼油商往往是匆匆进入市场，隔天就低价出售；但是，当洛克菲勒开始低价出售时，他却能日复一日、周复一周、月复一月地坚持，直到他的竞争对手什么都不剩。帝国运输公司一位前任官员，在 1877 年曾积极参加对抗美孚的战争。他告诉笔者，在每一个小镇，他们都有精炼油市场，或者准备建立的市场，但他们发现，附近总会有美孚的代理商，随时准备低价出售。在价格竞争上，帝国运输公司的反应并不慢。非常有可能的是，在许多情况下，就像卡萨特说的那样，“在这场斗争中，他们竭尽所能地伤害我们以及我们的货运主，而我们也同样在这样做”。

尽管竞争越来越激烈，成本越来越高，但帝国运输公司没有想过屈服。波茨希望和独立石油人结成一个坚固的联盟，许多最强大的独立石油人正云集到他的麾下。战争刚开始，他就依照部署，机智地赢得了当时最大的独立生产商之一，巴特勒的B.B.坎贝尔的支持。“这对于我是一种快乐和一份责任，”坎贝尔说，“我满腔热情，尽我所能地参加战斗。我和帝国运输公司签订了一份协议，据此，我将把我所有的业务给这条线路。”同时，波茨也寻求到了泰特斯维尔的E.G.帕特森的帮助，这个人被认为是油区关于运输问题最冷静、最睿智且值得信赖的顾问。帕特森是一个现实的铁路人，他非常能干，而且能有条理地反对回扣制度和“一个货运主”制度。他在对抗南方发展公司的斗争中名震一时，自那时起，他一直极力呼吁独立石油商针对回扣行为发起战争——他们自己要拒绝回扣，而各大铁路也要严守自己的责任。他们开了几次会议，最后，在初夏时分，波茨给这两位先生读了已经草拟好的生产商和帝国运输公司之间的协议。这份协议充分说明了波茨的公平思想，当他给坎贝尔和帕特森念出协议内容，而这两个人对那位运输者①的各种方法了如指掌，他们“立刻接受了它”。

“由帕特森先生和我去请生产商们在这份协议上签名。”坎贝尔说道，“签名数必须充足，以保证宾夕法尼亚铁路公司签订一份永久性协议。这份协议，我认为，应该是以三年为期。”试图动员一支团结一心的石油人队伍加盟这一计划的努力立刻开始，但是，他们几乎还没来得及动手，宾夕法尼亚铁路公司就遭遇了非常严重的麻烦。该铁路的所有支线爆发了一场大规模的总罢工，铁路停运了几个星期。在匹兹堡，价值数十万美元的财产被一伙铁路雇员破坏。在这些麻烦中，宾夕法尼亚铁路公司损失了几百万美元。结果毫无疑问，当年的秋天和次年春天，公司不得不第一次取消了分红，公司股票也跌至每股27美元（票面价值为50美元）。被这一灾难打击之后，斯科特和卡萨特感觉他们无法再继续支持帝国运输公司经营炼油厂和运输石油。

在宾夕法尼亚铁路公司财务亏空的同时，美孚石油公司却利润暴

① 译者注：指美孚石油公司或洛克菲勒。

涨:因为美孚石油公司在战争来临之前的冬季,就已经把首次组织要实现的工作目标完成了,那就是无视供需的所有规律,提高精炼油的价格,而且这样的涨价几乎持续了六个月。这个戏剧性的商业故事将在下一章讲述。为了达成目的,可以说,在1876年至1877年的冬天,洛克菲勒和他的合伙人出售了几百万加仑的石油,每加仑的利润都在15—25美分。但凡有好奇心的人都能够计算出他们的利润,肯定多达好几百万美元,当年他们就支付了50%的分红,并且“获得了大量利润,红利翻了两番,大赚了一笔”,塞缪尔·安德鲁斯,美孚石油公司的领导者之一,在1879年如此告诉俄亥俄的一个调查委员会。当时,美孚还有一笔充足的战争预算,用以应对任何抵制。所以,毫不奇怪的是,当宾夕法尼亚铁路公司知道这点并发现自己财务亏空时,立即准备放弃抗争。

当斯科特和卡萨特决定放弃抗争时,已经是8月了。和平谈判立马着手进行,卡萨特前往克利夫兰拜访洛克菲勒和弗拉格勒,以及当时正好也在那里的瓦登。后来,洛克菲勒等人又在费城的圣乔治酒店会见了斯科特和卡萨特。“这些会议讨论的主题是,”卡萨特在1879年接受质询时说道,“我们是否需要和美孚石油公司签订某种协议来停止竞争。他们声称,回到我们的线路并通过我们的铁路运输石油的首要条件,必须是那个在石油业中代表我们的帝国运输公司停止与他们产生竞争的石油提炼业务。”帝国运输公司反对停止炼油业务。波茨上校在1888年陈述的关于这次反对的结果是:“我们和宾夕法尼亚铁路公司签订的协议给了他们选择权,在任何他们认为适当的时候,只要提前通知,就可以购买我们的整个工厂,由他们行使那项选择权。”“那是应你方的要求或者愿望吗?”主席问上校。“不,先生。是他们的官员应宾夕法尼亚铁路公司的要求提出的。”接下来问题是应该由谁来购买帝国运输公司的工厂。“美孚石油公司想要我们这么做,”卡萨特说,“他们想要我们购买管道和车皮,我们反对购买管道,结果就是他们收购了管道和炼油厂。谈判在费城继续进行,洛克菲勒和弗拉格勒代表美孚石油公司。大约在10月的最后一天,一个重大的协议达成。协议本来很可能会在那个时候完成,但是,帝国运输公司的法律顾问认为,有必要传达他们打算出售财产的事实，并召开一个股东会议，股东们同意出售后才能在这些文件上签字。”

卡萨特所说的会议在10月17日召开。波茨上校向股东们发表了一个声明，从对公司成长史的简要回顾开始。十二年前，公司起步于一条新的线路，该线路从一开始便承担着迎接强大竞争者的责任。他指出，在第十二年快结束时，公司已经拥有一支庞大的船队，在伊利市拥有多台起卸机和多个码头，在纽约市也有多个改良码头，同时拥有近5000个车皮，500多英里的管道，炼油厂的效益也非常好，还有一家大公司里应有的所有设备设施。波茨上校告诉股东们，在这十二年里，公司的收益超过一亿美元，到了最后一年，他们的车皮已经走过了30,000多英里的铁轨。他向股东们解释了石油业的状况，并表明，以他的判断，行业形势使得帝国运输公司必须涉足炼油业。虽然开展炼油业务对公司来说有些勉强，但还是要这样做，因为他和他的同事们相信，没有其他方法可以将他们从业十二年来所获得的石油运输量永久地保留在宾夕法尼亚铁路上。他平心静气地说，现在的情况迫使宾夕法尼亚铁路公司要求帝国运输公司放弃炼油厂，而公司现在解除和宾夕法尼亚铁路公司的协议才是明智之举。与其屈从于美孚石油公司的要求，还不如清算破产。接下来，波茨上校概述了美孚石油公司和帝国运输公司之间已经制定的协议。通过这些协议，美孚石油公司收购帝国运输公司的管道，总计1,094,805.56美元；收购他们在纽约和费城的炼油厂，总计501,652.78美元；还有价值900,000美元的油罐车皮公司。他们也和外部的炼油商达成协议，收购了达900,000美元左右的个人财产，完成了一笔总计3,400,000美元的现金交易。波茨上校告诉股东们，假如协议获得批准，这笔钱当中的2,500,000美元，将在当天晚上以保兑支票的形式支付。“由于不知道你们会在本次会议上做出什么决定，”他总结道，“我们现在仍然在积极做业务。我们不能冒险去做任何阻止我们贸易的事情，也不能做任何使客户反感并将他们驱离的事。如果你们不同意，我们就一定会继续遵守协议所规定的全部机制，或者更改协议以使我们能够奋力渡过难关。我们不能停止搬运任何一桶石油。我们准备带走所有提供给我们的东西,我们必须给买家供应石油。除了现有的这些,其他的我们什么都不能做。我们过去没有阻止过什么,现在也不会阻止,此时的一切都与以前一样,我们还会继续开辟广阔的天地,直到你们做出决定,直到你们得到这些有价证券或者现金。我们将时间定在今天的6点左右,假如你们支持这个协议的话,那么,一切会顺利通过,那个时候,我们将发电报给我们的每个客户和各部门的领导,告知会议的结果,而到晚上12点,我们将停止在帝国运输公司内的所有行动。"

股东们接受了协议。那个晚上,在费城的吉拉德街上,波茨上校的办公室里,宾夕法尼亚铁路公司的斯科特和卡萨特、波茨上校及帝国运输公司的两位同事,还有和他有密切联系的两个炼油商,见到了威廉·洛克菲勒、弗拉格勒、瓦登、洛克哈特、查尔斯·普拉特、杰贝兹·A.博斯特维克、丹尼尔·奥戴和J.J.范德格里夫特,以及他们的法律顾问。这些文件和支票签字通过,一家大公司由此彻底消失,一群宾夕法尼亚州最优秀的运输者为这家公司奉献了十二年。会议结束之后,他们从费城发了电报给帝国运输公司各地的雇员,说当晚12点后,整个公司将不复存在。十二年来,这个公司的业务一直蒸蒸日上。发送电报的当天,如果游戏规则公平,该公司的经营范围达到其有史以来最广泛的程度,未来本该机会无限。而把公司建设得如此健康有序的人,正在放弃它,不是因为他们对它失去信心,也不是因为他们相信在其他行业会有更大的发展机会;他们放弃它,是因为他们是被强迫的。当1877年10月17日帝国运输公司的领导者们发出电报,宣布他们创造的庞大公司清算破产时,这种被迫退出行业的不公平感不会有人比他们体会更深。

美孚由此获得的管道立刻加入了与其他管道的联合。现在,仅剩几条独立线路,且只有一条重要线路——哥伦比亚管道——留在油区。这家公司自1875年以来,历经坎坷,维持经营。霍斯泰特博士,该公司最主要的股东,已经从心底里厌恶石油业了,想要出售公司。他已经接触过帝国运输公司,并且进行了一些谈判。随着帝国运输公司的倒闭,霍斯泰特博士又联系了联合管道公司。为了阻止不在他们掌控之下的管道的每一个石油出口，美孚人收购了哥伦比亚管道公司。到了年底，油区的全部管道已经掌控在了洛克菲勒的手中，他成了唯一的石油收集者。实际上，没有他的同意，没有一桶石油能够运达任何一条铁路。他开始只是想做这个国家唯一的炼油商，但是为了达到那个目的，他不得不把自己打造成一个石油运输者。正是在这种无法预料的征途中，伟大的雄心壮志造就了英雄。

帝国运输公司倒闭的首要影响就是新铁路联营的产生。确实，当宾夕法尼亚铁路公司决定屈服时，伊利铁路公司、中央铁路公司和美孚石油公司就已经开始着手新的调整，而且准备好了相关文件与管道财产转移文件，计划于 10 月 17 日签署新的协议。从来没有一个协议能如此完整地把所有石油出口集中在一起，因为，巴尔的摩-俄亥俄铁路也首次加入了这个联营组织。加勒特一直拒绝与其他铁路联合，但是当他看见哥伦比亚管道，他最重要的支线，肯定要落入美孚石油公司手中时，当他开始怀疑巴尔的摩的炼油商们正在加入该联合时，他意识到，假如他想保留石油运输业务，必须与其他铁路联合。因此，新的联营在四条铁路之间组建起来了。石油总运量中的 63%运往纽约，在这 63%的运量当中，宾夕法尼亚铁路承运 21%；余下 37%的运量运往费城和巴尔的摩，而在这 37%中，宾夕法尼亚铁路承运 26%。美孚保证分给宾夕法尼亚铁路每年不少于 2,000,000 桶的运量，假如它没有分那么多运量给这条铁路，则需要支付一笔与完成相同运量所实现的利润相等的钱给这条铁路。作为运量保证的回报，美孚可以按照四条干线不时调整的运费率来支付运费（运费率应当由四条铁路干线确定，以使它们的运输成本与竞争线路相等），每周在其控制的货运上获得 10%的回扣。①其他任何货运主不能获得该回扣，除非他们能保证并提供相同的石油运量，并且在扣除回扣后，铁路仍然能实现如它从美孚石油公司的贸易中所获得的相同的利润。协议要点在一封威廉·洛克菲勒写给斯科特的信里得到了说明。这封信及其回信都表明公司对这一安排很满意，

① 见附录 27 号：就 1877 年美孚石油允诺的 10%的回扣，弗拉格勒先生的解释。

信署日期均为 10 月 17 日。[①]

四个月后，洛克菲勒又迈出扩大优势的一步。他开始推行南方发展公司规定的从其他人的货运中获取回扣的制度，而在此之前，他似乎一直不是很有把握要求执行这些制度。现在提出这一要求已经不像过去那样困难了。奥戴，美国转运公司的总经理——该公司主要在宾夕法尼亚的克拉里翁县经营一条管道，包括它的支线，总长度为 80—100 英里，这家公司现在是联合管道公司的组成部分之一——在给卡萨特的信中写道：

> 我要重申曾经对您说过的，要求您接受并严守秘密的事——我们已经连续几个月从纽约中央铁路与伊利铁路两家公司处收到一些钱，通过那些线路运输原油，每桶不少于 20 美分。如同我们正在做的，与美孚石油公司以及铁路干线竭尽全力地合作，努力保障铁路公司运输石油的运费率。我必须要对您说的是，为了公正地反映我所代表的公司的利益，我们应当从贵公司处获取每桶至少 20 美分的原油运费。……在提出这一方案时，我想要求您将日期从 1877 年 11 月 1 日算起，但是，作为某种妥协（该妥协方案须被严格地视为双方的私下交易），我方愿意自 1878 年 2 月 1 日起接受贵公司每桶 20 美分的运费，所有原油的运输均按此价计算。[②]

卡萨特接受了奥戴的要求。在一封写给铁路审计官员的信中，他写道，他已同意在见到收货单之后支付这笔回扣，纽约中央铁路公司的回扣支付标准为每桶 35 美分，伊利铁路公司的回扣支付有两个标准：布拉德福德的石油每桶 20 美分，而其他所有的石油每桶 30 美分。因此，美孚石油公司除了可以通过自身的货运得到回扣外，其他人通过铁路

---

① 见附录 28 号：1877 年 10 月威廉 · 洛克菲勒与斯科特之间的通信。

② 见附录 29 号：奥戴与卡萨特之间的通信。

干线运输石油时，它也可以收取每桶 20—35 美分的回扣。①

新一轮的权利集中对这个国家所有的炼油中心产生了立竿见影的影响。巴尔的摩炼油商，大约八人，在这之前一直独立经营，突然发现自己正面临失去石油供应的危险。1877 年末，他们联合成立了巴尔的摩联合石油公司，J.N.卡姆登任领导者。卡姆登是西弗吉尼亚州帕克斯堡的卡姆登联合公司的董事长，该公司已经加盟美孚石油公司联盟，他和他的合伙人在巴尔的摩联合石油公司中掌握大多数股份。美孚接触这些对它感到厌恶或恐惧的巴尔的摩独立石油商时，使用的是他们的惯用伎俩：通过美孚石油公司拥有的某子公司的一位领导者接触某位外部商人，而这位商人正好感觉到有经营压力，正想出售或者出租其公司。这是逃避的一种方式，结果通常是整个工厂都被美孚收购。有几个巴尔的摩炼油商拒绝加入巴尔的摩联合石油公司。其中有一位是一名寡妇，西尔维娅・C.亨特夫人，她曾在那里经营一家成功的炼油厂长达数年，业务能力和精力一直为接触过她的人所钦佩，帝国运输公司更是对她颇为器重。泰特斯维尔的代理商或其他知道她经历的运输点，经常会给“亨特夫人的车皮”以优先权。1877 年夏天，她的工厂被烧掉了。勇气十足的亨特夫人立刻着手重建，并在不到六个月的时间内就经营得井然有序。紧接着，帝国运输公司倒闭，哥伦比亚管道公司出售，巴尔的摩-俄亥俄铁路加入石油联营组织。巴尔的摩的每一个炼油商都知道那意味着什么，当卡姆登提出建议时，明智的人都将工厂出售了。然而，亨特夫人不想出售工厂，她不信任这个新的公司。最后，带着许多疑虑，她以每年 5000 美元的价格将工厂出租五年。她声称，租金的价格还不到她平时赚的一半，她的老朋友们都为此感到愤怒。波茨上校在他的《美孚石油公司简史》中讲述了她的经历：“我们可以预料到，看到面对困难时这种不屈不挠的精神，多少会激发某种骑士般的侠义情怀。但是，虽然她有着善意情怀和宽容的言辞，从美孚石油公司的经理们嘴里频繁说出的依然是‘退出’，他们绝不会被宽宏大量的行为

① 见附录 30 号：针对支付给美国转运公司的回扣，亨利・M.弗拉格勒的证词。

影响。他们破坏她的公司,打垮她的精神,犹如冷酷地杀死一只狗。”这些辛酸的话语是波茨上校还在因失败而痛苦的时候写的。它们被写出来时并没有考虑到,如果允许亨特夫人拥有她想要的石油,给她提供相等的运费率,允许她发挥能力和经验,任她自由地在她建立起来的市场销售,那么,她的公司将毋庸置疑地扩大起来。她一定会因以高价出售洛克菲勒正在费劲获取的精炼油而获利,甚至可能渐渐变成一个可怕的竞争者,打破这台大机器①工作的稳定性。波茨上校忘记了,假如这个伟大目标实现了,除非在洛克菲勒的控制之下,否则没有人可以做业务。

在纽约,新的价目和联营协议引发了巨大的不安,因为,这里云集了全国最大的富裕且独立的炼油商群体。他们已经在1877年春天与帝国运输公司联合,而当时帝国运输公司与美孚的斗争已经开始。但是,当和平谈判开始时,他们却立即被甩到了一边,他们写给斯科特的抗议信也从来没有收到回复。② 有几位独立石油商的经历已记录在法院的证词中。在这里,列举一两位的经历就能说明问题。例如,东部炼油商中有一家丹斯洛-布什公司,他们的工厂位于南布鲁克林。他们于1870年小规模起家,发展到1879年,每天可以做近1000桶原油的业务,所有石油几乎都是靠帝国运输公司运输。帝国运输公司在1877年10月退出石油行业之后,丹斯洛-布什的协议被转移给了宾夕法尼亚铁路公司。这份协议将在1878年5月1日终止。当年3月,他们收到了协议到期的正式通知。他们请求面见宾夕法尼亚铁路公司的官员,希望就其石油的继续运输问题签订一些协议,卡萨特点名要在纽约会谈。这次会议在珍珠街123号丹斯洛的办公室召开。除布什外,到场会见卡萨特的还有伦巴第、格里高利、金、H.C.奥伦和C.C.伯克等诸位先生,他们都是独立石油商。布什在1879年对宾夕法尼亚铁路公司的诉讼中接受质询时,叙述了这次面谈中发生的事情:

---

① 译者注:指美孚石油托拉斯。

② 见附录31号:B.B.坎贝尔与E.G.帕特森致宾夕法尼亚铁路公司董事长斯科特的信。

我们问卡萨特先生，这些协议终止之后，我们应当按什么运费率支付运费，是否应当有像美孚石油公司或者任何其他货运主一样低的运费率？他说不。我们问为什么。“唉，首先，你们不能运输像美孚石油公司一样多的石油。”“好吧，假如我们能够运输一样多的石油，”——我认为伦巴第先生提到了关键问题——“那么我们将有相同的运费率吗？”他说不。“为什么？”“为什么？你们不能让铁路公司满意，会制造麻烦。”就此问题，他说美孚石油公司是唯一能够使铁路公司和谐或者满意的一方。我相信他是在暗示，每一条铁路承运美孚石油业务的一个百分比，他们能够将业务进行分割并按比例分配给每一条铁路，他们就是以那种方式保持和谐的，而我们不能做到。之后他马上又说道，他认为我们应该与美孚石油公司签订协议，应当去做一些事以便大家都能继续赚钱。我认为我们已经非常明显地让他明白，我们并不主张签订任何“协议”，以防失去自我，或者被彻底卖光，或者受制于人。我相信他说得有些过头了，以至于说会去找美孚石油公司，尽他所能促成这件事。我们非常明确地告诉他，我们不想在这件事上受到任何干扰，如果要做些什么事情，我们认为我们自己完全有能力做好。会谈也许持续了一个小时。其间东拉西扯还谈了许多，但我认为，上述内容便是实质。我想，这次会谈是在1878年3月间。

我出席的另一个会谈大概是在6月或者7月，斯科特先生也出席了。举行这次会谈，是因为我们认为，我们已经被剥夺了得到充足数量车皮的资格。我们发过电报和写过信给卡萨特先生——至少与我们的代理商奥伦先生在几个场合谈过，并且试图安排一次会谈，最后斯科特先生约定会出席。到达那里时，我们发现来自石油城的布伦得瑞德先生也在。斯科特先生一再声称，他认为我们正在享受我们该有的公平比例的车皮。我想，他们试图使我们相信，我们已经得到了适合我们的比例，在此之前的相当长一段时间里，我们无法提前做任何业务，只能朝不保夕地做事。我们不能提前出售任何精炼油，除非我们在纽约拥有绝对的原油产量。伦巴第先生，我们中的一员，曾经出售了一批原油，我想是9000桶。结果，丹斯洛-布什炼油厂完全停产三个星期，就为了让他们将石油运往埃尔斯-伦巴第公司，去填满他们的油罐。他们每天只有三四个车皮的运量，我们停产了三个星期，把所有我们能够给的全给他们——配给我们的车皮比例——为了帮助他们，装满他们的油罐。在试图强调我们已经得到了适合的车皮配给比例后，我们问了斯科特先生一个实质性的问题，而在纽约，我们也问过卡萨特先生相同的问题，那就是我们是否有任何方法能够享受与其他货运主相同的运费率。他断然说不。然后我们问他，如果我们运输的石油量与美孚石油公司一样多呢？他依旧说不，并给了和卡萨特先生在纽约时给出的一样的理由，即美孚石油公司是唯一能够使铁路之间保持和谐的一方。我们对斯科特先生说，我们想要知道我们将被歧视到什么程度，因为我们想要知道我们工作的劣势到底有多大。最后，我们只能满腹牢骚地离开。我们得到的所有信息就是在纽约时卡萨特先生说的，基于一个高运费率的歧视将比基于一个低运费率的歧视更大，这引导我们推断，这就是一种按百分比配置的歧视。我想到，这些最终都归结为一点，就是我们曾经得到过的回扣，现在数额是多少。我们告诉斯科特先生，假如他们的铁路没有充足的车皮，我们想自己投放一些。他告诉我们，他们已经买断了这条线路，不会允许另外的人投放车皮，假如没有足够的车皮，他们会再建造。那天下午，他的感情似乎相当丰富，并且还说："唉，我们为了你们而斗争，现在你们已经花费了我们1,000,000美元"（或者1,500,000美元左右——一笔非常大的金额），"我们不主张再去参与另一场战斗了”。①

看似奇怪的是，炼油业中不仅有人愿意在这样的状况下继续抗争，而且就在美孚发动猛攻之时，已经屈服的那些人中竟然还有人准备再次尝试石油业。其中就有威廉·哈克尼斯，其1876年前的经历在上一章已经提及。

> “当我被迫屈服时，”他说，“我认为这只是暂时的，只要我能再次进入我挚爱的石油业，时机早晚会有。我们把所有的账目梳理了一遍，了解弱点在哪里。我迷恋石油业。我选择了一个接近三条铁路和河流的地点。之前的我疲惫不堪、灰心丧气，在1876年时甚至已经身无分文，于是人间蒸发了三四个月。后来，我回来了，重新振作起来，准备大干一场，制定好了规划和详细计划书，并做好了预算，准备就在这块100英亩的土地上建一个每日可提炼10,000桶石油的炼油厂。当宾夕法尼亚铁路作为公共运输者，看见他们的真实利益、他们股东的利益以及费城的商业利益时，我以为时机已经到了。我揣着那些规划、详细计划书和预算书，拜访了罗伯茨先生，宾夕法尼亚铁路公司的董事长。之前我已经请教过其他一两位先生，问是否有必要去拜见一下罗伯茨董事长，他们给出了值得参考的建议。我去到那里，把这些计划放在他面前，并告诉他我要建一个日产能力达10,000桶的炼油厂。我几乎跪着恳求他允许我去做这个业务。他问：‘你想要的是什么？’我说：‘我只要求和其他每个人一样被平等对待，特别是美孚石油公司。我想要你同意我的意见，给我像你给美孚石油公司或者任何其他人一样低的原油运费率10年，我将给你一份书面保证，每天提炼石油10,000桶，时间也是10年。’我问他，对于我们来

① 宾夕法尼亚州诉宾夕法尼亚铁路公司、联合管道公司等。

说，我，作为一个制造者，他，作为一条铁路的董事长，是否并未处于一个诚实的立场。罗伯茨先生说，我所说的事情很有分量，但是他不会签订任何书面保证。他说他不会签订任何这样的协议。我也见过了卡萨特先生。他用他直率的方式说：'那并不切实可行，原因你懂的。'"

收购工作稳定而顽强地持续着，那些已经或被怀疑正与美孚石油公司"和谐"相处的各方，他们那种迷信般的恐惧在 1875 年非常强烈，而现在这种恐惧感与日俱增，几乎难以克服，他们害怕对美孚提出的租赁或出售的提议说一个"不"字。在克利夫兰，这种情况特别真实。洛克菲勒的一个提议，往往被看作与"站住，留下买路钱"的命令没什么差别。"石油业属于我们，"洛克菲勒曾告诉过莫尔豪斯，"我们有设施，我们必须拥有它。任何公司，我们都有足够的钱把它们撂在一边，彻底消灭。"①——人们对他的说法深信不疑。克利夫兰仍在流传的一个典型例子，展示了大家的这种心态——而且时间正好与前述案例处于同一个时段。1878 年有一个引发了公众同情心的例子，因为该炼油商是一名女性，也是该镇第一批炼油商之一。她是一位名叫 B 某的先生的遗孀，这位 B 先生早在 1860 年就开始在克利夫兰提炼石油。B 先生的主业是制造润滑油，而一开始，美孚石油公司仅仅做灯油贸易，因此双方签订了一份协议：B 先生出售精炼油给洛克菲勒，而美孚石油公司不干涉 B 先生在克利夫兰的润滑油业务，这就是 1874 年 B 先生去世之前的状况。之后发生的事情在 B 夫人 1880 年的宣誓书中一一具陈②。文件中所做的唯一调整是，为表达清晰，将当事人的第三人称视角转变为第一人称，基于篇幅，将内容精简。

B 先生的夫人在其宣誓书中所述经历如下：

---

① 1879 年查尔斯 · T.莫尔豪斯接受纽约市议会铁路特别委员会质询时的证词。

② 俄亥俄州凯霍加县民事诉讼法庭：美孚石油公司诉威廉 · C.斯科菲尔德等。

我的丈夫在他的一生中第一次有了一份契约债务，就在他去世前不久。我，为了我已经没了父亲的孩子们的利益，也为了我自己的利益，将继续这份事业看作是我的责任，并相应地占有着公司价值92,000美元的股份，后来减少到72,000美元或75,000美元，而公司的整体股份价值是100,000美元。从那时起，我继续经营，直到1878年11月。在或许是B先生开始创业以来的最艰难的几年时间里，我靠做石油生意赚到了数量可观的利润。1878年11月某天，美孚石油公司派了一个名叫彼得·S.詹宁斯的人来找我，他以前一直从事炼油业，但现在将自己的公司都卖给了美孚石油公司。我告诉詹宁斯先生，不管怎样，我都不会和他进行任何谈判。假如美孚石油公司希望购买我的股份，我必须同其主管洛克菲勒先生谈。詹宁斯先生，代表美孚石油公司告诉我，该公司的董事长洛克菲勒先生说美孚公司将控制炼油业，他希望它能在一两年内达成这一目标。假如没有做到，无论如何，即使花上十年的时间也会努力实现。

在隔了两三天后，洛克菲勒先生登门拜访，与我商量关于购买股份的事宜。我告诉洛克菲勒先生，我知道我丈夫的石油公司完全在美孚石油公司的控制之下，我能够做的所有事情就是呼吁他本着一位绅士的荣誉及同情心，尽可能地善待我。我恳求他从一位妻子的角度设身处地考虑一下我的情况——我，还有我这些没有父亲的孩子们，继承了这份产业，以及B先生人生中欠下的第一笔巨额债务。若这份产业无法带来收入，我会撑不下去。我接管了这个公司，继续经营，而且成功了，在这最艰难的几年里，我都与它同呼吸共命运，没有抛弃它。他说他完全知道我的辛苦，易地而处，他的妻子绝不可能取得这么大的成绩。我提醒他注意，我丈夫已经和他签订的协议，据此，美孚石油公司同意不插手我丈夫经营的润滑油业务。同时，我还提醒他，我一直严格遵守着那份协议的规定，这对于我丈夫的石油公司来说，已经是巨大的损失，但我还是坚持这样做，因为我认为履约本是一件光荣的事情。我告诉他，我已经变得惊恐不安，因为美孚石油公司正在控制这个国家所有的炼油厂，我害怕美孚石油公司将会进军润滑油业。而他之前已经传过话给我，说美孚石油公司不会干涉那部分业务。他饱含泪水地许诺，在本次交易中，他将支持我，我不应当被无理对待或受委屈。他告诉我，一旦收购达成，我或许可以继续持有我所希望的B.石油公司的任何数量的股份，他的目标似乎就是获得这个公司的控制股份。他说谈判马上就要进行，到时他会来看我。就这个问题，我以为他的感情是真诚的，以至于我相信，他一定会很有尊严地对待我。

既然我被强迫卖光股份，我想要美孚石油公司给我一个建议价格，并努力使他们这样做。但是，他们不愿意。然后，我提出了一个建议价格，B.石油公司的全部股份和应计红利应当出售给美孚石油公司的价格为200,000美元，事实上，这远远低于股份本应该出售的价格，但是他们嘲笑了这个数字，最后提供给我的只有79,000美元，还不包括一些往来账目，并要求B.石油公司的每一个股东签订一份协议，在今后十年内，他们不能直接或间接从事或者以任何方式涉足炼油、制造、生产、运输、经销石油或任何石油产品，范围既包括凯霍加县和俄亥俄州境内，也包括任何其他地方。

既然财产必须放弃，我就问能否根据和该公司董事长达成的共识，保持我的价值15,000美元的股份，但是对于这个请求的答复是："任何局外人都不能够在这家公司持有任何股份，在这个问题上，美孚石油公司已经'浪费时间'够久了，今天必须解决，要么我们就走人。"他们坚持要我签署上面提到的这份协议。

洛克菲勒先生，美孚石油公司董事长，所做出的许诺，没有一个兑现：他既不允许我保留我的一部分股份，也不在出售我的股份的谈判中帮我一把；恰恰相反，在我被迫按远远低于它真实价值的价格出售公司并被要求签订上述压迫性协议的事情上落井下石。

在炼油厂和我的股份出售协议全部签订完毕，且由我自己和其他的股东把财产卖出，同时对我的钱如何处理也做了安排之后，我收到了一张来自洛克菲勒先生的便条。这张便条是他给我的回信，我曾经写信给他，威胁要把我们的交易公开。他在便条里说，他会照原样归还我的业务；或者，假如我愿意，也可以保留股份，但是这是在全部交易结束之后的事情。为了我的钱，我已经签订了那样的协议，以至于根本没办法再去签订他说的这份协议。我在合适的时机提出股份要求，他却在傍晚提出这个建议，我感到怒不可遏，于是把这封信扔进火里，不再管它。①

B 先生夫人破坏的这封信包含在她的宣誓书中，其中洛克菲勒回应了 B 先生夫人的陈述，内容如下：

1878 年 11 月 13 日

亲爱的夫人：

我自昨天收到您 11 号寄出的信后，立即拆开细读，一直读到今天，因为我希望能彻底看清每一条关于 B. 石油公司股份出售协议的要点，进而了解自己是否在无意间做了令您觉得

① 与 B 先生夫人的宣誓书一起的还有这家公司的一位记账人的证词，这份证词证明这家公司以 79,000 美元出售给了美孚石油公司，而此前它的年纯收入一直是 30,000—40,000 美元。另一份证词来自出纳员，他参加了 B 先生夫人和美孚石油公司代理商之间的大部分会谈，在每一个细节上都证实了她的陈述。

权益受损的事。的确，在我们的会面中，我曾向您建议，如果您愿意的话，可以通过保留一定数量的股份，依旧从B.石油公司的业务中获利。但听了您的意思之后我明白，如果您选择抛售公司股份，说明您是想完全脱离该业务领域。我的理解是，我们的安排是基于您决定进行交易而做出的，所以排除了其他利益。因此，当您对股票进行询价时，我们的回答是基于上述事实做出的，而非您在信中所说的我们想要拒绝您。至于您所提到的，公司是在我的允许下从您手中夺走B.石油公司的业务的，我认为您在这一点，还有11号的信中提及的其他点上，都对我有极大的误解。B.石油公司的业务是否被收购，与我的利益关系很小。我认为这笔交易是为了您的利益而做的，并且我在这番述词中完全坦白，恳求您把注意力放到大约两年前，也就是您向弗拉格勒先生与我咨询有关将您的股权出售给罗斯先生的时候。当时您想要以比现在所得的金额低得多的价格出售公司，若不是当时延期的款项迟迟未支付，您可能已经进行了那场交易。至于购置这些资产所耗费的金额，是我们现在配置同等或更好的设备所需花费的整整三倍多。出于自由、平等的考虑，我大力提议向您支付60,000美元，而我的一些同僚认为这个出价太高了。我相信，如果您重新考虑信中所写的内容，您必须得承认对我作出了极不公平的判断，我也非常乐意等待您从心底里承认这一点。然而，鉴于您目前的感受，我现在建议，我们可以把购买的股份还给您，您只需要将我们的投资金额归还，就像我们之间从未做过交易一样。如果您不打算接受这个建议，我会按照我们支付的价格，给您一百、两百或是三百股。此外，如果我们能保留收购的资产，那么按照协议，我们还要向B.石油公司财务部支付一笔钱，这笔钱加上已经支付的金额，将达到100,000美元，使股价变为100美元一股。

您不必急于下结论，我将会给您3天的时间，让您考虑接受或拒绝这个提议，同时，请您相信我。

您忠诚的，

约翰·D.洛克菲勒

洛克菲勒在随信的宣誓书里进一步说道："无论是书信还是她的意思，说我没有履行承诺，都是不真实的，说我某种程度上在她被迫以远远低于其真实价值的价格出售财产的事上落井下石，这也不是真实的，我断言，她并不是被强迫卖光公司的，就她而言，纯属自愿，并且我们给出的价格总额远远超出它原本的价值。她出售的建筑物若要置换，可能不会超过20,000美元。"①

这或许是真实的。正如洛克菲勒声明的，他完全可以花20,000美元复制B先生夫人的工厂，但这个工厂只是她资产的一小部分。她拥有这个国家最古老的一家润滑油厂，良好的工作方式和公平的交易已经为它赢得令人羡慕的名声，其每年的贸易净收入一直在30,000—40,000美元之间。正是这笔收入才让洛克菲勒为它支付79,000美元。他们支付的这笔金额还包括B.石油公司古老而崇高的名声，再加上相当多的蒸馏器、油罐和搅拌机。

这也毫无疑问是真实的。正如洛克菲勒所断言，B先生夫人并不是被强迫卖光股份的，但是，她亲眼看到了那些处于收购时期却拒绝出售的人的命运。她已经看见，20家克利夫兰炼油厂在1872年落入洛克菲勒的手中。她观察到，在所有的炼油中心，独立炼油厂不停地倒闭。她已经注意到，为了保护某个公司的每一次努力都步履维艰。对也好错也好，她最终只能相信，拒绝出售就意味着和洛克菲勒作对，而与他作对就意味着最终的失败，为避免毁灭，她选择了放弃。

---

① 洛克菲勒的陈述得到该公司几个成员的宣誓书的支持。

第七章
1878年的危机

石油产量上升——禁止石油出口——石油生产商没有得到应有的利润份额——他们私下组织石油生产商协会，并且承诺推进协会提议的独立输油管道的建设——华盛顿另一个州际贸易法案未能通过——"即刻启运"——独立石油公司难以获得运油车皮——暴动的隐患——向哈特兰夫特州长呼吁——通过诉讼控告联合石油管道公司、宾夕法尼亚铁路公司等——引发了其他州的调查——赫伯恩委员会和俄亥俄州的调查——有迹象显示美孚石油公司是南方发展公司的延续——生产商最终决定起诉美孚公司的官员——洛克菲勒和他的八个同僚因共谋而被起诉

1878年开年时，洛克菲勒不再需要担心任何与炼油相关的问题了。当然仍然有零星的公司出现，且这些公司发展得很顺利。他采取的最新举措是削减或者控制自己的原油产量。在宾夕法尼亚铁路公司失败之后，铁路公司几乎不可能再不计后果地与炼油公司联合。至于独立管道的铺设，有诸多"令人沮丧"的麻烦，这让其铺设看来机会渺茫。外部的炼油商是纳入美孚公司旗下还是倒闭，只是时间问题而已。如果不是因为石油生产商，洛克菲勒的路本可以走得很顺畅。在洛克菲勒成为唯一的石油购买者之前的六年，石油生产商和他自然是无法调和的对手，因为他是买方而他们是卖方。南方发展公司试图控制他们产品的价格，这点他们看得没错，但他们错误地将这个计划完全归咎于洛克菲勒。洛克菲勒只是南方发展公司的发起者之一，但由于他后来已经成为该计划实际上唯一的支持者，同时也是唯一的获利者，加上他把自己克利夫兰的工厂变成石油供应者，从而导致油区人将全部责任都

推到他身上。之后,石油人与洛克菲勒在1873年很不走运,他们把联盟的失败归因于洛克菲勒的表里不一。在1873年,洛克菲勒和这些石油人进行了精明但是虚伪的合作。然而石油人联盟的失败是他们咎由自取,并非洛克菲勒造成的。他们的联盟并不团结,他们没有按照协议限制石油的生产,而是彼此怀疑。如果那时他们像他们伟大的对手一样够耐心、够明智,那么他们就能把这场对抗的主导权牢牢地抓在自己手中,把洛克菲勒踩在脚下。为了能立即获利,他们放弃了这个联盟最好的优势,与一个他们不信任的人联盟,而当联盟失败,他们又把自己本应承担的责任推到洛克菲勒身上。

另一个让他们焦虑和忧郁的原因,是炼油商协会使得炼油商的利润份额远远高于石油生产商,这并不公平。1873年联盟的结束当然也意味着他们限制石油生产以及控制石油过度开采措施的终结,而这些措施本能使他们获得更好的利润。从1873年到1874年,再到1875年,石油人完全无视石油的消费需求和价格,石油开采突飞猛进地发展。1874年底,有超过3,500,000桶石油的现货存量,是以前的两倍之多。那一年石油产量保持在每月1,000,000桶,石油价格为平均每桶1.15美元。对于认为3美元一桶的价格才能维持经营的人来说,这确实不是什么好事。到1875年底,状况有些好转,因为石油产量下降了。到1876年3月,石油存量减少了很多,人们开始对原油的价格前景有了较好的预估。到了6月,《石油城井架报》预言石油价格会达到"每桶3美元",并建议石油人持有原油,等涨到这个价格再卖。8月,在石油城的石油交易所,石油价格达到每桶3美元,已经几乎有四年不曾出现这个价格了。那天,也就是8月25日,达到这个价格点时,代理们兴奋得发狂,他们从椅子上跳起来,丢掉帽子,用背互击来庆祝。拥挤在长廊里的观察者们和大多数投机者们也都兴奋地大叫。当天晚上6点前,石油价格达到每桶3.11-1/4美元。没有人因为晚饭时间到了而停止兴奋。石油交易一直持续到临近午夜,而价格飙升到3.17-1/2美元。油区过去的美好时光似乎又回来了,人们在一天之内发了大财,第二天又全部花光。

精炼油价格也与原油价格一同稳步上升。在石油城原油价格飙升的同时，纽约交易所精炼油价格也升到 21-3/8 美分。第二天，石油交易所的价格飙升令人兴奋。《石油城井架报》在报道中说，“从未有过这么大的交易量”。从一大早开始，一直到晚上 10 点，交易所挤满了疯狂的投机者。他们苍白的脸和疯狂的声音显示了他们的狂热。精炼油的价格在纽约交易所也同样上涨，以高于 25 美分的价格收盘。这种上涨持续了几天，直到一个新因素引起了石油人的注意。石油人对原油价格高涨的信心来源于国外精炼油的短缺。出口商在夏末和初秋购买石油是为冬季欧洲的石油贸易做储备。在热潮开始时，纽约港满是装满石油的货船，然而，在石油人试图保持油价高涨的繁荣时，出口商却开始拒绝购买石油。他们表示，4 美元是一个投机价格，虽然这个价位仅仅出现了一次。炼油商不会以这个价格购买原油用于生产，他们正持有高价的精炼油。9 月初，这个问题在油区出现，石油成为名副其实的滞销的出口商品了。随着日子的推移，他们发现这样的状况并不是暂时的。而洛克菲勒的联盟最终实施的正是以前制定的策略：强行掌控精炼油的价格。精炼油的定价日复一日地维持在 26 美分，而出口商也日复一日地拒绝购买原油。直到 9 月底，出口商不得不妥协，这是趋势所在，游戏规则无疑掌握在炼油者的手中，欧洲需要燃料。出口商也开始看到，他们拖延的时间越长，可能要支付的价格就越高。据传，美孚石油公司正在关闭工厂，使得精炼油更稀缺，而原油却堆积在宾夕法尼亚州。

虽然出口商决定妥协，他们担心的事最终还是发生了，石油价格提高了。出口商再次犹豫不决。这个问题开始引起公众的关注。《纽约先驱报》非常积极地报道了这一状况，并且谴责其为“石油阴谋”。包括洛克菲勒在内的公司管理者们接受了采访，洛克菲勒仍坚持他的观点，石油的珍贵值得大家的认可，他们的目标是使石油的价格控制在完全合理的价位上。他告诉《先驱报》的记者，出口商将不得不向价格妥协。10 月底，纽约港停满了船，无声的抗议笼罩在每个角落。到 11 月，出口商完全妥协了，开始按照定下的价格购买所有的石油，即 26—35 美分。

1876 年至 1877 年的整个冬天都维持着这一价格,直到 2 月 22 日。他们竭尽所能地将精炼油维持在这个价格,而不顾原油的价格,石油生产商无法将原油价格提升至与精炼油价格相应的价格。根据当时的价格比率,每加仑 26 美分的精炼油意味着每桶 5 美元的原油。然而,在那段时间,没有哪个月的原油价格能达到那个水平。12 月,当精炼油的平均价格达到每加仑 29-3/8 美分时,原油价格只是每桶 3.78-1/8 美元。石油生产商举行会议,并通过了决议,他们指责炼油商,并且着手构建独立的炼油厂。在《石油城井架报》的专栏里满是公开信,倡议建立自己的联盟,限制性立法,建立石油人自己的管道。这得到了一些人的支持,努力发起反击的运动在上一章已经介绍:哥伦比亚管道、滨海管道,以及 1877 年的春天与帝国运输公司联盟的尝试。那次联盟似乎比其他运动看起来更有希望,因为他们相信波茨上校,而且相信宾夕法尼亚铁路公司能给出他们所想要的结果。因此,宾夕法尼亚铁路公司的失败,给他们带来了更加沉重的打击。实际上,帝国运输公司的管道卖给了美孚石油公司的消息,对油区来说就像敲响了愤怒的警钟,他们一直极力阻止这一点,试图恢复 1872 年油区人的精神。但他们又给这种精神赋予了新的尊严和自由裁量权,这是油区以前从未出现的。从麦基恩县西南至巴特勒,各石油镇迅速自行组织成秘密社团,石油生产商协会逐步形成。从笔者掌握的信息看,这非常像是石油生产商协会已经存在并正在运营。1877 年 11 月 21 日,这个新联盟举行了第一次会议——"石油议会",或称"代表大会"。这届会议在泰特斯维尔举行,有 172 名代表参会。协会声称代表了至少 2000 名石油生产商的利益,背后的资金不少于 75,000,000 美元。可以肯定的是,它囊括了油区所有具有代表性的石油人,他们因发现和开发油田时所表现出的胆色、勤劳和活力而在当时广为人知,当代表完全合适。

会议进行了四天,这项会议十分严肃,虽然全国各地对石油感兴趣的记者都来了,但什么也没有透露。12 月 4 日,为期四天的第二次会议在泰特斯维尔举行,但依旧没有向媒体宣布会议内容。事实上,公众了解的只是在这些日子里石油生产商秘密进行的会议中的行动方针而已。

他们的决议非常明智，并且获得了支持。首先，他们决心尽最大努力支持和保护独立于美孚石油公司及铁路联营的滨海石油运输。此时有两家公司出现在公众的视野。首先是大家熟知的公平石油公司，这个公司由小路易斯·埃默里创立，他是个活跃且足智多谋的独立石油商。这个公司在布拉德福德油田拥有大约200个油井，公司清查存货，计划搭设石油管道通往布法罗，并且在那通过伊利运河运输石油。他们已经获得了至布法罗的通行权及开展这个项目的优先权。另一个公司先于新成立的联盟而出现，它的成立完全是哈利公司的复兴，于1876年就已相当引人瞩目。班森、麦凯尔维和霍普金三人复兴了这家公司，这三人曾经通过租约运营了哥伦比亚管道，并且把这条管道的所有权卖给了美孚石油公司。管道运营的经历使他们确信这是石油产业最赚钱的部分之一。同时他们相信，石油可以通过泵压越过山岭。他们立即运用了哈利的老观点，采用了哈利带入公司的工程。赫尔曼·豪普特将军探查了从阿勒格尼河边的布雷迪斯本至马里兰州的巴尔的摩的管道，全长大约235英里。联盟董事会对这两个项目都承诺给予支持。

州际贸易立法的需求被联盟再次提上日程。12月，委员会的负责人帕特森开始着手准备。为达成这一目标，联盟雇用了来自布法罗的法律顾问乔治·B.希巴德，他已经起草了正式的文件初稿。希巴德另外准备了一份关于文件的法律备忘录。由帕特森和希巴德起草的法案于1878年5月由路易斯·F.沃森引入众议院，路易斯·沃森的家乡在宾夕法尼亚州的沃伦县。该草案经委员会商讨，最后形成了里根法案，并在年底的众议院会议上通过，但在参议院中被搁置。同时，宾夕法尼亚州的立法申诉也在华盛顿进行着，但这次的努力因为自由石油管道法案以及反歧视法案而受挫。两个立法项目都失败了，委员会中负责这两个项目的人在给联盟的报告中苦涩地说："大家都知道在哈里斯堡我们已经获得的成功。向委员会描述董事会在这个进程中所做的努力是徒劳无益的。这就是失败和耻辱。要说此事教会了我们什么，那就是我们目前的立法者，作为一个整体，是无知、腐败且无原则的，他们中的大多数都直接或间接地在垄断组织的控制下,反对我们一直寻求的宾夕法尼亚州立法的要求……不能对由美孚石油公司构建出来的框架提出异议或主张,不管它们是多么的错误和荒唐可笑。在宾夕法尼亚州的立法机关中还未发现有人意欲成为我们立法申诉的拥护者。”

从各个方面来说,石油生产商的确急于保护自己,以对抗洛克菲勒,他在实现了管道垄断后已经变成了油区的主宰者。石油生产商并不是危言耸听,他们认为必须保护自身的利益,这是当务之急。在宾夕法尼亚州麦基恩县的布拉德福德和北部油田的新油田里,大量石油喷涌而出,这迫使他们将行动匆忙提前。新油田的发现意味着石油的大量生产,这会使石油的产量超过消费需求,同时现有的收集存储石油的设备也不够。洛克菲勒若要保证他的垄断地位,很明显必须打响一场需要花费大量精力和金钱的扩张之战。他必须铺设各个方向的管道,以便能获取新油田的石油,同时还必须建造更多的油罐来存储成千上万桶的石油。而且如果想把其他竞争者都挡在外面,速度就必须要快。美孚石油公司的利益集团毫不犹豫地开始建造全国瞩目的建设工程——联合管道、石油管道分别于 1878 年、1879 年和 1880 年在布拉德福德油区贯通。这是美孚石油公司的精彩一击,彰显了其卓越的才能、旺盛的能量和非凡的勇气。正是通过这一壮举,他们制定了一个针对生产商的政策。这个政策对于生产商来说是专横的、不合理的,它的第一条规定就狠狠地击中了生产商的痛处——关于石油收购的价格。

当时盛行的处理和买卖石油的方法是:在油井所有者的要求下,连接一条管道运输他的石油,并在管道办公室给他信用担保凭证。通过这种方式,他可以通过支付保管费,按其意愿持有石油。如果他想卖掉放入他账户里的石油(这被称为“贷方余额”),他只需要给买家提供一个管道中的石油订单,并将其转移到新买家的账户里。石油管道上经常有几十万桶石油。他们在石油贸易中的关系就像银行和储户。也就是说,他们给每 1000 桶石油发放证书,证书可以转让。现在联合石油管道成为公共承运者,它不得不放弃收购石油的业务,而是见票即送货,或者至少在顾客提出要求后的合理时间内交付货品。

但到了1877年12月，在完成垄断之后，他们拒绝按惯例履行其义务，借口是没有足够的桶槽容量来存储布拉德福德油田的石油。他们称，在布拉德福德油田没有可运营的石油，除非以即刻启运的方式销售。也就是说，石油不能存储，只能即刻运走。同时美孚石油公司的买家J.A.博斯特维克宣布，从今以后，除非低于市场价，否则不会用即刻启运的方式购买布拉德福德油田的石油。卖家被告知，他们的出售石油的折扣不是固定的。虽然收购的价格是按照卖家的需要设定的，但即便是这样，卖家也无法立刻知道收购价格，而会被要求五到十天后再来，也许到时会给出收购价。新秩序的一大特点就是强制执行，这让石油人感到极度难堪。原来的运作方式一直是买方和卖方在石油交易所或办公室自由碰面、平等交易。如今石油生产商被迫在联合管道公司的办公室前排队，一次一个地进去和买家协商。一百个，甚至更多的人在办公室前站着排队数个小时，等待着轮到他们来协商处理自己的石油。公平点说，博斯特维克并不是第一个要求石油打折的买家。当需要大量金钱时，生产商本身经常会低于市场价格出售石油，但是博斯特维克是第一个迫使卖家给出折扣的人。订单蜂拥而至，很少有生产商有足够的私人桶槽容量。在这种情况下，生产商为了避免让他们的石油白白在地上流淌，就只能以低于市场价20—25美分甚至更多的价格卖掉它们。

即刻启运的要求并不是联合管道公司发明的。这已经被各种管道公司短期执行过不止一次了，由于各种意想不到的情况，当他们发现石油存储容量吃紧时，就会执行。在某段时间内，石油通过某些线路时，管道的容量会因为一些意想不到的情况而爆满。如1872年，由于马的流行病引发了不安，油区在短时间内就执行了即刻启运策略。又如在1874年，在低洼区大量石油的产出造成了石油管道运费过高，也执行了即刻启运的策略。但是由于仍然有很多小的石油管道运营者参与竞争，这种策略并未成功。然而，现在联合管道公司有自己想做的事。他们显然不满足于布拉德福德石油产量的增长。在1877年接近年关的时候，按照《石油城井架报》的研究数据，在油区有4,000,000桶的桶槽容量，而此时联合管道公司持有的石油为3,127,837桶。在布拉德福德油田，石油日产量突然从1月份的2000桶增加到了12月份的8451桶，桶槽容量却只有200,000多桶。[①] 管道公司几乎所有的石油都从那里出货，这造成低洼地区石油堆积，引发了石油生产商的极大不满。

联合管道公司和石油生产商之间开始了一场激烈的储油罐建设的竞争。1878年4月初，布拉德福德油田的桶槽容量增加到1,152,028桶。[②] 4月1日至11月1日，在麦基恩县建了70个可以容纳10,000—25,000桶石油的储油罐，其中更大一部分是生产商建的。按照联合管道公司的声明，10月份，在整个油区有5,200,000桶的桶槽容量在他们的控制中，其中三分之二属于生产商，但以租赁的形式为他们所持有。[③] 可是石油从地面喷出的速度比储油罐建造的速度更快。六个月后，也就是1878年7月，布拉德福德的石油日产量已经超过18,000桶，较12月的日产量增加了10,000桶。这对每个人来说都是最困难的局面，只有一种方法可以减少损失，那就是关闭油井，停止钻井。但是生产商拒绝考虑这个方法。石油的价格迅速下滑。在当时，石油的产量已经超过了消费需求。生产商抗议："石油的价格已经如此之低，我们势必相互竞争，为什么还要我们执行即刻启运的政策?"然后开始指控美孚石油公司，他们至今仍然这样做。他们称，美孚习惯通过压低原油价格来应对额外的开支——"将利润从生产商手中夺走"。由于要即刻启运，布拉德福德油田需要更大的投资。"由生产商支付。"笔者没有文件可以证明这是洛克菲勒的政策，但毫无疑问，油区认为是他的决定。考虑到油区因他以及他的公司而产生的漫长战争，出现这种想法也很正常。事实上，这再平常不过。如今，当有报道说芝加哥大学收到新的捐赠时，人们会开玩笑地说："是的，我在这一天内捐了这么多钱。你难道不

---

① 《石油城井架报》，1878年1月5日。

② 《井架报手册》卷Ⅱ。

③ 在月底，石油存储量为4,221,769桶。1878年11月25日桶槽容量升至4,576,500桶，而布拉德福德油田的石油储油罐仍在建造。与联合管道公司相关的桶槽容量，正在用的有1,774,500桶，而容量为1,347,000桶的储油罐在建。

记得没有任何原因就出现的油价暴跌吗？芝加哥大学需要钱，洛克菲勒呼吁我们来送钱。”

即刻启运政策之后的几个月，又有一项新业务引发了不满。私人储油罐租给管道公司后，生产商可以不支付存储费用装载石油。而在储油罐的所有者提出要求后，管道公司应在合理的时间内将储油罐空出。但到了春天，同样的请求却被拒绝，虽然石油已经卖掉了，但管道公司拒绝归还储油罐。当一个拥有5000桶桶槽容量的私人储油罐满了的时候，它的所有者把其中部分石油出售给博斯特维克，并且要求联合石油管道公司继续运走积累在其油井中的石油，联合管道公司依旧基于管道满了的理由拒绝他们的要求。这些订单造成的损失对生产商来说是可怕的。在布拉德福德油田的人发现，虽然他们以极低的价格按约销售石油，出租了有数千桶容量的储油罐给联合管道公司，却依然不得不面对石油在地上流淌的场景。但他们没有闹事，而是意识到自己鲁莽的开采带来了麻烦。他们诅咒着美孚石油公司，并且关闭了更多的油井。

1878年春天，洛克菲勒和他的同事们制定了一系列政策，这些政策对于抑制石油生产商来说是必要的。这些政策打碎了他们仅存的信心，打击了他们曾经真诚的、声称将尽最大努力缓解油区困难的决心。管道公司开始拒绝给独立炼油商提供车皮。许多独立石油人都在法院阐述了类似的经历。例如，W.H.尼科尔森代表纽约石油的货运主奥伦证实，[①]在1878年5月，他开始很难获得车皮。有一次，在奥里安，奥伦致电伊利铁路公司的官员，询问是否可以获得100个向东运输的车皮，然后被告知可以，当时的时间大约是中午。尼科尔森的石油存储在联合管道，他去见了联合管道公司的经理奥戴，告诉奥戴有石油等待装车。奥戴却立刻说不能装车。尼科尔森说：“我有来自伊利铁路公司官员的订单，并且他们给我分配了车皮。”奥戴回答：“这没有什么区别，除了普拉特的订单，其他的我都不会装运。”尽管那时尼科尔森在联合管

① 宾夕法尼亚州内政部长下令的调查，1878年。

道公司储存有10,000桶石油，并在伊利铁路公司官员处预定了100个车皮，但只要普拉特没有下单，他们就不会帮他装车。

坎贝尔当时是石油生产商协会的主席，在控告宾夕法尼亚铁路公司的诉讼中他讲述了自己的经历。

在1878年6月上旬之前，我从未听说过车皮缺乏的问题。我大约在傍晚5点抵达帕克，发现市民们处于群情激愤的状态。除非石油已经被售出，否则管道公司不会运输石油；而我们在此处唯一的货运主，美孚石油公司的代理公司，不购买石油，声称他们无法获得车皮。数百口油井被关停，造成了巨大损失，无数油井的老板因为害怕油井被海水损毁，不敢停运，只能将油泵到地上。我竭尽全力控制自己的情绪，没有因愤怒而砸坏铁路公司的办公室，并发了电报给阿勒格尼河谷铁路公司的董事长约翰·斯科特：

"除非基于'即刻启运'的方式出售石油，否则联合管道公司拒绝运输石油，而铁路也不提供车皮，从而共同造成了这儿群情激愤的局面。即便保守的市民情绪也无法平静，我害怕去年7月的情况会再次以一种更加恶化的状况重现。"我留下这一信息给铁路公司办公室，并于傍晚7点离开。第二天早上我7点前就起了床，并且得到回复：

"你的建议是什么？约翰·斯科特。"

我提议道："我明天早上去见你。"第二天早上已经是星期六了。

周六早晨，我乘早班火车，在仓库见到阿勒格尼河谷铁路公司副董事长希恩先生、董事大卫·A.斯图尔特，以及总监助理托马斯·M.金。我坦率地告诉希恩先生，日常车皮运输少于30,000桶石油都是非常可笑的，这是厚颜无耻的借口，任何有基本常识的人都无法认同。在这之前，铁路每日可以运载的石油数量为50,000—60,000桶。希恩先生明确表示，我应当知道阿勒格尼河谷铁路公司没有控制石油业务的线路，而完全是由宾夕法尼亚铁路公司支配和专营的，由他们提供订单。然后我要求他和宾夕法尼亚铁路官员联系，表达我在这个问题上的看法，并告诉他我确信，除非立即提供装运车皮，否则油区人的情绪将会爆发。在进一步的交谈之后，我们分开了。我们之间的会面不是我和阿勒格尼河谷铁路公司的官员会面，而是我和宾夕法尼亚铁路公司代表的会谈。星期一我回到了帕克。回程时经过雷德班克，在那里有连接着河谷铁路与费城-伊利铁路的低等级线路，与河谷铁路交会。由于有成百上千的空车皮经过，我们的特快列车延误了半个小时。①

到了6月，又有另一个令人愤怒的事件发生，越来越多的石油人试图保持独立，寻求滨海线路的开发。正如我们看到的，在石油生产商协会的庇护下，前面提过的两家公司于1877年晚些时候成立了。公平公司立即申请了至布法罗的通行权。埃默里，该公司的负责人，拿着证明文件，与布法罗-麦基恩铁路公司的代表会面，并告知他们，如果他们不同意公平公司架设管道至他们的线路，并且不承担从连接处到布法罗的石油运输，那么他们将铺设一条直通布法罗的管道。根据这个重要谈判，公平公司和铁路线签订了协议。6月时，这个新公司已经筹备好了管道、车皮及驳船，准备运输石油至纽约。可当他们刚开始尝试这项运作时，在宾夕法尼亚铁路公司的压力下，铁路方面拒绝履行协议。公平公司订的车皮去轨道装货时被拒绝，已经铺设的侧轨被拉开，辙叉被拆毁。事实上，他们所做的一切就是为了阻止公平公司开展业务。到了7月，在法律的保护下，该公司的石油得以通过间接线路运往东部。当美孚石油公司发现公平公司确实在做这项业务时，便呼吁铁路公司进行阻挠。铁路干线代表会议于7月在萨拉托加举行，为面对新的竞

① 节选自坎贝尔的证词。

争,往东部的原油运输价格降至80美分。

针对公平公司的战争正在进行,美孚石油公司用尽一切方法阻止布雷迪的管道和巴尔的摩沿海管道的建设。试图用泵压油越过山脉是可笑的空想。豪普特将军本身就被认为是一个空想主义工程师,拥有无数次失败的记录。所有陈年往事都在1876年被再次揭露。农民们被告知,管道漏出的石油会毁掉他们的田地,危及他们的建筑。农民阅读的报纸上大肆报道因为铺设石油管道而引发的损害。费城和匹兹堡都反对这项计划,媒体和商会反对自由管道法案及这个管道项目。在匹兹堡的抗议几乎引发了一场骚乱,因为当地的石油生产商长期在那里购买他们的生产必需品,如果石油管道铺设成功,他们就会联合抵制这座城市。反对如此强烈,以至于无人敢投资,公司要筹集资金就变得非常困难。当然,这次针对管道的抵制最主要的力量,是来自美孚石油公司和宾夕法尼亚铁路公司。

现在,铁路公司拒绝给独立货运主车皮——或者说即使铁路公司给了他们车皮,联合管道公司也会拒绝装货。美孚石油公司和铁路公司都在尽全力阻止公平公司从事石油运输业务,而滨海管道的建设也多方受阻。新的线路要考虑均衡,至少要能处理之前宣称无法处理的石油。在布拉德福德,数千桶石油只能流到地上。纽约的两个独立炼油厂完全关闭,因为石油产量的三分之一就可以满足他们的订单需求。

人们越来越相信,美孚石油公司会继续使用即刻启运的方式。在它建造布拉德福德油田所需的管道和储油罐之前,就会引发这个区域的骚乱。石油生产商们日复一日地在联合管道公司办公室门口排队等待,以他们能得到的任何价格出售石油,而买方则一天给出一个价,还经常要求卖家10天后再来,一切全凭买家的心情。这使得这些排队出售石油的人心中酝酿起一场革命。人们聚集在美孚石油公司的办公室中起哄,各种物品和骷髅被撒在美孚石油公司大楼里,示威的人群不止一次地打破了石油城的宁静。很明显,一些三K党控制了布拉德福德油田,稍微一点火花就足以在管道公司内形成燎原之势。同时,石油生产商们情绪高涨,即刻启运政策令他们尤其痛恨。再加上1878年夏天又出现了不合理的车皮缺乏，人们愤怒的情绪即将爆发。

此时要想阻止骚乱和财产损失，又不闹出人命，就要看石油生产商协会在这个区域的实力了。他们担心，一旦出现暴力事件，正在进行的活动就会受到破坏，于是派了一个25人的委员会去哈里斯堡见州长哈特兰夫特。他们当着州长和州首席检察官的面提交了石油生产商的请求，呼吁他们回顾石油生产的历史。① 他们要求联合管道公司履行其作为一个公共运输者的义务，与铁路公司在回扣和供应车皮方面停止对他们的歧视。他们呼吁州长注意，在他们看来已有现行法律适用于这些问题。如果现行法律不能解决，行政机关有责任召开立法相关的会议，并做出决定。哈特兰夫特州长深受震动，他亲自去了油区调研，并于8月指定了生产商，要求他们将请求行文递交。之后，石油生产商起诉了联合管道公司。9月，州政府开始调查联合管道公司，并在泰特斯维尔举行了听证会。许多被传唤的证人并未到场，但在这次调查中，已有足够的证词证明，即便铁路公司有空车皮时，依然拒绝给独立货运主提供车皮。联合管道公司明显违背了其作为公共承运者的职责。在这次调查报告中，内政部长威廉·麦克坎德利斯裁定，对石油生产商要求采取行动的诉讼不予支持。

这个报告引发了强烈的愤慨。麦克坎德利斯的雕像成为大家的一个发泄口。麦克坎德利斯在该州被称为“巴克”②。10月19日上午，在帕克的石油交易所，一个男人的雕像被吊在绞刑架上，而石油生产商让它一整天都吊在那里，以便嘲弄和诅咒他。雕像的前额写着血红色的字：

宾夕法尼亚铁路公司

绞刑架上还有个牌子，上面引用了来自内政部长麦克坎德利斯报

① 见附录32号：1878年石油生产商向宾夕法尼亚州州长约翰·F.哈特兰夫特提交的请愿书。

② 编者注：原文为“Buck”（反对、不赞成），此处或因麦克坎德利斯在之前的诉讼中驳回了生产商的请求，而被取了该外号。

告中的文字：

对于石油生产商要求采取行动的诉讼不予支持

在布拉德福德，一个巨大的肖像整天挂在街上；而在塔港村，另一个绞刑架也飘在街头。他们推倒了他在布拉德福德的肖像，并且从其口袋里拿出了据说是由美孚石油公司董事长约翰·洛克菲勒签的支持麦克坎德利斯的20,000美元支票，这张支票也是宾夕法尼亚铁路公司授权的。据说这就是麦克坎德利斯签署那份报告获得的报酬。整个油区没有一个石油生产商相信，麦克坎德利斯和他的办公室没有将自己出卖给美孚石油公司来获得20,000美元，并用这笔钱帮助其在国会进行游说。

在油区，这种愤怒迅速蔓延开来。媒体对此的关注程度可以从《纽约太阳报》的报道中看出一二。六周以来，他们一直让报社中最有才华的员工常驻油区。11月13日头版中刊登了关于这个事件的六栏报道，外加全面阐述了南方发展公司及美孚石油公司的发展过程中与其相关的内容。11月23日的头版还有四个专栏，以醒目的标题报道此议题。

1879年初，在联邦法院进行的诉讼听证会上，石油生产商开始控诉各大运输公司。传唤的部分证人最初未到庭，而出庭的证人也经常拒绝回答提问，但是很快他们就明白，政府对这次调查非常认真，他们“要么回答，要么就滚回欧洲”。1879年3月，一大批美孚石油公司的人，包括约翰·D.阿奇博尔德、威廉·弗鲁、查尔斯·洛克哈特及J.J.范德格里夫特，出庭并给出了重要的证词。20多名石油生产商也到庭了，最重要的证人卡萨特也出庭了。卡萨特的证词在各个方面完整、充实得令人吃惊，尤其是石油人宣称的关于宾夕法尼亚铁路公司已经成为美孚石油公司的走狗方面的证词。它不仅给美孚石油公司提供了远远低于其他公司的运费，而且利用其设施，直接阻止外部炼油商和经销商独立经营公司。[①] 不仅是石油产业，其他产业也出现了相似状况的诉讼，这引起了其他州对公共运输行业的调查。1878年底，纽约市商会要求州议会调查纽约的铁路公司。这项调查于1879年年初开始进行，揭露的真相令人震惊。在赫伯恩委员会（因其主席的名字得名）完成调查工作之前，委员会就收到了与美孚石油公司、伊利铁路公司和中央铁路公司相关的证词，H.H.罗杰斯、J.D.阿奇博尔德、杰贝兹·A.博斯特维克和W.T.沙伊德等一大批独立石油人也在场。威廉·范德比尔特已经被调查，G.R.布兰查德，伊利铁路公司的货运代理，给出了关于伊利铁路公司和美孚石油公司关系的完整阐述。也许最有用的证词来源于卡萨特，他全面介绍了这一时期美孚石油公司的历史。[②]

在宾夕法尼亚铁路诉讼案进行的同时，赫伯恩委员会在调查，俄亥俄州议会也在调查。大家都在抱怨调查受到压制，但是当弗拉格勒出现在赫伯恩委员会，并带来一些涉及回扣的有趣事实时，调查状况明朗了。许多历经困难的石油人也出现在俄亥俄州委员会，讲述了他们自己的故事。[③] 时至1879年4月，在各种各样的调查后，委员会得出了大量有效的证据，足以证明石油生产商一直在指控的真相，美孚石油公司就是南方发展公司的重生。国会调查委员会的结论是，南方发展公司是一个阴谋。从最开始，他们就希望有证据能支撑这一指控。拥有了这些证据，他们相信可以让法院对美孚石油公司做出判决了。不是解散该公司，就是将其成员送入监狱。更有头脑发热的石油生产商相信，现在他们握有的就是确凿证据。

如果有人深入研究各项调查中出现的证据，就会发现他们这样的认知是有理由的。首先，除了四个美孚石油公司的成员，其他人都曾是南方发展公司的股东。事实上，现在在美孚石油公司处于高位而不曾加入南方发展公司的，只有查尔斯·普拉特、J.J.范德格里夫特、H.H.罗

---

① 卡萨特的证词讲述了帝国运输公司的故事，这将在最后一章阐释。

② 在赫伯恩委员会做出的证词从未被印刷成系列的会议文件，只被制成了五卷的合订本，印刷了100套供委员会会议使用，非常珍贵。

③ 300本证词报告被印刷成册，俄亥俄州的图书馆未发现该版本。笔者只见过其中一册。

杰斯和J.D.阿奇博尔德。

南方发展公司曾经是一个秘密组织，新的美孚联盟也是神秘的，每个人都在尽其最大努力保守秘密，例如洛克哈特公司、瓦登公司和普拉特公司卖给了美孚石油公司，是公众尚未知晓的。确切地说，伊利铁路公司知道洛克菲勒除普拉特公司以外还有其他附属公司已是一年之后了，他们是在不知情的情况下与美孚签订协议的。炼油厂被收购后，在原来公司的名字下继续经营是一种惯例。例如克利夫兰的B夫人于1878年卖了公司，这在上一章已经提及，她就被迫隐瞒了出售公司的秘密，甚至对雇员也是如此。1876年，洛克菲勒和斯科菲尔德举行了秘密签订协议的仪式。

为了保护与美孚石油公司有关的秘密，洛克菲勒在1880年做了一个书面声明："蒂格尔先生书面文件所陈述的内容，关于美孚石油公司直接或间接通过办公室或代理商拥有和控制瓦登公司、洛克哈特公司、博斯特维克公司、普拉特公司、顶点炼油公司、帝国炼油公司、卡姆登联合公司、德沃制造公司，并不属实；关于美孚石油公司直接或间接通过办公室或代理商拥有和控制纽约亨特地区的炼油厂也不属实；关于美孚石油公司直接或间接通过办公室或代理商购买并获得帝国运输公司或者为此提供了金钱也不属实，美孚石油公司没有如蒂格尔先生书面文件所述的引诱任何人或公司开始一场与宾夕法尼亚铁路公司或帝国运输公司的战争。"①

虽然笔者对具体情况并不了解，但这份宣誓书可能只是某种技术上的解释。可以肯定的是，现有证词足以证明，早在这份宣誓书提交之前，普拉特、洛克哈特和瓦登等人的工厂就已被买断，并且费用是以美孚石油公司的股票支付的。而且，他们正在与该公司联合。1877年10月17日，美孚石油公司支付了2,500,000美元保兑支票购买帝国运输公司的工厂，这将在最后一章讲述。

然而，1879年，其他接受审查的美孚人没有像洛克菲勒否认得这么

---

① 1880年俄亥俄州凯霍加县民事诉讼法庭"美孚石油公司诉威廉·C.斯科菲尔德等"案件。

彻底，他们都避免直接回应，给的借口是调查侵犯了他们作为公民的权利，政府没有权利探究他们做生意的方式。因此，每当遇到问题时，他们都“根据法律顾问的建议”，拒绝回答。不过，这些先生最终还是回答了许多问题。总而言之，从这些年所有相关的证据来看，说他们只是不坦白肯定过于温和了。美孚石油公司的官员在赫伯恩委员会面前总是闪烁其词，以至于委员会在报告中尖锐地称这个公司为“神秘的组织，它的生意和事务具有这样的特点：其成员拒绝说明公司来历、描述公司状况，以防证词被用来证明他们有罪”。石油生产商声称美孚石油公司的神秘性正与南方发展公司的特点一致。

美孚石油公司像南方发展公司一样，旨在控制整个炼油业。“石油业属于我们”，洛克菲勒曾经这样告诉反抗的炼油商。他的同事也表达过类似意思。“美孚石油公司的目标就是保护世界石油炼油业的完整。”这是该公司的一位成员曾经告诉俄亥俄生产商 B.F.奈的。[①]

美孚石油公司用来保护和控制这个行业的方法与南方发展公司一致，都是利用在货运方面的特权。我们已经看到洛克菲勒是如何明智且持续地致力保有这些特权的。1877 年，他与所有的铁路干线签订协议，而这一协议与 1872 年 1 月斯科特、古尔德、范德比尔特、麦克莱伦等先生和南方发展公司签订的协议一致。现在，他运输的每一桶石油都能收到回扣，而铁路公司则被禁止给其他货运主回扣，除非其他货运主能提供并保证同样的运量，且在扣除回扣之后，带给铁路公司的利润能像美孚石油公司带去的同样多。铁路公司为美孚的竞争对手运输的每一桶石油，美孚还能收到回扣。南方发展公司与铁路公司的协议条款对石油界的冲击，远不及外部商人运油时必须给美孚石油公司回扣这一事实带来的冲击大。我们记得，外部商人从油区运至纽约的每一桶原油，协议的受益人（美孚石油公司）可从中获得 1.06 美元的回扣。其他地区运输石油也有相应比例的回扣。这种回扣体系被认为是非法且不公正的，但人们都已经或多或少习惯了。这种从其他人的货运中收

① 俄亥俄州货运歧视调查，1879 年。

取回扣的方法是个新的策略，这个策略使得油区人怒不可遏。美孚石油公司要重新尝试实践这些策略看起来是不可能的，然而它强硬地在四条干线推行回扣，其可能性就要重新估量了。1878 年 2 月 15 日，在宾夕法尼亚公司屈服于美孚石油公司之后的四个月，奥戴写信给卡萨特："在此我要向您重申，我希望这是完全秘密的。我们已经持续数月收到纽约中央铁路公司和伊利铁路公司一定数量的钱。无论如何，原油通过这些道路运输的价格都不低于每桶 20 美分……我们与美孚石油公司和铁路干线合作，尽一切可能确保经由他们运输的石油的运费率。我不得不告诉你，为了公平起见，我们要从你们公司运输的每桶原油中至少收取 20 美分的回扣。"看过中央铁路公司和伊利铁路公司给的货运账单后，卡萨特同意宾夕法尼亚公司支付每桶 22-1/2 美分的回扣。当卡萨特于 1874 年接受调查时，调查员说道：

> "我明白，卡萨特先生，付给美国转运公司的 22-1/2 美分并不只限于所有经过他们铁路线的石油。"
>
> "不，先生，这是我们接收并转运的所有石油要支付的钱。"

调查中展示的这些有趣的文件，正是 1878 年 2 月和 3 月宾夕法尼亚铁路公司关于原油运输的陈述。[①] 他们运输了总量为 343,767.5 桶的石油，而美孚石油公司通过其代理美国转运公司收取了每桶 20 美分的回扣。作为独立公司的奥伦公司总共运输了 29,876 桶石油，基于这个数量，美孚石油公司收取了每桶 20 美分的回扣。

也就是说，奥伦支付了石油的费用，支付了石油由管道公司运至铁路线的费用，支付了铁路公司的全额运输费用，还无法获得美孚石油公司收取的回扣。之后，宾夕法尼亚铁路公司还得被迫从他已经支付运

---

① 见附录 33 号：1878 年 2 月至 3 月间经格林线运至纽约、费城、巴尔的摩的原油报表，表格中显示了付给美国转运公司的回扣。

费中，按每桶 20 美分的价格，给美孚石油公司回扣。

审查官努力试图找出这种做法的合法依据，以解释美国转运公司为什么可以从它未运营的石油中收取费用。“我们付这些钱，”卡萨特说道，“是作为允许我们进行这项贸易的回扣。”“我们付钱，”审计员说，“是因为采购的石油经过了宾夕法尼亚铁路公司享有权益的线路，而不是纽约的铁路或纽约中央铁路。”

审查官问其中一位审计员：“你能理解吗？美国转运公司确保纽约外部炼油商的油运业务必须转移到宾夕法尼亚铁路上来（此处引用了上面陈述中提及的内容）。”“我从未想过这种问题。”这位审计员答道。

答案是显而易见的。美国转运公司与奥伦公司、埃尔斯-伦巴第联合公司，或者其他任何在陈述中提到的独立公司的石油运输没有任何关系，除非其石油之前碰巧是通过美国转运公司的线路运输过来的。在那种情况下，当他购买石油的时候，货运主就已经支付了运费，惯例就是如此。现在，美孚石油公司要求回扣，宾夕法尼亚铁路公司就得付这笔费用，这与美国转运公司无关。美孚石油公司重拾了南方发展公司最可憎的政策的证据，引起了石油人强烈的怨恨和厌恶。

1872 年协议的另一个无理条款是，为克服竞争，铁路公司可在一定时期内降低或提高运费率。现在和美孚石油公司的新协议中也有同样的安排，也就是说，为了让美孚石油公司获得和竞争线路相同的运费率，在必要的情况下，铁路公司要保证降低运费。当石油生产商在 1878 年通过公平公司的管线运输石油时，铁路公司就将他们的运费率降低至每桶 80 美分，有些甚至降得更低。石油生产商有明确的证据可以证明，南方发展公司和美孚石油公司与铁路的协议，在每个具体条款的原则上都非常相似，不同的仅仅是回扣和佣金的金额。

同时，还有很多证据显示美孚石油公司与南方发展公司有着相似的运作目标——保持精炼油的高价格。这两个公司都是通过控制所有的炼油商，拒绝按市场规则出售来保持市场上精炼油的稀缺。南方发展公司的官员称，他们希望将精炼油价格提高 50%，中央协会希望将精炼油的价格从 15 美分提高至 25 美分。实际上，在那个组织控制市场后，精炼油价格提高了相当多。在1876年和1877年的冬天，精炼油的价格高到令石油人愤怒，出现了大规模的示威游行。他们发现，美孚石油公司准备收购帝国运输公司的精炼油工厂——以他们想要的任何价格，实际支付了该价格的50%。这是俄亥俄州调查中作证的一位成员陈述的。他们记得，当炼油商以每加仑30美分的价格出售精炼油时，原油价格低于每桶4美元。他们认为，有证据可以证明，如果美孚石油公司按计划控制了炼油业，他们实际上就已经做到了他们曾经宣称要做的事。即便美孚曾与一些大的生产商有协议，承诺将按照与精炼油价格相应的原油价格支付购买原油的费用，这些生产商也称，协议从未被履行。其中有个案例在1878年的一起诉讼案中曝光。大约是在1874年12月，规模庞大的H.L.泰勒石油公司卖了一半股权给美孚石油公司。原告在诉状中陈述的出售原因如下：

随着美孚石油公司的扩张，以及对石油管道和炼油商控制的加强，他们从铁路获得了比其他人更优惠的条款。这些优势和设施是靠他们自身得到的。他们确实比原告拥有更好、更稳定的石油价格。所述组织和公司通过对炼油业和石油运输的垄断，几乎成了市场上唯一的买家，同时使得他们可以设定市场的原油价格，使其远远低于实际价格，由同期精炼油价格决定。他们可获得利润中的大部分份额，原本这些利润应该由原告和其他购买者获得。于是原告将公司出售。考虑到上述前提，根据承诺和协议，在石油销售方面，由此形成的伙伴关系，公司理应享受上述原告的优势利润和设备，各级组织和公司归被告管理和控制；公司在生产范围内生产的货品，无论是现在还是将来交付，都应该享受被告或者所述美孚石油公司所享受的精炼油销售优势，除了提炼石油的必要成本，精炼油的市价与被告为生产该精炼油支付给合作伙伴的原油价格之间，不应有任何差异。这些条件诱使原告考虑将现有公司财产出售给被告。实际上，原告收到的产品利润远远低于其实际价格。如果不是被告承诺会按照与精炼油市场价格相应的产品价格支付费用，原告就不会出售公司，也不会签订所谓协议。

虽然协议中要求这么做，但被告不仅没有这么做，还忽视且拒绝遵守协议，并且通过虚假的陈述，将原告引入错误的方向，使原告同意以远远低于实际价值的价格出售，给美孚石油公司提供了大量的原油，这给原告造成了巨大的损失。约在1876年12月16日，与精炼油市价相应的原油价格为每桶7美元，基于这个价格，原告要求被告履行协议，并且要求他们以与当时精炼油市价相应的价格，购买210,000桶原告公司的原油。被告对此视而不见，拒绝这样做，原告被迫以3—4美元的价格出售原油，光是这一项交易就造成了600,000—1,000,000美元的损失，而被告拒绝做出解释。

自从合作形成以来，所述被告、美孚石油公司以及上述其他组织和公司收到了铁路的回扣或退款，运往滨海的石油回扣往往高达每桶1美元。他们不会为合作方的利益而使用他们掌握的优势（按约他们是要这样做的），而是违背合作方的利益，利用其优势来限制贸易、防止竞争，迫使原告接受被告、美孚石油公司或上述其他组织和公司对其产品提供的任何价格。从协议签署之日开始至1877年12月1日结束，在三年的合作期内，被告生产和销售的石油共计2,657,830桶。在所述期间，被告在他们提炼的精炼油上的利润，加之从铁路公司获得的退款或回扣，平均至少每桶1美元，有时高达4—5美元，超过其炼油成本。根据原油和精炼油之间价格不应该有边际差异的合作协议，这些利润本应该根据合作方的产量由被告支付给合作方。由于所述被告不遵守或拒绝遵守协议，合作方遭受的损失和被告所实现的利润不少于2,500,000美元，其中一半的金额，被告应当向原告做出解释，但他们对此充耳不闻，拒绝解释。

石油生产商指出，H.L.泰勒公司的案子就是他们所说的1872年的一个很好的证明。当时的南方发展公司受油区起义的震慑，马上给他们提供了一个协议。自美孚石油公司向他们提供石油协议以来，他们就一直在申诉，这些协议美孚从来就没想过要履行；他们盲目地让美孚狠狠赚了一大笔钱，犹如1876年冬天和1877年一样。

考虑到下面所有这些要点：

第一，美孚石油公司和南方发展公司一样，是一个神秘的组织。

第二，两家公司主要都是由相同的当事人组成。

第三，与其前辈一样，美孚石油公司的目的就是控制整个炼油业。

第四，利用联盟给予的权利在自己和他人的石油运输上获得回扣。

第五，签订协议逼迫铁路公司降低运费，以抵抗所有的竞争。

第六，它的目的是提高精炼油的价格，妨碍石油生产商获得应得的利润份额。

许多生产商，包括石油生产商协会的主席B.B.坎贝尔及其理事会的一些成员，得出结论，既然有足够证据证明美孚石油公司的成员犯有共谋罪，他们就应该继续起诉。有些人坚决反对起诉，他们认为理事会和法律委员会的起诉仓促而考虑不足，但是，大多数人认为应该起诉。斯科特和卡沙特不在被起诉的名单里，因为他们已经对美孚的行为感到厌倦，而且乐于尽其所能制止美孚的不合法行为。

1879年4月29日，克拉里翁县的陪审团收到起诉书，针对的是约翰·D.洛克菲勒、威廉·洛克菲勒、杰贝兹·A.博斯特维克、丹尼尔·奥戴，威廉·G.瓦登，查尔斯·洛克哈特，亨利·M.弗拉格勒，J.J.范德格里夫特和乔治·W.格帝（美孚石油公司的出纳）。在起诉书中共有八项指控，简而言之，就是起诉共谋罪，而共谋的目的是获得在石油买卖中的垄断地位，阻止除他们之外的其他人通过买卖石油获得合法收益，联合起来压迫并且损害这些石油生产商的利益；共谋防止除他们之外的其他人进入炼油业，并且保证他们在这个行业的垄断地位；联合起来通过妨碍正常的石油运输来损害阿勒格尼河谷铁路公司和宾夕法尼亚铁路公司的运输业务，以非法手段把属于宾夕法尼亚铁路公司的石油运输业务转移到其他州；敲诈铁路公司，要求不合理的回扣和佣金，通过欺骗的方式和策略控制原油和精炼油的市场价格，并从中获取非法的利润。①

起诉书中提到的四个人——奥戴、瓦登、洛克哈特和J.J.范德格里夫特——都是宾夕法尼亚州的公民，被予以保释。早在6月份，一份申请就提交给了宾夕法尼亚州州长霍伊特，请求他发函给纽约州州长，引渡其他五位先生。

具有破坏性的证词一天天累积，控诉他们犯共谋罪的阴影笼罩在自己和八位合伙人身上，对约翰·D.洛克菲勒来说，1879年春天的形势看起来很灰暗。"为了石油业的福利"这一目标看起来自然也岌岌可危。

① 见附录34号：宾夕法尼亚州提供的证据特别清单。

第八章
1880年的妥协

生产商控诉洛克菲勒及其合伙人的自保策略——对运输公司的控诉被拖延——对洛克菲勒及其合伙人共谋罪的审判推迟——在美孚石油公司和宾夕法尼亚铁路公司同意停止一切针对生产商的行为之后,所有的诉讼被撤销——随着和解的达成,第二次生产商联盟也结束了———要怪只能怪生产商自己,而不是他们背后的领导者——美孚再次强制执行生产商反对的订单——油区再次爆发争斗——针对个别投诉,沉默的洛克菲勒组织对抗

毫无疑问,1879年的春天对洛克菲勒来说,就是某种恶意和刁难。通过七年的持久努力,他制定了一个周密的计划来控制美国的石油业。在新的一年里,他有理由相信,剩下那些与他想法相悖的炼油商,要么对他信服,要么已经消失,他对石油的控制已不再有障碍。但是,就在他的石油帝国即将建立的时刻,某些人——"有私怨的人","一群被迅速发展的石油业淘汰的乡巴佬",洛克菲勒的同事们就是这样向赫伯恩委员会描述他们的——挡住了他的去路。"你故意利用不公正的铁路运输政策构建你的垄断帝国,"他们说,"我们要联合起来推翻石油业中的这些行为。你不仅拒绝支持我们,而且说服并迫使铁路公司让你成为非法利益的唯一受益人;不止如此,你还采取了不公正的手段,迫使他们接受这些前所未闻的运营政策。你不仅从自己的货运中获取价值不菲的回扣,还说服铁路公司在运输别人的石油时也要给你回扣。你对一个产业的繁荣犯了阴谋罪。"他们指控洛克菲勒和他的八个同事犯有共谋罪。

前面已经分析过石油人基于这个严重指控给出的证据。此刻他们

提起了共谋的指控,情况将会如何呢?在他们督促宾夕法尼亚州起诉四条铁路在其境内运营的行为及美孚侵害了它们作为公共运输者的责任之前,他们还有几个月的时间可以做准备。部分证词已在起诉宾夕法尼亚铁路公司及联合管道公司的案子中提交。虽然这些诉讼离结束还有很长时间,但是也给石油生产商协会提供了大量证据,证明美孚石油公司官员的共谋。既然铁路和管道公司是有罪的一方——也就是说,他们提供了非法的优惠,并且是唯一肯定会被定罪的,那么很明显,对于石油生产商来说,明智的做法就是集中精力准备针对第一批被诉者的诉讼。然而,卡萨特的话震惊了公众,他提供的材料及时地促使州政府做全面的调查,石油生产商亦由此改变了他们的诉讼策略,转而指控他们共谋——该诉讼原本应该在别的诉讼结束后再提起的。但现在起诉,则完全改变了形势,因为,这给了那些证人们逃脱的机会。

例如,美孚管道线路的官员于1879年5月14日被传唤到庭,回答他们在早先的庭审中是否"按照法律顾问的建议"拒绝回答问题。现在联合石油管道公司的董事长J.J.范德格里夫特和总经理丹尼尔·奥戴都成了共谋的起诉对象。在问讯的前一晚,石油生产商的法律顾问收到州检察长的电报,宣称这些美孚的管道人投诉,次日要求他们提供的证词,会在共谋审判中被用来指控他们——毫无疑问会这样——所以,他们的听证会应该推迟到共谋审判开庭之后才公平。这样,被告就赢得了时间——而这正是那些不想抗辩的被告们最想获得的东西。

不久之后,在纽约接受赫伯恩委员会的调查时,美孚石油公司的人再次充分利用了共谋指控。博斯特维克,美孚石油公司的买家,作为证人被传唤出庭,他在购买即刻启运的石油时获得了大量折扣,这一直是石油人一年半以来感到不满的重要事件之一,他也因为共谋被起诉。检察官开始问他问题,问的正是石油生产商渴望他回答的。他反问道:"你们怎么能要求一个马上就要被控告共谋的人回答这些问题呢?我要指控我自己?"最后法庭支持了他的诉求,而赫伯恩委员会同意他不用作证的理由是:"我拒绝回答,以免指控自己。"这成为石油生产商轻率的报复性诉讼中尝到的第一个苦果,它已经封住了美孚重要证人们的嘴。

这确实令人沮丧。但此时不推进针对铁路公司的起诉是毫无理由的，这样做毫无疑问可以迫使铁路公司的官员们给出更多的证据，况且他们已经从卡萨特那里获得了部分证词。但是石油生产商协会此时忽略了公共承运者的非法货运歧视的根本问题，协会更渴望惩罚洛克菲勒，而不是铁路公司，他们甚至在共谋罪的诉讼中，对宾夕法尼亚铁路公司的官员有所宽容。如果控告共谋，所有假定的共谋者都要包括在内。通过明显违反宪法的价格歧视，宾夕法尼亚铁路公司使得洛克菲勒在宾夕法尼亚州获得垄断成为可能。协会掌握了这些回扣的证据，但是他们放过了斯科特和卡萨特，就因为"他们声称非常渴望摆脱美孚石油公司的控制，大声宣称他们也是受害者，往往是被迫以低于成本的价格运输石油的"。[①] 很明显，大家已经遗忘了七年前斯科特和其他石油运输铁路公司与生产商达成的和解。铁路公司轻而易举地利用了生产商的这种宽容，对州政府施加影响，推迟听证会以达成和解。宾夕法尼亚铁路公司将庭审推迟至 1879 年 12 月，当时，该州州长命令首席检察官停止针对铁路公司的诉讼进程，直到另外四个案件的证据都收集好之后，再提起诉讼。四个案件分别针对的是：1.联合管道公司；2.湖滨-密歇根南部铁路公司；3.敦刻尔克-阿勒格尼-匹兹堡铁路公司；4.大西洋-大西部铁路公司。这对生产商协会是沉重的打击，因为就联合管道公司而言，它与共谋案捆绑在一起。另外三条铁路均为其他州的公司，宾夕法尼亚州仅有它们的支线经过，要获得证据更加困难。然而，如果协会内部团结一致，也是有机会获得证词的。如果该州政府愿意履行他们应该履行的职责，也可以做到。但是州政府什么也没有做，回避对铁路公司的进一步追责。政府是共和党执政，亨利·霍伊特是州长。他于 1878 年的秋天当选，从州长哈特兰夫特手中接过这起诉讼。他曾被要求承诺让这个诉讼顺利进行下去，因为在选举前石油生产商协会就给他寄了下面这封信：

---

① 《石油生产商协会理事会的组织构架、宗旨和事务的历史》，1880 年。

泰特斯维尔,1878 年 10 月 23 日

亨利·霍伊特先生:

尊敬的阁下,在宾夕法尼亚州,某些大公司运用他们的权势,持续漠视法律,长期压迫石油生产商协会里的公司。这些大公司和个人,通过强有力的腐败联盟,导致上述协会中的公司每日蒙受无法估量的损失。在过去的几个月里,石油生产商协会一直在向政府立法部门、执法部门和司法部门寻求帮助和保护。

协会提出的要求政府当局和公众考虑的问题,不仅仅影响着他们自己,而且会影响整个社会,不仅是对他们所从事的特定行业的呼吁,而且是对整个州乃至国家各个行业的呼吁。

立法部门并没有回应这些要求,即通过适当的立法程序迅速执行宪法规定。

执法部门已在法庭提起诉讼,试图通过法律程序寻求解决途径。目前这些诉讼仍然悬而未决,而其他的诉讼可能已经开始。

鉴于重大的职责将移交到您身上,您将可能担任要职,我代表石油生产商协会恳请您对以下问题给出明确表态:

首先,如果当选,您是否会建议议会出台法律,以执行宾夕法尼亚宪法第 16 条第 3 款和第 12 款,第 17 条第 3 款、第 7 款和第 12 款的规定?

其次,如果前面提到的法律出台,在合乎宪法的前提下,作为州长,您是否会批准?

第三,作为州长,您是否会建议和批准其他可能需要的补救性立法以根治在 1878 年 8 月 15 日呈给哈特兰夫特先生的的备忘录中提到的行业弊端?

第四,如果您当选,在选择司法官员时,您能保证他会集

中所有的精力进行已经开始的或将会提起的所有诉讼，以确保所有公司都遵守法律吗？

非常尊敬您的，

A.N.佩兰，委员会主席

霍伊特州长给出的答案非常令人满意：

为了让铁路、公路和水路运输公司更好地履行作为公共承运者的职责，在宪法中有规定，要求它们公正、平等、无差别地对待所有使用它们的线路进行运输的人。这是公正而正确的。

如果需要政府采取行动，我会建议和批准任何必要和适当的立法，执行提及的宪法条款。

如果当选，我将有责任确保不会有任何公民，或者说任何公民阶层因为公司或其他人的非法行为而遭受困难或不公正的待遇。解决这些问题是政府的职责。任何适当的措施或法律规定，只要可以有效地解决在哈特兰夫特州长备忘录中提及的不公平问题，我都会建议和批准。

如果当选，我将有责任选择这样的官员：他们只会服从宪法和法律，无论是针对公司还是个人，既不畏惧也不偏袒。我将对所有的官员是否全面高效地履行他们的职责，实行严格的问责制。

霍伊特州长确实开始了诉讼，所有关于宾夕法尼亚铁路公司的证词都已进入了政府的视野。这些证词向他证明，铁路公司的公然违法行为已经远远超出想象，他们为了帮助某些人构筑商业帝国而使另一些人破产。他的责任，正如他给生产商的信中清楚表明的那样，即便石油人撤诉，他也应该推动对铁路公司的诉讼。然而很明显，到了春天，他开始利用一切机会拖延。事实上,生产商提出的共谋诉讼给政府找到了一个替罪羊。他们将很乐意积极反对美孚石油公司,而让宾夕法尼亚铁路公司逃脱指控。州长霍伊特现在利用协会对铁路公司的起诉悬而未决作为不起诉铁路案件的借口。

如果说生产商对铁路公司的诉讼是三心二意的,那么,他们对美孚石油公司的诉讼就是全心全意的。他们已经用自己的方式,用共谋起诉了美孚石油公司,他们确信,掌握的材料足以赢得这场官司,并且,他们要求引渡那些被起诉的非本州居民。

早在6月,霍伊特州长就被催促发布引渡约翰·D.洛克菲勒、威廉·洛克菲勒、H.M.弗拉格勒、J.A.博斯特维克、丹尼尔·奥戴、查尔斯·普拉特及G.W.格帝的申请。引渡申请在州政府官员面前签订,但一直未获批准。最后,人们在不断的等待中耗尽了耐心。坎贝尔在7月29日给州长的电报中威胁道,如果引渡请求再被延迟,他将把这件事公布给媒体。从哈里斯堡传来的回电说,首席检察官生病了,无法处理这个事务。坎贝尔回电称他感到厌倦,并写下了以下这封信:

费尔菲尔德,1879年7月31日

致宾夕法尼亚州州长亨利·霍伊特阁下:

阁下,作为石油生产商协会的主席,我谨代表石油生产商最诚挚地请求您就手头案件的股东们——可以在"外商"的幌子下,公然藐视宾夕法尼亚法律,嘲笑我们试图捉拿他们的尝试,那么这种情况让大家越早知道越好。如果我们在本州境内无法获得保护,那么我们很可能会在其他州的法庭上诉,以求获得公正。在那里,至少被告必须承认他们是当地的居民。

您忠实的仆人,

B.B.坎贝尔

石油生产商协会主席

州长仍然没有批准他们的请求。由于外界对于政府既不推进案件的审理，也不批准引渡的请求存在很多批评，1881 年 1 月，霍伊特被迫对该案件给出了答复。他在信中解释，他拒绝做出决定是因为铁路公司和石油生产商协会的谈判已经开始。

这些谈判的细节当然不需要，也没有告知政府办公室。然而，基于请求者（石油生产商协会）的利益，请求书送到了本人手里。本人没有发布他们要求引渡的请求，接下来，他们再次要求允许他们到州外法庭上诉。由于在本州的最高的庭审进程中，不应当简单地支持或者反对当事人的意见，而应让这些对立的当事人进行协商。所以，无论克拉里翁县的罪案诉讼证据是多么完整和可信，目前都应该看作是处于通过私下协商来获得和解的阶段，这将会是更完美的解决之策。我认为，在行使健全的自由裁量权时，我的职责就是暂停其引渡的申请。

笔者查阅了在这个时期内诉讼当事人的所有私人信件，并未发现在州长霍伊特发布声明时，石油生产商协会停止过引渡洛克菲勒的请求。

共谋诉讼已经定于 8 月在克拉里翁县法院开庭。而当 8 月来临时，美孚石油公司请求延期，并得到批准。这一延迟并没有使石油生产商气馁。洛克菲勒开始尝试调解。“来吧，让我们一起探讨。”这一直是洛克菲勒更愿意看到的，他认为协商比强制更好，宁愿沉默而不愿对抗。自诉讼开始，他就一直致力于和解。第一次是在 1878 年的秋天，诉讼提出之后不久，他就写了如下一封信给范德格里夫特上尉：

J.J.范德格里夫特上尉：

亲爱的阁下，我们现在准备签订协议，提炼所有的石油，并以较低的价格在世界市场销售精炼油。精炼油的价格由石油生产商和炼油商组成的联合委员会确定，利润也由他们决定，由他们双方均分。这个联合利益体可以从铁路获得最低的运费率。如果您同意的话，可以和一些石油生产商就这个问题进行商谈。同时，可以要求联合管道公司制定协议并作为双方的结算所。

十分尊敬您的，

J.D.洛克菲勒

J.J.范德格里夫特上尉把这封信转交给石油生产商协会执行委员会。信被退了回来，没有得到任何回应。石油生产商于 1872 年和 1873 年的冬天就曾试图与洛克菲勒的炼油商协会达成类似的协议，但是没有成功。当炼油商发现他们可以用比石油生产商协会的协议价更低的价格，从那些未加入该组织的人手里得到他们想要的所有石油时，他们就抛弃了协议。在上一章提到的关于 H.L.泰勒公司起诉美孚石油公司的案子，油区人再熟悉不过。他们签订协议，却从来不想遵守。这些协议被认为是"美孚的作业程式，是鸦片"。1878 年 11 月，诉联合管道公司的证词被《纽约太阳报》及其他几家报纸披露之后，一两个私人的针对铁路公司的诉讼也引起了公众的广泛探讨，大家共同努力，召开了一次协会代表和美孚石油公司官员之间的会议。协会官方拒绝参加，但是 11 月 29 日，会议还是在纽约召开了，几个知名的石油人出席了会议。他们事先向媒体宣称这次会议是石油生产商、炼油商及美孚石油公司人之间的重要且机密的会议，主要议题是解决所有的纷争。生产商协会的官员迅速否认他们与此次会议有关联。

虽然打入石油生产商协会，进而让他们停止诉讼的努力没有任何成果，但美孚并没有气馁，他们也永远不会气馁：在他们的历史上，从未有过气馁这个词。既然无法把石油生产商作为整体来对付，他们就采用逐个击破的方式。到了 1879 年 3 月，在石油城，和解的想法变得尤其强烈。事实上，提出共谋诉讼的原因之一，就是这一诉讼会挫败石油城内部分人试图与洛克菲勒和解的努力。因此，1879 年秋天，对洛克菲勒来说，事态已经相当明显：虽然石油生产商可能会暂时搁置别的诉讼，但他们肯定想通过共谋诉讼来与美孚抗争。此时，洛克菲勒通知罗杰·谢尔曼，生产商协会的法律顾问，希望他们给出一个解决方案。坎贝尔很乐意接受这一提议。“我不知道他们会提出什么我们能够接受的条件，”他对谢尔曼说，“但它将成为一个最好的标尺，能测试出他们有多么害怕。”洛克菲勒得到回复，说协会会考虑他们提供的方案。“但是这件事情的解决是个严肃的问题。”洛克菲勒回复道，“我们的庭审定于 10 月 28 日。我们无法在准备庭审的同时，又要准备协议方案。为什么不推迟庭审呢?”就这样，庭审推迟到 12 月 15 日。但是，美孚石油公司六周之内都没有给石油生产商提供任何解决问题的方案。石油生产商协会 11 月 29 日在纽约市与美孚石油公司的人会面。出于对延迟庭审的愤怒，石油生产商协会通知美孚石油公司，他们将不再考虑任何提议，庭审必须推进。

但是美孚石油公司再次获准推迟庭审——这一次是提请此案在州最高法院审理。他们宣称，克拉里翁县的公众情绪非常激动，在那里审理会影响公正。他们指控法官存有偏见和歧视，宣称有些秘密社团正在与他们作对，并提请法院注意那些迟疑未决的民事诉讼。针对这一请求，法庭上出现了严重问题——法官和美孚石油公司的法律顾问之间发生了争论。报纸上刊登了这则消息——结果，整个州划分成了不同的阵营，案件的审理再次推迟，这次一直推迟到第二年年初。美孚又赢得了时间，和解再次被提上议事日程，前提是美孚放弃所有生产商声称会伤害他们的经营方式。为表诚意，1879 年 12 月 24 日，美孚联合管道公司颁布了一道命令，宣布在整个油区取消即刻启运。通过双方的法律顾问商谈所提议的条款，协商会议定于 1880 年 1 月 7 日在纽约的第五大道酒店举行——这个时间恰好是共谋案庭审推迟的时间。几乎可以预料到，由于纽约正在进行协商，克拉里翁县要开庭的机会微乎其微。庭审确实没有进行。共谋诉讼第四次被推迟，而协商会议继续进行。

和美孚石油公司的协商持续了一个月，而早在2月初，协会主席坎贝尔就召集了主席团，于1880年2月19日在宾夕法尼亚的泰特斯维尔召开会议。油区人知道，这几个星期来，主席坎贝尔和首席法律顾问罗杰·谢尔曼一直在与美孚石油公司的官员会谈。据传言，他们已经妥协。人们怀疑，现在坎贝尔召集会议只是为了斟酌条款。大家都满怀好奇与疑虑地看待这次会议。这次会议成为主席团连续召开了几个月的最大的会议，就像协会的所有会议一样，会议内容本应该是保密的，但是在第一次会议结束之前，就有消息在油区传开了，说坎贝尔带来了与洛克菲勒和斯科特签的协议，并且遭到主席团的严厉批评。有关这次会议的现存资料非常不全面，但在石油年鉴史上却十分具有历史意义。资料显示，这次会议是这个国家开过的最令人兴奋的会议之一。那天主席团的成员被要求吞下这杯苦酒时，当时的情形可想而知。坎贝尔在会议开始时所做的报告中说到，他们一直艰难进行了两年的所有诉讼被撤回，以此换取了美孚石油公司和宾夕法尼亚铁路公司官员签署协议，取消石油生产商申诉的某些不公平行为。

坎贝尔呈上的美孚石油公司的协议中，包括了洛克菲勒和大约16位合伙人，他们的名字附加在协议中。他们承诺同意以下政策：

1.今后在铁路的石油运输中将完全废除回扣、退款及特殊运费率。

2.他们收回了对私下制定运费率的反对意见。也就是说，他们承诺今后不会收取任何回扣和退款，铁路公司亦无权透露其他石油货运主的货运信息。

3.完全放弃他们在管理联合管道过程中一直秉持的政策。也就是说，他们承诺，今后在货运主之间不会再有价格歧视，运费率必须合理。除非提前30天发布公告，否则运费不得随意上涨。除非基于石油质量的差异，否则在不同油区，原油的价格不得有差异。他们将接收、运输、储存和交付所有交给他们的石油，每天至多65,000桶。如果石油产量超过该定额，他们同意，不会在石油定价的基础上打折购买任何所谓即刻启运的石油。

4.他们承诺,考虑到石油凭证已交付管道监管,石油凭证转让就视同为石油的交付。卖家的油罐可以自由交易。①

洛克菲勒还同意签订协议,向石油生产商协会支付40,000美元的诉讼费用。付这些钱并且放弃回扣和他们一直极力推行的管道政策,他得到了什么呢?他不会受到共谋起诉。那一天,在协议提交给主席团后,坎贝尔发送了如下电报:

泰特斯维尔,1880年2月19日

致宾夕法尼亚州州长亨利·霍伊特阁下:

作为克拉里翁县4月开庭期的第25号案"宾夕法尼亚州诉J.D.洛克菲勒"案件的起诉人,我向您提出撤销引渡J.D.洛克菲勒及其他人到场的申请,这个申请从去年7月就在您手中,一直未做决定。撤回诉讼的申请通过了克拉里翁县法庭的许可。之后我将要求律师威廉·L.辛德曼提交正式的撤销诉讼的文本。

您忠实的仆人,

B.B.坎贝尔

考虑到要撤销针对铁路的诉讼,由斯科特签署的与宾夕法尼亚铁路公司的协议中,双方同意以下政策:

1.对所有的货运主公布石油运费价格。(这废除了特殊运费率。)

2.如果允许货运主和其他货运主按照不同的运费率缴纳运费,该运费率需要公布。

3.在给石油货运主安排车皮时不能再有任何歧视。

---

① 见附录35号:石油生产商协会与美孚石油公司的协议。

4.给予大型货运主回扣将被视为合理。①

这个报告被宣读时，主席团的情绪既有屈辱又有痛苦。屈辱和痛苦是因为，经过两年的艰苦抗争，最终得到的只是一纸协议，而牺牲的是每个人都知道的基本原则——石油生产商迄今为止一直坚持不协商的原则，即回扣制度是错误的、绝不可以妥协的。坎贝尔艰难地做着报告，他的头不止一次垂了下去，大滴的泪珠顺着脸颊流下。他的工作漫长而艰苦，可能大多数在场的主席团成员都意识到，为了他们的诉讼，没有人像坎贝尔付出了那么多。尽管他们可能会反对这种妥协，但他们无法怪他，因为他们知道这一路有多么艰辛。所以，他们接受了这份报告，感谢他的忠诚和努力，但他们无法不表达对保留回扣制度的不满。最后会议结束，决议通过，大家强烈谴责各级法院、哈里斯堡的州政府和各大公司：

> 我们宣布，由于1878年内务部长的软弱无能，1879年首席检察官阻止取证的手段和不止一次的干预，以及现任政府几个月以来既不批准也不否决引渡罪犯的申请，造成的结果是，在宾夕法尼亚州的罪犯逃到了其他州。最高法院一些法官通过一些特殊的手段，按照这个国家的司法解释来说属于非法的程序进行干预。由此，在地方法庭对不端行为悬而未决的诉讼被延迟甚至阻止。上述这些都充分展示了强大公司令人震惊且极度危险的影响力。虽然我们被迫接受了上述影响力强加给我们的这个无法避免的结果，但我们断言，斗争并没有结束，我们的目标并未达到。我们会继续倡议，无论在什么时候，无论以怎样的表现形式，所有公司的运营都应当在法律和民意的框架之下。公共承运者的货运歧视在原则上是绝对错误的，只会助长垄断的危险倾向。政府有责任通过立法和执法来保护人们远离日益发展且危险的垄断力量。

① 见附录36号：B.B.坎贝尔与宾夕法尼亚铁路公司签订的协议。

伴随着这一决议，为对抗洛克菲勒而组建的第二次石油生产商协会寿终正寝。

直到2月20日的早上，油区人才知道这一妥协协议。他们被笼罩在愤怒的情绪中，认为这样的结果是政府官员的懦弱，以及美孚石油公司的腐败影响力造成的。除了他们自己，他们谴责每个人。但是，如果他们履行了自己应尽的职责，诉讼就不会以妥协结束。最简单的事实就是，这群石油人没有聚集起来，支持这些一直艰苦斗争的领导者。这些领导者，其中包括协会主席坎贝尔、首席法律顾问谢尔曼及立法委员会的负责人帕特森，他们几乎耗费了整整两年的时间和精力为联盟工作。坎贝尔和帕特森的办公室都只是名誉上的，他们经常使用自己的私人基金来维持诉讼相关的工作。谢尔曼一度工作数月而没有收入。除协会理事会成员以外，没有人知道这三个人身上的压力。在决定共谋诉讼之前，他们的工作都是和谐的。但做出该决定后，帕特森宣布退出。他知道这一举动是致命的，它完全干扰了协会的实际工作，即迫使公共承运者去做他们应该做的事。他发现他们不得不放弃已经获得的实质性进展，如果要起诉共谋，他们所做的工作又得从头再来。但是，坎贝尔相信必须进行共谋诉讼，而谢尔曼，无论相信与否，只会跟随他领导的决定来做事。接下来的九个月，两人感到严重的失望与幻灭。他们很快发现，反对他们的各种势力太过强大，只要铁路公司诉讼的关键证人不到庭，他们永远不可能有机会获得共谋诉讼的审理。最后摆在他们面前的问题，就是他们被破坏的计划和希望是否还有机会被拯救，他们需要通过怎样的妥协来拯救。如果他们所代表的石油生产商——有大约2000人的群体——能如1878年所做的那样，在整个1879年都站在他们身后支持他们，结果是否会不同？他们的权力、他们的手段，都来源于这个群体。而这个群体在这数个月中给他们的支持是非常微薄的。他们所在的位置分散，除了自己的石油生意外对什么都不感兴趣。他们加入生产商协会，只是希望推翻灾难性的商业环境。他们都认为，美孚石油公司的垄断是对他们利益的威胁。他们一开始愿意进入协会，并慷慨地支持它，但他们没有耐心，希望能够快速获得成果。当他们听到协会声称，他们的诉求只能通过诉讼和立法来实现，而这也许需要几年时间才能完成，他们失去了兴趣，并且拒绝付钱。1878年11月，协会的第一次会议，有近200名代表参加，而1880年2月的最后一次会议，只有几乎不到40人参加。许多地方的分会消失殆尽。甚至是头一年引起轰动，最后因为起义而未能持久的可恨的即刻启运政策在1879年的夏天复苏，也没将把他们拉回协会。7月，即刻启运的政策完全针对石油人而推行，联合管道公司宣布石油采购从此将实行密封投标制度。生产商收到了一些留空的协议，格式如下：

> 宾夕法尼亚州布拉德福德，______，187 ______年本人以此方式出售给博斯特维克______桶原油，每桶42加仑，定价______美分，从油井通过联合管道装运。在未来的5（五）天内送达，如果任何一份石油未能在指定的时间内送达，则将考虑取消交易。

这引发了一场可怕的骚动。政策公布之后的第二天早上，几百人聚集于联合管道公司在布拉德福德的办公室前，举行了露天会议。他们当场组建了一队人马进行“代管”，并且制定了如下决议：

> 北区石油生产商在此集会，判定并且宣布现行的即刻启运的政策在原则上臭名昭著，在实践上声名狼藉。我们在此声明，我们不会按照这个政策出售任何一桶石油。我们用我们的生命、财富、神圣的荣誉保证，我们将诉诸一切合法途径以及我们的影响力，以防止在上述策略框架下出售石油。我们也要求联合管道公司依法履行公共承运者的义务。

那天晚上，大约300人戴着面具，穿着白色的长袍，游行穿过布拉德福德的街道，诅咒那些被怀疑支持美孚石油公司政策的人，并为他们的朋友呼喊。在整个上油区，出现了神秘的标记，而这种标记在一年前经常出现。人们的情绪如此紧张，暴动的危险随时会发生，在密封投标政策发布24小时后，这一政策就被取消了。

这唤起了坎贝尔的希望，此刻或许可以调动协会的地方分会，他写了封信给布拉德福德的一位著名石油人，询问其看法，并收到了以下回复。它充分展示了当前应当抗争的重点，同时也展示了一个坦率、智慧的石油生产商的观点：

宾夕法尼亚州布拉德福德，1879年7月30日

宾夕法尼亚州帕纳塞斯，

B.B.坎贝尔先生：

亲爱的阁下，刚刚收到昨天您发来的信。我不愿意发电报，就通过信件给出我的回复。

您问我他们在星期一举行的集会上高调宣称，将投入他们的生命、财富、神圣的荣誉来维护生产商的权利，是否意味着他们会慷慨地用金钱支持协会，我的回答是悲哀和羞耻的——恐怕不会。所有这些野心勃勃的声明不过是最糟糕的空话。生产商愿意在户外举行集会，因为在那里甚至不需要花钱租用大厅，就可以通过提出的任何种类的决议。但是当要求贡献任何一美元来起诉这些在他们的决议中所谴责的掠夺者、强盗、在逃犯时，他们肯定会拒绝，说协会是饭桶，说诉讼的时间是冗长的，永远不会结束，说宾夕法尼亚州的法庭没有正义可言，等等，或者借口说自己贫穷，已经贡献了所有能够贡献的。

诚然，石油生产商贫穷，诉讼和法律程序进程也是缓慢的，还有很多麻烦事会令他们气馁。但我告诉您，我尊敬的主席，真实的情况是，油区人在不经意间已逐渐被这家垄断公司奴役和束缚。直到现在，他们对现实状况醒悟之后，仍然没有

勇气和气魄为自由而重拳出击。我担心，您和您在协会主席团的这些忠实的伙伴们为他们出钱出力，只是一种浪费。为了他们忽略了你们自己的利益，你们所做的这一切是为了什么——又是谁在获利呢？

恐怕您会说我太过灰心。不，不是灰心，是厌恶那些贫穷的、缺乏精神的、怯懦的人，而你们一直在努力奋斗，希望把他们从束缚中解放出来。对于希望通过他们的捐助以支持协会进行法律诉讼的前景，我很遗憾地说，不容乐观。至少对我来说，募集资金是不可能的。在这里我有个提议。我经常觉得无法获得资金的错不在这些人，而在我。因此，我建议您从协会的成员中选择任何一个好人，有能力让这些人相信他们获得救助的唯一希望就是在法律诉讼中支持您，因此必须提供资金支持。如果您有这样的人选，我向您保证，我将无微不至地接待并积极引荐他。至于依靠我自己无望的努力去筹集资金，恐怕是毫无用处的。

我不得不写这些给您泼冷水，我的朋友。上帝知道，道路是布满荆棘的，但是，我必须把我正义的愤慨以某种方式发泄出来——我想问您，这样努力去拯救石油生产商这个阶层（他们只是一群懦弱、无组织的乌合之众），真的值得吗？

至于我自己，我决心同你们站在一起，单枪匹马（我不能代表其他的人说话），用我最大的力量，用尽我最后一分钱，直到最后。

那么，这个松散的、容易气馁的组织现在反对的是什么？其面对的对手是一个紧密的群体，这个群体由一些能干但冷血的男人组成，对他们来说，人就是他们获利的工具，他们知道自己确切想要什么。他们热爱玩游戏，是因为他们知道怎样实现目标以获得奖励。最重要的是，他们知道如何守口如瓶，如何等待时机。“对洛克菲勒来说，”他们在油区都这样说，“一天就是一年，一年就是一天。他可以等待，但从不放弃。”

洛克菲勒了解这些生产商,知道他们有多么脆弱,除了钻井,他们什么也做不了。在开始对他进行起诉时,他可能很自信地说过,诉讼绝不可能完成,有报道说他确实这么说过。因为缺乏证据,诉讼无法完成。如果要开庭,结果只有一种可能,那就是美孚石油公司和铁路公司双双获罪。由于起诉方缺乏耐心、思想不坚定,而被告方却团结一心、充满毅力、富有远见,最终,诉讼程序未完成就撤销了。

诉讼的撤销对于洛克菲勒而言是一个伟大的胜利。现在不用再怀疑他的防御能力了。赢得胜利后,他立即投入工作,以稳固胜利果实。生产商协会屈服了,但曾经组成协会的那批人没有,对他不利的证据都堆积在不可毁灭的档案里。那些联合起来与美孚抗争但刚遭遇失败的同一批人,可能还会卷土重来。如果他们再次选择抗争,就不会再犯游移不定的错误了。油区的媒体很大程度上是独立的。但是可以肯定的是,他们已经失去了八年前和南方发展公司斗争时所呈现的勇气、智慧和不会被压制的精神。现在,他们过于谨慎,缺乏勇气。但是媒体中依然有着充满智慧的独立主见。洛克菲勒现在着手开展和解工作,旨在安抚、压制每一支反对的力量。

油区人犯了许多普通人常犯的错误,但其可悲之处在于,在官方调解之后,协会于 1880 年土崩瓦解,他们先后妥协。那时,或因绝望或因愤恨或因野心或因爱财,他们一个接一个地放弃了他们为之奋战了七年的原则。他们说:"协会都已经妥协了,为什么还要继续奋战呢?"有的在美孚石油公司谋了个职位,积极为它打工;有的拿了些钱,最终淡出人们的视线;有的继续独立发展,但保持沉默;有的愤然而去,出游四方,寻求"上帝的天国",只要求自己再也不会听到"石油"这个词。各家报纸也对胜利者表示顺从。油区突然安静了,那是失败造就的安静,懦弱滋生的安静,绝望营造的安静,只有"可怜的石油生产商"在抱怨。洛克菲勒经常一有机会就亲切且充满怜悯地说道:"你永远无法满足生产商的需求。"只有生产商无法被"说服"。洛克菲勒重新发动了一系列引人注目的攻击,最终把独立石油商消灭了。独立石油商告诉他的孩子们,这份事业已被出卖,那些去了美孚石油公司的人都蒙上了叛徒的污名。当时在油区长大的许多男孩女孩对那些“已将自己卖给美孚”的人,就像对那些“关在监狱”里的人一样,充满了恐惧的好奇。1880年,油区人的情绪,就像曾经抗争南方发展公司时那样,是无法调和的。他们除了愤怒,还多了一种失败的屈辱感。现在唯一的希望,就是指望因1878年起义而产生的一家运输公司能成功。这两年该公司给予了它能提供的全部支持,它就是由班森、麦凯尔维和霍普金斯诸位先生共同开办的滨海管道公司。

第九章

争夺滨海管道之战

滨海管道项目由独立石油商推进——泰德沃特管道公司创立——石油第一次被泵送至山上——独立的炼油商准备与泰德沃特联合，因为它承诺要将他们从铁路运输中解放出来——美孚面临新问题——长距离运油工具出现，铁路运油时代结束——国家运输公司成立——与泰德沃特公司的战争开始——计划破坏其信誉并收购——洛克菲勒购买了泰德沃特公司三分之一的股份——美孚和泰德沃特结盟——国家运输公司控制了所有的运输管道——与宾夕法尼亚铁路公司达成协议，划分石油运输业务的范围

石油生产商开启了滨海管道的项目，并以惊人的速度推进。项目的资本没有依靠美孚石油公司，也没有该公司的指导。早在 1878 年秋天，豪普特将军就报告说，他负责的从阿勒格尼河谷至巴尔的摩港的线路已经完成，铺设电报线路的协议业已签署，且铺设管道的准备工作已经开始。在实际工作开始之前，公司已经很清楚，滨海管道的建设应该从布拉德福德油田而不是巴特勒油田开始，因为后一个油田已经有枯竭之象，而前一个油田储量充足。带着洛克菲勒具有的果断精神，班森、霍普金斯和麦凯尔维几位先生立马改变了他们的计划。

新计划是从布拉德福德油田的里克斯福德开始，到雷丁铁路线上的威廉斯波特，铺设直径 6 英寸、长 6 英里的管道，区间距离 109 英里。雷丁铁路公司在那时还没有油运业务，非常乐意与他们签订协议，将石油运输至费城和纽约，再运至滨海地区。1878 年 11 月，一家名叫泰德沃特管道公司的有限责任合伙公司以 625,000 美元的资金执行了此项计划。许多著名的油区生产商在该公司拥有股份，其中最大的股东是

A.A.萨姆纳和B.D.班森①。

第一项工作是取得通行权。为此，该公司秘密且高效地运转着。他们的第一步动作是向公平管道公司购买它制造的短管道和往东部的部分通行权。向公平管道公司购买管道的这一举动，正如我们所见，是生产商协会在1878年做出的第二个与美孚石油公司无关的举动。波茨上校一直试图秘密购买往东部的通行权，这是一个好的开始。总工程师B.F.沃伦向威廉斯波特慢慢推进，逐渐接近波茨上校计划铺设管道的地方。美孚石油公司企图终止这些，事实上是想终止未来所有这种类型的投资，它开始在整个州设置所谓"安全界限"，这是为了在宾夕法尼亚州自北至南的管道铺设计划中享受独家经营的权利。当时并没有任何自由管道法案，如果"安全界限"设置成功，将会对泰德沃特公司的发展构成实际障碍。大量的钱被投入这笔利欲熏心的生意中，但他们并没有完成一根管道的建设。在耽误了一阵子之后，泰德沃特公司在他们管道想要穿过的地方的不远处发现了一道裂缝，并借此很快就将管道铺设到了威廉斯波特。在管道成功铺设之后，并未出现对运输的严重干扰，虽然铁路上的物资运输往往会延误。在威廉斯波特，管道从铁路下面穿过，但是有一次，管道破裂了。在这种情况下，泰德沃特公司不费吹灰之力就获批了一项禁令，阻止了美孚进一步的违法行为。

到5月底，公司已经做好运营准备。他们建设的工厂预计每天能将10,000桶石油通过109英里的管道运输。运输设备构成很简单，包括油罐、泵和管道。在靠近布拉德福德油田的科里维尔，两个油罐（每个装有25,000桶石油）与一个巨大的新型泵相连，这个泵是由霍莉公司特别定做的，由70马力的引擎操控，预期可以让石油通过6英寸的管道到达28英里之外的第二个站点，这个站点要高出第一个站点700英尺，然后由第二个泵接力，将石油往东泵送至数英里之外的阿勒格尼山顶，从这里，石油再借助引力直接流到威廉斯波特。

这些泵宣布将会在5月28日启用，人们对此显示出了极大的兴趣。

---

① 参见附录37号：泰德沃特管道公司联盟条款。

在那个时候，石油管道运输距离不会超过30英里，而且也不能运至海拔很高的地区。而现在出现的却是一条长109英里，落差近2600英尺的线路。油区人都打赌泰德沃特公司不会成功，只会留下失败的伤痛。石油人、美孚石油公司的员工、宾夕法尼亚铁路公司的代表和当地居民都聚集在沿线的各个站点，沿途到处都是人，等着看结果。

第一站的泵由公司董事长B.D.班森启动。当班森打开阀门让石油流入泵时，有数个对此项目十分关心的成员在场。时至今日，他们说起这个时刻时，仍然难掩激动之情。他们这次押上所有的冒险会成功吗？石油丝毫没有被卡住的迹象，顺畅地流进管道，开始了翻山越岭的漫长旅程。石油以人走路的速度在管道里流动，由于管道铺设在地面上，从声音可以判断石油流动的具体位置。巡察员跟着石油流动的节奏查看整个管道是否有泄漏。石油的流速不时因为停泵有些延迟，但这不算什么，相对来讲，更糟糕的是留在阀门里的碎片，以及工人在连接管道时因粗枝大叶而留在管道内的石头和木头。当石油到达第二站时，人群中响起一片欢呼声，但此时，陡峭的山坡，阿勒格尼山脉的顶峰却尚未被征服。最后，石油毫无困难地到达山顶。6月4日，班森打开第一站阀门后的第七天，石油流入威廉斯波特边上的巨大储油罐。石油业新的春天到来了。既然石油能被泵过山顶，那么输送到纽约就只是时间问题。

然而在滨海地区，1877年秋天，帝国运输公司倒闭，一批独立炼油厂被美孚石油公司操控。在这批炼油厂中，泰德沃特公司的石油有着大量而稳定的销路。这些炼油厂中的大多数都是因为铁路运输被迫和美孚石油公司进行贸易的，例如1879年宾夕法尼亚州诉讼案中约西亚·伦巴第提到的埃尔斯-伦巴第公司。1869年，他们在西六十六街开展业务。起初他们主要通过伊利铁路公司运输石油，有时高达每月50,000桶。但是，当这条线路落入菲斯克和古尔德手中时，这些绅士们开始尝试为自己的朋友们在纽约建立炼油业务。爱德华·斯托克斯当时决定与菲斯克联手。他在油区有一位能干的朋友——亨利·哈利，哈利购买石油并通过伊利铁路运输，享受特殊运费。在损害伊利铁路公司其他货运主利益的情况下,斯托克斯炼油厂开始蓬勃发展。伦巴第发现,在菲斯克和古尔德的管理下,他们无法再与伊利铁路公司做任何生意,他只好转向纽约中央铁路公司,并自己购置了一批车皮。1872年,埃尔斯-伦巴第公司在中央铁路公司共拥有100个车皮,价值约35,000美元,正是通过这些车皮,公司运输了大量的石油。1872年春天,南方发展公司决定完全停止在中央铁路公司的油运业务,并于同一年将他们的车皮全部出售。伦巴第在他的证词中说道:"我们把它们(指车皮)卖掉,是因为美孚石油公司在纽约各条线路上越来越有优势,以至于我们在当时的产油大区——南部地区和帕克——拿不到合理的运费,迫使我们在纽约市场与他们竞争,所以拥有这些车皮也没用。"

放弃与伊利铁路公司和中央铁路公司的合作后,该公司与洛克菲勒签订了一年的运营协议。美孚石油公司买下他们的车皮,并同意在一定时间内以某个价格向埃尔斯-伦巴第公司提供原油,再以某个固定价格从他们那里购买精炼油。这个协议可能是在1872年8月,南方发展公司关闭,洛克菲勒成功掌控炼油商协会的情况下签订的。正如我们所见,该协会吸纳了全国五分之四的炼油公司。伦巴第在证词中说,该协议持续了一年多,而后接到美孚石油公司的通知,协议终止。在与美孚石油公司终止协议后不久,大约是在1873年末或1874年初(伦巴第在接受调查时无法确定具体时间),该公司开始通过宾夕法尼亚铁路运输货物。此时他们向艾德纳·尼尔哈特购买部分石油。但在1875年的某个时候,尼尔哈特开始感到来自美孚石油公司的压力,他又将自己的生意卖给了美孚石油公司。埃尔斯-伦巴第公司发现他们的石油供应大部分被切断。大约一年后,他们开始通过宾夕法尼亚铁路运输石油。然而,很快他们就发现,即使通过宾夕法尼亚铁路运输,他们仍处于劣势,因为在1875年,该公司已与美孚石油公司签订了包含运费歧视的协议。公司再次改变计划,从纽约的J.A.博斯特维克公司购买石油。博斯特维克是美孚石油公司的买家,原南方发展公司发起人之一,现在是美孚石油公司的股东。伦巴第称,他们向博斯特维克购买石油不超过一年,美孚石油公司就开始对他们进行限制。同样的问题再次出现——如何给自己的炼油厂寻找原油？似乎没有其他办法，只能尝试与宾夕法尼亚铁路公司签协议。1877年5月18日，他去了趟费城，见到了波特上校。上校告诉他，很高兴他们通过宾夕法尼亚铁路运输货物。因此，他们签订了一年的协议，宾夕法尼亚铁路公司给他们和别人一样的低运费。但是，这份协议，正如伦巴第这五年来签订的其他协议一样，注定是灾难性的短命协议，因为这年的秋天，帝国运输公司被卖给了美孚石油公司。在1878年春天，当伦巴第签订的协议到期时，宾夕法尼亚铁路公司拒绝续签协议，除非他们同意将炼油厂卖给美孚石油公司。伦巴第和他在纽约的同伴在与卡萨特会面时提及此事，伦巴第做出了十分有趣的描述：

> 1878年3月，通过预约，我们拜访了宾夕法尼亚铁路公司第三副董事长卡萨特先生。当时在场的除了卡萨特先生，还有布什先生、格里高利先生、伯克先生、奥伦先生和我本人。会谈在布什先生的办公室，纽约珍珠街123号举行。我们认为这次会谈的主要目的是想弄清楚，在我们与帝国运输公司的协议终止后，我们对于宾夕法尼亚铁路公司的重要性。我们开诚布公地谈论了这个话题。一开始我们告诉卡萨特先生，我们很可能是去年宾夕法尼亚铁路公司最大的运输商，也是最大的石油运输商，这件事他应该已经知道。他承认了这一点，然后我们问，是否能在5月1日后享有和其他公司一样低的运费，并以协议的形式得到保障。他拒绝了。我们问他为什么，他说这会让美孚石油公司不满。然后我抛出了问题，美孚石油公司满意与否对宾夕法尼亚铁路公司有什么影响？他回答，只有美孚石油公司可以在铁路干线之间维持和谐。我说，我认为您手中有自主权。你们只有四个人，如果你们同意调整石油运费，我认为不会再有其他人干预这件事。但是他仍然称，美孚是唯一可以维系和谐的人，我并不相信这一点。然后我们简单地讨论了运费率的问题。他说，他们过去一年

一直以极低的运费率运输石油。我告诉他，我知道原油的运费率平均价格略高于70美分。他否认说事实并非如此。当我们谈到运费率的时候，他说原油运输利润可观，并说我们可以通过查看他们的年度报告，查看每英里每吨的成本（大概每英里每吨五六密尔①）来了解他们运输石油的费用，再评判石油运输是否有利可图。我们告诉他，我们并不反对他在任何时候赚钱，只希望像其他任何人一样享受较低的运费，而这是我们一直以来无法得到的。

他说，我们最好与美孚石油公司合作，这样我们都能赚钱。他们有非常大的业务，是想赚大钱的，这点价格歧视微乎其微，我们基本不会注意到差别。他们说的话让我们产生了些想法。我们问他，在运费较高的情况下，价格歧视是否会比运费较低时更加严重。他说是的，但他表示，价格歧视会很小。我们试图找出价格歧视的具体行为，但没有成功。然后他说，如果我们愿意与美孚石油公司联合，生意会做得更好，一切都会平静和谐。而且，如果我们愿意的话，他会努力促进联合。我们告诉他，我们不希望与美孚石油公司联合，我们是来与宾夕法尼亚铁路公司商讨货运问题的，而不是要与美孚石油公司合作。

在5月末或6月初的另一次会谈中，我记得出席的只有布什先生、奥伦先生、卡萨特先生和我。会谈在宾夕法尼亚铁路公司位于宾夕法尼亚州的办公室举行。那个时候可以说是"车皮压榨"。此前，我们可以毫无困难地获得我们需要的所有车皮。一开始，当我们想要车皮时，业务进行得十分顺利，而之后却发现，无法再像之前一样得到我们曾拥有过的车皮数量。我代表的公司一天只能拿到一两节车皮，而不是12—15节，而这一两节车皮完全不够做业务。我们来向卡萨特先

① 译者注：货币单位，相当于0.001美元。

生反映这一情况——布什先生、欧文先生和我自己。他说他知道这带来了很多麻烦。另一方面，美孚石油公司在费城和巴尔的摩有500节车皮。直到最近他才发现这点，但他会补救。美孚石油公司把车皮全部扣在自己手里。我问他，如果他知道车皮被扣，是否还会不停地提供车皮给美孚石油公司。他说，他确实不知道怎么回事。我告诉他，如果这些车皮被运到这里并被扣留，在我看来他们应该停止向美孚石油公司提供车皮。他说这件事将很快得到补救。我们问他多久，他说不知道。我说："你不能停止给他们提供车皮吗？"他说，他将解决这个问题，我们应该拥有我们需要的所有车皮。就在这个时候，卡萨特先生说了些话，布什先生可以证明卡萨特先生说过这番话。我们闲聊时曾提到，如果我们铺设一条管道，他们会在60天内大量购进用于铺设管道的旧钢铁。我想我当时以开玩笑的口吻说了，铺设管道会给旧钢铁带来一个好价钱。面谈很愉快。然后在7月初——我想应该是6月下旬或7月上旬——奥伦先生、布什先生、威尔逊先生、金先生、格里高利先生和我来到位于费城的宾夕法尼亚铁路公司总部，与该铁路公司董事长斯科特上校以及卡萨特先生和布伦得瑞德先生会面。讨论遇到的同样的麻烦，以及相同的两个问题——缺少车皮和运费的歧视问题。对于缺少车皮的问题，他们声称，我们得到了分配给我们的数额。我们告诉他们，我们不知道分配额度的说法，在5月初之前我们还有足够的车皮开展业务。自那之后他们就几乎没有给我们提供过车皮，如果他们没有足够的车皮，我们将自己提供车皮来完成业务。斯科特上校说，他们不会允许我们这样做，他们买下了整条线路，不打算开辟另一条线路。然后我们要求他们提供更多的车皮让我们开展业务，并再次提出如果他们不提供车皮的话我们将自行配置，得到了同样否定的答复。他说，他们已经为我们争取了，并投入了1,500,000美元的成本。我们回答说这不是为了我们，和我们完全无关，我们仅仅是货运主，没有参与到任何事件之中，这是他们自己的问题。他似乎有点不高兴。当他又重复表达类似的观点时，他说，除非我们和美孚石油公司谈妥，否则不会有安宁或利润，但我们表示不愿意和美孚石油公司有什么协议。我们这些年一直和宾夕法尼亚铁路公司有业务往来，希望能和他们一道解决运输和运费问题。我认为这次会谈不会有什么进展。

他问我们为什么不选择其他路线运输，我告诉他我们已经那样做过了。他又问结果怎样。我说，中央铁路公司没有自己的车皮。他说，这是一个站不住脚的借口。我说，伊利铁路公司的车皮已经被美孚石油公司控制了，中央铁路公司的车皮也被美孚石油公司控制了。事实上，整个石油运输都被美孚石油公司、纽约中央铁路公司、伊利铁路公司、宾夕法尼亚中央铁路公司、巴尔的摩-俄亥俄铁路公司控制了。他们控制了一切，我们根本没机会。再说，这些年我们一直是宾夕法尼亚铁路公司的运输商和客户。

像伦巴第一样有过这些经历的人自然很乐意与泰德沃特公司联合，因为泰德沃特公司可以帮助他们摆脱铁路运输和他们的主要竞争者，他们答应通过这条管线获取所有他们需要的产品。

泰德沃特公司的试验成功使得洛克菲勒不得不面对新的局势。从通过铁路和通过管道运一桶油的成本差别，就可看出新局势有多么严峻。根据雷丁铁路公司董事长戈文的计算，那个时候铁路运输成本是35—45 美分，公开价格在 1.25—1.40 美元之间。在铁路运输未形成竞争时，美孚石油公司可能会付 85 美分。而根据 1876 年豪普特将军的估算，使用管道从油区运油至滨海地区大约是每桶 16-2/3 美分。豪普特将军计算出两种运输方式运油的成本相差 23 美分，即便铁路运输成本降低，这个差价也够支付管道运输 28%的红利。

简单的计算结果足以说明，通过铁路远距离运输石油的时代已经过去了。现在，管道运输将取代铁路运输。洛克菲勒十年来一直努力掌控铁路运输的时代也已经结束。他还能控制新的运输方式吗？能力不足的人或许无法预见新情况的必然性，犹豫不决的人也许缺乏勇气迎面而上，但洛克菲勒是最杰出的领导者，他从未在需要竞争的战场上判断失误过，从未在抢占机会时失误过，从未在决定应该出击时犹豫过。他不仅计划要控制远距离的石油运输，而且要将其彻底控制在自己手里。

在得知泰德沃特公司成功的消息后，美孚石油公司立即采取了行动。洛克菲勒已经获得从布拉德福德油田到新泽西州贝永的通行权，正在铺设一条自己的管道。同时，他也在准备争取通往宾夕法尼亚的通行权，很快，通往那里的管道也开始铺设了。在这些沿岸线路铺设成功之前，他的管道已经从油区铺设到了美孚石油公司的炼油点——克利夫兰、布法罗和匹兹堡。在洛克菲勒的努力下，原油运输已经可以完全不依靠铁路进行了。当然，这在洛克菲勒的生意中属于全新的一块。为了管理这块业务，他成立了一家新的公司。1881 年 4 月，他以 5,000,000 美元的资金筹建了国家运输公司。国家运输公司拥有一张具有历史性意义的特许执照，因为这张特许执照可谓是失败的南方发展公司的特许执照的孪生兄弟，得到同样的立法认可并且具备同样的几乎万能的特权，可在任何地点开展除银行业务外的所有业务。正如我们看到的，南方发展公司已经被废除。南方发展公司的特许执照在被揭露后也逐渐被遗忘，国家运输公司购买这张特许执照后似乎也将其隐藏了起来。但是美孚石油公司是如何知道南方发展公司的那张特许执照，又是如何买下这张几乎万能的特许执照的呢？笔者也不清楚。然而，正如 1899 年 H.H.罗杰斯告诉工业委员会的那样，当他被问到是否付了一大笔钱才得到那张特许执照时，他说道，“任何有价值的东西都不得不花费资金购买，我必须说拥有这种特许执照的人，应该会以他能拿到的最好的价钱将其出售”。

洛克菲勒在这场由泰德沃特公司迅猛发展带给他的挑战中花费了许多时间和金钱，他对这个公司的态度是怎样的呢？你也许会想，洛克菲勒是所有人中第一个承认泰德沃特公司为整个石油行业带来了进步的人,洛克菲勒有责任取消石油行业都属于他的断言,他会允许这家新公司存活。但是,洛克菲勒的商业视野是如此敏锐。泰德沃特公司的建立养活了纽约几家独立的炼油厂,如果这些小型炼油厂脱离了洛克菲勒的控制,那么这批人就会完全打乱现有的由洛克菲勒掌控的制度。他们也许会增加精炼油的产出,使得油价下降。所以他绝对不能让泰德沃特公司存活。但怎样才能做到呢?这需要资金。有许多石油生产商愿意向泰德沃特公司提供业务,因为它是独立运营的。雷丁铁路公司会全力以赴投入这场竞争,有炼油商答应购买通过雷丁铁路运输的原油,这些炼油商在国内外都有自己的市场。洛克菲勒该怎么办呢?他手上有几种方法可以达到目的,其中至少有两种是他在长期实践中已十分擅长的。第一种是解决那些泰德沃特公司期望其成为客户的炼油厂,这已经在操作之中。美孚石油公司的成员已经以个人身份秘密地与这些炼油厂接触,他们开出的购买或者租赁条件十分诱人,让这些炼油厂很难拒绝。同时,这些炼油厂被秘密告知,泰德沃特公司的计划纯粹是幻想,美孚石油公司对管道业务比任何人都熟悉,石油是不可能通过泵压运输过山峰的。这些炼油厂中除一家外,都因美孚石油公司施加的压力而妥协。埃尔斯-伦巴第公司支持泰德沃特公司,但很快,他们就因拒绝出售石油给美孚石油公司而被人攻击,最后被迫搬迁厂址。面对这种情况,泰德沃特公司开始建立自己的炼油厂,一家在新泽西州的贝永,另一家靠近费城,同时储备石油以出售。

洛克菲勒在做了自己最擅长的事情,即切断了对手的销路后,开始号召铁路公司实施与他签订的协议条款,这项条款约束铁路公司保证洛克菲勒免于"竞争的伤害"。这样的做法在几个月后由雷丁铁路公司董事长富兰克林·戈文告诉了众议院的贸易委员会。据戈文透露,泰德沃特公司和雷丁公司刚准备开展石油业务,关于铁路干线的会议就在萨拉托加召开,美孚石油公司的所有代表都参加了会议,也就是在这天,铁路干线给美孚石油公司运输石油的全程运费率降低至每桶 20 美分。戈文告诉贸易委员会:"运费率随后就降至 15 美分,我相信,尽管我不是太确定，但对美孚石油公司来说，石油运费已降至每桶 10 美分。我被告知，在萨拉托加会议上，美孚石油公司设定了一个期限，在该期限内掌握管道运输的控制权。如果铁路干线将运费率降到如此之低，那么所有的运输方式都将亏本运营。”

“我们是在三四个月前知道这件事的，我不是说我自己，而是这些直接代表管道公司的先生们。我们被告知，如果他们同意将所有的原油交给美孚石油公司提炼，我们将每天运输 10,000 桶油，运费由各铁路公司预付。但是，这里使用提议者的语言‘我们’（指美孚石油公司），‘我们不允许铁路公司预付石油运费，直至你们管道公司把所有的原油交给我们提炼’，四个月前的预言已成为历史。”结合我们对泰德沃特公司掌握的情况，弗拉格勒的证词便显得十分有趣，具体可见附录①。

这是泰德沃特公司第一年的经历，第二年和第三年也与此类似。但是公司还是存活下来并获得了发展。他们购买并建立了炼油厂，派遣炼油厂的负责人前往欧洲开拓市场。他们的管道已经几乎铺设至滨海地区。他们依靠一系列令人吃惊的、大胆且灵活的经济手段不断发展，使公司得以存活下来，这实属罕见。他们的每个措施都十分小心谨慎，因为美孚石油公司一直紧盯着他们，随时准备伸手干预。时任董事长的塞缪尔·布朗 1882 年站在证人席时说，泰德沃特公司是如此害怕商业间谍活动，以至于他们习惯将石油交易记录放在一个私人账户中，而不是公共账户中，因为这样不会被秘密地报告给美孚石油公司。他们相信，即便他们绝密进行的事情也会被频繁泄露，这将对生意造成损害。

到了 1882 年 1 月，泰德沃特公司运营得还算令人满意，他们决定商谈一笔 2,000,000 美元的借款来实施扩张计划。纽约的第一国家银行在仔细考察泰德沃特公司后，同意以 90 美分对 1 美元的价格购买债券，但是就在债券一事可能成功的时候，麻烦出现了。持有公司三分之一股份的泰德沃特公司的股东们召集第一国家银行的官员们，确定地告

① 参见附录 38 号：亨利·M.弗拉格勒关于泰德沃特竞争的证词。

诉他们公司濒临破产，银行的这笔贷款很不安全。第一国家银行不相信股东们告知的信息，认为这些满腔不悦的股东们是想将他们的股份出售给美孚石油公司，并试图败坏泰德沃特公司的名声，那样的话，美孚石油公司可能会全部买进他们的股份。泰德沃特公司计划将一些债券投放到欧洲市场，为此，富兰克林・戈文被派往欧洲。布朗站在证人席上说，几个月后，戈文刚从国内出发前往欧洲，就立刻有电报发至欧洲，告知欧洲市场的人，戈文将前往欧洲处理不安全的债券；电报还说，股东们都是富豪，如果债券是良性资产，他们会自己持有。布朗称，这个电报在欧洲被广泛散播，严重影响了戈文筹集资金。

由于这些小伎俩没有败坏泰德沃特公司的信誉，1882 年秋天，他们发动了一次更严重的攻击，针对公司管理方面的问题提出一长串的投诉，强烈要求任命一位接管者并收紧公司业务。投诉者是 E.G.帕特森，泰德沃特公司的股份持有者之一，也是油区美孚石油公司最强劲的对手之一。从洛克菲勒一开始摆出各种借口时，他就是看到关键问题的少数几个人之一。他意识到问题主要是在运输方面。如果法院和州议会强迫铁路履行职责的话，石油业将不再属于洛克菲勒。他是 1880 年诉讼案中最有影响力的因子，他对和解的结果嗤之以鼻，以至于从生产商协会中退出，洗手不干了。后来他受宾夕法尼亚州委托搜集证据，要求美孚石油公司缴纳 3,000,000 美元欠缴税款。美孚石油公司认为帕特森的调查没有必要，便主动向首席检察官提交了所有帕特森希望得到的关于财政状况的资料，这使得帕特森的行为变得毫无意义。对于自己所有的努力付诸东流，帕特森十分恼怒，有一种被大家遗弃和嘲弄的感觉。帕特森向美孚石油公司放话，他会继续攻击美孚石油公司（未解释如何攻击），除非公司能够给予他从州政府①协议中所能得到的利益。美孚石油公司似乎觉得花钱消灾也值得，便同意给帕特森 20,000 美元，并保证给他在公司安排一个任期的职位。1882 年 4 月底，公司支

---

① 宾夕法尼亚州克劳福德县民事诉讼法庭：帕特森诉泰德沃特管道有限公司案。E.G.帕特森的证言，1882 年 12 月。

付了第一笔钱，帕特森收到5000美元后，便支付给泰德沃特公司购买股份。帕特森一购买股份，就开始准备上述提到的起诉，当年12月案件开审。

油区密切关注着这个案子。大家都知道帕特森与美孚石油公司达成协议的事情，指责美孚石油公司贿赂帕特森，让他提起诉讼，旨在败坏泰德沃特公司的名声，以便用很低的价格购买该公司的股票。法庭上展示的证词并不支持这种说法。这个案件的实际情况更加复杂。毋庸置疑，这起案件背后是美孚石油公司在主导，然而美孚石油公司找到了一些比帕特森更有利于案件发展的人，他们被称为"泰勒-萨特菲尔德圈子"。这些人控制着泰德沃特公司200,000美元的股份，尽管他们总是拒绝高价出售所持有的股份，但是他们对公司的管理不满已经有好几个月了。油区的人们都认为他们的"不满"是假的，实际上是和美孚石油公司沆瀣一气，试图制造恐慌，并对泰德沃特公司的股票施压，当得知这些先生控制的一家大的石油公司，即联合公司，在当时以500,000美元的股票市值出售给了美孚石油托拉斯，这一看法更加牢固。"泰勒-萨特菲尔德圈子"的第一个小伎俩是说服第一国家银行不要放贷给泰德沃特公司。这招失败后，他们便以他们极为不满公司管理为由说服帕特森起诉泰德沃特公司。出于某些未知的原因，"泰勒-萨特菲尔德圈子"成员并没有适时地支持帕特森提起诉讼。当案件起诉后，他们十分现实地过河拆桥，不再理睬帕特森。泰德沃特公司毫不费力地证明了关于公司破产和管理不当的起诉纯属无稽之谈。处理该案件的宾夕法尼亚州米德维尔的皮尔森·丘吉法官拒绝给泰德沃特公司指定接管人，且宣布以他的判断来看，这起案件是一种试图敲诈的行为，他不会如起诉人预期的那样配合这种行为。丘吉法官于1月15日公布判决结果。两天之后，有关泰德沃特公司的事情掀起了一阵骚动，渐渐地，帕特森诉讼案淡出了公众视野。这只是"泰勒派"一次大胆而鲁莽的行为，或者，如后来曝光的，这是"美孚派"企图控制政府的一次行动，是一次计划非常精明的行动。

公司管理人员的年度选举原本定在1月的某周三举行，然而后来被延迟至1882年2月。主管人员D.B.斯图尔特,一名泰勒派的成员,表示他无法提前知晓会议的安排。对此,会议也没有发出任何提前通知,虽然本应该通知的。泰勒和他的派系利用他们知晓事实的优势,于1月17日出现在泰德沃特公司的办公室。虽然班森派系的成员(大多数人是从公司董事长的名字知道这一派系的)拥有足够的表决权,可以代表超过三分之二的股份进行投票,但泰勒派系仍成功将其推翻,并将控制权掌握在自己手中。他们还选举了董事会成员,雷丁公司董事长富兰克林·戈文、詹姆斯·R.基恩(著名投资商),都是泰德沃特公司债券的主要持有者。紧接选举之后,他们向与公司有业务往来的银行发布通告,称不要兑现班森签名的支票;他们还去邮局投递信件,不是给别人,而是给他们自己。

这个公告在石油界产生了可怕的轰动效应,基恩和戈文都拒绝承认新选举出来的董事会,戈文以电报的形式回应他对选举的看法:

约翰·萨特菲尔德:

今天3点15分,我收到了您作为经理和董事局主席签署的加急通知,通知今天中午将召开董事会。这个通告本身足以证明您在已经举行的会议上的所作所为都是无效的,即便您有权做这一切行为。我不会承认您召开董事会的权利,也不承认您作为公司管理人员所做出的任何行为。我将就昨天发生的事情以及您的后续行为向您和您的同事们提起诉讼。

F.B.戈文

班森派的人立刻行动,申请法律禁令,禁止新董事会掌控账簿和占据办公室。法院签发了禁令,并且指定日期召开听证会。在听证会召开之前,旧董事会秘密采取了行动。米德维尔的皮尔森·丘吉法官审判该案件,这位法官之前审判了帕特森诉泰德沃特公司的案件。由于这起案件的判决完全基于技术性问题——有关选举的规则——案件没有引发任何轰动，不过随后还是引发了一场风波。这是一封来自詹姆斯·R.基恩长篇的书面陈述。他很少做这种书面陈述，里面记录了各种交易、困境和狡猾的股票把戏。书面陈述中称，帕特森的案子和如今的这些行为都是为了控制泰德沃特公司，而这些都是美孚石油公司"恶意的、狡猾的"行为，旨在摧毁泰德沃特公司，从而掌控该公司的财产。

> 自我与公司第一次接触以来，泰德沃特公司的业务发展一直受到美孚石油公司寡廉鲜耻的竞争的阻碍。当公司开始在泰德沃特运输石油时，石油的购买厂家和炼油厂家，一个接一个地，或者被美孚石油公司买下，或者被他们无休止地纠缠，或者被他们以压制性的手段挤垮。我们很多商业秘密都被告知给了美孚石油公司的人员，他们在势力范围内使用各种手段干涉我们的事务。他们能够和油区的铁路公司签订协议，而不是和其他铁路公司签订协议，比如宾夕法尼亚州铁路公司、雷丁铁路公司、新泽西中央铁路公司。美孚石油公司已经掌控了运输业务和炼油业务，除去由泰德沃特管道公司和它的精炼厂负责的部分业务外，他们派系的人不断地实施各种行为来获得泰德沃特管道公司的掌控权。如果成功的话，他们会因垄断而每年增获好几百万的利润。

基恩对案件的表述毫无疑问是正确的，但是，基恩公开商业强盗的可怕行为只能给愤世嫉俗的世界带来一丝快感，却丝毫阻碍不了股票的所有权归属。书面陈述带来的轰动只持续了很短时间。不久后，美孚石油公司的约翰·阿奇博尔德在书面陈述中否认了他们公司在这起诉讼中有任何利益，但是他补充说，在一段时间里，泰德沃特公司的官员试图与美孚石油公司联合：

> 拜伦·班森和大卫·麦凯尔维在过去几年里已多次向我提起，提议联合泰德沃特管道公司与美孚石油公司的业务，希

> 望美孚石油公司分出石油运输和石油精炼的业务，并与泰德沃特公司商榷一个固定的石油运输价格和成品油价格。1882年夏天，班森来到我办公室又提起这些提议，经过几次争论，他们强烈要求形成这样的安排。这些提议无论以怎样的形式都会被拒绝。班森也和詹姆斯·基恩在同一个问题上交流过多次，在多次交流中，基恩迫切希望能达成这样的联合，并且证明了这样的联合将会有很多优势。这些提议总是被拒绝。

这些提议当然会被拒绝，美孚石油公司不是在寻找同盟，而是在夺取泰德沃特公司的所有权，他们希望败坏泰德沃特的名誉，然后以极低的价格买进他们的股票。然而，阿奇博尔德的书面陈述一点都没有降低公众对泰德沃特公司的同情。任何一个与美孚石油公司达成妥协的建议都会被油区视为不忠诚，因为他们认为运费率和石油价格的自由竞争是这个国家的唯一希望。班森说，阿奇博尔德的证词中一定有一些东西"非常不准确"，有很多人也抱有类似想法。

法官在判决中没有关注这些，但是，在彻底讨论选举中涉及的问题之后，他判定此次选举不合法，并且继续执行他之前对新董事会颁发的禁令。丘吉法官的判决在油区引起了一阵欢呼，因为美孚石油公司任何失败的企图都有充分的理由受到他们的欢迎。面对美孚石油公司的不断干涉和阻碍，泰德沃特公司的成长证明了，如果拥有足够的才智、勇气和耐心，不受美孚石油公司控制的独立管道公司和炼油厂都是可以建造起来的。一些人可以做的事情，其他人也可以做。6月，人们对恢复石油业务的自由竞争抱有很大期望，因为宾夕法尼亚州的州议会刚刚通过一个自由管道协议，之前的十二年里他们一直为此努力却徒劳无功。泰德沃特公司独立经营的有力例证和管道的国家征用权摆在他们面前，石油行业的自由竞争似乎只取决于石油人自己。

但是油区的人们总是倾向于下结论。当他们认为洛克菲勒与泰德沃特公司决裂的时候，他们忘记了洛克菲勒的履历。虽然他原来在南方发展公司使用过的招数失败了，也就是说，他没能成功地在泰德沃特公司的股票持有人中制造恐慌，也就没能成功地以较低的价格购买他们的股份，但是因此就认为他已经放弃了购买泰德沃特公司的计划也毫无道理。仍然存在合法的方式进入泰德沃特公司，洛克菲勒采用了最后的方法。他买下了泰勒派系成员持有的公司中少部分的股票。在这之前，洛克菲勒是以一个破坏者的身份出现在泰德沃特公司的，而现在，他扮演的是一个能干的安抚角色，他非凡的说服力从来没有发挥得这么极致。“我们拥有你们价值 200,000 美元的股票。”他告诉泰德沃特公司，“如果你们赞同在我们的联合公司里将你们的运量限制在一定范围内，然后维持管道运输费率和成品油的价格，我们会让你们独立负责公司的业务。让我们一起和谐发展吧。”

泰德沃特公司因对整天应战感到疲倦，最后接受了该方案。因此，这批人成就了石油行业里最令人瞩目的发展阶段之一，他们面对着最强劲、最难缠的对手，在四年里打拼出了一份价值 5,500,000 美元的业务。1883 年 10 月签订的协议，确定了他们与美孚石油公司的合作关系，他们占 11.5%，美孚石油占 88.5%，两个公司成为同盟。两个公司之间的协议实质上与洛克菲勒正在执行的目标一致，因为洛克菲勒所有的协议都是在限制和抬高价格①。两个公司在正当、合理的竞争中给石油行业带来利益的时代随着两者结盟而结束。为了所有的实际目的，他们选择了联合。对于这个领域而言，泰德沃特公司已经“转为美孚石油公司”，并且泰德沃特公司也一直存在。协议订立期限为 15 年，但是，协议期满后，协议关系在两个公司之间始终确确实实地存在，而且只是口头协定。请记住，洛克菲勒总是一个信守承诺的人。事实上，在研究他的职业生涯时，会常让人想起汤姆·索亚故事中的伟大决心——永远不要因为不诚实而破坏名声。

泰德沃特公司在洛克菲勒划定的界限内迅速发展，就如同那些顺从地接受他划定界限的人从没失败过一样。洛克菲勒说得对，跟着他

---

① 见附录 39 号 A：美孚石油公司与泰德沃特炼油厂之间的协议，以及附录 39 号 B：美孚石油公司与泰德沃特炼油厂之间的协议。

干的人最后都会成功。但这家公司本可以成功地发展为美孚石油公司的强劲对手，控制远超过11%的业务。对于这一点，任何了解班森、霍普金斯少校、麦凯尔维及其同事的人都不会怀疑。他们是最顶尖的商人，从1878年到1883年他们取得的惊人成绩中就可以看出这一点。

石油行业的利益再一次得到保证，出于滨海管道建设的考虑，洛克菲勒立即着手将他的办公室安排在新的地方。整个运输部分的业务都需要重组。1879年，当滨海管道运输成为影响石油业务的因素时，美孚石油公司实际上拥有了整个石油管道的系统，也就是说，从油井到储存地再到运输地的线路。这些线路被组织起来，并被命名为联合管道公司，这个组织在业务拓展和服务提供方面都十分出色。事实上，在建设和管理管道业务方面，洛克菲勒从来没有聚集这么多能者一同发挥特长。1883年末，和泰德沃特公司结成联盟后，联合管道公司每月从宾夕法尼亚州的油井里采集1,500,000桶的石油。3000英里的管道运输网，和成百上千口油井分布在油区的各个角落。

每当有石油人开辟出一块新油田，不论它多偏僻，与老油田相隔多远，联合管道公司都会立即前往。在这些年油区飞速且过度的开发中，管道公司不止一次地在开采那些产出远不及成本的油田方面做了大量投资。因此，1882年，切利·格罗夫油田的开发成为一件令人非常激动的事情。美孚石油公司耗资2,000,000美元来处理大量喷涌而出的石油——石油只是一个劲地流出，无法储藏在地下。1882年，切利·格罗夫油田出产2,345,400桶，1883年，755,512桶。公司花费了每桶46美分的成本来处理这片油田上短命的油井生产的石油，而其管道输送费从未超过20美分。

美孚石油公司不仅收集石油，而且存储石油以备需要。这个时候，美孚石油公司持有40,000,000桶石油，这相当于储存着数额巨大的股票，其中超过35,000,000桶都是在过去五年中积累的。石油一运输到管道，货款便可同时到账，只要洛克菲勒想这么做。当生产商在管道内拥有1000桶石油时，他就会收到这笔货物的管道凭证。1883年12月，联合管道公司发行了差不多所有地面库存的35,000,000桶石油的凭证。石油老板们因此有了他们的石油银行，一个像其他银行一样在美国被广泛认可的银行。

这就是管道业务的回报，花费再多的金钱和能源投资完善这项业务也不为过。联合管道公司组织开采的每一桶石油，从管道取出的时候，该公司就可获得 20 美分。管道安装好后，他们的服务成本是大约每桶 2 美分。这些年，虽然他们运输了大约 30,000,000 桶石油，但账册上一直有约 6,000,000 美元无法在短期内回收。他们可以暂时不兑现这笔钱，因为他们还有可观的石油储存收益。使用他们的油罐储存石油，每 1000 桶每 15 天要交付 6.25 美元——每年 152 美元。铁罐的租金每 1000 桶不到 250 美元，所以两年之内储油收益就高于成本。火灾经常会带来严重的损失，但是这些损失都由石油所有者承担，这已按比例做过评估。储存的石油在数量和质量上都有损耗，但是这种损失同样由石油所有者承担，按 3% 支付损耗费，这会从最初存储的石油总量中扣除。因此，从各方面看，石油管道业务的收益都能得到保证。只要它能够剔除竞争、稳定价格，在美国就没有比管道石油运输更赚钱的业务。

正如我们所见，在泰德沃特公司证明了长距离管道运输业务的可行性后，洛克菲勒就立即想增设这块业务。在泰德沃特公司与美孚石油公司合作之前，他们成立了国家运输公司，具备一套完善的系统可将石油运输至滨海地区和内陆地区的炼油点。联合管道公司和国家运输公司实际上做的是一个业务，前者由当地线路组成，而后者主要负责干线运输。为了让组织更精简，前者在 1884 年 4 月就并入了后者。当时公司的实收资本为 31,000,000 美元。就像洛克菲勒说的那样，在 1878 年，他"计划承包世界市场所需石油的精炼业务"，所以现在他可以宣布，他正准备采集、存储、运输所有原油，不仅包括市场上需要的，还有生产商从地下开采出来的。现在唯一的障碍可能是来自铁路运输的竞争。一个新的发展契机重新打造了石油与铁路运输的关系。洛克菲勒不仅是独立于他们的，而且是他们的竞争对手，或者说，和他们一样，只是一个普通的有义务运输石油的搬运工。他给纽约的公开运费率是 45 美分，费城是 40 美分，尽管实际成本也许不到 10 美分。在和泰德沃特公司结盟后，任何可能引起降价的有关管道竞争的危险都被阻断。铁路运输或许降了一点价格，但仍有盈利。抬高价格非常必要，这样才不会让其他的炼油商看到希望。在这个时候唯一能威胁他们发展成业务巨头的是油区的那批人，这是 1880 年达成妥协带来的直接结果。我们仍记得，按照之前的协议，所有的运费率都应该公开，如果一个承运商拿到了有折扣的运费，那么其他承运商也可以要求打折。在达成协议之后，宾夕法尼亚州出现了一批独立的炼油厂，几个工厂在泰勒斯维尔和石油市建立起来。美孚通过与泰德沃特公司的结盟，已经消除了纽约地区的竞争，让油区内的独立炼油厂的业务变得越来越难做，这正是洛克菲勒想要做的事情。达到此目的还必须和宾夕法尼亚铁路公司签订协议。

此外，洛克菲勒把输油管道修到新泽西境内时，必须穿过宾夕法尼亚铁路。因为国内没有免费的输油管线，因而在没有该公司同意的情况下，他不能这么做。为使输油管线通过，他要负责和他们做交通方面的协调。如今有必要达成新的协议来消除竞争。1884 年 8 月，国家运输公司和宾夕法尼亚铁路公司出于“相互交换”的考虑签订了协议。对于使用目前所有运输方式运到大西洋滨海地区的石油，国家运输公司同意给宾夕法尼亚铁路公司 26%的石油运量，无论是铁路还是管道，都会参与到向滨海运输石油的业务中，也许还会因此联合参与到国家运输公司的运输业务中。在国家运输公司同意给铁路公司 26%的石油运量的同时，他们也签订协议，按比例与铁路公司共同运输这些石油。管道运输石油至费城的公开运费是 40 美分时，宾夕法尼亚铁路公司应向国家运输公司支付 8 美分——每桶有 5 美分的差额，或涨或降，在公开费率上对宾夕法尼亚铁路公司有 1 美分差额，国家运输公司收取的运费在 6—10 美分之间。例如，假设截止 1884 年 12 月 20 日，滨海地区的油运总量是 1, 000, 000 桶，则有 260, 000 桶归宾夕法尼亚铁路公司运输，若国家运输公司负责所有铁路运输，费用为每桶 8 美分，总共 20, 800 美元，那么应当向宾夕法尼亚铁路公司支付 83, 200 美元，即 104, 000 美元扣减 20, 800 美元，或者就是 83, 200 美元。输油管道很可能无法运输所有的石油产品。提炼过的石油，包括石脑油、轻质汽油以及其他石油产品或多或少必须通过铁路运输，由国家运输公司向铁路公司每月支付大笔运费。似乎是洛克菲勒支付了这些费用，使得宾夕法尼亚铁路公司不再作为原油运输者与之竞争。在多样的交易商业历史中，很难发现可以如此完美受益于联盟的案例。

在消除宾夕法尼亚铁路公司的竞争威胁后，美孚石油托拉斯的运输部门似乎是一台近乎完美的商业机器，不论在效率方面还是在垄断方面，都比曾经计划的更加完美。它的确比托拉斯更加完美，因为不依赖美孚石油公司的独立炼油商的确存在。自1880年起，他们开始呈现上升势头，然而他们似乎没有发展成独立的管道运输者的机会。看看泰德沃特公司的发展历程，谁会有足够的勇气去涉足滨海运输业务呢？自此以后，美孚石油公司的一切都水到渠成。它找泰德沃特公司联合，实际上掌控了原油的整个运输体系。它制造了90%的产品，目标是100%。作为一个运输公司，如果竞争的炼油厂有需要，也不得不求他们运输原油，但是这些炼油商们必须支付40—45美分的费用，而美孚石油托拉斯的运输成本不高于这个价格的25%。

1884年，洛克菲勒对原油运输状况完全满意，但是有一部分石油业务并非在他的掌控之下。国内的市场仍然是开放的，为数不多的原油提炼者侥幸逃脱被压制的困境，他们仍然可以按其意愿进行物物交易。但是洛克菲勒声称，他生产全世界的石油，也就是说要为全世界的消费市场提供石油。因此，那些市场中的独立炼油商就好似偷猎者，必须被赶出市场。

第十章

在价格战中厮杀

在控制了石油运输与提炼后，洛克菲勒计划控制石油销售——高效、精简的制度奇迹般地建立——各种奇怪的做法——从铁路运输代理处获得竞争对手的商业信息——竞争对手的职员有时是美孚的帮手——在很多情况下，所有石油运输的信息都被铁路运输和船运公司提供给美孚——美孚利用这些信息击败了竞争对手——通过低价抛售方式消除市场竞争——证据来自全国各地——美孚成立虚构的独立石油公司——美孚对这些行为的解释无法令人满意——公众无法从短期的价格战中获益——市场竞争消除后价格异常升高

约翰·洛克菲勒经商的理想模式是：了解原油交易的每一个细节，在任何时候都能够将石油输送到最偏僻的地点，掌控最薄弱的环节。洛克菲勒似乎想要控制每一加仑原油自地下泵出到被家庭主妇使用的整个过程。对他而言，这是明智的、必要的。在他巨大的运作系统中，没有一个环节是他不了解的。为了实现理想，到1870年代末，在已经构建了原油提炼和运输机制的基础之上，他开始构建世界范围内的原油市场。有两个原因使得洛克菲勒不得不这么做：一是他自己的好奇心和野心，二是他一直厌恶的——竞争。如他所言，若石油生意是属于他的，并且他已准备好提炼人类需要的所有石油，那么世界市场必然只属于他一人。尽管他有着大胆的手段和完善的组织，但是仍然有一些难以控制的精炼商存活了下来，并坚持发展石油业务。他们是洛克菲勒完美事业中唯一的破坏因素，仿佛他的眼中钉、肉中刺。洛克菲勒必须把他们赶出石油业，否则伟大的目标无法实现。因此，在着手组建世界市场时，他挑起了一场战争，来对付那些大胆的入侵者。

当洛克菲勒开始占领石油市场时，他的目标就是整个世界。1871年，在他第一次在石油贸易中以重要代理商身份出现的前一年，精炼油已经运往世界的每一个民主国家。这一年内产出了5,500,000桶未经加工的原油，全世界总共消耗了5,000,000桶，而其中的3,500,000桶是运往国外的。这就是在第一个十年内，那些拓展石油版图、创制石油的提炼和运输流程的人们建立的市场。这个仍在发展的市场也是洛克菲勒掌控了炼油和石油运输时所继承的市场，同时更是他着手要组织的市场。

组织的过程似乎是自然发生的，其中体现了极高的智慧。全国的人都在购买成品油用于照明。许多炼油商派出自己的代理去开拓市场，另一些人则选择将其产品卖给批发商，或者那些与当地经销商交易的交易商，通常是零售商。那些当地代理商拥有接收和储存石油的场所，这让他们和销售商可以继续与美孚石油公司抗争。洛克菲勒要做的，就是用自己的雇员代替这些独立的批发商和零售商。他将美国按版图分为几部分，并分别指定了代理人。西南部地区包括堪萨斯州、密苏里州、阿肯色州和得克萨斯州，由密苏里州圣路易斯的沃特-皮尔斯公司负责；南部地区包括肯塔基州、田纳西州、密西西比州，由肯塔基州路易斯维尔的切斯-卡利公司负责。这些公司把他们所管辖的地区再依次划分为不同的部分，并派出分支机构做当地的代理。创立于1870年代的这项体系不断发展，现在，每个州的美孚石油公司都有市场部门，他们负责的业务范围都被明确划分，并以上述方式接受监管。全国范围内的石油买卖都以这种方式进行，即当地代理商向地区主管报告，接着地区主管将这些报告呈交州公司市场部门主管，然后报告给纽约总部的大市场部经理。

了解洛克菲勒经营方式的人，都认为市场部门的运作从一开始就是高效而精简的。其目标就是让每一个当地的销售点都能享受完美的服务。客户必须及时得到高质量且满足其需求的产品。如果有客户投诉，情况会立即引起重视，公司会找出其中缘由并改正。客户不仅可以得到石油，还能得到台灯、灯芯、灯头以及使用它们的指导建议。

为零售服务的当地经销商成为这个行业的模范，人们相信他们会一直这样经营下去。石油，即便是成品油，虽然没有讨厌的气味和污染，也难以应付。但是美孚石油公司的当地经销商，与公司的炼油厂一样，有序且干净，还受一套严格的系统监管。每两三个月，监察人员就会走访各个站点，并呈交包括大量细节的报告，例如油桶是否阻塞、填满、打蜡、油漆、牢固；油罐车、油桶、龙头、管道是否泄露；桶槽是否干净；油桶周围的地面是否干燥；锁具是否损坏；马匹是否得到适当照料。代理商早上巡视厂房和中午吃饭，均得报告上级。他们买的饲料、煤、修理的花费等开支都有记录。事实上，如果市场主管想知道，他可以知晓任何一个代理商在任意一段时间内的所有具体情况，当然，这样做的目的就是保证当地代理商的经济和高效。

但是，美孚石油公司的代理商被分派至全国石油销售的各个区域，不仅是为了高效服务、出售石油并积极占领市场；他们以霸占整个石油消费市场为目标。洛克菲勒的座右铭就是：石油业属于我们。从洛克菲勒发起的市场战争开始，代理商们就秉持着这个原则并按其行事。若是一位经销商一年只购买了一桶石油，那这一桶油也必定购自洛克菲勒的公司。洛克菲勒的宏图要求代理商必须掌握石油行业内的所有准确信息，无论这些信息多么微不足道。这可能做到吗？南方发展公司就完美地做到了。它依靠铁路公司，获得了所有承运商的姓名、石油数量和品种、收货人的姓名、目的地、运费等信息。[①] 在获得这些信息之后，代理商能够立即确定独立炼油商的每一笔运输业务，并采取适当方式保障自身的交易。但是，南方发展公司的计划从没有进入实际操作。它只是一个美好的理念，需要等待合适的时机和条件来实现。实施这个计划的具体过程难以被追踪。这项工作十分机密，并且要求参与者不能泄露任何信息。只有先建立一个秘密办事处，逐步获取商业信息，

---

① 协议第八部分第二条规定了铁路运输的责任："确定货单或者乙方或相关人的铁路运输石油及其他产品的路线清单，货单上必须标明发货人的姓名、发货地点、货物品种和数量、收货人、收货地点，以及货运的运费率和总运费，并每天报送甲方主要官员，甲方必须留存所有货单或路线清单的副本。""关于托拉斯的汇编材料"，众议院，1888，报告编号 3112，第 360 页。

直到当洛克菲勒能够得到他想要的所有关于竞争对手的信息，才是条件成熟的时机。或许，想要了解洛克菲勒先生是如何建立这个部门，以及美孚其他的市场部门是如何运作的，最好方法就是像他们研究竞争对手的做法一样，秘密地掌握所有的信息。

美孚石油公司的代理商适当而隐蔽地关注着当地竞争对手的情况，并向总公司汇报。“我们要求代理商密切关注各自领域的信息，并随时更新消息，”一位美孚石油公司代理商于1898年这样告诉工业委员会，“我们要求代理商汇报交易卖方的信息，主要是为了了解我们的代理商是否在关注这笔交易。若出现过多的业务流失，那么或许是他们没有掌控好自己的业务，他们应当从交易中学会发展业务。”虽然我们没有代理商或者销售人员关于这部分工作的概括性描述，但以上说法很可信。事实上，这是一种科学的操作。比如，上述代理商就会给他在当地代理人提供如下表格，每个月都需要填写表格中的相关信息。

证据“B-R”①

月报表

（用不易褪色的铅笔填写）

40030　　城镇名______日期______1897年

<table>
<tr><th rowspan="2">交易商</th><th rowspan="2">地址</th><th rowspan="2">月销售额估算</th><th colspan="2">货物品牌或品种</th><th rowspan="2">价格</th><th rowspan="2">若是油罐或马车，标“T”</th><th colspan="2">购自</th></tr>
<tr><th>煤油</th><th>汽油</th><th>姓名</th><th>货运点</th></tr>
<tr><td></td><td></td><td></td><td></td><td></td><td></td><td></td><td></td><td></td></tr>
<tr><td></td><td></td><td></td><td></td><td></td><td></td><td></td><td></td><td></td></tr>
<tr><td></td><td></td><td></td><td></td><td></td><td></td><td></td><td></td><td></td></tr>
<tr><td></td><td></td><td></td><td></td><td></td><td></td><td></td><td></td><td></td></tr>
</table>

销售商或代理商签名：

① 1899年俄亥俄州最高法院就美孚石油公司收回僭占特权案件的诉状和证据档案，第681页。

当地代理商通过各种方式获取相关信息，并填写表格。他们通过详细询问参与买卖的人，关注铁路货运站，咨询任何在他负责区域内从事石油贸易的人，等等，以各种方法来达到目的。1880 年代早期，霍华德·佩奇负责美孚石油公司位于肯塔基的运输部门时，他手下的代理商每天都会去仓库查看独立承运商运来了何种石油，将其记录下来，并按月向佩奇报告。他会将竞争对手通过铁路和水运的货运情况报告给州际贸易委员会。这发生在 1887 年。佩奇声称，他的代理商并不具备任何特权。任何人的代理商都可以去检查往来车皮，记录货运主、货运数量和收货人。然而，除了佩奇先生，没有人会派代理商去做这种事。圣路易斯的沃特-皮尔斯石油公司曾经如此评价其得克萨斯州的代理商："很高兴您与铁路部门的人关系如此融洽，以至于克莱姆先生（一位负责独立石油业务的代理商）利用数字代替姓名来记录货运信息也毫无作用。"在同一封信中他还说道："感谢您提供的信息，告诉我们克莱姆先生的两辆油罐车第一次卸货并返回，以及再次运输时，分别在站点停留了 9 天和 16 天。据此我们可以了解他们在达拉斯停留了多长时间。油罐车的运输时间会被计入成本，因此了解这些信息，对于我们与对手竞争十分必要。"①

相关负责人收到这些表格后，会指导代理商追踪每一位经销商，无论其业务量多么微不足道。每当有一位独立经销商加入美孚石油公司，负责人就会对其下属大加赞赏。但是，无论代理商多么尽心负责，怎样被上级鼓励和鞭策，都不可能获取南方发展公司的计划中需要的全部信息。他们所能做的，就是在南方发展公司计划的启发之下，依照一种更便捷有利的模式进行操作。一直以来，独立炼油商都声称，货品的运输信息被其雇员或者负责货运的官员们泄露。每次调查都会有人提出这些质疑，偶尔也有证据证实。例如，一位克利夫兰的炼油商约翰·蒂格尔，于 1888 年向议会委员会作证说：1883 年，他的会计员告诉他，一个在美孚石油公司担任秘书的哥哥找到他，问他是否想要挣钱。

① 1898 年俄亥俄州参议院关于托拉斯问题的调查报告，第 370 页。

会计员问他怎样挣钱，然后了解到，只要他将自己公司的商业信息提供给美孚石油公司就可以。这位会计员非常谨慎，在没有引起谈话者怀疑的情况下，将此事告诉了蒂格尔。蒂格尔让他尝试找出美孚石油公司究竟想要哪些信息。会计员按他的要求做了，他提供了一套蒂格尔公司信息的副本，包括公司每天运输的货物及净价、炼油厂生产的成本、汽油和石脑油生产数量及净价、提炼制造的成本、焦油的用途、不同等级石油生产的比例、石油出口量等，获得了25美元及每年一小笔钱的报酬。这些信息需定期邮寄至克利夫兰邮局的164号信箱。在法庭上，与美孚石油公司对质的蒂格尔出具了会计员的书面陈述。他用会计员从美孚石油公司的秘书那里拿到的钱，控告该秘书行贿。起初美孚石油公司的秘书并不承认，但最后还是认罪，甚至收回了钱款。蒂格尔将整件事向媒体曝光，引来了很多议论。

还有几位先生在工业委员会作证，指控美孚石油公司实施间谍活动监视他们的生意。西奥多·韦斯特盖特，一位泰特斯维尔的炼油商告诉委员会，他们所有的货运业务都受到美孚石油公司监视。他推断，美孚石油公司是从货运站点获取信息的。布拉德福德的小路易斯·埃默里，一位终生与美孚石油公司竞争的经销商，宣称他的业务被监视的方式，与1872年南方发展公司协议中的方式一模一样。他从自身的经历中找出了一两个案例来证实他的说法，并且声称，如果有必要，他可以拿出更多的证据。加拿大蒙特利尔的高尔说，在加拿大的石油行业中也出现了同样的手段。他说："当我们装有油罐的车皮驶入站点时，美孚石油公司的人就会习惯性地过来打开盖子，检测其中有什么。"高尔说，早在这点被证实之前，他就已经知道了。美孚石油公司的人掌握了运输车皮的数量、运输的目的地等信息。而且每次有货运业务，美孚都会派出自己的销售人员。乔治·赖斯是俄亥俄州玛丽埃塔的一位独立炼油商，他的女儿G.C.巴茨夫人告诉1898年调查托拉斯的俄亥俄州参议院委员会，他们镇上的一位铁路货运代理商告诉他们，美孚石油公司的代表找到这位代理商，让他提供独立炼油商所有的货运信息——运往哪里、运给谁。这位代理商拒绝了，但是巴茨夫人说："后来我们发现，这些信息是从我们公司内部泄露的。一封来自沃特-皮尔斯公司的信中写道，美孚有着我们不了解的间谍网络，铁路的货运代理往往就是他们的人。我们或者我们的代理所说的、所做的，都会通过规范运作的间谍网络，汇报给美孚的公司经理。”

虽然有独立的炼油商提供证据，表明这种间歇性的商业信息泄漏的情况正在全国各地发生，但他们无法证明美孚石油公司有定期地、系统地搜集商业信息的行为。从证据上来看，人们只会相信，这种情况发生在商业竞争进入白热化的阶段，不太友善的美孚石油公司经理说服货运代理商向他提供信息，以帮助他赢得竞争。然而，在1903年，笔者发现了大量真实性不容置疑的文件，上面记载了美孚石油公司从铁路和船运公司处获取的所有货运信息，其内容超过了所有独立炼油商的控诉。仔细研究这些文件会发现，有人获得了货运公司的账册，这些账册上定期记录着经过公司线路的每一次石油运输的货运主和收货人的名字、地址，以及每次运输的油量及品种。这些信息通常是记录在一张空白表格上，尽管偶尔会因为记录者的疏忽而使用了有铁路公司抬头的信纸。很明显，这些记录故意没有署名。尽管在某些情况下，发送这份记录的人签了名，之后却又被擦掉了。在一份文件中，货运代理商签了代表其名字的首字母。这个名字被抹掉了，但是依旧可以轻易辨认出来。显而易见的是，这些报告被送到了美孚石油公司的办公室。在那里，这些信息被仔细研究并分类。无论货运进入的是美孚控制的哪一个调配站，都会有人通过某种方式进行检查。大量的报告中还记录着其他信息，在每个收货人的名字对面都写着美孚石油公司的代理商的名字，或者收货人所在地区销售人员的名字。

这是为什么呢？报告中附带的信件和电报副本显示，一旦某份特定的报告抵达美孚石油公司的总部，就意味着有一整车，或者一桶独立炼油商的石油即将运往经销商处。美孚石油公司登记的货运代理商就会收到通知：“如果你可以阻止到X的货运，可以给Z（Z是经销商的名字）提供每加仑3/4美分的回扣。”其中的一份电报这样写道。有大量证据可以证明代理商收到这些信息后是如何“终止”石油运输的。他们会说服经销商取消订单。乔治·赖斯1888年向众议院制造业委员会提交了一批他接到的电报，都是关于在得克萨斯州订单被取消的情况。其中四份电报是同一天从同一个城镇圣安吉洛的不同经销商处发出的。赖斯调查了这一原因，并从不同公司的来信中得知，美孚石油公司的代理商已经“威胁了他们的交易，如果这些经销商买了我的石油，他们将不再出售石油给他”，赖斯这样说道。

巴茨夫人在她1898年的证词中说，她的公司有一位在新奥尔良的客户，他们向他出售石油，每月500—1000桶。美孚石油公司的销售代表与这位客户签订了合同，他们向该客户每年支付10,000美元，一共支付五年，要求他停止购买独立炼油商的石油，转而购买美孚石油公司的石油。巴茨夫人提供了一份在得克萨斯州进行的类似交易作为证据，具体如下：

洛克哈特，得克萨斯州，1894年11月30日

基南先生与在加尔维斯顿的沃特-皮尔斯公司的人一同来我们这里参观过几次，向我们提出了各种建议，目的就是要让我们没有生意可做。在这些建议中，他提出如果我们不再出售石油，让他们掌控石油贸易，他们将每月给我们支付工资，还坚持让我们为退出石油业务开价。同时还威胁我们，如果不接受他的建议，他们将降低产品售价，甚至低于我们的生产成本，迫使我们失去业务。我们问他，如果接受了他的建议，他们是否会像我们一样继续廉价出售石油。他明确地表示，一旦成功消除所有竞争并形成垄断，他们将提高石油价格。

J.S.路易斯公司

1898年俄亥俄州的调查中，克利夫兰的约翰·蒂格尔在他的证词

中说，他们公司的产品已经很难有市场，因为美孚石油公司的代理商经常说服经销商取消订单。“他们中有些当地人，或其他的什么人，会搅黄我们的生意，利用他们的影响力和更低的价格，或其他什么条件说服经销商不购买我们的石油，转而购买他们的。”蒂格尔提交了下面这封信，这封信由美孚石油公司的一位代表签字，具体说明了这种撤单行为，具体内容如下：

得梅因，艾奥瓦州，1891 年 1 月 14 日

汉普顿，艾奥瓦州，

约翰·弗劳尔，

亲爱的先生：

我们在马歇尔敦的经理，路斯先生，已经向我们说明了您从我们的竞争对手那里购买了一车石油并在之后撤销了订单的具体情况。他希望我们向您表达，我们会支付您撤销这笔订单产生的所有费用。我们郑重承诺，关于此类情况，我们会提供艾奥瓦州提供最好的法律服务。订单既可以在石油购买之前也可以在购买之后撤销。事实上，即使货物已经到达仓库，订单仍可撤销。公司只能被迫接受撤单。即便订单已经签字，也不会有什么区别。无论如何，我们希望您能坚决地拒绝购买他们的石油。在这件事情上，我们会站在您身后，通过各种途径保护您的利益。最后希望您对这封信的内容绝对保密。

您真诚的，

E.P.普拉特

俄亥俄州曼斯菲尔德的彼得·沙尔在同一个委员会作证，陈述了和蒂格尔相似的经历。沙尔说：“如果我们公司的人在运输线路上替我

出售货物，他一周内接到200—300桶的石油订单，而在我装运这批货物之前，美孚石油公司就会强迫这些买家撤回订单，并威胁如果他们不撤回订单，美孚石油公司将降低石油的售价，对这些销售商进行倾销打击，直至他们因承受不了而破产。”

为了证明他所说的，沙尔递交了一份经由他处理的公司信件，具体如下：

蒂芬，俄亥俄州，1898年2月1日

曼斯菲尔德，俄亥俄州，

致独立石油公司，

亲爱的先生们：

在你们的人离开之后，美孚石油公司的人厚颜无耻地来问我们买了多少桶石油，然后要求我们撤回交易，说他们的石油才是最好的。我们知道他们已经把他们的石油放到我们隔壁，并给出了每加仑6美分的零售价格。我们应该改变交易对象，还是应该回绝他们呢？如果回绝他们，你们公司会帮助我们吗？

真诚的，

塔尔博特和索恩

蒂芬，俄亥俄州，1898年1月24日

致独立石油公司，

亲爱的先生们：

很抱歉地告知你们，一个来自你们城市的美孚石油公司的人跟着油车来到了我这里，告诉我他不会让我通过这份石油订单赚到一分钱。而且他已经打扰我两天了，让我购买他的石油，并且恐吓我，甚至趁我不在家时与我的家人谈判，劝我撤回订单。现在我不知道该怎么做，只能屈服，所以感到万分抱歉。我不希望石油售价跌到谷底，这就是我这么做的唯一原因。石油没有任何质量问题。现在我看到的问题所在，那就是我购买了一车石油——现在一周内这里就运来了两车石油，没有公司能承受这些。

真诚的，

H.A.艾瑞克

如果代理商不能说服经销商取消订单，美孚石油公司将会采取更激烈的措施。以上引用的书信暗示了他们将采取的行动。在各类调查中，许多证人提供的真实信件表明，在过去的二十五年里，正如信件中提到的，全国各个地区美孚石油公司的代理商都在必要的时候发起过价格战。这些价格战中最激烈的一次，是在这场消灭独立经销商运动的初期，由肯塔基州路易斯维尔的美孚石油公司营销代理——切斯-卡利公司发起的。公司声称南方的大片区域是他们的销售范围。来自俄亥俄州玛丽埃塔的乔治·赖斯，在这片区域已经工作八到十年了，有很多固定的客户。切斯-卡利公司的业务就是夺走这些客户，并防止赖斯得到更多其他的客户。赖斯因铁路运输的价格歧视而发展受限。他从来没能获得他的竞争对手在南部铁路运输线路上享有的运费率。1888年，州际贸易委员会调查了他对南部和西部八条铁路的起诉，发现他没有在任何一条运输路线上享受相对公正的条件。铁路方面的价格歧视仍然无法使他退出西南市场，于是一场价格战开始了。根据赖斯提供的信件，他的销售确实在一些情形下开始削减，因为他已经无力负担。举个例子，1880年9月，切斯-卡利公司在田纳西州克拉克斯维尔以每加仑21美分的价格卖水白油，并通过车皮运输——而出口的石油在纽约是以每加仑10-5/8美分的价格出售的。赖斯的代理商开价为18美分。他向一个名叫阿姆斯特朗的顾客提供这样的价格，阿姆斯特朗准备接受，但因为一直从切斯-卡利公司购买石油，所以先接触了切斯-卡利公司，回来的时候“吓得靴子都快掉了”。代理商给赖斯的信中说：

> 卡利公司告诉他，如果他买了其他商家的石油，卡利公司的人将会撕碎他。美孚石油公司已经授权代理商花费10,000美金解决他从其他公司购买石油的问题。卡利公司会派他们所有的推销员找到阿姆斯特朗的顾客，并且以比阿姆斯特朗低5%的价格向这些客户销售石油。同时，还会将所有与阿姆斯特朗的交易转给摩尔-不来梅克公司，并且会在他们打击阿姆斯特朗的开销上做出补偿，每三十天结算一次。
>
> 如果阿姆斯特朗运输任何石油到田纳西州克拉克斯维尔，卡利公司会将克拉克斯维尔的石油价格降至最低，以给他的公司造成重创，并且，美孚石油公司表示，会打垮任何将石油出售给阿姆斯特朗的人。卡利公司对斯特格和赖林说过同样的事。您听说过这些吗？您对此怎么看？

不久之后，切斯-卡利公司接管了一家纳什维尔的公司——威尔金森公司，这家公司一直从赖斯那里购买石油。

“我们极不情愿这样做，”他们如此写道，“与任何人进行激烈的竞争，这个竞争并不仅限于石油或者某个固定的品种，也不仅限于某一年。我们时刻准备着与妨碍我们事业推进的人达成合理的协议，但如果我们容忍他人强迫我们做出任何不合理的妥协，那就不是我们了。对我们而言，任何损失，无论大小，都比有这种记录要好。”四天之后，他们写道：“如果你继续购买石油，那我们就不得不降低售价了，没有其他办法，唯有如此！”威尔金森公司似乎还在购买赖斯的石油，十六周之后，切斯-卡利公司召集了铁路运输的代理商，这位代理商已经给美孚石油公司提供了特殊运费率，帮助他们在这场价格战中获胜。赖斯证实说，局面改变了，他的运费率在五天内提高了50%。

赖斯以最激进的方式与美孚石油公司进行了这场市场战，接受了最残酷的挑战。1892 年,他印刷了一大批小册子,这些小册子用来讲述美孚石油公司使用的价格战手段。小册子包含了赖斯在 1881 年至 1889 年收到的来自得克萨斯州经销商的共计 70 多封信件,这些信件讲述了他的石油面临的来自沃特-皮尔斯石油公司——得克萨斯州美孚石油公司代理商的竞争。小册子中选取了来自不同城镇的公司在信件中的一些句子,具体如下:

"这一车石油遭遇了激烈的竞争,我的车子刚刚抵达,沃特-皮尔斯石油公司就立刻将他们的石油价格降到 1.8 美元。"

"在这里石油售价为 2.5 美元,你的这车石油刚到此地,石油的价格立刻降至 1.5 美元,今天就是这个价钱出售的。"

"沃特-皮尔斯石油公司把高质量石油的价格从 2.6 美元降至 1.5 美元,拉开了价格战。"

"沃特-皮尔斯石油公司控制了我们的命脉,我们很快就要陷入困境了。"

"如果你们能保护我幸免于沃特-皮尔斯石油公司的价格战,那么我很乐意从你们手上购买石油。我就担心,如果我从贵公司购买了一车石油,沃特-皮尔斯公司立刻将石油的价格降至我购买的价格,那样我就损失惨重了。如果你们能保护我不受价格战迫害,那么我就购买你们的石油。"

"沃特-皮尔斯公司不断降低石油售价,自从我上次购买了一车后就这么做了。他们以 1.8 美元的价格出售给顾客。"

"我们有你们的石油报价单。他们的价格比我们购买的价格还低。但是除非牵涉一整车石油的生意,否则他们不会花钱解决问题,因为沃特-皮尔斯石油公司同样在打价格战。"

"你们的石油到货这天,美孚的代理商找到我的客户,并以每加仑 10 美分的价格出售木焦油,每箱 1.5 美元,按比例降低质量等级。美孚的代理商告诉我的客户们,如果他们继续从我这里购买石油,美孚将不会向他们出售任何石油,那样他们就没有生意可做。他们已经听任美孚摆布了。”

“现在我们觉得沃特-皮尔斯石油公司的石油价格太高了。他们能够并且的确在提供这个州所需的全部石油。而当有其他人在这个州内销售石油时,他们又可以将售价降到极低,迫使其他人放弃石油业务。”

“追踪并加快运输你们的石油吧。我们发现,你们的石油很可能已经转到侧线运输了,沃特-皮尔斯公司或许就要采取行动。”

“假如我们购买了一两车石油,沃特-皮尔斯石油公司会以比我们更低的价格出售石油,他们会持续这样做直到把我们从市场逼退。”

“关于石油业务,我们打算退出了。沃特-皮尔斯公司又将价格提升了回去,并以老价格报价给我们。”

“批发商说,当他们再次购买石油时,立刻受到沃特-皮尔斯石油公司的抵制,该公司不仅拒绝出售石油,而且将石油售价降至低于他们之前购买的价格,使得批发商不得不放弃石油业务,除非他们愿意亏损出售。”

“如果我能够在得克萨斯卖出你的石油,且没有被那家邪恶的沃特-皮尔斯石油公司害得亏损甚至破产,那么我将和你协商大量购买事宜。今天早上收到了书面通知,当我的石油运抵时,他们会让情况变得水深火热。”

赖斯在这本引用了上述信件的小册子的前言中声称,他收到了数百封来自不同州的相似信件,这些信件的作者都要求对美孚进行调查。要求回应他们的请求的文件由上百封信组成,它们来自十二个不同的州,表明了各处都存在这样的竞争——降低价格直至将他们逼死。在这些信件中,非常值得注意的是经销商对美孚石油公司为保护自身贸易而使用的手段的愤慨。他们最厌恶被威胁。他们抱怨美孚石油公司探听他们的地址,放肆无礼地窃取消息,使石油贸易变得令人恶心和耻辱。在1880年代的密西西比州，小经销商对切斯-卡利公司的愤怒是如此强烈，以至于他们形成了行业协会，团结在一起，拒绝和切斯-卡利公司交易。

西南部也存在同样的现象。1891年4月28日，在一封给得克萨斯州达拉斯代理商的信中，沃特-皮尔斯石油公司的副总芬利坦率地说："我们想要控制达拉斯及其周边地区'璀璨'石油和水白油的价格，使克莱姆（一个独立经销商）做不成任何生意。"他又补充说："希望您能重视出席下次的市议会，也就是在明天晚上，尽一切可能否决在城市范围内的建设许可，除非要建造的建筑物与我们的结构类似。他们已经强迫我们建造了如此昂贵的建筑，如果允许别人建造其他类型的建筑来储存石油，对我们来说是不公平的。"①

赖斯不是唯一一个提供了证言的独立销售商，蒂格尔和俄亥俄州的沙尔也提供了相当多的证言。1896年，堪萨斯州的销售商在一封给斯科菲尔德-舒默-蒂格尔公司的信中写道："我们停止购买你们石油的原因如下：美孚石油公司通知我们，如果我们继续购买你们的石油，他们将以10美分的零售价格卖石油，那是我们承受不起的，所以我们不得不购买他们的石油，或者赔本做生意。"1897年，俄亥俄州的一个销售商写信给同一家公司："美孚石油公司已经再三告知我们，如果我们继续买你们的石油，他们将在这里以低于我们进价的价格零售石油。我没有理会他们，但是昨天他们的代理商来到我这里，让我决定到底是否继续购买你们的石油。我告诉他们我会继续买，他们走了，并且让他们的经销商以7美分的价格零售石油。"

在蒂格尔作证的同一委员会上，沙尔也给出了他的证词。他称："你带着10,000美金进入市场，我保证你在九十天内都不会有生意可做。美孚的座右铭就是，任何进入市场与他们作对的人，他们都会让他的生活变成一种负担。那就是你能获得的全部了。"

在工业委员会的听证会上，出现了许多包含类似行为的证词。它

① 1898年俄亥俄州参议院的托拉斯问题调查，第370页。

们多数都是些文字记录。其中最重要、最特别的一个案子,是韦斯特盖特提出的,他是美国石油公司——宾夕法尼亚州泰特斯维尔独立炼油厂的会计。

1894 年,美国石油公司似乎将一种名叫“日光”的石油运输至华盛顿州的南本德,这恰好在俄勒冈州波特兰市的美孚石油公司代理商负责的区域内。他们中的一位在听说该区域被“入侵”后,给一位南本德的经销商写信:“我们向你们声明,运抵南本德的石油没有一家的质量会比我们的更好。他们可以称呼它为‘日光’‘月光’或者‘星光’,但这没有任何区别。请您放心,如果另外一车‘日光’被运到你们所在的地区,它将以很低的价格出售。我们不打算允许另一家公司运油到这个地区,除非运入该地区的石油打算以其实际价值的一半出售。你可以将这个想法告诉那些打算购买‘日光’石油的年轻人们。”

当美孚石油公司的约翰·阿奇博尔德注意到这封来自工业委员会詹克斯教授的信时,阿奇博尔德将这封信视为“来自一个不明智的人的愚蠢声明”,并答应展开调查。之后他向委员会递交了一份来自高级代理的声明,声明中说,没有任何证据可以证明石油是按照信中提及的方式销售的。“这封信,”他继续说道,“大概是想用一种诙谐的方式,说自己出售的石油质量要比其他人的好。”外部人士或许很难理解那封信中的诙谐,对于收到它的经销商来说或许更加困难。

现在,独立经销商抱怨美孚石油公司以异常的方式拉拢运输线路上的经销商,让这些经销商对从独立炼油商手中购买石油存有偏见,且这种偏见太过强烈,难以消除。这种异常的方式就是通过“伪造”石油公司进行交易。一个新出现的独立炼油商的代理商找到那些固执的经销商,暂且将这个新出现的独立炼油公司称为 ABC 石油公司,以便阐明关系。代理商与这些经销商展开贸易,前提是代理商代表的是一家独立的炼油公司,而他出售的石油价格比经销商从其他公司购买的石油价格更低。逐渐地,他建立了自己的交易模式。事实上,这家新的公司仅仅是美孚石油公司的一个不制造石油的批发商铺,用一个具有误导性的名字来掩盖它真实的身份。报道中引用了大量来自铁路货运办公室的报告来证实这位独立炼油商的观点。ABC 石油公司有大量装运石油的记录，且在经审计的报告中，以和美孚石油公司一样的方式被核查，所有的装运都与美孚石油公司的代理毫无联系。全国的独立炼油商因为这些伪造的公司的低价销售而蒙受损失。伪造的独立炼油公司提供给经销商的价格很低，这使得经销商在任何情况下都不会从美孚石油公司购买石油，因此只要谨慎地达成协议，这些经销商就不会去扰乱附近美孚石油公司的业务。在确保交易安全，也就是等到真正的独立炼油商退出市场后，伪造的独立炼油商开始不断提价。当类似这样的公司的真实身份被众人所知后，它自然也没有意义了，就会撤出这个领域，然后会出现一个新的公司代替它。

上述的竞争方式被用于每一个经销商身上，无论其规模多小。近些年来，这类竞争手段甚至被频繁地用于针对石油小贩。在这个国家的很多小镇上，石油小贩是挨家挨户上门出售石油的，他们的存货只有一车。很多这样的石油小贩都与顾客建立了良好的贸易关系。作为默认的规则，他们出售的是美孚石油公司的石油。然而，一旦有人购买了独立炼油商的石油，这个消息就会马上传播开来。这个炼油商的顾客会立刻被找到，同时，美孚石油公司会马上派出油罐车司机到顾客家里，不仅会以更低的价格出售石油，甚至还会帮顾客清洁油灯并往里面灌满油。在对这些出售独立炼油商石油的小贩进行突袭时，他们在不同的地区消费者门前，将成品油以低于原油在油井口的价格出售，每加仑的价格比出售给批发商的成品油价格都便宜几美分。独立炼油商认为，伪造的独立炼油公司基本达成了赶走石油小贩的目的，并借此避免了大家对美孚石油公司行为的反感，以及对价格随即上涨的不满。

对于这些竞争手段，美孚石油公司的官员们给出的解释是，他们的雇员对工作太过热情，如果他们的领导知道他们的所作所为，肯定会立刻指责他们的这种行为。这样的解释实在难以令人满意。可以肯定的是，搜集竞争公司的商业信息这种行为不是对工作太过热情的雇员所为，而是美孚石油公司承认的部门所为。在上述提到的石油运输报告中，大量文件显示了这种行为的普遍性，以至于需要给出具体解释时，需要拿出美孚石油公司每个市场分部的账册。

这显示了什么？很简单，每天从铁路货运代理处获得的信息，都被刻意地被记入了账册。美孚石油公司总部将每一位独立炼油商的每日发货记录都详细记载在册备查，甚至包括姓名的首字母、运输车的号码等细节。在这些惊人的记录中，一系列的文件表明，美孚的记录人员至少整理了两组报告。一组报告是每一位特定独立炼油商或者批发商的每一年的业务状况，另一组报告是每一个当地经销商经手的业务。凡是美孚石油公司的间谍能够找到的信息，都被记录在册。例如，这些文件中有一份是关于国内某大城市的某著名石油批发公司的报告。将这份报告与该公司自己的记录比较之后，可以发现美孚石油公司的数据十分精确，与该公司的数据相差很小。

从货运站获取的另一类信息，是关于当地经销商的一张张卡片目录。石油通常在杂货店零售，当地代理商就是与杂货店进行交易的。现在，从货运站获得的每日报告能够显示杂货商的石油获取来源。当地代理商获得的关于竞争对手的报告，也或多或少地提供了与杂货商业务相关的信息。每一张卡片对应一位零售商，上面注明了他获得石油的日期、购买石油的经销商的名字和地点、石油的品质和购买的价格。在卡片空白处有红色笔记，注明了这位代理商准备接触的相应经销商的信息。关于为什么不购买美孚石油公司的石油，杂货商常常会给出这样的解释："为了反对垄断。"从证据文件中很难确定美孚石油公司的卡片目录记录行为保持了多久。至少二十五年来，他们都是这么做的。一位著名的美孚石油公司的官员在1903年写给他的代理商的一封信中提到："只要有竞争存在，我们就有习惯去记录每个商人日常购买的散装油。我知道，至少在得克萨斯州南部分部的一个小镇上，就保有过去十五年的记录。"①

从"保持监视"的系统中可以得出推论：美孚石油公司清楚地知道每个独立经销商每一桶油的去向，以及从缅因到加利福尼亚范围内的

① 1898年俄亥俄州参议院的托拉斯问题调查，第371页。

每个街角的杂货店每一桶油买卖的情况。确实，那些让笔者从中获得证据的文件，虽然没有覆盖整个国家，但是准确地覆盖了很多州。美孚石油公司在美国的竞争手段广为人知，这使得人们相信，此类搜集商业信息的手段可以在任何地方使用。这是一个不可思议的完美系统。行贿在这个国家并没有承担其应该承担的风险——只有贿赂，才能诱使职员泄露这些每日报告中所包含的信息。但是，那些长期保持这种行为的人们最终还是因为害怕暴露而退缩了。这也是政治和商业行为之一，这种行为只有被掩盖的时候才是体面的。自然，上述搜集信息的整套行为必须小心谨慎，并且永远不可能像洛克菲勒获得南方发展公司执照时所期待的那样完美。

这整套行为对雇员精神道德的影响甚至比它对竞争的不公平性影响更为显著。对于一个“考虑周全”的铁路货运办事员来说，需要经由他们给出关于货运的机密信息。这正如邮政办事员允许洛克菲勒阅读竞争对手的私人信件那样“正当合理”，一个铁路办事员也会提供给洛克菲勒有关货运的机密数据。参与泄露信息过程的每个人都被这些行为玷污。尽管是微不足道的因素，但在这样的一场交易中，它也混淆了一个人的是非界限。对美孚石油公司的当地代理商来说，这样的手段只能使他泄气、堕落。被上级的信件和电报不断催促去确保搅黄独立生产商的订单，面对大量业务从他手上流失的情况，他需要的信息只能通过不正当的手段获取，他不得不解释为什么不能从竞争对手手中抢夺这个或那个交易，他沉溺于欺骗，失去了自尊。“你们这些独立经营者对于不让我们找到你们的客户无计可施吗？”一个独立经销商转述了一位惴惴不安的美孚石油公司代理商问他的话。“因为跟踪你们的销售情况，我们很有压力，生活也因此变得痛苦。我不喜欢这样的生意。它是不对的，但我还能做什么呢？”

这整套行为自然而然地产生了臭名昭著的对独立经营者的雇员行贿的事件。对于独立炼油商而言，解雇一位他们有理由相信确实向美孚石油公司提供了机密信息的员工是一件普通的事情。笔者最近发现，一个书面陈述中记录了发生在十几年前的一起令人吃惊的事件。

1892 年,路易斯·埃默里石油公司是费城一家独立销售石油的公司,曾雇了一名叫巴克利的男人。这个男人被解雇后,9 月份到费城的美孚石油公司的主要炼油厂工作,这个公司叫大西洋炼油公司。根据巴克利的书面陈述,美孚石油公司的经理在 1893 年 2 月与他讨论他上个雇主的事情。他们说,只要能找到竞争对手出售石油的客户的名字以及出售的价格,他们就能把竞争对手击垮。他们问巴克利,他是否能够帮助他们获得这些信息。在一番讨论后,其中一位美孚石油公司经理说:"那个黑人是怎么回事?"他暗指路易斯·埃默里石油公司雇用的一个黑人男孩。巴克利告诉他们他会去试试。"你可以这样告诉那个黑人,"其中一位美孚石油公司的人说,"他不用害怕,因为如果他失去了职位,这里会有另一个职位等着他。"

巴克利找到黑人男孩并向他提出上述建议,那个男孩同意有偿提供信息。"从 1893 年 2 月开始,"巴克利说,"持续到同年 8 月,这个男孩定期向我提供关于路易斯·埃默里石油公司日常货运的信息,我得到信息后私下告诉一位经理,有时候告诉其他经理。他们会对信息进行复制,然后将原件还给我。"这个黑人男孩同时提供了所谓价格清单给巴克利,这个价格清单被美孚石油公司的经理完整地复制。"总之,"巴克利在他的书面陈述中说道,"我通过这个男孩得到有关路易斯·埃默里石油公司的信息,然后将它们都告知了美孚石油公司的经理。"作为提供信息的报酬,这个黑人男孩获得了很多钱,一共大约 90 美金。巴克利说,在美孚石油公司的账目本上,这笔钱被记录为"特殊支出"。这次交易在黑人男孩被路易斯·埃默里石油公司解雇后结束。

这件事情的结局很悲惨。所以埃默里和他的伙伴们都断言,公司最终会被这样那样的小伎俩击垮。黑人男孩一直没有被大西洋炼油厂雇用,并且巴克利也在不久之后被辞退了,当然理应如此。一个表现出叛逆、说谎、偷窃行为的男人从来都不会被美孚石油公司长期雇用,即便是以石油生意的利益为借口。那些卖给美孚石油公司信息的人从来没有得到过可靠的职位,这在石油产区已是人人皆知。油区的人都说,他们也许会不停地做着各种苦力工作,在油区被当作贱民。洛克菲勒和其他人一样明白诚信对于一个组织来说永远必不可少。像巴克利和黑人男孩这样给洛克菲勒提供秘密情报的人没有得到任何东西，除了钱和蔑视。

对大众来说，有个问题备受关注："所有这一切是怎么影响我们支付石油的价格的呢？"市场竞争的主要利益在于，竞争被消除之后，石油价格会回落至竞争出现之初，之后会频繁上升——而公众要为此买单。本章引用的好几封信都显示，在竞争被消除后，市场价格立刻弹回高位。1892 年的一张数据表格展示了竞争在美国不同州对石油价格的影响，结果令人吃惊。在加利福尼亚，石油价格在没有竞争的环境下是 26-1/2 美分每加仑，在竞争环境下只卖 17-1/2 美分。1892 年春天，科罗拉多州的丹佛出现"石油战争"，同样的石油在蒙特罗斯和加里森卖每加仑 25 美分，在丹佛只卖 7 美分。最终竞争对手都被击垮，从那以后丹佛的石油就卖 25 美分。有这样的价格收益当然提倡竞争。1892 年春天在科罗拉多州卖 25 美分的石油，在纽约以 6.1 美分的价格出售。当然科罗拉多州的运费很高，运费率据说是每加仑 9 美分，但是美孚石油公司把石油运到那里也要花每加仑 9 美分。人们需要文件性的证据才能相信，即便是这样，仍然会有每加仑 10 美分、每桶 10 美元的利润。在堪萨斯州，有无竞争情况下的价格差是 7 美分，在印第安纳州是 6 美分，在南卡罗来纳州是 4.5 美分。①

1897 年克利夫兰的斯科菲尔德-舒尔-蒂格尔公司准备了一份传单，来说明在俄亥俄州有无竞争情况下的价格差，并且准备在贸易市场上发传单。根据这张传单，人们在无竞争的市场上比在有竞争的市场上支付的价格要高出 25%—33.3%。事实上，石油在有商业竞争的地方价格更加便宜，而公众不得不为在这个国家持续了二十五年的石油战争买单，人们不得不承认这一点，尤其是在中西部城市的社区百姓和经销商。毫无疑问，美孚石油公司的代理们尝试劝说或威胁经销商取消订单，又或者威胁供应合格石油的独立生产商投靠美孚石油公司，这些

---

① 见附录 41 号：1892 年竞争性和非竞争性站点的油价表。

行为不如以前成功。时不时有这样的情况发生,社区中经历过石油战争的人们好几个月都会站在独立的经销商一边,甚至抵抗代理们帮他们清洁台灯并往灯内灌油的诱惑。

简单来说,从关于美孚石油公司使用的手段的证词来看,结论是这样的:美孚石油公司成立了市场部,并组织了许多分部,覆盖了整个国家,其目标是每个分部必须售出该分部所有的石油。为了防止或者应对竞争,美孚石油公司组织了一个完善的秘密服务网来查明独立生产商货运的数量、质量和售价。在发现独立生产商与经销商的订单后,代理商会说服经销商取消订单。如果经销商不同意,代理商就威胁要进行"掠夺性竞争",换言之,就是以成本价或者低于成本价的价格出售产品,直至把竞争对手逼退市场。如果经销商仍然顽强抵抗,美孚石油公司就会开始一场石油战争。近年来,逼退市场和开始石油战争的任务经常被交给所谓伪造独立炼油公司,当真正的独立生产商被逼得退出市场之后,这些伪造的独立公司才会退出。在后来的几年里,美孚石油公司低价出售石油的行为变得更加谨慎,即便它的对手正在以比以往更低的价格出售石油——通常一些规模小的炼油厂也可以做到以低于美孚石油公司在非竞争状态下的石油价格出售石油——但美孚石油公司会毫不犹豫地考虑降价,开始价格战,直至逼退对手。之后价格会回到原位,或者比原来更高。约翰·阿奇博尔德于 1898 年向工业委员会提交的证据实际上证实了上述结论。阿奇博尔德说,美孚石油公司有好斗的习惯,善于掌控并推进它的贸易,不惜降至成本价出售石油,直至逼退对手。他认为公司的交易历史可以说明,是对手推动的这场战争。阿奇博尔德告诉委员会,他个人认为,以低于成本的价格出售石油来逼退小经销商的做法是不合理的,除非是某种"恶性竞争",但他承认美孚石油公司有时确实会这么做。问题是,按照洛克菲勒的基本信念——石油业是属于他的,那么任何规模的竞争都可以算作"恶性竞争"。而在这类竞争中,仍有人能保持立场坚定,令人欣慰:坚持不联手、独立做生意的炼油商坚信"这是一个自由的国家";憎恨美孚石油公司代理商窃取隐私和恃强欺弱的杂货店老板,称自己有想买谁的石油就买谁的石油的权利；非常少的一部分人开始意识到，石油在短期内以低于成本的价格出售，意味着之后将要为这场战争付出代价。这是石油行业在过去十五年的特点。我们已经走进了这个历史阶段，即在1884年实行的输油管道垄断及石油运输竞争的结束——一切似乎都在表明，在石油市场，独立石油商无法从洛克菲勒的手中逃出。

洛克菲勒能准确并及时地查到独立炼油商的货运信息，这让独立炼油商们觉得很可怕，而持续的降价让这些独立炼油商们感到绝望。洛克菲勒展开的这种竞争，特别是在南部和中西部城市展开的竞争，使得原本脆弱的精炼油环境更加恶化，并且在大范围引起了人们的反感和鄙视。人们看着洛克菲勒吞噬独立生产商，亦因此而短期受益。他们没有能力和勇气去干涉洛克菲勒的行为，只能眼睁睁地看着油区的各种辛酸故事。每一个对此不满的石油生产商，或者破产的炼油商，在与人交谈时都或多或少地谈及自己在市场上经历的悲惨竞争。他们讲述着瘸腿男人的故事——瘸腿男人推着手推车去贩卖独立炼油商的石油，但美孚石油公司的人每天都跟着他，直至他的业务逐渐被美孚石油公司抢占。他们讲述着杂货店的故事——杂货店因支持独立炼油商而被逼得退出市场。他们讲述着许多其他的故事，或许其中有些夸张的成分，或许有些是不真实的，但是这些故事已经被人们接受了，因为确实有类似的事情发生过。“美孚石油可以不择手段”，这种观点被广泛接受。这样的情况给洛克菲勒和他的同事们带来了无尽的烦恼，意味着大家对他们的怀疑、敌意、误解、蔑视和辱骂，甚至有很多人否定洛克菲勒的能力。美孚石油什么都敢做，这种想法足以让人对其进行控诉。美孚石油公司想要的都是错的，他们反对的都是对的。符合美孚石油公司利益的判决就证明了法官和陪审团的腐败，不符合他们利益的判决就证明法官和陪审团的正义。事实上，每年都有更多的理由让洛克菲勒去实现垄断，而垄断建立的过程既有磨难，也收获了利益。

第十一章
回扣之战

洛克菲勒的沉默——整个油区都知道，即便联手对付他也毫无作用——反对情绪仍然很明显——美孚石油公司起诉斯科菲尔德-舒默-蒂格尔公司——试图强加协议，以限制该公司精炼油的出口——斯科菲尔德-舒默-蒂格尔公司争取在美孚及其回扣行为之外独立开展业务——发现自身命运多舛——针对湖滨-密歇根南部铁路公司的歧视提起诉讼——铁路公司败诉——围绕回扣的战争中，另一起案件证明了美孚公司仍在获得回扣——乔治·赖斯诉辛辛那提-玛丽埃塔铁路公司接管者一案

1880年，与洛克菲勒达成和解很长时间后，因遭遇巨大的挫折而产生的冷漠以及不作为，限制了宾夕法尼亚州西北部的石油业的发展。后来，通过与美孚石油公司合作，滨海输油管道建成，这些管道曾经是在石油人的鼓励和赞助下发展起来的。与美孚的斗争以失败告终，这让生产商深信抗争是无用的，因为他们在和超乎常人的力量抗争——这种力量仿佛暗藏着某种凶器，拥有近乎残忍的智慧。有些人也许会感到不解，但事实上，到了1884年，油区人对洛克菲勒形成了一种迷信般的敬畏，他们的这种敬畏就像19世纪前叶英国人对拿破仑的态度那般，甚至到了今天，布列塔尼的农民在英国人心中仍是这样的形象——充满使人恐惧的力量，残忍、无所不能，并且随时准备战斗。

油区人对洛克菲勒的态度，在勇敢、冲动和自信的人看来完全是不正常的。人们的这种态度是基于洛克菲勒身上散发出的一种气场，这种气场比一系列大胆和令人钦佩的行动更强大，正是这种气场奠定了洛克菲勒在石油界的巨头地位。形成这种气场的首要原因就是洛克菲

勒的“神秘感”，他似乎天生不喜欢受公众关注。早年的他几乎只出入家中、办公室和浸礼会。他很少去俱乐部、电影院，也很少出席公开会议。当他的策略开始遭到舆论攻击时，他对被公众关注的厌恶之情与日俱增。他居住在纽约，但他不确定那儿是否会有与他做生意的人或者对他的教堂和慈善会感兴趣的人。他的面孔可能是美孚石油公司里最不被公众熟知的。他从不去油区，油区人说他不敢去，这或许是真的，或许不是。当然，油区人毫不保留地发表对他的看法，认为像他这样谨慎的人总是会与人保持距离。

即使在克利夫兰，那个他生活了二十五年的地方，同乡人也认为他始终在隐藏自己。可以肯定的是，他伟大的商业运作非常受人羡慕。1882 年，《纽约太阳报》派出一位经验丰富的记者到克利夫兰写报道，介绍美孚石油公司的经营情况。而这位记者在信中说，关于洛克菲勒的一切都是神秘的，他抱怨根本就不可能采访到洛克菲勒。他到美孚办公室询问关于外界流传的谣言的真相，但镇上成百上千名值得信赖的美孚员工，对所有有关业务方面的事，与他们的领导者一样沉默。如果谁透露了公司的消息，那么他将不再是美孚的员工。美孚石油公司和克利夫兰的城镇以及媒体之间不存在什么情谊，互利、骄傲和自信，通常是大型公司与其周边关系的特征。

洛克菲勒在克利夫兰时，与在油区时一样，努力掩盖自己曾经遭受嘲讽和被拒绝的阴影，终于成功地使人们闭口不提这些关于他的不光彩的历史，并且获得了人们的尊重。值得注意的是，虽然所有美孚石油公司的成员都与洛克菲勒一样保持沉默，但外界对他们没有任何恐惧感。例如，虽然油区人对美孚石油公司这个组织有着深深的怨恨，但在大多数情况下，人们都喜欢美孚的员工，对他们也毫无畏惧之情，因为这些员工与镇上的同乡们交往密切，在他们生活的社区中，努力为娱乐及各种服务事业做贡献。他们慷慨、能干、亲切，人们说起他们提供的服务，总会赞不绝口。

洛克菲勒让公众感到敬畏的第二个原因，是这个没人见过、也没人谈起的人却知晓一切——甚至包括一些意想不到的、琐碎的信息。一些人看到了掌握知识带来的影响，却没有看到洛克菲勒是如何获取知识和信息的，理所当然地认为他无所不知。洛克菲勒无所不知的原因其实一点都不神秘。他利用一个广泛的、组织有序的信息收集系统掌握别人的信息，那些影响力大且受人关注的商人都有可能这么做。但洛克菲勒是在使用卑鄙的方法获取机密后（详见最后一章）做完全合法的工作。当然，纸是包不住火的，自 1884 年他的这种行为被揭发后，洛克菲勒带给人们的他拥有超能力的错觉也不复存在了。然而，这些信息的来源却是长久的秘密，当那些认为自己的信息不可能被洛克菲勒掌握的人们，一次又一次地看到自认为只有自己或其秘密代理商才知道的行为暴露后，开始对洛克菲勒产生恐惧，并认为他有某种神秘的能力。假如洛克菲勒是一名优秀的心理学家，他就会意识到自己已大范围地唤醒了人们的恐惧，他会预见到，总有一天，他的方法会不可避免地被识破，伴随他的名字所出现的嘲讽，将会扼杀一切因这片土地产生的财富而获得的利润和捐赠。

这种恐惧的效应是极度糟糕的，因为它加剧了在油区已广泛存在的情绪，油区人联合抵制也无济于事。但是，在洛克菲勒掌权之下，这些懒散的人已经在石油行业打下了自由的基础。1884 年，他们发现自己三十年来耗费的精力都付之东流——三十年，虽然事情做了不少，但只是在原先的基础上搭了个小架子。

油区人在关键时刻挽救了这种状况，这些人决心挑战一下洛克菲勒关于石油业全部属于他一人的说法。“我们有权做独立于美孚石油公司的贸易，”他们说，“我们决定这么做。”他们开始行动，攻击洛克菲勒的弱点。过去十二年的经验告诉他们，洛克菲勒通过对铁路运输的操控基本实现了他的野心。洛克菲勒的回扣手段使美孚石油公司变大、变强，成为全国史无前例的商业巨头。尽管十年过去了，各种联合、解体、诉讼、议会审查、司法调查纷纷出现，但是回扣仍然是洛克菲勒最有效的武器。如果能把洛克菲勒扳倒，他们就能发展业务。在这段时间里他们发现，所有的公众舆论和法律精神都不赞成回扣的行为，铁路运输商也担心运费歧视被曝光，他们希望能私下解决这件事情，不希望被公众知道此事。因此,这些个体生产商们打算起诉洛克菲勒的回扣行为,直至铁路运营商深受起诉的困扰,停止为美孚石油公司提供运输服务。

这些案例中最有趣且具有影响力的来自克利夫兰的斯科菲尔德-舒默-蒂格尔公司,这家公司在 1876 年与洛克菲勒的公司签订协议,冒险成立了一家"合资公司",限制出口并抬高价格。这次的冒险之举非常成功,其利润也是巨大的。在这个冒险之举的前一年,斯科菲尔德-舒默-蒂格尔公司从炼油厂卖出每桶 34 美分的价格。在合作之后的第一年,由于限制产量,同样的石油每桶售价提高至 2.52 美元。这是美孚石油在精炼油方面的第一个大举措。这一年,88,000 桶石油的分红是 222,047 美元,远超前一年的 41,000 美元。四年来斯科菲尔德-舒默-蒂格尔公司向洛克菲勒累计支付了 3,315,345 美元的分红,而洛克菲勒仅投资了 10,000 美元,加上运费回扣。

四年后,美孚石油开始抱怨合作伙伴们炼油过多——资料显示,针对 85,000 桶的最高数量限制,第一年他们提炼了超过近 3000 桶,第二年超过 2000 桶,第三年超过 15,000 桶,第四年超过 5000 桶。美孚石油公司对此十分不满,要求其他三家公司支付他们超额炼油获得的全部利润。洛克菲勒声称:"我们的垄断一向完美,如果不是你们违反协议,我们完全可以出售多余的石油,因此利润本就属于我们。"斯科菲尔德-舒默-蒂格尔公司支付了超额利润的一半,但拒绝支付更多,且仍然超额炼油。由于此时洛克菲勒拥有克利夫兰的管道所有权,他切断了斯科菲尔德-舒默-蒂格尔公司的原油供应。如果他们不遵守协议,就做不成生意。但这家公司似乎并不害怕。"我们很遗憾您拒绝按照已达成的协议向我们提供原油,"他们在给洛克菲勒的信中写道,"我们不承认 85,000 桶的限制,因为我们必须完成大量的精炼油订单,如果您拒绝在同等的优惠条件下提供原油,我们会尽我们所能另寻他处,您也必须为差价负责。"

洛克菲勒的回应是请求一项针对该公司成员的禁令,"对他们在俄亥俄州克利夫兰每年提炼超过 85,000 桶的原油,每桶为 42 加仑;每 6

个月提炼了超过42,500桶原油,每桶为42加仑;自1880年7月20日之后的6个月,提炼了超过协议规定数量的原油;除了协议中与原告相关的业务,还直接或间接地参与了与原油及其产品相关的商业活动;等等行为做出进一步判决。在这场案件的最终聆讯中,上述被告的行为将受到类似限制,且上述行为均应被禁止,直至协议到期,进一步的解决方案有待法院在衡平法的基础之上做出裁决"①。在这份诉状中,最值得注意的是其对显而易见的事实的无意识——协议本就荒谬且无效,因为公开承认了限制贸易——以对炼油商使用手段的方式继续联手合作,这给予了洛克菲勒对石油价格非凡的掌控力。

斯科菲尔德-舒默-蒂格尔公司毫不犹豫地应战,打出了漂亮的一记回击。他们回应称,美孚宣称的所谓协议在任何时候都"在条款方面限制了商业贸易,违背了公共政策,因此该协议在任何时候都是完全无效的"。他们称,美孚石油公司从来没有履行协议的条款,并且故意隐瞒了货运协议中的优势所带来的利润,而现在美孚泵取原油从油区至克利夫兰的成本大约是每桶12美分,美孚向他们收取(斯科菲尔德-舒默-蒂格尔公司)20美分。他们否认美孚石油公司对他们造成了损失,但声称美孚石油公司的获利远在他们之上。"原油和精炼油的价格有很大差距。"被告称,"制造、销售精炼油会带来巨额利润。原告和被告双方都尽全力运营提炼原油的炼油厂,依旧无法满足公众对于石油的需求。如果被告的产业像原告所请求的那样被暂停运营,那将会导致更高的精炼油价格,并且原告在精炼油制造和销售方面的垄断将得以进一步推进"②,而美孚与他们签订协议的唯一目的,就是建立这样的垄断。为了垄断的建立,其他公司也保持着不合乎常理的高价格,包括斯科菲尔德-舒默-蒂格尔公司在内,因为他们共享了1876年和1877年冬天的成果。到了1880年10月,在这个特殊时期,他们再次目睹了重复这场变革所做的努力。

---

① 见附录42号:美孚石油公司申请赔偿和禁令的诉状。

② 见附录43号:威廉·C.斯科菲尔德的答复。

斯科菲尔德-舒默-蒂格尔公司对垄断的控告靠一系列引人关注的陈述书支撑——它们放在一起就会对美孚石油公司产生最强的破坏力。这其中包括各类人的陈述书,这些人在南方发展公司存在时就已经在克利夫兰从事炼油业,又因美孚造成的恐慌而卖光其工厂。还包括对因美孚的计划及其对铁路公司的控制而引发的宾夕法尼亚州炼油业的大混乱的回顾。同时还有 B 夫人和她的秘书,以及其他与她在 1878 年的销售情况有关的人的陈述书(见第六章)。为回应斯科菲尔德-舒默-蒂格尔公司递交的陈述书,约翰·洛克菲勒、奥利弗·佩恩和亨利·弗拉格勒提出的陈述书读起来有些奇怪。从我们现有的资料来看,他们否认了许多已被证实的事情。①

但是,对于被告们来说,他们没必要拿出一系列详尽的证据来证明对故意垄断的起诉。协议本身已经足以阻止任何法官判决执行这份协议。但令人惊奇之处就在于,美孚石油公司居然还敢要求法院判决执行协议。"他们敢于向法院要求协助执行协议去限制产量和提高被普遍使用的石油产品的价格,"《芝加哥论坛报》报道说,"这表明美孚石油公司有自信能达到某种权利和财富的高度,即使与公众意见相悖,也能保证自身的安全。"这并不是那个时期唯一支持《芝加哥论坛报》观点的案例。

斯科菲尔德-舒默-蒂格尔公司现在不得不坚持他们的立场。他们可以按照自己的意愿提炼所有石油,但必须履行自己的货运协议义务。他们发现,与洛克菲勒合作时的货运费率大大不同于与其竞争时的运费率。根据他们大部分货物的运输目的地,湖滨铁路的代理人坦诚地告诉他们,除非他们能提供相同的货运量,否则不可能获得与美孚石油公司相同的运费率。针对他们的歧视非常严重。例如 1880 年,美孚石油公司将一桶油从克利夫兰运往芝加哥需要花费 65 美分,斯科菲尔德-舒默-蒂格尔公司却要花费 80 美分;1881 年 4 月 1 号到 7 月 1 号,美孚石油公司的运费率为 55 美分时,其竞争对手的运费率为 80 美分;1881 年 7 月 1 号到 9 月 1 号,他们的运费率分别是 35 美分和 70 美分,

① 见附录 44 号:约翰·D.洛克菲勒的证词。

且这一运费率持续了整整三年，直到对歧视感到绝望的公司将这一事件诉诸法院。这起案件曾在俄亥俄州法院审理，1886 年递交至联邦最高法院审理。这是现存的回扣事件中影响因素最清楚、最明晰的案例之一——因大货运主为保证并保持自己的优势采取的行为而产生的争论和压力，铁路公司实行歧视的理由和辩护，处于劣势地位的小货运主抗议的理由，最后还有法律意见。这宗案件的第一次诉讼是在普通法院进行的，炼油商胜诉。而后铁路公司又上诉到地区法院。当地区法院的法官们发现此案件涉及的问题“重大且棘手”后，基于铁路公司的诉讼请求，他们将关于此案件的调查结果移送至州最高法院，以便其做出裁决——这是他们在当时法律下的一种特权。

这些调查结果非常详尽，包括 23 条意见。① 某些学者将这些意见与后来由最高法院给出的意见相混淆。例如，一份名为《美孚石油公司的崛起与发展》的经济研究报告中，列举地区法院向最高法院移送其“事实发现”时，分别引用的是第 12 条、第 13 条和第 14 条的部分意见，并且从上下文的推断来看，作者应该只援引了法院意见的一部分。读者可以从下面的内容中看出，接下来引述的段落非常重要，因为它们大致可以反映出美孚石油公司之所以能从铁路公司得到斯科菲尔德-舒默-蒂格尔公司想要的回扣，是因为其提供了其他炼油商无法提供的设施：

> 法庭进一步发现，在 1875 年之前，美孚石油公司尚未确定是保留在克利夫兰的石油业务，还是将全部业务转移至石油生产区，而这主要取决于从克利夫兰到销售市场的运费率。在这之前，美孚石油公司的确通过水路将大量产品运往芝加哥及其他港口，并通过铁路向内陆市场运输石油。之后，他们向被告表明了业务转移的可能性。在航运季节，水路运输的运费往往非常低廉。所以，除非达成某种协议，让他们获得一

① 见附录 45 号：事实发现。

个优惠的运费率来安排全年的运输，否则他们将通过水路进行石油运输，并为冬季提前储备石油。美孚石油公司在芝加哥、托莱多、底特律和大急流城都即将或者已经拥有自己的油罐车、油罐站和转运站，无论是车载还是散装的石油都能在不产生其他费用的基础上通过被告的铁路装卸。美孚石油公司在克利夫兰设有转运站，可以装卸所有车皮的货物。公司的货运量非常大，可以占到克利夫兰生产及经此运出石油总量的90%甚至更多。所以，如果能商定一个令人满意的运费率，那么几乎所有从克利夫兰生产或经此运输的石油产品，将会通过被告的铁路运往克利夫兰西部及西北部的市场。美孚石油公司每年运输的石油产品数量将与上一年保持一致。基于对这些表述的信任，被告确实与美孚签订了被告的陈述中所述的协议。该运费率并不固定，随着公开运费率的变化而变化，但通常比公开的运费率每桶低10美分左右。为了使散装的石油也享受到优惠的运输价格，美孚公司同意自己配备车皮和油罐车，在各个分布点的转运站装货，再卸货至油罐车中，同时他们也负责装卸桶装石油，无须被告承担任何费用。出于上述原因，被告在无须承担太大风险的同时，可以将大量石油运往克利夫兰西部和西北部，运往铁路线路之前无法到达的湖港，再考虑到货运安排、时间和车皮等因素，签订协议对被告来说是最有利的，因此被告同意了协议中的条件。上述协议于1875年签订并生效。

美孚石油公司称已投资超过100,000美元用于铁路货运枢纽站的设施建设。然而事实上，被告需要承担的火灾风险、装卸货物的成本，以及使用美孚油罐车的费用，均低于不使用类似设施运输石油的货运枢纽站（但具体低多少证词中没有显示）。所述美孚石油公司起初每年在被告的铁路上运输约450,000桶石油，这个数量逐年递增，到1882年，即本诉讼被提起的前一年，美孚石油公司在被告的铁路上运输的石油数量已经达到742,000桶,这相当于每日2000桶或一趟货车满载的运量。

上述协议并非排他性的,类似的服务和设施在任何时候都向其他可以提供同等数量、配有同样设备货物的货运主开放。被告无意以任何方式伤害或继续伤害原告。

现在,从上述引用段落的主张中可以发现,斯科菲尔德-舒默-蒂格尔公司实际上可以向铁路公司提供与美孚石油公司同等的便利条件、转换站、灌油设备、火灾和意外事故的灾害预防措施。① "原告和美孚石油公司的发货方式完全相同,两者在商业上的唯一区别就是年货运总额。"州最高法院的艾瑟顿法官如此说道。艾瑟顿法官基于调查结果做出了决定,并且与他的前任法官,在业务量的回扣,即"有利于资本的价格歧视"的问题上观点相同,却在制定有效的公共政策、保障平等权利制度、歧视反对者等方面观点相反。"我们认为,"他说道,"基于这种依据而产生并普遍存在的运费率歧视不应该持续下去。这种原则与已生效的公共政策相对立。它会形成并促进垄断,加速资本和金钱的集中,并且会通过隐藏的财富将所有其他的公司都从市场中驱逐出去。根据被告争取的原则,法院认可和执行的原则,用什么来阻止西北部谷物生产的巨大利润,阻止宾夕法尼亚煤炭生产和钢铁生产的利润,阻止这个国家中任何巨大的商业利益的获利者们,在权利、资本集中、与铁路公司的勾结等影响之下联合起来,使用铁腕手段,将除他们自己之外的所有为了生存而斗争的私人公司逼至绝境的现象呢?"艾瑟顿法官就湖滨铁路公司与美孚石油公司的协议,尖锐地提出了他的观点:"看看这个,看它究竟意味着什么。"湖滨铁路公司考虑到美孚石油公司满足了他们全部的石油货运需求,他们也以相较于其他客户每桶油便宜10美分的运费,作为对美孚石油公司的回报。"协议规定,对于特殊客户要给出低价,但对其他人要给出高价。这份协议体现出的不可逆转的趋势和

① 见附录45号:事实发现。

效应就是，允许美孚石油公司建立并维持一种隐蔽的垄断，摧毁所有区域中通过被告的路径、支线和连接线路获取供应的其他经营商，并力图使他们破产。”

双方在协议中承诺，作为石油运费折扣的回报，美孚石油公司将让湖滨铁路公司承担他们的全部货运业务。艾瑟顿法官认为这一部分条款非常棘手，[①]原因如下：1883年，一条从克利夫兰向西的名叫纽约-辛辛那提-圣路易斯的新铁路开工了。它可能会成为美孚石油公司在石油运输方面的一个强劲的竞争对手。它也许会制定一个新的运费率表，从而使其他的石油经营者可以成功地与美孚石油公司竞争。为了阻止这些事情的发生，在这条新路线完工之际，湖滨铁路公司拟定了一份运费率协议，将美孚石油公司向西的部分运输业务交给该线路运输，而其前提是，必须与湖滨铁路联合，共同实行有关给美孚石油公司提供回扣的做法。“这真是奇怪！”艾瑟顿法官不禁感叹，“被告持有与美孚石油公司于1875年订立的协议，因此有权承担美孚石油公司全部的货运业务，但是地区法院却说‘为了实现前述的大部分业务’，湖滨铁路公司还与新线路签订了协议，将一部分货运业务交由他们运输，如果他们承诺降低美孚石油公司的运费，同时提高其他公司的运费。”根据法院的意见，实施这样的协议，不仅违背了现有的公共政策，同时也违背了商业信誉和一般商业程序的要求。

地区法院对另一个事实的调查使艾瑟顿法官感到愤怒。“‘就被告来说，协议的订立和持续并没有以任何方式伤害原告的意图’，这在这宗案件里没有任何意义，”而且他认为，“原告在1875年以后就不再从事石油业，所以执行这份协议的时候，他当然不能伤害原告。如果一个人骑着一匹危险的马冲向人群，或者对他们使用武器，他也许会用同样的方式，对他伤害了的人说，他并没有伤害他的意图。但是法律仍然会认定，他清楚这种违法行为可能产生的可能后果，且是有目的地针对无辜的受害者的，并会对他进行相应的惩罚。而这份协议订立的目的是

① 见附录45号：事实发现。

使美孚石油公司对石油业形成垄断，并将其竞争对手从该领域驱逐，所以正如其条款直接侵害原告利益一样，协议本身就是不合法的。”①

在州最高法院输掉官司以后，湖滨铁路公司上诉到了联邦最高法院。案件从未被审理。铁路公司显然发现上诉无用，最后撤回了诉讼请求，接受了俄亥俄州最高法院做出的决定，停止对斯科菲尔德-舒默-蒂格尔公司的价格歧视。

这个案件在生产商协会解散六七年之后才呈现在公众面前，油区人也没有团结一致对付洛克菲勒，但是，这个案件使得公众开始注意回扣的恶劣影响，同时也加深了公众这样的印象，即如果要阻止洛克菲勒在其他行业的剥削，一定要严格立法。

在这场与回扣制度的斗争中，还有另一起案件浮出水面，加剧了公众对于美孚石油公司的不满。这起案件表明，美孚石油公司还在利用铁路运输协议的一个独特特征：铁路协议中规定，其他人支付的运费的一部分需要交给美孚石油公司。这种特殊的回扣制度似乎专属于洛克菲勒。的确，仔细搜索大量关于铁路公司的调查后发现，没有其他案例能证明铁路公司有过这种做法——就笔者目前所知是如此。南方发展公司的协议条款曾引发了大规模的抗议。这是卡萨特在1877年揭露的真相，公众知道后都目瞪口呆，没有一个人能够相信那是真的，直到他们看见卡萨特出示了实际协议。油区人毫不犹豫地表示，他们认为这种做法仍在进行，但是，很难获得直接证据。1885年，俄亥俄州玛丽埃塔的乔治·赖斯引发了一场关于独立石油战争的激进的、暴力的示威游行。赖斯是一位石油生产商，1873年在玛丽埃塔建立了一个炼油厂，向俄亥俄州的西部和南部出售自己的石油。六年后，由于俄亥俄州铁路运费率突然提升，他的工厂几乎倒闭——几家位于玛丽埃塔的独立炼油厂需要支付的运费涨幅高达100%，但位于威灵和克利夫兰的美孚石油公司需要支付的运费却没有以相同标准上涨。这些价格歧视的情况在1879年美国俄亥俄州州议会的调查中暴露无遗。从那时起，赖斯

① 俄亥俄州报告，43，第571—623页。

就开始在运费率上遇到诸多麻烦。他似乎在能获得回扣的时候都顺利拿到了回扣，但他得到的永远不可能如他强大的竞争对手那样多。

1883年，赖斯开始计划从距离玛丽埃塔不远的俄亥俄州东南部的麦克斯堡油田为他的炼油厂寻找原油供应源。美孚石油公司在那个时候还没有将他们的石油管道铺设至麦克斯堡油田，所以，石油经A.J.布伦得瑞德拥有的管道收集后，再运往辛辛那提和玛丽埃塔铁路公司。布伦得瑞德已与该铁路公司订立协议，协议规定，所有经由他运输的石油，运费为每桶15美分，而其他客户则需要支付每桶30美分。赖斯通过自己的管道运输石油，并提供自己的油罐车，获得了每桶25美分的运费率。后来，他又成功获得了每桶油17-1/2美分的运费率。这样，回扣体系就在麦克斯堡地区建立起来了。1883年，美孚石油公司在麦克斯堡地区铺设了石油管道，不久后布伦得瑞德也从管道公司退休了。正式退休时，他曾试图将其与铁路公司的协议转给美孚石油公司，但遭到拒绝。美孚石油公司将这份协议称为他们看过的最糟糕的协议，他们似乎走得比布伦得瑞德更进一步，因为他们很快便与铁路公司签订了协议，定下了10美分的石油运费，而不是布伦得瑞德获得的15美分，独立炼油商石油的运费率为35美分。除此之外，他们还要求获得独立炼油商运输石油支付的额外的25美分。如果不这样做，美孚石油公司也许会带走所有的货运业务，并在玛丽埃塔铺设管道。当时，辛辛那提和玛丽埃塔铁路公司都在接管者菲尼亚斯·皮斯的掌控之下。皮斯被称为"一个挑剔的老绅士，以自己的地位为荣，喜欢开着私家车在路上飞驰"，这也许是一个很贴切的描述。从之后的情况来看，这个接管者陷入了两难之中。为了将铁路收益维持下去，皮斯最终按照美孚石油公司的要求，与他们达成协议。但是他还是担心这份违背道德的协议会把自己送上法庭，于是他写信告知他在纽约市的法律顾问爱德华·拉帕洛，询问若一旦东窗事发，是否有逃避罪责的方法。

> 从我控制这条铁路以来，始终要面对的问题是，我是否应该允许以10美分每桶的价格运输美孚石油公司的石油到玛丽

埃塔,而不是让他们铺设一条新的输油管道来运输石油。当然,我是赞成这样做的,因为在我控制这条铁路之前,就已经与西部-伊利湖铁路公司详细讨论过这个问题,我也希望能获得业务的全部收益。

2月12日,美孚石油公司的经理奥戴先生,在托莱多与西部-伊利湖铁路公司的日常货运业务代理商和我们的代理商泰瑞先生见面,并达成(口头的)协议,以10美分每桶的价格运输美孚石油公司的石油。但是奥戴先生迫使泰瑞先生答应,对其他公司运往玛丽埃塔的石油必须按每桶35美分的运费率收费,而我们为其他公司运输的石油,每桶需要给美孚石油公司25美分的回扣。也就是说,我们要按照每桶10美分的运费率运输所有运往玛丽埃塔的石油,同时每桶还需要交给美孚25美分。光是凭借着他们所说的25美分,该公司单独从乔治·赖斯的石油运输中就能赚到一大笔钱。

为了保留我们石油运输线上的业务,尤其是与美孚石油公司的业务,毕竟美孚石油公司提供的业务量是赖斯先生的7倍之多,泰瑞先生口头同意了这份协议。他向我递交报告时,我还是极不情愿地默许了,毕竟我无法承担失去美孚石油公司每天700桶石油的交易量。但是当泰瑞先生在2月23日前后发下指令,公布运往玛丽埃塔的每桶石油按每桶35美分收费时,在玛丽埃塔拥有炼油厂的乔治·赖斯便在昨天拜访我,表示他不会缴纳上涨的费用,因为在交易中这么做是不合理的,美孚石油公司这么做就是为了把他赶出这个行业。赖斯先生说:"我将继续按照12月以来17-1/2美分的运费率支付运费。"

现在,有一个问题自然而然地出现在我脑海里,如果乔治·赖斯决定以不公平的货运歧视为由起诉,接管者是否会因触犯法律而被捕呢?当我决定用各种正当手段保障公司的运输业务,我不愿意用非法的方法(如果这能称为非法的话),

让公司承担财产损害的赔偿责任。泰瑞先生能够解释与这件事相关的所有其他小问题。①

拉帕洛在咨询了他的合伙人和债券持有代表的意见后，对这位接管者做出以下令人震惊的回复：

> 您可以允许美孚石油公司对通过他们管道运输到贵公司铁路的石油收取每桶25美分的运费，我也从泰瑞先生那边了解到，这样做是可行的，公司可以直接处理这些细节问题，不用您亲自操作。您可以同意美孚石油公司或者其他通过自己管道将石油运输到贵公司铁路上的个体货运主以每桶10美分的价格运输全部石油。您也可以收取其他所有货运主每桶35美分的运费，尽管他们是通过自己的管道运输石油到贵公司的铁路上的。这些想法是我从您的信件中，以及同泰瑞先生和赖斯先生的交流中得出的。②

现在，怎么“正当地”采取手段呢？很简单。美孚石油公司的运费率为每桶10美分，少于同等情况下赖斯要支付的每桶25美分。“假如您的账户、账单、凭单等始终与实际安排一致，我认为，您将无须承担任何责任。”即便被发现，也不会出什么事。“通过向法庭提出合理诉求，某些人可能会在将来要求您不再进行任何货运歧视。考虑到美孚石油公司的收益，即便赖斯先生强迫您将多支付给美孚石油公司的运费退还给他，结果也不会给您的线路造成损失。”

有法律顾问的保驾护航，皮斯将协议付诸实施。自1885年3月20日起，一个由美孚石油公司的管道线路和辛辛那提-玛丽埃塔铁路组成的联合代理机构，向所有将石油从麦克斯堡运往玛丽埃塔铁路的个体

① 1880年众议院关于托拉斯的诉讼文档，第3112号报告，第575—576页。

② 见附录46号：爱德华·S.拉帕洛致克利夫兰-玛丽埃塔铁路公司接管人菲尼亚斯·皮斯的信件。

货运主收取35美分每桶的运费。其中10美分交给接管者，25美分交给输油管道的人。当赖斯发现这个费率要强制推行时，他开始着手建造属于自己的通向马斯金格姆河的输油管道，试图通过驳船将石油运至玛丽埃塔。直到4月26日，他已经终止在辛辛那提-玛丽埃塔铁路的运输业务，在此之前，他每桶石油交付的25美分运费都转交给了美孚石油公司，共计1360桶石油，340美元。

赖斯因为运费歧视而愤怒。他希望找到证据起诉皮斯，但直到10月，他才做好准备将这个事件诉诸法院。当月13日，他向美国巡回法庭的巴克斯特法官起诉，希望法庭发传票，要克利夫兰-玛丽埃塔铁路公司的接管者菲尼亚斯·皮斯将起诉书中涉及他货运的问题以及其他他控诉的事情报告给法庭。传票于起诉书递交的当天送达，它非常具体细致，要求皮斯说明他公司线路的运费情况、退款情况、歧视的具体方式、协议有效期以及所有与运输石油相关的细节。在得知皮斯接到法庭传票后，货运总代理泰瑞就立即赶往俄亥俄州的克利夫兰约见美孚石油公司的奥戴，毕竟他们是一起签的协议。那次会面的结果是，10月29日，在法官要求接管者公开协议的12天后，一位负责收集和管理运费的代理人收到一张来自石油市美孚石油公司管道公司总部的支票，该支票由该管道公司财务主管J.R.坎贝尔签发，金额为340美元。这340美元是3月20日到4月25日间管道所有者从赖斯货运中收取的。代理人按要求将钱寄给皮斯，在法庭做出判决后，这笔钱被退回给赖斯，但是美孚石油公司想要走出困境就没有那么容易了。

皮斯在11月2日提交报告，回答法庭提出的问题，但是法官认为这份报告言辞推诿，无法令人满意，于是问了更多更深入的细节问题。最终，法官成功地获得了皮斯与拉帕洛之间的协议，通过引述其中条款以及其他事实，可以充分说明价格歧视的本质问题。

究竟为什么赖斯要比同行的竞争对手多支付250%的运费？有一种答案是，如果这样做，接管者就能赚钱。这并不是真的。但若假设真的如此，这个事实能证明赖斯先生遭遇的歧视是正当的,或者缓解这种现状吗?在铁路管理方面,接管者是否有权出于累积财富的理由,区别对待拥有平等权利的当事人?法律上来说他不能这么做。铁路是为了所有希望利用自己负担得起的设施进行运输的人而建的,是公众共有并且可以平等使用的。虽然其法定所有权属于拥有这些财产的个人的公司,但其专门的公共用途是经法律及其所有者同意的。根据其章程与制定了公众与铁路公司之间的协议的所在州的法律,考虑到公司需要建设铁路、购买设备、对线路进行维护及操作,以供公众使用,授权该公司就其提供的服务,向每一个使用其设施的人收取合理的费用。但是铁路的特许经营权也包含着其他的运营义务。

这其中就包括在同样的情况下平等地对待每一个货运主的责任。所有的价格歧视都严重触犯了公共政策,也是法律所不允许的。在过去几年,我们也常常在各种场合阐明并强调这项责任的重要性。如果没有这样的要求,铁路管理人员将有机会与掌握大量资金的人勾结在一起,操控国家的商业,至少在一定程度上,公司能否成功将由铁路运输决定,而且可以随意地创造或毁灭他人的财富。

这个想法当然会令所有渴望公正的人感到厌恶。这种危险的权利让人无法容忍。除了常规的使用方式外,每一个公民都拥有同等权利在同等条件下享受铁路运输服务,就像每一个公民都拥有同等权利在同等条件下使用公路和邮寄信件一样。因此,当铁路公司因经营环境而破产,被法院扣押,交由接管者接管,等待诉讼进行时,在诉讼当事人的权利得到法律确认和宣布之前,出于对公众利益的保护,法院都要保护抵押者和承受抵押者的权益。但是,在接管者履行了对公众的义务之后,也就是说,在按照运费运载乘客或其需要运输的货物之后,可在法律授权范围内获得合理的补偿。如果已经划定最高收费标准,那么,在平等对待所有人的前提下,他可以为诉讼当事人获取尽可能多的利润，因为这样运营，铁路才能赚到钱。

但是，所有为公司债权人的利益而累积财富的做法，例如让一位货运主每天向其竞争对手支付一笔费率在25美分上下的费用，进而使得一方获得财富，一方日益贫穷的行为，都严重、非法、不可原谅地滥用了公众的信任，这起案件中的货运歧视是如此荒唐和具有压迫性，无法让任何诚实的、尊重他人正当权利的人接受，也无法被任何一个公正的、称职的、理解自己身上的责任与义务的接管者所承认。如果有任何一个法官能够容忍这样的错误，或者继续保留犯下这种错误的接管者，他就应该被弹劾或降职。

对这种错误的谴责和抱怨，可以说的还有很多，但我们忍住了。接管者将被撤职。赖斯先生被非法索取的具体金额将会被统计上报。而该金额一旦确定，便会退还到他手上。同时，如果赖斯先生被非法索取的费用已支付给美孚石油公司，在确定具体金额后，可就追讨款项向美孚石油公司提起诉讼。①

12月18日，俄亥俄州前州长乔治·K.纳什被任命为特派员，调查法官尚无法确认的几个疑难点：赖斯支付的超出部分费用给了谁？接管者宣称他从来没把赖斯的钱支付给美孚石油公司。纳什传唤了许多证人，逐渐理清了以上事件。皮斯诚恳地说，他从未将赖斯的钱交给美孚石油公司。他们任命了一位铁路与管道联合代理，月薪为85美元，其中60美元由皮斯支付，25美元由美孚石油公司支付，由他负责将收到的独立货运主缴纳的运输费用分给这两方。巴克斯特法官在收到接管者皮斯递交给法院的协议12天后，从该代理处得知，赖斯为这些石油支付的钱被美孚石油公司退还。② 在调查赖斯石油案的同时，玛丽埃塔的

① 1880年众议院关于托拉斯的诉讼文档，第3112号报告，第577—578页。

② 见附录47号：克利夫兰-玛丽埃塔铁路公司的货运代理商F.G.卡雷尔的证词。

另外两家石油公司向纳什提出，他们在很长的一段时间遭受了同样的价格歧视。纳什在进行调查之后，认为他们的指控是正当的。通过铁路公司，美孚石油公司从一家公司的运费中获得了 649.15 美元，从另一家公司的运费中获得了 639.75 美元。这些钱款已经被美孚石油公司退回。①

这起案件引发了许多激烈的评论。1888 年，案件被提交给专门调查托拉斯问题的国会调查委员会，他们努力解释，额外增加的 25 美分是付给输油管道将石油运至铁路的运费。然而，实际上油区的普遍做法是由石油买主支付管道费，铁路公司和这个没有任何关系。即使美孚石油公司向铁路运输收费，允许他们使用管道运输石油，并因此收两份钱，这项收费在赖斯的案件中也不适用，因为赖斯的石油运往克利夫兰-玛丽埃塔铁路时并没有使用美孚石油公司的输油管道，而是通过他自己的输油管道。这是奥戴在 1888 年迫于压力承认的：

问：是否有其他与你们竞争的公司使用这条管道运油？

答：没有，先生。

问：因此，那些仅通过铁路而未通过你们的管道运输的石油，也要支付与通过你们管道运输的石油一样的补贴或回扣吗？

答：是这样的，但是我们根据律师多德先生的建议，归还了这笔款项。

问：现在，在那笔钱中，你们通过铁路公司，从赖斯先生那里总共获得了多少？

答：我们什么也没收，也就是说，我们一点也没有留下。铁路公司的确同意根据通过他们铁路运输的石油量，向我们支付一笔款项，而且他们的确转账了，我想金额是 200 美元左右，这些石油并未通过我们的管道运输。我们的法律顾问多德先生建议我们说不要做这笔生意，于是我们退回了钱。

① 见附录 48 号：首席特派员乔治·K.纳什对巡回法院的报告。

在国会调查委员会发布报告后不久，洛克菲勒在1890年3月29日发表在《纽约世界》的一篇采访中解释了这个案子。他说："当我们将协议交给纽约公司的高管时，并未获得通过，因为我们的法律顾问认为，这类安排是违法的。基于协议，已经有250美元支付给了管道公司，但这些石油并未经由管道运输。这笔钱已经退回。在这份协议递交至法院之前，我们就已经拒绝了这份协议，并做出了全额赔偿。在我们这样大的公司之中，代理商数量繁多，有些事情可能我们未批准就已经在执行。而一旦我们知晓相关情况，就会马上纠正他们。公众总能发现我们哪里出了错——却从来看不见我们已经纠正错误。"在1900年发表的由工业委员会编写的证据提要的第158页中，指出在提起诉讼之前，美孚就已退还收取的款项。但事实证明，工业委员会的报告中关于款项在诉讼提起之前就已退还的说法并不属实，而是洛克菲勒狡猾地篡改了事实，声称美孚石油公司在该协议提交至法院之前，就已经拒绝了这份协议，但他还应该补充说明，他们直到协议签订8个月之后，才拒绝了这份协议，并且在法院要求出示协议的12天之后，才退还相应款项。他也没有解释，为什么美孚石油公司没有在调查专员纳什试图披露真相之前，退还向玛丽埃塔的其他独立石油公司非法收取的款项。①

但是公众抱怨的并不仅仅是美孚石油公司操控铁路公司的行为。越来越引起公众关注的是，现行政策下小规模的独立公司几乎无法生存。实际上，在同一时间，纽约的布法罗市正在进行一场造成轰动的审判：纽约伊利县的大陪审团对美孚石油公司的三位知名成员——H.H.罗杰斯、约翰·D.阿奇博尔德和安布罗斯·麦格雷戈，以及与他们有关联的两位炼油商——H.B.埃弗莱斯特和C.M.埃弗莱斯特提起诉讼。这个案子会在下一个章中详细说明，因为它反映了过去二十年围绕着"美孚方式"引发的广泛争议，而洛克菲勒也经常因此被指控。为了实现他的目的，他摧毁了大量炼油厂。

---

① 上述陈述的文件都归档在俄亥俄州南区联邦巡回法庭文员办公室。

第十二章

布法罗案

美孚买断罗切斯特真空油业公司 75%的股份——两位真空油业公司的雇员成立布法罗润滑油公司并带走一位经验丰富的蒸馏工人——布法罗润滑油公司发生爆炸，那位蒸馏工人突然离职——布法罗润滑油公司因侵犯专利被真空油业公司起诉——马修斯起诉真空油业公司的埃弗莱斯特父子故意破坏他们的生意——马修斯赢了他的第一场民事官司——他就损失赔偿再次起诉，并起诉几位美孚官员合谋犯罪——罗杰斯、阿奇博尔德和麦格雷戈被无罪释放——埃弗莱斯特父子被罚

洛克菲勒开始“获得”独立的炼油厂，这些炼油厂的主人只能不情愿地卖掉工厂，或眼睁睁地看着它倒闭。不久之后，利用各种手段致使抵制的工厂倒闭，进而趁火打劫的悲伤故事，开始在石油界不断上演。在这些手段都失效后，美孚石油公司会尝试诸如运费歧视、切断原油供应、挑起市场价格战等其他手段，这些手段中据说还包括直接摧毁工厂。唯一针对这项指控的诉讼是布法罗润滑油公司提出的。为了明确案件事实，对案情的叙述均来自证人的证词，而审讯过程中出现的陈述均被视为证词。

大约在 1879 年，纽约罗切斯特的真空油业公司的主人——H.B.埃弗莱斯特和他的儿子 C.M.埃弗莱斯特，将公司 75%的股份出售给了美孚石油公司的罗杰斯、阿奇博尔德和安布罗斯·麦格雷戈，成交价为 200,000 美元。购买方署的并不是这几位先生的名字，而是美孚石油公司。因此，在证人席上，当阿奇博尔德被问到，以他的名义购买的股票的实际持有者是谁时，审查员是想知道，买方代表的是他们自己还是其

他人。

问:“阿奇博尔德先生,关于两位埃弗莱斯特先生75%的真空油业公司的股份转让,是您签订了那个协议吗?”

答:“是的,先生,是我购买了该公司75%的股份。”

问:“在这个交易中你代表谁?”

答:“我代表着美孚石油公司的股东。”

问:“在交易结束后,你是否担任真空油业公司事务的代表?”

答:“是的。”

问:“你是被授予了一定的权利,还是作为真空油业董事会的负责人或委托人?”

答:“被授予了一定的权利。”

问:“被买方吗?”

答:“是的。”

真空油业公司主要生产用于马具或车轮润滑的润滑油。公司拥有一些有价值的专利,这些年发展前景一直不错。在1879年的销售季,埃弗莱斯特父子留在公司担任炼油厂的经理,拿着10,000美元的年薪。他们同时签订了一个协议,承诺十年内不做石油行业之外的生意。真空油业公司的经商政策,包括固定薪酬,都由罗杰斯、阿奇博尔德、麦格雷戈和埃弗莱斯特父子组成的董事会决定。出于方便考虑,董事会会议在纽约罗切斯特的美孚石油公司办公室举行。

从证词中可以推断,公司的工作安排有序,利润可观,员工待遇丰厚。1880年,公司的销售人员J.斯科特·威尔逊决定离开真空油业公司创业。这个决定看起来很正常,因为在1878年之前,威尔逊就成立了一家类似的独立石油公司。他与一个炼油厂合作,掌握了制造技术。在遇到埃弗莱斯特父子前,他就已经做过一些零售生意,拥有大量客户。威尔逊将他的决定告诉了同事查尔斯·B.马修斯,并且让马修斯跟他一起离开。马修斯跟埃弗莱斯特父子一起工作的时间与和威尔逊一起工作的时间差不多长，大约两年。在此之前他是一个农民，在农田钻井找油时认识了真空油业公司的人。马修斯当时的身价在20,000美元左右，但是他没有炼油的经验，因此在真空油业公司主要负责联系业务。比如，他多次前往纽约咨询J.D.阿奇博尔德和H.H.罗杰斯有关公司经营的问题，尤其是关于真空油业公司持有的专利，该专利在合法性方面存在问题。曾有一段时间，马修斯对自己的收入感到不满，请求加薪，但是没有获批，这件事可能让他后来倾向于采纳威尔逊的建议。

最终，这两个人决定在布法罗建立一个炼油厂。在证人席上，威尔逊说，在新工厂里他并不想使用真空油业公司的制作工艺，只想做他熟悉的制油工作。然而，马修斯说服了自己，他认为，所谓真空油业公司持有的有关工艺和仪器的专利是无效的，并坚称他们只是建立了一个叫真空油业的蒸馏室。他们还讨论过，真空油业公司会通过什么方式阻止他们这么做。根据威尔逊的证词，马修斯表示，他认为真空油业公司会愿意付100,000美元或150,000美元让他们停止开展业务。马修斯的观点是十分正确的，当时的环境让外部的炼油商不得不接受现实，几乎没有人能够独立地在石油行业做生意，尤其是炼油生意。

新公司需要一个经验丰富的蒸馏工人来操作真空油业的工艺。1881年初，他们说服了在真空油业公司工作的一位名叫艾伯特·米勒的蒸馏工人加入。“如果有了米勒，”他们说，“我们可以到真空油业公司的客户面前对他们说：‘我们有与真空油业公司一样的工艺、一样的设备和一样的石油，真空油业从前的负责人米勒在为我们工作。’”米勒与埃弗莱斯特父子一起工作了很多年，他的薪水已经从一名劳工时的每天2美元涨到现在按小时结算，年收入1200—1400美元。他和他的妻子省吃俭用，仅有几千美元的资产。考虑到新公司会给他提供股份，米勒同意加入威尔逊和马修斯。在他们的老板意识到他们即将离职之前，这三个人已经在实施创业计划。米勒开始购进他们需要用到的特殊钢材，按照埃弗莱斯特父子工厂中的机器样式来制造自己所用的机器。这些工作是在埃弗莱斯特父子名下的铸炼场完成的。他自掏腰包制造了这些机器，并且带走了它们，其他人还以为这些机器是老板要他制造的。

3月初，马修斯和米勒通知当时的管理者C.M.埃弗莱斯特——他的父亲老埃弗莱斯特当时在加利福尼亚，他们决定离开公司，在布法罗建立一个独立的炼油厂。埃弗莱斯特对这个消息感到不可思议。他坦率地告诉他们，就他个人来说，并不反对他们的决定，但是他会尽全力为自己的公司扫清潜在的威胁。他问他们打算从哪里获得原油，他们回答说是从阿特拉斯炼油公司，一个在布法罗拥有输油管道的独立公司。"某天早晨你醒来，会发现石油被运到了美孚石油公司。"埃弗莱斯特说。很明显，埃弗莱斯特的威胁对于他们没什么影响，因为他们在布法罗推进的速度要多快就有多快。3月15日，他们就未来五年的工作签署了一份合作协议，每个人投资2000美元。一个月后，这三个人，加上马修斯的两个亲戚，创办了一个股份有限公司——布法罗润滑油股份有限公司，注册资本为40,000美元。

即使米勒在3月初与马修斯和威尔逊一起去了布法罗，他还是会偶尔返回罗切斯特看望家人。有几次，他遇到了C.M.埃弗莱斯特。埃弗莱斯特告诉米勒，他一直在跟进他们在布法罗的新公司的经营情况，真空油业公司绝不会允许他们继续这样下去。"你没想过吗？米勒，"埃弗莱斯特曾经对他说，"对你来说，离开那些人，就等于给你妻子的卡上存入了20,000美元，这不是比你跟那些人在一起更好吗?"米勒笃定地回答，他很信任新公司，不会离开。

新公司成立大约两个月后，在加利福尼亚的老埃弗莱斯特返回了罗切斯特，并且很快与米勒进行了几次谈话。与他的儿子一样，他试图让米勒相信，布法罗润滑油公司不会成功。他告诉米勒，真空油业公司要起诉他们侵权，这会给新公司带来很大的损失，甚至让他们停产，他投进新公司的钱将有去无回。老埃弗莱斯特建议米勒，为了自保，最好回到真空油业公司。"但是那会让他们陷入非常大的困境。"米勒说。"那正是我想要的。"老埃弗莱斯特说。布法罗润滑油公司在真空油业公司的重压下倒闭，自己的积蓄将消失殆尽的恐惧，在米勒的脑海里挥之不去。米勒向妻子征求意见,他的妻子也开始害怕。他开始懈怠在布法罗的工作,夜间经常离开岗位。马修斯因为他的懈怠和旷工开始担心,并且试图去车站寻找他的去向。现在米勒的困扰变成了怎样才能从布法罗的公司离开。他已经在这个公司投资了5000美元,签订了一个为期几年的协议。在与埃弗莱斯特父子讨论过这个问题之后,他们建议米勒去咨询一下律师。6月7日,根据与他同行的H.B.埃弗莱斯特的建议,①米勒咨询了乔治·特鲁斯代尔,一名在罗切斯特长期帮助打理埃弗莱斯特生意的律师。后来,特鲁斯代尔向法庭陈述了发生的事:

> 埃弗莱斯特先生说,米勒解除了他们之间的雇佣关系,与布法罗的另一个油业公司签约了。但现在米勒想回到原公司,埃弗莱斯特先生也想让米勒回来,就建议米勒向我陈述当时的情况,以及米勒本人在布法罗公司的职务。我让他对我描述一下他与布法罗的合伙人签署的协议,我想他说的是,他是背书人或当事人。马修斯、威尔逊和他,与其他当事人,大概四五个人,签署了集资的协议,同意启动布法罗公司,他签署了参与布法罗公司的原油提炼协议,现在他想知道怎么解除这个协议。我当时对米勒先生说,他既然签过名,当然是有责任的。在协议到期之前,他负有一定的法律责任。如果他想要解除协议,我的建议是,看他们是否愿意让他离开。如果他们不愿意让他离开,可以选择收购他的财产作为补偿。如果还是不行,唯一的方法就是离开他们,并承担相应的后果。我告诉米勒,我不知道他签订的协议的具体条款,但是,如果他签订了协议而且违反了它,他应当承担赔偿责任,并同样承担在布法罗的债务。米勒先生和埃弗莱斯特先生都讨论过这个问题,埃弗莱斯特先生说:"我认为有其他的方法可以让米勒离开布法罗。"我告诉他我认为没有其他方法,除非直接退

---

① 关于托拉斯的汇编材料,众议院,1888,报告编号3112,第864页。

出或者卖光持有的股份，没有其他光彩的办法。埃弗莱斯特先生说——实质上，我认为，应该这样说："假如米勒负责管理机器，一旦机器着火了，或者破损了，会产生什么后果呢？""会由此产生一些后果。"我认为，如果是疏忽大意或不小心造成的，不是故意为之，他将要承担由于他的疏忽导致的民事损害赔偿。但如果他是故意的，就会因恶意损坏公司财产，承担更严重的刑事责任。埃弗莱斯特先生说，他认为只会产生民事责任，不会有其他问题。他还指出，既然我曾经当过警察，有很多与刑法相关的经验，想让我仔细看看这种情况需要参照的法律，他们还会和我碰面。

米勒对这次见面的描述与律师的描述很接近：

我认为，当问到我怎样才能离开布法罗时，特鲁斯代尔先生或者我自己，都不是很乐观。H.B.埃弗莱斯特先生说："有很多方法可以让他离开。"特鲁斯代尔和我都问他怎么做。"米勒可以切断一些线路，或者做一些破坏，或者尝试一些类似的办法离开。"H.B.埃弗莱斯特先生这样说。特鲁斯代尔先生强调道："你必须非常小心，你的行为可能导致你承担相应的刑事责任。"特鲁斯代尔先生对我说："我有办法能让你离开公司。"我说："你不会让我做出导致我承担刑事责任的事吧？"我想特鲁斯代尔先生是这么说的："你必须非常小心，否则你会进监狱。"有很多重要的对话我记不清楚了。我现在回忆了所有能想起来的。特鲁斯代尔先生问我是否和布法罗公司签订过协议，我告诉他签了。他说，"最好的方法就是待在那里"，或者其他类似的表达，我不能一字不落地复述他的话。H.B.埃弗莱斯特先生说："如果米勒回到我们公司，我们会保证他的安全。"我想特鲁斯代尔先生说了，如果我离开了布法罗，那些人不会放过我。我告诉了埃弗莱斯特先生有关签订协议的事。埃弗莱斯特先生说："他们不得不先找到米勒，才能对他采取行动。我们会保证他的安全。"①

在之后与米勒的对话中，C.M.埃弗莱斯特对他说："你返回布法罗，让他们无法顺利生产石油。你可以让他们感到害怕，因为他们不了解石油技术，而你非常熟悉。"由于米勒的疏忽大意，直到6月15日，新炼油厂连第一台蒸馏设备都没准备好。这只是一台普通的蒸馏设备，第二台也和它一样，第三台则是按照真空油业公司的工艺制造的。蒸馏设备准备就绪后，机器内部就装满了175桶原油，使用高温加热。蒸馏设备底部的消防警报器显示，设备温度异常的高。米勒，工厂机器的主管，一度向消防负责人说温度并不是很高，然后离开了。当他离开后，蒸馏设备开始破裂。安全阀最终爆炸，大量黄色的气体伴着水蒸气溢出。附近的机器管理人员逃出来报了警，告诉消防负责人工厂财产有危险。米勒被捕了。他有调节安全阀的责任。很多证人都认为是他让机器超负荷运转，才最终导致了火灾。这是他再一次擅离职守。由于他的离开，安全阀破裂了。石油泄漏造成了很大损失，这可不是一个好兆头。石油提炼者或多或少都习惯了爆炸，没有人会太过在意事故的发生。没有人受伤，没有东西被点燃，但是175桶石油泄漏了。在石油提炼厂，这是常有的事。

6月23日，米勒根据埃弗莱斯特的建议转移了财产，与特鲁斯代尔谈论相关事宜。一周后，他收到了一份电报，离开了布法罗，并且在纽约的联合广场宾馆加入了H.B.埃弗莱斯特的公司。在那里，埃弗莱斯特建议米勒给妻子发一份电报，让她立刻去往罗切斯特，以免被马修斯发现，并提议之后他俩一同去波士顿。在宾馆期间，米勒曾和罗杰斯有过一次非正式的会议。罗杰斯是真空油业公司的经理，他似乎从未和米勒有过对话，或对他发表任何意见。他说，如果第二天米勒没有去波士顿，他就会来见他。然而第二天他们去了波士顿。他们在那里以H.

---

① 关于托拉斯的汇编材料，众议院，1888，报告编号3112，第864页。

B.埃弗莱斯特和朋友的名义登记。很多次,埃弗莱斯特都建议米勒使用假名字。他们闲逛了几天,埃弗莱斯特尝试利用不同的方法向米勒说明,这是一个让他放松的短期旅行。在他们娱乐玩耍的同时,埃弗莱斯特开出了每年1500美元的工资,雇用米勒在体面的岗位上工作,工作地点有时在罗切斯特,有时在其他地方。这份工作很闲散,在波士顿的几周都是半闲散的状态。直到9月,他才在纽约勒鲁瓦承担监督盐矿开采的工作。这样的生活持续到了1882年2月。5月前什么也没发生。之后,H.B.埃弗莱斯特返回了加利福尼亚。依照H.B.埃弗莱斯特的建议,米勒也去了,他对米勒说:"赶快收拾好东西,变卖家产赶紧过来。直接到我家里,我会带你去一个地方,教你种植水果,自力更生。"米勒去了,真空油业公司替他支付了所有其他花费。之后他被安排在罐头厂工作。埃弗莱斯特解释道,之所以这样安排,是因为他不想让米勒回真空油业公司给他们添麻烦了。

在此期间,布法罗公司的情况非常糟糕,米勒的离开使他们元气大伤。除了威尔逊,这些人都是制造石油的新手,而且威尔逊也才刚刚上道。他们无法找到一位能干的经理。后来,埃弗莱斯特也通过起诉威尔逊非法离职使他们的生意受到损失,成功地让威尔逊业离开了新公司。当威尔逊宣布离开后,埃弗莱斯特便撤诉了,并得到了赔偿。威尔逊的离开使新公司遭受了巨大的损失,他们失去了一个经验丰富的推销员。

关于侵害真空油业公司专利权的诉讼,埃弗莱斯特在开始就已经警告过马修斯。1881年9月,在一年的时间内发生了四起独立的诉讼案件。马修斯相信真空油业公司的专利权是无效的。1882年春天,他发现罗杰斯在纽约处理这个案子。"我告诉他,我来是为了和他谈论专利诉讼案,或者谈论真空油业公司起诉我公司的案子。"马修斯在证词中说。"那是什么?"罗杰斯当时大概是这么问的。"我告诉他,我很清楚那个专利是没有价值的,并且他也知道没有价值。我没看出来他们提起专利诉讼是出于什么目的,为了获得什么好处。他说如果法院不支持专利诉讼,他们将不断上诉,直到能得到他们想要的结果为止。这就是谈话的内容。”

显然，这段谈话给了马修斯重大打击，因为在这之后，他居然向美孚石油公司的本杰明·布鲁斯特表示，愿意以100,000美元的价格卖掉布法罗润滑油公司。他的提议被拒绝了，而诉讼继续进行。1882年2月21日，真空油业公司向纽约北区联邦巡回法院提起诉讼，要求布法罗公司停止生产润滑油。真空油业公司拥有生产润滑油的每一个步骤的技术专利，但法院认定这个说法没有依据，并于1884年4月16日予以驳回，“理由是他们提出的这些专利证书是无效的”。1882年4月25日，真空油业公司又对布法罗公司提起了一项诉讼，诉讼包括要求禁止布法罗公司使用属于真空油业公司专利的装置，并要求他们赔偿相应损失。但是这一诉讼在1885年3月27日也被驳回了。1883年2月23日，真空油业公司又开始了另一项诉讼，禁止布法罗公司使用“制造顶级石油，真空工艺生产”的广告宣传语，因为与真空油业公司长期使用的广告宣传语“真空处理石油工艺，真空油业公司制造”相似。但是法官认为，真空油业公司与布法罗公司享有同等的使用广告宣传语的权利，该判决得到了最高法院的认可。1882年4月25日，又有一项控告布法罗公司的诉讼被提起，理由是他们侵害了蒸汽加工工艺专利，也涉及侵害火焰工艺专利。判决结果是维护火焰专利，但是认定蒸汽专利无效。案子随后转交给了罗切斯特法庭的詹姆斯·布雷克·珀金斯，由他判定布法罗公司侵害专利的具体赔偿金额。珀金斯就真空油业公司法律顾问总计12,000美元的赔偿主张，在各种不同场合大量取证。布法罗公司没有提交反驳证据，但是坚称主要的证据只能证明单纯的专利技术侵权，珀金斯在报告中支持这一主张，并判定布法罗公司承担6美分的损害赔偿。

作为生产监管者和炼油负责人，米勒消失了。威尔逊，公司的创始人以及市场开拓者，也退出了。他们的离开，加上一系列针对公司的侵权诉讼，马修斯损失惨重，不但承担了上千甚至上万美元的经济损失，也使公司陷入了尴尬的困境。马修斯认为，真空油业公司有意利用C. M.埃弗莱斯特的权力，威胁和摧毁布法罗润滑油公司。1883年春天，他对埃弗莱斯特提起了一项民事诉讼,索赔100,000美元。正当马修斯忙于案子时,听说米勒从加利福尼亚回来了,而且离开了埃弗莱斯特,因为他认为埃弗莱斯特没有善待他,让他在罗切斯特无所事事。米勒离开加利福尼亚,主要是因为他意识到,自己掌握的关于真空油业公司会如何打压布法罗润滑油公司的信息至关重要。H.B.埃弗莱斯特称,米勒在定居加利福尼亚之后跟他说过:"埃弗莱斯特先生,你总是对我很好,我不会伤害你们。但是我想让美孚石油公司破产。"埃弗莱斯特说:"你打算怎么做呢?""有很多方法啊,"他说,"他们不能放开我,也不能收买我,除非我能从中得到什么。不花个25,000—50,000美元休想阻止我。"埃弗莱斯特说:"我认为你可以挣更多的钱,你可以在加利福尼亚种水果,而不是与美孚石油公司为敌。"这次谈话发生在真空油业公司付给米勒1000美元之后。真空油业公司在1500美元的薪水之外再给他这1000美元,没有其他明显的目的,只是为了使他安心。

在听说米勒回来后,马修斯便请他返回布法罗。他得知米勒在埃弗莱斯特施压下离开布法罗的来龙去脉:他是如何在他们的建议下使混合蒸馏设备出现问题,他的财产转移,两年的无所事事,依靠着1500美元的年薪及1000美元的奖金生活,其获得薪水和奖金的原因都能被猜出来。米勒最终在加州爆发是因为,如他所述,目前他没有固定的工作可做,而且看起来埃弗莱斯特父子不可能还像从前那般对他。就如埃弗莱斯特父子所言,米勒相信他能够从美孚石油公司那里得到很大一笔钱让自己保持沉默。由于种种原因,米勒于1884年7月在法庭上作证。

第一场民事官司在1885年3月初开庭,结果是陪审团主张真空油业公司赔偿布法罗润滑油公司20,000美元。但法院驳回了这一金额,宣布仅仅支持4000美元的赔偿金,不支持在这起案件中的惩罚性赔偿。马修斯的代理律师获得了程序上的延期,并提起新的诉讼。此时,马修斯获得的证据使他可以大胆地扩大诉求范围。这就是前面引用过的特鲁斯代尔律师的证词,在他的办公室里,埃弗莱斯特建议米勒"调整机器致使它损坏或爆炸"。由此,6月15日的这起爆炸事件马上就被串起来了。由于证据充分，马修斯提出了第二起诉讼，对阴谋影响布法罗公司生意、诱使公司员工离开公司、提出毫无根据的诉讼、诽谤本公司的产品等行为给公司造成的损失索要赔偿。他还增加了三个被告人，H.H.罗杰斯、J.D.阿奇博尔德和安布罗斯·麦格雷戈，以及三个被告单位，纽约美孚石油公司、顶点石油公司以及真空油业公司。马修斯似乎认真考虑过这个问题。罗杰斯、阿奇博尔德和麦格雷戈都是埃弗莱斯特父子在真空油业公司的上司，他们很有可能都参与了这场教唆米勒离开的阴谋，而且顶点石油公司和真空油业公司都是美孚石油托拉斯集团的，这两家公司恐怕也逃不了干系。马修斯还不顾自己代理律师的意见，向伊利大陪审团提交了起诉书，以共谋罪起诉 H.H.罗杰斯、J.D.阿奇博尔德、安布罗斯·麦格雷戈以及埃弗莱斯特父子。被告方成功地使马修斯的第一次起诉被驳回，但是马修斯再次递交了起诉书，并且第二份起诉书起诉的还是这几个人。值得一提的是，麦格雷戈之所以被起诉，只是因为他是真空油业公司的一位董事，在提交给大陪审团的证据里并没有提到他的名字。

一场关于三位社会名流罗杰斯、阿奇博尔德和麦格雷戈共同犯罪案件的审讯再次吸引了全国人民的注意。显而易见的是，美孚石油公司在一开始试图撤销案件，他们还反诉马修斯阴谋犯罪——他们说马修斯等人当初成立布法罗润滑油公司并不是为了做生意，而是为了迫使美孚石油公司高价收购他们的公司，以此牟利。提出反诉后，他们立即找来了私家侦探，他们对侦探的指示中有一条说道："我们有理由相信，这场诉讼也是为了让美孚石油公司高价收购布法罗润滑油公司而走的一步棋，马修斯也说过类似的话来证明我们的推测，只要是他发出的有关于这个案子的任何声明、叙述，我们都要收集起来，找出他的漏洞。"根据这条指示，他们在马修斯工作的地方安插了耳目，蹲点数月，每天都要记录在马修斯那里的所见所闻，并把这些信息直接送到美孚石油公司在纽约的办公室。他们还安排了另外一个侦探跟踪米勒。米勒当时受雇于位于宾夕法尼亚州考利的一个炼油厂，在那里，这个侦探潜伏了很长时间。从米勒那里得到信息的方式，就是诱惑他在周日下午去一家酒馆喝酒,把他灌得半醉,然后从他嘴里套出话来。酒馆老板证实了一点,他说,布法罗的案子只是一个幌子,但是为了钱,他们(侦探和那些与他一起喝酒的人)只能表现得若无其事。

这个案子是在1886年5月2日开庭的。在这个为期十四天的布法罗案子的审理过程中,有大量的经济和法律行为曝光,这不仅让整个小镇震惊,也让整个国家震惊。这起案件不仅有美孚石油公司的人——H.H.罗杰斯、J.D.阿奇博尔德、安布罗斯·麦格雷戈——因泄露商业秘密被起诉,而且还有淡定、平静、警觉的洛克菲勒本人。另一方说被告和他们的代理律师都是蔑视诉讼程序之流——没有人会以蔑视的态度控告洛克菲勒。和洛克菲勒一起的都是强有力的焦点人物,威廉·洛克菲勒、丹尼尔·奥戴、J.P.达德利。这里也有大量的法律知识值得学习。有五位杰出律师出庭——威尔逊·S.比塞尔,担任过前总统克利夫兰的法律顾问;W.F.科格斯韦尔,罗切斯特人,算得上是这个州最能干的几位律师之一;西奥多·培根和F.G.奥特布里奇,都是罗切斯特人;丹尼尔·洛克乌德,在政治界和法律界一样有名;当然还有S.C.T.多德,这都是代表被告一方的。代表民众一方的是伊利的地区检察官乔治·T.昆比和他的助手。在这十四天中,证人们受到了质询,上面的那个故事也是从证人们那里通过质询和交叉询问得出的。5月10日,检察机关的质询结束了。美孚石油公司的律师们立即申请对罗杰斯、阿奇博尔德和麦格雷戈的无罪判决,理由是没有证据或事实能够证明他们参与了诱使米勒离职或毁坏布法罗的工厂。地区检察官强烈反对这项建议。他说,这些人拥有75%的真空油业公司的股份,也经常出席领导会议,这是一个很合理的假设,他们知道做什么能让米勒离开布法罗工厂,而且他们一定已经知道如何让米勒为他们办事。罗杰斯也的确威胁过马修斯,说他会开始商标诉讼,直至布法罗公司无法承受。然而,海特法官建议陪审团判这三个人无罪。“这次控诉的是泄密罪,”法官说,“它也控诉一些公开的行为。其中一个是诱惑布法罗公司的一位工人离职,另一个就是企图炸毁或者摧毁布法罗工厂,还有一个就是错误地对布法罗公司起诉。就之前这个引诱米勒先生的协议或者联合行动来看，我一直未能想起任何一点能证明这三个被告知晓、听说或者参与其中的证据。就试图炸毁布法罗的工厂来看，我一点也回想不起任何证据与三名被告知晓、听说、建议抑或参与其中，或者有其他作为与此有关。我仅有疑问的，就是关于维持起诉商标使用权的行为，这个商标之前由埃弗莱斯特父子掌控，后来转手给真空油业公司，两起案件似乎与这个商标有关，还有第三个案件也是关于商标的。从证据中似乎可以看出，马修斯先生曾经去过纽约，和罗杰斯先生有过一次谈话，这个谈话已经在听审环节中讨论过。我心里的疑问是，是否可以直接从这次对话得出罗杰斯的确知道这些行为的发生，在一定程度上算是加入了他们行动，成为他们中的一员。但是，即使承认这些诉讼是在他的职权范围和许可下进行的，我也仍然认定这些证据不足以证明罗杰斯的行为构成犯罪，因为似乎没有合理的动机来让他实施这一切。换句话说，实施行动并且行动失败本身不足以让陪审团认定这是个错误的行为，甚至不足以让陪审团认为行动本身是错误的。但是，行动合理的依据还是存在的，换句话说，实施行动的这帮人在行动之前就知道并且明白这种行为的不良后果。我倾向于这个说法，这些证据不足以使他的判决在这个前提下成立。”

这三位美孚石油人的无罪判决的确要在判决埃弗莱斯特父子无罪之后才能做出。但是埃弗莱斯特的案子是不同的，总的来看，他们在一开始威胁过要摧毁这家新公司，且曾教唆米勒损坏生产设备，然后让整个公司被炸毁。这里有一个假设，米勒按照他们的建议去实行，于是发生了 6 月 15 日的爆炸。可是，米勒坚称他只是想给他们一个警告。法官对他的说法不予采纳，整个诉讼环节也继续进行。被告方致力于证明马修斯加入布法罗润滑油公司只是为了卖掉公司，以此牟利。1882 年马修斯主动去找过布鲁斯特，建议美孚石油公司收购布法罗润滑油公司。当时的对话在庭上已陈述了一番。两个证人出现，道出了 1885 年在刑事诉讼之后找过马修斯的事情，并主动提出摆平这件事情，因为他们认识美孚这些被告。马修斯告诉过这些人，如果美孚石油公司给他 250,000 美元，他就撤诉，但是刑事案件他无法干预，因为这是由地区检察官负责起诉的。陪审团并未因这份显示马修斯涉嫌诈骗的证据受太大影响。很显然,他们得出结论,即使承认埃弗莱斯特父子有理由起诉布法罗使用真空油业的工艺,但依旧没有理由理解三位公司的创始者要亲手把公司搞砸。没有证据能证明这个公司的创立是为了勒索钱财。埃弗莱斯特父子本应该提起诉讼,而不应策划用这样阴险的方法毁坏炼油厂。无论陪审团论证的过程如何,可以确定 5 月 16 日他们会提交一份有罪判决书。

最困难的问题就是如何不理会这份判决。法官允许案子延期审理,尝试审理新的案子,可是不是很成功。判决时间延迟到 1888 年 5 月。按照法律规定,这个罪应判处一年有期徒刑或 250 美元的罚款,或者两者并罚。然而立刻就有要求减轻处罚的行动。纽约罗切斯特是埃弗莱斯特父子的家乡,一份超过四十位纽约罗切斯特市民签名的请愿书被送到了海特法官那里,祈求他看在被告人"无比忠诚和正直"的人格上,在法律赋予的权限内,尽可能从轻处罚。六个陪审员被美孚石油公司的代理律师给收买了,他们签署了一份文件,宣称他们认为陪审团做出有罪决定不是认定埃弗莱斯特试图摧毁布法罗的工厂有罪,而是诱惑米勒离职有罪,因此他们建议刑罚最好是罚款而不是囚禁。地区检察官昆比针对一项新的起诉主动召开听证会,这项起诉是关于美孚石油公司的代理律师用钱得到了这些证人的证词。结果就是埃弗莱斯特父子每人被罚款 250 美元。处罚判得很轻,法官解释说,因为这个民事诉讼是为某一种行为造成的损失做出补偿,一个人不能因同一过错被处罚两次。

上面提过的第一起案件结果是陪审团判马修斯获赔 20,000 美元。第二起民事案件以马修斯获赔 250,000 美元告终,但是在此之前,马修斯的生意已经在 1888 年 1 月陷入麻烦,所以这些钱都赔偿给接管人了。被告最终主动提出以 85,000 美元的赔偿来结束这个诉讼。法官命令接管人接受这个赔偿,因为埃弗莱斯特父子已经被判密谋罪并处罚款,一个人不可能因一次过错被处罚两次。

直到 1889 年 6 月,接管人提交了关于布法罗公司撤诉的文件。美孚石油公司给的 85,000 美元,马修斯似乎一分也没拿到。所有钱都被用来清偿债务和支付律师费了。布法罗公司的几位主要律师汤姆斯·科莱特、爱德华·W.哈奇、阿德尔伯特·穆特,他们的诉讼费总计 35,000 美元。接管人认为这笔费用太高了,超过法律的规定,法庭还指派了一名调解员来调查这几位主诉律师提供的服务。证词很冗长,最后结果就是调解员将律师费削减至 22,000 美元。接管人上交的文件显示他最终向这三位律师支付了 15,000 美元。

这些律师提出的大笔金额诉求以及最终解决的情况,让美孚石油公司在接下来的几年里提出了比庭审呈现的性质更加恶劣的阴谋罪的反诉。这些新的起诉让马修斯的律师成为他的阴谋同伙,原告宣称被告中至少有两个人用职权影响过判决。当年(1904 年),美孚的官方喉舌《石油城井架报》发表了一份补充文件,包括这些反诉的证据,并控诉笔者于 1904 年 3 月在《麦克卢尔杂志》上发表的有关布法罗案件的文章存在偏见,笔者没有使用这份反诉文件中提到的证据。这是真实的,如《石油城井架报》所言,美孚石油公司的这份材料在这篇文章发表之前已在笔者手中。笔者没有采用这些材料,是因为并未想到日后这些材料会引发一起诉讼。

《石油城井架报》公布的证据所呈现的要点是,美孚石油公司起诉马修斯和他的律师之间的阴谋,具体如下:首先,美孚认为这是个阴谋,科莱特在 1884 年 1 月被任命为法官,哈奇在 1886 年 1 月被任命为法官,他们两人都在成为法官后和他们的继任者进行过协商。这是真实的,毫无疑问。穆特在对调解员陈述其服务时,再三提到在科莱特和哈奇放弃这起案件后仍然与他们多次协商过。哈奇毫不避讳地对调解员说自己与穆特和昆比商量过。① 如果他的行为有不妥之处,他没有努力去掩饰,调解员、法庭或者接管人对提交的陈述也都没有提出什么不妥或是异议。法官科莱特和法官哈奇提供给穆特和昆比的建议是关于马

① 《石油城井架报》在 1904 年 4 月 23 日发表了 4 页的增补文章,含两个声明的文本的标题是"塔贝尔自相矛盾的再议"。

修斯案件的，他们多年来一直是他的律师，但不得不因法官选举而放弃这个案子。他们理应不参与这起案件，但没有理由说他们的知识和经验不能被其他新的律师借鉴。的确，这是法庭里普遍存在的现象，但也很难说具体应当如何操作。如果这两位法官中的某一位利用自己的职权来影响庭审法官，那么这种批评是公正的。但是据笔者所知，并未有关于这方面的情况。

从调解员证词中得到的关于密谋罪的第二个证据是，科莱特和哈奇知道他们根本没有关于补偿的协议，而且他们知道如果败诉，就什么也得不到。例如当调解员询问穆特时，他这样答道：

> 问：有没有协议或者协议规定你应该怎样得到补偿？
>
> 答：完全没有。我人生中从来没有拿到这样的协议。如果胜诉，可以得到报酬。如果败诉，当事人很穷，我的工作也得不到报酬。
>
> 问：你是否曾经和马修斯谈过或者得到公司的职位邀请？
>
> 答：没有，先生。我很清楚地记得我从未和这个公司的任何一个人说过我们应该为我们的服务得到什么，除了马修斯曾经提过，关于这次起诉，他们和任何一个独立经营的公司一样，也正如我所知道的，如果律师不能让他们在诉讼中胜诉，而是被美孚石油公司打败，就什么也得不到。

哈奇法官曾经说过，在这个案子开始时，或是在这期间，他和马修斯或者他公司的其他人从未提过关于他们工作的补偿。他知道，不管怎样，这笔报酬要视胜诉的情况而定，如果败诉，公司最多只能支付实际费用，不会更多，他们只能得到少得可怜的报酬。马修斯提到过，如果他们胜诉，会得到丰厚的报酬。除此之外没谈过其他的，只提起过一至两回。

对律师而言，接手他们认为很公正的只凭胜诉拿报酬的案子非常正常。这种做法在优秀的律师中十分常见，不能视为阴谋的证据，除非有证据证明他们拿了某人的好处。这里没有证据能证明，马修斯的律师从一开始就不认为这是一个大案。昆比，负责这起刑事案件的地区检察官，其行动的热情和逻辑，都是信念使然。除此之外，必须记住的是，这些律师一直都极力劝说陪审团。在起诉过程中，四个陪审团，包括两个大陪审团、两个小陪审团做出了一致判决，被告的密谋罪成立。这起案件有能说服这么多人的证据，根本不能说是推测。他们的诉求很多，但是为了诉讼的庄严，律师的作为无法被大众所知。哈奇和穆特做了最重要的两块诉讼工作，在很长一段时间内都竭尽全力，十分辛苦，从《石油城井架报》发表的证词可见一斑。再说，过高的诉讼费不能作为阴谋的证据。

据笔者所知，事情的来龙去脉大致如此。美孚石油公司为了清除对手而故意损害其财产。这起案件非常重要，不仅体现了美孚石油公司为竞争对手制造麻烦的手段会误导像埃弗莱斯特父子这样的人，而且还体现了一个竞争的社会将如何对待这些违法的、无理智的人，这些人在驱逐对手的过程中不择手段。社会公众，尤其是石油行业，一直都相信美孚石油公司的劣行。布法罗的案子也可理解为故意纵火案，它惩戒的不仅仅是埃弗莱斯特父子，还有三名合作董事的蓄意行为。他们拒绝承认没有证据能够表明罗杰斯、阿奇博尔德与麦格雷戈与此蓄意行动有关，要求判定这三位有罪。当法官拒绝时，他们咒骂法官为叛徒。今天，尽管这起案件已经在庭审和调查阶段进行过充分的陈述和辩论，海特法官仍因被认为“将自己出卖给这个公司”被谴责，蒙大拿州的一家日报也谴责罗杰斯曾经在布法罗放火烧毁一座炼油厂。事实上，在布法罗没有炼油厂被烧，也没有证据证实罗杰斯知道埃弗莱斯特父子试图摧毁马修斯的公司。

第十三章

美孚石油公司与政治

石油人控诉美孚插足各州和国家政治——1884 年,佩恩在俄亥俄州当选参议员,引发了关于腐败的控诉——美国参议院选举委员会拒绝对佩恩选举情况进行全面调查——佩恩本人亦未要求调查——公众对美孚的负面情绪高涨——宾夕法尼亚议会的《比林斯利法案》——一部针对美孚的强制性法案——石油人极力拥护这项强制性法案——法案未能通过——美孚被指控利用金钱阻止法案通过——公众要求全面了解美孚石油参与这些特殊案件的内幕

前两章中描述的案件自然而然地激起了油区人强烈的情绪。在俄亥俄州出现的两起案件反映了油区人自 1872 年来对美孚石油公司的主要不满——美孚总能确保自己的货运拿到折扣,却不断给竞争对手的货运制造不利条件。布法罗案说明,当他们所具备的普通优势不足以除掉竞争对手时,就会使用在陪审团看来是刑事犯罪的手段。这些证据再次证明了油区人关于美孚石油公司就是一个阴谋集团的坚定看法。与此同时,案件再次激起了油区人的愤怒情绪。俄亥俄州的事给了油区人更多的证据,证明美孚石油公司正在干预各州乃至全美国的政治,试图使立法更符合美孚石油公司的利益。还有更多相关证据能够有力证实此事。1876 年的调查,以及在这个时候出台的第一项规范州际贸易的法案,在众议院两名议员的妨碍下被阻止。他们两位直接或间接地与美孚石油公司利益相关——西弗吉尼亚州的卡姆登,卡姆登联合石油公司的老板,其公司如今是美孚石油托拉斯的子公司之一;俄亥俄州的 H.B.佩恩,美孚石油公司财务主管奥利弗 · H.佩恩的父亲。可以肯定的是,美孚石油公司利用其影响力,反对自由管道法案,而独

立生产商自行业初期就在一直努力，希望该项法案通过。1878 年和 1879 年，在石油生产商协会对铁路运输公司和美孚石油公司提起诉讼期间，关于美孚石油公司利用其政治影响，妨碍该法案通过的控诉不断出现。美孚石油公司插足所有选举，并且为每一位雄心勃勃的年轻政治家"量身定制"事业前景。没有被美孚石油公司留用的年轻能干的律师都无法进入政界。这些事在俄亥俄州、纽约州、宾夕法尼亚州一直饱受争议。美孚石油公司似乎在南方发展公司时期之前便开始插足政治领域，因为佩恩在 1871 年作为众议院候选人时，就曾在美国参议院提到过，他所在的地区"没有合作，没有联合"的观念，将会使他落败，或者会让像美孚石油公司一样花更多的钱的人当选。①

但是，他们所引的例子或多或少都缺乏证据。他们之中没有一个人拥有足够有说服力的证据。与前两章中出现的三起案件一样，如今又出现了一起起诉美孚石油公司在选举中行贿的案件。此案与 1884 年 1 月俄亥俄州 H.B.佩恩参选的情况相似。在当时的选举中，佩恩可谓是出类拔萃的贵族，胜过俄亥俄州克利夫兰的其他竞选者。他有着非凡的出身，优秀的教育背景，得体的举止和过人的智慧。他那座有档次且有年头的宅子，至今仍然是城里的漂亮房屋中最具代表性的建筑之一。他曾多年活跃在民主政坛上——既是州参议院议员，也是众议院的成员。1880 年，他曾被民主党提名竞选总统候选人，在第一轮无记名投票中，收到 81 票选票。他参与参议院竞选时已经 74 岁了。佩恩的儿子，奥利弗 · H.佩恩，是南方发展公司十三位创始人之一。1872 年，当美孚石油公司大面积兼并克利夫兰的石油公司时，奥利弗 · H.佩恩是克利夫兰少有的几位加入美孚石油公司的炼油商，他在美孚石油公司"扫荡"的整个过程中保留了他应有的股份。奥利弗 · H.佩恩以他父亲为傲，并且希望他父亲能进入参议院，但是没有任何情况表明他父亲有机会被提名。因此到了 1883 年，他决定自己试试看是否能做些什么。

11 月将在俄亥俄州选举产生一位美国参议员。10 月，选举产生了

① 《国会地球仪》，1888 年 9 月 12 日，第 8520—8604 页。

新的一届州议会。民主党提名乔治·H.彭德尔顿和杜宾·沃德将军两位中的一位竞选参议员，这两个人都是在本州公众心中有名望的人。佩恩没有被提名。不过，州议会刚召开会议，哥伦布的尼尔大厦立即掀起了一股对佩恩不一般的支持，其背后的支持者正是佩恩的儿子奥利弗·H.佩恩（那时的美孚石油公司财务主管）和汤普森上校（也是该公司一位杰出的人物）。据说，有大量资金卷入其中。有传言说，"选举花费了奥利弗·H.佩恩 100,000 美元"。据称，有证据显示，在克利夫兰，佩恩派系中一位有声望的人兑现了一张 65,000 美元的支票，并且全部都花在了哥伦布。

佩恩当选的消息宣布后，舆论一片哗然。整个州都在指控美孚石油公司的行为，民主党的媒体更是尖锐：

> 《巴特勒县民主报》说："这是一个很简单的问题，究竟是彭德尔顿、沃德、瑟曼、康弗斯、福利特、格迪斯或者其他能干、诚实的民主党人士有资格获得参议院的一个席位，还是美孚石油公司利用金钱为其买下这个席位的 H.B.佩恩更有资格？这是诚实而分散的民主与以富人为中心、举着"金钱万能"旗帜的独裁的对抗。"
>
> 《卡罗尔县年鉴报》在评论选举时说："认为美孚石油公司取代了俄亥俄州民主党，是一个巨大的错误假设。他们也许只是拉拢了几位州议会的议员，但这并不意味着他们的领先就代表了俄亥俄州的民主。当英国人得到了本尼迪克特·阿诺德①时，他们也曾幻想征服了整个美国军队，但那也是错误的幻想。"

① 译者注：本尼迪克特·阿诺德（1741—1801），原本是美国独立战争中最具战略才华、最足智多谋的领导者之一。从康涅狄格民兵团开始就累立战功，尤其是在最为关键的萨拉托加战役中大显身手。但阿诺德作风骄悍，很难共事，常受到同事的指责。再加上他生活奢侈，做投机生意、贪污受贿，最后竟然为了奢侈的生活而出卖曾经为之出生入死的独立事业，投靠英军，成为独立战争中饱受争议的一位将军，最终在孤独中客死英国伦敦。

《哥伦布时代报》宣称:“美孚石油公司的垄断必须被打破,他们对政界的介入也必须被阻止。我们无法接受这些激起民愤的行为。政治的纯洁与永恒不允许这样的自满存在。这些致命的外在因素必须根除,否则民主党不能进入州议会或国会大厦。昨晚暴露的腐败,并不仅限于俄亥俄州。”

做出评论的并不仅仅是州媒体。《纽约太阳报》一篇题为“难道佩恩的选举是买来的吗?”的报道写道:

现在大家都相信,我也相信,美孚石油公司利用金钱为佩恩买下美国参议院属于俄亥俄州的席位。如今,一个人的社会地位竟然可以使其犯罪看上去如此体面?或者说政治的标准对共和党和对民主党并不一致?难道只有共和党腐败时,民主党才会谴责腐败的行为吗?难道当自己党内出现腐败时,就宽恕、维护甚至掩藏这种腐败行为吗?还是说这种行为仅仅出现在民主党内?在我看来,对自由民主制度而言,没有比买卖政治权力更加危险可怕的,没有比这更需要遭到谴责的。

这些控告被搁置了两年,美孚石油公司的佩恩没有关注它们,将他选举出来的州议会也没有关注它们。这一丑闻成为下一届竞选运动的议题之一,并且在成立下一届共和党州议会时起到了决定性作用。1886年,新一届的州议会会议刚刚召开,就开始着手对佩恩一案进行调查。共有55位证人参与调查,相关证词被移交到美国参议院。俄亥俄州州议会的相关人员说,“这些证词不能证明有关贿赂的控诉”,但也足以引起参议院的重视。1886年7月,此事交由参议院选举委员会处理,但大多数人反对俄亥俄州深入调查的要求。[①] 反对该决定的两名议员霍尔和弗莱伊抗议道：

> 参议院能剥夺一个伟大的州的人民——他们只能通过他们的州议会和议会代表来表达意见——在宪法之下听取这场重大案件调查的机会吗？我们没有对案件做预先判断，也不打算这么做。我们的确相信，为了维护参议院议员的声誉，维护参议院或者俄亥俄州的声誉，这个调查或许能够证明佩恩获得此席位是清白的，也能维护选举佩恩的州议会的名声。
>
> 如果反对这项调查的呼声很高，行贿的问题如何被提出来或者被调查呢？你肯定不会假设，行贿或者受贿的人主动将证据提出来吧？你不会期待公正、清白的证人出现吧？当然，正常情况下，如果选区向参议院提出诉求，认为有人通过腐败的手段获得席位，参议院相关人员应当毫不犹豫地进行调查。但这完全由相关人员自行判断，诉求本身并不影响参议院的正常程序。从案件本质来看，参议院必须让拉选票的人和主办选举的人，揭露自己知道的真相。调查过程中，必须根据这些信息来进一步调查，就像调查生活中其他普通事情一样，需要询问相关细节。
>
> 现在问题不是案件的情况是否得到证实，而是是否要对其展开调查。还从未有过关于这个案件的调查，只有参议院启动程序才能展开。没有任何不情愿的证人被传唤作证，也没有启动任何越过州界的调查程序。现在，参议院该拿主意了，这既是当下法律的要求，也是对将来有关重大贿赂犯罪的案子起示范作用——这种犯罪将会污染共和自由的源泉——而现在的情况还不足以引起大家的高度注意。

---

① 第49届美国国会参议院，报告编号1490。这份报告及1886年第49届美国国会参议院《综合文件》第106号文件，包括了俄亥俄州议会收集的贿赂证据和选举委员会多数派及少数派的意见报告。

7 月，参议院内部花了大量的时间展开激烈的辩论，美孚石油公司的名字被频繁提及。“美国的参议院，”参议员弗莱伊说，“现在问题摆在它面前，强大的美孚石油公司——如今是美国最大的垄断组织，在国家的每一个角落都能感受到它的存在。它掌控着商业、铁路、人和物，是否也将控制这里？强大的美孚已将其触角伸至立法机构之内，试图控制，或已经控制了一位参议员的选举。而参议院——我只能说，无法再坐视不管，必须调查事情的真相。”无论如何，多数派的意见被采纳，投票结果为 44∶17。“这是参议院历史上最不幸的一件事。”参议员霍尔说道。①

由时间慢慢平息的事，也只能让时间来证明。无法调查的事实更加证实佩恩的职位是靠美孚石油公司花钱买来的。1887 年，佩恩投票反对州际贸易法案的通过。“这就是为什么他会被安插在参议院。”人们讽刺道。1888 年，人们这种感觉愈发强烈。垄断的问题摆在国会的面前。共和党已经在他们的平台提出反垄断法的政纲，为回应克利夫兰的态度，民主党声称，运费率是现存的造成垄断的最大因素，如果共和党真心反对垄断，民主党将呼吁进行运费率改革。在这场激烈争论中，美孚石油公司毋庸置疑地发挥了影响力，反对针对托拉斯的调查和立法。美孚石油公司在帮助民主党人，这就是为什么他们想要一个民主党的参议院。1888 年 9 月，霍尔提出了一些发人深省的问题。他问道：“在这个国家究竟是否存在美孚石油托拉斯？如果真有这么一个托拉斯存在，内阁中是否有成员代表他们的利益？参议院是否有成员代表他们的利益？国家重要党派的委员会中是否有成员代表他们的利益？”

以下是佩恩做出的第一次回复。“我承受着来自正直的参议员表达的含蓄的批评，现在第一次澄清，也是我最后一次关注这件事。美孚石油公司是一家非常出色的机构。它维持着近二十年的商业运转，这

① 《国会地球仪》，1886 年 7 月。

是迄今为止没有其他任何一家公司或组织能做到的。但是，总统先生，我在美孚石油公司没有一分钱的利益。我从未拥有过公司的股份，从未让它为我提供什么服务。事实上，在1871年，另一位候选人，没有机构、没有联合、没有联盟，在我那个选区，不遗余力地想打败我，不惜花费巨额资金达到目的，才像美孚石油公司一样……”

“事实上，美孚石油公司90%的股份，持有者多为共和党人士。据我所知，公司股东里仅有两位是民主党人士。”佩恩又说了一段不相关的话，“不仅股东多为共和党人，公司对慈善事业也十分慷慨。我敢断言，美孚石油公司的两位先生对社会慈善和公益事业的捐赠，比参议院所有共和党人加起来的都要多。”

佩恩的否认并没有让参议员霍尔沉默，他开始发起攻击。霍尔表示，内阁和参议院都有美孚石油公司的利益混迹其中，这已经是一个“普遍常识”。他呼吁大家注意媒体对美孚行为的控诉，并称自己曾收到许多私人信件，这些信件都在控诉美孚石油公司对民主党的帮助。他提出问题是为了获得更多信息，而不是要控诉什么。惠特尼是霍尔参议员提到的克利夫兰内阁成员之一，他立即在一份公开信中否认与美孚石油公司有任何关联。霍尔说他“高兴地接受”了否认。对于佩恩，霍尔则并不满意。当佩恩激烈地回复他时，他在说了一段极具讽刺意味的话之后，便再也不发表言论了。

> 一位参议员，他所在州的州长，以及该州的上下两院都向美国参议院控诉，这位议员的席位是用金钱买来的，该州的另外一位参议员①站出来告诉我们，这是俄亥俄州，不分党派。大多数公众对此的看法是，如果当事人认为这些对他的控诉站不住脚，却没有站出来要求调查此事，以结束这些控诉还自己清白，而是躲在席位之后，不要求开展调查，假装自己没听见这些控诉，我想这么做的原因是想息事宁人……很少有人

① 译者注：根据美国选举规则，每个州，无论大小，均有两个参议员的名额。

会在这种情况下不要求展开调查。我认为甚至应该主动要求调查,而不是由参议院提出调查的要求……肯定会有参议员认为,若不开展调查,允许这位参议员进入参议院或继续占用参议院的席位,只能说明美国参议院本身的水准很低。①

就这样,佩恩的案件慢慢平息。没有证据证明美孚石油公司在选举中投入过一分钱,也没有证据证明佩恩的席位是买来的。但是事实上,面对一系列严重的控诉,案件持续听审时间长达四年,佩恩和美孚石油公司都没有采取任何行动。他们始终保持沉默,相信在大部分地区人们的怀疑远不及真相带来的破坏性影响。在大多数人的看法中,沉默即认罪。佩恩案加深了公众对美孚石油公司操纵政治服务于自身利益的认识。

1887 年,石油生产商与美孚石油公司在宾夕法尼亚州州议会的一场权利争夺战,再次加深了公众的这种认识。自 1880 年开始,石油生产商再也没有联合对抗过美孚石油公司。但是他们的不作为,并不是对美孚石油公司的彻底妥协。实际上,1886 年的石油生产商们过得与 1878 年他们成立联盟抗衡美孚时一样艰难。令他们特别不满的是,他们被国家运输公司"剥削"着——这个庞大的美孚石油管道运输系统,已通过各种手段垄断了原油运输。如果说石油生产商在这个时期还能赚钱,那他们很有可能没有关注过国家运输公司的利润。他们已经获得了人力和机器所能做到的最完美的服务,而且他们可能已经认识到了这一点。如果能够赚足够多的钱,他们也愿意支付高昂的费用。但是石油生产商的境遇与洛克菲勒的情况相比反差太大。石油生产商不断屯油,到 1886 年,他们手上已有 33,000,000 多桶原油。毫无疑问,这些库存会使得油价下降——过去几年原油价格已跌至每桶 1 美元以下了。到了 1886 年,甚至跌至每桶 71-3/8 美分,每个人都认为价格必然还会继续降低。而且令人灰心的是,生产商没有将他们从业务中赚取

① 《国会地球仪》,1886 年 9 月,第 8520—8604 页。

的利润与洛克菲勒当时赚取的利润做过比较。这是令人无法感到宽慰的一幕。1882年,美孚石油托拉斯用公司资本中的70,000,000美元支付红利。尽管从1881年至1884年,美孚还支付了10.5%的油罐站建设和管道铺设费用,估计为30,000,000美元;1885年,支付了10%的费用。1886年,美孚石油的股票价格升至近200美元。而同年的石油生产商大约亏损了投资成本的6%,石油总值贬值了1/3。[①]

有些事情不太对劲。他们无法针对油价而对美孚石油公司进行控诉。只要库存的33,000,000桶原油投放市场,价格就不可能上涨。生产商确实会抱怨他们处理这些石油的成本很高,包括储存、运输、自然损耗、火灾损失等。如果美孚石油公司没有击垮各条竞争线路,充分自由的竞争本可以用于降低这些成本,而现在处理石油的成本都快抵得上石油本身的价值了。他们开始想方设法应对来自不同运输公司的各种刁难。许多运输公司起初都曾试图独立运营,但最终都不得不与美孚石油公司联合。这些例子中最令人不满的就是泰德沃特公司事件。在这样的状况下,再加上布法罗案件、佩恩事件和赖斯事件的刺激,1887年初,一个旨在打击美孚石油公司的法案突然提交至宾夕法尼亚州议会,石油生产商们大力支持该法案,对他们来说,法案的开篇句就足以表达一切——"这是'制裁'大公司的法案"。[②] 这就是他们之前一直寻求的,某种用来"制裁"洛克菲勒的方法,因为他们相信,洛克菲勒的所有行动,就是针对他们利益的一场阴谋。《比林斯利法案》得名于其创始人,该法案惩办美孚石油公司的方式,是要将美孚超出固定费率之外的收费行为定义为刑事犯罪——原油集运到储存点的费用为每桶10美分(现行费率为20美分);原油储存每桶每天多收1/60美分,前30天免交储存费(现行费率为0.5%);原油按损耗0.5%计算,而不是3%。此外,这个法案要求美孚不遗余力地满足石油持有者的要求,并对损失负责,同时还要求它输送的石油要与它收到的石油种类和品质相同。

① 见附录49号:1886年来自一名石油生产商的观点陈述。

② 见附录50号:《比林斯利法案》。

一个公告减弱了人们对该法案的热情。公告宣称，该法案是违反宪法的——该法案惩罚的是被州宪法禁止的行为——同时，人们立即意识到，几乎在所有的情况下，固定的服务价格都低于成本。法案立即被修改。很明显，尽管一开始存在困难，石油生产商们仍然在争取法案通过。美孚石油公司的反对者们推动法案通过的决心越来越坚定。美孚人立刻意识到，只有进行一场艰苦的斗争，法案才不会在民众呼声的支持下通过。他们向大律师多德求助，并要求他们控制的报纸《石油城井架报》《泰德斯维尔先锋报》和《布拉德福德时代报》对他们进行声援，这些报纸都是受美孚资助的喉舌。他们还让管道业务经理中最有才干的沙伊德，在哈里斯堡代表美孚斡旋。美孚还让一个著名的州议会共和党议员，身在油区克劳福德县的华莱士·德拉梅特在州议会上组织对该法案的抗议。

2月，举行了针对该法案的听证会，多德代表美孚出庭。让一个如此有能力的律师来处理如此简单的案子是很罕见的，多德也很轻易地解决了这个案子。事实上，《比林斯利法案》糟糕至极，它受困于各种法律以及现实上的问题。管道业务是州际业务，这个法案企图规范该项业务，显然是做不到的。它当然可以规范宾夕法尼亚的石油业，但是如果真的这么做，将造成石油运输线路被划分为两个等级，而这样的情况也会给人造成困惑，且不符合实际需求。它制定的价格应该适用于现有的30,000,000桶原油，但是这些原油在协议的约束之下，不能随意变更价格。针对该法案的反对意见还不止这些。原本被石油生产商们请来捍卫该法案的一位有才干的律师海德里克，甚至不得不在各个方面为之道歉。法案最坚定的支持者，参议员小路易斯·埃默里坦言，法案起草者对石油生产商的需求了解太少，不具备起草该法案的能力，法案必须彻底修改。

尽管存在着合理的反对意见，确切地说是对反对《比林斯利法案》有压倒性优势的意见，石油生产商依然不愿意放弃法案。群众性会议每晚都在油区各个地点召开，大批请愿书洪水般地涌向州议会，一个大代表团在哈里斯堡不断游说。这种支持是过激的、猛烈的、不理性的。

3月，该法案的支持行动更加激进了，石油生产商中的领导者自发组成委员会，在纽约与美孚石油公司谈判，谈判的主题是关于法案意图解决的美孚滥用权利一事。生产商们认为，美孚和石油生产商的交易、超额收费以及提供服务时的专制独断等行为是不公平的，但他们又认为，《比林斯利法案》将给石油业务带来的混乱局面足以抵消该法案能缓和的不满。于是他们去找洛克菲勒，看是否有折中的处理方法。那时在好战的油区，最有效的方式，莫过于折中妥协。委员会在纽约开了三天会之后，从国家运输公司带回了一纸协议，协议上明确了让步的内容——2%而非3%的原油损耗，每天25美分/1000桶而非40美分的原油储存费用，以及其他某些储存点由联合委员会建立的承诺——两位生产商代表的肖像被悬挂在泰特斯维尔。

4月，《比林斯利法案》最终投票。哈里斯堡挤满了支持法案通过的石油生产商。美孚石油公司的代表也出席了投票活动。参议员小路易斯·埃默里后来控诉，称参议院里代表美孚石油公司利益的议员收受了65,000美元的贿赂，这项控诉笔者至今不知道是否被证实。在一番激烈争吵过后，开始对法案进行投票，最后以18∶25宣告失败。投票失败后，石油生产商代表们发起了一场强烈的抗议，投票厅、宾馆，甚至哈里斯堡的街道在接下来的几小时都出现了激烈的争吵和激动的集会。最后，当石油生产商从镇上离开时，他们都意识到，两周后，石油市将出现一个新的保护协会。最后一次集会的抗议中，并未出现修改法案的意向。事实上，在他们为了法案通过而进行的为期三个月的激烈运动中，并没有给予法案本身足够的重视。他们全部的热情已经在美孚石油公司身上耗尽了。究竟是美孚石油公司控制着宾夕法尼亚州议会，还是人民控制着州议会？石油生产商如此质问。当法案未能通过时，他们控诉，称法案无法通过是由于美孚的腐败行为。他们将《比林斯利法案》的失败，连同佩恩事件一起，作为美孚石油公司政治腐败的证明。他们情绪的爆发，不是因为别的，而是对美孚石油公司十五年来不公平行为的愤恨和不满，是对南方发展公司、对炼油厂和输油管道公司被迫联盟、对铁路运输公司的回扣、对货运信息的泄露，以及对泰德沃特公司失败等的不满。这是对洛克菲勒不断施加的残忍的、压制性的控制的反抗。这是对洛克菲勒攫取了石油生产商所有的利润却让他们承担风险的愤愤不平。如果事情按原来的态势继续发展下去,洛克菲勒还会继续这么做。他们将爆发的激情化为坚定、毅然的努力,但是此时,他们还是失败了,而且还是应得的失败。这一失败再次增加了他们对洛克菲勒一系列不公平行为的抱怨。

这些大规模的激烈斗争引发了公众的强烈关注。关于州际贸易法案的争论和斗争同时进行,该法案在 1887 年通过并生效。全国各地有这样一种情绪在蔓延:无论这些具体事件的是非曲直如何,神秘的组织中潜藏着某种危险——一个行业的一方可以累积如此巨大的财富和权利,另一方却在逐渐丧失金钱和权利。洛克菲勒即将面临新的审判,这场审判比对任何公开行为的审判都要严重。因为他创造的巨头公司的性质会遭到质疑。这是一个艰难的考验,因为到 1887 年,约翰·戴维森·洛克菲勒对世界的唯一要求,就是放任他的公司发展。他已经建成了世界上最完美的商业组织之一,这个组织实际操控着一个完全属于自然的产品。他的工厂是最完备的,以最严格的标准进行管理。他控制着运输原油的所有管线。他对世界能源消费的认知是准确无误,并且将产量严格控制在合理范围之内。他投入运作的市场营销部门积极地开拓着新市场。美孚的代理商往中国、非洲、南美洲、欧洲以及美国的偏远地区运输精炼油。洛克菲勒往往一整天都自己一个人在办公室工作,除了卓越的董事会和各部门的领导,他谁都不见,这些部门是洛克菲勒挤掉了一家又一家的炼油厂和管道公司后成立的。整个美孚石油公司,从洛克菲勒本人,到最偏远营销机构的地位最低的办公室职员,每个人都在忙碌着。这个组织里没有一个无能的员工,也没有一个不聪明的人。在这个严密组织里,每个人都因非凡的竞争机制而全力以赴;在这里,成功便会立即被承认;在这里,对美好光明的渴望使得大家能够克服黑暗,等待潜藏着的机会。这个严密组织在自己获取的权利和财富下前行。它总能够得到自己想要的,一直在挣其他公司挣不到的钱。

洛克菲勒除了要求不干涉自己，任公司发展，事实上还可以要求什么呢？而且别人又为什么要干涉他呢？他拥有得到他想要得到的一切利益的能力，这样做不仅仅是为了得到利益，而且是为了将利益最大化。那为什么还要干涉他呢？包括油区里的很多人都倾向于不干涉，一些人是出于对洛克菲勒的惧怕——有传言说洛克菲勒爱记仇，而且从不会忘记对手；另一些人是因为精明狡猾，他们预见到有一天可能需要求助于洛克菲勒；还有一些人认为对成功的批判是件不礼貌的事，而且会让人怀疑批评者是出于嫉妒而愤愤不平。但是仍有少数人，像他们一直以来坚持的那样，不因懦弱胆怯、自私自利、惧怕舆论而保持沉默。这些人坚持主张美孚石油公司是国家商业领域的一大威胁。“无论以前还是现在，这样都是错误的，”他们重复说着，“我们有独立经营的权利。干涉我们、让我们淘汰出局是一场阴谋。”洛克菲勒在石油界获得成功后，他将进军其他产业，拥有效仿者。五十年后，少数几个人将会掌控这个国家。

洛克菲勒用一种近乎天才般的技巧操纵着他的批评者们，并选择忽视他们。他太忙了，以至于无法回应批评者的质疑。“我们不会谈太多——我们不管闲事。”这种安静与淡定极为聪明。它既贬低了批评者，又让看这场游戏的局外人有这样的感觉，即如此的淡定必定源自某种无法撼动的地位。那些曾经开口作证，攻击美孚石油公司的人，最终都因洛克菲勒的沉默而缄默不语。仅仅有少数观点不同者受得了他斯芬克斯式的态度，在 1880 年之后的每一年里，这些警告和指控声变得更大、更激烈。洛克菲勒面临的最大的一次考验，大概是一些心怀不满者一直试图将他置于公众面前。他们妨碍了洛克菲勒的两大原则——“隐藏利润”和“保持缄默”。是他们摧毁了南方发展公司，是他们指控他犯阴谋罪，并逼迫他在 1880 年做出妥协。现在仍是他们，在庞大的输油管道系统建成后，在市场机器有序运作后，继续进行煽动和诅咒。他们的行为开始产生影响。美孚石油公司，或者说美孚石油托拉斯（就像现在大家普遍称呼的那样）必定要接受调查的感觉越来越明确。对洛克菲勒所获成就赞叹不已的人，倾向于忽略它道德上的问题，拒绝考虑它可能导致的权利滥用。他们觉得最好能商讨解决这些问题,一次性解决好这些事情,不管情况是已经变坏,还是像“石油业的尖叫者”说的那样,仍有变危险的趋势。在众议院中,当1887年制造业委员会调查托拉斯的问题时,最关注的便是美孚石油公司,这个所有案件中“最重要的案件”。不止一位成员认为,在正式调查之前,应该对美孚进行严格的审查。纽约州参议院中也有相同的声音,1888年2月,那里下令进行了一场调查。事实上,可以肯定的是,洛克菲勒再也无法做一些私下的交易了。或许他会谴责人们这么做,他将不得不被拉到公众面前,向怀疑和敌对的公众们解释他的托拉斯到底是什么,并证明他的公司有存在的权利。

第十四章

托拉斯的解散

1888 年对托拉斯展开全面调查——纽约州参议院对美孚进行调查——洛克菲勒的证词引人注目——对神秘的美孚石油托拉斯性质进行调查——发起美孚石油托拉斯的协议被披露——国会在 1888 年调查了美孚石油公司——美孚石油托拉斯的协议被披露后,俄亥俄州的首席检察官华生开始对该托拉斯进行追责——马克斯·汉纳等试图劝说华生不要提起诉讼——华生拒绝——法院最终对美孚做出判决,托拉斯必须马上解散

不用说,洛克菲勒及其公司一开始在石油业引发的愤怒,已经超过了其暗箱操作带来的不满。南方发展公司的计划仅仅对那些与他们签署了保密协议的人公开,还必须对他们之间所有的交易保密。1874 年和 1875 年,美孚石油公司购买匹兹堡的洛克哈特-弗鲁公司,还有费城的沃顿-弗鲁联合公司,以及纽约的查尔斯·普拉特公司的交易,是在绝对保密的情况下进行的。洛克菲勒甚至在这些交易发生的五年后,在宣誓书中称这些交易从未发生过。[①] 那些与洛克菲勒签订协议的人被警告"连你们的妻子都不能告诉",他们和美孚石油公司间的通信也用的是假名。无论何时,当各种公司间的关系成为诉讼或调查对象时,洛克菲勒及与他有关系的人总是能以某种方式拒绝给出坦白、直接的答案。例如,1879 年,当 H.H.罗杰斯接受赫伯恩委员会质询时,委员会试图查清他所属的查尔斯·普拉特公司与美孚石油公司之间的关系。[②]

---

① 见附录 44 号:约翰·D.洛克菲勒的证词。

② 见附录 51 号:H.H.罗杰斯的证词摘录。

罗杰斯的证词是巧妙逃避的典型，无论审查官们如何询问，他们得到的结果只是查尔斯·普拉特公司和美孚石油公司之间“相处融洽”。

当前任俄亥俄州州长纳什调查克利夫兰-玛丽埃塔铁路公司与国家运输公司之间的关系时，他竭尽所能也未发现什么确凿的证据。在报告中，纳什如此说道：“我之前刻意将与接管人皮斯以及他的货运代理商 J.E.泰瑞签订协议的一方称为‘以奥戴和沙伊德为代表的代理方’，这是因为我无法确定这代表的到底是谁。”纳什称有证据可以证明他们是国家运输公司的官员，但是国家运输公司和美孚石油公司的关系又是什么呢？前者是后者的一部分吗？无论纳什如何紧紧逼问，他都无法从奥戴那里挖掘到任何信息。①

在布法罗案中，当约翰·D.洛克菲勒在证人席上时，他被问到了一些关于美孚石油托拉斯集团中与诉讼案相关的人物。洛克菲勒回答了所有律师们允许他回答的问题，但直到最后，原告方也几乎没有得到什么信息，甚至可以说是什么信息也没得到。洛克菲勒律师团的态度，留给人一种十分深刻的印象，让人感觉他们在试图隐藏协议的本质或者纲领，隐藏公司的某些运作模式。这种态度激化了不满，并且加重了公众“藏得越深越有鬼”的想法。当对托拉斯的调查在 1888 年全面展开时，美孚石油公司被迫接受调查。当时公众普遍要求把这些隐藏起来的事情查清楚。第一次重要的调查于 1888 年 2 月在纽约进行，由纽约的参议院执行。议员们手中拿着写了许多待调查的托拉斯集团的名单。他们能调查的时间有限，肯定无法调查超过六家公司。毋庸置疑，这份名单中包括美孚石油托拉斯。“这是最早的托拉斯，”该委员会写道，“它的成功促使其他所有的托拉斯公司或托拉斯组织的组建。它就像流行病一样在整个国家商业系统传播。”

关于美孚石油托拉斯，有几件事情委员会想了解：一、它是什么？是一家被国家法律认可的机构吗？很久以前人们就明白，合伙公司、股份有限公司、有限公司等，都是一些人联手一起做生意的机构，这些机

① 见附录 48 号：首席特派员乔治·K.纳什对巡回法院的报告。

构都必须在法律的管辖之下。并且，出于保护公众利益的考量，它们还得向公众公开部分信息。如此看来，美孚石油托拉斯是合法还是非法的呢？二、从它自身成员的证词看，没过几年，美孚石油集团就控制了全国大约80%—90%的石油贸易。这种绝对控制是否源自某些特权，比如铁路公司的运费歧视？三、这种特权是否被用来操纵产量和价格，并防止外部人士从事石油业？公司的董事长因此被传讯到场，接受调查。

为了了解这些事情的真相，委员会传唤了洛克菲勒。约瑟夫·H.乔特，当时最杰出的律师，以及S.C.T.多德——一位名气没有前者大，能力却不亚于他的律师，陪同出庭。有了左膀右臂相伴，洛克菲勒出现在了提问者们面前。无论在什么情况下，他都不会以证人的心态站在证人席上，这种技巧使他处在了有利的位置。洛克菲勒用大量礼貌的短句应对提问，例如："您说的很对""我衷心乞求"等，来表明自己愿意配合委员会。他以一种十分诚恳的态度，把希望委员会知道的事情和盘托出。委员会非常希望能从头开始调查。很显然，大家都知道，曾有一家短命的南方发展公司帮助洛克菲勒在1872年就牢牢控制了石油业。在短短三个月的时间里，其精炼油生产能力就从日产量1500桶提高到了10,000桶。他们问洛克菲勒：

> 问：有这样一个公司存在吗？
>
> 答：我曾听说过这样一个公司。
>
> 问：你在这个公司里吗？
>
> 答：不在。①

众所周知的是，洛克菲勒拥有南方发展公司180股股份，是该公司的董事。后来该公司解体时，他正是想要极力拯救公司的两个人之一。而且俄亥俄州的美孚石油公司是唯一从这个短命的阴谋计划中获利的公司。

---

① 1888年纽约州参议院关于托拉斯的调查报告，第419—420页。

另一个令人震惊的证据就是铁路运费率。当被问及美孚托拉斯或其所控制的公司是否有过任何协议，规定美孚能够享有比其他人更低的运费率时，洛克菲勒回答，“没有，先生”。事实上，美国的三大石油运输公司——中央铁路公司、伊利铁路公司和宾夕法尼亚铁路公司，在1872年至1888年的大部分时间里都在这么做，让美孚石油公司能够在运输上享受低价，而他的竞争者们则需要支付高额的运费。任何想了解真实情况的人，都可以很轻易找到相关的合同和协议。“不，”洛克菲勒说，“我们并没有比我们的同行享受更低的运费。”撇开道德品质上的问题，缺乏幽默感是他的主要缺点。他以这样的语气，犹豫地补充道：“但是，请允许我在此说明，我们发现不止一次，我们的同行获得比我们更低的运费了。”

那天稍晚之后，委员会似乎掌握了一些洛克菲勒与铁路公司签订的协议的情况，于是又回到了那个话题。接下来出现了这样的谈话——一段能教会我们如何避重就轻的谈话。

问：是否存在这样的情况，垄断公司或者托拉斯集团下的公司，享受比不属于托拉斯集团的炼油厂更低的铁路运费？

答：我不记得是否有这样的情况。

问：你听说过这样的事情吗？

答：我曾在报纸上看到过很多这样的事情。

问：就像近期州际贸易委员会处理的赖斯先生的诉讼案中的情况那样，是否投靠托拉斯集团的公司，能够在铁路部门享有更加有利的运费？

答：我认为赖斯先生已对此做出声明。不是这样的，先生。

问：委员会相信这种说法吗？

答：我认为委员会的反馈都在记录上，我并不了解。

问：你不知道？你没有看到他们做出了什么结论吗？

答：那些都在记录上。

问：难道你没发现州际贸易委员会认为这一指控是真实的吗？

答：不，先生，我不认为对此我能说些什么。我知道他们做出了判决，但我真的不了解这个判决的内容。

问：你对这个诉讼的判决没什么兴趣，是吗？

答：我对诉讼有一定的兴趣，我不是在表达我对它不感兴趣。

问：你的意思是你不知道判决的内容是什么？你没有看过判决结果吗？

答：我不是那个意思。我知道州际贸易委员会做出了判决，判决结果十分复杂。但要说判决结果可以证明您上述提及的所有特征，我并不同意。

问：你真的不知道吗？你是否想说，事实上，在美孚石油托拉斯集团内的公司，并不比在集团外的公司享有更低的运费？你是否想说，事实并非如此？

答：我在今早的证词中已经说过，我知道在所谓托拉斯集团之外的公司中有人享有比所谓托拉斯集团之内的公司更低的运费。我无法说托拉斯集团之内的公司是否有与其他公司一样，甚至更有利的货运安排，但是，作为答复，我认为，这种特殊的安排在联合的情况下也没什么特别。我想他们一定会尽全力获得最有利的货运安排。①

委员会模糊地了解到，在美孚石油公司“联合”之外的炼油厂都经历了艰难时期，于是问道，托拉斯集团是否在竭尽所能，让其他同行都无利可图？他们只能选择进入垄断集团，或者关门大吉。

“他们没有这样做。是的，先生，他们没有。”洛克菲勒回答。

“他们一直跟竞争者保持着良好关系？”

---

① 1888年纽约州参议院关于托拉斯的调查报告，第420—421页。

“是的，他们和那些先生一直都保持着非常良好的关系，直到今天都是。”

如果能听到那些在1888年试图独立发展的先生们如何评论洛克菲勒的回答，一定非常有意思：例如石油市和泰特斯维尔的炼油商们，他们那时就准备将他们遭遇的麻烦提交到州际贸易委员会；俄亥俄州玛丽埃塔的乔治·赖斯等；匹兹堡的贝尔溪精炼公司的H.H.坎贝尔；克利夫兰市的斯科菲尔德-舒默-蒂格尔联合公司。

如果洛克菲勒的回答都与上面相似，那么这个调查对于委托者而言毫无价值。但是，当问到一些当场必须回答的问题时，洛克菲勒在稍做斗争之后，给出了坦率的回答，被委员会当作证词记录在案。委员会希望了解关于美孚石油托拉斯组织的信息。正如前一章提到的那样，在1882年出现了一些涉及石油业各种利益关系捆绑的协议，但是，这些协议的具体内容是什么？它们现在在哪里？它们又是被哪些权力机构授权的？无人知晓。六年了，这些协议消失了。究竟是什么塑造了托拉斯集团？委员会想知道这一点。洛克菲勒和他的法律顾问们都是装模作样的个中好手。他们只有一个请求，乔特让它变得更有说服力：

> 如果委员会同意的话，我不会反对委员会的要求。我们认为委员有必要了解这份文件以及一切与之有关的内容，以便了解托拉斯的性质和运作方式。与此同时，由于文件涉及的私人利益及一些争议，如果将细节公之于世，可能会对相关人员的利益造成严重损害。因此，在递交文件时，我们并未提出其他要求，只要求委员会承诺，在使用文件的过程中，不会轻易公开文件的细节和内容，除非是为了做出最终判决，在经审议之后认为有必要这么做。私人的利益是非常重要的，不应以公众调查为由，对私人利益加以干涉。

委员会看过文件之后，决定将其归在报告中。① 就像所有重要文件一样，这份文件简明扼要。这是一份人人都能看得懂的协议，在协议中，大约有五十人在不同州的股份有限公司、联合股份公司、有限合伙公司里控股，并将他们的所有股份都交给九位受托人，有托拉斯证明为证。这九位受托人本身就拥有着绝大部分的股份，同时对所有财产享有绝对的处置权。在被问及相关问题时，洛克菲勒说，其中一位受托人是几乎所有的托拉斯炼油厂或公司的责任人。作为一个集体，九位受托人通过报告或者通讯等手段，频繁在纽约与各公司的承办者一起商讨贸易如何展开。“我们都知道贸易是怎么展开的，”洛克菲勒说道，“我们每个月都会得到一份写着各项花费的报告。”

这些受托人毫无疑问是在那份协议下运行整个巨大的联合体的。但是考虑到某些特殊状况，其中三十九家公司有法人实体，依照各自所在州的法律开展业务，撰写报告。他们将公司事务交给一个不合法的、独立于所有权威、能够在任何地方做自己想做的事的组织操控。到目前为止，这个组织完全是在暗中运作。在这份并未得到政府承认的协议下，一群人聚集在一起，做起了公司不能做的事。这是一种令人困惑的新情况。委员会报告了这个发现时，也并未解决这个难题，它只是敲响了警钟：

> 根据托拉斯集团董事长在委员会的证词，现在这个托拉斯集团控制的财产实际价值不少于148,000,000美元。这笔钱掌握在九个充满活力和智慧，并且雄心勃勃的人手中——并且这些受托人自己，就像之前所说的那样，拥有托拉斯集团大量的股份，完全控制了这148,000,000美元。这笔钱是这块大陆上最具活力的，或者说可能是最强大的财富力量之一。它的影响遍及每一个州，即便在边远村落也能感受到，而其精炼油产品几乎在全球的每一个海港都有市场。这笔财富经过

① 见附录52号：1882年的托拉斯协议。

二十年的运作，在六年间不仅翻了一番，并且通过这些增长，托拉斯集团在此期间已经产生了超过50,000,000美元的红利。人们可能会充满恐惧地看待这种完全独立于法律控制之外的迅猛发展和财富集中，并焦虑地寻求方法来改变现状。如果不采取行动，它还会继续发展下去，按照一种全新的模式，即大公司不断融合或兼并，发展合作伙伴关系，像滚雪球似的，不再受物资和空间的限制。对美孚石油公司的调查到此为止。委员会很遗憾无法对其操作方法和对公众利益的影响做出更具体、更令人满意的报告。

调查时间太过短暂，委员会无法对最重要的管理事务的人进行审查。调查的结果是显而易见的。公平地说，对于不损害他们私人利益的信息，他们已经全部告知。没有目击证人能站出来指控托拉斯的阴谋，没有证据能证明其贪婪地掌控了一个富有竞争力的行业，除了这样的事实——它独占了石油业，赶走了所有的竞争者。没有一个目击证人现身，来证明它对铁路和运输公司的施压，这些铁路和运输公司在恶劣的商业环境下与其他运输商竞争，而只有获得托拉斯集团官员的同意后，它们才能获得比同行更多的业务和财富。①

纽约参议院在1888年2月对托拉斯集团展开了调查。3月，众议院制造业委员会展开了一个类似的调查。这个委员会，与之前的一样，将美孚石油公司作为重点调查对象。在一份1500页的报告中，有完完整整的1000页，都在描述洛克菲勒的成果——这个篇幅是关于糖业托拉斯集团的报告的五倍，威士忌托拉斯集团报告的十倍。政府在调查中收集了大量证词。确实，就体量来说，这些证词可以非常完整地再现美孚石油公司1888年以前的历史。南方发展公司的执照以及完整的协议已经被找到。这是从宾夕法尼亚州诉宾夕法尼亚铁路公司的案件

① 1888年纽约州参议院关于托拉斯的调查报告，第9—10页。

中，在卡萨特的证词里找到的，证明了美孚石油公司当时拥有铁路运费折扣的事实。这份证词相当于美孚石油公司石油运输发展史的一部分。报告中还列举了一系列关于美孚石油公司利用铁路的运费歧视压榨同行、实行垄断的资料，美孚石油公司参与的多场石油生产之争，布法罗案的所有证词——这是一起两名炼油商阴谋摧毁一家独立炼油公司的诉讼，州际贸易委员会关于乔治·赖斯一案的报告，以及很多其他的调查结果。洛克菲勒坐在听证席上，他的证词出现了前后矛盾的情况。2月28日，接受纽约参议院委员会调查之前，洛克菲勒曾被问及他是否曾是南方发展公司的一员。

“我不是。”他回答说。

在接下来的4月30号，在众议院委员会调查之前，却发生了以下对话：

> 问：以前或现在，有哪些人曾和你在南方发展公司共事？
>
> 答：我想有O.T.华林，W.P.罗根，约翰·罗根，W.G.瓦登，O.H.佩恩，H.M.弗拉格勒，威廉·洛克菲勒，J.A.博斯特维克，以及我自己。

在这次调查中，亨利·M.弗拉格勒对美孚石油公司的各种行为给出了解释，这也被引用到了报告之中，尤其是他对南方发展公司，对收购帝国运输公司，对美国转运公司在1878年对其他人的货运收取回扣的解释。弗拉格勒的一些证词与其于1880年在首席检察官面前所做的陈述相比显得有些古怪。举个例子，在1880年，弗拉格勒宣称“美孚石油公司在俄亥俄州克利夫兰市拥有炼油厂，在新泽西州的巴约讷市也有一个炼油厂”。就是说美孚石油公司没有在美国的其他地方拥有、操作或控制任何炼油厂。① 但是在这次调查中，发生了下面的对话：

---

① 1880年俄亥俄州凯霍加县民事诉讼法庭：在诉美孚石油公司案件中，亨利·M.弗拉格勒、威廉·C.斯科菲尔德及其他人的宣誓书。

问：俄亥俄的美孚石油公司第一次与其他炼油商结盟是什么时候？

答：戈文先生，如果您的意思是结成了一个联合体，那我应该说从来就没有什么结盟。

问：我只是在尽力帮助你的朋友得到他们想要的东西。在这里，我注意到，他们认为通过你可以证明——不如这样说吧——基于炼油业灾难性的状况，美孚公司是否于 1874 年 10 月 15 日与匹兹堡诸多炼油商结成了同盟？

答：说美孚石油公司购买了匹兹堡各方拥有的炼油厂更为准确。

问：购买了哪些人的炼油厂？

答：有洛克哈特-弗鲁公司，我想是叫这个名字。请稍等片刻。美孚石油公司在匹兹堡的公司。还有瓦登-弗鲁公司，在费城。还有，我应该说，是查尔斯·普拉特公司，在纽约。

问：还有吗？

答：就这些。

问：所有这些公司的先生们，瓦登-弗鲁公司、匹兹堡美孚石油公司、纽约的查尔斯·普拉特公司的负责人，现在都与你们合作，成了现在的石油托拉斯的利益方吗？

答：他们都是股东。他们之前拥有的资产在那时被美孚石油公司收购了。

问：在说到收购他们的产权时，你们没有把他们排除在产权之外？他们与你们联合，仍然是你们生意上的合作伙伴？

答：如果我们不是同一家公司，也许可以称为合作伙伴。

问：你们拥有他们的产权，而你们的也属于他们？

答：是的，先生。

问：而且，你用了你们公司的名字来代表这种共同所有权，因为它就是一家公司？

答：是的，先生。①

① 关于托拉斯的汇编材料，众议院，1888 年，报告编号 3112，第 770 页。

1888年联邦委员会收集到的所有关于美孚石油公司的证词只触及了一点，就是其组织架构。对于委员会来说，公司所依据的组织协议看起来并不受国会那时正在通过的反垄断法的束缚。反垄断法旨在反对“联合以规定商品价格、生产量或交易量的组织”。现在，有大量证词显示，从美孚石油公司与南方发展公司相关的历史开始，它的目标一直都是通过控制精炼油的产量来控制市场价格。但是委员会清楚地认识到，这份证词并不适用于他们正在调查的托拉斯集团。因为受托人宣称，他们的各家公司在商业运作上没有关联，只是简单地持有各公司的股票，行使作为股东的权利，获得及分配应得的利润。各公司都按照自己的方式进行贸易，受托人并不干预。这对深谙石油行业规则的人来说有些可笑，在J.D.洛克菲勒、威廉·洛克菲勒、J.D.阿奇博尔德、查尔斯·普拉特、H.M.弗拉格勒、本杰明·布鲁斯特、W.H.蒂尔弗德以及O.B.詹宁斯看来，他们作为美孚石油公司的受托人，没有任何事可做，只需要获得及分配红利，这无疑是项有趣且引人关注的任务。但是，事实上，证词里的所有内容都与他们无关。举个例子，在1887年，石油生产商保护协会和美孚石油公司之间，为限制原油产量结成联盟（有关于此的动议会在之后提到），这肯定限制了贸易。但是，调查发现，是纽约的美孚石油公司签署了这份协议，受托人与此毫无关系。石油生产商所抱怨的各种情况，也没有一条与托拉斯的受托人有关。没有任何协议，没有签署任何合同，也没有任何记录。托拉斯没有法人实体，就像引力那样，是一股无形之中的力量。从效果上你可以说它存在，但你无法证实它存在。就算你能抓住一条鳗鱼也抓不住它。制造业委员会在报告中指出，美孚石油公司的协议非常精明而狡猾地推卸了责任。

就这样，1888年的调查结束了。对此公众有许多议论，这场调查得到了什么呢？心怀不满的石油界人士不禁这样问到。它只不过确认了一份协议的形式，而这份协议除了证明人的贪婪，法律无法对其触及分毫。与过去一样，期待着立即获得损失补偿的石油人再次感到失望。如果他们能像洛克菲勒那样有耐心且高瞻远瞩地继续他们的事业，他们就会意识到，事实上，他们已经向实现目标迈出了伟大的一步，而这个目标是之前的任何其他方式都无法达到的——为州际商业贸易合作规定一个合法的组织形式，这种合法的组织形式可以让公众及时知道托拉斯集团到底是在获取特权还是限制贸易，而实现这个目标的第一步就是获得这份著名的托拉斯协议。现在，该是那些善于动脑筋的人想些办法的时候了，而他们确实想到了些东西，甚至比哲学观察者对社会事件的观察还要快。一个聪明人就这样出现了。

在 1887 年，有位律师被选为俄亥俄州的首席检察官，他还不满 40 岁，名叫大卫·K.华生。两年之后华生再次参选。就在他还忙于竞选时，有一天，他走出了在哥伦布公共广场的州政府大厦办公室，穿过一条街，像往常一样在一家书店翻看新期刊，偶然间看到一份名为《托拉斯》的黄色人造皮卷小册子，那是纽约的威廉·W.库克写的。华生花了 50 美分买下了这本书，一个晚上就把它读完了。最后，他发现了美孚石油公司的协议。这是他第一次看到那份协议。他阅读得很仔细，立刻发现，如果这是一份真实存在的协议，那么俄亥俄州的美孚石油公司已经违背了俄亥俄州的法律长达七年。他们剥夺了董事处理公司事务的权利，将其置于受托人的掌控之中，而几乎所有这些受托人都并非该州常住人口。华生立刻意识到，如果协议是真实的，他再次当选俄亥俄州首席检察官时，就有责任对这个州的美孚石油公司采取措施。他将这本小书放在一边，直到他知道了选举的结果。

几个星期之后，华生再次当选首席检察官。他立即展开了一个针对库克书卷中所附文件真实性的调查。他向纽约的参议院委员会以及国会寄出了调查报告，逐字逐句地阅读证词，却依然怀疑文件的准确性，认为即便它大体上正确，还是有一些美孚石油公司逃脱的法律漏洞。通过阅读众议院的调查报告，华生对正在参与调查的委员会成员之一，新泽西的布坎南提出的问题有很深的印象。他去到华盛顿，询问了一个朋友布坎南是否可靠，他的朋友说布坎南是个十分可靠正直的人，于是华生向布坎南询问了案件的情况。华生问道："美孚石油公司的协议就像委员会报告上说的那样，是真实的吗？""是的。"布坎南回答。"但是你为什么会问这个？""因为假如它是真实的，"华生回答说，

“我相信俄亥俄州的美孚石油公司已经违背了州法律，这次回到哥伦布，我就会在州最高法院起草一份针对它的起诉状。”

“你并不敢那样做，是吗？”布坎南大喊道。

“我那时还年轻，”华生在描述这次会谈时对笔者说，“而且我认为一个公职人员是被公众期待履行其职责的。所以我向布坎南解释说，俄亥俄州有一条法律规定，首席检察官应当对他相信已经违背了州法律的股份有限公司提起诉讼；况且我与美孚石油公司没有个人恩怨，所以对其提起诉讼，就像对其他违反法律的公司我会采取的行动一样。”

“我敬佩你的勇气，”布坎南说，“但是我不赞同你的做法。”

1890 年 5 月 8 日，华生向俄亥俄州最高法院提交了诉状。诉状称，在违背俄亥俄州法律的情况下，美孚石油公司签署了一份协议，将 35,000 股股份中的 34,993 股移交给了美孚石油托拉斯集团的受托人，这些受托人大部分不是这个州的常住人口。而正是这些受托人解散了俄亥俄州美孚石油公司的董事会，并对公司业务制定政策。华生恳求法院基于美孚违背这项法律，判处该公司“丧失并放弃其权利、特权、权力、专营权，并被驱除和解散”。

这份诉状对托拉斯集团来说犹如晴天霹雳。在各州或多或少都已经有一些反垄断法，但具体的条款都是在不了解托拉斯的实际情况下制定的，并且人们粗浅地认为，尽管托拉斯集团早就掌控了该州的商业命脉，但还是可以被州议会的反对法案摧毁。华生的诉状却很不相同。这是对公认的事实适用的法律。他使得美孚石油公司不得不面对其长期逃避的法律问题。在长时间的拖延之后，美孚石油公司给出了答复。令华生高兴的是，他担心的一件事——对协议准确性的否认——并没有包括在答复之中。公司承认了这份协议，但否认了俄亥俄州的美孚石油公司是协议的缔约方。这份协议是美孚石油公司的个别股东签署的，并不能代表整个公司。俄亥俄州的美孚石油公司与美孚石油托拉斯没有任何关系。的确，公司的一部分股东将他们的股票转给九位受托人，但是这个公司仍像之前那样做生意，按照营业许可规定的那样履行义务。这是被告回答的要点。他们声称，如果法院认为，股东以私人身份成为协议当事人的举动应当被看成美孚石油公司的举动，即便是那样，也不应没收公司的特许经营执照，因为法律无法禁止发生在诉状提起之前五年的行为。

与预期的一样，托拉斯集团召集了一批优秀的法律顾问来与进攻者对抗，华生委托了他的一位朋友，约翰·W.沃灵顿，辛辛那提一位杰出的律师来帮助他。他们俩要面对的是约瑟夫·H.乔特、S.C.T.多德，以及克利夫兰的维吉尔·P.克莱恩。

但是，在准备案件的证据过程中，这位勇敢的首席检察官被一系列质疑困扰。为什么他会提起这个诉讼？什么力量在控制着他？一些有权势的人私下询问他原因，他们无法相信俄亥俄州会产生这样一位首席检察官——仅仅因为这是他的职责。一些人认为，在其身后必然有与美孚石油公司为敌的巨大利益支持；另外一些人则认为，这是参议员谢尔曼提议的，因为这有益于其反垄断法案的推进。和质疑声一道而来的，还有一个大公司因其野心受到干扰而施加的看不见、摸不着的强大压力。许多人都劝他暂且放下这个案子。华生从未以文件形式向公众透露案件的细节，但当时他对不同朋友的描述，在俄亥俄州内引发了流言蜚语，以至于在1899年，该州的首席检察官F.S.莫奈特提起了六起蓄意贿赂华生，试图让其撤回案件的诉讼。① 但是华生称，在提起诉讼的七年后，在未经他同意，甚至是在他毫不知情的情况下，一些首席检察官办案的文件证据被公开了。这是有趣的证据，证明洛克菲勒可以随时在他愿意的时候施加压力。洛克菲勒在俄亥俄州的一位朋友马库斯·A.汉纳，曾是该州共和党的重要人物。在提起诉讼几个月后，他给华生写了一封警告信，华生的许多朋友当时都看到了这封信，对信的内容感到愤怒。1897年，当汉纳成为联邦参议院的候选人时，俄亥俄州一位记者回忆说，1890年，汉纳给首席检察官写了一封信，让其撤销对美孚石油公司的诉讼。记者找到华生，试图读一下那封信，尽管华生已经拒绝将这封信公之于众。“没有人在读过之后能忘记它。”记者如此说

① 见首席检察官呈给俄亥俄州州长的年度报告，1899年。

道，但为了确认自己获得的信息，他找到了当时与华生有联系的人——是的，他们都详尽地记得这信的内容。某些人说，他们永远不会忘记这封信中的一些言语。他们中的部分人拼凑出了信件的一部分，并声称内容是准确的。于是，下面的内容于1897年8月11日刊登在《纽约世界》：

> “我注意到，一段时间之前，您提起了一份诉讼，试图吊销美孚石油公司的特许经营执照。当时我就想给您写信，但一不小心忘记了。几天前，我在纽约遇到一位朋友，约翰·D.洛克菲勒，他让我想起了您提起诉讼的事实，但没有要求我以任何方式影响您的决定。”

> “我常常认为您是一个有政治抱负的人”，汉纳说，然后又接着说，除非撤销关于美孚石油公司的诉讼，否则在此之后，华生先生会成为该公司和它的朋友们永远的报复对象。仿佛是为了强调他的威胁和主张，汉纳先生在信中接着写道：“您已经从政这么长时间了，肯定知道，没有哪位公职人员必须对公众负责。”

> 信的结尾提及了当时的国务卿约翰·谢尔曼。汉纳写道：“我猜测是谢尔曼参议员煽动和怂恿了这起诉讼，如果是这样，下次我见到他时，会找机会直接和他说。”

> 信是打字机打出来的，信头印着“汉纳在克利夫兰办公室”的字样。

获取了这些信息后，记者认为华生很可能会给汉纳回信，他私下进行了一些调查。他翻阅了首席检察官办公室1890年的通信文件，下面就是他发现的内容。如果上面的还原还不够准确的话，下面的信足够作为汉纳来信的证据。

1890年12月13日,克利夫兰市,俄亥俄州

尊敬的马库斯·汉纳先生:

亲爱的先生,我已收到您上月21号的来信。推迟回信是因为我病了好几天。我不同意您来信中说的,认为我提起诉讼是对“资本组织”行为的攻击,因为我意识到,大规模业务交易需要资金集中,我完全理解这种行为。但是我有理由对美孚石油公司提起诉讼,并且相信有很多事情都与本案有关。如果您能理解的话,或许会对这起诉讼本身,以及对我与该诉讼的关系,产生不同的看法。让我特别提醒您一点,您可以完全相信其真实性。无论以间接或直接的方式,参议员谢尔曼都没有提议或鼓动这起诉讼,这一点必须从最广泛的意义上来理解。报道中或许会说,这位参议员在发表了支持反托拉斯法案的演说后不久就提起了诉讼。也许您很难相信我的说法,但是提起诉讼的确是我个人的责任。在我决定这样做之前,没有人鼓励我去提起诉讼,或者知道我要提起诉讼。人们议论是他人提议或鼓动我提起诉讼的,这种说法对那个人并不公平。十分感谢有您这样一位朋友,献上无比的敬意。

您真诚的,

大卫·K.华生

汉纳信中这句简明扼要的话就此成了他的专用语:

没有哪位公职人员必须对公众负责。

这句话在1897年的参议院竞选时反复被提起,对关注政治的人来说更是熟悉。这句话在俄亥俄州反对党的报纸头条上,以黑体连续出现了好几天,并且直到汉纳去世,这句话都是反对者打击他的利器。

无论华生面对怎样的压力，他仍坚持着自己的目标。他十分平静地陈述了自己的简要观点，下面是华生先生和沃灵顿先生论证他们观点的过程：

协议的目的，明显就是要将公司、合伙公司、个人吸纳进共同的公司之中，并通过创建一个独立于法律之外的机构来对其进行控制。协议由这些公司的高级管理人员、董事和股东签署，同时为执行协议的规定，他们需要将自己的股票转让给该机构，允许公司的执行机构在公司账目上进行此类股票转让。在选拔公司董事和高级管理人员时，股票的转移要服从该机构的分配。在管理公司的事务和业务的过程中，公司要将收益交给该机构，这部分收益将与如此建立的联合中的其他各方的收益相结合，在除去成本之后，将其作为共同收益，分配给利益相关人。在这样的情况下，公司即为——或者至少将被法庭视为——这份协议的当事方或执行者，尽管公司的名字都被隐去，并未出现在协议中。这种程序即便不是正式的公司行为，也已经构成了各个公司实际的法人行为。

一份违反法律的无效协议，实际上在各公司之间建立起了合作关系，或者说其可能的运作方式及效果——尤其是其不可避免的趋势——造成了实质上的垄断，或者是限制了贸易，或者以其他方式损害了公众利益。

如果一家公司直接或者间接服从于一个法律上不成立的机构，或者认同并联合执行了一份伤害公众利益的协议，那么它就违背了公司创立的法律，丧失了其特许经营的所有权利，应该做出解散公司的判决。

即便法律规定了对撤销公司特许经营权的诉讼时效，且该规定适用于此类案件，但如果某公司在该州的诉讼中隐瞒了本应撤销其特许经营权的犯罪行为，或者试图隐藏公司的真实性质，那么，这种违反本州法律的行为都是欺诈，而只有当此类欺诈行为被发现时，法律才开始生效。

约瑟夫·H.乔特是被告的辩护律师。他是全国最优秀的律师之一，华生或许也会对他将要给出的辩词感到焦虑。奇怪的是，乔特并没有按照法律人的思维进行辩护，而是用一种“乞求宽恕”的口吻开始辩护。乔特说，无论美孚石油公司犯了什么罪，都不应被吊销特许经营执照。接着乔特展开了一段强有力的论证，他声称，“在这些提交给法庭的诉状中提及的事项范围内，我们都是绝对清白的，并且我们做事的方式都绝对优秀”。

乔特的辩护并没有让法庭相信美孚石油是无罪的。法庭认为，根据托拉斯协议，可以看出俄亥俄州的美孚石油公司“为美孚石油托拉斯集团的利益谋划着——不顾他们作为公司对所在州的公众应当承担的责任”。法庭认为，公司中掌握巨大份额的股东们的行为影响着公司的财产，就与公司董事会影响公司的决议一样。“从这份协议来看，委婉地说，它是真实的，并且一样具有效力。被告受制于美孚石油托拉斯集团——这是一个主要营业地点在纽约的联合体，其成立的目的与我们的法律和政策相悖。它试图在全国范围内建立起对石油生产、提炼以及产品交易的实际垄断，通过这种垄断，它不仅可以控制石油的产量，还可以依照自身利益，操控石油的价格。所有此类联合体的存在都违背了我们这个州的法律，并且是无效的。”

“对美孚石油托拉斯的目的和行为问题已经讨论得够多了。或许它的成立确实改善了石油及其产品的质量，降低了消费者的开支，但是这并不是它实行垄断的最终目的。法律政策需要规范的不是有可能会发生的事，而是经常发生的事。经验表明，相信贪婪的人是不明智的，因为一旦有机会，他们就会选择以牺牲他人为代价来发展自己。所谓降低消费者的开支，只是他们用于维护垄断通常使用的借口罢了。”①

---

① 1897年至1898年俄亥俄最高法院美孚石油一案的始末，第一部分，第27—28页，法庭原始意见。

从上述内容来看，法庭认为美孚石油公司应该受到惩罚。公司的特许经营执照没有被吊销——诉讼时效成为宽大处理的借口，尽管事实如华生和沃灵顿表明的那样，在本案中诉讼时效并不适用，因为州政府之前对该公司隐藏协议一无所知。公司得以继续运营，但被剥夺了订立托拉斯协议的特权，被剥夺了承认其股权转让的权利，还被剥夺了允许受托人掌控事务的权利，同时，公司还要承担此次诉讼的费用。

法庭直到 1892 年 3 月 2 日，即诉讼提出的两年之后，才做出判决。收到判决结果后，俄亥俄州的美孚石油公司首席法律顾问维吉尔·P.克莱恩就去纽约找几位受托人商议。五天之后，他在写给俄亥俄州最高法院的首席法官斯皮尔的信中说："我们将立即采取措施，让美孚石油公司彻底脱离托拉斯集团，并解散整个托拉斯集团。"但这有着"操作上的困难"，克莱恩请求法庭允许该公司"暂时被法律承认"，并当面解释具体情况。他的请求得到了应允。3 月 16 日，克莱恩在分庭向法官、华生和华生的继任者解释了公司的现状。受托人一共持有公司 93%的股份，十年前就已发布了托拉斯证明。美孚石油公司不知道持有托拉斯证明的都有哪些人，只能通过受托人进行了解。因此必须首先找到这些托拉斯证明的持有者，并劝他们进行交换。为此，公司必须制定一个计划，这需要很多时间。法庭在这件事情上态度很友好，首席法官斯皮尔给了克莱恩一个非正式的延期便条："法庭目前不会改变判决结果，但是，只要那些控制着公司的人行为与现在一样，的确在诚实地尝试割断与托拉斯集团的关系，清算并结束与托拉斯集团的事务，法庭不会干涉。"就这样，克莱恩赢得了时间。

就在克莱恩争取更多时间时，美孚石油托拉斯的受托人列出了清算计划表。3 月 11 日，下面的通知被寄给了所有拥有美孚石油托拉斯证明的人，同时它也在美孚石油公司的子公司所在的每个州的报纸上刊登：

通知

美孚石油托拉斯证明持有者特别会议将于1892年3月21日,也就是周一早上11点,在纽约百老汇26号的托拉斯办公室召开。会议将根据协议条款,就终止托拉斯协议的决议进行表决,并讨论如何采取下一步行动。

会议如期举行,洛克菲勒也参加了,曾负责起草托拉斯协议的多德就终止该协议提出了解决方案。多德在介绍他的解决方案时,否认了法庭对该联合体指控的每一点:

十年前,一些人在从事石油运输和提炼的公司中持有股份,他们签订了一份协议,将他们的股份交给了受托人,并由上述受托人签发托拉斯证明,显示每位持有者以信托的方式持有的股票的公平权益。这样做不是为了将表决权交给少数人。凭借着对大部分股票的绝对所有权,受托人当时就拥有,或者说一直都拥有表决权。这样做不是为了减少竞争,因为持有托拉斯股份的公司不是竞争公司,只要公司的股票仍由这几个人持有,就不可能存在竞争。这样做也不是为了限制产量或者提高价格,恰恰相反,是为了增加产量,降低成本,进而降低价格,并且,它的确获得了成功,效果远远超出了制定这个计划的人们的预期。这就是托拉斯,代表着一种信任。为了大多数人的利益,赋予少数人受托义务,因此而设立的受托人忠诚地为信任他们的人提供服务。

然而,其他一些人发现,这种托拉斯计划十分便捷,据称还有人采用了类似的托拉斯体系,但目的却大不相同。无论这些指控是真是假,现在,托拉斯被定义成了一种压制竞争、减产提价的联合组织。公众反对出于这种目的的联合,在十七或十八个州,或多或少都有针对这种托拉斯的严格法案。

所有类似的做法如今都被错误地称为托拉斯，而所有托拉斯都被认为带有同样的性质。出于这个原因，我们应当谨慎地考虑是否要终止这一托拉斯。只要它还存在，对它本意的误解就会存在。

但同时也存在另一个解散托拉斯的理由。大约两年前，俄亥俄州发布了一份针对该州美孚石油公司的责问令，要求他们列明托拉斯协议的内容，并指控该公司作为协议缔约方，做出了超出法律规定范围的行为，因此应被吊销其特许经营执照。被告公司则否认它是协议缔约方，并宣称他们只是表面上有一个协议。而且很明显的是，协议只是在个人与股东之间签订的，关乎他们的私人财产，既非公司制定的，也不是与公司签订的。然而，法院认为，该协议是公司协议，公司必须禁止受托人凭借持有的股份，就公司事务做出表决。

由于这份协议不是作为公司协议订立的，而且其产生的效果与协议各方的意图相去甚远，现在看来最好还是解除这个协议。①

多德似乎预见到了他第一次提出的解决方案会遭到的抨击，因为他在文件中加入了一段要求解散托拉斯的指控，而根据那段指控，托拉斯现在已经要解散了。受托人将以一个新的名字依旧存在——“清算受托人”。他们需要处理的资产已经远远超过了十年前的。当时，39 家子公司的总资本为 70, 000, 000 美元。这些公司不断联合，直至现在，变成了 20 家新公司，总资本达到了 102, 233, 700 美元。② 超出资本的大约 20, 000, 000 美元的资产由受托人持有。多德的解决方案规定要分割这些资产，并将托拉斯证明移交给它们原本所属的公司。托拉斯证明的个人持有者，将会在 20 家公司中获得相应的股份。“不会是 A 获得一

① 解散托拉斯的会议记录。1897 年至 1898 年俄亥俄最高法院美孚石油一案的始末，第一部分，第 80—81 页。

② 见附录 53 号：美孚石油托拉斯各子公司 1892 年资产与资本总额列表。

家公司的股份,而 B 获得另外一家的;每个人都在所有的公司中获得相应比例的股份。”多德说,所有这些变化都不会影响公司事务的管理。他还向股东们保证:“你们的利润分红也和现在一样。各公司会继续经营与之前相同的业务,你们拥有的财产份额不会改变。”

受托人立即进行清算,但直至次年的 11 月,他们持有的大量托拉斯证明才交换完成。洛克菲勒的例子可以很简单地解释这个过程中遵循的程序。当托拉斯被下令解散时,洛克菲勒持有美孚石油托拉斯 972, 500 股股份中的 256, 854 股。他把这部分资产交给一名律师处理,并按照指示,从 20 家公司中换取了与他的托拉斯证明相应的股份。公司股份移交给了洛克菲勒,而证明文件则按照一定的框架和编号,交给了清算受托人。就实际目的而言,这种法定所有权的转让与托拉斯证明其实是一回事。它能够使受托人像以前一样,从不同的公司收取分红。关于洛克菲勒股票转移程序的正式文件载于附录中。①

第一年的年末,在托拉斯集团解散之后,还有 477, 881 股股份没有清算。第二年年末,依旧有这么多股份未被清算。第三年年末,还是 477, 881 股,第四年年末,仍然如此。托拉斯集团解散后似乎和解散前没什么区别。多德是对的,所有事情都还像原来一样运作,股息和以前一样分发,也未有迹象表明,清算受托人想要改变这样的现状。要想打破美孚石油托拉斯的垄断,光是法庭的一道解散令显然无法做到。然而,比法庭更强大的势力开始发挥作用。独立的精神在石油行业再次崛起——一场新的独立战争开始了,早在俄亥俄州解散托拉斯集团之前,就已有暗流涌动。

---

① 见附录 54 号:洛克菲勒在美孚石油托拉斯所持股份的凭证,1892 年生效的合法所有权转让协议。

第十五章

现代独立战争

生产商保护协会成立——秘密的独立组织旨在开展自己的石油业务——与美孚签订削减产量的协议——协议的结果并未如预期那样让生产商受益——生产商着手组建自己的石油有限公司——独立炼油商同意支持此项运动——生产商与炼油商的联合公司成立——小路易斯·埃默里的公司争夺滨海输油管道——合众国输油管道——美孚极力反对——独立炼油商精疲力竭——情况因纯净石油公司的成立而得到缓解——纯净石油公司最终成为独立联合公司的领头者——独立成为可能,但自由竞争尚未恢复

石油生产商一直都是约翰·D.洛克菲勒在石油领域势不两立的敌人,洛克菲勒对此深感遗憾。而且,事实可能确实如此。他从1872年对石油业发动的首次大袭击中认识到,已经觉醒并联合起来的生产商们是强大而危险的敌人。

毫无疑问,如果实际情况允许,洛克菲勒一开始就会从事石油生产业务,就像他从事炼油和输油管道业务一样,那样他就可以轻易除掉他的敌人。但在他进入石油业的前十五年间,实际情况不允许如此。那些油田太大了,而且没有明确的界限,拥有它们并不现实。而且最根本的是,洛克菲勒希望成为这些油田所产石油的唯一买家,因此他应该让这些油田的所有者心满意足,这样他们才不会干涉洛克菲勒的主业,也不会自己处理石油。假如洛克菲勒拥有这些油田,他会保持原油供应短缺。所以,只要洛克菲勒有机会,他都会努力劝说生产商,按照他的思路做事——保持原油供应短缺。

当调查委员会向洛克菲勒了解他垄断炼油和运油业务是否妨碍了

生产商获得其全部利润时，洛克菲勒表示："亲爱的各位先生，如果他们生产的石油少于需要的产量，那么他们就能获得全部的利润；如果他们生产的石油少于世界的需求，那么世界上的任何一个联合公司都无法妨碍他们获得利润。"①

如果洛克菲勒能使大多数生产商相信这个理论，进而控制原油产量，使得价格抬高，那么他们可能就会忘记对洛克菲勒早期大袭击的愤恨，对他的控制无动于衷。物质繁荣通常会产生让人麻木的效果。在油区上演的大博弈中，总有一个重要因素，这个因素是连洛克菲勒都无法应对的，那就是大自然，她煞费苦心地防止一切能使洛克菲勒与生产商矛盾缓和的情况出现。在设定了产油的限额后，当洛克菲勒及其同事相信，他们很快就可以牢牢掌握石油生产，进而可向生产商支付令他们满意的原油价格时，大油田的发现冲击了市场，拉低了价格，令他们的算盘落空。自洛克菲勒首次在这个领域公开露面，到其控制运输、炼油业和市场的这段时间，这样的情况经常发生：原油年产量从5,500,000桶增加到30,000,000桶；地上的原油库存不是500,000桶，而是1883年的逾35,000,000桶，1884年为将近37,000,000桶，1885年为33,500,000桶。大量库存导致原油价格低，收集、运输和存储原油的费用高，所有这些服务均为美孚石油公司带来高额利润，精炼油的利润稳定增长——造成的结果是独立炼油公司和输油管道公司破产——原油的利润持续降低，这让生产商们十分郁闷，而且更令他们愤恨的是，他们知道自己无能为力。努力自救的各家公司均由于各种因素失败了，他们已经对可能的补救措施毫无信心。美孚石油公司绝不会允许任何外来利益对他们的利益侵占分毫。洛克菲勒的这种信念给人们带来的痛苦，正是第十三章中所述的关于《比林斯利法案》之争的根本原因。《比林斯利法案》遭遇失败，因为它本来就不可能成功，但是为之所做的工作绝没有白费。自1880年以来，第一次有人号召油区一致采取行动。人们对《比林斯利法案》的支持是自发的，是对美孚石油公司专

① 关于托拉斯的调查报告，纽约州参议院，1888年，第445页。

横行为的强烈反抗。它证明了人们六年来一直在说的“抵抗无用”是因为洛克菲勒对石油业的控制太强。人们对联合行动重燃信心，更加坚定了要将公平竞争重新引入行业的决心。

就在法案遭到挫败的那个晚上（1887年4月28日），支持那项法案的生产商们聚集在哈里斯堡。他们愤怒而悲伤，呼吁在石油市召集并组织一场会议。会议规模较大，而且之后还有其他的会议。在很短的时间内，有2000名生产商加入了生产者保护协会，36个地方分会在各地区举行例会。除了尚待激发的热情与决心，新协会还具有如下重要特点：

1.这是一个秘密的组织。

2.成员完全由外部反对美孚石油托拉斯的人组成。章程中有一条是：“与美孚石油公司或其任何同盟相关的任何人，无论是合伙人、股东、员工还是对其持友好态度的人，均不得加入本协会，若已成为本协会的成员，则应予以开除。”

3.要求开展自己的石油业务，以“捍卫行业免遭运输商、炼油商、买家和卖家的垄断性的联合”。

生产商保护协会刚成立，洛克菲勒就获得了尝试调解的机会。支持“全面停产”的某些大型生产商于1887年夏天发动了一项独立运动，目的自然是减少石油库存。生产商协会的主席托马斯·W.菲利普斯，当时是石油业规模最大的独立生产商，平均产量每天不低于6000桶。业界呼吁由他与支持停产运动的代表谈判。菲利普斯立即告诉热衷于此项运动的同行们，他不会参加这项运动，除非美孚石油公司也参加。他指出，美孚石油公司拥有地上30,000,000桶石油中的很大一部分，且均以低价购入。如果生产停止，价格将会攀升，美孚石油公司将会因其拥有的石油而大赚一笔。与往常一样，生产商将承担所有损失。

讨论的结果是，生产商保护协会取得停产运动的控制权，其代表希望与美孚石油公司的管理人员就减产成本的分担一事展开面谈。对洛克菲勒而言，这个时候要对生产商实施的原则，就是尽可能地进行调解，并鼓励它们限制自己的产量。洛克菲勒会见了生产商的代表们，制定了有趣而奇怪的计划。生产商同意，在部分或全部时间关停其油井，一年内不钻新井，将产量限定在每天17,500桶。如果生产商这样做，美孚石油公司则同意以62美分的价格向协会销售5,000,000桶石油。只要生产商愿意，它们就可以以正常运费率运输石油。无论停产运动带来怎样的价格上涨，生产商都要控制其石油产量，而涨价带来的利润则由生产商根据具体停产量分摊。在同意这种安排之前，菲利普斯要求为将因停产而被辞退的工人做出补偿，而且提议协会留出购自美孚石油公司的1,000,000桶石油，以保障这些工人的利益，同时美孚石油公司另留1,000,000桶。所有高于62美分部分的利润以及2,000,000桶的搬运费都要交给这些被裁掉的工人。涵盖协议上述几点的备忘录，利益双方均表示接受。①

协议签订的四个月后，洛克菲勒向纽约州托拉斯调查委员会表示，协议签订的原因如下：

问：美孚石油托拉斯订立这样一份协议的诱因是什么？

答：是为了在美孚石油托拉斯与生产商的利益之间寻求和谐。整个油区都在承受着巨大压力。例如，有一种说法，称只有我们的石油业务在赚钱，而生产商们无利可图，然而事实上，我们并不知道生产商已经无法正常获利。我们认为，符合美国石油业利益的做法是，让原油生产商拥有一个合理的原油价格，我们希望通过合作来实现这一点。

问：提高原油的价格就必定能提高精炼油的价格？

答：是的。②

停产运动从1887年11月上旬开始，对库存和市场产生了立竿见影

① 见附录55号：1887年美孚石油公司和生产商之间的协议。

② 关于托拉斯的调查报告，纽约州参议院，1888年，第449页。

的效果——库存以每月 1,000,000 桶的速度下降,1888 年 1 月,原油价格升高约 20 美分。1888 年年底,尽管油价升高且库存显著减少,但是停产带来的好处尚未明显到能够产生洛克菲勒非常期待的"和谐",不足以让生产商放弃成立自己行业协会的想法。从 1888 年到 1889 年,生产商们考虑了两个方案,即成立合作石油有限公司或联合石油有限公司。到 1889 年底,联合石油有限公司成立了。协会的执行委员会将联合石油有限公司移交给一个专门委员会,这个专门委员会由联盟石油公司的 H.L.泰勒担任主席。联盟石油公司是油区内规模最大、历史最悠久的石油生产公司之一。很难说清泰勒是如何成功加入生产商保护协会的,因为泰勒的合伙人萨特菲尔德在 1883 年试图将泰德沃特输油管道公司卖给美孚石油公司,而泰勒和萨特菲尔德在泰德沃特公司被美孚石油公司兼并失败时,将他俩的股票出售给了美孚石油公司,致使美孚石油公司拥有了第一批泰德沃特公司的股份。① 独立生产商们忘记或忽视了这一事实,或许因为泰勒是生产商保护协会的成员,在协会的理事会中地位显著。

由泰勒担任主席的专门委员会积极开展工作,聘请律师来分析哪种组织形式对开展州际管道运油业务和经营炼油厂来说最安全。一切都进展顺利,但委员会突然发现,他们的主席正在给公司的热情泼冷水。随后,有传言说,泰勒及其合伙人——萨特菲尔德、J.L.麦金尼以及 J.C.麦金尼——已经把联盟石油公司卖给了美孚石油公司。协会立即召开了执行委员会会议,泰勒和 J.L.麦金尼均出席了会议。他们确认了报告中的情况是真实的,执行委员会立即接受了他们辞职。

为了保住在托拉斯的职位而舍弃生产商保护协会中的重要职位,流言迅速传遍了整个油区。这是一个惊人打击。油区失去了最大的独立生产商利益代表之一,失去了他们曾经依靠的有能力的人,这给油区带来了背叛的恐惧,也让他们不得不直面石油领域中新的严重问题——美孚石油公司成为生产商了。直到 1887 年生产商保护协会成立

① 参见第九章。

时，洛克菲勒都足够理智，他的巨大联合公司丝毫没有介入石油生产领域。这是一项蕴含巨大风险的业务，而且只要他能保持自己唯一买家的地位，进而控制产量，那他又有什么必要介入该领域呢？但是，现在情况发生了变化。已经开发的一些油田——布拉德福德油田、俄亥俄州油田和西弗吉尼亚州油田，它们的价值因过量生产而降低。洛克菲勒有足够的资金可以对它们进行投资。生产商曾威胁要通过合作来打破他的控制。可以确定的是，洛克菲勒尚未产生"和谐"的感觉，而且也不确定是否会产生这种感觉。如果他没有，原因可能是他想到生产商有一天也许会像1872年那样，切断石油供应。他高瞻远瞩地决定要成为生产商。1887年，他去了俄亥俄州油田。很快，他又悄悄买下了西弗吉尼亚州油田。1890年，他从泰勒及其合伙人那里了解到，生产商的联合公司正在筹建，他自然而然地得出结论——要肢解这家联合公司最好的方法就是买下其最大股东的全部股份。联盟石油公司的成员看到了加入美孚石油托拉斯的优势，并出售了自己的股份。就在这一年，即1890年，美孚石油托拉斯向生产商出具了逾40,000股的美孚石油托拉斯证明，具体如下：

联盟石油公司	18,249股
森林石油公司	17,378股
宾夕法尼亚北方石油公司	2,647股
米德兰石油公司	2,000股
	40,274股

生产商们感到震惊。如果不是组织内有一批人充分认识到独立生产商的努力危在旦夕，并竭尽全力保护它，协会无疑将会分崩离析。这些人中的主要几位分别为宾夕法尼亚州的小路易斯·埃默里和C.P.柯林斯、匹兹堡的J.W.李和大卫·克尔克、沃伦的A.D.伍德、费城的迈克尔·墨菲、韦尔斯维尔的鲁弗斯·斯科特、华盛顿的J.B.艾肯、布拉德福

德的R.J.斯特雷特、泰特斯维尔的罗杰·谢尔曼和M.W.奎克。他们督促立即举行全体代表会议，在这次会议上通过合作计划并立即实施该计划。

1891年1月28日，全体代表会议在宾夕法尼亚州的沃伦举行。会上研讨了执行董事会制定的合作计划，因联盟石油公司的背叛而造成计划失败的故事也传开了。很明显，成员们不但没有气馁，反而坚定了决心，并受到激励采取行动。在他们做出决策之前不会离开沃伦。会议持续了三天，在休会之前，他们已经制定出了一个激进的计划，这个计划由奎克担任主席的九人委员会制定。如同大会决议指出的那样，计划旨在切断美孚石油托拉斯的石油供应。具体计划是要成立一家有限联合公司，这家有限联合公司的全部股东应为生产商保护协会的会员（需要记住的是，只有与美孚石油公司没有任何关联的人才能成为生产商保护协会的会员）。这家有限联合公司应对参加此次运动的生产商的原油进行处理，负责这些原油的运输，通过开办独立的炼油厂或与现有炼油厂结盟，来为这些原油寻找新的出路。

代表们从沃伦回到家后，开始为新方案而努力。J.W.李和协会秘书J.R.戈尔兹伯勒立即走访了油区，介绍该方案并招揽股份认购者。他们立即得到了回应。几周内，逾1000家生产商认购了新公司的股份。新公司立即组建，名为生产商石油有限公司，公司资本为600,000美元。

但是，设立公司容易，开展业务难。要从哪里开始？要涉足哪些业务？他们唯一可以确定的一件事就是原油的供应，而为了提供原油，他们在储量丰富的麦克唐纳油田附近的宾夕法尼亚州柯里奥波利斯建造了四个储油铁罐。他们必须为原油找到市场，而他们的第一次努力是将原油运往国外。在新泽西州的贝永，独立的炼油厂——哥伦比亚石油公司，矗立在美孚石油公司巨大厂房所在区域的边缘。哥伦比亚石油公司拥有“码头特权”，即在海岸周围拥有供其运输石油的码头，而这种特权在纽约港周围是几乎无法获得。生产商石油公司从哥伦比亚石油公司董事长休·金那里获得了使用这个码头的权利。他们立即请人打造了50辆油罐车，准备运输原油。然而市场行情对他们不利，库存在增加，价格在降低。铁路收取的油罐车运费如此之高，让他们没有利润空间，因此那 50 辆油罐车并未用于运油。在匹兹堡，将原油用作燃料的做法在一段时间内吸引了他们的注意力，但没有取得任何成果。日渐明晰的一点是，他们必须自己提炼石油。在第一年结束时，他们开始自己提炼石油。

在石油市、泰特斯维尔及其周边，自 1881 年以来已经出现了一批独立的炼油厂。这些炼油厂得以存在，是 1880 年生产商与宾夕法尼亚铁路公司之间达成的折中方案的结果。折中方案的条款之一是以后铁路公司必须公开运费率，并对所有货运主一视同仁。宾夕法尼亚铁路公司似乎一开始曾真的打算履行协议，因此它鼓励在油区和宾夕法尼亚州建立炼油厂。刚开始一切都很好。在产油地附近发展炼油业有利可图，只要刚成立的独立炼油厂运至海边出口的石油能获得较低的运费率，它们就能赚取可观的利润。但是，到了 1884 年，情况开始变化。那一年，美孚的管道公司与宾夕法尼亚州铁路公司达成联营协议。根据该协议，针对产油区的运费率提升至每桶 52 美分，比炼油厂之前获得的运费率每桶高出 17 美分。作为宾夕法尼亚铁路公司提高运费率的交换，美孚石油公司同意将其向东运输的全部石油的 26%交由铁路公司运输，或者向宾夕法尼亚铁路公司补偿因提高运费率导致的损失。运费率的提升让独立炼油厂处于极其不利的地位。1888 年 9 月出现了新一轮的涨价，石油的运费率提升至每桶 66 美分，而罐装石油的运费率则没有提高。原因很明显。铁路公司没有油罐车，而是从美孚石油公司租赁油罐车。铁路公司拒绝向独立炼油商提供这些油罐车皮，而是迫使它们按桶运输，并提高每桶石油的运费率。第二轮涨价超出了独立炼油商们的承受范围，炼油商们联合向州际贸易委员会反映情况。1889 年 5 月，州际贸易委员会在泰特斯维尔召开听证会，但是未做出任何判决。与此同时，炼油商们为了生存而展开日益煎熬的斗争，他们对美孚石油公司的不满与日俱增。因此，当生产商石油公司的代表提议与独立炼油商联盟时，这些代表受到诚挚欢迎。

生产商们表示，他们在柯里奥波利斯有罐装原油，储量很大，但是他们没有市场。如果他们从储油地建设输油管道直通石油市和泰特斯维尔，运费率定为每桶15美分，比美孚的收费低5美分，那么炼油商是否能与他们订立五年的购油协议？炼油商们看到这种安排带来的前景，因此在很短的时间内组建了一家生产商-炼油商公司，公司资本为250,000美元，其中生产商石油公司持有160,000美元的资本，其目标是铺设从生产商投资的油田到石油市和泰特斯维尔的输油管道。这项新计划是按照最严格的保密和最快的速度实施的。该地区美孚公司的人员意识到正在发生的事时，生产商-炼油商公司已经获得了通行权，输油管道已经在铺设之中。1893年1月8日，该管道输送了第一批石油。独立生产商和炼油商通过他们拥有的输油管道，第一次联合了起来。

当这个输油管道项目正在西宾夕法尼亚州建设之时，在该州北部正在建设一个更具雄心的独立项目，即从产油区到滨海地区的双线输油管道：一条输油管道用于运输精炼油，一条用于运输原油。该计划的发起者是小路易斯·埃默里，洛克菲勒眼中最不好摆平、最能干的对手之一。在埃默里看来，除非生产商可以完全自行处理石油产品，否则他们就无法获得石油业务中应有的利润份额。根据他的判断，铺设到滨海地区的输油管道，就是尝试自行处理石油产品的第一个重要环节。1891年，他开始研究获得通行权的可能性。为生产商和炼油商出口石油的哥伦比亚石油公司赞同他的方案。他们确定，肯定会有许多生产商加入这个方案，但是，并不确定美孚石油公司是否会允许输油管道通过。埃默里首先想到的，是通过雷丁铁路铺设从布拉德福德到威廉斯波特的输油管道。他咨询了铁路公司的官员们，他们告诉埃默里，他们对这个货运路线非常满意，然后双方签订了初步的协议。但是，协议并未执行。为了弄清楚原因，埃默里又返回雷丁铁路公司。雷丁铁路公司的官员告诉埃默里："我们与您签订这个协议，将会扰乱我们与美孚石油托拉斯的关系。所以，我们不能签订协议。"

从雷丁铁路公司返回后，埃默里构想了一条新线路，从布拉德福德到纽约州汉考克附近的纽约-安大略-西部铁路，从那里通过铁路将石油运至哈德逊河，然后再通过水路运至纽约港。纽约-安大略-西部铁路公司的官员们支持这个提议，因为这个提议给他们带来一种全新的、有价值的货运方案。但是，在两个枢纽站附近，输油管道不得不通过伊利铁路。埃默里去见了伊利铁路的董事长。伊利的董事长告诉他："我们愿意推进各项进步，继续向前。"受到鼓励后，埃默里将自己的员工派到各油田，争取通行权。在外界知道该项目的消息之前，埃默里的员工已经收获了一些成果，但是，在关于该项目的传言扩散之后，他们勘测的线路附近就出现了一些美孚员工。与埃默里一样，美孚石油公司也想获得通行权。美孚的员工在埃默里方案计划的路线上购买了一片片土地，买下已获通行权的农场上的全部抵押物。手里有抵押物之后，他们迫使农民给予他们通行权。这帮人不断恶意骚扰，他们并不需要使用已获得的通行权，目的只是阻碍埃默里的独立项目推进。无论他们的线路计划通过哪里，美孚都必定会采取阻碍的手段，而埃默里则毫不气馁地继续向前。1882 年 9 月，他组建了自己的公司——合众国管道公司，资本为 600, 000 美元。公司创建人中，包括纽约和油区独立石油商公司的代表，许多股份很快就到了对上述独立公司感兴趣的人手中。

合众国管道公司的输油管道项目看起来是必做无疑了。但是，美孚石油托拉斯的实力，决定了它必须要控制石油运输。美孚人认为，独立的输油管道，尤其是通往海边的输油管道，对公司的威胁要远大于独立炼油商对公司的威胁。因此美孚不能允许合众国管道公司通过没有得到允许的及时而激进的措施，来妨碍美孚的业务。限于篇幅，笔者无法详细描述这场让人筋疲力尽、让业务毫无进展的诉讼，合众国管道公司不得不面对几个月的持续干扰，甚至还包括武力上的干扰。当计划在输油管道的东部枢纽站纽约汉考克附近，与伊利铁路轨道两侧的管道相连时，合众国管道公司面临的干扰最为激烈。埃默里相信伊利铁路董事长允许管道穿过铁路的承诺，于是把他的员工派到铁路上连接输油管道。但是，就在埃默里的员工还未到达那里时，已有 75 名全副武装的铁路公司员工驻扎在那里，随时准备战斗。这些铁路公司员工占据了输油管道尽头的区域,在周围挖掘壕沟以备发起攻击。输油管道员工在附近驻扎了三个月,但他们一直无法连接输油管道。埃默里在调查后得出结论:与雷丁铁路公司一样,伊利铁路公司的官员已经意识到破坏与美孚的关系是不明智的。而当他的员工正关注这一点时,他开始在侧翼展开动作,获得了距离威尔克斯巴里 70 英里的泽西中部的通行权。新运动开展得非常迅速,到 1893 年 6 月,合众国管道公司已建成 180 英里长的原油管道,将布拉德福德的各个油田与一条态度友善的铁路相连,还有一条 250 英里长的精炼油管道,将石油市、泰特斯维尔、沃伦和布拉德福德的独立炼油厂与铁路连接起来。

精炼油管道竣工后,一个非常重要的问题亟待解决:精炼油能压送那么远而不变质吗?美孚人坚定地认为这做不到。在为此做实验时,急切的人们聚集在威尔克斯巴里站。他们最担心石油会变色,但令他们惊讶的是,不仅石油的颜色没什么变化,而且在实验中还发现,石油在输油管道中经历了较长时间的剧烈搅动后,着火点会由于这种额外搅拌而提高。这是石油行业取得的新进展,也是继泰德沃特公司证明石油可以翻山越岭地运输之后取得的重大革命性进展。需要注意的是,这一新发现不是美孚石油托拉斯的功劳,而是在人们的嘲笑与反对声中,被迫另辟蹊径而获得的成果。

合众国精炼油管道的成功激发了独立石油商们高昂的热情,因为这条管道让他们可以将石油运至海边。这些商人们立即展开讨论,希望在他们之间建立更紧密的联盟。为什么不能将生产商-炼油商输油管道公司卖给合众国管道公司,使得管道可以直接通往布拉德福德呢?到 1894 年春天,这个项目似乎能够实现。

这项新运动不是闹着玩的。倘若实现联合,生产商就会拥有自 1887 年起一直在努力建设的运输他们生产的石油的系统。随着这项事业的不断巩固和完善,针对其发起的战争也愈加系统和坚定。这场战争有两条路线——败坏该公司在股东眼中的声誉,以使他们把股票卖给美孚,目的自然是取得对那些公司的控制权;削减精炼油市场,直至联盟中的炼油商破产，或者彻底灰心，最终卖掉公司。败坏公司声誉的工作交给了油区内美孚控制的机构，其中最主要的是《石油城井架报》。自1885年以来，这份有趣刊物的编辑一直是位特别的爱尔兰人，名叫帕特里克·C.博伊尔。身为《石油城井架报》的编辑和该报的所有者，博伊尔的地位源自美孚石油托拉斯的慷慨。他热情地向美孚石油托拉斯效忠。现在，博伊尔将他所有过人的辱骂能力发泄到了三位冒犯了他的独立石油人身上——埃默里、伍德和李——而他做得太过火了，最终三位先生都起诉他诽谤。在埃默里一案中，为达成和解，博伊尔签署了缴纳5000美元赔偿金的保证书——他后来不得不支付这笔赔偿金，其中超过一半为诉讼费用，并发表了下面的声明：

公开声明

过去的许多年里，《石油城井架报》在社论和新闻栏目中刊发了各种反映小路易斯·埃默里先生在业务、社会行为和政治观点方面的文章。

《石油城井架报》的编辑P.C.博伊尔因刊发了几篇这样的文章而被控告，并被判有罪。埃默里先生认为，博伊尔刊发的这些文章对他造成了损害，因此提起了民事诉讼。

现在诉讼已经调解，博伊尔先生自愿撤回过去刊发的，或在他授意下刊发的，贬损小路易斯·埃默里性格、声誉或责任的所有言论。

这些文章的发表是出于对事实的误解，埃默里先生是被冤枉的，也应该是无辜的。博伊尔先生对此完全信服，并做出本撤回声明。

鉴于之前的许多文章在本国和欧洲的各种报纸上反复印刷，博伊尔先生希望，本撤回声明能像之前关于埃默里先生的文章那样自由和完整地全文刊发。

P.C.博伊尔

笔者很高兴能帮助博伊尔先生实现他这个值得称赞的愿望，让他的这份声明能够很好地传播。

尽管油区的大多数人从未把博伊尔当回事，但是他们确信，博伊尔的攻击是有人授意的，是美孚在向生产商表示，他们不会让生产商的公司继续存活下去。因此，人们认为博伊尔的言论是种阴谋。影响更坏的是，人们都相信，美孚石油公司的核心成员们，正在嘲笑独立石油商们的努力。与托拉斯数百万的资本相比，生产商那些微不足道的资本算什么？一群分散的“石油尖叫者”，要面对洛克菲勒冷血、老谋深算的核心团队，应该怎么办？生产商们充分认识到了其资本的不足与组织的不完善，但是他们仍然坚持下来了。许多人选择坚持，是因为他们体内的热血正在沸腾，他们宁愿坚持到身无分文，也不愿意屈服；其他人则出于对菲利普斯理念的信任：“上帝有时会选择弱者来击败强者”，或者“一人能追赶千人，两人能使万人逃跑”。

就在美孚石油公司试图败坏独立公司及公司负责人的声誉时，美孚的代理们正在尝试悄悄地买进生产商石油公司和合众国管道公司的股份。那些胆怯、冷漠或经济拮据的股东们很可能会被劝诱放弃自己的股份。关于美孚代理们行动的传言开始出现，独立公司中的人们感到有些不安。美孚将得到多少股份？美孚将如何处理这些股份？他们很快就能查明这些。

在利用得到的股份之前，美孚仍然使用了其掌握的最有力而残酷的武器来打击独立石油商，那就是控制市场。炼油商被迫退出联合。从价格的比较上来看，自 1893 年秋季起，两年之内的价格削减程度显而易见。1893 年 1 月，原油的售价为每桶 53-1/2 美分，精炼油的出口价格为每加仑 5.33 美分。1893 年 12 月，原油价格提高到 78-3/8 美分，而精炼油的价格则比上一年同一时间降低了 18 个百分点。整个 1894 年，美孚都在打压精炼油的价格。这一年，精炼油的平均价格为每加仑

5.19 美分，而原油的平均市场价格为每桶 83-3/4 美分①——低于 1893 年 1 月的价格，当时的原油价格为每桶 53-1/2 美分。

纽约的精炼油出口情况大致如此。在德国，独立炼油商的出口石油均由经销商赫尔·珀斯处理，他的仓库位于莱茵河畔的曼海姆。独立炼油商的石油每运至一个地点，油价都在降低。保住他们已开发的国外市场是个生死攸关的问题。二十个月来，为了满足出口代理商和国外经销商的需求，独立炼油商在不断地减少货量、降低价格。他们卖的每一桶石油都在赔钱，而这种情况持续了整整二十个月。泰特斯维尔的炼油商以每加仑 1.98 美分的价格出售石油。布拉德福德的路易斯·埃默里工厂以 1.07 美分的价格出售了一船石油，而其他的石油售价大多都在 2 美分以下。如果没有管道联合，不可能出现这种价格。但为了在市场竞争中存活，合众国管道公司以及生产商-炼油商管道公司都在以成本价或更低价格运输石油。管道公司欠了雷丁钢铁厂很多钱，但雷丁公司勇敢地支持着这些管道公司，将还款时间延长至市场竞争结束，管道能够支付为止。

这样的情况显然不能永远持续下去。这里有一个最关键的问题：炼油厂亏损经营的状况还能坚持多久？几个月以来，独立石油商们眼睁睁地看着自己银行账户里的金额逐渐减少，业务依旧没有回暖的迹象，一些独立石油商因此而泄气。最终，在 1894 年底，由泰特斯维尔的约翰·费尔蒂希、泰特斯维尔的 H.P. 贝尔瓦德和石油市的 S.W. 拉梅奇

---

① 下表反映了每桶原油（42 加仑）自 1890 年到 1897 年的价格变动，以及纽约的桶装精炼油每加仑的价格：

	1890		1891		1892		1893	
	1 月	12 月	1 月	12 月	1 月	12 月	1 月	12 月
原油	1.05-1/8	67-1/2	74-1/8	59-1/4	62-1/2	53-1/4	53-1/2	78-3/8
精炼油	7-1/2	7-1/4	7.42	6.44	6.45	5.45	5.33	5.15

	1894		1895		1896		1897	
	1 月	12 月	1 月	12 月	1 月	12 月	1 月	12 月
原油	80	91-3/8	98-5/8	1.43-5/8	1.45-3/4	97-7/8	88-1/8	65
精炼油	5.15	5.61	5.87	7.77	7.85	6.35	6.13	5.40

组成的西部炼油商委员会，赴纽约与美孚协商。市场状况还有希望好转吗？他们还有机会吗？美孚告诉他们，他们不会有任何希望和机会，只有卖掉公司股份这一条路可走。美孚将买下他们的炼油厂和股份，但这就是他们能做的全部。委员会返回报告情况。他们说，市场状况没有好转的希望，对他们来说，他们应该卖掉股份。由于他们代表着联合中最大的三家公司，而且他们都持有联合公司的股份，因此，他们的撤离在那时几乎是致命的打击。忧郁而沮丧的商人们听了报告，脸上都写着放弃。

现在，独立石油生产商中的两位活跃成员——李和伍德，被邀请参加炼油商会议。他们已经充分认识到，如果炼油商此时退出联合，那么独立石油商的努力终将白费。在进行关于公司出售的表决之前，李站出来说了他的看法。在这场慷慨激昂的演讲中，他请求大家再试着努力一下。他指出，石油市场的畸形状况不会长久，原油价格正在稳步提升。面对不断上升的原材料价格，任何垄断公司都无法长久压制其成品价格。美孚已经持续压价两年，与市场规律相悖的是，他们又将这样的做法持续了两年。李告诉他们，德国的市场情况已经好转，埃默里最近与国外的买家赫尔·珀斯一起拜访了德国政府的一些官员，并向他们解释了现存的油价歧视——在运费相同的情况下，易北河地区的石油价格比莱茵河地区的高 1.5 美分到 3 美分。李将德国政府已经在关注价格歧视的情况告诉了炼油商们，并转达了政府官员对他们说的话："回去吧，先生们，这种情况会停止的。"然后这种情况就真的停止了。李先生认为，如果非法的低价销售能在德国被遏制，那么独立石油商就可以继续保有他们的市场。他提醒炼油商们，他们不只是在建立一项贸易，而是在捍卫一项事业——人们有权在不受非法干扰的环境下按照自己的方式工作。这不仅关乎他们自身的荣誉，还关乎整个油区的荣誉。他们在为伟大的原则而斗争。他们在证明，勇气、耐心、毅力和智慧能够征服任何能力与不择手段的联合。李请求他们："不要屈服。坚持住，我们将去生产商那里争取，告知他们你们面临的困难，然后筹集资金，维持战斗。"

在李的请求下，除了已经与美孚会面的费尔蒂希、贝尔瓦德、拉梅奇三位先生，其他的炼油商都同意：如果生产商能帮他们摆脱困境，他们将继续尝试坚持。在接下来的几天里，独立石油商联盟的负责人开足马力工作，并号召在油区举行一个大规模集会。他们从一个集会到另一个集会，到处劝说人们采取行动；他们散布关于集会的传单，在1895年1月，人们终于坐上通往巴特勒的专列，那正是集会举办的地点。在巴特勒群众集会上，大家热情而坦率地进行了交谈，油区人所有的痛苦和决心都与美孚有关。当大卫·克尔克这个最活跃、最有实力的独立石油商提出，要筹资组建一家名为纯净石油公司的新公司，其直接目的是帮助处于困境的炼油商时，他的提议赢得一阵欢呼声。公司瞬间就有75,000美元被认购。几天后，认购金额达到200,000美元。

根据发布的招股说明书所述，该公司的宗旨是：

> 维护及支持开展业务的固有权利，运输和销售生产者自有产品的权利，以及就其投入的劳动和资本获得公正报酬的权利。

招股说明书的另一条则比较有趣：

> 为了防止那家已经掌控石油业的垄断公司的干涉，纯净石油公司一半股份的投票权由其持有者交给捍卫独立的五位拥护者掌握。这些拥护者受永久信托债券条款的约束，只能投票决定让该公司保持独立的人或措施，因此，任何股份的出售均与权利转移无关，不会危及公司的政策、存在，或让其他成员投资产生危险。

纯净石油公司很快成立了。在公司成立几个月后，独立石油商们就在纽约召开了一次紧急会议。纯净石油公司的成员在得知四年内购买了他们90%出口石油的德国经销商已经将公司卖给了美孚的营销公司德意志-美利坚公司之后惊慌失措。这造成了严重的恐慌。独立石油商们一直信赖赫尔·珀斯,就像他们之间彼此信赖一样。埃默里已经把赫尔·珀斯归入他们的事业之中。在独立石油商与美孚石油公司斗争的过程中,埃默里一直带着悲壮、认真的态度对待这份事业,并让赫尔·珀斯宣誓效忠。赫尔·珀斯把手放在胸口,发誓将会忠诚。赫尔·珀斯在各个方面一直都忠诚地为他们服务。因此他的背叛更加令人费解、让人沮丧。后来,他们知道了真相,赫尔·珀斯被他信赖的权威人士告知,美国的独立石油商们已将公司资产卖给了美孚。赫尔·珀斯认为这会切断他的石油供应,所以将自己的公司卖给了德意志-美利坚公司。几周之后,赫尔·珀斯突然去世。独立石油商们相信,赫尔·珀斯在得知真相后,认为自己违背了承诺,因悲伤过度而死。

赫尔·珀斯公司的出售使得独立石油商们不得不面对更加严重困境。他们已准备好了一船石油准备运往欧洲,但欧洲没有油罐来贮存这些石油——因为那里没有人帮他们卖石油。他们立即在匹兹堡召开筹资会议,几天后,埃默里和墨菲出国,他们在汉堡和鹿特丹获得了建油罐和设立营销点的特权。纯净石油公司在欧洲得到了发展。独立石油商又一次被迫依靠自己,而且他们再一次证明,他们有能力应付紧急情况。但是与美孚的战争远未结束。纯净石油公司成立后,预示着独立石油公司之间将产生更紧密的联盟。而这是美孚石油公司不惜一切代价都要阻止的。美孚决定发挥生产商石油有限公司和合众国管道公司股份的作用,他们一直在悄悄购入这些股份。

美孚石油公司已经通过石油业内最著名的、成功的生产商之一,卡特石油公司的董事长约翰·J.卡特上校进入了生产商石油有限公司。卡特上校拥有生产商石油有限公司300股股份,被选为该公司的董事会成员。根据宾夕法尼亚州关于有限联合公司的规定,股东须被选为董事会成员后,才能根据其股份行使表决权。1894年2月,在管道公司联盟第一次投票时,卡特上校突然出现,出示了反对出售的禁令。在关于禁令的听证会上,卡特上校的所作所为引发了独立石油商的愤怒情绪。一个更残酷的现实在等待他们消化:美孚石油公司持有卡特石油公司

60%的股份。1894 年 4 月 11 日,公司在宾夕法尼亚州的沃伦开会。卡特上校出席并行使的不仅仅是其 300 股的表决权,还有另外 13,013 股的表决权。他从哪里弄到这些股份的？只有一个结论,而事实证明的确如此——那 13,013 股属于美孚石油公司。这些股份是美孚借给卡特的,形式为转让,而非出售,甚至没有设定价格——美孚明显希望他和其他几个心怀不满的股东控制会议,阻止管道公司的联盟。美孚的这种企图失败了,因为卡特-美孚的势力仅掌握了 21,848 股,而独立生产商们则持有 30,560 股。美孚的这种方式引发了不小的骚动。在沃伦的会议上,不止一个成员大骂卡特上校是“叛徒”。当有关这件事的新闻传到生产商保护协会时,人们普遍要求将卡特上校从泰特斯维尔议事会中驱逐。卡特上校很快就被开除了,甚至没有经过听证会。

美孚收回了 13,013 股股份,并耐心地继续增持股份。1896 年 1 月,美孚持有 29,764 股,持股数已经足够多,再加上卡特的 300 股,可使美孚获得绝对多数。卡特上校在这个恰当的时机出现在百老汇 26 号,提出以每股 100 美元的价格购买公司股份。阿奇博尔德及其同事认为值 150 美元。(据说他们曾以高达 220 美元的价格购买了其中的一些股份。)卡特在证人席上以其坦率、口语化的证词描述了关于价格的谈话:

> 阿奇博尔德先生说:“我不知道,约翰,但是你给出的购买价格实在太低了。你难道不认为这些股份值更多钱吗?”我说:“对我而言,就值这么多。我愿意按照票面价格购买。”他说:“好吧,我想我们需要仔细考虑这件事。”然后对话就结束了。

阿奇博尔德、罗杰斯和卡特会谈过几次。他们想知道,如果卡特获得大多数股份,那么他将如何管理生产商石油有限公司。根据卡特的说法,“如果由我来运营那条管道,我将按照法律和业务原则办事。需要石油并有钱付款的任何人都可以获得石油”。

罗杰斯问:“如果埃默里想要石油,你会卖给他吗?”卡特回答:

“会。”罗杰斯又问:“那外部的炼油商们呢?”卡特答:“会。我既不会歧视任何一个外部炼油商,也不会给美孚石油公司特殊优待。反之亦然。”

美孚石油似乎已经确信卡特是他们的朋友——他们可能从未怀疑自己对他的掌控能力。从卡特上校的证词中可以明显看到,他也从未怀疑自己能同时处理好独立石油商和美孚的业务的能力——按照每股100美元的价格,卡特上校从美国滨海银行账户上开出了2,976,400美元的支票。

成功买到股份后,卡特上校回到油区掌管公司。但是,事情并不像他预计的那么容易。秘书拒绝了股份转让的要求。卡特上校转向董事长李先生求助。后来,卡特上校在证人席上描述了当时的情况:

> 李先生和我回到了酒店的房间。我们就实际情况及生产商公司的管道问题进行了初步交谈。然后,我向他说明,我持有生产商石油有限公司的大多数股份,并进一步说明,我是从国家运输公司购入这些股份的。我希望能够停止一部分生产商与我之间的所有争论,按照商业原则运营公司,进而让属于各成员和我自己的股份产生收益,而不是像过去六年那样成效缓慢。此外,我还告诉他,我完全赞成他根据自己的股份选举一部分董事,同样,我将根据自己的股份选举一部分董事。李先生问道:“你打算掌控联盟的工作吗?”我说:“是的。”李先生然后强调说,我不能掌控联盟的工作,他不会允许我这么做;他将不惜一切代价来阻止我掌控联盟……他向我强调,公司只能由他和他的合伙人管理。我告诉他,虽然很抱歉,但我要起诉他,要让法院来决定我的权利。这就是我们谈话的全部内容。公平地说,当时李先生相当恼火,我自己也情绪激动。我直截了当地对他说,如果有人试图将我从合法的会议上驱逐,我将坚决抗争,直至将想把我赶走的那个人杀死。

卡特冷静地表示,他打算“从商业运营的角度,而不是站在搅局者的角度经营公司”——似乎有人认为石油生产商正在扮演搅局者的角色——这让独立石油商非常恼怒。1896 年 6 月,他们与卡特上校在法庭上相见。卡特上校的大多数股份得到了承认,但独立石油商坚称生产商石油公司是一个有限联合公司。根据宾夕法尼亚州的法律,在持股数量和金额上未占多数的股东即便参与选举,也无法被选为成员。卡特上校仅凭 300 股即获选为成员。初级法院和最高法院均支持独立石油商的意见,卡特上校发现,自己虽然拥有公司的多数股份,但依旧没有控制权。在这种情形下,他和美孚都不想要那些股份了。后来,生产商石油公司以低于票面价值的价格买回了那些股份。

卡特案件的获胜让人受到鼓舞:美孚管道公司诉合众国管道公司的一起类似案件也有可能会败诉。如已经指出的那样,美孚在合众国管道公司成立期间便开始购买其股份,到 1895 年夏季时,美孚已经持有 2613 股。1895 年 8 月,公司的年度会议举行,购买股份的美孚石油公司代理 J.C.麦克道尔表示自己做好了表决的准备。纯净石油公司的董事长迈克尔·墨菲在门口拦住了他,以强调的语气表示,他们认为麦克道尔是美孚石油公司派来窥探他们行动的,一旦他跨过这道门,无论通过合法还是非法的手段,他们都会强行将麦克道尔驱逐出去。人们都知道墨菲是个说话算数的人。由于墨菲有年轻而健壮的独立股东们的支持,麦克道尔谨慎地离开了。一场诉讼随之而来,但是这一次独立石油商败诉了。作为一家公司,合众国管道公司不得不承认美孚在公司的股份,并最终允许美孚在董事会获得席位。

这个结果带来的屈辱动摇了独立石油商持有股份的根基。对许多独立石油商来说,当发现他们的董事会中有美孚代表时,他们最大的希望已经破灭。他们非常沮丧,从未感到如此受挫。美孚持续妨碍独立石油商将输油管道延长至滨海地区,这让他们难以忍受且十分愤怒。原油和精炼油管道本应直接通往滨海地区,他们一开始就是这样打算的。但是,到了 1895 年,公司认为需要强大的资本来推动管道延长项目。他们设定的路线是从宾夕法尼亚州的威尔克斯巴里通过泽西中部铁路上的汉普顿枢纽站到新泽西州的贝永。这条路线需要跨越两条铁路，即宾夕法尼亚铁路和特拉华-拉克万纳-西部铁路。两条铁路下方都铺设有美孚和泰德沃特的输油管道。合众国管道公司的官员认为，他们具有同等的在铁路下方铺设输油管道的权利。但是，他们依旧认为自己铺设管道的行动会遭到反对，并为此做好了准备。合众国管道公司的董事长埃默里亲自指挥延长项目。在查看宾夕法尼亚铁路沿线土地归属时，正在指挥延长项目的埃默里发现一片一公顷的土地，其所有者乐于出售这片土地，这就给了合众国管道公司建设岔道的机会，但即便这样，他们仍不得不在享有所有权之前，经历一个漫长的诉讼。

在抵达特拉华-拉克万纳-西部铁路之后，合众国管道公司决定铺设一条管道来试探该公司的立场。那条管道很快就遭到毁坏。之后，合众国管道公司购买了铁路经过的一个农场，准备在铁轨下方铺设管道。由于这条管线位于铁轨下方约 17 英尺，因此任何关于可能出现危险的主张，似乎都站不住脚。埃默里知道铁路附近肯定会有人值守，因此他决定“智取”。他带着 50 名员工夜间去到打算铺设管道的涵洞，将管道铺设在地面下方 4 英尺，用重木把管道固定好，又在管道上方堆砌了石块，用链子固定管道，并且在铁轨的两侧都建立了营地，以应对铁路公司的挑衅。他们很快就建好了营地。接着，一群铁路公司的员工就带着镐子和棒子侵入了营地。埃默里 1899 年向工业委员会描述这起事件时说：“我让伙计们抓住那些人的肩膀和裤子后裆，把那些人带出营地并小心地放下他们。伙计们这样做了。”第二天，两辆救援车和 250 个铁路方面的人再次攻击营地，但这次仍然只能原路返回。根据协议，双方将此事诉诸法庭。但是，就在埃默里接受治安官质询时，他们的两辆机车被撞翻，营地则遭到热水和煤炭的攻击。

整个地区此刻群情激昂。这件事太不公平，参与这件事的铁路公司员工在为他们的雇主开脱时，都毫不犹豫地说是美孚石油公司在幕后指使的。当地的居民竭尽所能地给予了帮助。48 支步枪被送到“战场”。埃默里购买了 18 支斯普林菲尔德来复枪，并且在营地设了路障。在法院决定这个岔道归属权的七个月中，输油管道附近一直有人守护。

合众国管道公司的人充分利用了这个过渡期，试图促使新泽西州议会通过自由管道法案。如果法案能够通过，那么管道穿越特拉华-拉克万纳-西部铁路时就无须再获得该公司的同意。法案于 1896 年 2 月被提出，J.W.李、休·金和小路易斯·埃默里都向委员会呼吁通过该法案。一开始，似乎没有什么人反对，每个人都认为这个法案公正而合理。然而，在会议结束后的几天里，突然涌起强烈的反对浪潮。到处是活跃的游说者——那些政客们熟悉的游说者。报纸大胆地指责铁路公司和美孚石油公司在妨碍该法案的通过。合众国管道公司的人和他们的支持者不相信铁路公司和美孚石油公司真的能阻止该法案的通过，直至呈交该法案的当天，他们发现，负责该法案的参议员带着该法案以及所有相关资料消失了。四天后，议会休会。当人们再次收到那位苦寻已久的参议员的消息时，他已经在远西地区了。

合众国管道公司的首席顾问罗杰·谢尔曼发现法案通过的希望不复存在，或许还要面对历时更长、更难缠、代价更高的诉讼。因此，他建议采用大胆的一招——根据《谢尔曼反托拉斯法》起诉美孚托拉斯。传票是 1897 年 7 月由布法罗的约翰·昆宁签发的。原告在诉状中列出了一长串罪名：通过一连串无正当理由的诉讼申请禁令，在无正当理由的情况下妨碍独立管道开展业务；在托拉斯控制的报纸上刊发诽谤其他公司及其管理人员的文章；雇用大量人员破坏已经铺设完毕的部分管道；劝诱公司的管理人员、代理商和员工离职；租赁或购买运输独立生产商的石油的船只；通过威胁低价销售来迫使商人撤销已经签订购买合同的订单；实施构成刑事犯罪的低价销售来破坏市场。

谢尔曼深知这是一起严重案件，因此他收集的证据细致而详尽。但令人痛心的是，这个案件从未被提交至法庭审理。传票签发后不到两个月，谢尔曼突然在纽约去世。他的死亡让人震惊，独立公司没有心思再准备诉讼，这件事不了了之。

新泽西法院处理合众国管道公司的案子进程缓慢。在漫长的四年时间里，合众国管道公司几次向法院提起诉讼。诉讼赢了两次，但最后一次，1899 年，初级法院撤回了判决，要求公司将已经铺设完毕的管道拆除。法院要求独立石油商迁出新泽西州，他们不得不返回宾夕法尼亚州。宾夕法尼亚州有自由管道法案，货运点在费城。对公司来说，幸运的是，墨菲在此之前就已经预见到会在新泽西州遭遇失败，因此他自己买下了在特拉华铁路边的马库斯胡克的土地作为站点。他现在将这个站点以当时的买入价卖给公司，从威尔克斯巴里到滨海地区的合众国管道建设再次启动。最后，1901 年 5 月 2 日，在与难以忍受的不公平的干扰抗争九年之后，在诉讼、白费功夫的调研、铺设和拆除管道、各类业务损失上花了 250, 000 美元之后，第一条从油区到滨海地区的精炼油管道铺设到了费城。

1899 年在向工业委员会讲述合众国管道公司的难处时，埃默里毫不犹豫地把这些难处归因于美孚石油托拉斯。约翰 · D.阿奇博尔德对此“全盘否认”：“关于妨碍或试图妨碍他们管道建设的手段，在任何时候都与我们无关，我们不会依附一个竞争对手去反对另一个竞争对手。”美孚的官员在讨论这个案件时告诉笔者：“我们请铁路公司和新泽西州议会的朋友们关照我们的利益。这是我们的权利。”《石油城井架报》的编辑博伊尔在工业委员会证人席上作证，美孚石油托拉斯反对合众国管道公司，这只是公平竞争，就像竞拍土地时出价高于竞争对手就可以获得土地一样无可非议。

从美孚石油的角度来看，显然，这些都是合法操作。他们不希望合众国管道公司将管道铺设到纽约。他们对特拉华-拉克万纳-西部铁路公司以及新泽西州议会的朋友说：“这些人是我们的竞争对手。”显然，特拉华-拉克万纳-西部铁路公司以及新泽西州议会都不会忘记美孚石油托拉斯的竞争对手。当案件公开，人们反对美孚石油使用的这些手段时，美孚石油表示他们不需要承担任何责任，是铁路公司在打击合众国管道公司。

独立石油商遭遇的麻烦不仅仅是这些——他们还不可避免地发生了内部斗争。他们发现，他们的股东数量正由于不满和怯懦而减少。备受信赖的成员之一退出，因为他不认为多数人同意采取的行动是合理的；最受尊重的两名成员的死亡也带来了巨大的损失：1895 年 12 月，沃伦的A.D.伍德去世。伍德是独立石油商中最鼓舞人心的成员之一,他做的事情无人能做。1897年首席顾问罗杰·谢尔曼死亡。他以高超的技巧处理各种让人忧心的诉讼,没有人能够取代他。埃默里因罗杰·谢尔曼的死亡而大受打击,也因数年来关于合众国管道公司的工作而疲惫不堪,因此大病一场,不得不辞职。在各个方面,斗争、损失和绝望都随处可见,独立石油商们更加坚定了决心。他们不仅坚定了决心,而且还决定扩展业务。1887年,那场未经组织的暴动把他们聚集起来,迫使他们下定决心处理自己的产品。十年后,他们拥有了什么?拥有了一个由将近600家独立生产商联合组成的,以管道连接了几十家独立炼油厂的公司。为了运输这些石油,他们铺设了从油区到滨海地区50英里范围内的原油管道和精炼油管道;他们有自己在美国和欧洲逐步开发的市场;他们拥有的还不止这些。尽管美孚石油一直对他们怀有敌意,但是他们仍然坚信,他们的公司有未来。不过,他们也清楚地看到,为了实现理想中的未来,必须更加紧密地联合——如果要避免让美孚处于主导地位,进而带来危险,那么他们的股份必须由一家独立公司的受托人持有。1895年11月,如同我们看到的那样,独立石油商们在新泽西州成立了被称为纯净石油公司的公司。经过几个月的讨论,独立石油商们决定将纯净石油公司的资本增加到10,000,000美元,包括2,000,000美元的优先股和8,000,000美元的普通股,并将所有资产都投进了这家公司。有人反对将一些最强大的公司合并到一起,但联合的主张最终还是占了上风。1900年,生产商石油公司、生产商-炼油商公司以及合众国管道公司的大多数股份移交给了纯净石油公司。

主张联合者明确表示:联合的目的是维护公司的独立。公司的独立将以如下方式实现:16,000股的持有者——已经超过了绝大多数——把这些股份的表决权授予15人,为期20年。各方约定,将之后认购的所有股份的50%转让给相同的受托人。股份是可以出售和转让的,但认购方无法因这种转让而获得委托协议规定之外的任何权利。要开除任何受托人,必须经过60%的受托人以及信托中60%的股份持有者的同意。纯净石油公司如此设计组织机制,看起来好像只要它的股东希望它独立，其独立性就能得到确保。阿奇博尔德在向工业委员会描述纯净石油公司的这种委托表决权时，说它“不公正”。说这种委托表决权不公正令人难以理解，除非是指它能成功地将美孚石油公司排除在理事会之外。这种委托表决权不是某种秘密的安排，它的目标也不是垄断，不是限制贸易。显然，这种委托表决权只是为了保护公司能够掌控自己产品的权利。不过，如果我们认为，石油业务就像洛克菲勒声称的那样属于美孚石油公司，那么纯净石油公司当然应该为此负责。

如今，独立石油商在与美孚石油公司的抗衡中表现出色。独立石油商总共有 900 个股东，其中大多数是生产商。他们每天生产 8000 桶原油，运营着 1500 英里原油管道和 400 英里精炼油管道。他们与 14 家炼油厂结盟，其中一些炼油厂生产石油的副产品及石脑油和照明油；他们拥有一艘油罐轮船“彭诺号”，其装载量为 42，000 桶（每桶 50 加仑），同时还租赁了另外几艘油轮；他们在莱茵河、易北河和波罗的海上都拥有油驳船；他们在德国的汉堡、曼海姆、里萨和杜塞尔多夫，荷兰的鹿特丹和阿姆斯特丹，英国的伦敦和曼彻斯特，以及美国的纽约和费城，都拥有设备齐全的油站。凭借着保守而忠诚的管理模式，纯净石油公司似乎完全可以在石油行业中永远保持独立。这已经是那些人所付出的努力所能带来的最好的结果。对独立石油商中的大多数人来说，他们勇敢而坚韧的努力无疑具有重大的意义。他们只是在争取从石油行业中获得公平的利润。他们知道还没有达到这个目的，并相信这是因为铁路公司与美孚石油公司的不公平手段干涉。他们奋起战斗，每个人都在为能够让他们减轻负担的未来而努力。他们的联合是被迫的，仅仅因为美孚石油托拉斯的持续阻挠而建立了一个强大的组织来保护自己。美孚石油公司买下最大生产商的全部股份，拆散了生产商保护协会，这种做法促成了一家经营石油业务的联合公司出现。美孚石油操控铁路公司，将独立炼油厂赶出市场，这种做法又促成了生产商与炼油商的联合。美孚的输油管道和铁路公司收取的高额运费，迫使这些独立石油商为原油和精炼油的运输铺设通往滨海地区的输油管道，证明了原油和精炼油均可通过管道运至海边。美孚石油公司用钱收买与独立石油商进行贸易的外国代理商,迫使独立石油商在欧洲开发自己的市场。秘密买入股份,试图强行在独立公司的董事会中安插美孚的董事,这种行为迫使独立石油商们组成了当前的接近托拉斯的组织。正如洛克菲勒将几个分散的小公司整合成一个强大的集团一样,独立石油商们也联合到了一起了。

尽管纯净石油公司的经验表明,如果人们具备足够的耐心和战斗素质,就有可能建立一家独立的石油公司。但是,伴随着纯净石油公司的建立而来的,绝不是它成功重塑了石油行业的竞争环境,或者公众因其成立而获得了大幅降低的油价。自 1876 年以来,石油价格一直掌控在美孚石油公司手中。笔者认为,这一点将通过下一章的数字和图表体现出来。

第十六章
石油价格

联合最早的设计中包含抬高油价的计划——南方发展公司就是如此计划的——1872 年至 1873 年的联合使得石油价格提高——计划失败,油价下跌——1876 年至 1877 年第二次联合的成功,美孚获得巨额利润——竞争回归,油价更低——1880 年美孚徒劳地尝试再次实现 1876 年至 1877 年的联合——美孚人相信,要抬高石油价格,只能靠削弱市场,刺激竞争——1879 年至 1889 年的巨额利润——因为竞争,自 1889 年以来的石油出口边际利润下降——对国内价格的操纵更加明显——国内消费者在支付美孚参与国外竞争的成本——在国内美孚同样的产品价格却与国外不同——没有竞争的高价和有竞争的低价

在关注了洛克菲勒的石油战这么长时间之后,读者们大概都忘了这场战争开始的原因。对洛克菲勒本人来说,这场战争的原因在行动刚开始就非常清楚。洛克菲勒和他的同事们开始了他们的第一次冒险——成立南方发展公司。这并不只是因为这是将对手挤出炼油业最快捷、最高效的一步,而是因为这样他们就可以控制石油产量,进而抬高油价。"在这个国家,所有人都会冷静地说我们应该为石油制定一个合理的价格",南方发展公司的秘书对国会委员会的人如此说道。当时国会委员会反对公司联合以抬高油价的行为,并就此事向他发起质询。

在第一次重大计划失败的四年之后,另一个相似的计划开始运作。它的意图又是什么？J.J.范德格里夫特在当时是美孚石油公司的一个主管,在被问到关于他们所做的事时,他说道:"我们仅仅是掌控了石油的价格,并以此得到我们能够得到的一切。"那时所有人都卸下了伪装。"联盟中的炼油商和货运主想要消除石油市场中的竞争","这是一场为

了利润的斗争"，"协议中的规定是在试图控制石油的提炼，其最终目的是使石油价格上涨，进而获得更加丰厚的利润"。这都是当时的一些媒体评论。媒体刊登的对公司领导者们的采访也证实了这些观点。洛克菲勒谨言慎行，否认这个计划是要把石油业的商人们逼入困境，他说该计划"是为了保护石油资本家的投机行为，规范价格"。H.H.罗杰斯的说法则更加明确，"现在石油的价格是每加仑 15 美分"（1875 年 3 月）。"业界提议的分配方式将可能使石油提价至 20 美分……行业应该拥有一个公平的利润，即每加仑 25 美分。"

1871 年，当第一个由公司控制炼油业的计划实施时，正是炼油业需求最旺盛、炼油业务不断增多的时候。当时的炼油业实际处于什么状态之中呢？研究这个问题最简单和最可靠的方法是利用下面的价格图表。在这张图表上，曲线 A 显示了从 1866 年到 1904 年 6 月，纽约出口桶装石油每月每加仑的平均价格变化。曲线 B 显示了由油井泵出的散装原油每月每加仑的平均价格。从图表上可大致看出两者之间价格的不同。炼油商必须支付运输、制造、装桶、市场推销的成本，才能得到利润，这也就造成了价格上的差异。1866 年，也就是洛克菲勒进入石油行业的第二年，根据图表上显示，一年内，洛克菲勒购买石油的价格和石油售价相差约 35 美分。1867 年的差价为 20—26.5 美分；1868 年的差价为 20—22.5 美分；1869 年的差价则为 18—21 美分；1870 年的差价竟跌至 15—20 美分。①

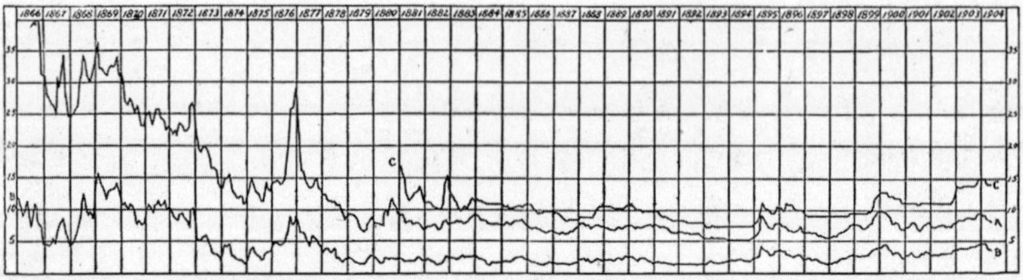

1866 年至 1904 年石油价格走势图

① 见附录 57 号：原油和精炼油的年平均价格表。

以上图表依照1900年发布的工业委员会报告第一卷改编而成。右边的数字代表的每加仑的油价，以美分为单位，顶部为年份。出口数据和原油数据采自《石油城井架报手册》，水白油的数据采自《石油、油漆和药物报告》。

A 显示的是纽约以桶为计量单位出口的每加仑精炼油的价格变化。每桶的价格变化很小，将计算单位转换成加仑后，差异大约为2.5美分。

B 显示的是油井出产的散装原油每加仑的价格变化。

C 显示的是纽约以桶为计量单位的水白油（150°测试）每加仑的价格变化，就是通常说的国产石油。

原油和精炼油的边际差很容易就可以算出来了。比如，1876年年底，原油价格大约为9美分——而精炼油价同比约为29美分，这样，它们的边际差就是20美分。

这些年石油利润下跌幅度巨大的原因有很多，其中之一便是炼油商生产成本的迅速降低。1866年，只有两条铁路经过油区。到1872年，出现了四条连接线路，运费因此下降。1866年，从油井开采出来的石油首次通过管道运输成功。1872年，所有的石油都采用管道运输，节省了石油贸易的时间和成本。装运散装原油的油罐车替代了原来的油桶和板架车。装载20,000个油桶的钢铁油槽替代了装载1,000个油桶的木质油槽。生产、运输的各个环节都更加经济、实惠，因此成本和售价之间的差价也下降了。但在费用下降的同时，利润也下降了。精炼油的有利可图导致各个中心炼油厂的日常生产量猛增。1872年，全国每日的炼油量大约46,000桶，每日消费量是15,000桶。供过于求导致了激烈的销售竞争，利润逐年降低。

人们自然要开始想方设法地维持利润。炼油商已经习惯了从每加仑的石油中获取25美分到50美分的利润，甚至更多。正如早期的石油生产商一样，炼油商们对他们的利润也抱有不切实际的想法。在19世纪60年代，假如自己的油井在六个月内无法带来收益，石油生产商会认为自己的生意是失败的。这个新产业在贸易法案调控下缓慢发展，他们发现,产量提高之后,为了维持生意,他们不得不面对严峻的竞争,被迫节俭开支,接受越来越少的利润,对此他们已经有诸多抱怨。没有人比宾夕法尼亚的石油生产商更难以接受贸易法案的限制,炼油商们也是如此。到了1871年,正如我们所看到的,洛克菲勒和他的一些朋友联合起来,试图摆脱这种状况。他们计划集中整个国家的炼油厂,使它们完全受美孚的控制,并且只按照市场需求来生产相应数量的石油。

1871年石油行业已经没有足够的利润了。那么利润有多少呢?根据当时获得的有关炼油业成本的数据,每加仑石油能卖出24-1/4美分的价格(那年的官方平均价格),同时每桶获得1-1/4到52-1/2美分的利润。①约西亚·伦巴第,纽约市的一位重要的独立炼油商,当调查洛克菲勒抬高油价一事的国会委员会向他提问时,他说,他关心的是如何在这个价格范围内赚到钱。"我们可以运输石油,并且能做的很棒。"当国会委员会在1888年试图找出A.H.塔克于1873被迫离开炼油业的原因时,他告诉国会委员会,原本他应该赚到其投资的12%,每桶石油10美分的利润。克利夫兰的斯科菲尔德-舒默-蒂格尔公司在1875年赚取了每桶34美分的利润,并且还清了65,000美元投资资本中的40,000美元。每桶52美分的利润在当时无疑是令人艳羡的,南方发展公司的先生们在获取利润方面毫不客气,因此,他们实行了一个计划,而该计划也成为美孚石油托拉斯发展的重要原则。

我们调查了洛克菲勒是如何成功地控制整个国家的炼油商,以及在这个过程中他使用的手段。我们记得,在1872年至1873年短暂的时期内,他尝试联合,旨在缩减石油的出口量。但在1873年7月,他的联合彻底瓦解。② 三年后,在1875年,他再次建立联合,并在一年内控制了整个国家90%的炼油业,不到四年内控制了95%。③ 这个巨大的份额并没有保持很长时间,但从1879年到现在,他一直掌控着整个国家83%的炼油业。

---

① 计算利润的数据源自当时的《石油城井架报》,以及同时期的炼油商们。

② 见第四章。

③ 见第五章。

大家普遍接受的是，当一个人或一群人对某种商品的控制超过了70%，那么就等于他或他们在一定范围之内，控制了该商品的价格。对美孚石油公司来说，它对石油价格的控制是彻底的，无论是原油还是精炼油，价格都是由公司总部发布的。

现在，借助图表，让我们来看看洛克菲勒和他的同事们从1872年到1904年是如何通过他们的影响来控制油价的。第一次联合是在1872年年末。那时发生了什么呢？精炼油的价格在6月时是每加仑23美分，在11月提高至每加仑27美分。边际差从13.6美分提高至17.7美分。利润从每加仑1.5美分提高至每加仑4.1美分。然而不幸的是，炼油商们并没有充分理解这个计划的用意，很快，他们不再控制精炼油的产量，市场再次出现了石油供应过剩的情况，联合就此瓦解。洛克菲勒能够让石油价格在短时间内提高，但仅仅是在短时间内。更糟的是，他所做的这些遭到了公众严厉谴责。事实上，正如经济学家告诉我们的，过高的价格必定会导致市场的限制和刺激竞争对手生产。洛克菲勒为了整个石油业的利益，实施了第二次提高油价的计划，这次计划导致了自发现石油以来石油出口量的第一次减少。[①] 这引发了美国炼油商的不满——原油要出口至欧洲提炼。原油出口量在1871年超过了11,000,000加仑，现在则超过了16,000,000加仑，这让苏格兰的页岩油工厂非常高兴。洛克菲勒为了整个石油业利益而实行的大计划让英国人获得了更实惠的苏格兰的页岩油。因此，第二次计划也失败了。

通过图表可知，利润在短暂提升后飞速从18美分跌至13美分，并持续下跌。由于石油业的竞争，在1873年秋天，利润继续快速下跌，当年年底跌至11美分，1874年年底跌至9美分。这到底是为什么？管道数量的增加、运费降低、市场自由竞争使得总成本减少。除此之外没有其他原因。

---

① 1871年照明用油出口量为132,000,000加仑。1872年这个量减少至118,000,000加仑。

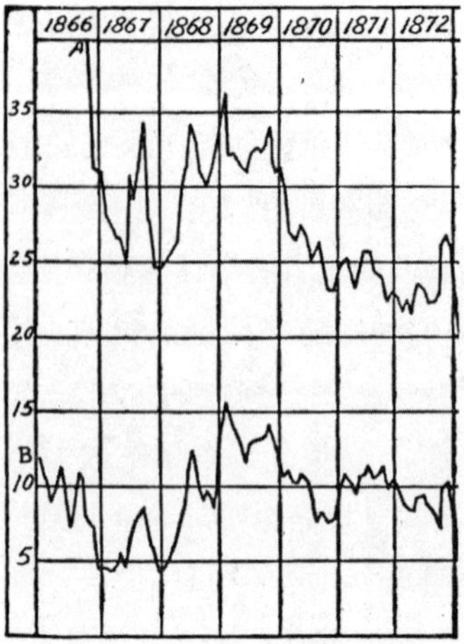

1866 年至 1872 年石油价格走势图片断

在输油管道被证明有效之后的七年里，原油和精炼油之间的边际差回落。请注意：1872 年精炼油价格突然上扬，其直接原因是炼油商协会的成立。

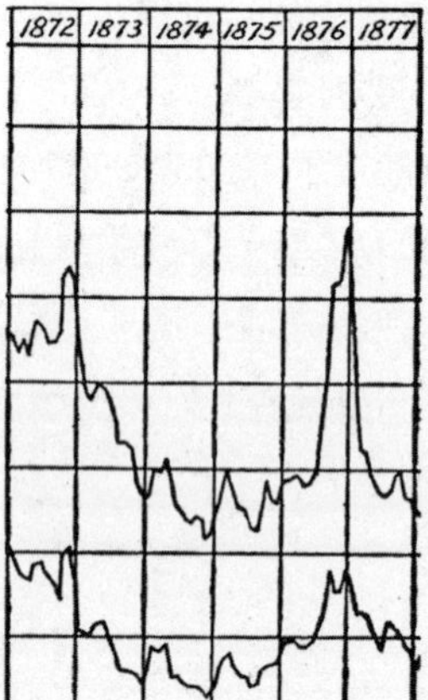

1872 年至 1877 年石油价格走势图片断

在 1872 年炼油商协会解体后，边际差回落，而在 1876 年又不正常地上扬，因为当时出现了炼油商的第二次联合。

尽管在1872年洛克菲勒的计划有显著的成果，他并没有放弃他的理论，即提高石油价格有利于整个石油业的发展。他更加坚定地向前，悄悄地实行他的计划，联合所有的炼油商，旨在让大家按照他指定的配额严格限制石油的生产，接受他安排的运费率，按照他制定的价格购买和销售石油。一年的时间足以让同行感受到该联合的存在和影响。到1876年的夏天，联合已经控制国家90%的炼油商。那时在原油市场中出现了新的情况，有助于油价的提升，那就是原油产量的下降。1876年的夏天，原油价格上涨。当然，精炼油的价格也随之上涨。但是，当秋季到来，正当出口商们准备将他们的货物装船时，该联合要求的精炼油价格远远超出了相应原油的市场价格。随后，货物被禁运，这在第七章中已叙述。这样的操作代价很大，但是正如商业历史呈现的那样，货物全面滞留。从10月到次年2月，精炼油价格完全由联合控制。这是洛克菲勒伟大计划的第一个成果。

这个冬天的工作对于美孚石油联合来说极为重要。这不仅证实了洛克菲勒的理论——让石油保持高价的方式就是拒绝贱卖——是正确的，而且他还借助南方发展公司的力量，从1872年对石油业的出击中收获了大量回报，利润的丰厚程度令人震惊。这项计划的领导者之一告诉笔者，曾经他以每加仑35美分的价格销售了一船石油，而石油的成本只有10美分。如今，在石油出口行业中，每加仑石油获利0.25美分已经被认为利润颇丰了。俄亥俄州的美孚石油公司的分红总是十分可观，①但是在1877年，分红超过了以往的任何数额。3,500,000美元的资本总额，支付了3,248,650.01美元的股息，只差一点就能达到100%。曾经的股票持有人之一，已故的塞缪尔·安德鲁斯1879年坐在证人席上说，他们支付了两次股息后还有钱结余。

---

① 据美孚石油公司的陈述，宾夕法尼亚州1881年的一起有关税收的诉讼案件，公布的股息如下：1873年（11月的第一个星期一），收益347,610美元；1874年，收益358,605美元；1875年（股本从2,500,000美元升至3,500,000美元），收益514,230美元；1876年，收益501,285美元；1877年，收益3,248,650.01美元；1878年，收益875,000美元；1879年，收益3,150,000美元；1880年，收益1,050,000美元。

虽然获得的利润巨大,但也要注意到在这次行动中各方态度的变化。出口商们很生气,欧洲的买家们也很生气。他们说,如果美国人准备继续朝着这个方向抬升石油价格,他们将不会再购买美国人生产的精炼油。他们会自己提炼进口的原油,会再次购买页岩油。与原油相比,抬高精炼油价格并维持在一个不合理的高位,这种行为导致的最直接的后果就是照明油的出口量下跌。相较1877年,1878年照明油的出口量减少了1,000,000加仑。同样的,美国市场也受到了威胁。在前几年,天然气的价格过高——尤其是在纽约和布鲁克林,照明油因为廉价而被大范围地用来替代天然气。但是,由于1876年至1877年石油市场上价格的人为操纵,导致了人们又用回了之前使用的天然气。

对于那些与洛克菲勒联合操控了这些事的炼油商们来说,影响显然是糟糕的。根据协议,炼油商只能小规模炼油,一旦洛克菲勒下达指令,他们就得全面停工。斯科菲尔德、舒曼、蒂格尔,这些克利夫兰的独立石油商们,被洛克菲勒的计划所诱惑,加入了他的行列,限制了精炼油的产出,在1876年的6月到1877年7月,他们每一桶石油可以赚取2.52美元。他们以前对每桶34美分的利润就感到非常满意了。既然生产石油利润如此可观,为什么不多加工一些呢?当他们有能力生产180,000桶的时候,为什么要将他们的生产配额限制在85,000桶呢?他们不再限制生产。他们每一年多生产了几千桶油,其他人也是一样。当然,这对于"石油业的福利"来说是致命的。这些利润不仅成功诱惑了许多炼油商超额提炼石油,而且还有一小部分独立石油商从石油的高价中获利,扩建他们的工厂。帝国运输公司将炼油厂与输油管道连接起来,因为洛克菲勒也在给炼油厂提供输油管道。石油业的竞争再次被激发。

对于石油生产商来说,影响无疑是糟糕的。他们发现,在精炼油这么高价的情况下,想让原油价格涨幅与精炼油价格涨幅比例达成一致,不管他们付出多少努力都无法实现。生产商被迫联合起来提炼自己产出的石油。当帝国运输公司也对石油提炼表现出热情时,生产商们打心眼里赞成。在随后的一年里,一场激烈的竞争致使石油价格降低。

帝国运输公司最终垮台。因帝国运输公司的失败而聚集起来的生产商们以空前的规模联合起来,与美孚石油公司对抗。从 1878 年到 1880 年,生产商们不断努力保持行业的竞争状态。他们努力想让国会通过一项规范州际贸易的法案;他们还在争取反对宾夕法尼亚铁路公司的歧视的立法;他们说服州政府起诉宾夕法尼亚铁路公司的歧视行为;他们控告洛克菲勒以及他的八位合伙人的共谋罪;他们多方筹款,并实施了一个计划,从独立炼油商们那里铺设管道至滨海地区。①

下面的图表反映了这场独立运动对洛克菲勒的野心造成的影响。1878 年的美孚联合使得原油与精炼油之间的利润差超过 20 美分,在 1877 年、1878 年和 1879 年,这个差异因独立石油商们共同的努力而快速下跌。之后的一年里,原油和精炼油的利润差在贸易史上首次跌至 5 美分。竞争导致经济发展,运输行业革命性的发明出现了——滨海输油管道建成——这极大地拓展了海外市场,使得 1879 年两者的利润差下降。除此以外再无其他。

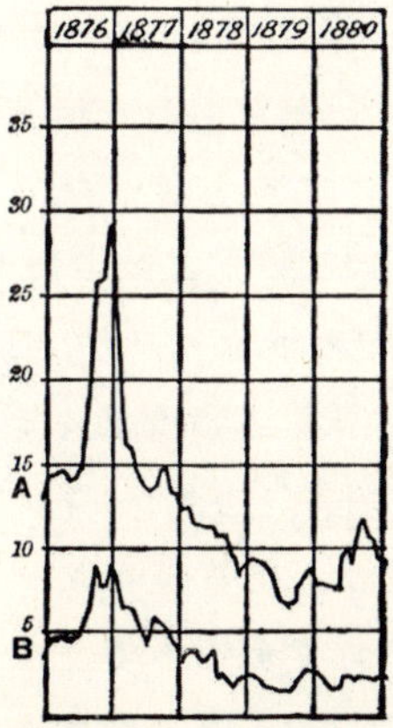

1876 年至 1880 年石油走势图片断

1876 年至 1877 年动荡之后边际差的回落,直接原因是独立石油人的联盟和第一条滨海输油管道的成功。

---

① 见第七章。

了解这段历史的人就会知道，是什么催化了1878年至1879年的竞争。他们会记得，生产商协会在诉讼上妥协后，又是如何放弃了为州际贸易法案通过所做的努力。他们还记得，就在伟大的滨海管道工程成功之前，除一家之外，所有独立炼油厂都被各种方法说服，要他们将产品出售给美孚或者与美孚石油公司合并，导致泰德沃特公司的石油没有市场。到1879年年末，美孚声称控制了95%的炼油业。现在，我们从图表上看看影响1880年石油价格的因素。消除竞争后，精炼油的价格再次上涨。这次原油价格没有上涨或可能上涨的理由。三年以来，即便是出口商开始为冬季补给购买石油时，石油的售价也再未达到1880年的售价。当时，一份十分有趣的报告描述了1880年的具体情况以及采取的行动。这份报告出自《石油贸易报告》的每月记录中，由约翰·C.韦尔奇发布，发布的日期是1880年11月，题为《非常突然的行为》。

> 在纽约，每天都有一份精炼油的官方报价，这份官方报价通过电报的方式向全世界发布。由于精炼油不是在公开的平台出售，有时很难准确地确定它的价格，但有一份官方报价就可以大致确定售价。产品交易所任命了三位石油经纪人，共同对精炼油做出"官方报价"。三位石油经纪人每天在交易时间结束后碰面，做出官方报价。一方，且只有一方，有大量的精炼油出售，他们在行业中占据着至关重要的地位，因为他们定的价格通常就是市场价。当然，为了促成交易，他们的价格必须和买方价格相结合。交易会形成一个市场，这个市场肯定比没有交易时制定的买卖价格要合理。在很多时候，如果美孚石油公司不出售石油，就不会有交易。因此，美孚石油公司的报价有时是官方报价的依据。在9月，官方报价从9-3/8美分上升至11-7/8美分，国内市场的石油需求量相对较少。由于国外的石油库存较大，石油出口的需求量也较少。因此，这种依靠美孚石油做出官方报价的行为让市场上的石油价格

完全只能听之任之。然而，美孚对独断价格已经习以为常，对他们来说天天如此，没有例外。从10月开始，直到11月13日，官方石油报价为12美分，有时偏高，有时偏低。只要价格让购买者感到不满，美孚就不会在这个价格下出售石油，这被看作是一种罗马式的美德①。11月13日的官方报价依旧是12美分，没有任何变化。但13日到18日，在报价时还出现了“炼油商们要求12美分”“11美分就可以得到”“以10.5美分的价格销售”“以不规律的价格出售，从10美分至10.5美分”之类的说法。11月18日，官方报价是10美分至12美分。11月11日在《石油市日报》上发表的一篇关于纽约精炼油市场的报道中有：“纽约市场昨日的收盘价是11-1/2美分，零售商和外部炼油商的价格大概是11-1/4美分。而这些价格可能就是美孚操控的，尽管他们公开要价12美分。”

很明显的一点是，在官方报价被放弃之前的相当长一段时间内，12美分这个报价就已经不再是一个诚实的报价了。报价制定委员也许可以通过将美孚公开报价作为市场报价的贸易习惯，来证明其报价的立场。然而，他们以及他们所代表的产品交易所，仍然成为美孚规避美国及欧洲消费贸易的过热的贸易壁垒。一直以来，美国及欧洲的买家都在纽约以12美分的价格购买美孚的石油，而这些石油则来自美孚在美国国内及欧洲各大油库的库存。

但是，在欧洲，1876年和1877发生的事情令人记忆犹新。1879年，出口商和所有国外市场的大买主们在不来梅聚集开会，谴责美孚处理石油业务的方式。来自安特卫普和不来梅的领事们甚至就美孚销往欧洲的石油质量向政府部门提出抗议。1879年身在国外的约翰·C.韦尔

① 译者注：主要指古罗马人的忠勇、公私分明、富有男子气概、负责任等特征，其中，负责任被认为是古罗马人最重要的美德。此处特指负责任的美德。

奇，被一位杰出的安特卫普商人告知："我认为，如果石油业务继续按照欧洲之前的模式开展，那么它会完蛋的。"①1876 年的联合行动曾试图在 1880 年再次上演，结果以失败告终。照明油的出口量在那一年急剧下降，远低于前一年。1879 年，有 365,000,000 加仑精炼油出口，到了 1880 年，却降到了 286,000,000 加仑。相反，原油出口量从 28,000,000 加仑上升到了 37,000,000 加仑。外国人可以自己提炼石油，成本比他们从洛克菲勒手中购买精炼油更低。竞争也随之而来。被切断原油供应的泰德沃特公司开始储存石油，并建立了新的工厂，准备再次投入市场竞争。

石油市场的第三次危机似乎最终说服了洛克菲勒等人，无论抬高油价能够带来多大的乐趣和利润，从长远上来看，都是百害而无一利的，它削弱了市场，刺激了竞争。他们在这些年里得到了一个永远不会忘记的教训，那就是，当你挖一个坑时不能挖太大，不然你将永远没有机会再挖另一个。如果你想运用你的特权操控市场，你必须要谨慎，一定不要让公众发现你的操控行为。1872 年、1876 年和 1880 年的影响一次又一次地出现在美孚官员的证词中。联邦调查委员会曾经向本杰明·布鲁斯特询问过，美孚能否按照它的期望设定一个固定的石油价格，布鲁斯特如此回答："目前，很多事情可以做，但市场的反应就像伤寒复发。美孚石油公司无法承担高价销售商品带来的后果。如果我们的价格太高，人们会选择用浸脂蜡烛这样的老方法。"第一次突袭带来的后果是有益的，美孚石油公司从中了解了经济法则对于垄断的限制。

但是，如果美孚能够从他们第一次抬高油价的行为中明白，从长远来看，他们无法承受将石油价格从 100%提高至 350%，那么他们绝不会放弃控制市场，而会在不伤害市场环境或招致激烈竞争的情况下，尽可能多地获取利润。看看下面这张图表，1879 年美孚对市场进行控制时，石油价格开始波动，直至 1889 年初。十年间精炼油和原油之间的边际差从未比上一年竞争所致的低点更低，虽然它会频繁地升至相当高的

---

① 铁路公司特别委员会的报告，纽约大会，1879 年，第四卷，第 3680 页。

水平。然而，正是在这个时期，美孚石油公司做了大量重要工作，拓展市场，开发副产品，引进一些小规模、多元化的经济体，美孚以此自称是慈善家。

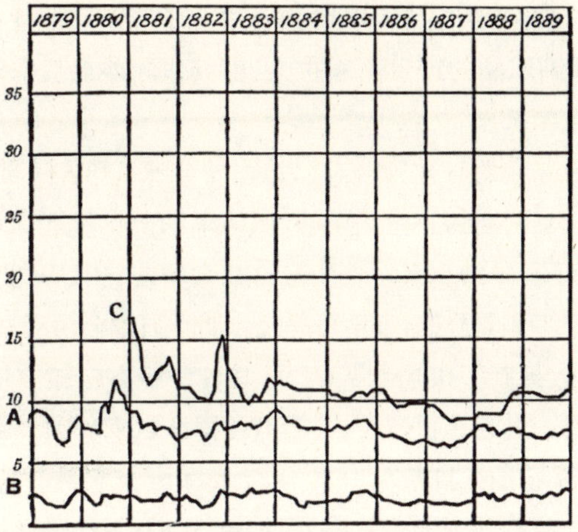

1879 年至 1889 年石油走势图片断

在 1879 年通过竞争获取的边际差在 1880 年美孚石油公司的垄断下被抬高，并持续了十年。1880 年精炼油价格突然上扬，纯粹是一个武断的价格。请注意：当时的原油价格很稳定。

美孚存在的最初八年中，公司一直在大刀阔斧、不留情面地剿除竞争对手。没有了竞争，美孚便集中火力按照其发展目标迈进。在这一时期，美孚拥有了更多来自国外的买家，照明油的出口量从 1879 年的 365,000,000 加仑增加到 1888 年的 455,000,000 加仑，润滑油则从 3,000,000 加仑增加到 24,000,000 加仑。但是，贸易范围的拓宽和延伸并没有给消费者带来利益。同时，美孚还打起了泰德沃特公司的主意。泰德沃特公司不再通过铁路而是使用长距离管道运输石油，然而，经济成本的快速降低没有惠及大众。尽管如此，长距离管道原油运输不断发展壮大，随之而来的经济利益不计其数，已然成为最重要的运输方式。正如洛克菲勒所言："所有的石油贸易都依靠管道运输，如果它不能良好运作，所有的贸易都将受影响，我们将失去所有的国外市场。”从1897年至1889年，管道运输带来的利润从未下降，相反一直持续上升。在此期间，石油副产品的产量也提高了。在美孚控制了几乎所有的石油产品之后，之前原油提炼10%的损耗率也下降了。尽管在1879年至1889年，石油副产品的产量不断扩大，但其边际差也从未低于1879年因竞争所导致的低点。

通过对业务量的研究，我们会发现，十年来，美孚石油是通过消除竞争来实现巨额利润的。在此期间，照明油的出口量近5,000,000,000加仑，美孚占了其中的90%。在货量这么大的情况下，美孚还能将价格控制在每加仑1/8美分，简直不可思议。美孚石油公司通过控制精炼油和原油的价格，抑制了市场购买能力，这种手腕本应谨慎使用，但是被使用得最频繁。洛克菲勒高效、有能力的团队也发展了经济，增加了效益。因此，美孚石油托拉斯在1879年至1889年间获得的巨大利润就很容易理解了。1879年，美孚石油公司拥有3,500,000美元的资本，公司分红为3,150,000美元；1880年，公司分红为1,050,000美元；1882年，公司资本达70,000,000美元；1885年，也就是三年之后，公司的净利润超过8,000,000美元；1886年，净利润达到近15,000,000美元。与此同时，公司净资产从72,000,000美元不断增长，至1883年已超过101,000,000美元。在美孚石油公司收获如此多的利润之时，其他石油商却只能眼睁睁地看着自己的财产贬值。美孚石油公司每两年就要收取收集和储存石油的费用，石油商们的石油价值实际上在不断被消耗。

回到这张图表上。自从1889年起，美孚石油公司的利润开始降低，公司好像突然发生了变化。在提交给美孚石油托拉斯受托人的年度业务报告中，出现了如下详细、有趣的计算：

> 美孚石油公司的工业投资上出现了大量的原油消耗，1889年为896,250,325加仑，或者20,339,293桶，比以往增加了15.3%。上一年的数量是119,073,589加仑，或者2,835,085桶。

除了工业投资，用于其他目的的原油销售有135,788,959加仑，或者3,232,832桶，比以往增加了43.25%。上一年，原油消费总量为1,032,029,284加仑，或者24,572,126桶，比1888年增加了3,809,917桶，或18.35%，比以往消费量最多的1887年高出12.7%。

精炼油的提炼数量为666,742,547加仑，或者13,334,851桶，每桶50加仑；润滑油和混合油的生产数量为43,862,795加仑，或者877,256桶；其他产品生产数量为160,712,183加仑，或者3,214,243桶。总计871,371,525加仑，或者17,426,350桶，总价值超过46,000,000美元。

提炼精炼油所消耗的原油平均成本比1888年高0.211美分，同时每加仑原油的平均价格仅降低了0.090美分，这反映出原油和成品油之间的边际差减少了0.301美分。如果原油价格上涨了2,697,000美元，而边际差保持不变，这意味着消费者在成品油上节省了一笔花销。这样做也没有减少我们的利润，因为我们降低了生产和销售的成本，并按0.204美分的标准增加产量，节约了1,860,000美元。在提高销量的同时，我们通过分布在各地的公司进一步降低了营销成本，从而产生了更多的边际差。即使原油平均价格达到近五年来最高点，超过1887年价格的22.25%(1887年原油和精炼油价格均处于最低点)，但是产品的平均价格只上涨了12.25%，这说明消费者可以节约10%的费用。因此我们可以说，因美孚的联合对这些公司进行利益分配而节省了成本，从而降低了消费者购买的产品花销。

这看来似乎是一种乐善好施的行为。准确地说，消费者认为他们应该从各个公司联合的行为中尝到甜头，正如洛克菲勒从中获利一样。但是联合会造成利润下降吗？事实上，利润的下降是竞争造成的。1888年，一家坐落在纽约市的德国公司在鹿特丹和不来梅港开发了油田。

他们在各地建立了能容纳90,000桶的仓库,也在曼海姆建立了能容纳30,000桶的仓库,并且在德国和瑞士扩建他们的供应站。他们建造油罐轮船,批量运输石油。石油进口商与部分独立炼油商因共同的利益而合作,这也是宾夕法尼亚州的石油商们一直努力想实现的合作。合作的程度会加剧竞争的激烈程度。同年,俄国的石油第一次在西欧的石油中占据了很高的比例。俄国的石油一开始就对美国石油造成了很大的威胁,在宾夕法尼亚州的油田尚未开发之前,里海的优质油田就已闻名遐迩。19世纪80年代末之前,这些优质油田尚未被大量开采,所以未对美国石油构成威胁。1885年,驻欧洲各港口的负责人开始报告俄国石油的出现——那年有50桶俄国石油在不来梅港登陆,而当时登陆的美国石油有180,855加仑。1904年,俄国第一批石油运输到了亚洲西南部,而在该地区,“普拉特”石油长期处于支配地位。第一艘装载俄国石油的船于1886年3月出现在安特卫普港。1890年4月,在鹿特丹的领事发表了声明,呼吁关注美国独立石油商的竞争时提及俄国石油:“俄国不再是与西欧大陆进行石油贸易的严峻竞争对手。”领事说,美国油船以每年4,000,000桶的数量运输至五大陆港,而俄国的数量少于此数的10%。然而,五年内400,000桶的增长是件值得重视的事,美孚石油托拉斯最后才意识到这点。出口石油的价格骤然下降。1889年美孚石油公司通过与俄国、美国、德国的独立石油商们的竞争,使得全世界的石油消费者受益。为了实现平衡,美孚石油公司不仅降低石油价格,还效仿了德国公司对鹿特丹采取的措施,像独立石油商们一样建立油田。他们还购买了在德国的不来梅和汉堡建立的大石油公司。1890年4月,在鹿特丹港的美国领事在当年的领事报告中记录了石油贸易的新动向。

顺着这样的思路再进一步思考。请注意,1892年,精炼油的价格开始下降,原油价格依旧保持稳定。请再注意,1893年至1894年精炼油的价格保持平稳,而原油价格却稳步上涨。这样的状况持续了近三年,直至原油和精炼油的价格差额仅为3美分。“桶”一般是官方用来计量精炼油出口量的单位,价格可换算成每加仑2.5美分,而工业用石油价格一般为每加仑 1.5 美分。1894 年时，石油的运输成本并不包含在石油的利润统计中。

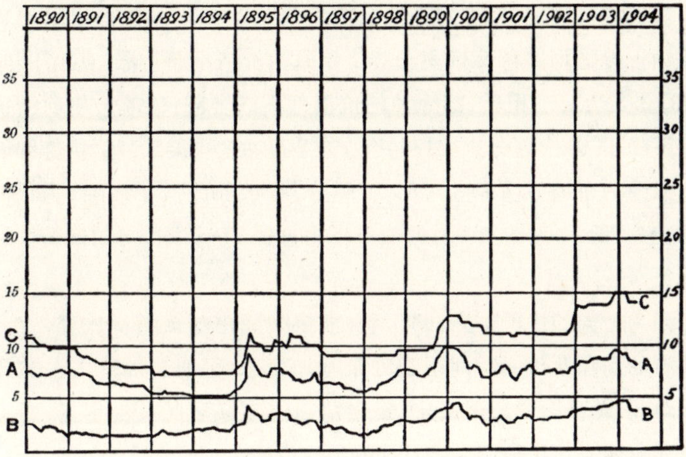

1890 年至 1904 年石油走势图片断

过去的十四年间原油和精炼油之间的关系。请注意：1890 年至 1894 年因为强有力的竞争力量的壮大，对边际差产生了影响。请再注意：1903 年至 1904 年冬天煤荒期间，原油和国产油价格之间的边际差是如何加大的。

如今，美孚石油公司并没有因为顾客的需求而亏损出售石油，尽管他们于 1894 年就已经通过石油副产品在国内石油市场赚了足够的钱，当时公司的净利润超过了 15,000,000 美元，财产净值估计超过了 4,000,000 美元。1889 年他们开始与俄国石油竞争，这时独立石油商们开始联手。到 1892 年，独立石油商的联盟已十分活跃，他们采取的行动将在本书的最后一章详细描述。与此同时，麦克唐纳油田的石油生产者们建起了从匹兹堡到巴尔的摩的运输管道，新月管道公司开始向法国大量运输原油。看起来，两国的独立石油商联盟都要赚钱了，美孚石油公司却突然将他们一路横扫出局。为达成此目的，美孚石油公司采取的办法是，让联盟中的炼油商在出口石油中无利可图。

从最后一张图表中可以看出，石油价格自1892年开始下降，这样的情况持续了两年，这在前一章中已经讲述，但为了方便理解，此处再次提及。1892年1月，油井每桶原油的售价是53-1/2美分，批量出口的精炼油售价是每加仑5.33美分。全年原油价格不断上涨，直至12月达到78-3/8美分。相反，精炼油的价格却不断下降，比起一年前的价格已经下降了18个百分点。1894年，美孚石油公司继续降低精炼油的价格。原油的市场平均价格为83.75美分，精炼油的平均价格仅为每加仑5.19美分，低于1893年1月原油价格为每桶53-1/2美分时的精炼油价格。

因为付出的代价太高，两年后，很多联盟中的成员都放弃了抗争。独立石油商在两年的时间里都处于亏损状态，但是仍然有人在垂死挣扎。对此，美孚石油公司决定，集中精力进攻联盟的其他市场，而不是将目光仅仅盯在让他们大量亏损的出口市场上。

正如图表中所示，1894年末，美孚石油公司结束了对出口石油市场的打压。1895年至1898年，石油利润保持在4美分，1900年升至6美分，1904年6月，利润在4.5—5美分之间来回波动。自1895年起，美国独立石油商们在西欧市场的竞争日益激烈，尤其是与俄国石油的竞争使得利润下降。在各种竞争力量不断壮大之时，美孚石油托拉斯能否提高出口石油的利润令人怀疑。如果只有美国的独立石油商们参与，妥协或许就能够解决问题，但是俄国、缅甸、苏门答腊的独立石油商们都参与了这场游戏。到1896年，俄国的石油产品出口量达到210,000,000加仑（同年美国石油出口量超过931,000,000加仑），石油出口遍及欧洲、亚洲的各个角落，开始严重冲击美孚在中国、印度、英国和法国的石油贸易。到1899年，俄国的出口量超过了347,000,000加仑，1901年超过了428,000,000加仑。俄国越来越频繁地与中国、印度、英国进行石油贸易。美孚石油一度是加尔各答港唯一的石油贸易伙伴，而在1903年，加尔各答港共进口石油91,500,000加仑，其中仅有6,500,000加仑是美国的石油。在中国市场，苏门答腊的石油市场份额领先于美国，1903 年中国进口美国石油 31,060,527 加仑，进口苏门答腊石油为 39,859,508 加仑。

对于美孚来说，出口石油 4.5 美分的利润仍然很丰厚。利润必须涵盖从油井到纽约的原油运输、加工、装卸等的费用。二十五年来，美孚公布的石油收集价格为每桶 20 美分。从油井将石油运至纽约的运费为 40 美分，每加仑不到 1.5 美分。粗略统计，制造和装卸石油需要花费 1.5 美分。油桶一般要花费 2.5 美分。整个边际差额为 4.5 美分。美孚石油公司的优势是它可以控制石油运输。1902 年，一家公共承运商收集和运输石油的量一般是东部石油日产量 150,000 桶中的 10,000 桶，对外收费为 60 美分，成本粗略估计仅为 10—12 美分。石油运输时每加仑可以省下超过 1 美分，而每加仑 1 美分，就意味着当有数百万加仑的石油时，不仅能获得巨大利润，还能降低竞争风险。如今，那些必须按照美孚石油公司给定的运费率运输石油的炼油商们，在出口石油时无法与美孚竞争。如图所示，1904 年 1 月时，利润约为 4-3/4 美分。俄亥俄州一位依靠美孚的独立炼油商向笔者详细陈述了他的炼油厂的生产成本和产品销售价格。根据他的表述，在出口石油上，他每加仑亏损了 1-3/5 美分。当然，他也不得不按照美孚石油公司的运输价格，支付原油的运费，以及精炼油通过铁路从俄亥俄州运往纽约的运费。①

显而易见的是，如果没有铁路公司的运费歧视，运输管道不会在第一时间内落入美孚之手；如果没有美孚长期打压并消除管道运输的竞争，美孚无法在二十五年来控制运输价格，也就不会有今天这样的运输局面。与三十年前一样，通过不正当手段获得的运输优势让美孚仍能掌控一切。在出口市场，美孚石油公司的优势不仅仅是运输。正如本章一开始所述：美孚石油公司掌控了制定精炼油价格的权利——可以严格限制精炼油价格。当然，在控制市场方面，美孚石油公司占据有利地位。美孚可以依照预期的价格涨跌进行交易。例如，1904 年 1 月，当

① 克利夫兰炼油商将石油从油区成批运至炼油厂每加仑花费 0.64 美分，提炼这批石油后运至纽约每加仑花费 1.44 美分。

水白油(150°测试)价格严重波动时,一位正在华尔街对外地竞争者进行市场追踪的独立炼油商代理报告,当时的水白油价格为每加仑 9.20 美分。而该炼油商的产品被市场拒绝,理由是其价格高出了市场价。炼油商咨询了美孚石油公司的出口商以及与这家公司合作的代理。市场价为 9.20 美分,但进一步的调查显示,总部给出的内部价格为 8.70 美分。这显然让外部的炼油商在出售其产品时处于非常不利的位置。而美孚石油公司可以设定官方市场价格,并以低于市场价格的价格出售产品。现在的情况正如 1880 年韦尔奇描述的一样,虽然没有一帮代理商在编造谎言了。市场被一小群人掌控后,就只能听之任之。

早期典型的油田场景

目前为止,洛克菲勒通过其拥有的权利控制石油市场的例子都与出口石油相关,因为这是唯一一个可以获得“官方”数据的市场。出口市场的价格可以作为研究价格变化的参考。在石油的提炼过程中,这一等级的石油也是占比最大的。例如,宾夕法尼亚州的原油提炼过程中,有 52% 为标准白油或出口石油,22% 为水白油——这是美国普遍使用的较高级别的石油产品,13% 的石脑油,10% 的焦油,3% 的损耗。炼油的结果因原油的质量而异，不同炼油商提炼出的产品亦不同。虽然提炼成本相同，水白油的售价要高出 2—3 美分。石脑油的提炼成本和出口石油一致，但是售价更高。一些炼油商还拥有专属品牌，通过营销手段，他们可以获得高价。美孚石油公司在照明油和润滑油上拥有大量的下属品牌，因此他们也获得了大量收益——即使它们出自同一桶普通级别的石油。正是从石脑油、水白油、专属品牌和其他副产品中，独立炼油商获得的利润弥补了他们在石油出口方面的损失，而美孚石油托拉斯的利润则提高了 48%。1904 年 1 月，独立炼油商在石油出口上每桶亏损了 1-3/8 美分，从其他的产品上每桶赚取了 8.3 美分——相当于一家日产量 1000 桶的炼油厂每天可以赚 83 美元，而这意味着 150,000 美元的投资。

再看看国内市场的情况。通过图表，我们可以看出国内市场是否和出口市场一样顺利。图表中的 C 线代表纽约从 1881 年初至 1904 年 6 月 150°水白油的价格。（1881 年之前无法定期获得可靠的报价。）这个数据来源于《石油、油漆和药物报告》。大致一看便能知道，国内市场比出口市场经历了更剧烈的波动，虽说没有那么频繁。对消费者的直接影响是，原油价格上涨引发了国内石油价格的上涨。精炼油的价格曲线一般比原油价格曲线高出 2—3 个点。值得关注的是，国产石油价格的频频上涨抵消了出口石油的低价的亏损。因此，1889 年，当美孚石油公司压低出口石油价格参与欧洲市场竞争时，它抬高了国内石油价格。同样的情形也出现在今天。我们在为美孚应对来自俄国、罗马尼亚以及亚洲各国的石油竞争买单。这条曲线虽然体现了纽约石油贸易的价格，但是对全国的石油价格没有参考意义。实际上，国内市场的石油价格没有规律。正如可信文件中显示的，我们发现的变化令人震惊。例如，1888 年国会委员会收到一份表格，这份表格是根据乔治·赖斯回复的信件制作的。表中显示，在得克萨斯州，桶装 110°石油的价格是 10—20 美分；在阿肯色州，桶装 150°石油价格是 8—18 美分；在田纳西州，相同的石油，价格是 8—16 美分；在密西西比州，价格是 11—17 美分。19 世纪 80 年代，上等的桶装白油在阿肯色州批发价格是 8—14 美分;在伊利诺伊州,是7-1/2—10美分;在密西西比州,是7-1/4—13-1/2美分;在内布拉斯加州,是7-1/2—18美分;在南卡罗来纳州,是8—12-1/2美分;在犹他州,是13—23美分。除了运输和装卸等成本可能会产生1—2美分的差别,没有什么其他的差异。

1892年制作的一份关于油价变化的表格表明,在美国,上等白油的价格变化是这样的:

桶装——每加仑6—25美分

箱装——每加仑14—34-1/2美分

散装——每加仑3-1/2—25美分

水白油的价格同样也有很大的差异:

桶装——每加仑6-1/2—30美分

箱装——每加仑16—35美分

散装——每加仑3-1/2—29美分

1896年,一份关于俄亥俄州不同城镇的油罐车在同一周内出售的石油价格调查显示,每加仑的价格在4-3/4—8-3/4美分的范围内波动。这份调查报告之后成为该州托拉斯调查的证据。

关于油价做过的最详尽的调查是由工业委员会发起的。1901年2月,该委员会向5000家分散在从大西洋沿岸到太平洋沿岸,从大湖区到墨西哥海湾区的石油零售商发起调查,询问商品的价格,共收到1578份回复。这份表格是石油价格变化的有力佐证。例如:在科罗拉多州,照明油(150°测试)价格是13—20美分;在特拉华州,8—10美分;在伊利诺伊州,6—10美分;在亚拉巴马州,10.50—16美分;在密歇根州,5.50—12.25美分;在密苏里州,7.50—12.5美分;在肯塔基州,7—11.50美分;在俄亥俄州,5.5—9.75美分;在加利福尼亚州,12.5—20美分;在犹他州,20—22美分;在缅因州,8.25—12.75美分(所有这些价格包括运费）。

在同样的状况下，最高价与最低价之间的差距也因州而异，从俄勒冈州的 8 美分（12.5—20.5 美分），到罗德岛州的 1.5 美分（8.5—10 美分）。在俄勒冈州，运费仅有 2—3 美分的差距。以相邻的州为例，在佛蒙特州，最高与最低油价间的差距是 4.5 美分；在新罕布什尔州，差距是 1.75 美分；在特拉华州，差距是 2 美分；在弗吉尼亚州，差距是 6 美分。

接下来比较不同州的最低价。在俄亥俄州和宾夕法尼亚州，石油最低价仅为 5.5 美分；在纽约州最低价是 6.5 美分；在罗德岛州，最低价是 8.5 美分；在新泽西州，最低价是 7 美分；在印第安纳州，最低价是 5.5 美分；在堪萨斯州，最低价没有低过 8.5 美分。（后两个州的石油都由怀廷供应，从印第安纳州的怀廷运输至堪萨斯州艾奇逊，运费率是每加仑 1.7 美分。从怀廷到印第安纳波利斯的运费率是每加仑 0.5 美分。）

不久前，笔者从分类账目中发现一张表格，而该分类账目是组成美孚石油公司账目体系的一部分。这份表格表明，1901 年 10 月，不同等级的精炼油成本和售价在同一个州出现了超过 12 种情况。石油的成本包括净成本、运费、维护、制桶成本和销售成本，给定售价后便可预估利润。来自油罐车的水白油售价是 8-1/2—11-1/2 美分（美孚习惯用油罐车将石油从站点运至当地经销商处），而油罐车出售石油的利润是 0.5—3 美分。

现在，考虑到这些差异，应该制定出一个运费率波动的范围。这个波动范围可以根据石油运费的表格判断，该表格由工业委员会发布。根据这份表格可以做出许多有趣的对照。例如，美孚需要支付每加仑 1.5 美分（如果像它的竞争者那样按公开运费率支付的话）将石油从供应站印第安纳州怀廷运往亚拉巴马州的莫比。在亚拉巴马州批发售价为 11-1/2—16 美分。1901 年 2 月，这种石油的净成本是 5 美分。石油运至艾奥瓦州的得梅因需要支付每加仑 1.5 美分（如果按照公开运费率支付），但在艾奥瓦州的售价是 7—11 美分。从怀廷到新奥尔良的运费率同样是 1.5 美分，但在路易斯安那州的价格是 9—14 美分。根据调查，包括运费在内，石油平均批发价格从宾夕法尼亚州的 8.27 美分到内华达州的 25.78 美分不等。

考虑到货运量和开支，在美国，没有什么比固定的价格或利润对石油业更有益了。现在，所有人都会承认，任何商品的正常市场价格，都应该能在全国范围内获得公正平等的利润，这才对消费者最有利。也就是说，在考虑运费和装卸等费用后，石油在得克萨斯州和俄亥俄州出售应获得相同的利润。显然，这意味着必须存在自由和普遍的竞争。但从一开始，美孚石油公司就控制着市场，国内石油的售价低时比原油成本还低，高时利润达 100%甚至更多，价格波动得很厉害。如果出现亏损，或是出现合理的利润，大约 10%，仔细查看上述表格便可知是由于竞争所致。自 1879 年起石油市场就没有出现过激烈的竞争。那一年，美孚石油公司赚取了整个国家精炼油 95%的利润。1888 年，他们的利润达到 80%，1898 年，利润为 83%。独立石油商的公司太小，以至于在任何方面都无法激起有力的竞争。只要一方控制了某个产品 83%的市场，那么可以说这方掌控了该产品的整个贸易局面。他们遇到的竞争仅来自当地。来自当地的竞争毫无疑问在很多方面降低了油价，并让油价产生剧烈的波动，正如工业委员会的表格和其他调查中记录的那样。笔者有 100 多封 80 年代由 12 个不同州的商人写的信。这些信阐述了独立石油商进入美孚独占的市场后价格的变化：

> 田纳西州，卡尔弗特市：当我的公司创立时，沃特·皮尔斯石油公司（美孚）降低油价，导致我无法正常经营。
>
> 田纳西州，查塔努加市：油价从 21 美分降低至 17 美分。
>
> 阿肯色州，派恩布拉夫市：虽然这里的商人愿意从美孚石油公司之外的其他公司购进石油，但他们无法承受风险。曾有过实例，我们从美孚的对手公司购进 100 桶油，结果沃特·皮尔斯石油公司将油价从 18 美分降至 13 美分，比对手公司的成本价还低 1 美分，同时拒绝将石油出售给任何从其他公司进货的人。
>
> 密西西比州，维克斯堡市：切斯-卡利公司以 9 美分的价

格向所有人提供 110°石油，我们要迎合他们的价格吗？他们希望的便是将我们驱逐出市场，然后他们可以立马提高油价和产量。

这些并不是信件的全部信息，每当美孚石油的代理商发现一位独立石油商，油价就会立马下降。1888 年递交给国会的表格显示了他们在西南部降价的情况，油价变化从 14%—220%不等。

从那时起的各项调查表明，价格下降是竞争的结果。例如，上面提及来自美孚总账分类账目的损益表。列表上有一个站点，该站点亏本出售石油。调查后笔者发现，这是因为一位独立的批发商在抢占市场。如果仔细查看工业委员会近期报告中的价格表格，就会发现何时油价低，何时就有竞争。因此，在印第安纳唯一有竞争的城镇印第安纳波利斯，石油的批发价是 5-1/2 美分，印第安纳的 53 个城镇中的 40 个，石油的批发价是 8—10-1/2 美分（这些价格包括运费，将印第安纳波利斯当作中心，石油运往印第安纳任何一个地方的运费都不会超过 1 美分）。1904 年 4 月，调查表明在印第安纳波利斯有 6 家独立的油商，因此价格波动显著，但周边城镇并没有形成竞争。

新泽西州莫里斯敦的一家独立石油商的出现，将提供给杂货商的油价拉低至 7.5 美分，提供给家庭的油价格拉低至 10 美分。但在周边的伊丽莎白和普兰菲尔德镇，只有美孚的石油，因此杂货商需要支付 9 美分，家庭用油需支付 11—12 美分。在俄亥俄州的阿克伦市，当调查展开时，有一家独立石油商在当地经营，石油的批发价为 5-3/4 美分。在靠近克利夫兰的佩恩斯维尔货运点，石油售价为 9-1/4 美分。在弗吉尼亚的里士满，一个商人告诉委员会，当地的石油批发价为 5 美分，同时“石油公司之间还会减价，一直是按 9—10 美分的价格销售”。

1904 年 4 月，油罐车里的 150°石油在市场竞争激烈的巴尔的摩卖到了 9 美分，在没有竞争的华盛顿卖到了 10.5 美分，在同样没有竞争的安纳波利斯卖到了 11 美分，在特拉华州希福德，迫于市场竞争的压力，相同的石油价格为 8 美分。运至这些地点的运费大多相同。石油的出现通常就会导致激烈的竞争或者频繁的石油战，美孚和独立石油商双方都只能亏本出售。美孚石油公司承受住了亏损的打击，最终在竞争中胜出。

工业委员会的报告数据中显示，1896 年至 1897 年间，在纽约和费城发生了一场有意思的石油战，恰好说明了竞争的出现给美孚的油价带来的影响。1896 年 3 月 20 日，纯净石油公司向纽约市场投入了三辆油罐车的石油。当天美孚的油罐车出售的水白油价格为每加仑 9-1/2 美分，纯净石油公司也是卖的这个价格。在不到一周的时间内，美孚沿着纯净石油公司油罐车的路线，将石油售价降至 8 美分，[①]4 月时又将价格降至 7 美分。到了 1896 年 12 月份，价格降至 6 美分，1897 年 12 月，降至 5.4 美分。当然，这段时间原油价格也在不断下降，但水白油价格的下降却完全不成比例。因此，自 3 月 20 日至 4 月，沿着纯净石油公司的销售路线，精炼油的平均价格下跌了 2-1/2 美分，原油价格也有下降，但仅下降了 0.4 美分。精炼油价格从 4 月的 7 美分降至 5 月的 6 美分时，原油价格仅下降了 0.1 美分。约翰 · D.阿奇博尔德在回应纯净石油公司提供给工业委员会的数据时，指责他们“粗心大意”。阿奇博尔德给出了原油和精炼油的月平均价格，指出两者之间没有那么明显的差异。阿奇博尔德以 3 月和 4 月的平均价格为例，3 月的油价为 7.98 美分，4 月为 7.31 美分。他给出的价格是“纽约及周边地区”的平均价，而纯净石油公司的价格则是他们在有限的竞争中遇到的。正如詹克斯教授针对调查发表的评论：“这也许很简单，对于你（美孚）而言，均价就是你定的，对于许多与纯净石油公司打交道的客户而言，价格可能是 5.5 美分。”这是事实，油罐车水白油的报价可以证明这一点，这在《石油、油漆和药物报告》上每周都会公布。公布的价格显示，3 月 21 日的水白油价格是 9-7/8 美分，4 月的平均价格是 9.4 美分。显然，只有“纽约及周边地区”的部分交易达到阿奇博尔德报给工业委员会的平均价格。

如果竞争持续下去，结果通常是存在竞争的地区的石油价格低于

① 见工业委员会报告，1900 年，第一卷，第 365 页。

消除了竞争或从未引入竞争的地区。例如，为什么在堪萨斯州，石油的平均价格比肯塔基州高出近4美分，而从怀廷将石油运至堪萨斯州的运费仅高出1美分？原因只有一个，因为在肯塔基州的竞争环境已经保持了二十五年，而堪萨斯州，竞争几乎从未开始过。为什么从怀廷运油的运费差距不超过0.1美分，石油在科罗拉多州和加利福尼亚州的售价却分别为每加仑16.9美分和14.6美分？原因只有一个，几年前科罗拉多的石油市场竞争已被消除，而加利福尼亚仍然存在竞争。

事实上，对美孚石油公司在出口及国内油价上的影响力进行持续研究后，我们会得出这样的结论，美孚总是可以在不危害自身的情况下最大程度地操控市场，我们总要比在自由竞争环境下花费更多的钱去购买精炼油。但是为什么我们还会期待更多呢？因为美孚是联合的主体。美孚石油公司中坦率的成员当然不会说，他们已经力所能及地把竞争获利让渡给了消费者。他们中最有能力、最坦率的人H.H.罗杰斯，在1899年被工业委员会问及，为什么美孚石油公司在过去的二十年从未降低在集装和管道运输上的成本，石油生产商在油井开采石油和运输石油至纽约的成本和二十年前一样时，罗杰斯欣然回答："我们并不是为了人类利益而做生意，我们的目的是要努力赚钱。"

与此同时，有人询问约翰·D.阿奇博尔德，美孚石油公司是否有能力将价格总体维持在高于竞争存在时的价格。阿奇博尔德回答说，"我希望我们能做到"①。

这些诚实的回答很可能吓到他们。有能力且谨慎的董事长在回答问题时更加谨慎。1888年，在证人席上，经过一些巧妙的规避之后，洛克菲勒不得不承认美孚石油公司具有对石油价格的控制权，他们可以随意提高或降低石油的价格。洛克菲勒补充说，"但是，我们实际上不会这么做"。检察官与洛克菲勒之间的对话十分有趣：

问：如果美孚石油公司认为时机合适，那么掌控大量资金

① 见附录58号：约翰·D.阿奇博尔德关于美孚石油公司收购精炼油价格的陈述。

的九位受托人,可以轻易地提高或压低石油的市场价格,这难道不是事实吗?

答:我认为他们不会这么做。

问:我不是问他们会不会,而是问他们能做到吗?

答:我想他们确实有可能做到。如果他们购买了足够多的石油,就可以使得油价上升。

洛克菲勒的回答有很多保留,但他一直试图为自己的回答辩解。

问:你没有认真对待我的问题。我想他们有很大的权力这样做。

答:确切地说,一个人或者一个集团,能够以任何幅度升高或降低任何商品的价格。

问:但是,如果你打算提高精炼油的价格,或者打算降低原油的价格,这是否在你的能力范围之内?就像我所说的,通过远离市场或者进入市场购买,来控制75%的原油需求?

答:这么做的效果十分短暂,但已经足够了……

问:你的精炼油在市场上占据如此大的比重,停止精炼油的制造,是否有提高价格的倾向?

答:我们不可能这么做,我们致力于持续地增加供应量,而非减少。

问:你真的认为美孚石油托拉斯是一个有利于公众的组织吗?

答:关于这个问题,恕我冒犯,我想提供一些可以佐证的事例。①

石油价格是每加仑8美分还是每加仑12美分,对世界上的绝大多

① 与托拉斯相关的调查报告,纽约参议院,1888年,第434—435页和第396—398页。

数人而言只是个小问题。在 1902 年至 1903 年煤荒的情况下，煤炭紧缺，人们只能靠石油来取暖。1903 年 1 月，石油以每加仑 11 美分的价格卖给了纽约油罐车的经销商。那些石油花费了独立石油商们每加仑 1 美分的运费，不高于 6.4 美分。对于美孚石油公司而言则只需要支付不到 1 美分。自由竞争的环境中，这样的价格是不可能存在的。在 1902 年至 1903 年的整个冬天，精炼油价格持续攀升。虽然有人称精炼油的价格上涨是源于原油涨价，但是不管怎么说，精炼油涨价的幅度都比原油要高很多。一项详细的对比研究表明，美孚对精炼油价格的操控比对原油更多。1904 年春天，英国的壳牌运输公司与俄罗斯石油带来的残酷竞争，使得美孚大幅度降低精炼油的出口价格，国内的油价却被抬高。

美孚石油公司控制价格造成的后果是，在竞争被消除的地区或者不存在竞争的地区，不仅客户需要花更多的钱购买石油，而且人们也很难在石油行业的任何一个环节与美孚竞争。为了消灭竞争，洛克菲勒成立了南方发展公司；为了消灭竞争，美孚威胁、游说甚至贿赂负责运输石油的铁路公司在运费率开始不公正的歧视；为了消灭竞争，美孚从公司创立者的手上夺走了帝国运输公司——这个国家有史以来最出色的运输公司之一；为了消灭竞争，美孚击垮了泰德沃特公司、新月管道公司、合众国管道公司，更别提大量的小公司；为了消灭竞争，美孚石油公司建立了间谍组织，发起石油价格战。所有让其竞争对手发展业务举步维艰的完美手段，美孚都用上了。

关于美孚以及油价问题最奇怪的是，至今仍有人相信是美孚石油公司使得石油变得更廉价。人们看着价格表，回想起 19 世纪六七十年代末每加仑石油五六十美分，现在他们却只需支付 12—13 美分，然后他们说，这就是联合的结果。洛克菲勒自己也指出了这种价格间的巨大差异。“在 1861 年，”他告诉纽约参议院委员会，“石油每加仑卖 64 美分，而现在它只需要 6-1/4 美分。”这样的对比极具误导性。1861 年之前油区没有一条铁路，需要花费 3—10 美分才能将石油运至运输点。当时也没有任何仓储或运输装置。精炼石油的过程很粗糙，会导致大量石油的浪费。此外，石油的消费市场也未被开发。洛克菲勒本应指出，虽然石油价格在1861年是61-1/2美分，但他刚开始从事石油业时，石油价格为25-5/8美分，而到了他第一次成功操控油价时，石油价格已提升至30美分。他应该指出，油价的连续下降因归功于滨海管道的建成，石油副产品的发展，散装运输代替桶装运输，以及数不清的其他经济因素。认为石油价格下降是石油公司联合所致的人们，从来没有认真研究过石油价格变化的历史，他们并不知道价格变化背后的意义。从1866年到1876年，石油价格降低，是因为当时洛克菲勒靠竞争实现了第一次联合，而后因为竞争停止，油价在1876年和1877年上涨。后来，由于各种竞争力量的联手——生产商、独立炼油商以及独立滨海输油管道的建成，1877年至1879年，油价下降至前所未有的低点。他们忽略了，尽管美孚石油公司在克服这些阻力之后获得了最终的胜利，但是十年来油价也从未低于1879年市场竞争存在时的价格；他们忽略了，1889年，原油和精炼油之间的差价首次下降，是美国独立石油商们的竞争和国外油田发展所致。

美孚石油联合或者其他相似的联合，在剿除竞争对手之后还会降低销售价格，相信这种说法的人只能说是被骗了。长时间的经验告诉我们，如果让一个人或一群人在政府或教会拥有专制权力，那么他们就会去压迫和欺骗人民。几个世纪以来，人们一直在为争取一个对民众实行平等、公正管辖的稳定的政府而奋斗。为了获得平等与公正，人们用无数的法律来约束他们的国王们和总统们。即便是受宗教理念启发的教会，我们也不可能赋予其在社会中要求的所有权力。但是现在在美国，我们在商业领域赋予了这些人专制权力。我们已经允许他们享有运输方面的特权，使其能够在短时间内打败竞争对手，尽管我们的法律和运输经营权在精神上禁止了这种特权。我们允许他们在没有特许执照的情形下，或是没有公开宣布的情形下，进行秘密的州际联合，尽管经验告诉我们，当人们决定以合伙、有限公司或股份有限公司的形式联合开展业务时，必须清晰界定他们的权利和义务，并且向公众公开。但是，正如我们在美孚石油公司的例子中看到的，这些特权运作的自然结果,便是作为生活必需品的石油的价格被掌控在九个人手上。在商业运作方面富有能力且冷酷无情的九个人联合,以不可思议的方式控制了油价。他们最残忍的手段就是扼杀竞争,确保他们攫取暴利般的分红,同时这招又最能打动公众、蒙蔽公众。

第十七章

美孚石油公司壮大的原因

权力的集中——洛克菲勒和其他八位如伙伴一样经营着公司的受托人成立商业信息采编部——为受托人采集所有有价值的信息——洛克菲勒合理安排人事并设计让他们互相竞争——工厂位置布局明智——留意每一分的花费——快速适应新形势的出现——一笔无人可获的利润——产品和副产品的有利衍生——一种敢于操控大局的总揽能力

美孚石油公司在经营之初就享有特权,这无疑是美孚在石油行业牢牢占据垄断地位的决定性因素。但是,美孚成功占据垄断地位的原因绝不只是因为享有特权,美孚石油托拉斯的形成还归因于公司享有的某些非法优势。如果美孚只具有公众熟知的那些特性,那么公司早就垮掉了。这个庞然大物虽然由于商业上的不当行为而名声受损,但是运营它的人一直具备着各种强劲、伟大的商业品质:精力旺盛、敏感睿智、坚韧不拔。公司里充满了年轻活力与奇思妙想,大家无所顾忌。如果说美孚在参与商业游戏时无视公平竞争和法律法规,那么他们在商业游戏时也展现出了高超的能力、无畏的勇气和善辩的技巧。冷静、耐心、明察秋毫的特质使得洛克菲勒打赢了运输大战,同时也成功地帮助美孚展开了所谓正当业务。没有人比洛克菲勒更了解哪些品质足以促进公司在业界的永久稳定和发展。他坚持保有这些品质,而且正是由于这种坚持,美孚石油托拉斯才没有沦为一帮强盗。与强盗的命运不同,美孚的存在有意义,前景光明。

如果有人试图分析洛克菲勒的这个创造物①壮大的合理性，以区分它使用的不合理手段，那么他将会发现一个根本性的事实：美孚石油公司与天主教会或拿破仑政府的构架一样，高度集权。正如上一章指出的那样，美孚石油公司整个公司于1882年交到九位受托人手中，洛克菲勒是九位受托人中的主席。这九位受托人一直独断专行，仿佛他们是公司的合伙人，只有他们才是利害相关方。他们每天碰头，把自己的所有时间都用于公司的管理和发展。他们关注石油业的一切事物，从奥什科什的灯芯到俄国石油带来的竞争。他们关注一切必要的事。在他们手下，有他们亲手筛选出来的负责与公司不同部门打交道的委员会。其中，原油委员会研究世界各地的原油；制造业委员会研究精炼油的生产、废油的利用和新产品的开发；市场委员会负责调查市场。每个委员会每天都收到各种信息，它们要找到与其相关的特定领域的信息，这些信息不仅涉及美孚石油托拉斯的业务情况，还涉及各地每个人具体开展的工作。这些委员会不仅对自己领域内的各项事务了如指掌，而且对其他领域的各种事情也一清二楚。制造业委员会全面了解仍在苟延残喘的独立炼油商——这些炼油商的资源和优势分别是什么；运输委员会知道各公司得到的运费率；市场委员会了解市场。因此，九位受托人对石油的新动态、新开炼油点、新的制造工艺等最新信息了然于胸。

他们是怎样获得这些信息的？与媒体获得信息的方式相同——通过分布广泛的通讯员体系。1882年，美孚在油田的每个镇上都有通讯员。如今，美孚的通讯员不仅遍及油田的每个镇，而且遍及全球每个首都城市。在欧洲各国的首都，一些高级媒体通讯员、领事或商人都通过向美孚石油公司提供信息来增加收入，这种现象已经司空见惯。美孚雇用的人自然会报告他们所知的一切。还有一些圈外人会报告他们偶然获得的信息，即所谓“偶尔投稿”。在油区，不少人常年靠向美孚提供自己偶然获得的信息谋生，他们因此而获得了一个绰号——“密探”。这个称呼或许名副其实，但他们的行为或许是完全合法的。

① 译者注：指美孚石油公司。

通过这种方式,这些受托人了解石油业的方方面面,并将这些信息派上用场。他们比任何人都擅长变信息为效益。他们获得的信息都被付诸应用,影响着整个石油体系。美孚石油公司中具有非凡才能的洛克菲勒构建了一个核心团队:无论是在纽约市的权力中心还是在油溪最卑微的管道巡逻者,都能感受到这个团队领袖人物的影响力。这位领袖人物对分散在各地的各个工厂了如指掌。以炼油厂为例,炼油厂都是独立的工厂,与任何其他的工厂一样,有管理者和董事会,但这些工厂并不能按照自由意志行动。根据 J.J.范德格里夫特在 1879 年的证词,由他担任董事长的帝国炼油厂,对其生产的产品没有控制权。克利夫兰的美孚石油公司在石油市管理帝国炼油厂,负责安排帝国炼油厂的产品运输和营销。炼油商结盟成立的协会,其管理者对"购买原油和出售精炼油具有不可撤销的权限",为每个炼油厂的"所有铁路和管道的运输费用进行谈判"。但协会中的这些炼油商在 1875 年都接受了洛克菲勒的管制,每个工厂的石油生产都受到限制。1876 年,当克利夫兰的斯科菲尔德-舒默-蒂格尔公司与洛克菲勒订立经营协议时,前提条件是要洛克菲勒为他们争取到与美孚相同的运输回扣。协议约定,克利夫兰的斯科菲尔德-舒默-蒂格尔公司的年产量限定在 85,000 桶,尽管其实际生产能力为 180,000 桶。

洛克菲勒最伟大的成就之一就是让已经建立并管理自有工厂的人做出自我调整,并在这种限制下相安无事地继续经营。历史已经表明,控制炼油厂产量的第一次尝试失败了,因为炼油商不遵守约定。而这些炼油厂最终同意接受限制的主要原因是,只有这样做,它们才有可能获得跟美孚石油公司相同的优惠运费率。炼油商们同意接受限制的前提是发现其中有利可图,然而他们被一种巧妙的竞争体系束缚住了。为了满足对个人努力和独立工作带来的自豪感的需求,他们需要付出很多。在 1879 年的调查中,当生产商们试图弄清楚美孚石油公司的真正性质时,他们对某些美孚员工的证词感到困惑,因为这些员工们说,美孚石油公司控制的工厂正在与克利夫兰美孚石油公司激烈竞争。怎么会这样?石油人心中不解,怒称美孚员工们的证词是伪证,但那的确是真实情况。联盟中的每个炼油厂均须按月向洛克菲勒详细报告其运营情况。这些报告在经过比较之后，各自的运营成果便会公布于众。如果泰特斯维尔的顶点公司某个月的精炼油成本低于联盟中的任何其他成员，那么就要让其他成员也知道这件事。如果成本持续处于低位，那么就要派其他成员去学习顶点公司的运营方法。无论何时，只要某家公司的生产出现改进迹象，均能获得赞誉，然后美孚会派其他公司的成员去学习秘诀。这种白热化竞争带来的结果是：每个公司、每家工厂都干劲十足。

这种监督方式考虑到了最细微之处。在油区，常常会听到这样一个故事，它足以说明这种监督方式的细致程度：像往常一样评价月度“竞争报告”时，洛克菲勒让某家炼油厂注意其报告中的一个自相矛盾之处。那是关于塞子的，塞子对炼油厂而言，就相当于大头针在家务活中一样无关宏旨。洛克菲勒指出：“上个月，你们报告说手头有 1119 个塞子。本月初往你们那里送了 10,000 个塞子。你们这个月用了 9527 个。报告里说你们手上还有 1012 个，那另外 580 个塞子到哪里去了？”笔者猜测这个故事不一定是真实的，但它生动地说明洛克菲勒的监督是多么的彻底，给油区留下了深刻的印象。油区人铺张的经营方式众所周知。他们反感这种检查，说这是“抠门”。但是，油区人错了，洛克菲勒是对的。管理好塞子，油桶自然也不会有问题，这在炼油厂里是一项好的政策，就像财务管理中精打细算的经典管理传统一样。

这种变革式的管理还有一些其他特征，而这些特征引起了石油界的怨恨。在这些怨恨中，最引发人反感的行为，是美孚在收购炼油厂后将其拆除或摈弃。在美孚看来，这些工厂地理位置太差或设备过于破旧，开展经营就意味着赔本。在许多案例中，人们都有充分的理由来表示对收购流程的不满，但在收购之后，美孚抛弃了许多炼油厂，这体现了美孚的智慧。以匹兹堡为例。当洛克菲勒于 1874 年开始收购镇子周边的工厂时，附近大约有 25 个工厂。这些工厂的生产能力各不相同，所处的发展阶段也参差不齐：既有设计过时、地点偏僻、生产能力在 10 桶左右的小蒸馏炉，也有第五章中提到的市民石油精炼公司那样已经成形的工厂。但是,洛克菲勒如何管理这些工厂并让其发挥优势呢?他本可以向小炼油厂的所有者支付运营费,因为小炼油厂厂主自己就是蒸馏工、管道安装工和工头,因此他们不会期望高额回报。但是,洛克菲勒只是用卡车运走所有可用的器械,把能卖的东西当作垃圾卖掉,留下些无用的碎片。如今,最令人伤感一幕便是看到那些被废弃的炼油厂。这些废弃炼油厂在油区呈现出的荒凉场景,以及与前任所有者经营时状况的对比引发了许多强烈抗议。这令石油人无法释怀,因为对石油人而言,当初热烈的生产场景还历历在目。

尽管那些承受着美孚所作所为的人对他们的行为痛恨不已,但托拉斯唯一要做的,就是向独立石油商们发起战争:托拉斯可能会让独立石油商们倒闭,或解散他们,或将产油量限制得更低,或因产油量降低而抬高油价。在工厂选址方面的智慧也是美孚经营的一大特点。美孚只运营那些值得运营的工厂,把工厂开在最有利的位置。如今,美孚的许多工厂都是完美的典范,显示出制造地点、原油供应和市场之间巧妙的位置关系。例如,运往国外的精炼油是在海边生产的,而运输这些精炼油的轮船在码头装运,就像在新泽西州贝永的工厂一样。从工厂到轮船的运输成本在过去是一笔大额开支,现在完全可以忽略不计。中西部地区市场现在几乎完全由美孚在印第安纳州怀廷镇的工厂供应,这个镇是美孚石油公司为了提炼俄亥俄州的石油而建设的,每天可以提炼 25,000 桶石油,精炼油从这个中心点运到密西西比河谷地区。

所有那些脚踏实地、埋头苦干的炼油厂也一直严格按照节约每一滴石油的原则经营炼油厂。由于洛克菲勒"不给任何人利润"的原则,这样经营的炼油厂还有很多。从他最早尝试联合开始,就一直在践行这个原则。布兰查德 1879 年向赫伯恩委员会解释美孚为什么自 1874 年以来就控制了维霍肯的伊利油场,他的解释中就准确体现了洛克菲勒的观点。[①]"不给任何人利润"这一政策将洛克菲勒引向了油桶业务,购买油桶是炼油厂最大的开支之一。根据《石油城井架报》1873 年对每

① 见第五章。

加仑精炼油生产成本的估算，油桶的成本为每加仑 4 美分，高于原油成本。即便价格为每加仑 4 美分，油桶仍然难以寻得，可见需求量有多大。如果炼油厂能回收自己的油桶，这样当然能省钱（回收的油桶估计值 2.75 美分），但不能完全寄希望于回收。来自欧洲的空油桶，尤其是发给西部货运主的空油桶，通常被东部炼油商在纽约捷足先登。因为对油桶的需求量太大，这种“拦路打劫”的行为也变得情有可原，就像饥荒时期的偷窃一样。有的人凭借油桶发财了。一些经销商听说欧洲有大量油桶供应，他们居然租了一艘大船，专门到欧洲收购油桶，借此大赚了一笔。事实上，有许多商业悲剧和喜剧故事都围绕着油桶展开。洛克菲勒早期关注的正是油桶——“神圣的蓝色油桶”，他决定自主生产这种油桶。克利夫兰美孚石油公司最早的副业之一就是油桶制造。洛克菲勒很快就以 2.5 美分的价格获得了其对手需花 4 美分购得的油桶。他绝不是早期唯一制造油桶的炼油商——每一个炼油商的目标都是在可能的情况下尽快增设油桶制造厂。鉴于美孚的业务规模，美孚通过油桶省下的资金很可观。托拉斯成立前的那一年（1881 年），美孚制造了 4,500,000 个油桶，平均每天生产大约 15,000 个。从那时开始，油桶逐渐退出石油业务，散装运输在很大程度上降低了油桶在石油业务中的重要程度。不过，1901 年，美孚石油公司制造了约 3,000,000 个新油桶。在美孚开始制造油桶的那段时间里，美孚的工厂形成了省小钱的习惯，而这些小钱积少成多，累积成了较大的金额。比如，他们改进了箍圈——一个小配件，但就是这个小东西在 1901 年帮他们节省了大约 15,000 美元。通过稍稍加大油罐的尺寸，每年可以节约大概 50,000 美元。美孚人称，这些节约的金额本身很小，所以在生产总量较大时采用这种做法才划算。后来，变得比油桶更重要的是锡罐——因为要发往热带和东方国家的大量精炼油均需要装在锡罐中，以防变质——洛克菲勒制定的节约原则在美孚的锡罐工厂也同样被执行。1902 年，笔者曾访问了美孚最大的锡罐工厂——位于长岛东江畔的迪沃锡罐厂。它的生产能力是每天 70,000 个容量为 5 加仑的锡罐。迪沃锡罐厂可能是世界上最大的制罐厂。在工厂的入口，一个人正在认真清扫地面上的沙土,并把沙土推走——但不是倒在河中。这些沙土在筛选后会被分作锡屑和焊尘。美孚在每道程序上都很节约。他们在威尔士买锡用于锡罐生产,因为威尔士的锡价更低一些。威尔士的锡价低,与其关税征收方式比较奇特有关。如果把锡制成容器后再出口,那么国家将会退还对镀锡铁皮征收的关税。这一条款的制定可能是为了美孚的利益,因为美孚是美国最大的镀锡铁皮消费客户。1901 年,美孚石油公司进口了逾 60,000 吨锡,价值超过 1,000,000 美元。这种锡都是一片片包装在扁平箱子中的,一扔就能打开——这样打开的速度比用锤子要快,而节约时间在美孚看来就像锡屑一样充满价值。空出来的箱子被卖到长岛的花园,当作种植容器;损坏的盖子则被售出,当作燃料;为生产锡罐而剪裁锡板时剩下的辅料,则被收集成捆,卖给化工厂或铸造厂。工厂使用焊料时也像处理锡那样小心节省,每个工匠使用的量都经过仔细测量。与炼油厂一样,制罐厂每月都要评比绩效,公司会奖励最节省焊料、时间和步骤的经理。

迪沃厂生产的 5 加仑锡罐堪称是奇迹般的技术进步,而锡罐的制造方法则几乎完全是赫曼·米勒的成果。米勒因此在美孚圈子中被誉为"5 加仑锡罐之父",他是德国发明家的典范。生产锡罐的机器越来越完善。1865 年,米勒开始在查尔斯·普拉特爵士手下工作时,一个成人和一个孩子每天可以焊出 850 个锡罐;1880 年,三个成人可以每天焊出 8000 个锡罐;到了 1893 年,三个成人每天可以焊出 24,000 个锡罐。米勒制作一个锡罐的时间,接近于工厂里从卸下锡板的地点走到用锡罐装油的地点所需的时间,这是实际的情况。

在制罐厂不远处有一个炼油厂。炼油厂的石油转移到制罐厂,工厂制好锡罐后,新制的锡罐沿着斜槽滚下,这时,几英里外生产的石油被灌装到锡罐中,每次能灌装 12 个锡罐。灌注装置很出色。新制的锡罐顺着斜槽而下,沿着旋转台一侧排成一行 12 个。旋转台旋转,锡罐直接滚到 12 个量具下,灌注装置向每个锡罐灌注 5 加仑石油——转一下阀门,锡罐就满了。旋转台旋转四分之一,灌注装置向另外 12 个锡罐灌注石油时,再分配 12 个新锡罐,手持焊接铜器的 4 个工人把罐帽安装在第一批锡罐上。再旋转四分之一,站在旁边的工人做好准备把锡罐从灌注装置上取下,其他工人把罐帽安装在另外 12 个锡罐上,同时,灌注装置向另外 12 个锡罐中灌注石油,此时另外 12 个锡罐沿斜槽滚下。工人将锡罐放到旁边备好的木箱之中,24 小时后观察锡罐是否漏油。之后他们会将锡罐钉死,并用推车移到附近的一个门边。这个门朝河面而开,工厂附近停着一艘租赁的开往南美、中国或其他地方的轮船,等着接收锡罐,而这些锡罐在约 24 小时之前还是扁平箱中的锡板。这就是美孚节约的绝妙例子。这种节约不仅体现在材料方面,还体现在时间和步骤方面。

由于洛克菲勒非常注重细节,他能洞察有利于发展的重大而关键的因素,并勇于抓住这些因素,这一点非常像军事天才。洛克菲勒像拿破仑那样能洞察战略要点,并以拿破仑般的行事风格,出其不意地抓住战略要点,这种掌控能力已经充分体现在他的工作中。洛克菲勒于 1872 年收购克利夫兰的炼油厂,这既是一项耀眼的成就,又是一个可憎的举动。他从宾夕法尼亚铁路公司手里夺取了帝国运输公司。这次收购虽被视为土匪行为,但效果值得肯定。洛克菲勒意识到了要想实现自己的目标,首先需要做什么,并毫不犹豫地采取行动。他总是勇往直前——对自己的想法充满信心且从未动摇。他知道那就是他应该做的事,并以可预知结果的淡定态度去做。

托拉斯成立后,美孚始终保持着这些品质。比如,美孚于 1880 年 2 月与生产商签订的协议,要求生产商每天要生产 65,000 桶石油。它们签订这个协议时,库存有将近 9,500,000 桶石油。在接下来的四年,石油产量以惊人的速度增长。1880 年底,库存逾 17,000,000 桶;1881 年,逾 25,000,000 桶;1882 年,逾 34,000,000 桶;1883 年,逾 35,000,000 桶;1884 年,逾 36,000,000 桶。联合管道公司在生产商的协助下运输这些石油——生产商在紧挨管道的位置设立油罐。1880 年,美孚的员工平均每天可以生产 1 个铁油罐,这些铁罐能装下 25,000—35,000 桶油。美国没有足够的铁罐工匠制造铁罐,因此要从加拿大和英国招募工人。这当然是笔巨额开支,因为铁罐的生产成本为每件 7000 到

10,000 美元。联合管道公司虽然富有,但在生产过剩的那些年里,他们也不得不贷款维持运营,因为他们既得铺设管道,又得建造铁罐。1878年至 1884 年,仅布拉德福德地区就铺设了近 4000 英里管道,这些管道连接了多达 20,000 座油井。

完成对管道的垄断后,只要哪里发现了石油,美孚石油公司就会进军到哪里。他们需要通过这种做法来保持对石油业的控制,而且他们从未退缩迟疑,尽管这需要大量的艰苦努力。1891 年,在宾夕法尼亚州西南部的麦克唐纳油田发现了储量丰富的石油。石油的月产量从 6 月份的 50,000 桶增加到 12 月份的 1,600,000 桶。在麦克唐纳油田,联合管道公司的运输量从 7 月初的 3,500 桶增加到 9 月 1 日的 26,000 桶。12 月 1 日,联合管道公司的日处理能力达到 90,000 桶。从中我们可以看出,这样的处理能力可以与内战中伟大的武器和军事动员相媲美。为了实现这一点,各城市的轧钢厂和锅炉厂昼夜不停地生产需要的管道、泵、发动机和锅炉。美孚需要安排运输,还需要大批工人,大片的荒郊野岭在等待开垦,大量砍伐木材的锯木厂等待建立。他们需要准备好这么多材料,并开始工作。

在应对经营中出现的新情况时,美孚表现出了同样的勇气和效率。滨海管道就是一个值得注意的例子。美孚于 1877 年底完成管道垄断时,管道仍被视为铁路的支线。自然,铁路公司方面严厉反对管道重要性的提升。尤其是在宾夕法尼亚州,宾夕法尼亚铁路公司通过操控法律来阻止管道输送石油,甚至阻止管道在短距离运输石油方面与铁路形成竞争。许多年来,人们认为,管道可以长距离输送石油——许多人声称可以输送到海边——而且,独立石油商们发现运送石油的线路只为美孚的利益服务,开始鼓吹要修建一条滨海管道:这条管道通到泰德沃特管道,长 104 英里,从布拉德福德油田输送石油到雷丁铁路上的威廉斯波特站,最终通往滨海地区。在泰德沃特开始用泵抽送石油时,洛克菲勒和各大铁路公司的董事长就充分认识到铁路独霸原油运输的日子结束了。洛克菲勒毫不迟疑地抓住这个机会。1883 年,美孚开始用泵向纽约输送石油。在帮助建立托拉斯的过程中立下汗马功劳的铁路公司实际上已退出原油运输业务。正是这一大胆的举动，切实让洛克菲勒从成就他的铁路中解放出来。因此，《州际贸易法案》的通过对洛克菲勒而言没那么重要了。诚然，洛克菲勒仍然需要铁路来运输精炼油，但他可以布设炼油厂的位置，尽量减少对铁路运输的需求。宾夕法尼亚州的油区十五年来一直要求立法，希望确保运输机会均等，但这项法案通过得太迟了。法案通过时，输油管道已经取代铁路，成为最主要的石油运输方式。与铁路一样，输油管道不仅在洛克菲勒的控制之下；更重要的是，输油管道归洛克菲勒所有。因此，虽然《州际贸易法案》通过了，但洛克菲勒依旧很淡定，这一点也不奇怪。油区人意识到了这种情况，他们的讽刺中带着悲哀，整个油区弥漫着一股几乎不受控制的愤怒。不过，滨海管道并不是美孚石油公司开发的成果。建设滨海管道是其他人先想到的，实用性和可行性也是其他人论证的，而美孚只是在可能性得以证明后充分抓住了这个机会。对行业新动态真正的价值的快速反应，以及快速掌控新动态的警觉性，是美孚取得成功的最重要因素。

此外，美孚的每一个新举措均得到最大程度的执行。以 1879 年美孚在国外市场开展的工作为例。作为最繁荣的几家克利夫兰炼油厂之一，美孚石油公司在国际上并不广为人知。直至石油成为出口清单上第四重要的货物，美孚的对外贸易才真正发展起来，他们的产品才真正进入其他的文明国家。1874 年，福尔内上校游历东方，他在一封信中写道，他发现巴比伦和尼尼微①都在使用美国的石油照明。他在大马士革时做了一项调查，确定大马士革每户人家需要多少石油，并为其石油的用途提出了一个假设。《石油城井架报》在评论这封信时表示："目前，石油是美国在黎凡特②和东方的主要商品。"

当时，石油人就像美孚现在这样，热情洋溢地记下了关于对外贸易的内容。下面两段可以说明这一点，其中第一段是 1874 年刊发在《石油城井架报》上的，第二段来自 1900 年石油托拉斯发布的申辩：

---

① 译者注：古亚述帝国首都，位于现伊拉克北部，与摩苏尔隔河相望。

② 译者注：一个模糊的地理概念。最早是指意大利以东地区，后来指地中海以东、美索不达米亚平原以西，且包括北非在内的地区。

1874年——石油照亮了古老巴比伦和尼尼微废墟中的住宅、寺庙和清真寺，照亮了《一千零一夜》故事的发生地巴格达，照亮了亚伯拉罕①的出生地奥尔法，照亮了罗马人的古代圣地马迪恩，照亮了东方之珠大马士革。石油燃烧于伯利恒的耶稣诞生的石窟中，燃烧于耶路撒冷的圣墓大教堂②，燃烧于埃及的金字塔中，燃烧于雅典的卫城上，燃烧于特洛伊的平原上，燃烧于博斯普鲁斯海峡和金角湾③岸边的村舍和宫殿宅邸。

1900年——当今世界，石油是世界之光。在轮子可以转动或者骆驼可以下蹄的任何地方，都有人在运送石油。撒哈拉沙漠上的商队带着普拉特的"星光体"石油，印度的大象驮着装有标准无色石油的包装箱，而轮船则不断在码头上装货，然后前往日本、爪哇岛和海上的最远岛屿。

石油人通过同样的机制开拓了国外市场，出口迅速增长。1870年，有逾140,000,000加仑石油产品出口，1873年为近250,000,000加仑，1878年为350,000,000加仑。1870年，美孚开始向海外派遣代表，从此开始了对外贸易。美孚攻下了一个又一个国家的市场，在每天的公司会议上，关于国外石油贸易的信息应与美国市场的信息一样全面，美孚要像其控制美国石油业一样逐渐控制石油对外贸易，不要中间人，"不给任何人利润"。这项工作始于1879年，从那时起他们一直稳定开展业务。通过这项工作，美孚迅速成为重要的出口商，出口他们自己生产的石油。美孚在欧洲、亚洲和南美的各个港口建立了自己的站点，建起

① 译者注：传说中犹太教、基督教、伊斯兰教的先知。

② 译者注：又被称为"复活大教堂"，是耶稣基督遇难、安葬、复活的地方，现在是耶路撒冷最大的基督教教堂之一。

③ 译者注：位于土耳其的伊斯坦布尔。博斯普鲁斯海峡把土耳其分为欧洲区和亚洲区两大块，而金角湾把伊斯坦布尔分为旧欧洲区和新欧洲区。

了大型油轮船队。美孚对国际市场志在必得，关注着一切不利于他们利益的立法，研究着当地石油业可能出现的竞争。美孚遇到了各种各样的困难——偏见、无知与贫穷。渐渐地，他们像控制美国石油业一样控制了石油对外贸易。如今，美孚甚至在德国、葡萄牙等国家挨家挨户地送油，就像他们在美国销售时一样，从而实现了洛克菲勒的愿景：控制美国石油的每一个环节——从石油离开地面，直到石油装入消费者的灯中。

同样的节俭和警觉在制造石油过程中也得到运用。在接触美国炼油厂的过程中，到 1882 年时，洛克菲勒已经掌握了几乎所有已知的制造工艺，无论该工艺是否受专利保护。这些工艺，包括如今所有的基本工艺，都并非美孚石油公司开发的。早在 1865 年，即洛克菲勒进入石油行业的那一年，威廉·莱特就撰写了一本详尽的关于宾夕法尼亚州油区的书籍。在这本书中，他非常详细地报告了提炼石油过程中要做的事。他发现，几家工厂在生产石脑油、汽油和苯；三个等级（“上等白”“标白”和“淡黄”）的照明油在各地生产；石蜡被精炼为纯白色物质，与今天相同，在唐纳工厂大量生产；润滑油开始投入生产。

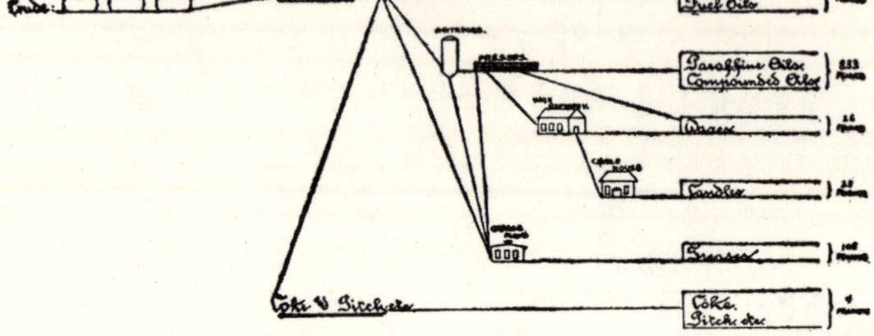

在炼油厂蒸馏原油获得的产品

1872 年，如同我们看到的那样，所有这些石油产品的品质均有显著改进。约书亚·梅里尔成功除去了润滑油的臭味，因此润滑油顺利进入了国外市场。1871 年，梅里尔的工厂仅在英国就售出了 50,000 加仑润滑油。1872 年，许多工厂都在生产石蜡，缅因州的一个口香糖生产商那一年购入了 70,000 英镑石蜡。除了照明油，其他石油产品的对外贸易状况也已相当可观。① 许多工厂开始为自己的产品取名。比如，普拉特的“星光体”是布鲁克林的普拉特工厂为一种水白油所取的名字。这是一种高级油，生产方法与其他许多炼油厂的一样，但它有一个名字——一个有价值的名字。

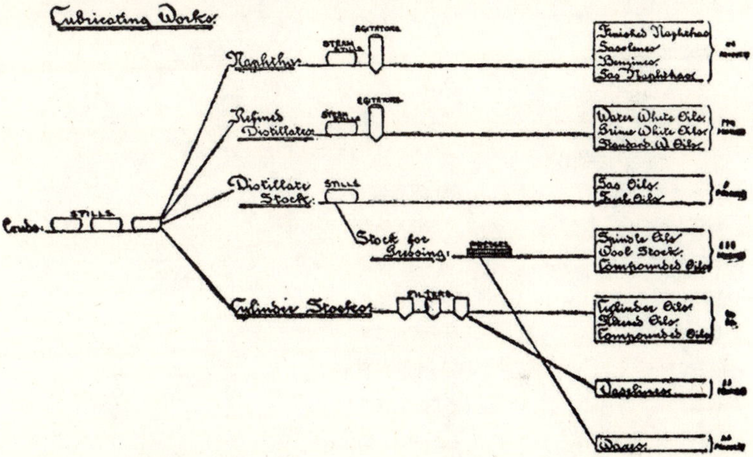

润滑油工厂蒸馏原油获得的产品

---

① 1872 年，出口情况如下：

原油	16,363,975 加仑
石脑油、苯、汽油等	8,688,257 加仑
润滑油、重石蜡等	438,425 加仑
油渣、沥青和焦油	568,218 加仑
照明油	118,259,832 加仑

《井架报手册》

上面的图表分析了现在从美孚石油公司的工厂可以获得的原油产品。这些组别的所有产品在1872年均可被生产。不过，没有图表所示的石脑油项目下的46种不同产品，也没有174种精炼油产品。事实上，这些并不是不同的产品，而是不同的品牌。因此，尽管表格中列出了29种不同的有臭味的或去除了臭味的石脑油，但是它们之间的主要区别在于名称。那174种精炼油产品确实是不同等级的照明油，是任何工厂均可生产的。以原油本身为基础，取大量不同的名称只是种营销噱头，为了扩大贸易。因此，在这174种产品中，有33种“标白”[①]石油和41

① “标白”石油如下：

标白100(fl)

标白110

标白112

标白115

标白120

标白130 Dia.H.L.

标白130

标白130 P.W.H.L.

标白73亚伯

标白150

标白160

标白加拿大法定测试

标白佐治亚 P.W.H.L.

标白佐治亚 Dia.H.L.

标白印第安纳 P.W.H.L.

标白印第安纳 S.T.

标白印第安纳 Dia.H.L.

标白艾奥瓦 S.T.

标白路易斯安那 P.W.H.L.

标白路易斯安那 Dia.H.L.

标白马萨诸塞 S.T.

标白密歇根 S.T.

标白明尼苏达 S.T.

标白蒙大拿 S.T.

标白内布拉斯加 S.T.

标白纽约 S.T.

标白北达科他 S.T.

标白俄亥俄 S.T.

标白南达科他 S.T.

标白田纳西 Dia.H.L.

标白田纳西 P.W.H.L.

标白田纳西 S.T.

标白威斯康星 S.T.

种"水白"①石油——两者的主要区别在于它们所经受的防火测试。美孚真正有价值的并不是批量生产的所谓产品,而是发现了精炼莱马油等劣质石油的工艺。美孚声称花了几百万美元才解决莱马油的可用性问题。莱马油或俄亥俄石油的硫黄含量较高,不能作为照明油使用,因为其臭味令人无法忍受,会产生令人讨厌的烟雾,灯芯会迅速烧焦。许多实验者尝试去除这种石油的臭味。这一问题最终通过佛赖什采硫法得到解决,而该方法是美孚花费了巨款资金,通过有效性测试之后才获得的成果。现在,美国使用的照明油中,可能有60%是俄亥俄石油基地生产的。

当然,增加产品种类的销售方式完全合法。严格来说,增加产品种类并不是开发新产品。使美孚石油托拉斯脱颖而出的不是他们创造和发明的新产品,而是其改造和处理石油的能力。自1882年到现在,美孚石油公司的业绩一如既往地突出。以润滑油为例,通过长期斗争,美孚石油托拉斯集中了生产润滑油的工厂和专利,并以惊人的速度发展贸

---

① "水白"石油如下:

水白110	水白艾奥瓦完美
水白112	水白艾奥瓦S.T
水白115	水白堪萨斯完美
水白120	水白堪萨斯S.T.
水白120欧洲	水白路易斯安那S.T
水白130阳光	水白路易斯安那阳光
水白130	水白马萨诸塞S.T.
水白130欧洲	水白密歇根S.T.
水白130防火	水白明尼苏达S.T.
水白150	水白内布拉斯加S.T.
水白150前灯	水白内布拉斯加完美
水白150特别的星星	水白纽约S.T.
水白150 49格拉夫	水白北达科他S.T.
水白160	水白俄亥俄完美
水白165	水白俄亥俄S.T.
水白加拿大法定测试	水白南达科他S.T.
水白电力	水白南达科他完美
水白佐治亚阳光	水白田纳西S.T.
水白佐治亚S.T.	水白田纳西阳光
水白印第安纳完美	水白威斯康星S.T.
水白印第安纳S.T.	

易:1872 年,出口的润滑油产品不足 500,000 加仑,而到 1897 年则超过了 50,000,000 加仑。润滑油产品贸易的大幅增长之所以成为可能,主要是因为梅里尔发明了除臭的方法。1869 年,梅里尔发明了去除润滑油臭味的生产工艺。他既有生产石油的装置,又有生产具有专利的润滑油的装置。这种润滑油大受欢迎,市场销量增加了几倍,比梅里尔所在的公司以往任何时候的销量都大。当然也有其他的润滑油生产厂家模仿梅里尔的新产品,最成功的模仿者是匹兹堡的 S.D.特威德尔博士。梅里尔认为,S.D.特威德尔博士投放市场的润滑油产品侵权,并起诉了销售这种润滑油的代理商。这起案件在法院审理了六年,梅里尔花了 100,000 美元来保护他的专利。华盛顿的最高法院最终做出了对梅里尔有利的判决。在这起诉讼中,美孚石油公司是 S.D.特威德尔博士的后盾,提供他辩护所需的资金。在 S.D.特威德尔博士最终败诉后,他们获得了让梅里尔不得不披露的新专利的许可,并在大约一年半的时间里向梅里尔支付了专利使用费,直至专利有效期结束,然后,它们直接以一笔巨款买下了专利。梅里尔保留制造和出售这种润滑油的权利,无须支付使用费。如今,从石油中生产的大多数润滑油都是按照梅里尔的工艺生产的。

美孚在获得润滑油控制权之后,便将智慧和精力投入到了市场研究和产品开发上。运行机器所需的润滑油都是美孚自己生产的。美孚生产多种汽缸油、主轴润滑油、多阀门润滑油、燃气机润滑油;生产专门品牌的润滑油,用于缝纫机、织布机、制鞋机、发电机、轮船发动机;还生产一切凭借蒸汽动力、空气、电力、天然气、人力或畜力运行和工作的物品。现在,每个润滑油工厂均可生产六到八种主要润滑油。这些润滑油可通过各种巧妙的工艺转换成无数其他的品种。厂家可根据机器的需要和机器操作者的个人喜好来确定某个品种润滑油的黏性、流动性和重量。机器操作者很快就能知道什么油适合自己,而且,如果他的润滑油需求量足够大,厂家会为他制作一种专用的润滑油,并起一个能够满足他虚荣心的名字。这种油可能与市场上的其他十几种油完全一样,但它有自己的名称,将被视作一种新产品。善于生产复合产品的厂家坚称，如果有样品，他们就可以生产美孚 833 种润滑油中的任何一种。当然，密切研究市场需求并按照需求调整产品才是最优的销售策略。

美孚托拉斯 1882 年成立时最大的优势，与其如今的优势一样，就是成立托拉斯的那些人才。无论洛克菲勒的商业理念多么势如破竹，无论他对目标多么坚持，无论他对实现梦想的洞见多么不同寻常，如果没有网罗那些了解他在追求什么，并知道如何实现这种追求的人才加入他的公司，那么他永远都不能干出一番大事业。他对员工的原则很早就定下了。“我们只想要有能力的人，那些已经证明其能做大事的人。我们不考虑其他人。”根据这个原则，美孚不用平庸的人，也不用那些对洛克菲勒所用的手段无法忍受的人。1882 年参与美孚石油公司组建的人，都是石油行业的巨擘。倘若没有美孚石油公司，这些人现在无疑会是行业内的顶级人物。在匹兹堡，大名鼎鼎的查尔斯·洛克哈特，在德雷克油井开挖之前就对石油感兴趣，1860 年 3 月开始在油溪经营石油业务，1860 年 5 月就把原油和精炼油样品运到了欧洲，建起了匹兹堡最早的炼油厂之一，在洛克菲勒于 1874 年将其全部买下之前，无疑是那里最大的炼油厂。在费城，1874 年，最大的炼油商是大西洋炼油公司的 W.G.瓦登，洛克菲勒想要的就是他。在纽约，查尔斯·普拉特公司是曼哈顿周边最大的三家公司之一——也是 H.H.罗杰斯所属的公司。查尔斯·普拉特自 1850 年起一直在石油和油漆行业工作，1867 年在长岛的绿点建立炼油厂。在美孚石油还未闻名于纽约之外的地区时，普拉特的“星光体”石油已经闻名全球。1872 年春季，普拉特的公司日生产能力估计与洛克菲勒的相同（1500 桶），但后者在收购了克利夫兰的炼油厂之后，生产能力一夜之间增加到 10,000 桶。范德格里夫特于 1874 年和 1875 年与洛克菲勒的公司联合，他本就是石油业中知名度很高的人。在南方发展公司时期，他操控的业务规模更大，品种更多元化。他加入美孚时控制着帝国炼油厂，当时是油溪地区最大的炼油厂，日生产能力约 1400 桶。他还是大型输油管道公司的董事长，也是当时最大的石油生产公司之一 H.L.泰勒公司的成员。

洛克菲勒拥有大量有才干的人为其庞大的托拉斯出谋献策。当批评家称美孚石油托拉斯不可能存活时，正是与洛克菲勒共事的那些人首先指出在托拉斯中人才济济。1879 年，W.H.范德比尔特告诉赫伯恩委员会："托拉斯的存活毫无问题，这些人远比我聪明。他们聪明、进取。我从未遇到过像他们这么聪明能干的人。要是没有过硬的能力，他们也不会担任如此要职——单凭一个人的智慧是无法做到这一点的，这是集思广益的结果。"

一流的能力不是只有高层才需要，而是整个组织都需要。美孚石油公司连日工都是精挑细选出来的。按照惯例，美孚向日工支付的报酬略高于当时的普遍报酬，然后他们会从日工中选择最能干的员工，这些人展现出其能力时，会得到提拔。如今，百老汇 26 号那些跑差的人也是因为表现出的发展潜力而被选出来的。如果他们没有取得令人满意的进步，就会遭到开除。员工不得将任何碍手碍脚的人带入公司，除非这些人是家庭或公司关系必需的，就像任何人类组织中可能出现的情况一样。

组建托拉斯时，员工获得了持股的机会，劳动力的效率显著提高，员工工作时更加有紧迫感。当他们没有积蓄时，公司以优厚的条件借钱给他们。美孚石油公司的大量员工以 80 美元的价格购买股份，从而成为持股者，在几年内获得了 30%—48%的股息。在这种情况下，美孚自然而然地拥有了非常忠诚且与公司存在利害关系的劳动力。

洛克菲勒的伟大创造物确实具有许多令人钦佩的特质。美孚石油托拉斯的能量也因与其抗衡的独立石油商们的经营习惯而变得更强大。美孚谨慎，而油区的商人们轻率；美孚注重节约，而油区的商人们铺张奢侈的行为屡见不鲜；美孚神秘，而油区的商人们几乎是赤裸裸的坦率；美孚深谋远虑，而油区的商人们很少考虑未来；美孚吝啬，而油区的商人们挥霍无度；美孚为了私利可以不择手段，而油区的商人们则几乎是不切实际地追求公平竞争。此外，油区的商人们还有一个致命缺点——热衷于投机。洛克菲勒从不投机，他只做其他人已经证明了的必定正确的事情。

人们在审视美孚石油托拉斯内部时注意到，他们有足够的理由相信，洛克菲勒能够长久地维持在石油业已经实现的垄断。首先来看范德比尔特1879年说的话："我不相信能通过任何法令，或通过某个州、甚至所有州来控制他们。你们做不到，他们将永远处于行业尖端，您可以看看他们是不是这样。"①有些人因为了解美孚石油公司组织的紧凑与和谐、美孚人的能力、公司运营坚守的品质，从而选择忽略它发展的历史，这不足为奇。这些就是成功的耀眼品质！他们说："不管什么原因促成了这个结果，实际情况就是，美孚已经实现了这一点。美孚的成绩有目共睹，其管理方式令人钦佩。我们不妨接受这一点，因为我们也要做生意。"他们厌倦了争论——为什么要当不受欢迎的煽动者？他们开始接受美孚的解释：批评家确实是"怀有私怨的人"，是"进步征途上的落伍者"。石油业的历史曾一次又一次地向局外人表明，或许从此以后不得不按照洛克菲勒的方式行事。还有谁能妨碍他，质疑他的地位？没有人。除非是回到宾夕法尼亚州西北部灌木丛生的小型石油城镇——在那里，在油腻的井架旁，在肮脏的棚屋中，在生锈、遭弃的石油蒸馏器旁，人们总是在谈论铁路回扣的不公、限制贸易的不公、垄断的危险、独立石油商们的自主经营权；总是无聊地、反复地试图证明南方发展公司就是美孚的前身。公众听到那些被反复提到的惊人数据，以及托拉斯之父洛克菲勒油腔滑调的论述逻辑时，心生好奇和畏怯。一切似乎都是徒劳的，人们再也不会提起这些。但正是人们的大声抗议和抱怨拯救了议会大厦。②

毫无疑问的是，虽然洛克菲勒具备很多伟大的商业品质，但他从未在胜利者渴望的悠闲与奉承的氛围中享受成功果实。那些抱怨者的不断煽动，破坏了一些他最公平的计划，一次又一次地导致他接受调查委员会的调查，有力地促使立法者通过制定联邦法律来保证货运主享受

---

① 见附录59号：W.H.范德比尔特对美孚石油公司人员的描述。

② 译者注：这句话的言外之意体现了美国的民主文化。虽然美孚托拉斯实现了垄断，但保留了独立石油商们泄愤的权利。

相同运费率的基本权利。那些坚守经营权的独立石油商们推动了石油业自洛克菲勒成立托拉斯以来最重要的进步:例如为了输送原油,泰德沃特管道公司铺设了滨海管道;为了输送精炼油,合众国管道公司铺设了沿海管道。正是这些独立石油商们的努力,让我们经历了石油业的竞争,并享受了因竞争所致的低油价。

第十八章
结 论

因不执行 1892 年法庭关于解散托拉斯的裁决,1897 年俄亥俄州起诉美孚藐视法庭——诉讼以驱逐美孚的四家子公司开始,因为它们违背了俄亥俄州的反托拉斯法——因为莫奈特首席检察官任期届满,所有诉讼终止——美孚称公司的唯一避难所是新泽西州——新泽西州的美孚石油公司资本猛增,所有美孚的石油公司都被吸纳进了新的公司——新泽西州的法律宽松——美孚几乎绝对地控制了石油业,获得巨额利润——美孚石油公司基本实现了南方发展公司的计划——现在最关键的问题也是老问题,那就是运输——只要运输问题无法解决,托拉斯问题也就无法解决——涉及的伦理道德问题

在这个国家,很少有人能够完全根据自己最初的设想,在政治或经济上取得比洛克菲勒更加卓越的成就。不管是经营目的还是管理方法,美孚石油公司一直都采用南方发展公司的形式,洛克菲勒也正是通过南方发展公司首次在石油业赢得了大众的普遍关注。南方发展公司最初的体制已经经过了很多次修改。它最具有攻击性的特征——通过其他货运主的货运获得回扣——已经消失。从一开始,美孚石油公司的目标就与南方发展公司的目标一致,即通过控制产量来调节原油和精炼油的价格。要达到该目的,主要的方法仍然是最初的计划——控制石油运输的运费率。

自洛克菲勒将南方发展公司的发展模式应用在俄亥俄州的美孚石油公司上,已经有三十二年了。当时,俄亥俄州美孚石油公司只是坐落在克利夫兰的一个生意兴隆的炼油厂,注册资金为 1,000,000 美元,日产量为 1500 桶石油。美孚石油公司的现状如何呢?它的管理模式是怎

样的？它已经不再是一个托拉斯。正如我们所见，托拉斯在1892年被迫解散。作为一个“正在清算中的托拉斯”，它持续运作了大概五年，似乎已经进入了平稳的清算阶段。因为在1892年末，约有477,881股股份还未被清算，直至1896年末，这些股份才逐渐被清算完毕。这家大型公司的状况着实令人觉得奇怪。外界出现了关于它的一些议论，因为该公司有一些税务上的复杂问题。1893年，俄亥俄州的一位审计员试图向美孚石油托拉斯的225股股份征收税款，但是股份持有者拒绝支付税款，并且将其告到了法庭，结果是股份持有者胜诉了。法院认为，美孚石油托拉斯是一个不合法的组织，因此其股份证明书没有法律效力。对于所有的交易都不具效力的股份证明书却在征税时有效，①似乎很矛盾。这确实是件反常的事。股份证明书每个季度都可以让持有者获得巨额红利，极具市场价值，却不具法律效力。小额股份证明书的持有者拒绝交换股份。1897年，美孚石油托拉斯的194.5股只能在20家子公司各换回1股。因此，俄亥俄州美孚石油公司的1股就相当于美孚石油托拉斯的27股。也就是说，如果一个人拥有美孚石油托拉斯的25股，他也仅能获得每家子公司中一股的很小一部分。如此少的股份让他无法获得公司分红，因此，再去考虑金额也就没有什么实际意义了。他得将自己的25股提升至194股，才能确保获得分红，得到一大笔钱。在那时，美孚石油托拉斯的股份每股至少价值340美元。但是，他为什么要花那么大力气去做这些事呢？他在每个季度可以及时地收到一大笔分红。因为股票是不合法的，所以无须缴税。他的受托人也无法向他施加清算的压力。除此以外，他们还能做什么？约瑟夫·乔特说他们什么都做不了。1894年5月3日，组约首席检察官乔特在组约美孚石油公司的特许经营执照被吊销一案中说：

我在美孚石油托拉斯恰巧拥有100股股份，我从来没有去索要自己的那些整额股份。为什么我没有这么做呢？因为我

① 俄亥俄巡回法院报告，第7卷，1893年，第508页。

觉得我能够在一家公司获得10股，在另一家公司也能获得10股，或者在另外一家公司获得2.6股。

如果你愿意，你可以主动出面并要求转换我们的托拉斯证明，但是这个公司无权迫使我和其他一些无关紧要的证明持有者这么做。

就算有办法，受托人也毫不关心。很明显，他们愿意维持现状。如果不是乔治·赖斯使得局面变得难以控制，他们如今仍然可以持有美孚石油托拉斯未被清算的477,887股股份。自1892年10月，赖斯就持有美孚石油托拉斯6股的证明，他从未将它们取消，也并没有接到要这样做的指示，他仍然可以定期获得股息。后来他又购买了一份合法所有权证明，这是种授予托拉斯证明的新形式，借此可以获得分红，完全和原来的托拉斯证明一样。最终，在对清算内容、解散托拉斯、设置回避手段等一无所知的情形下，赖斯下定决心要弄清楚这个"合法所有权"究竟是什么。

为了弄清楚这个问题，他将自己的合法所有权转让给代理人，并有序地进行清算。接下来在卡尔弗、赖斯的代理人和多德之间有着频繁的书信往来，他们都反对合法所有权转移，认为这样会使公司的股份变成许多零散的、非常小的份额。多德说，他们可以通过购买证明以获得一股或者几股股份，再将这些股份合并，直至有一方拥有足够多的股份。通过这样的方式，他们可以解决股份零散、份额小的问题。但是，卡尔弗坚持说，这种方法只能够获得临时股票，也是非常小的份额，确切地说，只能占一个公司的5,000/979,500，占另一个公司的10,000/972,506，在其他19家子公司情况也只可能类似。①

从这些经历以及其他观察到的情况来看，赖斯认为，托拉斯没有被解散，也没有意向这样做。他认为，计划其实是在诱使持有少量股份的人出售他们的股份，以便受托人增加他们的股份持有量。他在俄亥俄

① 见附录60号：一份卡尔弗先生的股份副本。

州咨询了法律顾问，看是否能够起诉俄亥俄州美孚石油公司未遵守法庭在 1892 年 3 月做出的判决。其中一位检察官沃森建议赖斯在法庭上向州首席检察官弗兰克·S.莫奈特陈述事件情况。与沃森一样，在案件提起诉讼时，弗兰克·S.莫奈特年纪尚轻，坚信首席检察官的工作是严格执法。赖斯和他的法律顾问陈述的事实似乎表明，俄亥俄州美孚石油公司充分利用了法庭下令解散托拉斯在时间方面的宽限，设计了一个技巧性的方案，逃避五年前的判决。莫奈特请求赖斯和他的法律顾问随他一同将这起案子递交最高法院审理，并询问是否有起诉该公司的证据。最高法院的法官赞同这位检察官的说法，还要求他起诉美孚藐视法庭。1897 年 9 月，案件被递交至最高法院。随之而来的诉讼是美孚石油公司遭遇的影响最大的法律诉讼之一。

首席检察官在审判中最初获得的信息，是一系列关于俄亥俄州美孚石油公司在托拉斯集团内外的运作详情。时任托拉斯董事长的约翰·洛克菲勒回答了法庭的质询。他提供了大量有关价格和收益的信息，以及公司会议的详细记录——1892 年 3 月 11 日美孚石油托拉斯被解散时，以及所有 1892 年到 1897 年 10 月期间受托人召开的季度会议的记录。正是从这一系列信息中，莫奈特得到证据，正如赖斯所说，整个清算进程停滞不前。会议记录显示，就像在本书第十四章中提到的，自 1892 年 9 月至 1896 年 3 月，477,881 份未被清算的股份，每三个月就会向受托人报告一次。1896 年 7 月，这个数字突然下降为 477,880。乔治·赖斯成功清算了自己的合法所有权。莫奈特也从这样的结果中发现了另一个隐藏的信息，那就是，在 100,583 股股份被清算的三个月之后，至美孚藐视法庭案被起诉之前，五年内只有一份股份被清算。[①]

莫奈特花了大概六个月的时间从洛克菲勒的回答中获取信息，但是洛克菲勒提供的信息仍然不够完整。莫奈特要求法庭成立委员会，调查美孚石油公司的职员、事务以及账目，以便能够获得俄亥俄州境内

① 俄亥俄州最高法院审理美孚石油公司案件的过程，1897 年至 1898 年。第二部分，第 39 页。

和境外的证据。委员会成立了,并于1898年10月11日和12日在纽约新阿姆斯特丹酒店第一次审理。洛克菲勒是当时唯一被盘问的证人。作为证人,他的深思熟虑、自我控制力和超然的态度引发了在场旁观者的纷纷议论。他没有快速回答任何问题,在说话之前总是深思熟虑。他频繁地咨询他的法律顾问。他的法律顾问、他在场的同事、起诉方的律师都会有生气的时候,但是,洛克菲勒没有。由始至终,他都表现得沉着冷静。他唯一表现出不耐烦的迹象——如果这是他不耐烦的表现的话——是他会不停地用手指轻敲椅子的扶手。

对洛克菲勒进行盘问后,莫奈特和他的同事们要求美孚石油公司出示托拉斯的账目,这些账目可以说明托拉斯的股份证明是如何被清算的。洛克菲勒的托拉斯证明转换文件以及他的合法所有权副本均可见于本书的附录54号中。尽管这让莫奈特更加了解了1892年至1898年间美孚石油公司的运营状况,但是仍然不能证明俄亥俄州美孚石油公司仅仅处理这一家公司的业务。他也发现,尽管1892年法庭做出判决,但这家公司的13,593股股份在托拉斯证明中依然有效,他知道这些股份证明能带来分红。这家公司是否直接或间接地向清算受托人支付分红呢?他们说从来没有,他们自1892年起就没有再支付过分红了。支付给股票所有者的钱来自其他19家公司,并且他们所赚的钱都用于改善他们的工厂,或者投资到了政府债券中。除此之外,他们声称,他们已经不是过去那家节俭的公司了。莫奈特要求他们提供公司账目作为证据。但是这家公司的秘书根据法律顾问维吉尔·克兰的建议,拒绝了莫奈特出示账目的要求,并表示如果这么做的话,他们可能会被指控。法庭支持莫奈特,并要求公司出具他们自1892年起公司净收益的记录,以及他们如何使用这些收益的记录,但是这个要求再次遭到拒绝。

就在诉讼进行的过程中,莫奈特接到匿名信,信中声称,就在公司被要求出示账目和相关记录的时候,大量的账目从克利夫兰美孚石油公司的办公室中被带走并焚烧。首席检察官随后展开调查,并盘问了大量证人。克利夫兰美孚石油公司有16册账册被带走并焚烧,这个事实已经确定,但是公司的职员说这些账册并不是莫奈特需要的。法庭命令说:“递交我们需要的账册。”美孚石油公司的职员们认为这些记录可能会显示他们有罪,再次拒绝这么做。

事实上,俄亥俄州美孚石油公司处于非常麻烦的境地,因为对这家公司账目的调查会引发对该公司以及持同一个州特许经营执照的另外三家托拉斯子公司的控告。这三家公司分别是:负责石油生产的俄亥俄州石油公司、负责石油运输的七叶树管道公司、负责石油提炼的太阳能炼油公司。自1897年9月莫奈特开展调查以来,他已经对这三家公司足够了解。它们都赚取了巨额利润。根据莫奈特的调查,他完全相信,这三家公司属于同一个联合体,且与俄亥俄州美孚石油公司合作。他们的运营操作方式直接违反了最近通过的反托拉斯法。莫奈特在掌握了充分的证据之后,立即向四家公司提起诉讼。提起诉讼时恰逢俄亥俄州美孚石油公司的藐视法庭案件开庭,莫奈特要求它递交记录公司收益去向的账目。用一起诉讼案件来为另一起诉讼打掩护的做法已经让人习以为常了,因为一位证人是不能同时指控他自己的。

俄亥俄州美孚石油公司的秘书F.B.斯凯尔指出,公司拒绝向法庭提交记录的主要原因有以下几点:

1.美孚石油公司被控诉藐视法庭,并被要求递交账目。证明美孚藐视法庭的证据会使美孚石油公司及公司负责人因藐视法庭罪遭遇相应惩罚,但是我又被告知,要在这起案件中递交公司账目,这种行为是完全没有理由的搜查和扣押。

2.账目透露的事实和情况可能会被用于控告美孚石油公司违反俄亥俄州议会1898年4月19日通过的《明确托拉斯和刑事责罚、民事赔偿和公司处罚法案》。

3.账目透露的事实和情况可能会被用于控告我个人作为

公司负责人之一，具有违反上述法案的刑事行为。①

1898 年到 1899 年整个冬天，一直到 3 月末，委员会宣布采集证据的阶段已经结束，关于账目的争论仍在继续。同时，委员会还在采集证词以起诉美孚的子公司违反托拉斯法。到 1899 年 3 月，藐视法庭案件审理结束，双方的矛盾急剧恶化。法庭的审判也未能平息此事，因为有三名法官投票，认为该公司藐视法庭罪名成立，另外三名法官则认为罪名不成立。

虽然结果不尽人意，莫奈特仍然在处理手上的反托拉斯诉讼。通过这场诉讼，他希望，当然也确实通过这起诉讼获得了一些更深入的证据，证明了俄亥俄州的四家美孚石油公司实际上是一家公司。它们狡猾、秘密地合作发展业务，不仅逃避俄亥俄州法律的管理，而且规避了所有州的一项政策，即不允许人们在拥有未明确其特权的特许经营执照、不受合理管制和公开监督的产业联合工作。莫奈特对这起案件的调查工作随着他在 1900 年 1 月任期届满时终止，这些诉讼被他的继任者约翰·M.希茨压下来了。工作虽然未能完成，却体现出了极大的价值。它将与美孚石油公司的手段和运作相关的信息暴露在公众视野下，而公众有权了解这些信息。针对美孚石油公司这种私底下的为所欲为，如果想要制定一个成功的法律框架加以管束，公众必须先知晓这些信息。

在俄亥俄州诉讼案中，因藐视法庭和违反反托拉斯法的四大美孚石油子公司可能被吊销特许经营执照。1898 年，美孚石油托拉斯在美国唯一的庇护是新泽西州刚刚修改并最后确定的公司法。二十家公司共同构成了新泽西州美孚石油托拉斯，一家负责制造和销售石油产品的公司，注册资金是 10,000,000 美元。1899 年 6 月，10,000,000 美元的资金增长到 110,000,000 美元，而且这家新公司整个管理体系与美孚

① 俄亥俄州最高法院审理美孚石油公司案件的过程，1897 年至 1898 年，第二部分，第 248 页。

石油公司一致。过去未解决的托拉斯证明和权利证书被召回,并换成新美孚石油公司的一般股份。1904 年 1 月,一份报告显示,公司已发行的股份总值为 97,448,800 美元,市值 643,162,080 美元。当然,这些股份的分配情况是个秘密。根据阿奇博尔德提供给州际贸易委员会的证词显示,在 1899 年,股份持有者将近 3500 人,但是一半以上的股份掌握在管理者手中,大概有三分之一落在洛克菲勒自己手里。

新美孚石油公司用其股票收购的公司数量众多且零散。享有这些股份的公司分别为负责石油生产的南宾夕法尼亚石油公司、俄亥俄州石油公司、森林石油公司;负责石油运输的国家运输公司、七叶树管道公司、印第安纳管道公司、尤里卡管道公司;负责石油生产和销售的宾夕法尼亚大西洋精炼公司,纽约州、印第安纳州、肯塔基州、俄亥俄州、艾奥瓦州的美孚石油公司;负责海外市场的英美公司。新美孚石油公司到 1892 年已经拥有了二十家子公司。之后还有很多家公司整体或者部分加入该联合体,比如天然气公司,在加利福尼亚州、堪萨斯州和得克萨斯州负责生产的新公司,在德国、意大利、斯堪的纳维亚和葡萄牙直接负责石油销售的新公司。无法估算美孚石油公司所拥有的公司总值。1892 年该托拉斯在俄亥俄州受审时,据说二十家子公司的总资本已达到 102,223,700 美元,预估价值达到 121,631,321,63 美元,也就是说,超出原注册资本 19,000,000 美元。

1898 年,当俄亥俄州首席检察官莫奈特审理本州美孚石油公司蔑视法庭案件时,他试图从洛克菲勒那里查明当时托拉斯的各家子公司盈利是多少,洛克菲勒则回应:"我手上没有权威数据,我也无权掌握权威数据……显示在支付完最后一笔分红之后他们手里数额的盈余。"然后,洛克菲勒继续强调,他最后一次了解托拉斯所持资本的总价是通过六年前的资产与资本总额列表,①这份表格自那之后一直被当作权威数据引用。1898 年后又有一张表格,不知洛克菲勒是否掌握了新的数据。作者知道的最可信的价值估计,是在 1899 年的一起秘密诉讼的证词中

① 见附录 53 号:美孚石油托拉斯各子公司 1892 年资产与资本总额列表。

发现的,而洛克菲勒正是这起秘密诉讼中的一方。这起诉讼在1896年开始。数据表明,在当年的12月31日,这二十家公司的总资产和盈余超过147,000,000美元,其中将近49,000,000美元是“未分配利润”。①当然,自1896年起,公司资产始终持续增长。

新美孚石油公司由十四个领导者组成董事会进行经营管理。②他们将子公司的分红集中在一起,然后按照与1882年受托人和1892的受托人清算完全一样的方式分配给股份持有者。至于公司的特许经营执照,自南方发展公司以来,洛克菲勒就从未拥有过能够满足其野心的特权。通过特许经营执照,他可以做有关采矿、生产和贸易的业务;用各种方式通过水运及陆运输商品、货物;买卖、租赁土地以提升地产价值;建造房屋、建筑、船只、码头停泊处和防洪堤,铺设和使用管道,架设和管理电报、电话和输电线路;参与和执行与他业务相关的各种协议;在专利之下获取、使用、买卖和授予许可证;购买、持有、卖出、分配以及转移资本股份和债券,或者公司负有债务的证据,以及执行所有权等特权,包括对其所持有的股份进行表决;在世界各处设立办公室和代理机构,以及在新泽西州范围之外持有、购买、抵押、转移房地产和私人财产。这些特权当然受到公司运营所在州或国家的法律管制。如果一家外国公司在某个州境内持有的房地产不符合该州的法律,该公司必须先获得该州的许可。公司的股份当然要卖给新泽西州的公司,考虑到业务的开展,这并没有什么影响。可以看出,这其实就是某种特殊授权,即允许股份持有者不仅可以完成特定事务,而且赋予他们希望得到的除从事银行方面事务外的所有其他权利。③与南方发展公司获得的特权简单比较后发现,美孚石油公司拥有与南方发展公司同样强大的特权。

---

① 见附录61号:美孚石油公司总资产负债表,1896年12月31日。

② 当时的领导者有约翰·洛克菲勒、威廉·洛克菲勒、亨利·弗拉格勒、约翰·阿奇博尔德、亨利·罗杰斯、W.H.蒂尔福德、弗拉克·巴斯托、查尔斯·普拉特、E.T.班德福德、沃特·詹宁斯、詹姆斯·莫菲特、C.W.哈克尼斯、小约翰·洛克菲勒、奥利弗·佩恩。

③ 见附录62号:新泽西美孚石油公司的注册修订声明。

现在美孚石油公司的盈利十分可观。五年来,它的红利平均每年有4,500,000美元,大约是它资本总额的50%。这笔金额的5%转化为资本后,公司资本可达900,000,000美元。当然,这并不是联合公司一年所得的全部。公司容许平均每年5.77%的赤字,并且总是留有足够的资金储备。我们知道这笔巨大的年收入中三分之一左右落入了约翰·D.洛克菲勒手中,90%左右都落入了组成“美孚石油家族”的少数人手中,公司每年都有资金投入。从最初美孚公开进行石油价格战,用尽所有方法将企图进入石油业发展的竞争对手击败,到1872年,美孚密谋了一场对石油业的突袭,当时的美孚已广受公众关注,而现在的美孚则更受瞩目。因此,这笔数额高达4,500,000美元的资金,必然会全部用于投资。石油业并不需要这笔资金,公司本身也有足够的资金储备抵御所有的风险,所以,这笔资金必须进入其他行业。当然,产生的利益也应该与石油相关。他们选择投资天然气。与美孚石油公司利益相关的铁路公司开始逐步获取国家天然气行业的利润。工业的运输系统依赖铁路,铁路也是石油产品的最大消费者之一,作为购买者,他们必须与美孚统一战线。美孚石油公司的官员们几乎也是国内主要铁路线路的官员,控制着包括纽约中央、纽约、纽黑文-哈特福德、芝加哥、密尔沃基-圣保罗、环太平洋、北太平洋、特拉华、拉克万纳-西部、密苏里州太平洋、密苏里、堪萨斯-得克萨斯、波士顿-缅因,以及其他次要的铁路线路。资金将会进入铜矿业,美孚已有一个联合计划;资金还会进入钢铁业,洛克菲勒在钢铁托拉斯持有巨额股份;资金还将进入银行业,在纽约和波士顿有国内城市银行及其联盟机构,以及覆盖全国的连锁机构。了解相关历史的人不会期待这些股价上涨。低价购入、高价售出是他们做生意的重要规则。当你拥有足够的资金、控制大量的银行时,你就可以操控市场,暂时性地降低库存产品的价格。你不会有任何损失,而原始持有者会有损失。自洛克菲勒威胁在克利兰夫的二十位竞争者将他们的产品以半价出售给他,洛克菲勒就一直在成功地使用这种手段。只要你是有声望的金融家,掌控金钱和银行,你就可以将产品卖得很贵。联合铜业公司的发展就是一个典型的例子。几年之前,美孚石油公司一些官员的名字出现在世上最没有价值的资产清单上。联合铜业公司给公众留下了深刻的印象。确实,联合铜业在今天看来是最糟糕的“败笔”,毫无疑问是美孚石油公司最让人难以接受的行为之一,但是很快就被人忘记。美孚石油公司可能是世界上所有的联合公司中经济实力最强的。它的实力每年都在上升,都在变得更强,因为每年都会有额外的4,500,000美元用于保持发展和扩张实力。

新泽西州的法律对持有经营特许权的公司有什么要求呢?是什么促使美孚如此迅速地控制石油、铁矿、钢铁、铜矿、银行、铁路运输呢?它必须每年报告自己公司的名字、注册地、代理商的名字、业务特性、发行的股票资本,以及它的官员和管理者的名字和住址。

这就是目前的美孚石油组织构架。那么,美孚石油公司是如何通过这个组织来实现它建立组织所定的目标的呢?通过对精炼油价格和产量的控制。洛克菲勒的公司对整个石油业掌控了多少?首先要谈到的就是石油产量。1898年美孚石油公司向工业委员会报告,它生产了35.58%的东部原油——当年产量约为52,000,000桶。[1](报告提到的东部石油区域是宾夕法尼亚州、俄亥俄州、印第安纳州、西弗吉尼亚州。得克萨斯州、堪萨斯州、科罗拉多州和加利福尼亚州是后来开发的石油产地。这些区域在石油业中仍不占重要分量,即使得克萨斯州的贡献较为突出。)但是当洛克菲勒生产的石油量仅占总量的三分之一时,他却掌控了差不多90%的石油业;也就是说,差不多90%的石油刚从油井开采出来便立刻进入他的掌控。当美孚使用管道运输石油时,石油自油井开采出来就已经不再属于它的生产者了。石油已完全在洛克菲勒的掌控之下,是洛克菲勒而非石油生产者来决定谁能够拥有它。洛克菲勒掌控石油更大的原因,是因为他是美国最主要的炼油商。1898年,美国生产了近24,000,000桶石油产品。[2]这其中有近20,000,000桶由美孚石油公司制造,余下的三分之一由泰德沃特公司制造。美孚石油

---

① 见附录63号:美孚石油公司1890年至1898年间在宾夕法尼亚和莱马的原油产量。

② 见附录64号:1894年至1898年美孚石油公司和其他炼油商的业务。

公司持有泰德沃特公司的股份，且该公司与美孚有二十年的贸易合作。认真推算泰德沃特公司的产出，我们就能知道在 24,000,000 桶的产量中，有 2,500,000 桶由独立石油商生产。很明显，对石油产品的占比赋予了美孚掌控市场价格的权利。只要美孚可以像过去一样成功地消除竞争，就能在国内市场中保持这种控制权；只要美国石油的生产成本和批发价比国外石油更低，美孚就可以在国外市场保持控制权。直到十年之前，美国石油在国外市场的地位还未遭受严重威胁。但是，自 1895 年起，多年来石油年产量与美国相当的俄国开始生产质量不错的石油产品。更令美孚产生危机感的是，俄国人还学会了营销，其石油产品于 1885 年出现在欧洲。俄国石油花费了十年时间成为美孚石油的强大对手，而美孚无法确定是否能够一直打压俄国石油。

1899 年，阿奇博尔德向工业委员会提交了一份非常有趣的关于外国公司团体和个体在不同国家发展石油业务的报告。这份报告显示，在俄国同时存在超过十二个大型公司及许多小公司。阿奇博尔德的报告中还显示，这些公司的联合资本超过 46,500,000 美元，还有很多公司的资本无法知晓。加利西亚的四家公司拥有联合资本 3,775,100 美元，罗马尼亚的六家公司拥有联合资本 12,500,000 美元。婆罗洲有将近 3,000,000 美元投入了石油领域；苏门答腊和爪哇各有将近 12,000,000 美元的资金投入。报告发布后，这些公司仍在成长，尤其是市场营销能力方面发展迅速。直到最近，东部石油市场实际上仍由美孚石油公司掌控。然而在去年(1903 年)，苏门答腊出口到中国的石油量超过美国出口到中国的石油量，俄国出口到中国的石油量也接近美国的一半。① 1903 年，有将近 91,500,000 加仑的石油进入加尔各答，这其中只有约 6,000,000 加仑来自美国。苏门答腊的石油代表们声称，在新加坡他们占据了三分之二的石油贸易。

---

① 美国至中国的石油出口量，1893 年——31,060,527 桶
婆罗洲至中国的石油出口量，1893 年——574,615 桶
俄国至中国的石油出口量，1893 年——13,503,685 桶
苏门答腊至中国的石油出口量，1893 年——39,859,508 桶

在过去的几年里，无论是攻击性的贸易还是防御性的贸易，联合运动一直在不同的公司之间展开。规模最大、实力最强的联合公司之一，正在与一家英国运输公司发生联系：壳牌运输和贸易公司，该公司的董事长是曾经的伦敦市长马库斯·撒母耳。这家公司之前几乎完全是与俄国石油进行贸易，几年前开始在婆罗洲开发油田，并建立了一个大型的东方贸易公司。不久后，他们与荷兰皇家公司在苏门答腊石油贸易方面展开激烈的竞争，价格战争也接踵而至，一直持续了近两年。1903年，双方竞争者，以及其他四家强大的苏门答腊石油公司和欧洲公司达成了市场协议，结束了价格战。壳牌人不仅拥有了这些联盟，还与得克萨斯州最大的生产公司格非石油公司签订了协议，解决了他们的石油输出问题，并控制了一家名为石油生产股份公司的德国石油公司。在为自己找到足够的供给之后，他们开始按照东方贸易公司的线路进入欧洲贸易，抢占了美孚的石油市场。

在欧洲的许多地区，婆罗洲石油提炼的石脑油大范围代替了美国提炼的石脑油。1904 年，一批婆罗洲轻质汽油甚至在美国面市。这是一种迹象，展示着因俄国和东方石油业迅猛发展，石油业在未来可能产生的情况——美孚石油在国内的市场将被抢占。如果这样的事情真的发生，就要看美国政府会为保护美孚石油公司，对国外的石油增收关税到什么程度。过去美国政府在处理关税上一直很有手段。壳牌及其联盟在欧洲市场的价格战大大升级。1904 年里，有好几个月，在纽约，美国的出口石油售价比开采和提炼原油的成本还低。例如，1904 年 8 月 13 日，美国出口的无色标准石油价位为每加仑 4.8 美分。油井开采的石油，42 加仑每桶的原油售价为 1.5 美元，管道运输至海边沿岸需花费 60 美分。也就是说，在纽约，42 加仑的原油要花费 2.1 美元或者说每加仑 5 美分——未加工的原料每加仑还要损失 20 个点。但是出口石油的低售价对本地市场的影响很小，甚至没有。在纽约，油罐车上的石油售价保持在 10—11 美分。当然压低原油售价只是为了打赢这场价格战。现在，已经连续几个月出现不正常的状况，即在库存下降的情形下，原油价格依然下降。事实上，美孚石油公司正在努力应对低品质的东方石油和俄国石油与高品质的美国石油之间的竞争——尽可能地压低出口原油售价,尽可能抬高国内市场售价,以弥补国外市场的损失。看起来美孚石油公司似乎因缺乏远见而使自己进退两难。在两年多的时间里,美孚石油公司一直不遗余力地努力获取低品质石油的供给,以应对来自国外的竞争。他们在俄国或多或少地做了一些短期的规划安排。他们在加利西亚获得了一块油田,并派遣了一位炼油专家,带着完整的提炼设备去那里,然而在之后遇到了各种各样的障碍,工厂至今也没有投产。两年前,美孚石油尝试控制高产的缅甸油田,但来自印度的压力将他们驱逐,理由是美孚石油公司的口碑让他们难做生意。缅甸的油田被垄断,但未得到合理开发,当地人民和政府都更倾向于将油田控制在自己的手中,而不是由美国石油公司掌控。

关于美孚石油公司最重要的问题是,采用南方发展公司的特殊手段维持对石油的控制权,这种模式能持续多久。需要记住的是,洛克菲勒从不仅仅靠这些方式来保持在石油交易中的控制权。从一开始,美孚石油公司就彻底研究了与石油业相关的一切。美孚对事态发展的预估靠的是对信息的了解,而非凭空猜测。美孚人的洞见敏锐而权威,他们谨慎、大胆、热情,永不怠倦地完成每一项任务。再小的问题也不会被忽视,再大的挑战也不会退缩。这些品质反复体现在这个故事中,这也恰恰是美国工业的品质,任何行业都具备这些品质。这些品质帮我们铺就铁路、建设百货商店、开采煤矿。美孚无法对商业能力进行垄断,这也是美国人能造就杰出事业的原因。

这些品质可以成就一番伟大的事业,而伟大事业的成功也离不开联合。当洛克菲勒靠联合在石油行业赚取了可观利润时,联合的趋势已经在工业界蔓延。洛克菲勒计划巧妙地借助南方发展公司,和铁路公司联盟以清除竞争对手。十五年来,他在自己的货运上接受了不同程度的运费率折扣,至少在一段时间内,洛克菲勒还从其他人运输石油的运费中获取了回扣。与此同时,他和铁路公司联手,妨碍他人获得石油,导致他人无法生产。在他人获得石油后,他又和铁路公司联手,妨碍产品的运输。面对石油经销商时,他竭尽所能地威逼利诱,迫使买家取消订单。如果劝说失败,他就会以低价出售产品,直至经销商在订单上无利可图,转而向洛克菲勒购买产品。然而这样的体系如今在多大程度上有效呢?对独立商人货运的秘密跟踪、撤销订单、掠夺性竞争等手段已家喻户晓。这些行为如何演变为一个完美的、操作性强的通用手段,都已在本书中详细介绍。① 至于折扣和回扣,若诚如美孚石油公司官员反复申辩的那样,截至 1887 年,他们未使用过这两种手段,但这并不意味着美孚石油公司没有享受石油运输的特权。正如前文所述,美孚控制了所有的输油管道,输送东部油田产出的 90%的石油,管线长达 35,000 英里。这些管道连接每一位生产商的油井,将石油收集至油罐中,再运输到费城、巴尔的摩、纽约、芝加哥、布法罗、克利夫兰或者任何一个需要原油的提炼点。这条管道凭借土地征用权成为一般的运输线路,理论上,它有义务输送所有的石油,但实际上不是这样。历史上,美孚石油公司的管道不止一次拒绝输送石油。与个人经营的油井或与独立炼油商合作的油井相连接的管道被占据,而他们拒绝为独立炼油商输送石油至指定地点。很多年来,石油供给一直很充足,以至于美孚石油公司无法以短缺为由拒绝向独立炼油商运输石油。然而,1903 年宾夕法尼亚还是发生了石油短缺,这一结果引发了非常有趣的现象。在俄亥俄州和宾夕法尼亚州,有几家独立炼油商这些年来一直依靠美孚石油的运输线路获取原油。在 1903 年的秋天,这些炼油商被告知,美孚石油公司往后只能供应他们 50%炼油量的原油。对这些炼油商来说,这无疑是个非常严重的问题,尤其是他们已经拥有一定的市场,并且有些人还在增办工厂。假设直接从生产商处购买石油,那么,作为公共承运者,美孚石油公司是不是必须收集和运输石油呢?石油生意经验丰富的人会回答:“是,但接下来会发生什么呢?鲁莽出售原油的生产商很快就会被国家运输公司强行中断运输。当然,如果想诉诸法庭,生产商最终或许可以迫使美孚石油公司恢复运输,但美孚完全可以拖延这场诉讼,直至生产商破产。而且假如你去找西普的老板——西普

① 见第十章。

是美孚石油公司的买主，所有进入国家运输公司的石油均经其手——你将与之为敌。”与美孚石油公司“为敌”可能意味着各种各样的事情。这些独立炼油商们决定妥协，他们与美孚石油公司在短时间内达成了一份有期限的协议。每位独立炼油商们可以获得其原提取总量的80%，并把他们的出口石油交由美孚石油公司提供给市场。事实上，美孚石油公司切断原油供应的能力较《州际贸易法案》颁行之前更甚，它依靠和铁路公司联盟来阻止竞争对手获得石油。毋庸置疑，这样的特权掌握在任何一家重要生活必需品的制造者手中都是荒唐的。这就好比一家公司专注于生产面粉，但90%的铁路公司都在收集和运输小麦。在短缺时期他们当然可以阻止任何一个潜在竞争对手获得谷粒去磨成面粉，而不论何时，他们都可以且会让这些对手一直都很难获得小麦，或者要以高昂的价格获得谷粒。

美孚石油公司不单单拥有切断原料供应的能力，同时它也抬高了交通运输的价格。洛克菲勒掌控着管道运输——一条公共承运线路——美孚石油公司的炼油商按运油的实时成本支付运费，而外部的炼油商还在按二十五年前的价格支付运费。有些律师相信，如果将这些情况诉诸法庭，那么国家运输公司将有义务让其他公司支付与美孚石油公司炼油商一样的价格。

外部炼油商如今在原油供给保障方面的状况与州际贸易委员会成立之前一样，仍处于巨大劣势之中，而且他们在产品销售方面依然遭受铁路公司的严重歧视。这种歧视存在于芝加哥至新奥尔良之间。那么，克利夫兰至新奥尔良之间又会如何呢？所有，或者几乎所有美孚石油公司通过密西西比河谷-西部铁路出售的精炼油都是在靠近芝加哥的印第安纳州的怀廷生产的，并按芝加哥的运费率运输。在芝加哥并没有重要的独立石油公司，如今在俄亥俄州克利夫兰，倒是有独立炼油商和批发商在争夺密西西比河谷的市场。瞧瞧这一切被管理得多么微妙！在两座北方城市和新奥尔良之间，几乎所有商品的运费率，每100磅芝加哥都会优惠大约2美分。例如，芝加哥的面粉运费率是每100磅23美分，克利夫兰是每100磅25美分；罐装商品的运费率分别是33美分和 35 美分；木料分别是 31 美分和 33 美分；肉类分别是 51 美分和 54 美分；钢和生铁分别是 26 美分和 29 美分。但石油和石油产品则分别是 23 美分和 33 美分。

至于佐治亚州亚特兰大，存在类似的情况。每 100 磅的货运，克利夫兰较芝加哥享有约 2 美分的优惠，似乎也成了一种规定。从芝加哥运输面粉至亚特兰大是 34 美分，从克利夫兰则是 32.5 美分；木料则分别是 32 美分和 28.5 美分。克利夫兰的炼油商实际支付的亚特兰大的运费率是 48 美分，而美孚石油公司从怀廷运来的石油只需支付 45 美分。

波士顿-缅因铁路在石油运输方面有一条古怪的规定，即波士顿的运费率适用于除石油以外的所有商品。例如，在所有除了石油的交易中，波士顿到马萨诸塞州塞勒姆的运费率，与塞勒姆到波士顿的运费率相比，每 100 磅需多支付 4 美分。

纽约-纽黑文-哈特福特铁路对西部站点的石油运输给出了不完全的价格优惠，其他所有商品则享受完全的价格优惠。它不拒绝接收石油，但是到波士顿石油运费率还要加上当地运费率。借用州际贸易委员会普劳蒂在一篇相关文章中的例证，如果一名克利夫兰炼油商去到纽黑文，告诉对方他需要一车皮石油，他需要按每 100 磅 24 美分支付到波士顿的运费，还要加上 12 美分的从波士顿到纽黑文的当地运费率，而其他任何商品都只需支付到波士顿的运费。此外，与 1887 年《州际贸易法案》通过时相比，即便其他商品的运费率普遍下降，石油运费率仍在大幅上涨。在 1887 年，从克利夫兰运输粮食至波士顿是 22 美分，铁矿是 22 美分，石油也是 22 美分。到了 1889 年，粮食运费率是 15 美分，铁矿是 20 美分，而石油则是 24 美分。当然，这一切看起来似乎仅仅是一个巧合：纽黑文地区可以通过美孚石油公司在纽约的炼油商通过驳船运输以保持石油供应，而当时，威廉·洛克菲勒正是纽约-纽黑文-哈特福特铁路的总负责人。

1898 年，宾夕法尼亚州泰特斯维尔的一家名叫 T.B.韦斯特盖特的独立炼油公司告诉工业委员会，当公司将产品运往新英格兰和加拿大时，他们无法享受其他货运公司在运费率方面享受的同等优惠。韦斯特盖特作出一个暗示性的评论，称很少有铁路公司会要求石油运输业务。他指出，当合众国管道公司成立时，各路铁路货运代理商紧随油商，要求他们使用管道运输石油。“我们可以运输铁矿，但是石油——我们没法搞定。这可能就是某种通行密码吧。”

这种操控的例子不胜枚举。独立炼油商或零售商在尝试运输石油时，无不遭遇挫折和歧视。不仅仅是运费率倾向美孚，交换站收费和码头收费的歧视现象也是层出不穷。对于外部炼油商们，站点不提供装卸的便利措施，少量货运的款项还需提前支付。美孚使用了各种手段刁难外部的炼油商。不久前，一名独立石油商告诉笔者：“如果我打算从布法罗运一桶油，那么我要鬼鬼祟祟地干。这里没有公共码头，铁路公司控制了大部分的码头。如果他们有能力处理，绝不会让我运出去。如果我要运送一车皮石油，他们有能力处理的话也决不会让我运出去。他们都很害怕惹恼美孚石油公司。”

这一切听起来似乎有点夸张，但事实就是如此。毫无疑问，在州际贸易委员会成立之前，在铁路公司和美孚石油公司之间存在着一个利益团体，致力于为美孚石油公司打压竞争对手提供一切便利。美孚石油公司在大多数铁路公司中持有股份，它几乎是各大铁路公司中董事会的成员。它不仅大量运输石油，同时还运输木材、铁矿、酸，以及所有工厂必需品。它与铁矿、钢材和铜业均有联盟关系，当某家铁路公司不听话时，美孚完全可以更换其他的线路运输。美孚在金融市场具有同样巨大的影响力，它可以帮助或者阻止铁路公司赚钱。在股票市场它亦能呼风唤雨，拉低或者抬高某只股票于它而言不费吹灰之力。铁路公司担心“冒犯美孚石油公司”而安分守己不足为奇，因此一直保持着存在于 1887 年之前的运费率歧视体系。

当然，上面提及的这些情况均归州际贸易委员会负责监管，但是作为个体的石油商对委员会的作用依然没有多少信心，他们对委员会没有什么情绪，却深感国会的无知和懦弱。按照公众的意愿成立诸如委员会之类的机构毫无作用。油区在独立运动中反映出的全部情绪和想法，最终促使了纯净石油公司的成立，这在前面章节已有论述。这个事件最早发生在州际贸易委员会成立之前的 1888 年。那时在石油市和泰特斯维尔存在一些小规模的独立炼油商，是 1886 年生产商保护协会和宾夕法尼亚州铁路公司妥协的直接产物。铁路方面已经许诺对所有人实行公开运费率，帮助人们开展石油业务。不久后，在铁路公司和滨海管道公司之间爆发了巨大冲突，因为管道的铺设使得铁路运费率下降。在美孚石油公司兼并了泰德沃特公司之后，这场冲突于 1884 年结束。美孚石油公司和宾夕法尼亚铁路公司之间达成联合协议，该协议保证宾夕法尼亚铁路公司负责运输美孚运往东部的 26% 的石油，前提是美孚控制所有滨海管道线路，且须将滨海管道运费率抬高至每桶 52 美分。

现在，大多数的独立石油商通过双层架货车运输桶装石油，而美孚石油公司几乎全都采用油罐车运输石油。油区的传统是，无论是油罐装还是桶装，运费率相同。然而在 1888 年，桶装石油的运费率由原本的每桶 52 美分上升至每桶 66 美分。独立石油商们认为这次提价是由美孚石油公司操纵的，旨在搞垮他们的出口贸易，因此他们向委员会上诉。他们指出，铁路公司和管道公司通过联合协议，一直在抬高运费率，而如今铁路公司对桶装石油进行不合理的收费，同时拒绝让他们使用油罐车运输。1889 年 5 月，在泰特斯维尔针对这一问题举行了听证会。铁路部门争辩道，他们抬高桶装石油的运费率是出于委员会的决定——即一起针对桶装石油运输的运费歧视案件。然而，委员会称，每一起案件上诉都必须包含具有说服力的证据。1892 年 12 月，委员会做出了决定。因为委员会只具有管理铁路间竞争的权力，而没有管理铁路和管道之间竞争的权力，因此他们的决定并没有涉及联合协议。委员会判定，该案件的主要诉求，针对的是桶装石油实行的 66 美分新运费率的歧视行为。委员会下令，要求铁路公司对桶装石油和罐装石油收取相同的运费率，而且当货运主有合理需求时，铁路公司应为其提供油罐运输。由于无法从已经取得的证据中确定铁路公司从炼油商处多收取的金额，委员会决定再举行一次听证会，确定具体赔偿金额。1894 年 5 月，第二次听证会举行，此时距离第一次听证会已过去五年。铁路公司至少要向 11 家公司提供赔款，金额加起来达几千美元，整体的赔款达到约 100,000 美元。

为了防止铁路公司不提供相应赔偿,炼油商要求法庭强制执行。委员会在第二次听证会上发现,他们 1892 年下达的判决铁路公司就没有执行,铁路公司依旧重复着以前的行为。与他们所想的一样,铁路公司拒绝接受委员会的判决结果,炼油商再次向法院提起诉讼。针对该诉讼一共开了三次庭,前两次都是炼油商获胜,但是每次铁路公司的上诉都迫使炼油商们出庭。1904 年 2 月,在费城的美国联邦巡回法院最后一次开庭。直到写作本书时,法院仍然没有做出任何判决。

在该案件中,无法找到直接且具有决定性的证据,证明美孚石油公司曾试图说服或强迫铁路公司更改定价方案,但是在开庭时,美孚公司的主要领导和律师的出席、员工中目击证人的数量、宾夕法尼亚铁路公司董事长罗伯特的陈述都表明,桶装石油的运费率的上涨是沿海地区的炼油商坚持的(事实上,在那时美孚石油公司是唯一一家沿海地区的炼油商),再加上铁路公司和美孚石油公司之间的关系人尽皆知,这令了解这些情况的人毫不怀疑地相信该事件的起因与美孚石油公司有关,而美孚石油公司做这些事的唯一目的就是打击他们的竞争对手。委员会对此深信不疑,但是也无能为力。1889 年委员会收集了全部证据,经仔细推敲和分析后,在 1892 年做出了判决,但判决结果没有被执行。更多的听证会接踵而来,1895 年法院又做出了判决,要求铁路公司对利益受到损害的炼油商赔款。但时至今日,该案件从一个法院移交到另一个法院,铁路公司一直在逃避委员会的制裁。美国州际贸易委员会的成立旨在实现运输方面的公平正义,然而他们十二年前做出判决的案件,至今仍未解决。第一次提起诉讼的律师——泰特斯维尔市的赖斯、罗宾森、温思罗普以及 M.J.海旺,已经持续处理这起案子长达十六年之久。

尽管成立了州际贸易委员会,问题的关键仍在运输上。除非在运输上能实现自由平等,否则思考“假设垄断不存在”的问题毫无意义。一家公司独占某种运输方式,而大量货品的运输必须依靠此种运输方式。当出现竞争威胁时,这家公司可以利用其对运输方式的独占,以限制竞争对手的货品供应量，甚至完全切断其供应，使他们不得不按照比成本更高的运费率支付运费。只要上述情况存在，那么谈论有关限制托拉斯的宪法修正案都是无知和愚昧的。只要巨头托拉斯的制造中心能够获得比独立石油商更低的运费率，那么谈论托拉斯利用低价出售来击垮竞争对手的行为违法，也是毫无意义的。在参与竞争之前，你得先有机会进入市场。只要能说服铁路公司妨碍独立石油公司的管道线路建设，拒绝运输他们的石油，拒绝提供装运设备，那么无论是展开调查还是诉诸反垄断法或谢尔曼法，都毫无意义。只要美孚石油公司能像现在这样控制运输系统，它就可以掌控石油业，美国人民就要为他们要求铁路公司征收的石油运费而买单。人们每年都将看到，美孚石油公司对自然资源和运输系统的控制权不断膨胀。

如果整个国家的利益都被一次又一次的激烈竞争波及，托拉斯长期限制着数百人的商业机会，精炼油的价格持续上涨，那么这造成的结果已经足够严重——但它还有更严重的一面。这其中暴露出来的道德问题值得我们深思。我们是一个商业民族。我们无法夸耀我们的艺术、工艺品和农作物，我们值得夸耀的是我们创造出来的财富。商业成功因此变得神圣，而且实现成功的手段被越来越多的人认为是合理的。不符合实际情况的各种托词、诡辩和含糊说法被用于解释资本的集中，就像美孚石油公司一样，而资本集中的关键因素是为了不断得到特权，这违背法治精神、立法者的心血和大多数坦率的公共舆论。人们经常听到有关它的争辩，认为美孚石油托拉斯的组建仅仅是当时经济环境下不可避免的结果，也就是说，1872 年运输石油的铁路公司的行为、投机因素和石油的过度提炼，让洛克菲勒要想保住自己的事业，除了获取特权别无他法。

1872 年洛克菲勒在克利夫兰拥有一家成功的炼油厂。那一年里，他享有水路运输的优势，拥有两条铁路干线的使用权。在当时他拥有的经营条件下，必然要进一步发展公司，而要考虑到对精炼油的需求，又必然要吸收其他公司。他进入南方发展公司不是为了拯救自己的事业，而是为了搞垮其他公司。南方发展公司破产后，他不断地收取回扣,整个业界联合起来反对。1877 年他迫使帝国运输公司退出石油业的做法也不是为了拯救他自己的事业。那时候,只有严重的管理失误才能击垮洛克菲勒的公司,但他的目标是要击垮国内每一家炼油公司,只有自己的公司独活。他击垮泰德沃特公司也不是为了拯救他自己的事业,他和泰德沃特公司本可以共存,他是为了防止在竞争过程中运输价格和石油价格的下降。那么洛克菲勒为什么阻止合众国管道公司展开业务呢?——唯有对权力和金钱的贪婪可以解释。美孚石油公司每一场针对竞争对手的战役,都不是为了自己的生存,而是要建造并维持自己在石油工业的垄断地位。这些不是恶意评论家的断言,而是文献和数据证明的事实。

某些美孚石油公司的拥护者说,如果不建立这种联合,石油业会因缺少智慧和引领者而走向衰落。这种观点很幼稚。石油业是一个在世界范围都有需求的产业,当全世界都看到了新型廉价电灯的必要和价值时,对石油的需求也随之产生。洛克菲勒在克利夫兰之外的地区发展业务时,石油大量进入各个文明国家。没有什么能阻止这一切,除了更廉价的电灯的出现和石油价格的上升。而真正的"石油工业的时代"的到来,是因为 1872 年石油价格的降低。当价格足够便宜时,它将占据极大的优势,进而影响整个世界。

洛克菲勒通过联合拥有了足够的资本来发展业务的说法,在事实面前不攻自破。看看巨额资本的实际情况,其中的一大部分来源于投机——确切地说,是石油大亨们头十年在事业上的投入。据估计,光是费城便有 168,000,000 美元的投资用于发展石油业,在纽约则有 134,000,000 美元。这个数据如何被官方知晓的,不得而知。[①] 这很可能是那个时期两座城市所有石油公司的资产总额。但是,这足以显示石油大亨们的业务规模。1872 年南方发展公司陷入困境时,生产商就其业务状况发表了一份声明,称他们使用的资金已经超过了 200,000,000 美元。这个数字是基于当时正在使用或正在开采的油井

① 见《石油时代》,第 1 卷,第 35 页。

的数量，当然这只代表了被使用资金的一部分。“野猫式”的盲目钻探和投机使石油人手里永远缺一大笔钱。《宾夕法尼亚州地质勘探调查》的作者 H.E.日格里等人手中，有关于早年油区资本投入的最保守数据。日格里估计，在头十二年里，油区人从油井中获利 235,000,000 美元。这包括了土地费用、开挖并运作油井的费用，还有产品的利润。然而这个估算没有包括用于投机的金额，实际上，没有人能算得很精确。这些数据虽然不那么准确，但足以证明，在石油业发展初期，需要大量的钱来运转该产业。实际上，石油产业总是有巨额投资。即便没有洛克菲勒的资金，布拉德福德油田、第一条滨海管道，以及西弗吉尼亚州、得克萨斯州和堪萨斯州的市场也会被建设和开发。即便没有美孚石油公司，石油业也从来不会缺少资金，铁矿、小麦、铁路和棉花产业也是如此。看看自石油开发之后的四十五年来国家的财富和能源便能得知，这些美孚拥护者的说法毫无意义。

石油产业的过去和现在都表明，不需要任何联合，也能生产出廉价的石油。原油和精炼油之间的利润差距因为竞争而变得越来越小，在自由竞争的环境下，两者的利润差是最小的。五年来，除纯净石油公司之外，一些小规模的独立炼油商都可以通过美孚石油公司设定的石油价格获利——尽管他们为原油和精炼油支付了比以往更高的运输费用，还要忍受铁路公司为将他们与国内市场隔离而设立的障碍。

那些认可洛克菲勒行为的人，愿意看到洛克菲勒通过强迫和欺骗达到目的的人，通常会自圆其说，称“这就是商业”。也就是说，“这就是商业”变成了某种合法理由，成为强制销售、狡猾手段和享有特权的借口。我们经常能听到有人争论，一般的道德法则不适用于商业。如果美孚石油公司是国内唯一一家因垄断行为被判违法的公司，那么笔者也不会写下这本书。如果仅仅是美孚石油公司采用这些手段，公众的蔑视早就能使其行为难以为继。但是，这些行为已经变成某种常见运作模式。美孚人敏锐、坚持、秘密使用的这些手段也被各行各业的商人使用，从街边的零售商直至大银行家。如果他们的行为被曝光，他们也会说“这就是商业”。再进一步说，为这些行为辩驳的人会频繁地退到基督教的慈善教义之后，说“我们都是会犯错的凡人，我们必须允许彼此有弱点”。假如这个理由被用在法律范围内的推论上，或许会让那些生意人因意志薄弱而伏在他人肩上哭泣，同时偷偷摸走对方的钱包。

在道德层面上，整件事最让人沮丧的一点是，此类做法不但未能引起人们的蔑视，反而或多或少被公开称赞起来——而这是合乎逻辑的。这是神圣的“商业成功”，而创造这一成功的垄断巨头美孚石油公司则成为国民英雄。这个组织的传奇历史被当作实用的赚钱经验。让人吃惊的是，人们会认为，唯利是图和绅士风度是可能并存的。当然，这些行为并不适用于真正意义上的各阶层的绅士，也不适用于运动场和田径场上的人。人们不会容忍有灌铅骰子存在的赌桌，也不会允许田径场上的运动员偷跑。但是，对于洛克菲勒来说，他可以有条不紊地使用着各种不正当的手段。自 1872 年起，他是否曾经与对手有过公平竞争？按照这种规则进行的商业游戏，已经完全没有公平公正可言。这种游戏只适合诡计多端的人。

对于那些认为这些手段违背了道德，试图与这些手段抗争的人而言，结果是悲惨的。他们与托拉斯竞争，他们被纠缠、被打败、被监视，他们感到当美孚是对手时，好像没有什么是公平的。对美孚石油公司的痛恨氛围在宾夕法尼亚州和俄亥俄州到处蔓延，这种痛恨如此之深，以至于法院不可能完全按照事情的是非曲直做出判决。几年之前，布拉德福德的油田发生了一起重要的案件，一位石油生产商被发现从国家运输公司偷窃石油。他轻轻打开主要管线的开关，美孚的石油细细地、慢慢地流入了他个人的油罐，这样的情况至少持续了两年。最终偷油的管道被人发现了，在被指出罪行之后，油管的主人被带上了法庭审判席，而陪审团居然给出了一个无罪的判决。他们似乎认为，虽然嫌疑人对自己的行为供认不讳，但这有可能是美孚石油公司暗中使用的某种诡计。不管怎样，这些石油是属于美孚石油公司的，所以它活该被偷。笔者经常听到处处强调公平的人说，他们绝对不会谴责偷美孚石油公司石油的人。类似的想法渐渐破坏了整个社会的道德本性。

美孚石油公司起诉的勒索案件就是它自食恶果的表现。独立炼油商常常会说:“呵呵,如果他们不放过我们,我们也会以其人之道还治其身。”美孚石油公司曾经起诉,认为这些炼油商建立炼油厂的目的仅仅是为了出售他们的工厂。这种情况可能的确存在,但是笔者没有确凿证据去证实这点。当然,在著名的布法罗案中,没有足够的证据可以证明炼油厂是为了出售而建的,尽管当时为了与美孚石油公司的经理埃弗莱斯特对抗,曾提出过要出售公司。而埃弗莱斯特之后也被法官和陪审团判定为刑事犯罪。没有任何记录显示这家公司的老板马修斯做了或者说了什么。这家公司也许在马修斯手里不会有什么发展,因为他刚刚进入该行业,就遇到了美孚这样的竞争对手。

事实上,勒索以及其他所有的商业陋习都是美孚石油公司独特经营之道导致的自然结果。如果把商业当作战争,而不是某种对和平的追求,如果他们一直如此看待商业,那么,便不能期待对手毫不反抗就倒下甚至死去;如果他们拥有特权,就应该预料到对手也会想尽办法得到特权;如果他们发现,与其放任自流,不如买下炼油厂更加有利可图,他们就应该预料到,炼油厂的所有者会尽其所能地开出天价。当他们抱怨这些行为并称之为勒索时,显得一点都不大度。要想做石油生意,他们就别想轻易独吞这些难啃的骨头。

在竞争中和竞争外的商业行为,都应考虑其对社会的道德影响。对于美孚组织内的行为,没有什么特别值得一提的。作为公司,美孚石油公司的人本应与公共事务毫无关系——除了为“石油业的福利”而不得不操纵公共事务。除非是“顽固分子”,否则任何一位商人都不该参与政治和宗教。这样的想法如今在理性上和道德上都已丧失说服力。自 1872 年开始,美孚的势力开始出现在政坛中,只为反对一项明显对公众有利的立法。那时的石油业还很年轻,只走过了十二个年头,但它已经经历了过快发展、投机买卖、铁路公司的贪婪掠夺,坚强地从这些困难中挺过来了。铁路公司的歧视和敲诈勒索也是国家的“热点问题”之一,石油人则抱团反对这些情况。铁路公司的经营特许权规定了铁路作为公共承运者的性质,理应平等对待所有的货运主,应该对所有的货运主实行公开平等的运费率。而这种理念在洛克菲勒和他朋友们建立南方发展公司时，就已被石油业淡忘。阅读1872年石油价格战时期的石油期刊便可得知，在石油业的发展阶段，运输问题十分关键，整个国家都反对回扣。在洛克菲勒收取回扣之前，没有人签署过类似协议，直至美孚石油公司享受了之前期待从南方发展公司那里获得的优势，陆续开始与铁路公司签订协议。从那时起，洛克菲勒不得不与石油界对回扣的过激情绪抗衡，在全国范围内与公众利益抗衡。他和他的同事们在华盛顿维持着一个强大联盟，反对《州际贸易法案》的通过，从1876年该法案首次被提出直至1887年最终通过，一直都是如此。每项寻求运输自由和平等的措施都遭到洛克菲勒的极力反对，因为法案要求公司更大程度地公开公司的运营状况。在许多州的议会中，第一批访客里必定有美孚石油的说客。没有人可以阻止美孚石油公司的人对拟通过的法案发表意见，他们与世界上的其他人一样拥有这样做的权力。洛克菲勒反对者对此唯一公开批评的一点，就是美孚一直反对取消特权的措施，反对让人们在商业中公平竞争的措施。

当然，他们许多的操控手段效果明显。例如，对每个独立石油商的业务都系统性地跟进，每个参与独立石油商业务的人都被行贿。最可悲的是，这些工作大部分都由年轻人完成。例如，为了每月5—10美元的报酬而报告独立石油商货运信息的记录员就是一位年轻人，就这样，这位年轻人上了关于公司道德的第一课。如果每逢周日他正好坐在洛克菲勒所在的教会里，他会以一种怎样的心情来接受教诲呢？对那些相信商业应该是和平地追逐利益的人来说，对那些相信道德法律适用于所有人际关系的人来说，有一点十分令人担忧，那就是在这个国家，有一大批年轻人正在有意无意地被灌输一种理念，即“商业就是战争，且与道德无关”。

那么我们能做什么呢？毕竟这关乎我们的利益。我们，美国的人民，必须治理工业界存在的痼疾，而本书中美孚石油公司崛起的故事就是典型案例。很显然，我们的首要任务是要确保运输的自由和平等，铁路、管道、水路的运输应当对货运主一视同仁。这并非易事，需要大刀阔斧地严肃整改。整个价格歧视体系就是一种暴行。在纠正错误的过程中，那些曾经的获利者即使不得不自食其恶果，也不能有任何抱怨。在所有的变革过程中，在运输问题得以明智地解决之前，垄断托拉斯问题仍然会像水蛭那般蚕食着我们，阻碍着我们对实现自由贸易的努力。

至于道德层面，除了持续不断地表达对不公平的鄙夷外，我们没有其他的办法——“通过破坏规则赢得的胜利没有任何价值”。商人为了得到特权而展开竞争，并且通过暴力手段而非正当途径，把其他竞争者挤出赛道，当这种行为受到他同行们的鄙夷和排斥，正如那些“不专业”的医生或是律师，或是钻规则空子的运动员们会受到鄙夷一样，我们才有可能走上一条使商业成为年轻人的正当追求的漫漫长路。

附　录

目录

附录1号

西里曼教授有关石油问题的报告

（选自J.T.亨利的《石油早晚期的历史》，第38—54页）

埃弗莱斯先生、比塞尔先生、里德先生，以及其他各位先生们：

敝人在此，将敝人对宾夕法尼亚州韦南戈县几种石油所做的一些扩展性研究的结果提供给各位。这也是一直以来，各位要求敝人评估其经济价值，以作为参考的目的所在。

在世界的不同地区，有着众多闻名遐迩的地方，自地面即可流淌出大量石油。仅在美国西部一地，有时候就有诸多“焦油泉”出现。人们还时常会发现，在水面漂浮着一层薄薄的油膜，散发出彩虹般的七彩光辉，或者结成一个个黑色的油珠，在力的作用下，随水流上下翻滚。

在一些地方，油井的作用在于储积石油，以抽出积水，便于石油的收集。石油自湖泊以及环礁湖的湖岸边渗出，或者自河床下喷涌而出。波斯巴库喷井，还有在阿美亚诺、意大利帕尔马公爵领地的油井，皆为此类。含有这种自然产品的岩层，地理位置通常处于煤区——但是，石油绝非限于这类岩层，因为近来发现了许多储藏，还有那些以前发现的石油储藏，并非都处于煤区岩层——不过，不论出现的是哪种石油储藏，人们都公认是植物分解的结果。但是，这种分解是仅受发酵的影响，还是在温度提升的辅助下，高温蒸汽蒸馏出来的结果，则难以确定。

然而，有趣的是，提到高温蒸馏，令人联想到某些在英国与法国的含有沥青的、黑乎乎的石油，焦油含量极大，这种油与石脑油有诸多相似之处。石脑油是种无色的、可从原油蒸馏出来的普通产品。多数用宾夕法尼亚州韦南戈县生产出来的石油蒸馏出的产品，沸点都非常高，看来是火成岩产品。

“biteumen”“asphaltum”“mineral pitch”“chapapote”等，都是被称为沥青的这类物质的不同名称。这类物质或多或少有点硬邦邦、黑乎乎的，与树脂有些相似，是原油在空气中暴露后的产物，在有或者无焦油与原油的流液里，均能找到。在石油的开发应用史研究中，死海的沥青湖就是这类物质出现的最为显著的例子。同样，在沥青的开发史上，特立尼达岛的沥青湖，以及古巴的沥青储藏均令人记忆深刻。在印度的一个省，每年有大量的原油产出，主要作为燃油与照明的能源，用于当地的消费，但也有一部分出口到欧洲，用于石脑油的生产。在美国俄亥俄州及其附属区域的许多地方，都因出产这种油而名噪一时。所有这类沥青差不多都位于煤区范围内。科学文献中可以查阅到这些不同地区沥青开发应用的详细历史细节，这里就不赘述了。

原油产品的一般特性

原油聚集在地下时呈深褐色，在光照下，会反射出蓝色或者带蓝色的光芒。即便在温暖气候条件下也颇为黏稠——黏稠程度与稀糖浆相差无几。在极为寒冷的气候下，原油则有些黏结，但即便在零下 15℃也可从杯中倒出。其气味较冲，且极为独特，令那些熟悉沥青与石脑油的人印象深刻。长期暴露在空气中不会变稠，也不会在表面形成硬壳。无论从哪种意义上来说，它都不能被称为干油。原油的密度为0.882，水的密度为1.000，只有在非常高的温度下才会沸腾。然而，在比水的沸点略高一些的温度下，即会散发蒸气。原油不易着火，燃烧时带有浓烟。原油会污染纸张，其留下的污迹与食用油留下的相似，手指捻搓有润滑感。石油通常以其原油状态用于粗糙机械的润滑。在化学特性方面，石油与食用油全然不同。不同地方生产的石油这些特性多数是相同的。然而，在某些重要方面，你们那里产出的石油可能会与其他地方产出的石油有所不同。也就是说，即便持续暴露在空气下，它也不会变硬，不会像沥青与焦油一样变为树脂状。敝人从去韦南戈县参观访问的人士处得知,在你们油田喷井上方的地表上,没有这种像沥青或者焦油的覆盖与沉积,不像敝人在其他地方看到的。这种区别可谓至关重要,我们可以看到并理解其代表的意义。这一产品在你们的土地上储量丰富,在任何地方打口井即可开采数万英亩土地下的石油,且其产量将经久不衰。如此,问题自然也就来了:本文的价值何在?应用本研究可以解决什么问题?下面的内容可以回答这两个问题。

石油探究

为确定可以从石油中得到什么产品,须经分级分馏得到其不同部分①。流体的温度借助温度计持续调节,使用的热能首先是热水浴,然后再通过亚麻油浴方式加热。这一实验工艺的发现,基于人们相信原油产品含有几种不同的油品,具有不同的沸点。用于这一实验的材料量为 304 克。温度计指示的为摄氏温度,不过,为方便计,补充了对应的华氏温度。热水浴在 100℃(212℉)时,未能分馏出任何油品,仅仅只有少量的酸水溢出。接下来是油浴,以亚麻油替代加热,温度缓慢均匀提升,直至蒸馏开始。自该点开始,热量以 10℃为一等级连续提升,每一等级留有充分时间以完成该等级下的分馏,再提升至下一个等级。这一冗长、乏味过程的结果,如下表所示——304 克原油,可以得到如下分馏物质:

	温 度	质 量
第 1 阶段	100℃ = 213℉(酸水)	5g
第 2 阶段	140—150℃ = 284—302℉	26g
第 3 阶段	150—160℃ = 302—320℉	29g

① 分级蒸馏为一过程,意在混合物中分离出不同产品。该过程有不同的沸点,将混合物置于一蒸馏器内,使温度保持在经调节的持续状态,当该阶段蒸馏完成,即可提高温度到另一个沸点。

第4阶段	160—170℃ = 320—388℉①	38g
第5阶段	170—180℃ = 338—367℉②	17g
第6阶段	180—200℃ = 356—392℉	16g
第7阶段	200—220℃ = 392—428℉	17g
第8阶段	220—270℃ = 428—518℉	12g
经此法分馏出的总量		160g
分馏器中剩余残渣		140g
原油总量		304g

第1号产品:如上所示,差不多全部是水,带有几滴无色油质,气味与原油相同,但没有原油强烈。

第2号产品:完美油品,无色,极为轻薄、清澈,与原油气味相同,且极为持久,但没有原油强烈。

第3号产品:色泽略微带黄,极为透明、透亮,清澈程度明显不输于2号产品,气味与其相同。

第4号产品:与3号产品相比,黄色明显得多,其他方面并无区别。

第5号产品:色泽更为显著,浓度更大,具有明显的焦臭味。

第6号产品:这种产品与剩下的其他两种产品比上述所有产品的色泽更深,密度更大。

最后的产品具有蜂蜜的色泽与浓度,气味的穿透性不如前面几种油品。剩余在分馏器中的(42.7%)为深色、残渣状的黏稠物质,黏性极强,冷却后无须倾倒即可翻转。这种现象表明,无须放置硬化,或者暴露在空气中使之结壳。亚麻油浴所达到的各点温度分馏出的油品凝结

① 译者注:应为338℉,原文如此。

② 译者注:应为356℉,原文如此。

在玻璃瓶中，这次分馏出来的几种产品密度如下：

	密度		密度
No.2	733	No.6	800
No.3	752	No.7	848
No.4	766	No.8	854
No.5	776		

为对这几种产品的相对密度形成清晰的概念，说明清楚两种化学物质颇有帮助：所知最轻的液体之一硫酸醚，其密度为 0.736；绝对纯净的酒精密度为 0.800。

这几种液体的沸点虽表现得有些异常，但还是按照通常情况渐次提高的，如此，2 号产品在加热到 115℃（239℉）时，表现出沸腾的迹象，并在温度提升至 225—228℃（437—442℉）时，分馏出 2 号产品。3 号在 120℃（248℉）时开始沸腾，温度提升至 270℃（518℉）并维持。4 号在 140℃（284℉）时开始蒸发，提升至 290℃（554℉）并维持。在二次加热时，温度持续升高，超过 305℃（581℉）。5 号在 160℃（320℉）时，出现沸腾，随着温度的提高，沸腾愈加激烈，直至温度提高到 308℃（581℉）。6 号在 135℃（275℉）时开始沸腾，在 160℃（320℉）时，沸腾得极为激烈，并持续上升至超过水银温度计的范围。7 号在与 6 号相同的温度开始沸腾，并提升至 305℃（581℉），此时，沸腾并不活跃。获得这些实验结果耗费了相当多的时间，我们引用这些数据旨在说明，原油是一种多种化学物质的混合物。这些化学物质均具有基本相同的化学结构，但密度与沸点不同。通过仔细加热控制，可以将它们相互分离开来。

沸点的不确定性表明，在上述温度下获得的油品仍然是含有其他物质的混合物，这一问题还有赖于我们解决。这几种油品是否可以视为离析物（也就是业已存在的物体，在分馏过程中分离出来的），是不是在分馏过程中，经加热与化学反应出来的，尚未有明确的答案，仅仅连续提升温度就足以影响许多有机产品的结构变化,生成原物质中以前并不存在的新的物质。

分馏油品的特性

暴露在去年极为寒冷的冬季环境下,这次分馏出来的所有油品均保持在液态状态,仅仅最后有两三个产品在-15℃时,出现全胶粘状态,而前三四个分馏产品则仍维持在完美的流体状态。敝人说过,暴露在空气下它们毫无变化,对这些油品的化学检测表明,它们均由碳、氢组成,也许这些元素在分子量方面具有一定的关系。刚开始分馏时,由于原油中有少量的自由硫酸存在,它们起了某种酸反应。这些硫酸可由弱碱水完全除去,甚至可用纯净水煮沸除去。将事先准备好的清洁铜板置于这些油中,铜板仍然不失光泽,表明就耐腐蚀性而言,该油品适合润滑。将清洁的钾置于油中仍能保持其光泽,清楚地表明这些油品不含氧。使用强硫酸可完全分解、破坏油品。硝酸可使之变为一种黄色的油性液体,与硝酸作用于其他油类产生的变化相同。盐酸、铬酸与醋酸对其没有影响,一氧化铅以及其他金属氧化物不能使之变化,或者使之有任何程度的干油化,即便在高温下,钾在其中也不受任何影响。钾碱、苏打以及石灰的水合物对其不起作用。氯化钙以及许多其他盐类化合物同样对其不起作用。按照生产三氯甲烷的方式,分馏时加漂白粉(次氯酸钙)与水,油变化成一种气味与三氯甲烷极为相似的产品。将油装于敞口容器中,温度控制在212℃以下,经多日暴露,油会逐渐蒸发,且可以看到覆盖在容器口用于防尘的纸上布满了蒸发掉的油渍,容器里的油量也明显减少。将6—8盎司油液,以这种方式置于金属容器中,温度不超过200℃,经六周或者更长的时间,油品逐渐缓慢减少、变黄,最终剩下一点点深褐色残渣。这种残渣颇有些带光泽的树脂样子,在低温下极为坚硬、易碎。使用的样本油差不多是无色的,这点极为重要,要记住分馏的温度高于500℉。这些油品在纯酒精中几乎不会被溶解,在该溶剂中溶解度不足4%或5%。在乙醚中,油可完全溶解,在缓慢加热的情况下，作为乙醚蒸发殆尽。印度橡胶可被分馏油溶解，变成一团面糊状，成为一种黑色的黏稠流体，短时间后又可沉积为印度橡胶。这种油可稍稍溶解少量琥珀，但也只足以将油变为红色而已。分馏油还可以溶解小部分自然状态下的硬树脂，不过，像在其他油类里面一样，硬树脂发热后，再在内溶解。

燃气制造与应用

人们一度尝试以原油作为照明燃料。为达到此目的，让原油通过装有碳的熟铁蒸馏器，使之烧得通红，可以分解大量的石油。这种分解的产品需要依赖合适的装置才能得到，会产生纯净的碳氢气体。这种碳氢气体在所有含碳气体中亮度最高。实际上，从化学意义上来说，石油可以视为与照明气体相同的液体形式，1 磅油相当于 10 立方英尺的气体。汽油燃烧时发出明亮的火焰，冒出乌黑发亮的浓烟，使用阿甘德灯[①]则可得到最为完美的灯焰。

这些实验没有进一步进行下去，因为人们认为，现在已知并用于制造燃气的产品，比使用你们的石油，付出更少的代价就能达到同样的目的。当然，这一方面的研究在未来可能值得关注。

更高温度下的分馏

在玻璃瓶内调控温度分馏的结果使我们相信，在可以承受更高的温度的金属容器中，我们可能可以获得更多有价值的油品。鉴于此，我们制作了一容量为五六加仑的铜分馏器，上面带有一开口，可以导入温度计以测量器内温度。14 法定标准夸脱（或者，以重量计，560 盎司）的原油置于分馏器中，温度迅速提升到大约 280℃（536℉），比第一次分馏的温度稍高一些。在这样的高温下，分馏速度有些快，油品则更容易凝

① 译者注：一种灯头具有管状灯芯的灯。

结。第一阶段得到油品为 130 盎司（或者说超过了 28%），为色泽极淡的薄油，密度为 0.792。如同前一次一样，该油品亦含有酸，用刚刚沸腾的水很容易除去。当温度提升到大约 300℃（572℉）时，分馏出 123 盎司淡黄色、带黏性的油品，密度为 0.865，超过所取总量的 43%。此时温度业已高过水银灯沸点，在维持该温度的情况下，又分馏出 170 盎司超过 31%的深棕色的油品，带有强烈的焦臭味。稍等一段时间，可以看到沉积出一种深黑色的物质，加水煮沸，散发出刺鼻的气味，经久不散。此时，流体的色泽变得淡了一些，散发出悦目的光芒（正是基于这一样本，光度测量实验得以完成）。剩下这部分物质在大约 700℉的温度下，可以分馏出差不多 17 盎司的油品。这种油品比上一批油品颜色更淡，流动性更好。现在需要使用干燥的山核桃木作为燃料，以得到足够的火焰与热能，促使留存在分馏器中剩余的物质进一步分馏。

可以看出，从分馏的原油总量中，分馏出来的油品超过 75%。在整个分馏过程中，损耗约 10%。这些损耗部分为残留在分馏器中的黑乎乎的残渣，部分是两次从分馏器中倒出油品所导致的不可避免的损失。分馏过程中倒出油品的目的在于更换温度计，以计量比原先设想的更高的温度。

本次实验中，分馏出 15%左右颜色较深、颇为黏稠的油品。这种最后分馏出来的产品是在大约 750℉的高温下，慢慢分离出来的，较之原油更为黏稠，颜色更深。冷却后充满了大量浓浓的珍珠状晶体，就是石蜡。在有机王国，石蜡是许多物质解构分馏后的特定产物。这种物质也可以分离，得到一种白色物体，极似优质鲸油，以此，可以制造出漂亮的蜡烛。这种油中漂浮的晶体颜色极深，反射的光线为深绿色，类似原油产品。虽然是如此高温中分馏出来的，但其沸点与第一次分馏出来的密度更高的产品相比，并没有非常大的区别。在这部分油品中产生的石蜡，在原油中并非自然存在，而是分馏过程中的高温带来的结果，在高温作用下产生了新元素。

由于没有做进一步的研究，敝人并不准备对公司进言，这种状态的产品适用于蜡烛生产（其所需的化学过程有些煞费苦心）。但敝人要补充一点，倘若这样做合适，那么毋庸置疑，这种物质可以生产的产品数量，将会十分巨大。

石蜡的名称是源于该物质在绝大多数强力化学溶剂中，表现出来的不变特性。它呈白色，发出鳞片似的油光，熔点为116℃，沸点高于700℉，在酒精与乙醚中可溶解，在空气中可燃烧，火焰明亮。与石蜡联系在一起的是某种烷烃，一种非常容易挥发的挥发油，其沸点极低，但与石蜡混合后沸点则极难确定。敝人认为，这点值得进一步实验、研究，而不是现在就给出结论。也就是说，最后的第三种油——也许最后一半种类的油——是否由于没有如此处理，所以能够得到最大量的石蜡呢？

这种在高温下逐渐分馏获得的一系列油品，超过了原油总量的90%，虽然这些油品并非全部能用于照明或者润滑，但也具有极大价值。

第二批分馏出来的油品是在该阶段的后期凝结出来的（分馏这部分油品的温度大约为650℉，颜色较为明亮），油质较薄，密度大约0.750，淡黄色，气味较弱。

可补充说明的是，最初分馏得到的原油50%的油品，适合我们用于照明，那次分馏只是简单地用沸水短时加热，没有做进一步的处理。

高温蒸汽分馏

需要记住的是，在高温蒸汽的帮助下，每次提高温度，该工艺中的许多分馏活动均会受到影响，这是干式加热不能很好控制的一点。就当前的研究而言，敝人认为这种方法可行。制造硬脂蜡烛的新过程，以及制备松香油等，都是采用这种分馏模式。据此，敝人设计的分馏器能够让一束高温蒸汽流注入贮槽，可几乎抵达所装原油的底部。然而，敝人尚不能调控超过275—290℉的高温蒸汽流，并且，虽然这种工艺能够充分分馏，但不会影响几种油品的分离。分馏出来的液体与石油本身在外观上也极为相似，黏稠、浑浊。由于这项尝试是在研究的后期进行的，敝人业已能够对这一工艺做出一个满意的解释，首要的，是蒸汽流要有恰当的温度。不过,敝人建议,公司考虑合理利用这一项目现存的有效工艺,尤其是那些与分馏松香油有关的工艺——其制造工艺与汽油生产在诸多方面极为相似。

石油在照明中的应用

在本项研究过程中,有多次实验毫无成果,不再详细叙述。在此,敝人只陈述那些具有价值的实验结果。

1.敝人发现,能够让这种油成功点燃的,只有莰烯灯,或者是用一种底部可形成灯焰,外部呈锥形,能导入气流的灯。现在这种设计为所有的灯所采用,以便燃烧莰烯、松香油、松脂油,或者任何其他类似产品。

2.由于石油的分馏产品在酒精中,几乎或者完全不能溶解,故此,燃液①(即在酒精中溶解的油)不能从石油中制造。

3.其结果是,这种油不能用于手提灯,因为手提灯使用的是没有防护的灯芯,而这种灯燃烧时烟太大。但是,它可用于卡索灯②,因为这种油比其他的燃油挥发得快,而这种灯的灯芯需要加长,使油挥发出来的雾可以直接作用于灯芯上。

敝人业已发现,除了后面的第三、第四部分(即在700℉并提升时所得的带有石蜡晶体那部分),所有从铜分馏器中分馏出来的油品,均能在莰烯灯中极好地燃烧。这些分馏油在沸水除去酸性物质后,燃烧12小时,没有使灯芯结球而有碍燃点,也没有大量的烟散发。灯芯的利用效果比使用莰烯时有了显著提升,没有任何散发浓烟的危险。同时,也没有迹象表明,分馏油会使灯芯管因松香结壳而带来不便,这种情形在使用莰烯时则不可避免。精炼石脑油纯净、色白、无气味。其消耗率不到莰烯或者松香油的一半。一盏灯所需的用量是1标准品脱,或者说

① 译者注:作者在这里是指灯用燃料,因汽油中碳太多,燃烧时烟太大,故不适合作为灯用燃料。这与下文提到的在莰烯灯中的应用不同,莰烯灯也和卡索灯一样,灯芯要提升,油挥发、雾化到灯芯上,故无烟。

② 译者注:一种法国标准灯,灯焰高约4厘米,亮度相当于8.9—9.6支标准英国蜡烛。

20 液体盎司——1 加仑此油品为 160 盎司。一盏崁烯灯，灯芯 1 英寸，1 小时需要消耗 1.75 盎司灯油。一盏卡索机械灯，灯芯 0.875 英寸，1 小时需要消耗最好的鲸油 2 盎司。一盏“钻石光”灯，灯芯直径 1.5 英寸，1 小时需要消耗 4 盎司“松脂油”。

敝人认为，石油作为灯用燃油，须经得起最有经验的点灯师傅[1]的检验。据敝人能够接触到的点灯师傅的证言，使用这种燃油产生的光与他们以前看到的一样明亮，燃油的耗费更为经济，与用崁烯作为燃油相比，灯光亮度更均匀，燃烧 12 小时没有明显地变暗，亦无烟。无论如何，敝人都有些迫不及待地要测试灯光发出的亮度，以得到比点灯师傅的见解更为准确的结果。因此，利用诸位事先的允诺，敝人在一项未经批准的计划下，设计、制造了一个光度计，或者说一台测量光的仪器。格鲁诺家族的诸位先生与本市的科学工艺师们承担了这一仪器的制造，完成得令敝人十分满意。对这台仪器，敝人在其他地方还要提及——在这里只是其结果令本人兴奋莫名而已。借助该仪器，敝人将石油灯与诸多最为重要的人工照明手段做了严格的比较研究，让我们就这些研究结果做一个扼要说明。

光度计实验

用于光照强度比较研究的单位，以贾德获有专利的 6(支)鲸油蜡烛的光为一单位。所用的鲸油为新贝德福德港的爱德华·莫特·鲁滨孙所提取，是冬季最好的鲸油，在温度保持 32℉时，仍能流动不冻结。菜籽油与多台卡索灯由达东维尔提供，点灯师傅为纽约百老汇的技工，所用的煤气为纽黑文汽灯公司提供的，由纽卡斯尔最为优质的煤制造，质量十分稳定。

标准蜡烛与拟定要检测的照灯之间的距离，固定为 150 英寸——光度计沿着刻度条来回移动，以在光照产生相等的点读取数据，确定两个

---

① 译者注：是时城市路灯尚为燃油灯，而非电灯，故需点灯师傅。

光源间的比率。敝人只引用一个简单的例子，尽量不用详细数字来说明结果。但敝人要说明的是，光度计的操作令人非常满意，我们在相同的操作条件下，得到的数字始终相同。一夜接着一夜，这台仪器的高灵敏度，使得在比较暗室中两个光盘的亮度时，即便位置仅有半英寸的不同也能立刻检测出来。敝人认为，这种准确度是以前的光度计无法达到的。

各种人工灯照亮度一览表

（以贾德专利烛光为一单位）

光　源	烛光率
燃气（苏格兰鱼尾灯头，4 立方英尺/小时①）	1∶5.4
燃气（苏格兰鱼尾灯头，6 立方英尺/小时）	1∶7.55
燃气（科尼利厄斯鱼尾灯头，6 立方英尺/小时）	1∶6.3
燃气（英国管状灯芯灯，10 立方英尺/小时）	1∶16
石油（莰烯灯，灯芯 1 英寸，1.75 流体盎司/小时）	1∶8.1
优质鲸油（卡索机械灯，灯芯 0.875 英寸，2 流体盎司/小时）	1∶7.5
优质鲸油（卡索机械灯，灯芯 0.875 英寸，2 盎司菜籽油/小时）	1∶7.5
优质莰烯（莰烯灯，灯芯 1 英寸，4 流体盎司/小时）	1∶11
松脂油（“钻石灯”，灯芯 1.5 英寸，4 盎司/小时）	1∶8.1

从上表中可以看出，在规格相同的卡索灯中，与各种昂贵的燃油相比，石油的照明能力有些出人意料，其表现与“钻石灯”的发光率相等，而后者灯芯却长出 0.5 英寸，因此具有决定性的优势。莰烯灯看似有优势，但另一方面，莰烯的消耗比石油超出一倍还多（也就是说，石油的消耗量是莰烯的一半不到），石油燃烧更持久。与松脂油及鲸油相比较，

① 译者注：耗气量，每小时立方英尺数。

石油投射在地面玻璃隔板上的光盘最白，当然，炭烯投射的光比石油投射的要更白一些。通过使用不同颜色的玻璃过滤，所有不平衡的颜色在使用光度计时都得到了补偿，因此亮度（强度）可以更为准确地比较出来。除了每小时耗费 10 立方英尺燃气的昂贵管状灯，与燃气相比，石油作为燃料时，灯光更为明亮。我们知道这几种商品的价格，但这些价格在不同的地方差距非常大。在纽黑文燃气为 4 美元/1000 立方英尺；在纽约为 3.50 美元/1000 立方英尺；在费城为 2.00 美元/1000 立方英尺；波士顿的价格与费城相当。所用的鲸油价格为每加仑 2.50 美元，菜籽油大约为 2 美元，松脂油 50 美分，炭烯 68 美分。精炼石油没有固定的价格。

对这些通过光度计实验得出来的结果，敝人难以抑制满意的情绪，因为，这些结果使得贵公司的石油，作为燃油，有着比敝人预期的更大的价值。

石油在机械润滑中的应用

一部分精炼油送到波士顿，通过那里的一台实验仪器进行测试。但遗憾的是，尚未得到有关结果的信息。由于该油品不发粘，暴露在空气不会变酸、发臭，同时，具有极为完美的抗低温能力，故此，具有润滑剂的重要品质。

结论

总的来说，先生们，对敝人而言，有着颇多的理由为实验结果感到鼓舞。简而言之，贵公司拥有的原材料，只需要通过简单、造价低廉的加工过程，即可生产出价格极高的产品。

值得注意的是，敝人的实验证明，差不多全部原产品在生产过程中均不会浪费，当然，这完全得益于有一个仔细指导的过程，使之在所有的化学生产过程中，成为一次最为简单的实践。

为使生产更为经济，在贵公司准备开始提炼石油之际，还有几点切实可行的建议，如贵公司需要，敝人将十分乐意效劳。

你们恭顺的仆人，
B.西里曼，耶鲁学院化学教授
1855 年 4 月 16 日于纽黑文

附录 2 号

美孚石油公司注册活动概要

本文件全部有关人员:俄亥俄州凯霍加县克利夫兰的约翰 · D.洛克菲勒、亨利 · M.弗拉格勒、塞缪尔 · 安德鲁斯以及斯蒂芬 · V.哈克尼斯;凯霍加县克利夫兰市与纽约州的威廉 · 洛克菲勒。我们联合到一起,按照俄亥俄州议会的相关法案规定,经授权,拟创建、管理若干注册公司。相关法案已于 1852 年 5 月 1 日在俄亥俄州通过,补充法案亦已于 1856 年 4 月 8 日通过,对补充法案的修正案已于 1861 年 2 月 14 日通过。另外,俄亥俄州有关成立实体公司的其他适用法律业已通过。我们创建的实体公司以生产、经营石油及其产品为目的,公司名为美孚石油公司。

我们在此证明,成立所述实体公司的目的,在于生产石油并经营石油及其产品的贸易。

所述公司所需资本,以及构成股本的约定金额,总计 1,000,000 美元。

每股金额为 100 美元。

所述要建立的生产机构驻地名称为俄亥俄州凯霍加县克利夫兰市,并于该地开展业务。

所述要建立的生产机构名称为美孚石油公司。

约翰 · D.洛克菲勒

亨利 · M.弗拉格勒

塞缪尔 · 安德鲁斯

斯蒂芬 · V.哈克尼斯

威廉 · 洛克菲勒

1870 年 1 月 10 日于克利夫兰

附录3号

詹姆斯·H.德弗罗的誓书

（美孚石油公司与威廉·C.斯科菲尔德，于俄亥俄州凯霍加县民事法庭对簿公堂一案）

J.H.德弗罗首先正式宣誓，然后陈述。他现年48岁，是纽约-宾夕法尼亚-俄亥俄铁路公司的董事长。他1868年成为湖滨铁路公司的副董事长，并一直担任该职务及董事长兼总经理至1873年。他听过了罗伯特·汉纳与乔治·O.巴斯林顿关于石油运输的誓书中的陈述。于此，他必须说，他于1868年开始涉足石油运输，当时是去湖滨铁路公司接替因病退休的斯通先生，担任副董事长。该公司与这项业务有关的唯一文字记录是一本登记簿，移交给了他。该登记簿上的记录——也许是斯通先生的手书——显示了克利夫兰各石油利益团体的代表同意，支付每加仑1美分的运费，将原油从油区运到克利夫兰。但是，克利夫兰这些炼油商的竞争不可避免地带来了摩擦，进而使得运费不断提高——提高的金额或许达到了25美分。宾夕法尼亚铁路公司声称的石油运输专营权给湖滨铁路公司带来了困难，尤其是他们提供给匹兹堡的泰特斯维尔以及其他地方炼油商的运费率，这些炼油商正与克利夫兰当时有限的炼油能力全面竞争。德弗罗提出的问题是，湖滨铁路公司是否有望在石油运输中，分得一杯羹？事情的结果是，詹姆斯敦-富兰克林铁路从富兰克林延伸到了石油城，再到当时的生产中心。这是一场比以往任何时候都激烈的竞争，这场竞争也使得宾夕法尼亚铁路公司的反对势力不断增长。此类运费安排与协议，是宾夕法尼亚铁路公司做出的，在石油城、泰特斯维尔以及其他地方张榜公布，通告周知。

克利夫兰作为炼油中心,将像被海绵擦去一样风光不再。克利夫兰的炼油商无一例外都来向作为运输商代表的宣誓人①求助,表达他们的担忧。他们要么就得放弃克利夫兰的业务,要么就要搬到泰特斯维尔或者油区的其他地方。洛克菲勒、安德鲁斯与弗拉格勒做出了例外的抉择,他们确信,湖滨铁路公司能够,并且可以像宾夕法尼亚铁路公司一样,用同样低廉的运费率解决石油的铁路运输。他们建议立足于克利夫兰,在那条战线上坚持战斗。之后,大约在1870年,他们做出了第一项动议,全年定期将精炼油从克利夫兰运往纽约。在一年之前,克利夫兰的出口业务相对有限,仅限于夏季的几个月,运送的绝大部分出口油都是在克利夫兰提炼的,通过伊利湖与河道运输,与匹兹堡、泰特斯维尔以及其他地方竞争。若宣誓人没有记错,当时的运费率大约为每桶1美元,后来降到90美分,而从克利夫兰到纽约的铁路运费率名义上为2美元。弗拉格勒先生代表洛克菲勒、安德鲁斯与他自己提议,在一整年内,通过铁路每月定期运输石油,运费率按铁路公司能够给出的合理价格收取。这个运费率包括从产油区到克利夫兰的原油运输,以及从克利夫兰到纽约的精炼油运输。洛克菲勒、安德鲁斯与弗拉格勒成为那里仅剩的炼油商,参与出口业务的竞争,提供从产油区到克利夫兰,再从克利夫兰到纽约的石油。弗拉格勒先生的提议保证了湖滨铁路公司每天60车精炼油的运载量②。从产油区到纽约,精炼油的运费率为每桶1.75美元;从产油区到克利夫兰,原油的运费率为每桶35美分;从克利夫兰到纽约,精炼油的运费率为每桶1.30美元。洛克菲勒、安德鲁斯与弗拉格勒保证承担所有风险与损失,无论是火灾还是其他各种事故。宣誓人考虑了这一提议,仔细地盘算了铁路方面的成本,认为要立足于固定运费率这笔交易才合算。宣誓人发现,当时从克利夫兰到纽约,货运车皮一个来回的旅程平均时间为30天,每天运行60个车皮,就需要1800个车皮来运转,每个车皮的成本为500美元,这项业务需要

① 译者注:指詹姆斯·H.德弗罗。

② 这应该是在1872年,而不是1870年。直至1872年,美孚的产油能力每天不超过1500桶原油。

900,000美元的投资。但是,宣誓人又发现,如果每天60个车皮的绝对定期载运量能够得到保障,那么,从克利夫兰到纽约来回旅程的时间可以减少10天,只需将这些装载油品的车皮组成专列运行,不与其他的车皮组成混合列车即可办到。在货运量少时,混合列车是必需的,但如果能运行专列,就不需要考虑其他车皮。通过这种方法,一个来回减少10天,只需要600个车皮就能承担这一业务,因此,只需要投资300,000美元。运输的规律性亦可保证卸货与车皮返回的速度。有了这些考虑,宣誓人得出结论,弗拉格勒先生的建议会给湖滨铁路公司带来可观的利润,这一利润是公司按照原有的运输安排,从其他任何公司都无法得到的。这项合作也确实被证明是湖滨铁路公司的重大决断。如此,弗拉格勒先生的建议被采纳了。宣誓人认为,这是个转折点,确保了克利夫兰石油大部分的出口份额。这项安排对任何人,对所有各方始终公开,只要他们能提供相同的运量,或者能够以同样的速度、同样经济的方式处理货物,都能获得这样的服务。运输费用需要以铁路公司的服务实际成本为基础,如果货运主们能够联合起来,降低铁路部门的运输成本,那么,拒绝给他们相应的优惠,将会损害公众的利益,运费成本最终会落到消费者的头上。宣誓人称,大货运主比小货运主得到更多优惠,这样的方式既正当合法,又有必要。他对汉纳先生与巴斯林顿先生做过解释,他们亦认为此话得当。宣誓人会给他们提供相同的运费条件,只要他们或者其他人,确保有同等的、有规律的运量,如此,就能够保证运输享有的相同速度与经济性。除此之外,宣誓人没有说更多的情况。

J.H.德弗罗

宣誓人已于本人面前宣誓,并于誓书上签字,1880年11月13日。

J.C.坎农

凯霍加县公证人

附录 4 号

亨利·M.弗拉格勒就南方发展公司给出的证词

（关于托拉斯的汇编材料，众议院，1888 年，报告编号 3112，第 289—290 页）

答：无论是洛克菲勒先生、佩恩上校，还是我自己，或是任何与美孚石油公司有关的人，从来没有对被称为南方发展公司的计划有过信心，也从未注意过这一计划，我们不相信这家公司。但是，这里提到的其他先生们的看法，却有些强加在我们头上，认为我们默许了这家公司的行为，甚至于企图不花钱就把该公司一定份额的股票认购到我们名下。这家公司没有做过一分钱的业务，只是作为法人而存在，这种存在是通过其执照实现的。通过其董事长，这家公司谈下了几个与铁路公司的协议，我现在仍记得，这些协议是由这家公司和铁路公司官员签署的，且均由第三者保存，附带条件委付盖印的契约，有的协议签署了几周就被撕毁，或者在双方同意下取消。

问：谁向你们表达了此类看法？谁是那位主管南方发展公司计划的人？

答：我想是瓦登先生，还有罗根先生，主要是他们主导了南方发展公司的政策。

附录 5 号

南方发展公司与宾夕法尼亚铁路公司之间的协议，1872 年 1 月 18 日

（关于托拉斯的汇编材料，众议院，1888 年，报告编号 3112，第 357—361 页）

南方发展公司——在宾夕法尼亚州法律管辖下，组织、存在的公司——此后，称为甲方，与宾夕法尼亚铁路公司——代表其自身以及所有为其控制、拥有或者被其租借到旗下的具有足够管理权限的铁路公司，以及与其有联系的其他铁路公司，为所述宾夕法尼亚铁路公司——此后，称为乙方，于 1872 年 1 月 18 日，达成并签订本协议。

见证如下：

有鉴于，在诸多目标中，甲方组建的目的之一，是为促进石油及其产品交易的增长与发展，方便石油及其产品的运输。为此目的，也为了兼顾其他，甲方计划花费大笔资金收购、建立与建设储油场、蒸馏与炼油厂、仓库与运输设施，并拟定花费重金用于其维护与日常营运管理。在诸多的有效措施中，本协议的签订即为其中之一。

又，甲方拟定运作的业务规模与范围，会极大地促进乙方的利益，这对乙方而言极为需要，因此乙方应通过确定一定的运费折扣、退款与回扣，以及本协议其他条款，鼓励甲方的计划支出，以促进、扩大从中获得的运输业务。

又，乙方代表自身及其联运铁路公司，伊利铁路公司代表自身及其联运铁路公司，纽约中央铁路公司代表自身及其联运公司，均已同意，在他们的线路上，通过铁路将原油及其产品从产地与炼油厂运往大西

洋沿岸的业务，甲方可按规定得到配给，所述三家公司的比例分别为：宾夕法尼亚铁路公司自身及其联运公司，占总量的百分之四十五（45%），包括费城-伊利铁路公司、北方中央铁路公司、阿勒格尼河谷铁路公司、坎登-安博铁路公司、宾夕法尼亚铁路公司及为其所控制、拥有与租借到旗下的公司在内。该份额足以或应当足以满足营运安排。伊利铁路公司自身及其联运公司，占总量的百分之二十七点五（27.5%）；纽约中央铁路公司及其联运公司，亦占总量的百分之二十七点五（27.5%）。乙方同意，除克利夫兰与匹兹堡外，从西部所述产油地与炼油厂运出的石油，未运往大西洋沿岸的原油与原油产品，若经过乙方的铁路及其联运线路运输，甲方需按规定将三分之一的货量交给乙方及其在西部的联运公司运输，剩余的货品则交给其他铁路公司运输。

因此，本协议见证：至此甲乙双方，为自身，亦为后继者计，承诺相互履行本文件中缔结的契约条款，照顾彼此的利益，同意特此以盟约相互保证如下：

第一条

甲方立下契约并同意：

1.甲方向乙方提供货品以备运输。甲方需要向乙方提供其拥有、控制的原油与原油产品的百分之四十五（45%），由所述宾夕法尼亚、伊利与纽约中央铁路公司以及它们的联运铁路公司，自产地与炼油厂运送至大西洋沿岸。而百分之三十三又三分之一（约 33.3%），由那些铁路公司及其联运铁路公司，运往克利夫兰与匹兹堡西部。

2.甲方在乙方及其联运铁路上，于原油产地提供储油罐，接收原油以备运输。同时，甲方还需配备必要的油管、油泵、多用支架以及其他各种设备，以便散装油料装车。

3.甲方负责将所有原油及原油产品，自产地运送至乙方及其联运公司铁路线路上的启运地点，并在目的地接收乙方运输的上述原油及其产品。

4.甲方应在滨海地区的货运目的地提供必要且适用的货运站、码头、仓库、货棚、油罐、油管、油泵以及动力系统，以接收原油及原油产品，并将其转装载上油船。

5.甲方应提供、维持及运行必要的工厂设备，以便在最大可能的规模上提炼原油，通过炼油技术、组织系统与劳动力分配，确保原油提炼的经济与有效。为达此目的，且为促进、扩大国家的石油贸易，甲方提供并维持所有适当与必要的手段与设备。

6.只要甲方能够获得同样的原油与原油产品产量，就应保持在乙方及其联运铁路公司线路上的货运量，保持在伊利与纽约中央铁路以及它们的联运铁路线路上的货运量。所有原油及其产品以散装桶计，原油每桶 45 加仑，原油产品每桶 47 加仑，在各接收与启运点交割，由各条线路运输。各条线路收到的货运量，其记录可在所有合理时间对乙方正式组成的代表公开，以备查询。

此类记录以每月摘要的形式定时送达乙方。

7.甲方每周向乙方支付运费，运费率与半价费率下文将专门规定，回扣与退款部分由甲方保留并使用。

第二条

乙方立下契约并同意：

1.乙方允许，并将向通过乙方及其联运公司铁路运输石油及其产品的甲方支付回扣，并按下文规定的运费率，在为他人运输货物时，向甲方提供退款，协议第三条规定的情况除外。

2.乙方通过自身及其联运公司的铁路，为甲方所有的原油及原油产品提供运输服务。一旦货物交付给乙方，无论是在甲方的货栈、滨海或内陆、乙方的仓库，还是在各个货运目的地；无论托运人是谁；无论是在乙方及其联运公司铁路的哪个站点上；只要货物是甲方所有的原油及其产品，乙方都将提供运输服务。

3.在乙方及其联运公司铁路上运输原油及其产品，运费以运费率计，不得超过下表所述，对此，无须再经双方商定。

自油溪-阿勒格尼河谷铁路各点至石油城、联合市、考利或欧文顿，在此后称为“共同交割点”，每桶45加仑散装的散装石油，以及每桶47加仑桶装石油，运费为30美分。

原油		
自任何共同交割点至克利夫兰	每桶45加仑	0.80美元
自任何共同交割点至匹兹堡		0.80美元
自任何共同交割点至纽约		2.56美元
自任何共同交割点至费城		2.41美元
自任何共同交割点至巴尔的摩		2.41美元
自任何共同交割点至波士顿		2.71美元

除油溪-阿勒格尼河谷铁路的各点外，所有至上述其他各目的地的运费率，与自共同交割点运出的相同。

精炼油、汽油，以及其他原油产品		
自匹兹堡至纽约	每桶	2.00美元
自匹兹堡至费城		1.85美元
自匹兹堡至巴尔的摩		1.85美元
自克利夫兰至波士顿		2.15美元
自克利夫兰至纽约		2.00美元
自克利夫兰至费城		1.85美元
自克利夫兰至巴尔的摩		1.85美元
自任何共同交割点至纽约		2.92美元
自任何共同交割点至费城		2.77美元
自任何共同交割点至巴尔的摩		2.77美元
自任何共同交割点至波士顿		3.07美元

所有自上述提到的各点之间运抵或发出的原油与精炼油的运费率，由乙方视当时的情况合理制定。

自匹兹堡、克利夫兰以及其他各点，运至匹兹堡与克利夫兰西部各地的运费率，亦由乙方根据自身的利益情况合理制定。

4.以下回扣，以及所有为其他各方提供运输时给出的类似金额的退款，应作为运费率的优惠，在甲方向乙方支付运费时抵扣。

原油运输		
运费率中自任何共同交割点至克利夫兰	每桶回扣	0.40 美元
运费率中自任何共同交割点至匹兹堡		0.40 美元
运费率中自任何共同交割点至纽约		1.06 美元
运费率中自任何共同交割点至费城		1.06 美元
运费率中自任何共同交割点至巴尔的摩		1.06 美元
运费率中自任何共同交割点至波士顿		1.06 美元

自所有其他各点运至上述提到的六个目的地，从运费率中扣除的回扣金额与自共同交割点运出的金额相同。

精炼油、汽油以及原油生产的其他产品运输		
运费率中自匹兹堡至纽约	每桶回扣	0.50 美元
运费率中自匹兹堡至费城		0.50 美元
运费率中自匹兹堡至巴尔的摩		0.50 美元
运费率中自克利夫兰至波士顿		0.50 美元
运费率中自克利夫兰至纽约		0.50 美元
运费率中自克利夫兰至费城		0.50 美元
运费率中自克利夫兰至巴尔的摩		0.50 美元
运费率中自任何共同交割点至纽约		1.32 美元
运费率中自任何共同交割点至费城		1.32 美元
运费率中自任何共同交割点至巴尔的摩		1.32 美元
运费率中自任何共同交割点至波士顿		1.32 美元

自上述任何点运抵或发出，或者任何上述各点之间的交割，应支付运费率的三分之一作为回扣，或者退款。

自匹兹堡、克利夫兰以及其他各点，运往匹兹堡与克利夫兰等地点以西各地，须支付运费率的三分之一作为回扣，或者退款。

5.任何登记在第三方名下（符合第三条规定的除外）的原油与原油产品，运费率应不低于上面列举的运费率。如果出现运费率降低的情况，这种低价无论是直接的回扣、佣金或者补偿金，无论是出于什么理由，在其他第三方运送原油与原油产品得到优惠期间，甲方应从提供给他们的运费率中，每桶获得同样的折扣。

6.乙方允诺甲方，可以根据自己的判断，按照市场交易的需要，临时性地增加或减少提供给乙方及其联运公司的运输份额，临时性地增加或减少整个原油与原油产品的运输业务，也可增加或减少乙方伊利铁路公司与纽约中央铁路公司的运输份额。在此类情况下，对运量超过或不足的部分，乙方接受甲方的全额支付或者补偿。针对这些货运量不足或超额的补偿，一半按照运费率支付，另一半按比例支付给上述的其他铁路公司，这些公司的运量也会按比进行调整。除非乙方同意，否则无论何时，这种货运量的变化不应超过一周，也不应在六十天内再次出现。同样，如上文所述，在任何时候，当上文所述的乙方其他铁路公司，按比例分配的运量出现临时性变化，需要将原货物交由上述其他铁路运输时，乙方车皮上的货品需要由甲方负责装卸。车皮经由其他铁路公司运输时，返回时间不得拖延，车皮的状况应与在乙方线路上运输时一样秩序良好。车皮不在乙方线路期间，依照通常的价格，按英里收取使用费。

7.在协议期间，乙方应尽可能有规律地提供车况良好、数量充足的车皮，以及其他适当、必要的手段与工具，使原油与原油产品的运输安全、快捷。不论是散装还是桶装石油，只要甲方想将货品从一地运往另一地（要尽可能有规律），在乙方及其联运公司的铁路线路上的运输均应得到保证。

8.乙方应为乙方及其联运公司在任何路段运送的原油或原油产品出具货运单。该运单包含发货人姓名、启运地点、货物种类与数量、收货人姓名以及目的地。货运单连同运费率以及运费总额,每日报送给甲方负责此类运单的主要官员。

第三条

契约双方进一步同意,在上文为甲方准备的回扣,可以给予任何第三方,只要他们能提供与甲方同等的运量,拥有并能够使用与甲方相同的工具、手段与设施,促进石油贸易的发展。

第四条

契约双方还进一步同意,乙方在法律许可的范围内与甲方全天候合作,维持甲方的业务,以避免甲方因竞争带来的损失与伤害,导致业务无法盈利。因此,甲乙双方需要开展全面和长期的业务合作。为达成此目的,乙方及其联运铁路的运费率应在法律许可的范围内,根据当时的情况以及克服竞争的需要,相应提高或降低。支付给甲方的回扣与退款,随着运费率的变化而以相同的比例变化。

第五条

双方特此同意,当遇到紧急情况,需要不时改变此中规定的运费率时,双方在接到对方书面通知后,应于十天内各自任命一位代表,选出的两位代表有权改变、调整运费率,经所述双方批准后生效。

第六条

双方进一步同意,为符合甲方的利益要求,货运的运费率应尽量接近净运费率。当甲方认为有需要将回扣金额减少到低于上文列出的标准时，乙方应当如此执行，并随时可以再次要求提高到之前的价格，然而，不能高于上文列出的标准。甲方可以随时通过书面通知向乙方提出变更需求，乙方亦应即刻对运费率做出相应调整。

第七条

双方进一步同意，本协议在至少五年内维持有效。而在此之后，除非一方提前十二个月给出书面通知，要求终止协议，否则本协议继续有效。

第八条

双方同意，此后，双方若在任何时间，对彼此产生任何质疑、问题、争议、争执，甚至发生诉讼，涉及对此中条款所含内容或要点的解释，或涉及任何与本协议相关问题发生的原因、根据、要点等的解释，且此类置疑、问题、争议或争执发生后，双方未能在一个月内按协议条款解决，则双方应以书面形式，各自详细说明这类质疑、问题、争议或争执的具体内容，再提交给三位利益无关者，以为审理、仲裁的参考。三位仲裁者中，一位由甲方挑选，一位由乙方挑选，双方在收到对方的书面通知后，各有十天时间从中指定一位利益无关者作为代表。但是，若一方未能在十天内从通知中指定人选，那么该人选的指定则由对方做出。第三位利益无关者应在通知发出后的一个月内选定。如上所述选出来的三位代表，或其中两位所做出的裁定，对双方的行为具有决定性与约束力，须得到双方的执行与保证，不应再有进一步的诉讼与麻烦。此类裁定或者决定，经所述三位代表，或他们当中任何两位，在所有三位经由上述方法选出的六十天内，以书面形式做出。为更好地执行所述决定，证明文件或仲裁协议，可按照双方的决定不时提交法院作为法庭记录。

兹见证，所述南方发展公司与宾夕法尼亚铁路公司于下方加盖公司印章，文本协议由双方董事长签署，签署日期上文开头已写明。

南方发展公司

P.H.华生，董事长

宾夕法尼亚铁路公司

J.埃德加·汤普森，董事长

附录6号

1872年美孚石油公司股本金增资至2,500,000美元的申请书

致俄亥俄州政务秘书：

本文件后的签署者为俄亥俄州克利夫兰美孚石油公司董事会的主要成员，于此证明，1872年1月1日，所述公司在其俄亥俄州凯霍加县克利夫兰的办公室，举行股东年度会议，经与会股东投票并记录在案，所述公司与会并投票的全体股东一致同意并决定，所述公司的股本金应增加1,500,000美元，由此，使得所述公司的股本金总额为2,500,000美元。与会股东动议如下：

今决定，一致同意本公司，也就是俄亥俄州克利夫兰美孚石油公司，股本金总额增加至2,500,000美元。同时同意，告知本公司相关人员采取一系列措施，以便增加所述股本金。

股东：约翰·D.洛克菲勒、O.B.詹宁斯、B.布鲁斯特、威廉·洛克菲勒、S.V.哈克尼斯、H.M.弗拉格勒、T.P.汉迪、S.安德鲁斯、小A.斯通、S.威特

公元1872年1月1日于俄亥俄州克利夫兰。

尔后，所述会议正式休会。

亨利·M.弗拉格勒，秘书

我们进一步证明，本次所述公司股本金的增加，全部以现金支付，并未用支票、汇票、债券或者其他等值的抵押品支付，或支付其中的一部分。此外，公司并未通过贷款直接或间接地筹集资金，以支付增加股本金的任何部分。

1872年2月9日，克利夫兰，我们于此见证并签字。

约翰·D.洛克菲勒、亨利·M.弗拉格勒、萨姆尔·安德鲁斯、斯蒂芬·V.哈克尼斯，董事

附录 7 号

乔治·O.巴斯林顿的誓书

（美孚石油公司与威廉·C.斯科菲尔德，于俄亥俄州凯霍加县民事法庭对簿公堂一案）

1869 年春，他们（汉纳-巴斯林顿公司）开始建设炼油厂，几个车间就建在紧靠克利夫兰-哥伦布铁路西侧的大西洋油库上方，工厂建设投资约 67,000 美元，工程完工即开始炼油业务，时间大约是在 1869 年 6 月。从那时起，到大约 1870 年 7 月，工厂生产的纯利润为 40,000 美元，大约占营运、管理所述工厂所需费用的 60%。从那时起，直至 1872 年 4 月 1 日，所述公司结清了 21,000 美元，大约占所述公司自开始业务起每年投资的 30%。

1872 年 2 月底的某个时间，公司收到了一条美孚石油公司发来的讯息，要求面谈所述公司旗下炼油厂的处理。但公司并无处理所述炼油厂的任何安排，因为投资所述炼油厂盈利丰厚，令他们十分满意，所以根本没有要把工厂卖掉的意向。但是，经过与美孚石油公司董事长洛克菲勒的面谈，了解到的情况多少令他们有些吃惊。他们发现，美孚石油公司实际上已经控制了克利夫兰市的众多炼油厂，掌控了诸多铁路运输原油与精炼油的价格，与其竞争完全无望。会谈时，美孚公司的秘书弗拉格勒也在。作为董事长，洛克菲勒实际上是在宣布，美孚石油公司已经控制了克利夫兰市的炼油业务。他认为，所述汉纳-巴斯林顿公司赚不到一分钱，若是想与美孚石油公司展开业务竞争，毫无意义。

宣誓人称，在与南方发展公司董事长华生和湖滨铁路公司总经理德弗罗谈过之后，他确信，已经没有什么能够影响美孚石油公司在湖滨铁路已经获得的运输安排,使得汉纳-巴斯林顿公司能够与其竞争。所述汉纳-巴斯林顿公司炼油厂坐落的位置,使之只能通过湖滨铁路的线路获取原油。他们发现,想要得到美孚石油公司的特别运费率,除非能够提供与美孚一样多的运量。对所述汉纳-巴斯林顿公司来说,要得到能与美孚石油公司公平竞争的运费率是不可能的。所以,他们得出结论,对他们而言,最好的结果就是从美孚公司尽可能多地获得好处,然后,从自己的炼油厂走人。

宣誓人还称,在这种情况下,他们将当时至少价值100,000美元的炼油厂,以45,000美元的价格卖给了美孚石油公司,因为他们只能从美孚拿到这么多。而工厂的建设也耗费了他们超过76,000美元的现金,如果在公平竞争的环境下,他们原本每年能获得占投资金额30%的收入。

宣誓人称,在与洛克菲勒先生面谈时,洛克菲勒告诉他,美孚石油公司已经控制了克利夫兰市所有的大型炼油厂,他们想要与美孚公司竞争,完全是痴人说梦,只会落得被彻底扫地出门的下场,或是说了些表达类似意思的话。(1880年11月1日)

乔治·O.巴斯林顿正式宣誓后(1880年11月12日)说:汉纳-巴斯林顿公司第一年的业务盈利略少于40,000美元。自第一年年底起,直至卖给美孚石油公司,都没有赢利。在出售炼油厂时,我们还保留着运营公司的权利,并持续经营到大约1872年4月公司关闭。在此期间,大约盈利21,000美元。我的前一份誓书是泰勒先生起草的,这些事实都已向他做了陈述。

在将炼油厂出售给美孚石油公司时,我们被告知,可以收取现金,也可以收取等值的美孚公司股票,我们决定收取现金。让我们选择现金的原因之一,是我们担心克利夫兰的炼油业可能不会成功。倘若如此,要现金比要股票就好得多,而且,我们也希望收取现金,以便开展其他的事业。

附录 8 号

1872 年石油生产商协会组织纲要

（选自《南方发展公司兴衰史》，第 8—10 页）

1.组成宾夕法尼亚州油田的区域，可分成 16 个区。

2.每个区的石油生产商可在适当的地点举行会议，根据会议人数，选举 1 人，或者多人（不宜超过 5 人），宣誓并保证通过选出来的成员出售所有的原油。

3.委员会成员有责任出售收到的原油：首先，卖给当地的炼油商；其次，出售给本地区城市炼油商的代理，这些代理可以是执行委员会指定的；最后，出售给执行委员会的货运主、中间商及出口商等。所述地方委员会有更进一步的责任，全面公布执行委员会在各自地区正在开展的工作，以作为原油出售与运输的参考。

4.应设立一个由石油生产商协会会员组成的执行委员会，16 个区中的每个区均由地方委员会选举出 1 位代表，加入执行委员会。执行委员会不时举行会议，以采取所有必要措施，在细节上全面执行本计划。

5.为支付该委员会的各项费用，对所有原油每桶征收 1 美分的费用，该费用由地方委员会收取并支付给执行委员会，执行委员会应做好账目，在下次会议时向生产商提交报告。

6.执行委员会的重要职责是，采取他们认为必要的措施，确保协会所有往来油区的石油以及各种石油商品每英里的运费率，并采取各种法律手段废除铁路系统的回扣与退款。

誓言

“本人同意，通过石油生产商协会，或者在石油生产商协会的同意下，出售我全部的石油产品。”

一、应立即成立一个组织，其唯一的目的是，在生产者收到储油罐或管道公司开具的石油接收凭证后，借助该组织或代理人的帮助，向相应生产商支付预付款项。

二、该组织的名称为“石油生产商协会”。

三、其资本应为1,000,000美元，董事会的负责人有权依据判断将资金增加至这一总额，以达成组织的目的。

四、协会总部设在石油城，其合作代理机构可落户于所有重要的石油生产点。

五、其股票每股为100美元，股票可转让，但只能在董事会的同意之下，在总部根据公司登记簿的记录进行交易。

六、委员会的主席应在16个产油区中每区任命1人，负责建立登记簿。每位生产商、制造商，以及每位直接或间接与本地工业利益相关的人，均可获邀认购该组织的股本，但不得超过50股，或其有资格获得的份额。但无论是谁，无论在任何时间，都不能持有超过上述份额的股份。

七、在1,000,000美金的股份认购完成，10%的份额支付给委员会主席指定的5名受托人之后，所述主席应通知股票认购人选举董事会，股票认购人的每份股票代表1张选票。

八、所述董事会应由董事长、副董事长及若干能公平地代表各区的董事组成。

九、董事会指定某些银行或银行家为其在各区的合作代理。在缺乏银行或银行家的地区，应建立此类合作代理，以便给石油生产商带来更多的便利。在银行或银行家有需要时，可以通过汇票或其他方式，从公司总部获得资金，并严格对之负责。

十、每家生产商均有权在其最为便利的代理处存放股票单据或石油凭证,这些均可为其建立信用。而董事会也会在谨慎的判断之后,向生产商支付预付款项。

十一、协会将不时出售自己名下的石油,或者持有石油,作为相同质量相同价格的石油预付款逾期的担保。总部每日电报通知各地代理,对所述价格做出说明。

十二、在协会内存有石油的生产商,若事先未另作安排,石油将由保管协会保管,直至按指示卖出。每日石油的出售安排如下:首先,所有的石油按照货主的通知卖出,然后,对已付预付款的石油和逾期未付款的石油按比例平衡分配。

十三、协会对所有预付款收取一定的合理费用,该利润用于支付协会的各种花费。若有节余,将作为所有实收股份的股息。留在协会手中的剩余股票属于协会的财产,直至由按照前述条款转交或支付给某方,但永远依照票面价格计算金额。

十四、各区的生产商,按照生产商协会纲要第二条,选出委员会并选举出委员会主席,该主席的姓名应呈报给总会主席。

十五、按第五条规定,由总会任命的人员有责任在股票发行时,为股票的认购做出应有的努力。在收到股票认购款项的一周内,该负责人应按照第七条规定,收取其中的10%金额,并将该金额连同认购者名单、认购金额一并呈报给总会主席。

附录9号

南方发展公司（成立）特许执照

（选自宾夕法尼亚州法律，1872年）

关于南方发展公司的法案：

第一款　本法案经由宾夕法尼亚州参众两院会议通过，并由两院授权颁布。S.S.穆恩、R.D.巴克利、约翰·A.福勒，或者他们中的绝大多数人——合伙人、继承人以及受让人，特此被授权，组建一实体公司，名为南方发展公司。根据宾夕法尼亚州于公元1870年4月7日批准的公司联合组建法案及其补充条款，该公司拥有法律规定的所有权利与权益，亦须承担法律赋予的责任与义务。

第二款　所述公司的股东，在得到不少于三分之二股票持有者的同意之下，有权改变所述公司的名称、确定公司总部的地址。在州政务秘书正式填发公司特许经营执照，公司董事长签名并加盖所述公司印章后，总部地址不得变更。

批准于1871年5月6日。

上述宾夕法尼亚公司联合组建法案具体规定了联合组建者的权利。

宾夕法尼亚公司联合组建法案：

第一款　本法案经由宾夕法尼亚州参众两院会议通过，并由两院权威颁布。安德鲁·霍华德、G.B.斯沃茨、G.B.爱德华兹、J.D.威尔斯图、J.P.马林，以及他们的合伙人、继承人、受让人，或者他们当中的大多数人，经授权，组建一实体公司，名称为宾夕法尼亚公司。此名称，公司可永久使用、继承，享有各种公司应有的特许权、专营权与豁免权；在所有法庭与同等的法律机构，有起诉、应诉、指控与辩护的权利；可为自己、继承人与受让人购买、接受、保存及享有如土地、房屋、可租赁的地产、可继承的财产、动产、不动产、实产、证券等各种各样、不同性质的个人与共有财产；可在需要时建立补给站点、动力车间、轨道线路、商店，以及所述公司其他的目标建筑，这些财产可不时地出售、转让、抵押、典当、出租、转租、让渡、处置等，如同本法案下文第二款的规定；可制作和使用一个共同的印章，同时可以依照自己的意见，对该公司的管理规章或制度进行必要的设立、更新、修改，这些规章不能与联邦的法律相悖；可以为了公司的福祉从事某项或所有的业务，以及管理和指挥公司的各项贸易与事务。

但是，本协议所包含的内容不能解释为向所述公司提供任何银行特权或特许经营权，或以货币形式发行债券的特权。

第二款　特此创建的公司具有与任何个人、群体、公司、集团，或者与其他任何无论如何组建、存在或者在此后存在的实体，有签订契约的权利。所述公司，或者其中任何人员，都有权以任何方式从事建立、建设、维护与管理任何工程与工程系统。这种建设、维护与管理旨在改进、提高、便利或者发展贸易、运输，在美国本土加快货物生产、盘活库存、提高人员往来以及其他方面水陆交通运输的效率。所述公司亦有权在交易双方同意的情况下，提供所需的材料、劳动力、工具、仪器以及各种固定装置，也可根据法律赋予的权利，个人或合伙购买、建造、维护、经营这类材料与设备（包括电报通信线路），以便促成在此过程中与其他公司、个人与集团的合作。

第三款　特此创建的公司亦有权购买、出售其他公司的债券，对其他公司进行先期投资或贷款，或是以类似的方式对合约商与制造商进行援助；有权接受、保有、存储与抵押，或以其他方式处理财产，包括票据、债务、个人与公司账户。如协议双方有此类条款，在双方同意的情况下，这些票据、债务等均可购入、募捐、核算、结清、典当、出售等；有权为其他集团、公司与个人的债务支付、责任履行等背书或担保；有权履行、承担、执行任何公司或与其他任何公司签订的任何协议、租约或分租协议。

第四款 特此创建的公司还有权在权威部门的批准下，在支付费用或法律担保的前提下，着手征用个人或公司的土地，并根据本条例授予的权利，在其上建立与建设、维护与管理任何本法案第二款规定或提到的对公司发展而言必要的工程、建筑、构筑物、道路或者固定装置；有权收购、建造、使用、维护这些工程，以及与这些工程有关的改良工程；在所述公司同意的条件下，有权联合、兼并任何其他公司的财产与专营权；有权确定和规范对使用了所述公司建立、管理或拥有的所有设施的货物、财产或乘客的收费标准，或对经由所述公司的线路进行运输的其他任何产品收费、提出要求；有权不时从所述公司的利润中获取分红；由所述公司管理的几条铁路，按照其在本州内的长度，按比例纳税；而所述宾夕法尼亚公司仅需按其在宾夕法尼亚州范围内持有的股本股息比例及净收益纳税，在本州范围之外的其他业务所得或收入，均无须承担纳税的责任。

第五款 所述公司的股票共 2000 股，每股价值 50 美元，总额为 100,000 美元。在任何年度会议或者特别会议上，经当前过半数股票持有者投票表决通过，可将股本增至其认为必要的金额；本法案第一款指名的股票持有者，或他们中的过半数成员，有权在他们认为需要的时间、地点，开立簿册供股票认购。当不少于 1000 股被认购，且 20% 的金额已经支付时，这些股份的持有者可选举不少于三人，但不多于九人，出任董事，直至下一年度的选举，或者，直至正式选出他们的继任者且其资格得到正式认定；如此选出的董事，有权以公司的名义，代表公司行使在此处提及的所有权利或特权，与其他股东一样受法律责任的制约，该法律责任仅限于就其在公司所持股份，支付公司到期或即将到期的款项；如出现股本金额增加，所述股东做出上述增加时，在缴付相应分期款项后，有权按比例获得增加的股本份额；每次股本金额的增加，需加盖公司印章，经由董事长及秘书签名，并向审计长提出申请，使之正式生效。

第六款 所述公司的主要办事处设在匹兹堡，但董事可根据他们制定的规则与章程，在本州任何其他地方建立分支机构或代理机构；所述公司的所有董事应为美国公民，并于美国定居。

第七款　公司董事由股票持有者每年选举产生，选举时间为每年六月的第一个星期二。在第一次董事会上，根据董事人数，选举董事长一名，另外，亦应根据董事人数选举副董事长一名、财务主管一名、秘书一名，以及公司业务所需的其他高级官员、办事员以及代理等。所有董事的选举均应通过投票进行，每位股票持有者有权按其股票份额投票，每份股票可投一票。但是，持股不到10股的股票持有者没有被推举为董事的资格。在年度会议或者特别会议上选举出来的董事会成员，应由至少对公司持股一半以上的股东组成。

第八款　应在匹兹堡市发行的两份报纸上，对年度选举举办的时间与地点进行为期10天的公告。该选举应由三位股东主持，其中一人负责裁决，另外两人担任监察员。

第九款　董事会应制定所有必要的细则，以指导公司业务的展开。与其有业务往来的人，应当可以随时了解这些细则。公司的董事长有权通过董事会，在经多数所述董事投票同意的情况下，改变所述公司的名称。经此方式采用的新名称，在获得所在州政务秘书与审计长认证的证明书之后，所述公司才拥有、保持并享有特此授予的一切权益、权利、特权以及某些豁免权。公司董事有权在他们认为适当的时间，按适当的比例支付所述公司股本金中未支付的剩余金额，所述评估应按照公司细则的指示做出。

宾夕法尼亚州众议院议长

埃利沙·W.戴维斯

参议院议长

查尔斯·H.斯廷森

批准于公元1870年4月7日。

约翰·W.基利

附录10号

南方发展公司与阿勒格尼河及其支流流域石油生产商之间的协议草案，1872年1月①

(选自《南方发展公司兴衰史》,第121—122页)

公元1872年1月,南方发展公司——宾夕法尼亚州法律管辖下的一家公司,包括其股票持有者,当中超过三分之二(根据他们的炼油能力估计)为美国石油炼油商——为甲方;石油生产商协会——亦为宾夕法尼亚州法律管辖下组织起来的法人社团,包括其股票持有者,当中超过三分之二(根据他们油井的年实际原油产量估计)为阿勒格尼河及其支流流域的石油生产商——为乙方,见证并达成本协议。

有鉴于,甲方已签订有若干协议:第一份,与宾夕法尼亚铁路公司签订;第二份,与伊利铁路公司签订;第三份,与大西洋-大西部铁路公司签订;第四份,与纽约中央-哈德逊河铁路公司,以及滨湖-密歇根南方铁路公司签订。在原油及其产品的运输方面,这些协议的签订保证了一定的优势,本协议的双方旨在利用上述协议,促进石油生产商、炼油商以及运输部门的共同利益。

为更完美地达成所述目标,所述双方相互订立契约并同意如下条款:

Ⅰ.甲方任命五名成员,与乙方任命的五名成员共同组成一联合执行委员会,再由该委员会在其成员之外,挑选一名为人谨慎且有能力胜任的人为主席,作为联合执行委员会的第十一名成员。

Ⅱ.甲方将提交在所述铁路协议下出现的所有问题。这些问题影响

① 提交给委员会时,本草案为铅笔书写。该草案未呈交给生产商,见附录12号华生的证词。

生产商与炼油商双方的利益，影响本协议第一条规定组成的执行委员会的决定。

Ⅲ.乙方任命五名成员，与甲方的五名成员一起，按照本协议第一条的规定组成联合执行委员会，并向所述委员会提交第二条提到的所有问题。

Ⅳ.所述双方均同意，所述联合执行委员会对所有影响到生产商与炼油商共同利益的问题做出的决定，对双方都具有决定性与结论性的意义。始终影响生产商与炼油商共同利益的问题，主要有以下几个方面：

1. 原油与精炼油的运费率；

2. 原油的出井价格与石油市场价格；

3. 精炼油的市场价格；

4. 回扣与退款金额，以及有求于铁路运输的部分。

Ⅴ.所述双方均同意，联合执行委员会每月开一次会，在下次会议召开之前的任何时间内，若出现影响双方共同利益的问题，可由主席或者任何四名成员，召集一次或者多次会议商讨。

Ⅵ.乙方同意，原油生产总量的增减遵照所述联合执行委员会的指导，按实际需要生产，提供与世界消费市场需求接近的石油供应，以对生产商、炼油商与运输商均有利可图的价格收购石油。

Ⅶ.所述双方均同意，所述联合执行委员会在每年年初确定原油的最低均价，以此计划原油的生产、铁路运输的车皮调度。最低均价可称为生产的最低成本——与此同时，所述委员会亦应确定原油提炼、装桶并出售的最低均价，该价格为制造成本。

Ⅷ.所述双方均同意，在支付了原油的最低生产成本、最低制造成本以及运输与储存成本，还有出口的海运成本后，利润应在生产商与炼油商之间分配，前者的比例为……后者的比例为……。

Ⅸ.所述双方同意，一旦短时间内原油生产过剩，超额的原油应采取切实可行的办法从市场收回。为此，甲方应按照8%的比例，预付一笔最低生产成本四分之三的预付款，同时委托乙方，对桶装石油进行良好保管，且作为负责可靠的公司，支付全额预付款及利息。

Ⅹ.所述双方均同意，如果生产商遵照联合委员会指令行事，通过停止钻探新井限产，甲方需支付相应款项，并支付上述预付款。

Ⅺ.乙方将准备登记册，列明所有新井的开钻及完工日期、油井的特征、月产量及弃产日期等，以之作为持有其公司股票的先决条件。上述日期由其股票持有者登记完成。

Ⅻ.双方同意，本协议的目的，旨在使石油生产商与炼油商能够亲密无间地合作，通过互惠、公平与公正的交易，来促进彼此的共同利益。对本协议任意事项的任何解释，均应出于此目的。

附录 11 号

W.G.瓦登的证词摘录

(选自《南方发展公司兴衰史》,第 30—41 页)

W.G.瓦登宣誓并接受 W.G.海德里克(法官)的询问调查。

问:你是南方发展公司的官员吗?

答:是的,先生。或者更准确地些说,是前官员。

问:你掌管的是哪个部门?

答:在以前所有的会议期间,我主管秘书办公室,也是公司的一名董事。

问:公司是什么时候组建的?

答:我们有会议记录,如果您能让我查阅一下,我愿意将这些记录列为证据。根据记录,我发现法人团体成员会议召开于 1872 年 1 月 2 日。据我理解,这些会议记录将作为部分证据,可向你们提供所需的公司组建等各项活动的全部信息。

(主席声明,这种会议记录只能归入备忘录,此后是否能作为证据要由委员会决定。)

海德里克先生提问。

问:公司组建是为了达到什么目的,或者,是为了什么业务?

答:为了精炼油。

问:会议是在颁发了执照的情况下召开的吗?

答:1 月 2 日的那次会议是我们在得到执照后的一次会议。

问:出席 1 月 2 日那次会议的先生们,是公司组建动议中提到名字的那些先生吗?

答:是的,先生。他们在会议上讨论,要按照章程将公司转让给股票持有者。

问:是动议中提到名字的那些成员,在你陈述的那种情况下,将他们的资产转让给股票持有者吗?

答:是的,先生。

问:这家公司炼油能力怎样?说明一下它的股本金认购,以及支付的总额。

答:当时认购了 1100 份,每份 100 美元,其中 20%交给了财务部。

问:那家公司打算在什么地方炼油?

答:他们的打算是要将这个国家的所有炼油厂纳入公司内。

问:把这个国家所有的炼油厂都囊括进来,这是股东们的计划吗?

答:是的,先生,是他们每一个人的。

问:你能给我们一份股东名单吗?

答:我可从会议记录里把名字提供给你们。他们的名字与持有的股份如下:

威廉·弗鲁	10 份
W.P.罗根	10 份
约翰·P.罗根	10 份
查尔斯·洛克哈特	10 份
理查德·S.沃林	10 份
W.G.瓦登	475 份
O.F.沃林	475 份
P.H.华生	100 份
H.M.弗拉格勒	180 份

O.H.佩恩 ………………………………… 180 份

威廉·洛克菲勒 ………………………… 180 份

J.A.博斯特维克 ………………………… 180 份

约翰·D.洛克菲勒 ……………………… 180 份

2,000 份

谢尔登先生提问。

问:要把这个国家的炼油厂都囊括到一家公司里去,是出于什么目的?

答:公司开始是这样打算的——这个国家有大量的炼油厂,生产的石油比这个国家的需求量大得多,或者说,比欧洲与美国的消费者的需求量大得多。我认为,这个国家炼油厂的炼油能力在每天 45,000 至 50,000 桶之间。我们完成了公司组建,聚到一起时发现,出席会议的各方代表均以不同的方式代表着这个国家大部分炼油炼商的利益。当然,在这件事情上,我们所有人都有朋友,如果真要做出什么安排,就需要先关照他们。在针对这个问题进行了一段较长时间的讨论后,我们最后决定,把每家炼油厂都纳入我们公司之内。我们也与多家铁路公司就运费回扣问题进行了长时间的讨论。他们不愿给出回扣,除非我们能吸收所有的炼油厂,并且一视同仁。不论我们对某家炼油厂持什么态度,就当时的状况而言,都没有什么不同。它们都应毫无例外地全部加入进来。这就是我们从头到尾的看法。

问:这些炼油厂位于何处?

答:位于纽约、费城、巴尔的摩、波士顿,还有滨海地区与油区、匹兹堡,以及克利夫兰等地。

问:你说你们向铁路公司提过建议,而他们愿意在所有炼油厂都加入的情况下,给予你们回扣?

答:不,先生,我说的不是这个意思。我是说,这是我们在就这一问题与他们讨论时达成的理解,并不是我们的建议。他们在讨论这个问题时，不是提出建议，认为全部的炼油厂都应纳入我们公司，而是从公司成立的意图和决心出发，认为一开始就应该达成这个结果。在这件事情上，我们没有其他目的。

问：假使你们能够吸纳所有炼油厂，铁路公司会提出给予你们运费回扣吗？

答：不，先生。不是以那种形式。我们准备把所有炼油厂吸纳进来，所有相同的条款均适用。我们需要获得回扣，这是我们与铁路公司协商的内容。除非我们能吸纳所有的公司，否则他们不会给我们回扣，而我们告诉他们，我们能做到这点。各铁路公司的协议就是与我们签订的。

问：但如果你们确实组建了一家公司，吸纳了所有的炼油商，你们就会获得运费回扣吗？

答：不管怎样，我们总是有回扣的。不过，所有参与进来的炼油商都能享受这样的特权。

问：就是说，无论他们是否加入，你们都会有回扣吗？

答：是的，先生。

问：你们是否曾在之前就有的运费体系中获得过回扣？

答：没有。铁路方面的整体目标是要得到更高的运价。

问：在炼油厂没有与你们联合的情况下，这样的安排会对生产商或者炼油商产生什么影响？

答：根据我们的看法，这也是让我们陷入这场麻烦的关键所在。整个国家都误解了我们，我们的建议广为误传。我们的目的，我们的讲话，无一例外，都得不到如实的传播。对我那些与之有关的朋友和我本人而言，只是认为生产商应该为他们的原油得到个更好的价格而已。我们算过，一桶原油可获得5—6美元，从谈判开始到结束，我们都是这样算的。在这场骚乱开始并形成气候之前，我们并没有组织自己的公司，或者说，至少组织没有能够完成，也没有签订协议。我们认为，事态应该平息下来，让我们有机会解释我们的主张与见解，使人们对我们有个正确的认识,我们要求有机会能这样做。在我们发出的电报中,有这方面的证据,我可以发誓说的都是真话,电报的内容都是真实可信的。……我会进一步说明,针对这件事情,我曾与斯科特先生私下讨论过,而且讨论了很长一段时间。我也和波茨先生聊过,他对此毫无兴趣,也与这份协议也毫不相关。他从一开始就谈过这件事,认为这事不可能成功,除非能够照顾好生产商。就我从他们那里听到的说法而言,在我们进行的每次讨论中,从一开始,我们以及铁路公司的人,所有人都理解这一问题的意义所在。会谈中,我能够告诉铁路方面人员的是,我个人与斯科特先生和波茨先生谈过,也完全理解,如果没有生产商的合作,我们不能成功地采取这些措施,为我们自己以及铁路公司赢利。我们的讨论集中在一点上,就是我们的关系应该是联合还是合作。我个人坚决反对组成联合体,因为从某种意义上来说,生产商与我们之间的利益冲突,是一种类似买者与卖者的关系。在争论中,我们坚持认为,如果生产商能够注意产量,就有极大能力照顾好自己的业务。唯一会令他们受影响的,就是我们生产的不景气。因此,他们有权将市场价格控制在6—8美元。

问:你们就从来没有考虑过这个国家消费者的利益吗?这可是国家更大部分的人口。

答:我们考虑过。

问:你们想要提高油价?

答:要回答这个问题,我必须先声明,生产商与炼油商都为现存的不景气所苦。炼油商得不到足够的钱来支付开销,而我们所求的全部,就是炼油商的合理利润。

问:对那些没有参与联合或者合作的人,这些安排会产生什么影响?毕竟你们已经订有条款,确定了石油运输的收费价格,对炼油商与生产商均是如此。

答:我认为,我们不需要考虑这个问题。

问:铁路公司对那些没有加入联合体的公司提高了运费,并没有像给予你们回扣一样,也给予他们回扣?

答:是的,先生。

问:现在,如果你们能通过任何形式的联合,来控制那些人的石油生产,那么你们会在石油运输上获得回扣吗?

答:我们不会有回扣,我们会得到退款。

问:回扣与退款,两者之间有什么区别?

答:在某种意义上,并没有什么太大的不同,回扣是在我们支付运费时就有的,退款则是在之后。

问:这只是技术上的区别,而非实质上的,对吗?

答:我想说,您从协议中就能看出来这些。

问:所以造成的结果是,那些没有与你们联合的人,不能像你们一样,获得廉价的石油运费?

答:是,先生,他们不能。我要解释一下这其中的关系,以及为什么会有这种安排。我可以说,我的脑海中从未有过要将某些炼油商排除在外的念头,生产者的正当利润是我们的全部追求。他们应全部被吸纳进来,并适用相同的条款。退款的目的并不是要覆盖这个国家所有要提炼的石油,而仅仅是针对那些准备出口的。

问:如果所有人都参与联合,那么,结果是否不会伤害生产商与炼油商,而是伤害整个国家的消费者?

答:不会,先生,我们的意图不是要伤害他们。

问:倘若你们增加了运输成本,也不会提高石油价格?

答:是这样的,先生。

问:你说,无论怎样,铁路公司都会提高货运运费率。如果货运量太少,他们有权这样做。但是,将运费率提到如此高的程度,使得他们能够付给你们一大笔钱,这样做合理吗?

答:我会告诉您是怎么回事。与我们交易的人是一伙十分难打交道的家伙,我们当中经营石油生意的人知道,当我们买进量大时,他们会在纽约以没有人负担得起的低价来承担运输。自 1869 年以来,几乎年年如此。石油运输到东部的运费率,一直明显比市场所知的任何运费率都低，甚至比我们提炼后运输的费用还要低。铁路公司方面不断被一家又一家的公司纠缠，通往纽约与克利夫兰的其他线路还经常降价，所以，没有人知道运费率是多少。最近两年，他们都在或多或少地支付回扣。

问：所以你们期望提高运费率，目的就是简单地与铁路公司分摊利益？

答：没有利益可分摊。

问：回扣就是一定程度的分享，不是吗？你们的建议不正是为了要从这个国家的生产商与消费者支付的运费中获得一定比例的金额吗？

答：这样做是为了避免铁路之间的价格战，防止投机买卖。

问：目的不是为了压制这个国家的生产商与消费者？

答：我否认有这种目的，但可能的确产生了这种效果。

问：生产商与炼油商实际上联合了起来，通过不时储存石油与大量运输出口，进而影响市场价格吗？

答：油溪的生产商有过这种联合。有一些炼油商与批发商结盟，组成了两个联合体，也就是 1868 年组建的所谓“迪博联盟”，以及组建于 1869 年与 1870 年，被人们称为“斗牛场”的联盟。但是，就我所知道的，生产商方面除自身的结盟外，没有其他的联盟；他们自己人之间曾有过几次联盟。

问：之前没有过生产商、炼油商与批发商之间的联盟，也没有影响过石油价格吗？

答：曾有过各种各样的联盟。

问：如果不是伊利铁路公司的负责人出现变更，使得协议未能达成，这次铁路公司与纽约某些方面官员之间的联合，是否会使得他们能够控制煤①的运费率？

答：倘若允许我说出真实的想法，我的回答是肯定的。我还要说，

---

① 译者注：疑为石油，原文如此。

我们做出这一安排最重要的理由之一，就是要阻止伊利的联盟。这是件很难的事，我们无法掌控。我们今天以合理的价格运输一批石油，明天却被迫要以更低的价格卖出去。这样的安排确实完完全全打破了这种联合，因此，今天没有那种联盟。

主席提问。

问：我的理解是，你们更大的联盟吞噬了伊利联盟。

答：当时的确是破坏了他们的联盟。

问：你们的联盟与伊利联盟的方向差不多，但是更大，是吗？

答：不，先生，不是这样。伊利与一些批发商结盟，而我们则涵盖了这个国家整体炼油商的利益，这就是区别。我会解释这一点，自从我来到这座州议会大厦，就被告知，所有参与这次依法进行的调查的人已经联合到一起，意在提高他们的石油价格。我希望他们能做到。我不在乎都用到了什么手段，只有这样，我们才能继续开展我们的业务，只付必须付的费用。

问：我理解你说的，在你们的安排下，原油成本每桶增加了 1.25 美元，而在宾夕法尼亚的产油区，每天的产量约为 18,000 桶，但这不是平均水平。你能够想起来一年的总产量大约是多少吗？

答：我这里有份通告，上面给出的数字是 5,775,000 桶。

问：所以，去年产量大约是 6,000,000 桶了。现在，这 1.25 美元中，如果实施你们的安排，能够得到多少回扣？

答：应该是每桶最多 1 美元。

问：那么，在石油生产上，你们一年就可有 6,000,000 美元的收入了，而铁路公司方面还有另外的 1,500,000 美元。换言之，拜你们的这种安排所赐，公众一年要额外多花费 7,500,000 美元。

答：您指的是哪儿的公众？或许是欧洲人在支付这些费用。

尼格利先生提问。

问:生产商方面组成的联盟是否影响了市场的油价?

答:那时我们还没有开始做这件事,我什么都不清楚,当时的情况有些反反复复。我要说明的是,我们生产出来的石油产品,大部分都运往了欧洲——正是从谢尔登先生所谈论的那些原油中提炼的。我这里有份通告,要提请委员会注意。这份通告可以证实我们在这件事情上的态度。我愿意将其作为证据,因为从中可以看出与原油出口有关的批发商们的看法。在每个业内人士的印象中,总认为在这个国家,出口石油应该向我们支付一笔额外的费用,这笔费用在 8,000,000—10,000,000 美元之间,被运输与生产石油的人分掉了。我知道有那么连续三五年都是这样的情况。我们曾反复表明,那些石油应留在国内。我从事石油业务多年,还不曾为了拉低市价而卖出过任何一桶石油。我一直对市场状况很乐观,相信在这个国家,对每个从事石油行业的每个人来说,都应该有个更好的油价。1868 年、1869 年以及 1870 年,石油生产运动给这个国家带来了数百万美元。倘若生产商足够克制,不生产超出市场需求的石油,价格就能保持不变。想要追求更高的市场价格时总会带来些麻烦。这个国家已经没有人能够平心静气地说一句,我们应该让这些商品有个更好的价格了。

主席提问。

问:你是指在这里有更好的价格,还是出口的更好价格?

答:在这里没有更好的价格,出口也就不会有更好价格。

问:这正是委员会想要知道的,是否有必要为保持国外的价格,就保持国内价格?

附录 12 号

彼得·H.华生的证词摘录

（选自《南方发展公司兴衰史》，第 76—96 页）

华盛顿特区，1872 年 4 月 5 日

汤森德先生提问。

问：从你今天上午给出的证词中，我理解到，在整个安排完成之前，这种安排，以及在这种安排下所做的工作就都已经暂停了。这样的理解对吗？

答：是的，先生。

问：协议没有签订完成？

答：没有完成，先生。有关协议最初的条件没有得到遵守。只有立足于这些条件，协议才能发挥作用。

问：所以还须做进一步的安排才能完成协议？

答：是的，先生。南方发展公司必须签订一份协议，就像我在这里提供的这份草案一样，在协议正式生效之前，就可以使生产商享受与协议有关的一切有利条件。

问：是有三个与石油贸易有关的主要利益方吗？

答：是的，他们是生产商、炼油商以及运输商。任何不公正的行为，都会使得各利益方受到影响和损害。在这件事情上，铁路公司的目标是促进贸易的发展，从而实现自身的利益。

主席提问。

问:你说有三个利益方,指的是生产商、炼油商以及运输商?

答:是的,先生,他们都与石油贸易有关。

问:而所有这些安排的目的是为了保护这三方的利益?

答:保护这三方的利益,只是顺带的目的。这样做是为了保护总体的利益,尤其是美国交通运输领域的利益。

问:所以现在贸易正朝着对各方的效益和利润有利的方向发展吗?

答:是的,先生,各方都可以公平地获得利润。铁路公司尚未收回运输成本,而这是因为在整个1871年,他们都在亏损运输。

问:嗯,但那是为了增加利润,不是吗?

答:是的,为了补偿亏损。

问:这是否以任何方式给消费者带来了价格上的好处?

答:是的,先生。

问:怎么做到的?

答:通过稳定贸易来实现。您会发现,所有熟悉这种贸易的人都知道,石油市场价格波动十分迅速和频繁。当这些起伏出现时,零售商对价格上涨的反应总是非常迅速,但对价格回落的反应则相对缓慢。在一个稳定的贸易市场,即便石油价格增加到2美元一桶,零售商的价格都不会增加。1夸脱仅仅增加1美分,我想不会加到零售商头上去,因为这种价格的波动本可以避免。这是我们要达成的一个目标。此外,在本国消费的石油只是本地生产石油的六分之一——是其产量的很小一部分。我们在讨论价格上涨会带来什么补偿性的优势时,铁路公司方面首先考虑的是,稳定的贸易本身就是一种极大的补偿。

问:请你向委员会说明一下,你是如何得出这些结论的。贸易的稳定可以帮助降低消费者购买产品的价格——这种每桶石油要交给南方发展公司1.50美元的安排,是如何令铁路公司和生产商受益的?

答:好的,先生。在协议中您会看到,有关于最大回扣与最高运费率方面的陈述。这些最大回扣是规则中的例外,也是协议中的基本原则。实际的运费率应当尽可能地接近净运费率。此外,在协议正式生效之前,该协议还是一份与生产商和炼油商签订的协议。

问:协议中体现了这些吗?

答:我向委员会提供的协议草案就能表明,在与铁路公司签订协议之前,已经与生产商签订了协议。

问:这份协议是否规定了,在其正式生效前,为了生产商的利益,可以采用任何方法行事?

答:协议字面上没有这么说。这只是传达给我时提出的一个条件。

问:是通过书面条件变成了协议的一部分吗?

答:的确是协议的一部分。

问:我问你的是,是否存在什么书面形式的东西?

答:我说过,协议字面上没有具体写明,但是,它是协议中的重要组成部分。

问:既然应该成为协议的一部分,那就是说它很重要了?

答:我们从一开始就是这样认为的。

汉布尔顿先生提问。

问:这份与生产商的协议草案是在与铁路协议正式履行之前草拟的吗?

答:是的,先生,草案是在那之前草拟的。

主席提问。

问:那份铅笔草案草拟的日期是哪天?

答:我记不起来是哪天了。草案是在湖滨铁路公司办公室写下的。

问:在什么地方?

答:纽约。

问:请说一下尽可能靠近的日期。

答:我应该说,可能是在 12 月份。其实,我十分肯定是在我回家过圣诞之前。

问:有什么打印的副本吗?

答:没有,先生。

问:这已经是全部了吗?

答:是的,讨论的内容除外;我们曾讨论过这件事。

问:我是说,能提交的书面文件只有这一份吗?

答:是的,能提交的书面文件只有这份。

问:就制订协议而言,全靠这份草案?

答:是的,先生。

问:这份草案是否交给生产商看过,不管是组织还是个人?

答:我们极为迫切地要将其交给生产商。我请他们任命一个委员会,我们可以就此开展讨论。但是,他们当时激动得过头了,结果什么事情也没做。

问:那是什么时候的事?

答:这些协议中的最后一份签字之前。

问:你能记起来是哪天吗?

答:我没法给出具体日期,但是,与湖滨铁路公司的协议不是那时签订的。

问:你邀请哪位生产商来参加会议?

答:我与一位被认为是即将召开的会议的主席的先生通了信,也与其他人联系过。

问:他叫什么名字?

答:富兰克林的福斯特·W.米切尔。

问:你和他通信是出于什么目的?

答:我请他任命一个委员会,与南方发展公司的委员会会谈,以便他们了解南方发展公司的目的所在。我建议在协议生效之前,将与铁路公司签订的协议,以及铁路公司要求南方发展公司与生产商签订的协议形式提交给该委员会。

问:你有那封信的副本吗?

答:是封电报。

问:你这里有它的副本吗?

答:手边没有。

问:你保存在哪里,可以提交给委员会吗?

答:也许还保存着,我也不能肯定。

问:那封信你收到了回复吗?

答:收到了,先生。

问:你在电报中说明了,你提议将与生产商签订的协议形式提交给委员会吗?

答:没有,先生。我提议如果委员会能得到任命,就提交给委员会。

问:倘若你不能提交那封电报的副本,那我要求你口头陈述一下它的内容。

答:我没法按原话复述。我只是用了些常用的表达,要他们指定一个委员会,来与南方发展公司的委员会协商。

问:协商些什么?

答:我不知道这样说出来是否保险,但我知道我写电报的目的是什么。

问:这你已经陈述过了。如果你得到了米切尔先生的答复,无论是信件还是电报,说说内容是什么。

答:我从米切尔先生那儿得到的答复是电报。电报中说,生产商们在会议上对我的建议满是轻蔑——如果信件在会议上被宣读,他们当然会有如此的反应,一次大型会议总是为了特定的目标而召开的。

问:所以那不是他的答复?

答:不,先生,不是。我回复他,我曾打算与他沟通,将草案拿给几家主要的生产商看,而在会议召开之前就提出这些建议,目的当然是为了确保其失败。会议的召开本就是出于某些预计的目的,这个目的就是要以谴责和藐视的态度来对待南方发展公司,因为南方发展公司对他们在利益上表现出了敌意。最后一点或许没有在通信里提及。

汉布尔顿先生提问。

问:你复制过那份给米切尔先生的通信吗?

答:我不确定是否复制过,那是份电报。

问:此后你们与生产商关于这个问题的书面交流就基本结束了吗?

答:不,先生。我们与多个生产商有大量的交流。我想,若以石油产量计算,我们与超过一半的生产商有联系。

问:请说明一下发生的事情。

答:我与他们一直保持通信,在通信过程中他们表示,他们相信有关南方发展公司提出的计划十分可行,对生产商的利益颇有好处。对生产商来说,急需要做点什么。如果不做这些事情,石油生产就得不到繁荣发展。他们或许会无法享受因石油价格而带来的公平、合理的铁路运费,而在现有条件下,石油价格不可能上涨。铁路公司不可能永远这样亏损运营。

问:除了米切尔先生,你可以告诉我们那些提议加入南方发展公司计划的生产商,或是对南方发展公司的计划表现出兴趣的人,都叫什么名字吗?

答:我可以告诉您他们的名字,但我认为这样做的话他们的性命恐怕不保。他们要求我不要提他们的名字,因为他们认为这是件厚颜无耻的事。

问:这么说,你是拒绝说出他们的名字了?你说过你能够说明的。

答:我拒绝提他们的名字,原因我已经说过了。

问:他们当中有谁的名字是你愿意提及的?

答:我要检查一下信件,看看当中还有谁没有做加机密标记。倘若有人没有做加机密标记,我就会告诉您他们的名字。

问:既然你说有许许多多的生产商热衷于这一计划,并曾就此征求意见,为什么又对本委员会说,不愿意提供那些人的名字?

答:我说这件事因为这是事实。

谢尔登先生提问。

问:那些人有性命之忧的原因,是因为这些调查议程的推论会让油区的人情绪激动吗?

答:是的,先生。据我所知,纽约一个代表生产商的委员会,其主席帕特森先生就对一位铁路公司的官员说过,他认为,我要是去了油区就会没命;反正他自己是绝对不会去那儿的。我已经收到了好几封威胁信,但是,在帕特森先生说这番话之前,我根本没把那些信当回事。

主席提问。

问:是什么原因让你觉得会有性命之忧?

答:我不知道具体是什么原因。根据帕特森先生的说法,我想,是由于部分人对南方发展公司的本质与目标的那种非理性的狂躁。虽然南方发展公司在他们看来是满怀敌意的,但对于他们来说,它也代表着产量的合理调整。

问:你知道都有些什么不实的传言吗?

答:我只知道报纸上说的那些,还有人们对我提到的那些。

问:你尝试过做出努力来纠正那些错误印象吗?

答:尝试过。几天前委员会要求的文件,以及今天我在这里所说的,都表明我还在尝试。

问:你纠正这些错误印象的努力成功了吗?

答:没有,先生,没有成功。我会读几条快讯,是我发送的,意在表明我为之努力过。从中你也会看到我实际上所做出的努力。

问:发送给谁的?

答:通过富兰克林的S.P.麦克卡尔门特发给F.W.米切尔的几条电报,这些电报稿我带在身边。

主席插话——我们不能停下来阅读这些东西。

证人①——这几条电报能在极短的时间内回答你们的问题,比我口头回答要简短得多。

主席——我们会从证词中找到答案。

证人——那么对不起,我就读读这些电报稿作为我的回答,因为它

① 译者注:指彼得·H.华生。

们全面表达了我所能表达的事实，而这些事实正是你们想要知道的。

主席——很好，你可以把电报稿交给记录员，它们将作为你证词的一部分，节省委员会阅读的时间。

证人——不听听这些电报的内容，你们难以领会我的回答。这里有三条电报，表明我在竭尽全力使生产商理解，整个安排给他们带来的利益与给其他人的一样多。

主席——好的，你可以将这些提交给委员会，我们不会阻止你读来听。

证人——那么，第一份是发给 S.P.麦克卡尔门特的电报，时间为 1872 年 3 月 4 日，地点为纽约。另一份是我自己发给 F.W.米切尔的，时间为 1872 年 3 月 5 日，地点为纽约。还有一份，同样是发给米切尔的，时间为 1872 年 3 月 6 日，地点为纽约。

电报内容如下：

1872 年 3 月 4 日，于纽约

宾夕法尼亚，富兰克林，

S.P.麦克卡尔门特：

您的电报已收到，敬请将以下内容转达给 F.W.米切尔，若其缺席，则请将之转达给任何可使该函内容为明天出席富兰克林会议的主要生产商所知晓的人：

致 F.W.米切尔：

昨天收到您还有其他一些朋友邮寄来的几份报纸校样，其中一份威胁要毁了我在富兰克林的石油业务。同时，我还收到一封匿名信，威胁要破坏詹姆斯敦-富兰克林铁路。我断定，我在南方发展公司与生产商间奔走的不为人喜，是这两起威胁产生的主要原因。今天上午，我收到一封电报，告知将摧毁我的石油业务，且已采取行动。他们将我的储油罐戳破，使之损毁。尽管这种逐步发展到当前的狂躁可以有些借口，诱导人们把钱拿去投资新的铁路开发，但这种无视法律、破坏私人财产的行为，最终只能招致人们的谴责。您有足够的人格魅力与影响力，对公司的目的有充分的了解。平息人们的狂躁只是一句话的事，我想，您有责任出来说这句话。窃以为，激发当前这种无端骚动的、无法无天地破坏财产的极大责任，正归因于你们当中的某个人。当您从南部返回，我们在此地面谈时，我曾简要地向您解释过南方发展公司整个计划的基础与期望，是与生产商合作，以维持一个良好的原油价格，这也是确保给予运输商、炼油商以及零售商公平补偿的唯一手段。

除非生产商和我们合作，首先，限制世界石油市场的生产能力，使得原油有个良好的市场价格；其次，在接下来的两三个月，将大部分产出的石油装入储油罐，直至当前供过于求的状况缓解，产量下降，否则，从近期世界主要石油市场的供需关系来看，我深信，在即将来临的夏季，原油价格会无法保持在3.5美元，精炼油的价格亦无法保持在22美分。

我向您表达了南方发展公司希望合作的强烈愿望，希望能与生产商在接下来的几年里有良好合作。若能达成合作，则原油出井价，公平、合理的运费率，均能得到保障。现在合作的愿望仍在，您向我表达过对我观点的赞同，而我近期见过的很多主要石油生产商，也赞同我的看法。

接着我要向您解释，因等待南方发展公司的组织而推迟办理的一些重要事务，这都是我最近十天一直在办的事。一旦完成此事——我希望再有几天即可——我将与一个由主要生产商组成的委员会面谈，讨论我们所说的协议计划细节。因此，我请求您通过明天的会议（在送给我的报纸校样上，有明天的会议通知），任命这样一个委员会。倘若可能，最好准备好计划，与其他事情一道加以讨论。我们可延伸讨论你们的储油罐等大型设备以及剩余石油的处理资金等问题，直至当前的生产状况能够得到查核。

彼得·H.华生

1872 年 3 月 5 日，于纽约

宾夕法尼亚，富兰克林，

致 F.W.米切尔：

刚刚收悉另外一批报纸校样，上面载有石油城会议的各项议程。

会议是在激进情绪的引导下进行的，无知且罔顾事实，只有狂热和急切的情绪，缺乏理智的判断。

如果您愿意指派一个生产商委员会展开调查，我们将会展示与铁路公司的几份协议，这些协议将表明，计划给生产商带来的好处丝毫不亚于其他各方。频遭责难的回扣会提高出井口的油价，我们整个计划运行平稳、有效，可以极大地提高美国石油交易中的合法利益。

您在决定钻探一口油井之前，作为一个理性的人，总会耐心地先做些检测，看看是否有其优势。先检验，再行事。难道我们的计划不是一个值得先做理性探究的议题吗？

彼得 · H.华生

1872 年 3 月 6 日，于纽约

宾夕法尼亚，富兰克林，

致 F.W.米切尔：

您的电报已收到。

我的电报并非发给群众大会，而是以朋友的身份发给您的，您也可以根据自己的判断，让一些出席会议，作为朋友的主要生产商们看看。电报的简单目的，是让他们在做出决定之前，先对情况有所了解。

群众大会并非协商会议，其行为往往会受冲动与激情的影响，且往往是为了达成预设目的而召开的，在这种情况下，本次会议就像报纸上报道的那样，只是对与南方发展公司有关的一切的蔑视与谴责。因此，不需要什么预言家事先告知，我就能知道，人们听到我给您发了电报这件事后，将会有什么样的情绪。您要我去富兰克林，征询真正的朋友们的意见，我很高兴可以见到您和您的朋友，我们可以在任何合适的地方，在那股包围你们的骚动气氛之外，比如奥尔巴尼或者纽约，冷静地探讨，从容地商议。

我对现在的情况十分理解。然而，你们那里的情绪激动的人们可能已经失去了基本的判断能力。他们除了提升公众利益，已经没有了别的目的。明白这一点后，您自然可以享受他们的信任。我深信，在会议上自由、坦诚地交流看法，会令你们感到满意，也会令那些毫无原因就视我们为敌的人感到满意。为此，我希望您能为我们的会面，早日定下日期。

彼得·H.华生

吉尔菲兰先生提问。

我想提一个问题，或许能给这件事的讨论带来些启发，而我知道，这个问题华生先生也完全愿意回答。我希望主席问问，在与铁路公司联系时，南方发展公司是否曾通过书面的报告或者电报对其目标进行解释。

主席：我马上问这个问题，不过，我首先想知道，证人发送的这些电报是否收到了回复？

答：是的，先生，发出的电报中，收到了一份回复。

问：有那份回信的副本吗？

答：没有，但是我已经说明了回信的主旨。第一份电报我没有收到回复，时间上也来不及回应，我也没有期待。在我发出第二份电报后，很快就收到了回复。回复是针对第一、第二份电报一起做出的。第三份没有收到回复。

问:你说你没有回复的副本?

答:没有,在上次听证会上,我已经说了收到的回复的主旨。

问:还有其他在你的授意下,向公众或利益相关的生产商发布的信件或陈述吗?

答:我没有授意发布过什么。

问:是否有在你的授权下发布的什么其他东西,向人们做出解释?

答:我对许多生产商做过类似的陈述。

问:我指的是书面性的东西,有没有经你署名后发布的东西?

答:哦,我没有发布过任何文件,我没有发布过这种东西。

问:你是否授权发布过这类文件?

答:我既没有发布过,也没有授权发布过此类文件,因为这类文件毫无用处。人们的情绪如此激动,根本无法理性地看待问题。每个通知我的人都这么说。

问:你是否提出过要把这些协议拿给生产商,或者任何利益相关方看?

答:是的,我希望能为此任命一个委员会,在我发送的电报中明确地告诉了他们这一点。

问:你是否主动提出了这个建议?

答:我告诉他们我愿意这样做,倘若这可以视为提议的话,的确是我主动提出的。如果他们来与我们面谈,我应该也已经履行这种承诺,但是,他们依旧感到担心。

问:你是说你本来愿意公布的吗?

答:我本来完全愿意这样做,也很乐意公布与此事相关的任何文件。

问:如果你真的愿意公布那些协议,为什么最后没这样做呢?你明明有这个权利。

答:我是说如果那些人同意的话,我原本很乐意公布。

问:需要什么人的同意?

答:生产商。我对一些生产商说过,他们可以去检验一下整个计划,如果在他们检验后不满意,认为不符合他们的利益,我十分乐意放弃这一切,这就是我们在这件事情上的态度。

问:你对哪些生产商说过这些?

答:他们中的一些人。

问:说说他们的名字。

答:就这件事与我一直有联系的几个人。如果我提他们的名字,他们的生命与财产可能不保,他们就是如此告诉我的。我承诺不把他们曝光,不给出他们的名字,对此我觉得十分荣幸。

问:你对他们所有人都这么承诺过吗?

答:对与我有联系的绝大多数人都有过这样的承诺。

问:你是否有过什么机会来解释这些事,通过展示你们的协议,让他们知道你们公司的目标是什么?在那些与你有联系的人当中,没有你可以提到名字的人吗?

答:我要检查一下信件,看看当中还有谁没有加机密标记。倘若有人没有加机密标记,我就会告诉您他们的名字。

吉尔菲兰先生提问。

如果主席允许,我还想提一个问题,给我们的讨论带来些启发。我想问问证人,他是否看过他提到的富兰克林会议上的会议记录。如果他看过,会议是否通过了什么决议,要求公布这些协议,如此,进而让公众知道这家公司的目的?

答:我没有看过这种决议。我想我没有看过那次会议完整的会议记录,只看过送到我手里的那些部分,那些部分里当然没有什么决议。米切尔先生发电报告诉我,我发去的电报遭到了蔑视,他们根本不想知道任何与之相关的事。

问:你是否记得与你签订过协议的那些铁路公司,或者他们中的一些公司,大约在3月1日提高了他们的运费率?

答:我想,他们在那个时间的确那样做了。

问:运费是在短时间内提到那么高,还是有公开的计划安排?

答:我从未看到过公开的计划,我的理解是,由于纽约中央铁路公司副董事长威廉·范德比尔特与湖滨铁路公司运输代理之间出现了某种误会,湖滨铁路公司的运输代理认为,各铁路公司已经达成了提高运费率的协议,于是,将运费率提高到了与南方发展公司的协议中提到的最高价。在这场误会出现后的一两天,我们在范德比尔特先生的办公室时,收到与此有关的一封电报,他立刻指示纠正之前的决定。此时,湖滨铁路公司的总经理德弗罗先生也正好进来,他也指示其铁路公司负责人迅速纠正之前的决定。

问:你当时在场吗?

答:是的,先生,我在场。我说"我们在范德比尔特先生的办公室里时"的意思,就是我本人在场。

问:这次的纠正是在你的要求、请求或建议下做出的吗?

答:不是。

汉布尔顿先生提问。

问:为什么会做出这一纠正?

答:因为这是个误会,我认为是种错误的领会,或者说错误的理解。在此之前我没听过任何有关此事的消息,如同我说的,运费率提高只是意外,我听到的说法也都说是意外。

主席提问。

问:那么,铁路货运代理提升的运费率,与协议中提到的相符吗?

答:除了前面已经陈述的,我不知道更多其他的事。

问:你认为,他们是因为误会,才会将运费率提高到与协议一致的吗?

答:我说过,当时我是这么理解的。

问:你陈述的情形非常详尽,说一切只是范德比尔特先生与湖滨铁路公司代理之间的一场误会，那么我是否可以判定，你洞悉其中的种种事实？

答：我只知道，这件事在当时看起来就是这样。

问：在那次你所说的错误得到纠正的谈话中，你起到了什么作用？

答：范德比尔特先生向我提到，他犯下了错误，他刚刚收到有关这件事的电报，正准备纠正它。他问我，是否知道德弗罗先生就此事发出的指令。我说我什么都不知道。

问：按我对你说法的理解，是否指当时还不是按协议条件提高运费率的时机？

答：我不知道什么时机的问题。我不打算做任何此类陈述。

汉布尔顿先生提问。

问：当时，作为南方发展公司的董事长，难道运费率上涨到协议中的最高值，不是你期待达到的吗？

答：作为董事长，我并不知道关于这方面的消息；而作为个人，我在这项事务中并没有起到什么作用。

问：在一家公司里，比起任何董事、成员来说，董事长应该知道得更多，对细节了解得更透彻。作为公司的董事长，我想问你，对运费率提高的时机是否有通盘的理解？

答：我可以清楚地回答这个问题，没有。作为公司的董事长，我与运费率没有关系，因为南方发展公司的协议尚未生效，无论是南方发展公司，还是公司成员，都没有任何方法对其进行控制。

问：那时协议尚未签署？

答：协议已经签了，但我将它们暂时交由第三方保管，以待条件实现，所以协议当时并未生效。

问：所以已经签署了？

答：是的，但没有生效。

问：这些协议难道不是由作为南方发展公司董事长的你签署和持有的吗？你难道不曾预料到，运费率会在那时提高到协议中规定的最高价格?

答:当然不是。关于您第一个问题所述的前提,我无法承认那样的说法。我不想进入陷阱之中,承认那些不存在的事。

汉布尔顿先生——我没有设任何陷阱,让你中圈套。

证人——我这样说吧,您在说我作为南方发展公司董事长持有这些协议,您错了;它们并不在作为董事长的我手中。

问:我认为,他们会将协议交到作为董事长的你手里。

答:他们会因为我这个人,不是我的身份,而将协议交到我手里。如果他们这么做了,我在执行托管的过程中,会像防备其他人一样防备南方发展公司。

问:请你回答我的问题,你没有期待他们提高运费率吗?

答:我当然没有,我根本没有起过这种念头。

问:请你说明一下,那个误会,或者说误解、错误,是如何意外发生的,原因是什么?

答:我确实不知道。范德比尔特先生认为,可能是因为当时湖滨铁路公司的货运代理希尔斯先生的儿子已经病入膏肓了,所以他只能暂时放下工作。他有些神志不清,因为心里想的全是躺在病床上等死的儿子,那也是他最爱的孩子。

问:如果他已经神志不清,为何还让他持有协议?

答:我不是有意用那些含有不敬意思的表述,我只是说他当时有些心不在焉。我不知道他是否持有协议。我认为,从那里的一些谈话中就可以知道,所有的货运代理都保有这些协议中提到的运费率。我毫不怀疑,铁路的官员们已经问过了他的意见;确实,他们中的一些人称已经被征询过意见,而货运代理也知道这些协议中规定的运费率是多少。

问:我想要获得一个针对我的问题的正面回应。根据你们与铁路公司的协议，你们准备收购这个国家所有的炼油厂，然后你就有能力提供比其他任何人更大的运量，是吗？

答：我们没有收购炼油厂，一直没有收购。

问：你们没有收购炼油厂的计划？

答：如果它们已经开始运营，公司会考虑收购。

问：现在就说到点子上了。如果你们的计划成功，你认为世界上还有什么人能够提供与你们公司一样多的运量？

答：如果我们的计划得到实施，它就囊括了所有人，不会遗漏，也不会再有利益竞争。

问：那么，万事都在你的完美掌控之中？

答：是的，因为所有人全都包括进来了。

问：既然如此，我是说，在任何情况下，其他人都无法正常运送石油，因为你们有一个额外的回扣，用来防止其他人能得到回扣，对吗？

答：如果全部利益方都加入了计划，就不再存在竞争对手，那对大家而言就不再有什么不公平。

问：这是不同的问题。现在我们都同意，正是由于你们从铁路公司得到了回扣的优势，使得你们可以比其他任何人都更有能力向石油生产商支付更高的价格，对吗？

答：我们预计这些回扣可以使炼油商与生产商维持相对公平的原油井口价。

问：你能回答我的问题吗？通过这些回扣，你们是否能够购买、运输更多石油，使得无人能再与你们竞争？

答：如果一切顺利，南方发展公司运作成功，联合了所有这些利益方，那么我们当然能够支付比其他任何人更高的价格。

问：如此的话，难道你看不出来油区的生产商都在你们的绝对掌控之中吗？

答：看不出来，先生。

谢尔登先生——我看得出来。

证人——我看不出来,我来告诉您为什么。您问我的问题非常像是要用《圣经》来证明“不存在上帝”一样。

主席——我们的全部时间都这样耗去了,你能够直截了当地回答问你的问题吗?

证人——我想要真诚地回答问题。这份协议的本质是让生产商参加其中,因此,它并没有任何敌视生产商利益的意图或目的;除非生产商参与,否则协议永远不会生效。

谢尔登先生提问。

问:这或许是事实,但是,如果生产商拒绝参加,你们不是依旧能够强迫他们按照你们的条款加入进来吗?

答:不能,先生。因为南方发展公司没有协议。

问:你们没有协议?

答:没有,先生,没有协议。

问:从未有过?

答:从未有过,先生。它们是以暂由第三方保管的形式,放在我这里的。从未有过任何协议,也就是说,无论是今天,还是其他任何时间,在南方发展公司与铁路公司之间,都没有协议存在,没有任何协议在履行或生效。

汉布尔顿先生提问。

问:难道骚动不完全是由于协议的签订而导致的吗?

答:如果生产商成为南方发展公司计划中协议的一方,那么各方都会感到满意,协议都会生效并得到执行。

问:如果有一批生产商加入,你们会迫使剩余的生产商也加入计划中吗?

答:至少需要三分之二的生产商加入。

问:然后你们可以强迫剩余的生产商加入?

答:这是大多数行业的规则;除非有三分之二的人加入,否则无法执行计划。

问:让我们来看看你们是否有力量来迫使生产商加入。通过你们与铁路公司的协议取得的优势,你们可以以每桶 40 美分的价格将原油运到克利夫兰与匹兹堡,以每桶 1.06 美元的价格运往纽约、费城、巴尔的摩或者波士顿。而将精炼油运送到克利夫兰与匹兹堡,你们有每桶 50 美分的优势;从任何点运到纽约、费城、巴尔的摩以及波士顿,有 32 美分的优势。在我看来,有了这些优势,你们可以对生产商为所欲为,可以想让他们怎样就让他们怎样了,对吧?

答:南方发展公司从未能够具备这样的优势,因为与铁路公司的协议条件是有强制性的,那就是需要生产商加入并参与利益分配。

问:这一条件也体现在不同的协议中吗?

答:这一条件并不体现在协议的字面上,但是我持有的这些协议的基础。

问:现在,华生先生,作为一个律师,你说说看,与第三方提出的口头约定是否能够全方位地影响文字协议条款的执行?

答:让我来说明一下。在我的经验里,确实有与此类似的情况,我每天都有票据要签署、密封,在各道程序完成后,将我的财产通过契据交付。

主席——等等,在这些程序中一定有某种秩序。我希望你回答我提出的问题,作为律师,口头陈述的条件能否影响文字协议的条款的执行。如果你能够对这一法律问题给出答案,就请回答。

证人——再让我仔细听听这个问题,如果您能让我以我的方式来回答的话,我会努力完整地回答问题。

谢尔登先生提问。

问:问题是,一方没有被写进文字协议中的口头陈述的条件,是否可以有效地影响双方之间的协议条款的执行?

答:协议双方之间的约定,不论是口头还是文字的,都应是有效的,都具有充分的约束力。

问:这是你作为律师的看法?

答:这是我的观点。

问:现在,先生,这些协议是否考虑到了原油与精炼油运费率会出现相当大的增长?

答:他们预计到了煤炭与木材的运费率较以往会上涨,每磅大约1.5美分。

问:是否考虑到了原油与精炼油的运费率上涨?

答:当然,铁路公司在亏本运输这些物品,亏损了差不多1,000,000美元。他们以低于成本价在运输,而协议的目标之一就是提高铁路运费率。

主席——我建议你先回答这个问题,然后再解释。这次调查是个正式程序,我很遗憾地说,在整个调查期间,你从来没有直接回答过一个问题。

证人——先生,如果问题没有得到全面、公正的回答,会给人留下糟糕的印象。我不想在我的证词中给人留下糟糕的印象。

谢尔登先生提问。

问:很好,我对你的解释很满意。如果没有南方发展公司的介入,现在这些铁路公司是否无法提高运费率?

答:那将会遇到许多的困难和障碍。

问:是他们不会提高运费率,还是他们没有提高运费率的权利?

答:纽约州法律禁止伊利与纽约中央铁路公司联合提高货运价格。他们是否曾经提价我并不清楚。他们尝试过很多方法,试图提高运费率,但没有成功。

问:按照纽约州的法律,是否可能出现例外的情况,使得他们可以与南方发展公司联合?

答:我认为,这就要看律师们的理解了,本协议在法律上非常完美、适当,他们不能联合,但他们可以签订独立自主的协议。

问:他们可以因为你们的利益提价,但是,不能因为别人的利益而提价?

答:不是为什么人的利益,但他们可以做这种处理。有那么两三年的时间,他们为了吸引业务,一直在削减运价。

问:运费率提高对消费者会有什么影响?

答:我认为,根本不会对这个国家的消费者造成什么伤害。

问:售价不会因此而提高?

答:我认为这不会导致这个国家的零售价上涨,但如果没有对零售消费者的反补贴优势,价格当然会提高。

问:你的意思是说,石油的运费率仍留有利润,即使运费率增加50%甚至100%,也不会影响零售价格?

答:不,先生,我并不是这个意思。

问:这不是从你的回答中得出的结论吗?

答:不,先生,我认为不是。我的解释是,石油贸易极易受猛烈且迅速起伏的价格的影响,除非通过某些人为干预使其稳定。像我前几天解释的那样,零售商会很快注意到价格的上涨,但对价格的回落反应就十分缓慢。这样一来,零售商的平均售价就要比整个市场平均批发价高得多。而在本协议的作用下,价格可以有个稳定的预期,有了稳定的价格,零售商便不会提高自己的售价。

问:你知道在俄亥俄北部,零售商销售一桶石油的利润是多少吗?

答:各地情况不一样。

问:是否曾达到1.75美元每桶?

答:我要稍稍算一下,才能回答您的问题。(计算过后)我知道了,每桶是按获利40美分的价格销售的。合理的利润是每加仑6—8美分。

问:我们这些在座的先生应当是为公众的利益服务的。你能否告诉我们,你们正在推进的公共利益是什么?或者,在这些协议中是否有相关的某些预设或安排?

答:我们推进了铁路方面的利益,运输利益;生产商,即那些开采石油的人的利益;炼油商,即那些提炼石油的人的利益;美国从事一般贸易与商业的人们的利益,因为生产出来的石油,有六分之五用于出口。还有,在石油贸易中,原油价格的提高,对于实现炼油商公平合理的商业利润也至关重要。公平合理的运费也十分重要,因为假如没有一个更高的运费率,炼油商获得的利润也不会长久,而且生产商要按照上一年的平均油价来给劳动力支付工资。

问:你不认为,让所有的人以自己的方式参与石油的生产、贸易活动,保护他们自己的权益,而不是像你们要做的那样,形成一个联合体,更能促进这个国家的商业贸易利益吗?

答:在许多情况下,必须超越个体,形成联合才能成事。没有无数个人的合作,铁路无法建成;没有合作,许多其他的运作也无法成功展开。这个联合体仅仅是其中之一。

问:生产商向你们要求加入这次合作吗?

答:多数明智的生产商要求了,今天,我断定他们会感到满意,这对保护美国的工业是必要的。

问:消费者也要求你们这样做吗?

答:并没有大量的消费者让我们这样做;但我们自身也都是消费者。他们没有亲自这样要求。

问:按照提高后的运费率来运输石油,在这些协议的条件下,铁路公司可以赚多少钱?

答:即便在没有任何回扣的情况下,按照最高运费率来收取运费,能赚到的利润大约与他们做煤炭与木材运输业务一样多。如果只是按净运费率收取的话,就没有那么多。

主席提问。

问:根据你的判断,为了美国的利益,是否应当为那些每年让南方发展公司收到 1,000,000 美元的人制定相应的条款?

答:据我所知,没有这样的条款。

问:证词中说,一年有 6,000,000 桶石油被运输。按照协议规定,在最高运费率的情况下,公司的回扣会超过每桶1美元。

答:(我们)没有考虑过收取最高运费率的事。就如字面上说的,协议的基本原则是运费率应尽可能地接近净运费率。

问:假设按运费率计算,你们公司会收到超过6,000,000美元?

答:这与协议所依据的原则并不相符。

问:所以,如果协议中所述的运费率得到支付,那么,南方发展公司就会获得超过6,000,000美元的回扣?

答:是的,如果确实发生了这样荒谬的事的话。

问:那你们为什么要把荒谬的事写进协议里?

答:我说过,协议里并没有这样写。

汉布尔顿先生提问。

问:这难道不是协议中规定的最高运费率吗?

答:但是,协议中也说明了,运费率须尽可能接近净运费率。

附录 13 号

1872 年 3 月 25 日的协议

(选自《南方发展公司兴衰史》,第 27—28 页)

1. 自本协议签订之日起,所有石油的运输安排,均应最为均等地有利于所有运输公司、生产商以及炼油商。不再做出或允许做出回扣、退款或其他任何性质的安排,以避免各方在运费率上有丝毫差别,或遭到任何不公平待遇。

2. 石油城、联合市、考利、欧文顿、匹兹堡、克利夫兰以及其他竞争点当下的运费率,应保持如下不变:

精炼油、汽油等

	每桶(美元)
自石油城、联合市、考利与欧文顿至波士顿	1.65
自石油城、联合市、考利与欧文顿至纽约	1.50
自石油城、联合市、考利与欧文顿至费城	1.35
自石油城、联合市、考利与欧文顿至巴尔的摩	1.35
自克利夫兰至波士顿	1.65
自克利夫兰至纽约	1.50
自克利夫兰至费城	1.35
自克利夫兰至巴尔的摩	1.35
自匹兹堡至纽约	1.50
自匹兹堡至费城	1.35
自匹兹堡至巴尔的摩	1.35

原油

	每桶(美元)
自石油城、联合市、考利与欧文顿至波士顿	1.50
自石油城、联合市、考利与欧文顿至纽约	1.35
自石油城、联合市、考利与欧文顿至费城	1.20
自石油城、联合市、考利与欧文顿至巴尔的摩	1.20
自石油城、联合市、考利与欧文顿至克利夫兰	0.05
自石油城、联合市、考利与欧文顿至匹兹堡	0.05

上述运费率不应出现任何变化。如需对运费率进行调整,应至少提前90天,以书面形式通知石油城的生产商协会主席威廉·哈森。

3.运输车皮的分配不应有差别对待。

4.在上文所述基础上,各方同意,各自真诚执行协议安排,为相互间的利益而努力。

各方签字并见证,1872年3月25日:

湖滨-南密歇根铁路公司代表:H.F.克拉克,董事长

伊利铁路公司代表:O.H.P.阿切尔,副董事长

纽约中央-哈德逊河铁路公司代表:威廉·H.范德比尔特,副董事长

大西洋-大西部铁路公司代表:乔治·B.麦克莱伦,董事长

宾夕法尼亚铁路公司代表:托马斯·A.斯科特,副董事长

油溪生产商与炼油商代表:G.山姆伯格、E.G.帕特森、威廉·哈森、亨利·拜伦、威廉·帕克、约翰·J.费谢尔

石油城生产商与炼油商代表:J.J.范德格里夫特、A.P.拜伦、威廉·M.埃利希、威廉·沙伊德

纽约炼油商代表:亨利·H.罗杰斯、F.C.弗莱明、小约西亚·伦巴第

波士顿炼油商代表:B.沃格翰

附录 14 号

亨利·M.弗拉格勒的证词

(在俄亥俄州议会任命的委员会面前,1879 年 3 月)

亨利·M.弗拉格勒,俄亥俄州克利夫兰市民;职业:美孚石油公司秘书;已宣誓并经过审查。

诺顿先生提问。

问:弗拉格勒先生,你知道本次调查是按照众议院决议第 162 号做出的,对吗?

答:我知道。

问:你做美孚石油公司的秘书多长时间了?

答:自从它组建就是了,自 1870 年 1 月的某日开始。

问:你们公司生产的产品,或者提炼出的成品油,有经由俄亥俄州的铁路运输的吗?如果有,请陈述一下是否由你签订货运价格协议,或者说你们公司是否按协议支付运费?

答:对第一个问题的回答,是的,先生。我们的炼油厂生产出来的油品,不论多少,都是经由该州的铁路运输的,所有的货运协议也一直由我签订。

问:请尽可能准确地陈述一下,你们生产的油品中有多大的比例运出本州?

答:嗯,应该是 65%—70%。

问:你们公司与俄亥俄州铁路公司有文字或者口头协议,来运输你们的货物吗?

答:有的,先生。

问:你可以说明一下,这些协议是文字的,还是口头的。

答:文字协议。

问:在此之前,在这一次之前,你们有文字或口头协议吗?

答:有的。

问:弗拉格勒先生,你是否可以说明一下,因为这些协议,人们是否认同或者允许,铁路公司付给你们抽成或者回扣?

答:不,先生,这是不允许的。

问:你是否可以说明一下,铁路方面是否允许你们获得特定的运费率,或者所谓特定的优惠?

答:我无法回答这一问题。实际上,我不知道别人得到的运费率是多少,所以,我不知道我获得的运费率是特定的还是通常的。

问:我相信你的说法。弗拉格勒先生,倘若存在此类货运协议,在给你的传票中,已经提出要求,要你将其带到委员会来,你带来了吗?

答:我从未见过这样的传票,所以,我也不知道有这样的要求。然而,我有我们公司签订的协议,从第一份到现在签订的都有。

问:你可以把这些协议出示给本委员会吗?

答:可以,先生,可以。假如这些协议对委员会有用的话,我极为乐意这样做——只不过协议要在保密的情况下使用。这些协议不包含什么不公平运费率,但包含美孚石油公司的一些商业机密,其利益是我决心要保护的。我看不出来,在本案中提交那些协议,除了证实我誓言下所做的陈述,还有什么别的作用。在这些问题上,我非常高兴能让我们公司在公众面前获得清白。不过,如果要让我们的商业协议变得众所周知,我就不会在乎这种清白。如能保密,我将十分乐意提交那些协议。

问:弗拉格勒先生,你知道从本州南部,嗯,比如说,从玛丽埃塔,还有从惠灵到哥伦布城的运费率吗?

答:不知道。

问:你,或者你们美孚石油公司,为卡姆登联合公司做过什么制定运费率的事情吗?

答:什么都没做过。

问:你们为玛丽埃塔炼油厂的公司制定过运费率,或者安排过货运么?

答:没做过。

问:弗拉格勒先生,这里有一份值得采信的证词表明,大约在一年前,运费率从我提到的地点,从帕克斯堡及其他地方往这个方向的地点,提升了差不多50%。对于铁路公司间这种运费率上涨,美孚公司有所了解吗?

答:就我所知,应该说是绝对不了解。我以前从未听过此事。我不知道以前的价格如何,也不知道价格曾经上涨过。

问:你会通过自己的身份,或者说美孚公司会通过其代理人,来操控运费率吗?你们为自己公司之外的克利夫兰的其他石油公司制定过运费率吗?

答:没有,先生。

问:弗拉格勒先生,从滨海地区,或者从克利夫兰到滨海地区,你们获得的运费率是多少?

答:当前的运费率?

问:是的,当前的。

答:您是说每车,还是每桶?

问:好吧,我们按桶算,关于计价问题,提交给委员会的证词均是按桶计算的。

答:我不知道我能否回答这个问题,我不知道。我回答了这个问题,就会出卖其他人的商业利益。按照多年的惯例,实际上,在超过5年的时间里,运到滨海地区并出口的运费率,是由被称为干线的铁路制定的。这些铁路包括纽约中央铁路、伊利铁路(现在是纽约-伊利湖-西部铁路)、宾夕法尼亚铁路与巴尔的摩-俄亥俄铁路。各地的货运总代理人,他们是制定运费率的人,他们西部的线路也是共享的。我不知道这些服务的费用是如何支付的,对于西部的线路之间如何分配运费,我也一无所知。我们没有与湖滨铁路公司签订过任何关于货运的价格协议，同样，也没有和大西洋-大西部铁路公司签订过这类协议。这是我们仅有的两条货运线路——这样说可能有些不准确，我们也会在匹兹堡进行运输，通过克利夫兰-匹兹堡铁路，或者巴尔的摩-俄亥俄铁路运输货物。

问：你知道牌价吗，就是公布出来的到滨海地区的每桶运费率？

答：到波士顿和纽约是1.54-1/2美元，费城和巴尔的摩是1.29-1/2美元。

问：弗拉格勒先生，现在你总算用铅笔给出了自己的结果。那么，既然有牌价，为什么你还要计算运费率呢？

答：简单地说，是因为我没有去记这些事。我要回忆价格的构成方式，通过扣除所谓原油退款计算出来。原油退款是45-1/2美分，没有人会为其买单。我不知道这种安排是否由铁路公司维持，但在我的印象中不是这样。

问：你们确确实实得到一个较低的运费率，比公布的牌价需要支付的运费更少。这就是事实，不是吗？显然，到滨海地区的货运牌价平均是1.65美元。

答：我从未见过货运价目表，倘若您指的是公布给公众的所谓运费率的话，我从未见过这类东西，对此一无所知。

问：你们公司给铁路公司提供了什么样的诱饵，或者说，铁路方面给予你们公司什么样的优惠？这么说吧，根据赫尔斯先生提供的有关油品运输等方面的证词，你们向铁路公司方面给出了什么诱饵，使得他们降低了你们的运费率？

答：他们没有出于任何那样的原因给我们提供低价的运费。他们是因为使用了我们的资产，所以要向我们付费。我们为他们提供终端运输设备和车皮以托运货物，他们为使用这些资产而支付我们一些补偿费用。也许，我可以说得更清楚一些，让您能更好地理解。我们在每个炼油厂设了分立账户，假如，我们花了50,000美元或100,000美元来建设我们的枢纽站运输设备、库房、装卸场地等，我们做出某种安排，他们为我们花钱建立的这些资产设备付费,给我们一个合理补偿。这种报酬是由于这种投资而产生的,与货运费用毫不相干。生产油品的炼油厂支付的运费与其他人支付的费用一样,而对油罐车以及运输过程中的枢纽站设备做出的补偿,则是因为使用了这些设备。我要说,在我们签订的协议中,如果其他方能够给铁路公司提供相同便利,铁路公司也能明确地给他们提供相同的优惠。

问:美孚公司拥有并操控帕克斯堡的卡姆登联合公司吗?

答:嗯,我更愿意以一个问题来作为回答,这个问题是,您提到的问题与答案在本决议的范围内吗?

问:我可以向你说明提出这一问题的理由。我这里有证词指控,本州南部的铁路公司与卡姆登联合石油公司或者美孚石油公司间,有证人所称的勾结,目的在于获得不公平的运费率。为了查清楚对美孚公司的指控,我才问这个问题。

答:是这样,这是我们公司的商业机密,但是,考虑到这样的情形,我可以回答这个问题。美孚公司并未拥有或者控制卡姆登石油公司,我完全可以清楚地对每个人说,美孚公司没有一份卡姆登联合公司的股份。我这样说,应该可以让大家明白。我希望我说清楚了,我本人也没有它的任何一份股票。

问:回到协议的问题上来。你有已经签订的,或现在正在签的有效文字协议,可以提交给本委员会吗?穿过本州的那些铁路公司与你们公司之间签订的协议。

答:有的,先生(提交协议)。第一份协议中,1870 年每桶运费率如下:自 2 月 1 日至 6 月 1 日,为 1.40 美元;自 6 月 1 日至 11 月 1 日,为 1.20 美元,这段时间是货运季节。自 11 月 1 日直至协议终止次年的 4 月 1 日,为 1.60 美元。

问:在那份协议中,有退款或回扣的条款或约定吗?

答:没有。

第二份协议的文字说明:

本协议中,运费率如下:自 1872 年 4 月 1 日至 1872 年 11 月中旬,约 7 个月,每桶运费率为 1.25 美元。剩下的 11 月、12 月,以及 1873 年的 1 月、2 月和 3 月,每桶运费率为 1.40 美元。

问:在协议的文字之外,没有退款、回扣,或者特定的优惠吗?

答:根本没有(提交第三份协议)。

弗拉格勒:就这一问题,我想说几句,把真相讲出来。在当时,我们的交易量大约在每天 4000 桶。我们的协议规定,这些油品要立即送给客户。如果我们比协议中规定的发货时间延迟了 1 小时,每天就得为此支付 50—100 美元。所以,对我们来说,重要的是尽可能更快地让铁路公司装车。

问:弗拉格勒先生,在阅读那份协议后,我看得出来,你们不仅没有受益,而且会因为铁路公司方面的原因致使油品无法按时抵达,并因此蒙受损失。你们给客户支付过滞期费吗?

答:是的先生,有些年我们支付过高达 30,000 美元的费用。

问:你们是否曾因其他的货运主没有签订类似的协议而受益?

答:没有过,先生,根本没有过。您可以看出,自始至终,通过这些协议,我们承担着法律要求公共承运者承担的风险,除有书面协议外,任何铁路公司都不得将自身从风险中剥离出来。处理这么多数量的油品也是极为棘手的事。铁路公司方面总有倾向要将一部分车皮用于别的货物的运输,只要他们能支付更多的运费。他们用过一种有板架设备的铁路货车来运牛,我们在有这类货车的线路上遇到了很多麻烦。如果他们将牛从芝加哥运到圣路易获得的利润比帮我们运输获得的更多,他们就不会帮我们运货。我想说的是,这些都是在签有刚刚您看过的协议情况下的事实。您记得,在 1 年中的 7 个月里,我们每天交付给他们 4000 桶,或者说每月 100,000 桶石油,而在那期间,月货运量最少也有 108,000 桶。在其他的时间里,我们提供了更大量的货运,并依照协议付款，而如果我们通过运河运输的话，每桶的运费可以便宜 40 美分。12 月 1 日，一条竞争线路将运费率降到每桶 1.05 美元，我找到范德比尔特先生，告诉他，铁路公司的运费率应当维持在协议价格上，不然我们当初就不会与他签订协议。我对范德比尔特先生说，如果他坚持履行协议，强迫我们按照协议支付运费，将迫使我们不得不关闭炼油厂，因为我们无法在别人的运费率为 1.05 美元的情况下，按照 1.25 美元的运费率支付运费。我提醒他注意这样的事实，在运河通航期间，我们每月交付给他的运量都高达 108, 000 桶，甚至更多，且都是按 1. 25 美元的运费率支付的运费。我对他说，如果你们愿意将运费率降低到与宾夕法尼亚公司相同，按照我的看法，不出 30 天，他们就会恢复到原来的运费率。而我们所要求的，只是与其他货运主有同等的待遇。他迟疑了一会问我，是否要由他来全部承担这 20 美分的运费差价。我告诉他，若他能承担其中的一部分，他就能承担全部。我说，这是场运输公司间的价格战，不是石油公司间的价格战，当石油公司间的价格战开始时，我们才会担心自己。我说如果不是他们保证，运费率会一直维持在 1. 25 美元，我当初不会签下这份协议。他说，“我会给你 1.05 美元的运费率”，而这是在我们做了比协议要求的更多的事之后才得到的。第二天，我们卖出了 50, 000—60, 000 桶石油，每桶的运费率为 1.05 美元。范德比尔特先生允诺该运费率会维持 1 个月，之后就要回到协议规定的 1. 25 美元。我说，那好吧，我们会履行协议规定的运量，然后我们会停运。在接下来的整个月，我们按照 1.25 美元的运费率支付运费，直至 3 个月后协议到期，我们再也没有从克利夫兰市运出过一桶油。这很好地反映出了协议对我们的影响。您也许会认为，在这件事情中要求平等待遇是种幼稚行为，但是，我们无法在那样的条件下将我们的石油产品投入市场，与其他炼油厂竞争。

提交第四份协议。

问：这是你手边仅有的一份协议，现在你们是依靠这份协议来运输石油产品？

答:是的,先生。

问:你是否知道有关蒂格尔公司对湖滨铁路公司提出的不公平货运诉讼案?

答:没听说过。

问:你有没有认识到,由于你们公司依靠的这些协议,使本州比你们更小的炼油厂处于不利地位,从而使你们不公平地获益?

答:没有,先生。

问:你们公司联合铁路公司,进行过被他们称之为"排挤"的行为,或者伤害过美孚石油公司之外本州其他炼油厂的利益吗?

答:没有,先生,从来没有过。对这个问题我愿意展开一点来谈。我认为,这对在座的每位来说都是公平的。一家巨型公司,有着机械装置与能力,以及伴随着业务发展而积累的经验,而且总是做着很大的贸易,那么按照事物的发展规律,这样的公司自然会让那些较小的公司感受到威胁。1873 年与 1874 年,在我们定下每天 4000 桶的产量时,如果有谁细心观察到了美孚石油公司的发展,就会知道,我们成就了一项巨大的事业,我们极有经济眼光,生产出来最好的石油产品,始终如一地给买家提供品质好又安全的石油——一个人的眼中只专注于这一项生产。拥有资本的积聚与贸易经验,坚持使用我们拥有的贸易渠道,虽然"排挤"的说法有些冒犯,但要说那些小型公司能与我们竞争,也只是空谈。不过我们确实没有与铁路公司勾连在一起,或者操控运费率。

附录 15 号

匹兹堡计划

(源自《石油城井架报》,1872 年 5 月 17 日)

1.炼油商将其地面建筑物出租给公司五年,这些地面建筑应有足够的空间以开展公司业务。

2.每年租金为这些地面建筑物评估价值的 8%,公司承担其全部经营风险,并支付全部日常税费。

3.出租人通过现金或者等价的炼油厂股票,将地面建筑物估价一半的营运资金支付给公司财务部门。

4.上述出租人收到的上述公司的债券,与应收到的现金或者公司股票等值;所述债券应在五年内支付,或者在一年后,公司选择其他方式支付。所述债券按照债券面值的 8%产生利息,每半年支付一次。

5.在上述债券赎回之前,公司每年支付的股票红利不应超过 10%。

6.在上述债券赎回后,公司有权以首次评估的整体价格,合法收购全部地面建筑物,收购费用可以公司股票全额兑换。

7. 每个地区应指定一至三人组成的地方委员会展开评估,做出评估后,再要求各个地方委员会的主席参与整体评估。

成立上诉委员会,各个地方委员会主席为其成员,公司的所有董事长、总经理为委员会的董事。

委员会应对地面建筑物进行现金估价,并就估价的方式做出指示。

附录 16 号

石油生产商代理

(源自《石油城井架报》)

1.按照宾夕法尼亚州的法律,成立一家名为"石油生产商代理"的机构,该机构受宾夕法尼亚州石油生产商协会理事会领导。

2.其股本金不少于 1,000,000 美元,每股 100 美元,仅可由宾夕法尼亚州石油生产商协会会员认购,亦可由理事会批准的其他人员认购。

3.股本金不得通过代理机构账户进行转让,除非是在董事的授意之下,且得到了理事会批准。

4.代理机构的业务由一个由十三位董事组成的董事会管理,委员会每年由持股人选举产生。

5.建立顾问委员会,顾问委员会包括由各地方协会选举产生,并得到理事会批准的一名成员组成。顾问委员会成员可出席董事会会议,享有除投票权外所有的董事特权。顾问委员会的任何成员,出现滥用职守或不端行为时,在经理事会例会超过四分之三的理事投票同意后,可被免职。

6.地方协会可委托委员会招揽和接收认购资金,亦可委托责任受托人接收认购的款项。在认购完成后,认购者应支付至少预订额度 10% 的费用。地方协会的委员会须就他们收到的认购情况,每天通报理事会主席,在认购总额度达到 1,000,000 美元,获得理事会批准,且代理机构的机制合法完成之时,应通报股本金认购者,并召集会议,选举董事会董事。董事选举完成后,应立即举行会议,选举董事会董事长、秘书及财务主管。地方协会指定接收认购股本金的受托人,按照他们收到的金额，向代理机构支付股本金认购费用。在代理机构或其授权代表收到定金之前，代理机构不对各地方协会指定的受托人承担任何责任。

股本金的认购费用，可以按照每桶 5 美元的价格用石油支付，并通过代理机构的运输车皮或者代理、分代理铁路线上的储油罐运抵。无论在何种情况下，除非该机构或受托人实际收到订单，否则不能开出任何股票的证明。但是，应先与认购者签订协议，保留相应股票份额，作为按需运油的特别担保。而具体的需求则须在代理机构收到油品订货单后 30 天之内做出。

7.石油生产商协会的成员只能将其生产的石油卖给代理机构。代理机构购买协会成员的所有石油，并按每桶 5 美元的价格支付标准级别的石油以及第五区的重油。购买石油的款项应按照如下方式支付：若市场能消化全部油量，货款则应按照市场价格，在交货时以现金支付；但如果理事委员会或理事会决定的每日提供给代理机构的量超出了市场需求，代理机构应当先支付 3 美元现金，同时给卖家开出证明书，可在石油卖出后，获得扣除预付款的余下纯利。

8. 在未经石油生产商协会同意的情况下，代理机构不得以低于每桶 5 美元的价格出售石油。

9. 赎回证明书的时间应在证明书开出的下一个月的 10 号及之后，涉及金额包括所有售出及已运出的石油所获的收益，并减去预付的金额和储存剩余石油的费用。对于证明书中未结清的余款，持证人在退回证明书后，有权收取一份石油收据，以证明其对剩余石油的权益。

10.代理机构有权在理事会的允许下，按每桶石油的买卖价格收取佣金，这些佣金应首先用于支付各项费用，其次用于支付股本的股息，比例为 6%。每半年一次，免税。

11. 出售剩余石油所得的全部净收益，应专门用于赎回储油罐的收据，而是否同意油罐被赎回，则由持有者自行决定。

12.代理机构可在产油区建立分代理，以便在接收、储存、运输原油与处理当地石油业务时提供必要的便利。分代理的建立须得到理事会的批准。

13.代理机构应当提供必要的石油储存条件，以控制市场销售的石油和储存剩余石油。

14. 在铁路安排合理的前提下，在产油区铁路沿线，各分代理机构的标准油品价格应当统一。

15.每桶石油的容量统一为42加仑。

16.若石油的生产长期超出市场需求，石油生产商协会理事会可决定限产的时间，并在可行、必要与合法的情况下，采取限产措施，以防止新油井的钻探。但是，这种限制只针对新油井钻探，那些已经开钻但未完成的油井不在此例。

17.在董事会认为必要时，经理事会批准后，可对炼油能力做出规定，以便根据消费需求，维持最高的原油价格。

18.在任何时候，代理机构都不能向任何个体、组织、集团或者协会出售或与它们签订协议，做出任何安排，以免经其手形成垄断、内部价格、优惠或者优先，给现在或者未来的石油贸易带来竞争与损害。本条款的内容不能解释为阻止代理机构采取措施。当有必要时，在理事会的批准下，代理机构可做出一些临时性的有差别交易，但目的必须是为了保护或促进石油生产企业的利益，确保原油的更高价格，促进精炼油的消费，减少原油与精炼油之间的差价。

19.经理事会批准，代理机构可采取措施，通过发掘石油的新用途，来增加石油的消费。

20.代理机构须每日公布其准确报表，说明当天的石油买进量、卖出量以及储存量；同时，亦须说明同一时间内各分代理点的几个相同数据，以及石油销往的地点。

21. 代理机构应每三个月公布一次关于其所有交易的完整报告，并展示截至报告当日的业务状况；报告的准确性须按照理事会规定的方式加以核实。

22.董事会或者石油生产商协会理事会可任命一委员会，审查代理机构的业务状况与事务管理情况；委员会应得到正式的任命，有责任与权力彻底审查影响代理机构利益的各项事务，可检查其票据、账本、收据凭证，以及保险箱、库房、储油罐等。为使检查报告真实、可信，真正反映代理机构的业务状况与事务管理情况，发布报告的费用由任命委员会的组织承担。理事会有责任，并应当明确这种责任，须每年至少一次任命这样一个委员会，来进行此类审查，并提交报告，公布审查结果。

23.代理机构可建立一信息统计部门，收集、公布各项数据，包括石油的生产、提炼、市场与消费情况等有关内容。信息统计部门的大门应随时向石油生产商协会的成员敞开。代理机构亦应每日与地方协会保持电报沟通。

附录 17 号

石油生产商协会与炼油商协会之间的协议

(源自《石油城井架报》)

石油生产商协会与炼油商协会间的协议如下:

有鉴于,石油贸易需要石油生产商协会与炼油商协会合作,以达到相互保护的目的:

因此,我们,本协议的签署者,代表石油生产商协会与炼油商协会,特此达成下列条款,具体如下:

一、协议双方同意任命一代表委员会,该委员会每周召开一次例会,需要时亦可增加会议次数,会议场所由委员会决定。

这个委员会有责任(在其权力范围内)确保本协议的条款得到切实执行,并履行本协议赋予他们的职责,总体来说,要(在其权力范围内)为贸易双方的共同利益行事,这也是本协议的目的所在。

二、由石油生产商协会指定一名审计员,该审计员有权检查炼油商协会的账本、票据,以及该协会有关原油、精炼油的买入、卖出以及运输的日常报告。该审计员与炼油商协会的秘书一起,每日向两个协会提交联合报告。

炼油商协会指定一名审计员,该审计员有权检查石油生产商协会及其代理的账本,以及该协会有关原油、精炼油的买入、卖出以及运输的日常报告。该审计员与石油生产商协会的秘书一起,每日向两个协会的所有销售商与运输商提交联合报告。

三、双方均同意,建立准确的交易账本,反映所有原油与精炼油的买入、卖出以及运输情况,这些账目亦须在合理的时间范围内,向每个协会的授权代表开放，以备其开展上述提出的检查。

四、炼油商协会同意接纳所有现有的炼油厂为会员，在同等的条件下，分享协会未来的利益。石油生产商协会同意接纳所有石油生产商为会员，与现有会员享受同等待遇。

五、石油生产商协会同意（通过其正式指定的代理商）向炼油商协会及其会员独家出售原油。炼油商协会及其会员同意，只购买石油生产商协会及其指定代理的原油。

六、石油生产商协会同意，所有通过本协议获益的石油生产商均须约束自己，只能通过石油生产商协会出售自己的石油。

七、炼油商协会及其会员同意，自本协议签订之日起，六十日内他们不会出售持有的任何原油或精炼油产品，但那些之前已经购买了的，用来补充已经售出的等量原油除外。

他们进一步同意，每日从石油生产商协会采购全球市场足以消化的等量原油。具体的数量将由本协定规定的代表委员会不时确定。

八、经此途径买入与卖出的原油价格附有条件地为每桶 5 美元，一桶 42 加仑，在“共同交割点”按如下条件支付：

纽约精炼油的售价为每加仑 26 美分时，无须支付额外费用；但是，当纽约的精炼油平均售价每加仑提高 1 美分，原油价格每桶应提高 25 美分，提价的原油量应与售出的精炼油量相等，直至价格达到每桶 5 美元。在原油平均价格基础上提高的金额，应由炼油商协会的会员以纽约精炼油每加仑提高 1 美分的标准，按照相应的比例支付。

纽约的精炼油的平均出售价格，由炼油商协会会员调节。

九、代表委员会可在必要时做出价格调整，降低上述原油与精炼油的最低价格，提高最高价格，价格的降低与提高，以及原油的付款方式均由上述委员会决定。

十、结算在每个公历月的月尾进行，并在下一个月的 15 日前结清余额。

十一、炼油商协会会员售出的供出口的所有原油所获利润，在上述原油交付后，计入生产商协会的下一个月的定期结算中。

十二、协议的任何一方均可在任何时候终止本协议，需要在终止日期前十天向协会主席提交书面文件。

十三、本协议即日生效，有效期为五年，除非以第十二条规定的方式终止。

十四、代表委员会可在协会批准的情况下，随时对协议提出修改意见。

石油生产商协会执行委员会、炼油商协会主席与秘书，于此见证，公元1872年12月19日，于纽约签字通过。

石油生产商协会执行委员会：C.V.卡尔弗、A.H.布朗森、塞缪尔·Q.布朗、威廉·帕克、B.B.坎贝尔

炼油商协会：约翰·D.洛克菲勒，主席

附录 18 号

针对伊利铁路公司的回扣，乔治·R.布兰查德的证词

(纽约州议会铁路问题特别委员会的报告,1879 年,第三卷,第 3393—3395 页)

1872 年 10 月 1 日,当我首次成为伊利铁路公司的货运总代理时,布拉德福德地区还无法生产石油,所有的石油都要由伊利铁路公司经由大西洋-大西部铁路公司的线路东运过来。当时,宾夕法尼亚州特迪奥特的艾德拉·奈哈德的代表是 W.T.沙伊德,后来变成了 H.C.奥伦。W.T.沙伊德运来了少量的精炼油,他在前一个月的石油运输中就获得超过 7000 美元的回扣,也就是 1872 年 9 月……我探究其中原因,发现了之前有关运费率与油价的协议,也就是生产商、货运主、炼油商与铁路公司之间订有的协议,签订日期为 1872 年 3 月 25 日。我曾问过那份协议为什么没有执行,得到的答复是,那份 3 月 25 日签订的协议只持续了不到两个星期。而且在之前,帝国运输公司就已经从宾夕法尼亚铁路公司获取了大量回扣与佣金。这些回扣要么与货运主共享,要么就作为对他们额外的补偿。鉴于帝国运输公司还拥有联合管道线路,他们有着我们公司与其他货运主没有的种种优势。那一年(1872 年)的下半年到 1873 年 1 月,在前南方发展公司董事长华生先生的管理下,五个月里全部石油运输量仅为 265,853 桶,或者说,每月仅有约 53,000 桶。而宾夕法尼亚铁路公司的运量大约是这个数量的六倍,或者说是每月约 300,000 桶;纽约中央铁路公司则将从克利夫兰运往纽约的精炼油全部运走了。当时我听到的那些说法,同样也使大西洋-大西部铁路公司相信了我们的竞争对手的所作所为。我们自己与铁路公司决定,根据

1872年3月25日协议,继续支付每桶24美分的回扣,并按照协议定下的1.35美元的运费率制定运费。

因此,十分明显的是,签订了3月那份协议的最大货运主之一,觉得自己没有必要受协议的约束,支付业已同意的价格,而且他给出令人信服的理由,认为签署协议的其他各方,没有按照协议支付运费,还通过竞争拥有了在相同线路上相等的或更大的优势。在1873年初,沙伊德先生与负责原油业务的尼尔哈特先生来到了我们公司。就像沙伊德先陈述中说的那样,当时还没有任何精炼油货运主,他们相信可以通过精炼油获得回扣。我通过沙伊德先生的证词知道,帝国运输公司已经对沙伊德先生的原油给出了回扣。我进行了几次谈判,增加了我们的运量,签订了一份协议,和大西洋-大西部公司达成一致,具体如下:

伊利铁路公司副董事长办公室

纽约,1873年3月29日

节录

在约翰·D.阿奇博尔德、贝内特先生、波特先生、奥斯本先生与本人之间,根据1873年3月的协议,运费率应为132-1/2美分。此后,1873年在同一交割点的最高运费率为125美分。如果在1873年的任何时间,共同交割点的运费率是依照泰特斯维尔的运费率计算的,那么当真正运输时,伊利铁路公司和大西洋-大西部铁路公司也会在同样的时间给出同样的运费率。按照这一运费率,炼油商同意将他们的全部产品交由我们运往纽约,为期一年,通过其他线路运输时,亦享有同样的运费率。

约翰·D.阿奇博尔德

G.R.布兰查德

这位贝内特先生也是3月25日协议的签署者之一,他是一名炼油商。从这些先生们那里我了解到,在那之前,生产商协会采取的行动已经使得这份协议被推翻。

尽管在1873年3月29日达成了协议,但在1873年11月就有协议方退出了协议,并将全部货运交给了帝国运输公司,留给我们的货运主只剩一家规模很小的炼油商。G.赫维先生的货运量极少,但即便是为了保有如此小的业务,防止竞争对手的拉拢,在1873年11月我们也不得不给他1.10美元的运费率,而之前协议规定的运费率是1.50美元。

这些事实有效地驳斥了帕特森先生关于3月25日的协议持续了两年,或是运费率在超过三周的时间内得到了控制的证词。事实表明,协议签署者中至少有两人觉得并不应该受协议规定价格的约束。他们和其他通过别的线路进行货运的人,在签署协议后一直在努力争取,并在协议正式履行之前,成功地降低了运费率,还在不同的铁路公司兜售他们的石油运输业务,以确保能从彼此的竞争中或是从铁路公司处获利,无论获得的利润多么小。

附录 19 号

W.T.沙伊德的证词

(纽约州议会铁路问题特别委员会的报告,1879 年,第三卷,第 2774—2777 页)

问:你们之前为什么要通过宾夕法尼亚铁路公司,而不是通过伊利铁路公司运输货物?

答:因为宾夕法尼亚铁路公司最适合帮我们达成目的。

问:那后来又为何将货运业务转移到了伊利铁路公司?

答:我们将货运业务转移到伊利铁路公司,是因为我们在宾夕法尼亚铁路公司受到了极为糟糕的对待。

问:你们在宾夕法尼亚铁路公司受到的极为糟糕的对待是什么?

答:主要是在提供车皮上对我们不公平。

问:他们拒绝给你们运货?

答:是的,先生。

问:他们是因为联盟而拒绝给你们运货吗?

答:是出于他们的某种独特的想法,认为所有的货运主均须处于相同的基础之上。

问:那么,这种独特想法带来的结果是,他们给别的货运主运货,却不给你们运?

答:是这样的,先生。

问:这就是那家公司实现他们想法的行动方式吗?

答:是的,先生,您能听我具体说明一下吗?

问:好的,请继续。

答:石油行业不同于其他行业之处,在于它每日都有产出;每天都有一定量的油生产出来,需要运出去。然而,市场需求与日产量并不相等,市场需求每天都在不断变化。这样一来,在一年中的某些时间里,会有从事石油运输的人因为没有需求而实实在在地亏本,而在另外一些时间,也会极大地盈利。宾夕法尼亚铁路公司总是坚持要找运量大的货运主,但这种大批量的货运只有在有利润的前提下才能进行,当没有利润时,有些人也不得不托运。我们曾经是他们多年的客户。

问:你在说是他们的客户时,是指你们曾是他们的主要客户吗?

答:是的,先生。他们承接了我们从费城到巴尔的摩和纽约间的业务。

问:所以可以说你们是他们的"平衡者"吗?

答:那时没有什么"平衡者"。

问:难道实际上你们不是处于"平衡者"的位置吗?

答:没有,我们只是他们的原油货运主。

问:当你在说到是他们的货运主时,用的是单数,是指你们是他们唯一的货运主,就像后来成为伊利铁路公司的货运主一样吗?

答:我的意思是,那个时候我们从宾夕法尼亚铁路公司得到的运费率,比别人得到的都要好。

问:因此是垄断了业务对吗? 请继续。

答:结果是,由于需求的变化,在货运收入少的季节,宾夕法尼亚铁路公司就会鼓励大量小运量的货运主托运货物,并按比例给他们分配车皮。他们只允许我们申请一定数量的车皮,然后又允许其他人,包括那些从未托运过货物的货运主提出类似的申请,并按比例给他们分配车皮。其结果是在有利润时,我们无法托运货物;在没有利润时,我们又得托运货物。

问:你们于是离开了?

答:是的,先生。

问:因为你们无法获得比别人更好的运费率?

答:不,先生。是因为我们无法忍受下去了,我们一直在赔钱。

问:其他人也是这样吗?

答:不,先生。除非有利润,其他人不会托运货物。

问:那在没有利润的情况下,为什么你们要托运货物?

答:因为那是我们的业务,我们运输的是原油。

特别委员会主席提问。

问:我不理解,为什么你们在赔钱的情况下还要托运货物?

答:那正是我们离开宾夕法尼亚铁路公司的理由。

问:我不理解,为什么你们在赔钱的情况下还要托运货物?

答:我们从事的是原油贸易,是原油货运主,签有协议。为了保持车皮的运营,我们需要事先签订一、二、三、四、五个月甚至六个月的协议。

斯特恩先生提问。

问:难道不是因为你们得到了比别的任何人更好的运费率,所以才签订了更长时间的协议吗?

答:是的,先生。

问:和宾夕法尼亚铁路公司签的?

答:是的,先生。

问:在那时,你们被置于……

答:无车皮运货的地步。

问:没有符合你们预期运费率的车皮?

答:我们必须在纽约买油。

问:这是事实吗?

答:是的,先生。

问:你们的贸易是基于运费率进行的?

主席提问。

问:你们为什么要在纽约买油?

答:为了履行协议。

斯特恩先生:他签有协议,在这个基础上获得特别运费率。

证人:并且他们提供过一定数量的专用运输车皮。

斯特恩先生提问。

问:在宾夕法尼亚铁路公司的运营范围内,你们曾拥有过专用运输车皮,是吗?

答:是的,先生。

问:在他们改变政策,给其他人提供运输车皮的情况下,你们就无法基于协议来完成订单了吗?

答:请您理解,这样的做法虽然看起来像是某种突然的安排,但实际不是。这样的情况已经持续了三四年之久。

问:所以你们有理由认为,这种情况还会持续下去,是吗?

答:他们的这种做法?

问:他们的做法。

答:是的,先生。

问:这一理由驱使你们转向伊利铁路公司?

答:是的,先生。

附录 20 号

1873 年间纽约-伊利湖-西部铁路公司对石油运输的过高索价与回扣支付金额的财务报表

(纽约州议会铁路问题特别委员会的报告,1879 年,第五卷,第 275 页)

名称	金额(美元)
A.尼尔哈特	188,127.78
古斯特·赫耶	7,235.31
J.J.范德格里夫特	929.11
杜兰特公司	145.95
杜迪尔克公司	815.95
S.D.卡恩斯	7,089.69
美孚石油公司	469.11
H.B.埃弗勒斯特	6.66
莱曼-威廉	13.44
J.H.魏勒威尔	32.98
L.V.迪泽	3.50
H.洛奇父子公司	0.29
L.Y.维金斯兄弟公司	24.11
P.A.斯特宾斯	4.53
C.P.普林斯公司	2.69
E.L.霍顿公司	45.24
麦柯根公司	2.70

续表

名称	金额(美元)
马克思-比恩	45.82
麦克马纳格尔-罗杰斯	18.27
西奥多·梅里特	4.56
W.F.史密斯	3.86
真空石油公司	8.80
范德森兄弟公司	38.88
伍德伯里-莫斯公司	5.40
沃德-伦纳德公司	88.06
杨-博登	7.97
合计	205, 170.66

附录21号

伊利铁路公司与美孚石油公司1874年的协议

（纽约州议会铁路问题特别委员会的报告，1879年，第三卷，第3398—3402页）

公元1874年4月17日，以伊利铁路公司和大西洋-大西部铁路公司为甲方，俄亥俄州克利夫兰美孚石油公司为乙方，双方缔结本协议，见证如下：

一、甲方（伊利铁路公司以及大西洋-大西部铁路公司）同意提供数量充足且适合石油运输的车皮，将乙方（美孚石油公司），位于俄亥俄州的克利夫兰、宾夕法尼亚州的石油城，以及其他地方的炼油厂，以及此后由其控制或者拥有的炼油厂，生产的石油及其产品，运至新泽西州的维霍肯油场。

二、甲方同意运输所述炼油厂的所述油品，并通过连接所述新泽西州维霍肯油场的支线铁路，以良好秩序与条件运送所述油品。但是，若出现第四条描述的情形，则不在此例。各家同意，在需要时会在所述油场进行车皮转换，迅速、高效地装卸、处理用于所述业务的车皮。他们亦同意，在各自道路上足额挂载拖运所述车皮（只要可行），保证运送快捷、统一，并会为此，接受下文规定的补偿。

三、所述全部产品的货运价格，由大西洋-大西部铁路公司董事长J.H.德弗罗和美孚石油公司制定；价格应让所述J.H.德弗罗董事长满意，但不能比所述美孚石油公司竞争对手将石油从位于西部的竞争炼油厂运至纽约需要支付的运费更高。所述铁路公司均接受如此制定的价格，并接受按比例分配给各家的运量。

四、乙方同意不经由其他铁路或者铁路公司，向东运输其所述炼油厂超过百分之五十(50%)的货品，该运量经公司董事长与秘书核准，并通过每月财务报表公布。乙方亦同意承担其货品在甲方托管期间因火灾而带来的风险与损失，不论所述货品是在运送过程中，还是在储存中，或是位于启运地点与目的地(两者均包括在内)之间的任何车站。乙方进一步同意，承担货品自然泄漏或者毁损带来的损失，当这种损失是由车皮碰撞或可避免的意外而导致的情况除外。乙方还同意在启运点安全装载所述产品，在产品运送到所述维霍肯油场后安全卸货，费用由乙方自理，并尽可能保证所述产品运输的规律性。

五、如果甲方意外遭受严重事故，或者遇到员工罢工，由上述两种之一的情况出现而导致了不可避免的货物滞留，(暂时)无法完成本协议条款时，甲方有责任立即将事故或罢工情况通知乙方，且所出现事故或罢工情况应被视为甲方(暂时)无法履行本协议条款的足够充分的理由。在出现上述情况的货物滞留期间，所述甲方的两家公司，可不必履行违约相应的处罚条款。根据本协议，甲方有责任即刻采取行动，使自己尽快恢复义务履行，并在恢复期间及时通知乙方。

六、伊利铁路公司特此单独与乙方约定并同意，于1874年5月1日或之前，全面、彻底地托管维霍肯油场的资产，包括油场附近属于伊利铁路公司的所有房屋、建筑物、站台与码头及其附属物，连同自托管之日，或所述的公元1874年5月1日起，至本协议到期为止的所有收入，如另有规定除外。伊利铁路公司进一步同意，自公元1874年5月1日或之前起，彻底修葺所述房屋、建筑物及各种附属物，修葺费用由伊利铁路公司承担。此后，所述乙方应维护这些建筑物，使之处于良好状态，同时，对码头做必要的疏浚，以维持必要的水深。

七、作为管理所述维霍肯油场的补偿，乙方特此与伊利铁路公司商定，同意做出如下安排，即对通过或者进入上述油场的油品，对经由所述伊利铁路公司运输的每桶(45加仑)原油支付金额为五(5)美分的补偿金，每桶(不超过46—48加仑)精炼油支付同样金额的补偿金，每周结算一次。五(5)美分是所有精炼油品的绝对补偿价，而原油的补偿价则会在装卸费降低情况下相应降低。据此,抄录价格细目表(于1872年11月采用)将作为附件附上,作为目前价格的标准。伊利铁路公司保留按照细目表降低原油补偿金的权利,以满足竞争需要。乙方进一步同意,以伊利铁路公司的名义处理所述的仓储业务,承担相应风险,费用由乙方承担,同时对货运主、货运代理或收货人负责,就像伊利铁路公司或者大西洋-大西部铁路公司管理油场时一样;为使用油场的各方提供统一的收费标准,提供与其他油场同样价格低廉的服务与设施,在纽约港、铁路的终点站或其他任何与伊利铁路竞争的铁路线上提供合适的转运、储存与装运设施,让所有顾客都能按照统一的成本价格享受到公平合理的服务。只要油场的负责人及其他工作人员认真履行了自己的职责,则保留与其的雇佣关系,并支付工资。同时,安排经伊利铁路公司许可的相关负责人,对油场的建筑物、设备及装置进行维护,保证良好的运行秩序,出现自然损耗或不可避免(已经过适当的努力)的损坏时的情况除外。不得制定任何规则或条例来歧视任何货运主或接收人。根据协议,双方理解并同意,在维霍肯油场接收任何西部经伊利铁路公司竞争对手线路运来的精炼油与原油之前,必须事先征得伊利铁路公司的同意。

八、双方进一步同意,乙方承担货运费用及货运的款项收集与整理——账目应核准并呈报,每周支付一次——应按照伊利铁路公司的运货单计算收到的油品数量,除非该数字有误,或者在运输过程中,因所述铁路公司的差错或大意导致了损失(自然泄漏除外)发生。乙方若需要在现有资产上增加新的装置,将被视为乙方资产而保有,在本协议期满后可自费拆除,亦可在双方满意的条件下进行买卖。

九、本协议自公元1874年5月1日起生效,对双方均具约束力,有效期至公元1877年5月1日。双方中若有任何一方要终止本协议,须在终止协议前六(6)个月书面通知对方;此外,无论是伊利铁路公司或大西洋-大西部铁路公司,选举出新董事会后的三十(30)天内,乙方均有权终止本协议,并在希望的终止日期前一个月以书面形式通知对方。上述情况出现并到期时,本协议即告结束。

十、考虑到上述各点，乙方同意，每周向伊利铁路公司支付甲方每周结算时出具的费用总额，以此作为通过甲方在维霍肯油场交付石油的费用。

十一、特此，双方明确理解并同意，甲方两家公司中的任何一家均不对另一家的行为负责；两家铁路公司仅对在自己线路上与办公场所内的行为负责。

双方于此签字见证，公元 1874 年 4 月 20 日。

伊利铁路公司：G.R.布兰查德，副董事长

大西洋-大西部铁路公司：J.H.德弗罗，董事长

美孚石油公司：威廉·洛克菲勒，副董事长

附录 22 号

铁路公司与管道公司间 1874 年的协议

（纽约州议会铁路问题特别委员会的报告，1879 年，第三卷，第 3431—3437 页）

公元 1874 年 9 月 4 日，下述各方之间达成并签订协议备忘录，协议各方包括：

第一方，J.J.范德格里夫特、G.V.弗曼、小约翰·皮特凯恩，以及他们的合作伙伴，有权代表联合管道名下的其他合伙人，参与本次的业务合作，并对相关方负责。

第二方，联盟管道公司经理查尔斯·P.哈奇。

第三方，安特卫普管道公司与石油城管道公司，两家公司均受宾夕法尼亚州法律管辖。

第四方，美国转运公司，该公司受宾夕法尼亚州法律管辖。

第五方，格兰特管道公司，该公司受宾夕法尼亚州法律管辖。

第六方，卡恩斯管道公司，该公司受宾夕法尼亚州法律管辖。

第七方，雷利夫管道公司，该公司受宾夕法尼亚州法律管辖

第八方，宾夕法尼亚运输公司，该公司受宾夕法尼亚州法律管辖。

第九方，J.J.范德格里夫特、G.V.弗曼与小约翰·皮特凯恩，以范德格里夫特-弗曼公司的名义参与合作，拥有并代表弥尔顿-桑迪管道公司。

有鉴于，各方拥有并控制的管道公司，运输能力是该地区石油生产总量的两倍以上，而目前各方因独自经营与相互倾轧而产生的不和谐关系，引起了不必要的扩张，极大地提高成本，最终变成了在运输业务

中支付某种形式的费用，导致某种秘密或公开的违法利诱，例如回扣、特殊运费率、以低于成本的价格销售石油，以及其他种种非法手段，以此吸引小运量的货运主将货运业务交付到上述各管道公司中；

又，大家认为，出于对各家公司及其服务的公众利益的考量，终止不必要的扩张与各种违法诱因是有益的；

因此，出于此类目的，也出于其他有价值的考量，各方同意并达成协议如下：

一、各方并未通过本协议达成任何合作伙伴关系，各方应当对自身的业务及行为完全负责，包括开具证明书、收据、收款、支付费用、库房储存、设备维护、资产管理、债务以及各种协议等。

二、本协议涵盖的管道线路，包括各方拥有或可能拥有的，位于石油城以南并终止于如下各点的管线，即大西洋-大西部铁路公司的富兰克林支线各点，湖滨-密歇根南方铁路公司的富兰克林支线各点，阿勒格尼流域位于石油城与匹兹堡或二者间的各点，思科赫南戈-阿勒格尼铁路上的各点，巴特勒铁路支线上的各点，两条小型管道线路除外，一条是F.普伦蒂斯公司的线路，自霍普山通往福斯特，另一条是范德格里夫特-弗曼公司的线路，被称为富兰克林管道，自富油区通往宾夕法尼亚的富兰克林。

三、在各方扣除因损耗与沉积产生的折扣后，实际在泵中的石油应保证在每四十二(42)加仑八(8)美分；此外，所有此类石油都享有因损耗与沉积产生的折扣，亦适用于其他各类收款，下述条款所述情况除外。

四、各方应按每四十二(42)加仑石油(在扣除了损耗的折扣后)二十二(22)美分的价格，在协议期间，按月向委员会提交石油运输账目；所述委员会应视这二十二(22)美分为共同基金，在下述指定的基础上清算与分配。

五、执行委员会由本协议各方的一名代表组成。

每位代表由其所代表的一方任命，各方均可按自己的意愿不时更换代表；所述委员会切实履行本协议条款，受条款的规定限制。

无论什么情况下，在采取措施约束协议各方的行为之前，该措施必须得到委员会的一致同意。

委员会的活动事项应记录在案，每一位成员都可随意查阅，在需要时可抄录完整副本，或其中的任何部分。

在未出现变动之前，所述委员会成员如下：查尔斯·P.哈奇，代表联盟管道公司；A.M.休斯，代表安特卫普管道公司与石油城管道公司；D.奥戴，代表美国转运公司；R.B.艾伦，代表格兰特管道公司；S.D.卡恩斯，代表卡恩斯管道公司；F.普伦蒂斯，代表雷利夫管道公司；H.哈利，代表宾夕法尼亚运输公司；E.霍普金斯，代表联合管道公司、弥尔顿-桑迪管道公司。

六、各方应于每月5日或之前，向执行委员会提交上一个月的业务报告，该报告须由其公司相关负责人员或代理人出具宣誓书正式核准；执行委员会从本协议任何一方收到的款项，应在报告提交当月的10日或者之前，经由委员会支付给应得的有关方。

七、委员会应规定所述款项的报表形式，并起到清算所的作用。委员会有权通过检查账本和记录来核准实际情况，并在每个月的10日或者之前，全面公布上一个月的收益与清算结果。

八、委员会为石油的接收、储存与运输，规定并执行统一的价格与条件，包括统一的证书与税票；接收其他各方拥有的油罐的统一条件；由于不可避免的原因造成损失后责任承担的统一条件，包括像因不可避免的原因而导致损失的责任问题，如雷击等；允许一致的损耗率。在所述委员会做出改变前，运输价格如下：

在扣除四十二(42)加仑中的沉淀和蒸发损耗之后，从前述管道线路上的各点，至石油城，或者至前述铁路线路上的各点，价格为三十(30)美分。下列情况除外：一、自石油城以南，帕克市以北，通过以阿勒格尼河谷铁路为终点的管道输送的石油；第二，从阿勒格尼流域西侧运来的，但并非从贝尔溪北部泵出的石油；第三，通过联合管道，由谢克利泵送至蒙特利的石油，以及由联合管道与卡恩斯管道运输的，来自贝尔溪南部与谢克利地区北部的石油。上述石油的运费率为二十五(25)美分。但是,在1875年1月1日及之前,第三种情况的石油运费率为三十(30)美分。其他各方持有的,通过私下的协议规定的关于运费率的特殊情况,应于1874年9月1日及之前,提交给执行委员会,列明与其相关的特殊条件;各方不得就运输、储存或者装运石油等,签订新的协议,除非新协议中的具体的运费率以本协议为基础,或经过执行委员会的确认。所有低于三十(30)美分的运费率,均可由各方在任何时候提高至三十(30)美分。

九、委员会应当采取一切适当且切实可行的措施,确保每条线路输送每月采集的石油的一定份额,该份额与共同资本中各方占比相等,同时也会考虑各方拥有的设备条件。他们应尽可能早地向各方合理分配建立延长线路及连接与其相关最紧密的油井的责任,这种责任或者是应油井主的要求,或者是经由各方协议确定;但是,必须参照此前约定的石油运输的份额的分配,并在切实可行的范围内,尽可能按照共同资本占比来分配总体的成本开支。除非经所述委员会同意,任何一方均不可自行调整。委员会需要指派一名计量主管及若干必要的助手(计量主管与其助手均须宣誓以诚实公正的方式行事),不时地检测所有与各方相连或可能与其相关的储油罐,或者可能由其装载的储油车的油量;并可按照双方在共同资本中的占比,向本协议各方收取相关费用;同时可以根据交易状况,对油罐车皮计量的合理费用进行评估,或者在他们认为合理时免除费用。委员会有权宣布并实施本协议之外的其他服务,只要其未与本协议相悖,且能够更有效地实现本协议的目的,体现本协议的精神。

十、共同资本的分配比例如下:

联合管道公司,百分之二十九又二分之一(29.5%);

联盟管道公司,百分之二十五又二分之一(25.5%);

安特卫普管道公司与石油城管道公司,百分之七(7%);

美国转运公司,百分之七(7%);

格兰特管道公司,百分之七(7%);

卡恩斯管道公司,百分之七(7%);

雷利夫管道公司,百分之七(7%);

宾夕法尼亚运输公司,百分之七(7%);

弥尔顿-桑迪管道公司,百分之三(3%)

十一、至此各方均同意忠实执行本协议的精神,达成本协议的目标,在本协议生效至终止期间,不做与之不一致的事情。各方一致同意,从协议生效之日起至终止之日止,任何一方若因违反本协议,造成不少于一万美元($10,000)的总利润的损失,执行委员会将通过除违规方外的代表进行投票,并由其秘书长书面通知所述违规方。若违规方在三十(30)天内未能彻底纠正此类违规行为,则须为此类未能纠正的违规交付一万美元($10,000)的保证金,并清算损失。具体损失金额由执行委员会收集统计,并依照共同基金的比例在其他各方中分配。本协议自公元1874年10月1日生效,有效期为两(2)年。所述两(2)年到期后,将继续延续,直至任何一方向执行委员会提交书面通知终止协议。在书面通知发出后三(3)个月,本协议终止。

于此见证,至此各方代表于公元1874年9月4日同意并签字。

联合管道公司:J.J.范德格里夫特;乔治·V.弗曼;小约翰·皮特凯恩;乔治·V.弗曼,为自己及他人代理

弥尔顿-桑迪管道公司:J.J.范德格里夫特;乔治·V.弗曼;小约翰·皮特凯恩;乔治·V.弗曼,代理

雷利夫管道公司:F.普伦蒂斯,董事长

美国转运公司:丹尼尔·奥戴,主管

联盟管道公司:查尔斯·P.哈奇,经理

格兰特管道公司:R.B.艾伦,董事长

卡恩斯管道公司:S.D.卡恩斯,董事长

安特卫普管道公司与石油城管道公司:E.C.布拉德利,董事长

宾夕法尼亚运输公司:亨利·哈里,董事长

附录 23 号

拉特传单

（关于托拉斯的汇编材料，众议院，1888 年，报告编号 3112，第 363 页）

纽约中央-哈德逊河铁路公司，

格兰德中心业务部，货运总代理办公室

纽约，1874 年 9 月 9 日

各位先生：

1874 年 10 月 1 日始，各条线路的精炼油与原油运费率如下：

自克利夫兰、泰特斯维尔以及其他邻近油田地区的所有炼油厂运出的精炼油费率如下：

	每桶（美元）
至波士顿	2.10
至费城	1.85
至巴尔的摩	1.85
至纽约	2.00

奥尔巴尼的净运费率低于 15%时，应退还原油从管道口通过铁路运往所述精炼厂的运费，具体金额按照每 14 桶原油运往炼油厂可以提炼出 10 桶精炼油的比率，通过炼油厂运往东部各点的精炼油量来计算。

退款在每月精炼油运出时结算。

由管道直接运往炼油厂的原油,其运费无退款。

产油区所有自铁路运输的始发点运出的原油,运费率如下:

	每桶(美元)
至波士顿	1.75
至纽约	1.50
至费城	1.50
至巴尔的摩	1.50

奥尔巴尼的净运费率低于15%时,按照协定运费率,通过管道运输原油,可获得每桶22美分的退款。

在本协议涉及的所有情况下,每桶石油均按45加仑计算。

你们将会看到,在这一体系下,运费率对所有人都是公平的,它避免了某些地方凭借所谓或实际拥有的设施,利用区位优势而获利。

炼油商与承运者不时提出,要求运费率平等,这个方案可使他们满意。我们相信,也可使所有各方满意。

谨上,

J.H.拉特

货运总代理

附录 24 号

1875 年美孚石油公司将股本金增资至 3,500,000 美元的申请书

致俄亥俄州政务秘书：

本文件后面签署者为俄亥俄州美孚石油公司董事会的主要成员，于此证明，公元 1875 年 3 月 10 日，所述公司在其俄亥俄州凯霍加县克利夫兰办公室，举行股东特别会议，经与会股东投票并记录在案，所述公司与会投票的全体股东一致同意并决定，所述公司的股本金应增加 1,000,000 美元，由此，使得所述公司的股本金总额为 3,500,000 美元。与会股东动议如下：

今决定，一致同意本公司，也就是俄亥俄州克利夫兰美孚石油公司，股本金总额增至 3,500,000 美元。同时同意，告知本公司相关人员采取一系列措施，以便增加所述股本金。

约翰·D.洛克菲勒；S.V.哈克尼斯；H.M.弗拉格勒，财务主管；S.安德鲁斯；J.D.洛克菲勒，代理；J.D.洛克菲勒，财务主管；O.H.佩恩；B.布鲁斯特（由其代理人 J.D.洛克菲勒代表）；T.P.汉迪（由其代理人 J.D.洛克菲勒代表）；O.B.詹宁斯（由其代理人 J.D.洛克菲勒代表）；W.洛克菲勒（由其代理人 J.D. 洛克菲勒代表）；詹姆斯·斯坦利（由其代理人 O.H.佩恩代表）；A.M.麦格雷戈（由其代理人 J.D.洛克菲勒代表）；W.C.安德鲁斯；A.J.波奇（由其代理人 J.D.洛克菲勒代表）；F.A.亚特（由其代理人 J.D.洛克菲勒代表）；P.H.华生（由其代理人 H.M. 弗拉格勒代表）；J.A.

博斯特维克(由其代理人J.D.洛克菲勒代表);J.亨廷顿(由其代理人O.H.佩恩代表);D.M.哈克尼斯(由其代理人H.M.弗拉格勒代表);约西亚·梅西(由其代理人J.D.洛克菲勒代表);W.G.沃德韦尔(由其代理人H.M.弗拉格勒代表);D.P.伊尔斯(由其代理人J.D.洛克菲勒代表);S.F.巴杰(由其代理人J.D.洛克菲勒代表);W.H.范德比尔特(由其代理人J.D.洛克菲勒代表);H.W.佩恩(由其代理人O.H.佩恩代表);J.J.范德格里夫特(由其代理人O.H.佩恩代表);小约翰·皮特凯恩(由其代理人O.H.佩恩代表);L.G.哈克尼斯(由其代理人H.M.弗拉格勒代表)。

尔后,所述会议正式休会。

H.M.弗拉格勒,秘书

1875年3月10日于克利夫兰

我们进一步证明,本次所述公司股本金的增加,全部以现金支付,并未用支票、汇票、债券或者其他等值的抵押品支付,或支付其中的一部分。此外,公司并未通过贷款直接或间接地筹集资金,以支付增加股本金的任何部分。

公元1875年3月10日,克利夫兰,我们于此见证并签字。

约翰·D.洛克菲勒

亨利·M.弗拉格勒

塞缪尔·安德鲁斯

奥利弗·H.佩恩

斯蒂芬·V.哈克尼斯

附录 25 号

亨利·H.弗拉格勒就 1874 年美孚石油公司与外部炼油厂商结盟的证词

(关于托拉斯的汇编材料,众议院,1888 年,报告编号 3112,第 291 页与第 770 页)

答:美孚石油公司在 1870 年初组建。我记得,为扩展业务能力收购克利夫兰的炼油厂是在 1872 年。根据我最清晰的记忆,这样的状况一直维持到 1875 年或 1876 年①。然后,出现了一场使美孚石油公司发展到巅峰的谈判,这场悬而未决的谈判持续了近两年之久,谈判方是匹兹堡、费城以及纽约的一些商家。最终达成的协议是,美孚收购他们炼油厂的资产,公司资产增至 1,000,000 美元,以俄亥俄美孚石油公司股票的形式支付,并在他们中分配。

戈文先生提问。

问:俄亥俄的美孚石油公司第一次与其他炼油商结盟是什么时候?

答:戈文先生,如果您的意思是结成了一个联盟,那我应该说从来就没有什么结盟。

问:我只是在尽力帮助你的朋友得到他们想要的东西。在这里,我注意到,他们认为通过你可以证明——不如这样说吧——基于炼油业灾难性的状况,美孚公司是否于 1874 年 10 月 15 日与匹兹堡诸多炼油商结成了联盟?

---

① 实为 1874 年。

答:说美孚石油公司购买了匹兹堡各方拥有的炼油厂更为准确。

问:购买了哪些人的炼油厂?

答:有洛克哈特-弗鲁公司,我想是叫这个名字。请稍等片刻。美孚石油公司在匹兹堡的公司。还有瓦登-弗鲁公司,在费城。还有,我应该说,是查尔斯·普拉特公司,在纽约。

问:还有吗?

答:就这些。

问:所有这些公司的先生们,瓦登-弗鲁公司、匹兹堡美孚石油公司、纽约的查尔斯·普拉特公司的负责人,现在都与你们合作,成了现在的石油托拉斯的利益方吗?

答:他们都是股东。他们之前拥有的资产在那时被美孚石油公司收购了。

问:在说到收购他们的产权时,你们没有把他们排除在产权之外?他们与你们联合,仍然是你们生意上的合伙伙伴?

答:如果我们不是同一家公司,也许可以称为合作伙伴。

问:你们拥有他们的产权,而你们的也属于他们?

答:是的,先生。

问:而且,你用了你们公司的名字来代表这种共同所有权,因为它就是一家公司?

答:是的,先生。

附录 26 号

乔治·H.布兰查德就 1874 年石油干线联营解体的证词

（纽约州议会众议院铁路问题特别委员会的报告，1879 年，第三卷，第 3445—3447 页，第 3449—3451 页）

如我所说的，1874 年 4 月 17 日与美孚公司签订的协议，没有包含任何与我们对宾夕法尼亚铁路公司及纽约中央铁路公司的责任相悖的内容。在后来签订的协议中，纽约中央铁路公司，还有我们公司，在讨论中说服了宾夕法尼亚铁路公司，彼此同意约定运费率和其他具体细节。但是朱厄特董事长认为，在两家铁路公司之间单独做出某些安排更好，于是，在 1874 年 4 月 17 日与美孚公司签订的协议中，增加了有利于他们的第九条条款，规定两家公司中任何一家均可在提交书面通知 6 个月后终止协议。不过，协议中也规定，若伊利铁路公司或大西洋-大西部铁路公司选举出了新的董事会，美孚公司有权在提交书面通知 30 天后终止协议。石油干线联营 10 月 1 日开始营运，1874 年 10 月 31 日，朱厄特董事长根据 1874 年 4 月 17 日的协议提出书面通知，要求 6 个月后终止协议，终止时间为次年的 5 月 31 日。但与此同时，大西洋-大西部铁路公司董事会改选，美孚石油公司在 1875 年 1 月 13 日，提前 30 天给出书面通知终止协议，协议将于 1875 年 2 月 13 日终止。因此，协议在朱厄特董事长的书面通知生效前三个半月就已经终止了。

1874 年 10 月 1 日的干线联营协议开始生效，并在此基础上持续运营了 5 个月，也就是到 1875 年 2 月下旬。在此期间，伊利铁路公司支付了 31,019.05 美元,收入 6570.55 美元。

终止协议的通知是伊利铁路公司于 1875 年 4 月 1 日[①]提出来的。虽然 3 月没有交换财务报表或者款项,但此前我们就已表达了对这种运作方式的不满,理由如下:

越来越高的管道联营价格刺激了新的管道线路建设,亨特-卡明斯管道以及其他的小型管道陆续建成,使得各方同意的管道运输价格难以维持,哥伦比亚管道公司通往匹兹堡的管道也已建成,产权属于巴尔的摩-俄亥俄铁路。当时无论是根据政策还是该公司的情报,或是出于某种希望被收购的目的,他们拒绝制定相同的运费率或任何固定运费率,这一事实对巴尔的摩的大量石油运输业务产生了威胁。巴尔的摩-俄亥俄铁路没有加入 1874 年 10 月 1 日的石油干线联营,他们公开并再三声称,会为将石油贸易转移至巴尔的摩而努力。

我们也相信,除我们联营协议中的规定外,宾夕法尼亚铁路公司还向帝国运输公司支付了大笔回扣或者佣金。在知道了宾夕法尼亚铁路公司会向帝国运输公司支付大约 30%的费用后,我们更加确定了这个事实。这 30%的费用包括了约 10%的车皮使用费,按英里计算;以及在当时的货运服务费率下,约 20%的佣金,这是任何其他货运主或公司在北方线路上无法获得的优势。

很明显,帝国运输公司正在不断扩充其已经极为庞大的资源,不仅通过匹兹堡以外的石油业务获取佣金,而且其管线获得的利润也在不断增长,这种联合经营使得它得以控制越来越多的市场份额,并使其处于强大的金融形态控制之下,之后又吸收了大量的炼油厂产权。

由于北方的石油干线没有向任何货运代理或收货人提供类似的协定、折扣或佣金,也无法从任何管道获取利润,所以让他们对帝国运输公司做出退让是不公平的,而且协议曾带给他们的日益增长的优势也完全被废止了。

我们期待石油能够得到实际的运输,如同我们在联运时所做的一

---

① 译者注:原文如此。

样，而不仅仅是从别人手中赚钱。如果联运能够继续发展，或许可以在石油业务中引发更大比例的需求。

我曾仔细检查过至石油干线联营协议废止之日的所有记录，根据货运总代理维拉斯的说法，在此期间，通过各点向美孚石油公司收取的净费率与向其他货运主收取的费率一致。如同前面所述，考虑到这些等量的原油是运往他们的炼油厂……关于那些（新）协议的初步讨论与结论，全部都是与朱厄特董事长商定的，虽然我后来也参与了讨论许多细节问题，并提出了建议。在他的证词中，已经陈述了影响他签订那些协议的原因。我得到的指示是执行协议条款，并不时出席会议，拟定运费率的提高或者降低。我认为，那些协议是直到 4 月底或者 5 月初才缔结的，后来又追溯至石油干线联营协议废止的日期，以确保我们的石油运输比例可以从更早的时间开始计算，且不会中断。运输协议保证我们拥有美孚石油公司 50%的货运业务，该比例不能低于 1874 年我们在滨海地区收到的总量的百分比。当时，美孚石油公司与宾夕法尼亚铁路公司之间没有运输协议，这导致我们忽视了一个问题，那就是，美孚石油公司是否与纽约中央铁路公司，或者其他与之有联系的公司，有类似的或其他的协议；当时我们唯一关心是，是否得到了之前承诺的石油份额，以及制定的运费率是否相等。

据我所知，伊利铁路公司不了解纽约中央铁路公司或宾夕法尼亚铁路公司是否与美孚石油公司签订了类似或者其他的协议。

他们是通过纽约中央铁路公司的线路运输送石油的。根据他们的巨大业务规模、码头安排等，我们认为，也许存在某些协议，规定着如此庞大的利益往来。如果真的存在什么协议，我们也没有与其他公司协商过具体的条款与条件，因为我们还得依赖他们负责任的保证，以与其他公司相同的运费率，运输之前承诺的运往滨海地区的石油份额，并以此充分保障我们自身的利益。

在伊利铁路公司签下运输协议时，除了考虑到消除运输风险，使石油以平等的条件运往滨海地区，还考虑到了协议中 10%的回扣。在听了卡萨特先生的证词后，我们更加坚定地相信，经由帝国运输公司通过宾夕法尼亚铁路运输石油的其他货运主，至少也是以类似的协议和价格运输石油的。对此，伊利铁路公司没有提出过异议。事实上，除了可能的管道利润，帝国运输公司还从宾夕法尼亚铁路获取了大量委托代理业务。伊利的负责人相信，与美孚石油公司签订的协议中 10%的回扣，还不到宾夕法尼亚铁路公司给帝国运输公司回扣的一半。

除此之外，我们以协定的运费率，实际运输了安排给我们的全部石油份额，没有延迟或纠纷，也没有筹划或调整联营协定。

协议让我们得以维持运往纽约的业务，阻止了竞争线路的增加与港口的扩张。无论石油生产的地域如何转移、变化，只要石油干线联营在，就无法影响货运主通过我们的铁路给他们运送石油，或者将石油送往纽约，除非他们有不同于其他人的利益要求（他们并没有）。而且不论那些公司亏损多少，美孚石油公司都会要求他们通过我们的铁路运输石油。对我们来说，装载与卸载的费用、风险的承担等，都是重要的条款，也都已有详述，使我们免于承担之前支付过的某种赔偿。

同样重要的是，1874 年 7 月，当维霍肯码头火灾肆虐时，协议使我们避免了重大损失。

协议的第九条也对我们有极大价值。在将石油运输到油船上或者运输给出口商时，即便是由于铁路方未能按时交付而造成的延误，美孚石油公司仍承担所有延误产生的费用及风险。我知道几起这类事件，涉及金额颇大。

1877 年发生了范围甚大的铁路总罢工，这一条款也使我们避免了可能产生的大量索赔要求。

1874 年 10 月 1 日干线联营规定的货运价格，直到 1875 年 10 月 1 日才发生变化。根据我的回忆，直到针对那场变化的讨论产生之后，美孚石油公司与铁路之间的安排才为人知晓。考虑到上述事实，在那次会议上，我们清楚地知道了美孚公司通过所有的铁路干线运输石油时可以获得 10%的回扣。而我也第一次认识到，如同通过我们的线路运输石油的查尔斯 · 普拉特联合公司代表着美孚在纽约的原油利益那样，费城的瓦登-弗鲁公司的背后也是美孚石油公司。

附录27号

就1877年美孚石油公司允诺的10%的回扣，弗拉格勒先生的解释

（关于托拉斯的汇编材料，众议院，1888年，报告编号3112，第774—775页）

我希望有机会可以解释有关10%的回扣的问题。也许戈文先生记得，在他还是雷丁铁路公司的经理时，铁路公司间试图并确实同意在彼此间瓜分石油运输业务份额。据我所知，他们彼此同意纽约中央铁路公司、伊利铁路公司及宾夕法尼亚铁路公司各获得一定比例的运输份额，剩余部分则交由巴尔的摩-俄亥俄铁路公司运输。我们关心的是，这些铁路公司是否能够维持统一的运费率。上述这些铁路公司，都发现无法通过上述业已同意的分配比例来确保自身的业务份额。尽管我们真诚地希望与他们的合作都能顺利，但我们依旧在寻求不同铁路公司间运费率的统一。所有与铁路公司利益相关的先生们都十分清楚地知道，铁路公司方面总有种欲望，希望能在自己的线路上获得比分配比例更大的运量。这种欲望不时突然出现，实际表现为，各家公司都感觉没有得到足够的业务量，所以为了争取更多的运量，他们选择降低运费率以保证自己的份额。当时，美孚石油公司的石油运量在整个石油运输业务中，占有极大的百分比，他们或许可以提供铁路公司自身无法提供的服务，包括某些难度极大的服务。

实际操作的情况是这样的：在做出运输安排后，每月末，各家铁路公司首先要对他们之间的业务份额分配达成一致，不得要求超出规定百分比的运量——在每月末，各家铁路公司还要交给我们一份该月他

们运送石油桶数的财务报表。如运量超额，在接下来的一个月里，我们有责任分配给这家或者这几家超出运量的铁路公司，少于之前商定的百分比的石油，以平衡上个月超出的部分。当时，我十分清楚地知道，这样做意味着我们要承担某种责任和义务，必须在某些地方运营炼油厂，即便无法盈利。这意味着要在一段时间内，稳定持续地运营大量无利可图的业务。如果委员会的先生们能够再听我解释一会儿，你们将会了解其中的难处。铁路干线不止这三条——通往布法罗的纽约中央铁路，通往匹兹堡的宾夕法尼亚铁路，以及巴尔的摩-俄亥俄铁路，我不知道它们的终点在哪——但都与西部的铁路连接。我记得纽约中央铁路有两段：湖滨铁路连接布法罗西部到克利夫兰，敦刻尔克-阿勒格尼河谷铁路连接西部产油区。这不是件容易的事，因为我们不仅要关注运送到滨海地区的石油比例，还不得不千方百计地使湖滨铁路公司、纽约中央铁路公司，以及敦刻尔克-阿勒格尼河谷铁路公司对他们得到的份额满意。如同我所说的，要做到这点不简单。我对这些先生们说："我们会承担这项业务，保证各家公司的份额占比，这是我们已经同意了的，而条件是我们为该服务收取你方因此业务获得利润的 10%。"不过，我已经说了，让铁路公司支付回扣还有其他的诱因——在其他的协议中，有一份规定着我们还得承担运输过程中的火灾损失风险。对委员会的先生们来说，那似乎是件简单的事，但是戈文先生知道，我也知道，除非有特殊的协议规定，否则一家铁路公司不能剥离法律对其规定的作为公共承运者的义务。我们承担这一风险，不从铁路公司寻求任何补偿，承担运输过程中可能因火灾而造成的损失。我们在滨海地区将码头设施免费提供给铁路公司使用，对所有这些服务，宾夕法尼亚铁路公司同意向我们支付 10%的回扣。我们忠实地履行了协议中规定的责任，保证了铁路公司的运输份额，使之处于协同、平稳的状态。而宾夕法尼亚铁路公司在运货时向除我们外的其他货运主支付回扣或退款，或其他任何你们认为合适的名目的钱，也正好是 10%。所以，在这方面，我们丝毫未受到什么优待。

附录28号

1877年10月威廉·洛克菲勒与斯科特之间的通信

（宾夕法尼亚州诉宾夕法尼亚铁路公司、联合管道公司等案，证词，附录，第734—736页）

费城，1877年10月17日

尊敬的宾夕法尼亚铁路公司董事长，

托马斯·A.斯科特先生：

考虑到贵司将履行以下条款，我们同意达成如下协议：

第一，铁路干线业已同意，所有运至纽约、费城以及巴尔的摩等地的石油，其中63%应被视为运往纽约的部分；并进一步同意，该比例的三分之一，须由以纽约为终点的铁路干线运输，即纽约中央铁路、伊利铁路，以及宾夕法尼亚铁路。我方同意，除非上述比例因所述铁路干线公司一致同意而发生改变，否则，经由贵司铁路运输的油量，当有除我们外的货运主增加运量时，贵司所述干线运往纽约运量的三分之一，或者说，总运量的21%，应经由所述干线运往上述的三个城市。需要理解的是，在以分配份额比例为目的的条款，或者，此中所含的其他条款中，提及油桶数量时，每桶均为45加仑，每桶精炼油等于一又十分之三桶原油。

第二，就像我方提到的，你方同意，在你方与巴尔的摩-俄亥俄铁路公司之间，前文所述总运量剩余的37%中，26%经由你方拥有并控制的铁路，运至费城与巴尔的摩，11%由巴尔的摩-俄亥俄铁路公司经由其铁路运至巴尔的摩。我们同意，除非所述份额比例因双方一致同意而发生改变，否则经由你方拥有并控制的铁路运送至费城与巴尔的摩的油量，当有除我们外的货运主增加运量，通过你方铁路将石油运至费城与巴尔的摩时，总运量的26%应通过四条铁路干线运往上述三个滨海城市。

第三，我方进一步同意，在日平均生产30,000桶的基础上，我方经由你方铁路运输的石油量一年不少于2,000,000桶。倘若我方未能提供给你方此中所说的运量，我方将支付一笔等同于你方因运量不足而未能实现的利润的总额——然而条件是，你方应随时为我方提供运输服务，因为这是我方的合理需求。

第四，运往费城的原油中，我方将尽可能多地在费城将其提炼成精炼油。我方理解，你方很希望看到费城的炼油能力得到充分利用，而且，如有需要，还希望能继续提高。在经由你方铁路运输石油时，不论是运至费城、巴尔的摩还是纽约，我方会尽量将石油送至你方运程最短的启运点；在力所能及的范围内，我方亦将尽可能地扩大原油运输的比例，我方理解，原油的运输较精炼油的运输利润更大。

第五，我方要求，作为对上述提到的业务的担保，我方将按照四条铁路干线不时变化的运费率来支付运费（具体的运费率由该铁路确定，使我们的运输成本与其他货运主在竞争铁路上运输的成本一致），在我方有合理需要时，你方应及时提供运输服务；同时，你方应当同意，并每周向我方支付回扣，作为由我方自己运油，或由我方控制的线路运油的补偿，具体金额可由你方公司与其他铁路干线不时商定。这类回扣，据了解，目前是10%，而且不应当低于这个比例，除非经由你我双方同意——在回扣金额扣除前，经由你方铁路运输石油的其他货运主不得支付比我们低的运费率；如果其他货运主需要获得回扣，那么他必须提供足够的运量，且在扣除回扣后，你方获取的利润应与从我们的交易中获取的利润一致；也就是说，你方不能允许任何其他石油货运主获得这类回扣，除非这类回扣能够使得你方在与其交易中，获得与我方交易时同等的利润；你方被迫履行的由帝国运输公司与炼油商和生产商签订的某些在1878年5月1日前终止的运输协议亦不包括在内，你方应在对本函的回复中附上声明，说明这类待履行的协议。我方同意，此中包含的所有条款，自协议签订之日起开始履行，有效期为五年，除非双方一致同意改变或者终止协议，前提是你方在十天内以书面形式通知我方，你方可以接受并履行的类似条款。为达成本协议，我方愿意公开发表我方与你方合作的愿望与意图，使你方的主要铁路干线，以及你方控制的铁路干线，尤其是阿勒格尼河谷铁路，从石油运输中获得最好的结果，亦与我方现存的其他运输利益一致。我方认为，我们炼油厂的位置——均与贵方线路相连——应当自然地使你我双方之间形成紧密的联盟，而要从这重要的石油运输中获得最好的结果，需要靠你我双方保障，而你我双方之间还可以通过建立这一友好的、相互满意的协议安排，来增进整个国家石油业的利益。

您忠实的，

威廉·洛克菲勒

美孚石油公司副董事长

宾夕法尼亚铁路公司办公室

费城，1877 年 10 月 17 日

美孚石油公司副董事长，

威廉·洛克菲勒，

亲爱的先生：

收到您本日来函，重申对宾夕法尼亚铁路公司与贵公司之间现存五年协议的理解。

请允许我说，这一协议的整个基础令我方很满意——我方将充分执行其各项条款。

十分尊敬您的，

托马斯·A.斯科特，董事长

附录29号

奥戴与卡萨特之间的通信

(宾夕法尼亚州诉宾夕法尼亚铁路公司、联合管道公司等案,证词,附录,第732—733页)

美国转运公司办公室

宾夕法尼亚州,石油城,1878年2月15日

费城,

A.J.卡萨特副董事长,

亲爱的先生:

回顾我与您在一月份的会谈,我愿意提供以下事实:我公司有大量的支出(包括几十万美元的支付款项),购买、建设了一些通往匹兹堡的管道线路。通过这些线路,我们不仅能够保护阿勒格尼河谷铁路所运送石油的货运支付价格,而且可以确保该公司运送至匹兹堡的整体石油份额(通过与其签订协议)。

您完全了解我们在其他方面做出的诸多努力,在过去的近几个月中,我们与铁路干线的利益达成彻底的一致。可以自信地说,我相信,我们在力所能及的范围内,通过这一行为,有效地保护了他们的利益。这里,我要重申曾经对您说过的,要求您接受并严守秘密的事——我们已经连续几个月从纽约中央铁路与伊利铁路两家公司处收到一些钱,通过那些线路运输原油时,每桶可以收到不少于20美分。

如同我们正在做的,与美孚石油公司以及铁路干线竭尽全力地合

作，努力保障铁路公司运输石油的运费率。我必须要对您说的是，为了让我所代表的公司公平获利，我们应当从贵公司运输的原油中收取每桶至少20美分的费用。

这里提到的合作成果显而易见。自去年秋季开始，贵公司收到的运费比与我方合作之前要多出每桶50—60美分。

在提出这一方案时，我想要求您将日期从1877年11月1日算起，但是，作为某种妥协（该妥协方案须被严格地视为双方的私下交易），我方愿意，自1878年2月1日起，针对贵公司装运的所有原油收取每桶20美分的费用。

我非常期待这个方案能被贵公司所接受。但是，按我方立场，这样做并不是想要从宾夕法尼亚铁路及与其相连的铁路处获得与我方从其他铁路干线上获得的一样多的利益。

贵方无疑知道，在近两年中，有大量的石油经切萨皮克-俄亥俄铁路运抵里士满。自我方购买了匹兹堡的线路后，再也没有一桶油被允许运往那个方向。

1877年的运输季，只有哥伦比亚管道公司负责运输巴尔的摩-俄亥俄铁路从油区获得的石油，而那家公司，我认为，拒绝从其他铁路干线接收占比低于20%（按其石油运输份额）的石油，但是，在我们购买了哥伦比亚管道公司后，贵方成功地占据了巴尔的摩-俄亥俄公司一半的运量安排。

我也许还要补充一点，巴尔的摩-俄亥俄铁路完全要依赖我们，才能开展石油运输。

您真诚的，

丹尼尔·奥戴，总经理

费城,1878 年 5 月 15 日

审计员 R.W.唐宁,

亲爱的先生:

随信附上美国转运公司总经理丹尼尔・奥戴先生的来函一封,信中提及 1 月份在我与他的会谈中,允诺美国转运公司对经由其公司线路运往纽约、费城及巴尔的摩的原油,收取每桶 20 美分的回扣。

纽约中央铁路允诺他们每桶 35 美分的回扣;伊利铁路同意给他们在布拉德福德的石油每桶 20 美分的回扣,给其他地区的石油每桶 30 美分的回扣。两家公司自去年的 10 月 17 日就已经持续在这么做了。在看过上述账目清单后,我同意自 2 月 1 日起,至有进一步的通知止,支付所述回扣。

无论如何,您已经从我上周提供给您的账目清单中看到了证明。因此,根据丹尼尔・奥戴的要求,请为美国转运公司准备好有关凭证,在 2 月、3 月与 4 月的运费中,回扣为 20 美分,此后,按月进行结算。

您真诚的,

A.J.卡萨特,副董事长

附录 30 号

针对支付给美国转运公司的回扣，亨利·M.弗拉格勒的证词

（关于托拉斯的汇编材料，众议院，1888 年，报告编号 3112，第 777—778 页）

问：卡萨特先生证实并提供了通信记录作为证据，表明他们公司同意向美国转运公司支付每桶原油 22-1/2 美分的费用，原因是他们通过美国转运公司的线路运输原油。代表美国转运公司写第一封信的人声称，纽约中央铁路公司及纽约-伊利湖铁路公司也支付了同样的费用，您承认这是事实，对吗？

答：我现在可以做出解释吗？

问：你有权做出你愿意做出的任何解释。

答：美国转运公司在一开始确确实实是为了纽约中央铁路公司组建的。纽约中央铁路公司无法将车皮运至泰特斯维尔南部，所以美国转运公司线路的建设，实际上是为了纽约中央铁路公司的利益。那时，管道公司会购买石油，又经常会按照买入价卖出，有时甚至卖得更低。他们都在尽可能多地购买石油。正如我所说的，纽约中央铁路公司向美国转运公司支付一笔费用，具体的金额假设就是卡萨特先生证词里提到的数字，用于在价格更低的地区收购石油，并将其运至敦刻尔克以及阿勒格尼流域那些与纽约中央铁路相连的地方。随着那条管道业务量的增加，伊利铁路公司也才采取了同样的做法。后来，宾夕法尼亚铁路公司也想利用那条管道收购石油。我认为，奥戴先生只是做了任何经理都会做的事情。他对卡萨特先生说，倘若你为我做其他铁路公司

都在做的事,我不反对与你们做出同样的安排。宾夕法尼亚、伊利,还有纽约中央铁路公司支付的费用,构成了美国转运公司的总收入,其中扣除了开展业务时的支出,以及在石油买卖过程中可能产生的各种损失的费用。正如我所说的,公司建设最初的目的,就是为了能让纽约中央铁路公司能顺利接收石油。

问:但是,除了这些铁路干线支付给美国转运公司的22-1/2美分,或其他任何可能的金额,作为石油运输公司,是否还通过其自身管道服务收取了其他费用?

答:我从未想过那些。我记得的事实是,或许有些名义上的管道费——也许曾有过,我不是说一定有,但我确确实实不记得了。

问:你不是说有吗?

答:我不记得了。不过,即便有名义上的管道费,也被计入原油费用中了。换句话说,公司放弃了名义上的管道费,而是依赖——

问:我现在说的只是美国转运公司与各家铁路公司的关系。前者通过宾夕法尼亚铁路公司,还有其他铁路公司运输的石油,每桶可以获利22-1/2美分。但美国转运公司本身就是家石油运输公司,在通过其管道运输石油时,也要为这种服务另外收费吗?

答:这就是我想要纠正您的地方。尽管公司可能有名义上的收费,关于这一点我记不太清了,我说了,它通过向石油的拥有者或生产商按石油的出井价格支付费用,放弃了名义上的收费,再加上可能存在的管道费,以及宾夕法尼亚铁路公司支付的那二十多美分,这些构成了公司的总收入。

附录31号

B.B.坎贝尔与E.G.帕特森致宾夕法尼亚铁路公司董事长斯科特的信

(关于托拉斯的汇编材料,众议院,1888年,报告编号3112,第363—365页)

致宾夕法尼亚铁路公司董事会及董事长,

先生们:

本信署名人受本州油区委派,在过去了的7月1日要求贵铁路公司在接下来的两个月中,保证公司所有的线路以相同的便利条件与公平的价格,为所有石油生产商与货运主提供服务,并使之成为有效的长期政策。

在与贵公司董事长会谈时,贵公司做出了保证,并要求石油生产商与货运主给予支持,作为贵公司为维护政策做出的努力的补偿,并且保证这种支持的持续性与长期性。

油区的人们对达成这一协议感到极为高兴,并立即采取了实际行动来履行这一协议。

我们理解,协议的目标并非短期内就能达成。

在1872年铁路干线正式放弃南方发展公司后,我们相信,贵公司的线路在数月内都忠实地坚守了所有铁路公司当时提出的誓言,那就是,不允许出现歧视性政策。我们同样相信,在众多铁路公司中,只有贵公司一家在坚持这样做,因为,组成南方发展公司的人逐渐被安排到多家铁路公司之中,使得其情况与原先跟那些公司签订的协议中所规定的运费率与设施条件一样有利。此时,贵公司在宾夕法尼亚西部的线路,包括那些在贵公司影响与控制下的线路，散布着可提炼世界所需的大部分精炼油的诸多炼油厂。美孚石油公司，这个除名字外与南方发展公司完全相同的后继者，采取的政策使得每家炼油厂（一旦这些炼油厂为美孚所掌握）不是被拆除设备就是被彻底抛弃，这些炼油厂无论是贵公司的竞争对手还是其他线路都无法抵达。现在，在油区只剩下少量炼油厂，而它们大多也属于美孚石油公司。那些在匹兹堡的也被联合体①、管道公司或者帝国运输公司所拥有和控制。原油的使用与出口在消费市场所占比例极小，要将其重建到以前的生产规模需要时间与资金，这些人很乐意提供一切必要手段来达成这一目标。同样的，这些资本家不仅仅出现在油区内，还会出现在贵公司的铁路沿线。

联合体的代理人都在做着这种准备，正如媒体得到的消息，这样的一个联合正准备，或者说正在考虑，某种由贵公司、帝国运输公司、伊利铁路公司、中央铁路公司、滨湖铁路公司，以及巴尔的摩铁路公司作为一方，美孚石油公司作为另一方的某种联合，而这将会妨碍贵公司线路继续执行贵公司董事长在之前与我们会谈中承诺的政策。

我们知道，这种联合可能会达成，但我们和我们所代表的人们，会竭尽全力以阻止这种联合达成，或者说，一旦达成就将其击垮。我们采取的第一步，就是与贵公司进行沟通，从我们的立场，希望能指出形势对贵公司线路产生的影响。

对我们和一般公众会受到的影响而言，无须怀疑，现在的计划就是南方发展公司的翻版，它并未被计划制订者放弃。他们寻求的是在宾夕法尼亚、纽约、俄亥俄州以及弗吉尼亚西部等地，对所有石油生产、购买、提炼以及运输的独家、绝对控制。

1873—1875 年的过度生产，以及随后石油价格几近整体崩坏，给了美孚石油公司组建的机会，亦给它带来了大量的资金和几乎满足其期待的垄断式发展。1876—1877 年的生产与市场消费，同样把那个联合体带到了与他们在 1872 年所处的相同的位置——如果没有其他人参与

① 译者注：指美孚石油公司。

合作运输，由于地理位置所限，他们无法完全垄断石油产品。他们的运输必须在类似南方发展公司签订的协议下进行，这其中当然也包括了协议中所有的风险和特殊性。没有其他的方式能适应他们的需要，所以他们至今仍在这样做。我们相信，无论在怎样宽松的法规和免责条件下，贵公司都无法达成任何服务于垄断的妥协、条款或安排。

在这种安排下，中央与伊利铁路公司可能几乎今年全年都在运输石油。现在，在油区有个公开的秘密，在这些线路中至少有一条在运输时没有收费，而原油按照订单顺序运往纽约，运费几乎不足以抵扣打包的成本，可以说很少或者没有。这种对联合计划的援助，让大家看到了高额运费率，以及随之而来的巨大收益。一旦计划获得成功，贸易和运输方面的反对声也会随之消失。

假设贵公司的对手退出计划，贵公司加入联合，贵公司何时能获利？我们都有得到公平待遇的权利。据我们所知，法律、法规对此均有明文规定，计划的共谋者将被看作是在侵害公共利益，不会有任何法院支持你们，我们要求的公正将通过法庭的训令与禁令得到强制执行。联合体会承诺立即提高贵公司的收益。倘若我们的看法是明智的，贵公司是否会继续履行之前的承诺？如果我们未能成功摧毁垄断，贵公司是否会与他们签订协议？贵公司将无法再看到任何一家幸存的炼油厂。现在，他们正在建设从匹兹堡到石油城的管道线路，能够运输所有从他们管道线路收集的石油，不再需要依赖贵公司及贵公司控制的铁路系统。如果贵公司与他们签订了协议，之后协议破裂，贵公司又将从何处获取石油来维持运输？又有哪个法院会强制执行已经破裂的协议来维护贵公司的利益？我们极力主张贵公司不能与垄断企业达成任何协议，这种协议只会对垄断企业长期有益，对贵公司的效益则甚为可疑，哪怕只是短期内的效益。

假使贵公司拒绝签订此类协议，或加入任何此类计划，同时宣布并坚持与之相反的政策，又会怎样？没有任何法律，甚至没有任何必要，强制贵公司为美孚石油公司的目的服务。

如果范德比尔特、朱厄特等诸位先生认为他们的援助本身不足以建立垄断，那么，当可以通过将铁路的利益联合在一起，获得全额的运费率，并且让美孚石油公司和其他公司在同等的条件下进行石油运输时，他们还会选择像现在这样毫无盈利地运输石油多久呢？

如果宾夕法尼亚铁路公司以自身的地理位置优势，宣布并坚持公平的政策和有竞争力的运费率，那么在3—6个月内，将可以拥有美孚石油公司提供给竞争线路的所有设施和业务范围，且采取同样做法的人均可获得全部收益。

我们请求贵方考虑我们的意见，我们保证可以达成的良好结果。

倘若贵方选择将此事作为一次试验，那么这一尝试只会让贵方意识到，共同敌人的承诺是无法立即兑现的。而我们相信，那些承诺本来也不会兑现。

非常尊敬你们的，

B.B.坎贝尔，匹兹堡

E.G.帕特森，泰特斯维尔

1877年9月11日于费城

附录 32 号

1878 年石油生产商向宾夕法尼亚州州长约翰·F.哈特兰夫特提交的请愿书

(关于托拉斯的汇编材料,众议院,1888 年,报告编号 3112,第 351—356 页)

先生:

本信的署名者,石油生产商协会总会任命的委员会成员之一,致函给您——本州的州长——目的在于陈述清楚若干事实。就我们个人所知,这些事实的真实性在很大程度上都可以保证,所有重要部分均有足够的证据证明。

我们致函给您,不仅仅是因为作为个人,利益受到了影响,个人投资得不到相应的回报,且资金与劳动力受到限制,无法掌控企业、提高收益;更是因为,作为宾夕法尼亚州的普通公民,无力控制本州最重要的产品之一,亦无力控制其中每年包含的巨大业务。

宾夕法尼亚州的石油生产因其地理的原因,集中在本州的西部地区,自其边界延伸到纽约州,临近匹兹堡,成为麦基恩、沃伦、福雷斯特、克劳福德、韦南戈、克拉里翁、巴特勒以及阿姆斯特朗等地的主要收益来源。

针对油井的投资金额持续刷新,达到了至少 20,000,000 美元,油井所处的土地价值不易确定,但其价值是油井资产价值的许多倍。

石油在出井口的产值,每年就有 250,000—350,000 美元,其中尚不包括运输与销售利润。作为出口商品,石油在国家的各项产品中位列第三,在国家的制成品出口中位列第一。

至于出口的交通运输,有宾夕法尼亚至滨海地区的铁路,平均距离不到400英里。自滨海地区的纽约中央铁路以及湖滨铁路,经由俄亥俄州的克利夫兰,到达石油城的距离为764英里;自泰特斯维尔,经由纽约州的敦刻尔克,至滨海地区的距离为571英里;纽约-伊利湖-西部铁路,以及大西洋-大西部铁路,经由米德维尔抵达石油城,至滨海地区的距离为550英里。

1871年的贸易状况

当时,宾夕法尼亚铁路在石油产区的线路周边,连接着诸多炼油厂,这些炼油厂主要位于蒂迪乌特、亨利斯本德、奥利奥波利斯、石油城、考利、泰特斯维尔、米勒庄园、劳斯维尔。油溪铁路沿线的其他各点,费城-伊利铁路,以及阿勒格尼河谷铁路,这些铁路要么附属于宾夕法尼亚铁路公司,要么由宾夕法尼亚铁路公司控制,大量的炼油厂集中在位于主要干线上的匹兹堡与费城。俄亥俄州克利夫兰的炼油厂有一部分仅限于西部的国内贸易业务,而波特兰、波士顿和纽约的炼油厂,则在贸易中有专门的业务。

市场上充斥着原油与精炼油的买家,关于股票、生产与消费的信息随处可得,各种价格由供需规律而决定。

在这种贸易关系中,宾夕法尼亚西部几乎完全垄断了这种产品:他们在中部拥有大量的炼油厂;拥有贯穿产区和滨海地区的最短铁路线路;可以通过阿勒格尼河将石油运输至匹兹堡,同时那也是宾夕法尼亚铁路的西部终点;费城,则是他们东部的出货口。至此,宾夕法尼亚铁路公司有能力,并可完全控制自己产品的提炼与运输。

1877年至1878年的贸易状况

所有这一切,现在全变了!宾夕法尼亚铁路沿线的炼油厂,除了竞争铁路公司的线路能够抵达的那些,其余都被陆续拆除;石油贸易也转移到了克利夫兰与纽约；在本州保留下来的炼油厂所有权也转到了外来企业的名下，为外来企业所控制；油井口的石油铁路运输也被管道运输取代。

各种运输方式都要听从它的号令；它拥有各种信息渠道；它在购入原油以及卖出精炼油时都可以附加上自身的价值；它决定着自己支付给铁路公司的运费率；由商业规则决定市场价值已经变成过去的历史。就石油贸易而言，要击垮还是投资一家企业，不过是取决于美孚石油公司下一步要采取什么措施。世界石油市场的消费总量较 1871 年翻了一倍，而我们从原油产品中获得的 30,000,000 美元也已减少了一半；宾夕法尼亚炼油厂本应获得的 15,000,000 美元利润也已经转到了俄亥俄与纽约，铁路系统本应增长的 20,000,000 美元收入也不复存在——没有人能够说得清楚钱都到哪儿去了——但是自 1872 年以来，这个现在具有世界声望的组织①中的每个成员所获得的巨额财富，极好地证明了某项计划的成功。该计划规模宏大，极不合法，无论是从内在还是外在，都可以看出其精神上的腐败特征。今天，一家外来公司成了石油行业绝对的主宰，石油生产的价格，管道、铁路运输以及其中的补偿金，石油的储存与提炼及由此获得的利润，皆由其掌控。它通过掌控石油的源头，或者在源头之中通过宾夕法尼亚以及美国的石油生产，控制了石油市场各个环节的价格。这使得数千人陷入贫困，侵害了这个州的利益。这一计划业已完成，通过和宾夕法尼亚铁路公司的合作，其管理与影响均有据可查。

垄断贸易的第一次尝试②

是由托马斯·A.斯科特的私人秘书 R.D.巴克利与宾夕法尼亚铁路公司的法律代理人 S.S.穆恩通过运输转让会谈开始的。一方由克利夫兰与

① 译者注：指美孚石油公司。

② 编者注：本节原文格式特殊，译文保留原文格式，下同。

纽约的相关负责人组成，为首的是纽约中央铁路公司与伊利铁路公司的代理。宾夕法尼亚州议会出于其他的目的，授予了他们一个特许执照，在特许执照的允许之下，他们组织了公司并掌控了石油业，并将其称为

“南方发展公司”，

当时的管理者就是现在美孚石油公司的管理者。

在南方发展公司里，没有一个成员居住在油区，也没有一个是油井的拥有者，或者拥有油田的土地。宾夕法尼亚铁路公司匆忙地签署了一项协议（1872 年 1 月 18 日），交出了唯一和独家的石油运输控制权，而不论这种权利归属于谁，并通过给予南方发展公司回扣与退款，来确保这种控制，这笔金额将不可避免地把所有其他公司驱逐出石油贸易之外。而且，为了防止有人怀疑他们行事的意图，协议中的第四条中明确规定，为达成目标，宾夕法尼亚铁路公司将在合法的范围内，保证协议的履行。

州议会与国会采取的行动，以及人民对这种前所未有的不义行为的抗议，摧毁了当时的联合体，铁路公司保证再也不会尝试类似的违法行为。

当地的原油运输逐渐从按桶运输变为由

管道线路

承担从油井到位于铁路沿线的储油点的原油运输。此时，主要的管道运输商为宾夕法尼亚运输公司（原阿勒格尼运输公司），拥有州议会批准的特许执照，由宾夕法尼亚铁路公司的斯科特、伊利铁路公司的费斯克与古尔德等诸位先生拥有并控制。自 1866 年以来，州议会在不同的时间接到要求通过自由管道法案的议案，但是，为此目的而提出议案，均无法战胜宾夕法尼亚铁路在议会中的势力。在南方发展公司计划的

兴衰带来的刺激之下，人们又做出了新的努力，使得议会颁布了一项法律，限制了八个产油区的石油生产。但是，宾夕法尼亚铁路的影响力足以让阿勒格尼县被排除在该法律约束的范围外，从而将宾夕法尼亚西部的匹兹堡，这一宾夕法尼亚铁路的终点、油区的天然出口及美国的天然炼油点排除在外。

人们为通过自由管道法做出的种种努力，不论是一般性质的，还是申请批准在本州范围内建设连接到铁路的管道线路，或者是让阿勒格尼县囊括进1872年法案之中，均因为宾夕法尼亚铁路公司的反对被击垮。1874年颁布的华莱士法案令人怀疑，其制定与颁布是否未能成功撤回1872法案对八个产油区赋予的权利，进而造成了议会无法补救的错误。

根据1872年的法案，油区内的居民拥有的管道线路已经在组织和运行，可以随意连接到铁路线路上。但是，在华莱士法案（1874年4月29日）通过后，从未真正放弃南方发展公司计划的美孚石油联合体，有步骤地实施了他们的拆除计划，迫使那些小公司破产，再收购那些公司。这样做需要铁路公司的合作，他们采取的各种手段层出不穷。这些手段中，颇为臭名昭著的是该集团采用的由铁路公司1874年10月1日颁布的计划。这里需要做出些解释，以理解铁路公司为什么要联合：首先，他们联合起来将收集到的石油通过管道运输，以维持特定的每桶22美分的管道运输价格，该运费率比未联合时更便宜；第二，他们可以进一步削弱宾夕法尼亚西部的炼油厂，剥夺它们临近原油产地，用煤代替汽油作为燃料①的地理优势，以及通过免费的运输将原油运至港口，再运至其他州的炼油厂的优势。多家管道公司被逼得无法继续生存，加入了名为"联合管道"的联合体。美孚石油公司拥有其中三分之一的股份，湖滨铁路公司与纽约中央铁路公司占三分之一的股份，剩下三分之一的股份为美孚石油公司董事会成员个人所拥有。宾夕法尼亚铁路公司也拥有一个类似的组织，被称为"帝国运输"。这就解释了前面提

① 译者注：管道运输动力用煤比用油更为便宜。

到的第一点。第二点，就宾夕法尼亚铁路而言，任何普遍的假设或是已知的铁路政策理论都是解释不通的。这一计划获得了成功，管道公司一家接一家地被压垮，炼油厂一家接一家地倒闭，他们的成果最终都被别人夺走。

在纽约铁路公司的帮助下，这种垄断获得了巨大的支持。它拥有着无限的权利，力量大到足以要求铁路公司在原南方发展计划的基础之下，交出未来贸易的绝对主导权。据此，宾夕法尼亚铁路公司显然清醒地认识到了危险，抵制了这一要求。1877 年 7 月，董事长斯科特宣布了对所有石油货运主实行公开、自由的运输政策。那时它正通过其盟友——帝国运输公司进行石油运输，该公司拥有一套管道线路系统（之前提到过），延伸至占据了大部分石油生产的油区，有着充足的石油储藏设备，在宾夕法尼亚铁路公司的线路上有着大量的运输车皮，拥有、控制差不多等于世界消费总量一半的石油提炼能力。接下来的一个月（1877 年 8 月），在匹兹堡的骚乱发生之后，铁路公司对这座城市的货运歧视自然增长，垄断者成功地说服了宾夕法尼亚铁路公司的官员，无论是对他们本身还是对公司的利益而言，都应强迫帝国公司将其车皮、管道线路、油罐储存设备，以及他们的炼油厂交出。9 月份，宾夕法尼亚西部的民众在与宾夕法尼亚铁路公司的董事会与董事长沟通时提出抗议，在这一不公正的行为完全为公众所知之前，这类抗议似乎从未送达董事会。这一恶行最终于 1877 年 10 月 17 日达到了顶点，宾夕法尼亚铁路公司没能留下一英寸管道、一个油罐或者一台提炼原油的设备。除非那些住在俄亥俄与纽约，在那里有利益的人有运输意向，否则连一桶石油的运输都无法保障。

现在，宾夕法尼亚最后的几家炼油厂，从油井到铁路最后的运输手段，进入国内及世界市场的最后的运输手段，都已经成为过去式了。南方发展公司的计划（晚于其 1872 年的特许组织）最终得以实现，其设计之周详，执行之彻底，操作之完美，成功地确保了这一事实。这使人不得不相信宾夕法尼亚铁路的官员个人从中得到了诸多的利益。

国会立法

随着这个阴谋团伙力量的日益增强，宾夕法尼亚民众团结在一起，敦促国会像1872年一样，重新干预这一垄断行为。1876年展开了一项调查，调查由一个委员会以拖延的方式开展，美孚石油公司的一位重要人物参与，但没有一位国会成员担任主席的席位。宾夕法尼亚铁路公司的副董事长卡萨特是铁路方面唯一参与调查的重要官员，他看似遵从了众议院议长发出的传票，出席调查会，但他对委员会在调查中提出的问题拒绝给出任何信息，宾夕法尼亚铁路的辩护人，前参议员斯科特在委员会前，为其行为做出了辩解。美孚石油公司的财务官员在一位国会成员——也是该公司的成员的陪同下接受了调查。但他也拒绝向委员会提供任何有关该组织的信息，或是成员名单，或是公司与宾夕法尼亚铁路公司的关系。这一联合体的影响与权利显而易见：委员会没有提交报告，没有指责证人对委员会的蔑视，此前的有效证据与记录全都消失了。1877—1878年，宾夕法尼亚西部的众议员华生提出一项议案，旨在防止州际贸易中的歧视行为。委员会已提交过相关报告，但依旧很难克服遇到的暗中反对。

近来的州立法

在这种情况下，几年来一系列的为自由管道法案的通过而做出的努力，最终都被证明是徒劳。虽然纽约州做出了努力，试图控制宾夕法尼亚的石油贸易，并颁布了相关的法案，以执行宪法中第十七条的第三款和第七款，该法案称为

反歧视法案，

规定在本州范围内，将货物从本州铁路上的任何点运到本州的其他任何点的货运主，应支付相同的运费，获得相同的设施服务。这一议案的

副本分发给了本州的重要铁路官员，但是因为其条款过于公平，对州内的每个公民及合法运营的铁路太具保护性，所以在法案获得参议院司法委员会一致通过，于参议院仅收到一票反对，且在众议院司法委员会也获得一致通过之前，就已收到了来自铁路公司的官员与股东，以及立法代理人的反对。立法代理人通过那些令人反感却又不容商榷的熟悉伎俩，使得法案在众议院讨论时未能通过。倘若该法案通过，则可借助费城（其石油贸易在垄断经营下已慢慢地萎缩成过去贸易中很小的一部分了）作为出口口岸，借助宾夕法尼亚铁路作为运输通道，重建本州的炼油厂，宾夕法尼亚西部的人民或许可以重获新生，恢复原先繁荣的贸易状况，继续在本州的采油、炼油部门工作，而不再只是为外来企业当矿工，为了给其创造利润而辛勤劳动。

阴谋集团成功的结果与影响

对于纽约铁路公司来说，人们的呼吁或者请求没有任何分量或者影响。他们的经理居住在克利夫兰与纽约，且日常受到垄断巨头的操控。在我们自己的州内，人们为摆脱控制、恢复自由的贸易而做出了各种努力，宾夕法尼亚铁路公司和它的权利，则像中国的长城一样坚不可摧。其董事长、副董事长让那家垄断企业享有价格优惠，并甘冒天下之大不韪，声言有意如此继续下去。他们声称，此类行为合法，并反对人们提出的质疑；他们通过拖延或限制提供运输设施，来破坏石油生产商、货运主以及炼油厂商的各种努力；他们威胁其他铁路公司，如果为垄断企业之外的客户运送石油，则不再提供联运服务，甚至全面取消运输服务；他们把宾夕法尼亚铁路公司的优惠价格与便利服务提供给美孚石油公司，以确保其他公司除加入美孚联营外，再也没有别的成功的希望。

到现在为止，我们所提供的描述仅是这家巨大垄断企业的概况，对其计划、发展及其结果，我们涉及的仅仅是九牛一毛。我们并非要将个人感受到的压迫与愤怒强加于您，但是，倘若我们未能详述某些对本州、对本州西部地区所带来的最为可悲的结果,我们就没有履行自己作为公民的责任。错误不断出现,我们被拽离了正确的方向。确实如此,在许多事情上,那家垄断巨头在实施计划的过程中,总是通过利用生产商在管理中的失误来谋取利益。但是,生产商们有权追求诚实的职业操守,相信自己是在与诚信的人打交道,而不是被一伙公众利益的盗窃者欺骗。这些盗窃者因贪婪聚集到一起,利用腐败、无视法律,利用各种手段来攫取利益。

根据法律的理论,公司的权利是由宾夕法尼亚州人民召集的州议会赋予的,不经人民授权,它们就没有权利;他们应是人民的公仆,通过自身的特权来为公众利益服务;当他们不再履行相应义务时,权利就应当被剥夺。铁路与管道是公共运输工具,有义务接受货运业务,提供便利的服务,并为所有人运输货物;他们可以获得合理的补偿,不能毫无道理地进行歧视。这都是些简单的陈述,有明确的法律条文作为依据,从未在任何法庭上遭受过质疑,每个考虑过这些问题的法庭都对这些条款做过确认。然而,那些给出这些特权的人们现在处于守势,他们的权益不被这些公司认可,被要求通过立法来保障,而与此同时,他们的业务正在受到无法挽救的伤害。他们不得不向铁路公司屈服,给予铁路公司将私人资产用于公共服务的权利,但严格限制使用的条件。然而,被用作铁道路基的狭窄土地穿过了大片石油地区,那家联合体①强大到足以要求铁路为他们服务,他们在那片土地挖掘油井,使得毗邻土地的石油干涸,土地所有者只好让出土地,修建用于公共服务的铁路。

阿勒格尼河谷铁路沿线的土地所有者,从那片生产石油的土地上,利用他们在铁路旁的管道将石油运至自己的货架,但他们无法以任何价格,获得任何用于装载他们的产品的运输车皮,只能任由储油罐里的石油溢出。石油货运主无法获得车皮,或者说,曾被允诺会得到车皮,但最终发现这种允诺只是泡影。他们的协议无法得到履行。而与此同时,那家垄断集团却可以获得铁路提供的所有车皮。他们让自己的私

① 译者注:指上文提到的因美孚石油公司与宾夕法尼亚铁路公司的协议而形成的联合。

家车皮闲置，要求使用那些属于铁路公司的车皮，如此，铁路公司可以宣称无力满足所有人的要求。

与垄断集团管道线路连接的储油罐所有者，即便他们的储油罐容量充足，也拒绝将石油从油井运送出来，用的是“他们的储油罐满了”这种冠冕堂皇的无耻借口。其他石油生产商也无法通过管道运输石油。他们被告知，如果将石油卖给集团，即可“即刻启运”。

如果货运主的储油罐已满，或者他需要钱，且愿意遵守他们的条款，那么他将获得一个比市场价格低 2.5—25 美分的售价。如果他接受并且愿意出售一定量的石油，那么管道将会运走 5—10 桶石油，并在接下来的数周一直拖延，拒绝支付剩余的费用，直至所有的石油被运走，这就是所谓“即刻启运欺诈”。

他们利用他人储存在他们储油罐以及线路上的石油，滥发管道证书，拒绝承担他们的公共责任，公然蔑视法律并厚颜无耻地逃避其责任。管道与铁路公司的做法让人们不禁思考，他们只有两种补救方法可以保护自己——首先，是这片土地的法律，其次，就是更高的自然法。

这两家公司使自己成为垄断集团的利益工具，这家垄断集团集买家、运输商、制造商以及卖家于一身，来获取巨大的利益。在这样的情况下，无须再说明，这家外来公司与石油生产商、石油工人以及消费者直接对立。

南方发展公司的阴谋还包括夺取石油生产区的土地、油井以及产油、炼油设备的所有权。倘若该计划的后继者当前的计划没有被阻拦，那么，整个石油生产行业的所有权落到他们手里只是时间问题，这将使成千上万的人长期陷于贫困，无力抗争。

垄断对自由机制的形成来说是极度危险的。这是一个古老的政治准则，因不相关的反复重提而丧失了力量。但是，如果需要什么来唤醒公众看清真相，那么，现在这个在我们面前的巨大的联合就能立即发挥作用。如同在所有地方开展业务一样，在整个油区，它已经拥有了自己的制酸车间、胶水工厂、硬件仓库以及制桶工场。我们看到，它已经成为铁路系统的主人，拥有并控制了所有的炼油厂、所有的管道线路。所有这些列举出来的为他们所控制的行业，都雇用了大量的劳动者。这些劳动者只能依靠这家强大的阴谋集团提供或者拒绝提供的日常劳动来养家糊口。一份从俄亥俄州克利夫兰发来的电报显示，在几个小时之内，就有数百名工人被辞退，几周内都处于饥饿和不满的情绪之中。同时，他们还被允诺了虚假的工作机会，直至这家外来公司的独裁者获得了大部分宾夕法尼亚的公司的支持与维护，他们才放开机会，让宾夕法尼亚的工人们去赚取自己的面包。

沿着油溪河谷与阿勒格尼河谷，灰暗天空下弥漫着的烟雾，成堆的生锈铁块，以及堆积如山的拆毁的砖头，标记着这个阴谋集团取得的成果。过去的几年里，人们为了追求合法的贸易而四处奔波，现在这里却死气沉沉，空空荡荡。那些生产商，曾经被一群有竞争力的买家包围着，现在只能像同伴一样，以指定的价格将自己的产品卖给唯一的代理商和唯一的买家。

一个如此恶劣的组织，其行为不被追究责任，甚至变成某种合法的政策被固定下来，这将造成严重的资本流失，是对公众利益无穷无尽的伤害，也是对劳动者无休止的压榨，最终将导致骚乱乃至整个州的衰败。

目前这种不法行为尚在州长的权力干预范围之内，我们要求立即采取措施，由立法机关制定、颁布本州具周详条款的法规，通过此类必要的法律程序，强制要求他们遵守法律，依法承担自己的公共责任。

B.B.坎贝尔，匹兹堡

E.W.科丁顿，布拉德福德，麦基恩县

小路易斯·埃默里，布拉德福德，麦基恩县

乔治·H.格拉汉姆，彼得罗利亚，巴特勒县

J.A.维拉，圣彼得斯堡，克拉里翁县

H.O.罗宾斯，克拉里翁县

L.H.史密斯，彼得罗利亚

R.B.布朗，克拉里翁县

D.S.克里斯韦尔,石油城

A.J.索尔兹伯里,卡恩斯市

A.N.佩兰,克劳福德县

W.B.本尼迪克特,沃伦县

H.W.邦珀斯,克拉里翁县

塞缪尔·Q.布朗,普莱森特维尔,韦南戈县

附录33号

1878年2月至3月间经格林线运至纽约、费城、巴尔的摩的原油报表，表格中显示了付给美国转运公司的回扣

（宾夕法尼亚州诉宾夕法尼亚铁路公司、联合管道公司等案，证词，附录，第737页）

	货运主	签字人	桶数		合计
			2月	3月	
货运目的地：纽约	H.C.奥伦	H.H.奥伦	18, 320	11, 556	20, 876
	W.H.尼科尔森	H.H.奥伦	16, 983	31, 169-1/2	48151-1/2
	E.N.哈洛克	H.H.奥伦	1160-1/2	……	1160-1/2
	S.克雷格	H.H.奥伦	……	2384-1/2	2384-1/2
	H.L.泰勒公司	H.H.奥伦	……	1439-1/2	1439-1/2
	埃尔斯-伦巴第公司	H.H.奥伦	……	2688-1/2	2688-1/2
	J.卢梭	J.卢梭	6377-1/2	6932-1/2	13, 310
	W.L.福克斯	J.卢梭	……	3150-1/2	3150-1/2
	W.H.尼科尔森	埃尔斯-伦巴第公司	974-1/2	……	974-1/2
	J.A.博斯特维克公司	J.A.博斯特维克公司	43, 074	45, 912-1/2	88, 989-1/2
	D.格林	J.艾利斯公司	722-1/2	1185-1/2	1908
总计			87, 617	106, 422	194, 039

	货运主	签字人	桶数		合计
			2月	3月	
货运目的地:费城	H.C.奥伦	瓦登-弗鲁公司	1725-1/2	22, 105-1/2	23, 831
	J.A.博斯特维克公司	瓦登-弗鲁公司	12, 994	……	12, 994
	J.布什内尔	大西洋公司委托	10, 137	31, 917	42, 054
	J.布什内尔	W. L. 埃尔金斯公司	14, 684	7793	22, 477
	G.M.罗宾逊	W. L. 埃尔金斯公司	761-1/2	1382	2143-1/2
	E.N.哈洛克	格林尼治炼油公司	3413-1/2	……	3414-1/2①
	玛丽 · R. 福克斯	格林尼治炼油公司	1308	……	1308
	S.克雷格	格林尼治炼油公司	1241-1/2	……	1241-1/2
	福克斯-芬克	格林尼治炼油公司	……	2541	2541
	福克斯不动产	格林尼治炼油公司	……	501	501
	M.劳埃德	M.劳埃德	3803	2690	6493
	S.克雷格	M.劳埃德	……	2426	2426
	W.L.福克斯	M.劳埃德	……	1960-1/2	1960-1/2
	G.M.罗宾逊	F.范斯沃斯	362-1/2	80	442-1/2
	W.G.拉伊尔德，代理	W.G.拉伊尔德，代理	302	……	302
	佩恩与阿博特公司	佩恩与阿博特公司	403	……	403
	J.S.戴维斯	J.S.戴维斯	……	501	501
	A.& G.W.R.R.	A. & B. 库利公司		25	25
总计			51, 135-1/2	73, 922	125, 057-1/2

① 译者注：原文如此。

<table>
<tr><td rowspan="2"></td><td rowspan="2">货运主</td><td rowspan="2">签字人</td><td colspan="2">桶数</td><td rowspan="2">合计</td></tr>
<tr><td>2月</td><td>3月</td></tr>
<tr><td rowspan="4">货运目的地：巴尔的摩</td><td>J.布什内尔</td><td>巴尔的摩联合石油公司</td><td>7435</td><td>16, 692-1/2</td><td>24, 127-1/2</td></tr>
<tr><td>G.M.罗宾逊</td><td>巴尔的摩联合石油公司</td><td>……</td><td>261-1/2</td><td>261-1/2</td></tr>
<tr><td rowspan="2">F.J.沃宁联合公司</td><td rowspan="2">F. J. 沃宁公司，S. E. 波尔特尼委托代管</td><td>282</td><td>……</td><td>282</td></tr>
<tr><td>7717</td><td>16, 954</td><td>24, 671</td></tr>
</table>

三地总量	桶数		总计
	2月	3月	
	146, 469-1/2	197, 298	343, 767-1/2

总计 343, 767.5 桶，每桶 20 美分，68, 753.50 美元。

共计 68, 753.50 美元通过丹尼尔·奥戴总经理，支付给美国转运公司。

审计于 1878 年 5 月 29 日。

G.H.D.

审批

A.J.卡萨特，副董事长

附录 34 号

宾夕法尼亚州提供的证据特别清单

（在宾夕法尼亚州诉约翰·D.洛克菲勒、威廉·洛克菲勒、杰贝兹·A.博斯特维克、丹尼尔·奥戴、威廉·G.瓦登、查尔斯·洛克哈特、亨利·M.弗拉格勒、雅各布·J.范德格里夫特、查尔斯·普拉特以及乔治·W.格蒂一案中，于宾夕法尼亚克拉里翁县治安季审法庭提供，1879 年）

第一项

第一，在业务往来中，通过分发几家公司的股票，每位被告与其他所有被告都有相互联系，即：俄亥俄州克利夫兰的美孚石油公司、宾夕法尼亚州匹兹堡的美孚石油公司、宾夕法尼亚州泰特斯维尔的顶点石油公司、宾夕法尼亚州石油城的帝国精炼油公司、西弗吉尼亚州的卡姆登联合石油公司、纽约州的德沃制造公司。

第二，查尔斯·普拉特以查尔斯·普拉特公司的名义，在业务中与其他被告联系；威廉·G.瓦登与查尔斯·洛克哈特以洛克哈特-弗鲁公司、瓦登-弗鲁公司的名义，在业务中与其他被告联系；J.A.博斯特维克以 J.A.博斯特维克公司的名义，在业务中与其他被告联系。

第三，几位被告与现在尚不可知的其他人，通过上述公司以及合作组织相互联系，目的在于开展石油提炼与精炼油产品销售。每个所述被告均在数家公司和厂商开展的提炼原油与销售精炼油的业务中有利益，且在石油的提炼与销售过程中，采取的行动协调一致，分享业务中带来的利润，而对所有与之没有联系的其他人，表现得十分对立。

第四，所述的几位被告，他们所有人，以及所述的几家厂商与公司，他们每个人都是其中的成员，均通过股票或者其他方式，在宾夕法尼亚州的克拉里翁，还有宾夕法尼亚州的阿姆斯特朗、巴特勒、克劳福德、福雷斯特、麦基恩、韦南戈及沃伦，以及所述州的阿勒格尼与费城，纽约州的卡特罗格斯与纽约，俄亥俄州的克利夫兰以及西弗吉尼亚州内的多地，从事原油买卖业务。

第五，在所述的几个州与十几个县，以及所述州县的若干其他地点，宾夕法尼亚洲有：匹兹堡、费城、巴特勒、碳中心、米勒斯顿、彼得罗利亚、帕克斯兰丁、福克斯堡、土耳其城、爱丁堡、西普恩斯维尔、匹克威克、麋鹿城、蒙特利、埃姆伦顿、布里恩、斯克拉博格拉斯、福斯特站、石油城、富兰克林、里诺、劳斯维尔、泰特斯维尔、沃伦、蒂迪乌特、希科里、布拉德福德、德戈里亚、特里克城、吉尔摩、福斯特河、与塔港，纽约州有：克拉普溪、石头城、四英里、两英里、奥利安、卡罗尔顿、萨拉曼卡以及纽约市，所述被告，以及一些与他们有联系的、利益相关的厂商与公司，从事着原油买卖、提炼及精炼油销售的业务，他们在业务过程中步调协调一致。

第六，上文所述的石油交易，均发生在上文所述的几个州的十几个县市的若干地点，由所述被告协调一致完成，或身体力行，或让代理人按照他们的指示行事。

第七，所述被告曾经且现在仍然利用铁路与管道运送石油。在宾夕法尼亚州的阿勒格尼、阿姆斯特朗、巴特勒、克拉里翁、克劳福德、福雷斯特、麦基恩、沃伦与韦南戈等地，在纽约州的卡特罗格斯，他们都在开展这类业务。他们通过共同拥有几条管道的所有权而紧密地联系在一起，这种联系是通过持有管道公司的股票来完成的，这些公司为：联合管道公司、美国转运公司，以及在其中占有资本的有限责任联合公司：蒂迪乌特与泰特斯维尔管道有限公司，以及其他一些公司。在起诉书中，所述公司及所述被告被指控，在阴谋联合期间，控制了上述各县市的油井以及储油点的原油运输。

第八，所述被告中的每一个人，所述公司、厂商与有限责任联合公司，曾经且现在仍然通过股票及资本，拥有并控制所述几家厂商、有限责任联合公司以及其他公司，在所述州、县、市，用储油罐储存原油；通过储存石油，在所述各地，或身体力行，或让代理人按照他们的指示行事。

第九，所述被告中的每一个人，都在从事上述几种业务。这些业务，要么是他们身体力行，要么是通过克拉里翁县，以及其他上述地方的代理人代理行事。至本案起诉之日前两年，他们自己，或者他们的代理人在他们的指使下，在所述的克拉里翁县沆瀣一气，结成盟党，通过阴谋欺骗克拉里翁县的人民，大量榨取他们的钱财，这些人是：J.A.维拉、威廉·L.福克斯、M.L.洛克伍德，以及一些隐藏在幕后的人物。他们欺骗公众，谎称会确保他们在克拉里翁县独家经营原油买卖，防止其他所有人染指所述业务，并能从此类业务中，得到合理的利润、价格与回报。他们通过欺诈操作和诡秘的设计，来骗取公众的钱财。他们的手段主要如下：

A.在上述时间里，以及在他们拥有并控制储油罐期间，他们对储油罐中持有、测量与核算的原油数据作假；声称无法接收和储存克拉里翁县以及其他地区的民众的原油，事实上此类说法也是虚假的。因此，许多地方的民众无法继续开采石油，不得不以比实际价格低得多的价格卖出他们的石油。

B.通过对克拉里翁县，以及上述提到的各地的从事石油生产与买卖的民众进行欺诈，所述被告声称没有足够的能力和设备，接收和运输上述油井主、民众和石油生产商的原油。而事实上，这些全是托词。那些生产商、油井主被迫以比实际价格低得多的价格卖出他们的石油。

C.所述被告及其代理人，在宾夕法尼亚州克拉里翁县，以及上述提到的其他地点，控制了从油井到整个油区的原油运输，控制了所产原油的储存。如此一来，他们几家公司及其代理，以及本来就是其成员的厂商和公司，还有按上述被告指示行动的所述厂商和公司的代理，通过腐败和压迫的方式，运用他们所拥有的权力，拉拢、强迫石油生产商与油井主，向他们，即上述被告，以及他们的代理，还有所述厂商和公司及其代理，以同样低的价格卖出石油，该价格也远低于市场价格。

D.所述被告，他们中的每一位，通过属于他们联盟的几家厂商与公司，以及按照他们指示行事的代理和所述厂商与公司代理，利用他们获得的权力，通过腐败与压迫的手段，使他们成为唯一的原油买家与炼油商。

E.在获得对原油运输的控制过程中，使用的手段有：

第一，所述被告以及几家属于他们联盟的厂商与公司，根据宾夕法尼亚州颁发的特许执照与伪造的特许执照，在克拉里翁，以及提到的其他地点铺设地下管道。他们假装这样做是为了替公众将原油从油井以及产油区运送至铁路，以便运往滨海地区。但事实是，所述管道铺设的目的并不在此，而是为了给所述被告、所述几家属于他们联盟的厂商与公司运送石油，使得所述被告与所述厂商和公司能够掌控运费率，并迫使所述铁路公司向其他公司收取更高的、更不合理的运费，旨在防止克拉里翁的公众从事原油买卖与运输业务。

第二，所述被告及遵照其指示行事的代理人，以及几家属于他们联盟的厂商与公司，对几家从事石油运输的铁路公司的代理人与官员，亦采用此类欺骗手段。他们，即所述被告，以及几家他们占资的厂商与公司，通过将控制的原油与精炼油的运输业务交付给所述铁路公司，使得所述被告能够妨碍或驱逐这些铁路公司的其他运输业务。

通过这些手段，他们，即所述被告，从所述几家铁路公司获得大量不正当的回扣、退款，并通过向克拉里翁公众收取的运费，获得大额运费折扣。克拉里翁县的公众因此无法再从事原油的生产与运输。

第三，大约在1877年8月30日，以及大约在1877年10月17日，所述被告聚集在费城。在那里，他们一致同意向宾夕法尼亚铁路公司方面表明，他们，即所述被告，以及属于他们联盟的几家厂商与公司，能够控制并确保所述铁路公司通过所述铁路运输一定比例的原油。

在差不多相同时间，所述被告进一步同意，与纽约-伊利湖-西部铁路公司的官员，伊利铁路的官员，伊利铁路公司的接管者朱厄特先生，纽约中央-哈德逊河铁路公司的官员，大西洋-大西部铁路公司的官员及其管理者V.H.德弗罗先生，密歇根南部-湖滨铁路公司的官员，巴尔的摩-俄亥俄铁路公司的官员,做出同样的约定。他们,即所述被告,以及属于他们联盟的几家厂商与公司,可以且能够控制并确保所述铁路公司通过所述铁路运输一定比例的原油。不过由于某些原因,宾夕法尼亚铁路公司与帝国运输公司被诱导,向所述被告及属于他们联盟的几家厂商和公司出售、转让、抵押并处理了他们在宾夕法尼亚州油区以及克拉里翁拥有或控制的所有管道、运油车与运输设备,以及所有他们控制或拥有的,用于提炼原油的炼油厂。

第四,所述行为与所述转让的目的,是要使所述被告能够控制原油与精炼油的买卖,及其运输与储存业务。

第五,如前段所述,在1877年的大半年中,以及之前的一段时间里,宾夕法尼亚铁路公司通过其货运代理帝国运输公司,拥有并控制了一条完整的,遍布克拉里翁、阿姆斯特朗、巴特勒等地的,设备完善齐全的管道系统,拥有大量装备齐全的油罐车和通往滨海地区的最短、最佳的线路,阿勒格尼河谷铁路以及其他铁路与之相连。同时,他们控制着多家位于匹兹堡、费城与纽约的设备齐全的大型炼油厂。借助这些条件,该公司可以与所述被告以及几家被告拥有的公司,在管道建设、运输、买卖和提炼石油的业务中一较高下,还能够使石油生产商、克拉里翁及其他地方的民众,毫无困难地通过他们的管道运输石油,并在竞争的环境中以较高的价格出售石油。而所述被告却勾结在一起,阴谋垄断整个行业,在克拉里翁县以及其他地方,成为唯一买卖、提炼石油的商家。他们要求帝国运输公司及宾夕法尼亚铁路公司放弃、停止所述的买卖与炼油业务;要求所述铁路公司与帝国运输公司给予他们排他性的大额折扣和低廉的运费。他们缩减运量,并要求他人缩减原油与精炼油经由所述宾夕法尼亚铁路线路运输的运量;要求其他铁路给予他们排他性的折扣,以及包含不公平的运输补偿的极低运费率,迫使所述宾夕法尼亚铁路公司以及帝国运输公司将所述管道、油罐车以及炼油厂都卖给所述被告或由他们控制并拥有的公司。此举极大地伤害了克拉里翁以及其他地方的石油生产商,剥夺了他们在购买、管道运输、储存与提炼石油等方面的竞争优势。

第六，所述被告与其他人相互勾结，结成联盟，在克拉里翁以及其他地方共谋垄断整个原油提炼业务。他们在市场大量抛售精炼油，并以比市场合理价格低得多的价格，在克拉里翁及其他地方的独立炼油厂附近出售石油，并通过此类抛售，迫使这些炼油商将公司卖给与所述被告有联系的公司，或者放弃、停止炼油业务。

第七，所述被告与他人共谋，收购油区所有经由管道运输的石油，并收购所有炼油厂提炼的精炼油，以期控制石油价格，迫使克拉里翁以及其他地方的石油生产商不得不以毁灭性的低价，将自己的石油卖给所述被告，而这一价格远低于在正常的竞争市场能够获得的价格。

第八，虽然所述行为全属欺诈，但是，所述被告以及属于他们联盟的几家厂商与公司，仍然获得了对原油的生产、买卖等业务的控制，控制份额高达90%。因此，为促进前文所述的协议达成，他们采取了以下几项措施：

A.只从生产商的油井购买要直接运出去的石油，购买后又拒绝运走。如此，他们可以用比市场更低的价格对原油进行收购。在他们虚假托词，如容量有限、储存困难、运输安排不过来等此前已经充分安排好的借口的欺骗下，迫使石油生产商出售手边的石油。

B.他们通过自己拥有或者控制的铁路与管道公司，获取不合理且过高的折扣、回扣以及佣金，这些折扣、回扣以及佣金别人谁也得不到，唯有所述被告以及属于他们联盟的几家厂商与公司可以获得。

C.阻碍铁路运输，使得铁路公司拒绝提供油罐车并拖延石油运输；设法阻断铁路线之间的连接，通过运输优先权设法使得铁路公司与管道拒绝接收、储存与运输石油，指使铁路公司拒绝向除被告外的其他管道或个人提供支线服务、油罐车辆以及运输便利；通过以低于生产成本的价格出售精炼油，以低于运输、储存成本的价格运输、储存石油，借助种种此类手段，使得竞争对手以亏损的价格将公司出售给他们；违反法律规定，对不属于被告公司的石油签发管道证书或受理订单，并将证书投放市场，导致市场上待售石油总量明显增加，同时对联合管道监管的石油，制作虚假的库存报告，这家公司由被告拥有并控制，违法编造相关业务报告；无视并拒绝做出必要的承诺；在通过上述欺诈行为强迫炼油商出售工厂后，一旦成功收购炼油厂，不顾其价值，全部拆毁；雇用商业间谍并支付报酬，让其在一段时间内不从事石油贸易，而专为所述被告与属于其联盟的公司和厂商提供商业信息；将原油与精炼油以低于成本的价格出售；通过与被告及属于其联盟的公司与厂商签订价格协议，来提高石油产量；倘若运输商替除所述被告，或与他们有联系的人外的货运主运输石油，或者允许其他管道公司、铁路通过他们的线路运输石油，则会被威胁要破坏他们的运输业务；通过所述威胁手段来防止竞争管道或者铁路的建设与石油运输；拒绝将生产出来的石油储存在他们拥有的储油罐中，而是用他们个人的油料将储油罐填满，从而造成了石油的浪费与损失，进而影响石油价格；拒绝为克拉里翁与其他地方，以及所述几个地点的民众运输与储存石油。

第二项

上述提供的全部证据均支持本诉状的第一项。

第三项

上述提供的全部证据均支持本诉状的第一项与第二项。此外，还提供了被告在虚假托词下，收购多家炼油厂的证据。如上文所述，炼油商因各种原因被迫出售炼油厂。所述被告通过欺诈手段从铁路公司获取巨额折扣，而其他炼油厂则无法得到所述折扣、回扣与佣金，因此，他们无法从业务中盈利。这些折扣、回扣与佣金充斥在整个石油行业，但除了所述被告以及属于他们的厂商与公司，别人难以获得。

第四项

上述提供的所有证据均支持第一、第二与第三项。此外，所述被告及其代理还从阿勒格尼河谷铁路公司转移运输业务,威胁所述公司以及那些将石油运至该公司的人。被告通过将自己的石油交由其他铁路公司运输,使阿勒格尼河谷铁路公司蒙受损失,损害他们的业务,除非所述阿勒格尼河谷铁路公司允许给他们别的生产商与货运主得不到的高额石油运输回扣、退款与佣金。

第五项

上述提供的所有证据均支持第一、第二、第三项与第四项。此外,所述被告及其代理还从宾夕法尼亚铁路公司转移运输业务,该公司为公共承运者,被告亦采用了同样手段、方法,以及上文所述的威胁。

第六、第七以及第八项

上述提供的所有证据均支持第一、第二、第三项、第四项及第五项。

附录 35 号

石油生产商协会与美孚石油公司的协议

（节选自《石油生产商协会大会的组织、目的与交易史，及其于 1878 年至 1880 年间起诉与检举的案件》，第 41—44 页）

本协议条款签订于 1880 年 1 月 29 日。下列石油购买商、炼油商、运输商：俄亥俄州美孚石油公司、宾夕法尼亚州匹兹堡美孚石油公司、宾夕法尼亚州石油城帝国炼油（有限）公司、纽约与宾夕法尼亚州顶点石油公司、费城大西洋精炼油公司、美国转运公司、宾夕法尼亚州联合管道公司、纽约德沃制造公司、宾夕法尼亚州富兰克林艾克里普斯润滑油（有限）公司、J.D.洛克菲勒、威廉·洛克菲勒、H.M.弗拉格勒、威廉·G.瓦登、查尔斯·洛克哈特、威廉·弗鲁、查尔斯·普拉特、亨利·H.罗杰斯、杰贝兹·A.博斯特维克、雅各布·J.范德格里夫特、O.H.佩恩、约翰·D.阿奇博尔德，作为甲方，共同签订本协议。每个参与者均为自己承担协议中的义务，无须代表其他任何人对契约负责。石油生产商协会主席本杰明·B.坎贝尔代表自己以及大会主席团成员，作为乙方，经主席团成员同意，签订本协议。乙方参与者亦以上文所述方式承担契约义务。本协议自签订之日起 60 天内，乙方当事人分别按上述方式签订协议。特此见证。

有鉴于，上文提及的各方一直以来都在从事与石油交易相关的某项或者全部活动，参与石油的买卖、货运代理、储存、提炼、运输以及生产等，上文所述的甲方与乙方之间，各种矛盾、龃龉时有发生，并引发了几场下文提及的讼案。友好地调解所述矛盾，和解各场诉讼，显得极为必要。因此，甲方与乙方的所述参与者特此同意如下条款：

Ⅰ.甲方的所述参与者不应且不会反对废除整个回扣或退款,以及石油铁路运输中的种种秘密运价体系。

Ⅱ.甲方的所述参与者进一步同意,铁路公司可以了解其他石油货运主在几家铁路上的全部运费率,并确保甲方的所述参与者没有收到任何回扣与退款,铁路公司不允许自行向石油货运主提供折扣。

Ⅲ. 甲方的所述参与者还进一步同意,所述管道公司不应在客户之间有区别对待的歧视性做法,或者允许这种做法。管道运输与储存价格应当合理、统一,对所有参与者平等,若没有提前30天出具书面通知,价格不得随意上涨;联合管道公司以及其他公司的参与者至此同意,在其影响所及的范围内,地区与地区之间的原油价格不会有不同,除非经测试证明它们之间有质量差别;所述的管道线路将做出适当的努力,以接受、储存、运输交付的石油,只要生产商在连续15天内,每天的平均石油产量未超过65,000桶,管道将接受、储存、运输交付的全部石油,出现无法预见的问题与不可避免的意外时除外。倘若生产商的平均石油产量超过所述总量,也超过了管道线路的储油能力,甲方的参与者,即石油买家同意,不会购买任何价格较低的所谓"即刻启运"的石油,除非那些油区"即刻启运"的货主没有以较低的价格将石油卖给任何一方。

Ⅳ.甲方的所有参与者进一步同意,石油生产达到上述每天65,000桶的最大值时,才会发放证书或其他凭证,用于管道中托管的所有油品。这种证书或者凭证的转让以通常的方式进行,应视为管道与卖方之间关于证书涉及的石油的交付,需要遵守证书或凭证上的相关规定。

考虑到本协议已在上文陈述甲方因此而需要履行的责任,乙方所有参与者,至此,同意如下协议:

5天之内,向宾夕法尼亚州的州长以及首席检察官提出申请,撤销宾夕法尼亚州在宾夕法尼亚高等法院于1878年10月至11月的开庭期,对联合管道公司以及其他几家公司提起的第309号诉讼,以及于1878年11月的开庭期,在韦南戈县为收回经营特权而提起的第12号诉讼。乙方将采取合法的行动,撤销同样记录在案的诉讼。根据书面申请与协议,宾夕法尼亚高等法院将在双方一致同意下,在宾夕法尼亚州诉洛克菲勒及其他人等一案中，记录下放弃仲裁的决议。1879 年 12 月 11 日，该案经 E.M.帕克森批准，1880 年 1 月 5 日递交答辩状，1880 年 1 月 8 日最高法院中止了诉讼程序。

乙方进一步同意，在双方履行协议的基础上，本协议将成为各方之间各类起诉案件的解决方案，在过去交易中出现的诉案、纷争、检举或事件，不论发生哪种，都有了可以令各方满意的解决办法。就参与者而言，不论他们之间因何种方式、原因或行动而产生了对立，也可按本协议协商解决。乙方特此进一步同意，为此郑重向克拉里翁县季审法庭要求，针对 1879 年 4 月，第 25 号，宾夕法尼亚州诉约翰・洛克菲勒等人一案撤回起诉。在该案中，所述被告以阴谋罪受到指控。特此要求所述县的地方律师在接到所述法庭的同意撤诉通知后，进入所述案件的撤诉程序。同时，留存所述法庭记录，以期作为所述法庭在同类案件上的判例，以此结束上文所述诉讼，亦可作为以后同类诉讼的参考。

特此见证，出席签字仪式的上述参与者，在本协议上签名，并于附录后加盖所述公司印章。公元 1880 年 2 月 15 日。

美孚石油公司

约翰・D.洛克菲勒，董事长

证明人：H.M.弗拉格勒

约翰・D.洛克菲勒

O.H.佩恩

联合管道公司

J.J. 范德格里夫特，董事长

证明人：H.M.休斯

亨利・M.弗拉格勒

J.J.范德格里夫特

威廉・洛克菲勒

帝国精炼油有限公司
J.J. 范德格里夫特,(董事局)主席
证明人:D.麦金托什,秘书

艾克里普斯润滑油有限公司
托马斯・布朗,(董事局)主席
F.Q.巴斯托,秘书

美孚石油公司
查尔斯・洛克哈特,董事长
A.F.布鲁克斯,秘书
W.G.瓦登
查尔斯・洛克哈特

大西洋精炼油公司
查尔斯・洛克哈特,董事长
查尔斯・普拉特
亨利・H.罗杰斯

顶点石油公司
约翰・D.阿奇博尔德,董事长
证明人:乔治・F.切斯特,秘书
约翰・D.阿奇博尔德

美国转运公司
乔治・H.维拉斯,董事长
证明人:乔治・F.切斯特,秘书
约翰・D.阿奇博尔德
B.B.坎贝尔

见证人:约翰·V.科夫

见证并签名:B.B.坎贝尔

W.贝克韦尔

附录36号

B.B.坎贝尔与宾夕法尼亚铁路公司签订的协议

（节选自《石油生产商协会大会的组织、目的与交易史，及其于1878年至1880年间起诉与检举的案件》，第45—46页）

本协议由B.B.坎贝尔与宾夕法尼亚铁路公司于公元1880年4月27日签订。

有鉴于，从事石油生产与石油产品运输的业内人士始终认为，宾夕法尼亚铁路公司在石油运费率以及运输车皮的分配等方面，一直存在歧视现象。此举对石油生产商的业务伤害极大，为限制这种歧视行为，宾夕法尼亚西部地区高等法院曾以联邦的名义提出诉状。

又，根据1880年2月12日签署的一项协议，所述B.B.坎贝尔，代表石油生产商，托马斯·A.斯科特，代表宾夕法尼亚铁路公司，撤回了上述诉状。

又，在所述协议中，宾夕法尼亚铁路公司同意，在撤销所述诉状的基础上，与代表所述石油生产商的所述B.B.坎贝尔达成书面协议。自所述协议达成之日起的60天内，所有这些石油生产商须在所述协议原件或其副本上签名表示一致同意。协议内容应按照协议中的规定及下文规定履行。

又，1880年2月25日，宾夕法尼亚铁路公司董事会批准董事长签订所述协议，授权董事长或者副董事长在必要时，进一步签署正式协议，使之生效，并履行所述协议的条款。

据此，本协议见证，考虑到上述几点前提，以及其他建立在这些前提之上的良好且极具价值的动机，双方至此立下如下契约与协议，即：

一、宾夕法尼亚铁路公司应当，且将会向所有石油或其产品的货运主，公开承运产品的运费率。

二、所述宾夕法尼亚铁路公司不应当，且将不会支付，或者允许向石油或其产品的货运主支付任何不同于，或者高于其他人运输等量产品的回扣、退款或佣金；对大宗货物运输的货运主的优待应做到尽量合理，且应当根据要求，告知所有货运主，或者现在及此后可能从事、打算从事石油或石油产品业务，希望运输其产品的人。

三、所述宾夕法尼亚铁路公司进一步同意，在其自身线路，以及由其提供车皮并从事石油或其产品运输的其他线路上，不会在车皮的分配上有任何差别对待，而会对在其保管下的、所有实际使用中的车皮，根据申请人的要求进行合理分配，并且在申请人需要运输石油或其产品时，准备好运输所需的设施。

兹证明，协议双方当事人均已签名盖章，所述宾夕法尼亚铁路公司已加盖公司公章，以正式证明。协议签订日期已于前文注明。

宾夕法尼亚铁路公司

托马斯·A.斯科特，董事长

约翰·C.西姆斯，助理秘书

B.B.坎贝尔

附录 37 号

泰德沃特管道公司联盟条款

(泰德沃特管道有限公司,泰特斯维尔,宾夕法尼亚州。1878 年 11 月 22 日记录,记录员威廉·F.迪克逊。)

以下人员签字并见证:拜伦·大卫·班森、罗伯特·艾米特·霍普金斯、安德鲁·沃顿·珀金、爱伦森·阿什福德·萨姆纳、大卫·博伊德·斯图尔特、大卫·麦克尔维、塞缪尔·奎恩·布朗、亚当·克拉克·霍金斯、威利斯·布斯·本尼迪克特、马尔库斯·布朗森、威廉·亨利·尼科尔森、卡尔文·纳撒尼尔·佩恩、约翰·汉·迪尔克、海瑟尔·赖迪佳·泰勒、威廉·亨利·康利、托马斯·本顿·李特尔、克拉克·伊萨克·海耶斯、舒勒姆·海德、詹姆斯·亨利·卡尔德维尔、乔治·劳伦斯·本顿、乔治·希尔·格拉汉姆、以利沙·吉尔伯特·帕特森、本杰明·贝克韦尔·坎贝尔、德鲁斯·奥尔科特·维克汉姆、约瑟夫·亨利·西蒙斯、路易斯·亨利·史密斯,意在成立一个合作联盟。公元 1874 年 6 月 2 日,根据宾夕法尼亚州议会的规定,通过了一项法案,名为“一项批准合作联盟的法案——除特定情况外,联盟债务由认购的资本单独承担”,以及一些其他的补充条款,旨在于美国境内或其他地方开展合法业务,其主要办公地点或业务地点应当位于宾夕法尼亚州境内,认购或募集的资本将单独承担该联盟的债务。为此签名并承认以下陈述:

希望成立合作联盟者全名如下:拜伦·大卫·班森、罗伯特·艾米特·霍普金斯、安德鲁·沃顿·珀金、爱伦森·阿什福德·萨姆纳、大卫·博伊德·斯图尔特、大卫·麦克尔维、塞缪尔·奎恩·布朗、亚当·克拉克·霍金斯、威利斯·布斯·本尼迪克特、马尔库斯·布朗森、威廉·亨利·尼科尔森、卡尔文·纳撒尼尔·佩恩、约翰·汉·迪尔克、海瑟尔·赖迪佳·泰勒、威廉·亨利·康利、托马斯·本顿·李特尔、克拉克·伊萨克·海耶斯、舒勒姆·海德、詹姆斯·亨利·卡尔德维尔、乔治·劳伦斯·本顿、乔治·希尔·格拉汉姆、以利沙·吉尔伯特·帕特森、本杰明·贝克韦尔·坎贝尔、德鲁斯·奥尔科特·维克汉姆、约瑟夫·亨利·西蒙斯、路易斯·亨利·史密斯。

每位参与联盟者对上述合作联盟的资本认购情况如下：

拜伦·大卫·班森认购100,300美元；罗伯特·艾米特·霍普金斯认购72,400美元；安德鲁·沃顿·珀金认购24,700美元；大卫·博伊德·斯图尔特认购16,800美元；大卫·麦克尔维认购72,500美元；塞缪尔·奎恩·布朗认购25,000美元；亚当·克拉克·霍金斯认购6000美元；威利斯·布斯·本尼迪克特认购5000美元；马尔库斯·布朗森认购10,000美元；威廉·亨利·尼科尔森认购5000美元；卡尔文·纳撒尼尔·佩恩认购5000美元；约翰·汉·迪尔克认购82,300美元；海瑟尔·赖迪佳·泰勒认购50,000美元；威廉·亨利·康利认购2500美元；托马斯·本顿·李特尔认购2500美元；克拉克·伊萨克·海耶斯认购10,000美元；舒勒姆·海德认购1000美元；詹姆斯·亨利·卡尔德维尔认购2500美元；乔治·劳伦斯·本顿认购1000美元；乔治·希尔·格拉汉姆认购1000美元；以利沙·吉尔伯特·帕特森认购5000美元；本杰明·贝克韦尔·坎贝尔认购10,000美元；德鲁斯·奥尔科特·维克汉姆认购2500美元；约瑟夫·亨利·西蒙斯认购1000美元；路易斯·亨利·史密斯认购1000美元。

第二，该联盟总资产为625,000美元，资本费用须按时以下列方式支付，即25%在公元1878年12月2日支付；25%在公元1879年1月2日支付；25%在公元1879年2月1日支付；剩下的25%在公元1879年3月3日支付。全部资本费用须用合法资金支付给该联盟位于宾夕法尼亚州泰特斯维尔总部或营业地点的财务主管。

第三，该联盟涉及的商业领域有：生产、海运、房屋租借、财产保管、保险业、石油及石油周边产品买卖，以及对这类资产的收购、制造和管理，以及被视作与这些商业领域相关的、被认为是必要或可取的商业活动。该联盟注册地为宾夕法尼亚州克劳福德县泰特斯维尔。该联盟的总部或营业地点已经建立，并保持不变。

第四，该联盟的名称为“泰德沃特管道有限公司”。

第五，该联盟预计期限为20年，自本协议签署之日起生效。

第六，该联盟管理层成员的名字和相应职位如下：

该联盟的管理层成员为：拜伦·大卫·班森、海瑟尔·赖迪佳·泰勒、爱伦森·阿什福德·萨姆纳、罗伯特·艾米特·霍普金斯和约翰·汉·迪尔克。其中，拜伦·大卫·班森被选为该联盟的主席，罗伯特·艾米特·霍普金斯被选为该联盟的财务主管，爱伦森·阿什福德·萨姆纳被选为该联盟的秘书。

于此见证，在场的所有人均在声明中的几处署名，日期为公元1878年11月13日：

以利沙·吉尔伯特·帕特森、拜伦·大卫·班森、马尔库斯·布朗森、海瑟尔·赖迪佳·泰勒、乔治·劳伦斯·本顿、爱伦森·阿什福德·萨姆纳、德鲁斯·奥尔科特·维克汉姆、大卫·麦克尔维、亚当·克拉克·霍金森、大卫·博伊德·斯图尔特、约翰·汉·迪尔克、乔治·希尔·格拉汉姆、威廉·亨利·尼科尔森、约瑟夫·亨利·西蒙斯、舒勒姆·海德、路易斯·亨利·史密斯、威利斯·布斯·本尼迪克特、本杰明·贝克韦尔·坎贝尔、威廉·亨利·康利、卡尔文·纳撒尼尔·佩恩、托马斯·本顿·李特尔、詹姆斯·亨利·卡尔德维尔、克拉克·伊萨克·海耶斯、安德鲁·沃顿·珀金、塞缪尔·奎恩·布朗、罗伯特·艾米特·霍普金斯。

附录38号

亨利·M.弗拉格勒关于泰德沃特竞争的证词

（有关托拉斯的材料汇编，众议院，1888年，报告编号3112，第783页）

问：现在你可以陈述自己的观点了。

答：我想说的是，泰德沃特管道是第一条通往滨海地区的管道，与雷丁铁路公司有着一定的联系，两者可以共同承担业务。我们当时对管道运输未来的发展与泰德沃特管道公司的代表进行过探讨，并且轻松地与他们达成了令人满意的协议，这将能够排除其他不必要的竞争。但是纽约中央铁路公司、伊利湖铁路公司和宾夕法尼亚铁路公司对我们说："先生们，我们不想你们和泰德沃特管道公司有任何正式的联合。"他们又说："为了与由雷丁公司和泰德沃特管道公司造成的竞争相对抗，我们会在运费率方面为你们提供保护。"我的回答是："我不知道这样的竞争是怎样开始的，但是我知道会在哪里结束。如今我们可以和泰德沃特管道公司达成令人满意的协议，以避免所有这些竞争。你们没必要浪费任何钱。我们不是刻意追求低运费率。我们和你们做生意，并且希望生意能继续，但是只有唯一一个条件——我们不希望有此类竞争；你们最好能够承认泰德沃特管道公司和雷丁铁路公司。"他们对此回复道："我们绝对不会承认它们是石油运输者。"

问：这就是三家铁路公司的回复吗？

答：是的，先生。我说："先生们，还有一件事比低运费率更重要。运费率只是暂时的。"现在，我想做出解释，以回应你们关于我们与泰德沃特管道公司竞争的看法。我们之间从来都没有竞争。这仅仅是交通运输线路间的竞争，而我们却像个傻瓜一样，最终没有与泰德沃特管道公司达成协议,取而代之的是对铁路干线说:“好的,我们将会忠于你们,并由你们主导来打这场仗。”他们为此斗争了一两年,后面的结局您也知道了。

问:三四年,不是吗?

答:我觉得应该是两年。

问:那我就理解了,你是想说这些竞争,以及因铁路干线与泰德沃特和雷丁公司的竞争而出现的低运费率,是由铁路干线自己造成的么?

答:这是铁路干线为了掌控整个石油产业而开展的竞争。对此,他们不止一次地公开宣布,他们的公司绝不会承认泰德沃特通往滨海地区的这条管道。

问:在这次竞争期间,他们的石油运输费用实际上是每桶 15 美分?

答:应该说是 20—25 美分。我知道这运费率低得确实有些不可思议。

附录 39 号 A

美孚石油公司与泰德沃特炼油厂之间的协议

（源自小路易斯·埃默里提交至工业委员会的手稿）

本协议于公元 1883 年 10 月 9 号制定并生效。由俄亥俄州美孚石油公司、纽约州美孚石油公司、新泽西州美孚石油公司共同组成本协议的甲方；新泽西州的海洋石油公司、宾夕法尼亚州的切斯特石油公司及纽约的埃尔斯-伦巴第公司，共同组成了本协议的乙方。

考虑到共同契约和协议在此制定并生效，上述成员须彼此认可并执行该契约，内容如下：

第一，为了达到此份协议的目的，石油提炼业务被定义为美国境内的原油提炼，而不考虑原油的获取地。每家炼油厂获取原油的数量，除去出口的原油，各炼油厂收到的原油量应被视为其提炼的数量。

第二，上述业务中，在计划表"A"和计划表"B"（这些计划表将作为本协议的一部分，附在此后）中提及的炼油厂，有权各自拥有并完成两份计划表中提到的所有炼油厂总业务量的一定比例，即：在计划表"A"中提及的炼油厂占 88.5%；在计划表"B"中提及的炼油厂占 11.5%。

第三，在计划表"A"和计划表"B"中提及的炼油厂，应当各自尽可能完成他们在上述业务中所承诺的业务量，而且必须要遵循以下几方面要求：

A.若计划表"A"中提及的炼油厂在任何一个公历月，除去出口的原油，收到了超过上述总量百分比的原油，协议甲方将按每桶 20 美分的价格，就超出比例的部分向协议乙方支付费用。

B.若计划表"B"中提及的炼油厂在任何一个公历月，除去出口的原油，收到了超过上述总量百分比的原油，协议乙方将按每桶20美分的价格，就超出比例的部分向协议甲方支付费用。

C.若计划表“A”中提及的炼油厂在任何一个公历年，忽略或拒绝完成上述业务中80%的业务，则协议甲方应当将根据本条款将收到的款项退回给协议乙方，总额应当超出同年根据相同条款支付的部分。

D.若计划表“B”中提及的炼油厂在任何一个公历年，忽略或拒绝完成上述业务中80%的业务，则协议乙方应当将根据本条款将收到的款项退回给协议甲方，总额应当超出同年根据相同条款支付的部分。

第四，双方应当每日向对方提交报告，报告上应显示上述计划表提及的炼油厂所有收购的原油，是在何时、何地，从何人手中收购的，以及所有从那里出口的原油，是在何时、何地，运输给了何人。协议甲方的报告应显示计划表“A”中提及炼油厂进出口的原油，而协议乙方的报告应显示计划表“B”中提及炼油厂进出口的原油。若任何一方提出要求，报告的准确性将由制作方进行核实。

第五，在每个月的15日或之前，应对上一个月依据协议完成的所有业务进行结算，然后根据本协议条款，由任何一方向另一方支付应付的所有款项。

第六，拥有或控制计划表“A”中大部分炼油厂的人所拥有或控制的炼油厂属于或应当被包含在计划表“A”中；之前所有可能被相同资本拥有或控制的炼油厂，也应当被列入计划表“A”，这类炼油厂数量的增加也包含在本协议的条款中。拥有或控制大部分计划表“B”中炼油厂的人所拥有或控制的炼油厂属于或应当被包含在计划表“B”中；之前所有可能被相同资本拥有或控制的炼油厂，也应当被列入计划表“B”，这类炼油厂数量的增加也包含在本协议的条款中。

第七，本协议中统一规定，一桶石油为42加仑。

第八，本协议中提及的任何年份均指公历年。

第九，本协议自1883年10月1日起生效，有效期为15年。

此外，双方同意，本协议的有效期不会长于在本协议生效期间，以国家运输公司和联合管道公司作为协议甲方，泰德沃特管道有限公司作为协议乙方签订的其他协议的有效期，而上述协议终止的同时本协议也同时失效。

特此证明，上述当事人已于上述日期达成共识，并在此附上公司印章及代表的签名为证。

美孚石油公司

O.H.佩恩，副董事长

证明人：W.P.汤普森，秘书

[美孚石油公司，克利夫兰]

纽约美孚石油公司

威廉·洛克菲勒，董事长

证明人：乔治·H.维拉斯，秘书

[美孚石油公司，纽约]

新泽西美孚石油公司

J.A.麦吉，董事长

证明人：乔治·H.维拉斯，秘书

[美孚石油公司，新泽西]

附录 39 号 B

美孚石油公司与泰德沃特炼油厂之间的协议

(源自小路易斯·埃默里提交至工业委员会的手稿)

本协议于公元 1883 年 10 月 9 日生效,协议甲方为国家运输公司和联合管道公司(均为宾夕法尼亚州的公司),协议乙方为泰德沃特管道有限公司(根据宾夕法尼亚州法律成立的一家有限责任联合公司)。

于此见证:考虑到共同契约和协议在此制定并生效,上述成员须彼此认可并执行该契约,内容如下:

第一,在本协议中,以下所指的产业划分为多个部门,分别是采集部、运输部、内陆出口部及沿海出口部。

所有从位于纽约州或宾夕法尼亚州的油井中直接或间接获取的石油,进入上述任何一方直接或间接拥有或控制的管道或油罐,此类业务属于上述采集部的业务。将所有通过本地管道运输的原油集中起来,然后运至计划表"A"和计划表"B"(这些计划表作为本协议的一部分,附在之后)中的炼油厂,以及所有由上述任何一方直接或间接拥有或控制的铁路干线将原油运至运输点,此类业务属于运输部的业务。此外,双方同意,任何按上述方式被集中起来的原油,若被运至上述任何一方,或者上述任意计划表中的任何一家炼油厂、炼油公司,以原油状态出口,则无论是经由当地的管道还是铁路干线运输的,均不包含在上述运输业务中,也不属于上述运输部的业务。

所有按上述方式采集的石油,由上述任意一方或任意一家包含在上述计划表中的炼油厂或炼油公司,通过本地管道线路运输并以原油状态出口的石油(通过管道干线运输的以原油状态出口的石油除外),

属于内陆出口。以原油状态进行的石油进出口业务属于内陆出口部门的业务。

所有按上述方式采集的石油,由上述任意一方或任意一家包含在上述计划表中的炼油厂或炼油公司,通过管道干线运输的,以原油状态出口的石油属于沿海地区出口。以原油状态进行的石油进出口业务属于沿海出口部的业务。

所有在油区各个采油点用于采集和运送石油的管道线路,在此处都被称作本地管道线路。

所有除油区外用于运输的管道线路,在此处都被称作管道主干线。

第二,在上述各业务部门中,本协议所述各方应当按照下列比例完成各方总业务量,即,协议甲方完成88.5%,协议乙方完成11.5%。

第三,每个部门都要尽可能地完成承诺的业务量,而且必须要遵循以下几条:

A.如果在任意一个月,任意一方采集了超出协议规定量的原油,那么,根据此处的采集规定,应当按照超出部分的原油量,向另一方支付费用,每桶支付的金额为当前每桶石油采集和运输总费率的四分之三——通常被称为地方输送费。

但是,该条款不适用于1884年9月1日以前按上述方式采集的原油。

此外,进一步规定,1844年9月1日以前,当超出的原油量达到10,000桶时,任意一方将开采过量的原油运送至另一方时,需征得对方同意。为了接收方和交付方的便利,应选择双方都认可的运输地点和方式。具体费用应基于法令、存储证书和运输当天的估价,或者基于联合管道公司对同样数量石油运输的市场价决定。同时,接收方应当向交付方支付每桶10美分的石油采集费用。

B.如果在任意一个公历月,任意一方运输了超过规定量的原油,那么根据本协议的运输规定,他们要就超出部分向对方支付每桶25美分的费用。

另外,在本条款下,支付的总额不得超过将所述超额量石油自产油地当地的管道口，按照当下的运费率，通过非本协议各方直接或间接拥有或控制的线路或手段，运至纽约港口或是费城港口的费用总额。

C.如果在任意一个公历月，不论是内陆出口还是沿海出口，任意一方完成了较规定量更多的业务，应就超出部分向另一方支付每桶 25 美分的费用。

另外，在本条款下，每桶支付的金额，不得超过 B 条款及其附带条款中规定的，运输部因超量而需要支付的每桶的费用。

D.如果在任何一年，任意一方忽视或拒绝完成协议规定完成的任何一项部门业务的 80%，那么根据本条款，该方应将收到的款项退回给协议另一方，总额应当超出同年根据相同条款支付的部分。

第四，协议每一方都应每日向另一方提交工作报告，其中包括：

1.所有按规定采集的原油。

2.所有由本地管线运输的，不运往管道干线的原油，写明其启运时间、地点以及运给何人。

3.所有从本地管线运往管道干线的原油，写明何时、何地，运给何人。

4.所有经由管道干线运输的原油，写明何时、何地，运给何人。

5.所有以原油状态出口的原油，写明何时、何地，运给何人，以便区分本地管线与管道干线的收据，以及何时、何地，出口给谁。如果任何一方有需要，报告的准确性由制作方负责核实。

第五，所有由上述甲方或他们中的任意一员经由本地管线运输的原油（根据上述运输的规定，属于运输部业务的除外），甲方将负责，并按照当时当地管道运费率的 11.5%向乙方支付费用，但要先从全额运费率中扣除每桶 10 美分的原油采集费和运输费。

所有由上述乙方提供的通过本地线路运输的原油（根据上述运输的规定，属于运输部业务的除外），乙方将负责，并按照当时当地管道运费率的 88.5%向甲方支付费用，但要先从全额运费率中扣除每桶 10 美分的原油采集费和运输费。

第六，如果运输量大于采集量，根据此处的采集规定，上述各方都要减少一定量的库存。其中，双方所持的库存的比例为甲方 88.5%，乙方 11.5%。为此，双方同意，无论在什么时候，只要协议有效，任何一方所负责的库存损耗达到 10,000 桶，超出了该缔约方的消耗率时，另一方应按需交付石油，而库存大量损耗的一方将得到补偿。所述的 10,000 桶石油将在交付方和接收方都便利（运输的方式和地点经由双方同意）的情况下，在产油区的某个地点交付。具体费用应基于法令、存储证书和运输当天的估价，或者基于联合管道公司对同样数量石油运输的市场价决定。接收方应向交付方支付每桶石油 10 美分的采集费。

第七，在每月 15 日前必须提交一份结算报告，包含前一个月在这份协议下执行的所有业务，以及在该协议下一方应付给另一方的所有款项。

第八，如果在任意一年，乙方的利润加上计划书“B”中提到的几家炼油厂的利润的总额少于 500,000 美元（不包括所有投机带来的收益与损失，以及被火灾损毁的财产价值），那么乙方有权在统计利润后的 3 个月内终止这份协议。

此外，上述权利在以下几种情况中不存在或不能被使用：

1. 当年及从协议生效起历年的平均利润为每年 500,000 美元。

2. 甲方或其中任何成员向乙方资助了一部分钱，这些钱与所述年的利润加在一起，使得平均利润变成了每年 500,000 美元。

另外，乙方在行使终止协议的权利时，必须要在 3 个月内向甲方一至两位责任人提交关于终止协议的书面通知，通知上必须附上乙方在协议期间获得的上述利润、计划书“B”中提到的炼油厂的利润，以及在 3 个月内甲方的资助金额。

收到通知的一方有权通过审查另一方及其炼油厂的账目来核查文件的真实性。

第九，由拥有或控制计划书“A”所包含的大部分炼油厂的人现在拥有或控制的炼油厂，都应被包含在计划书“A”中；今后因同样的利益而拥有和控制的炼油厂，也应与现在已拥有和控制的炼油厂一样，被添加到计划书“A”中 ，这些炼油厂也包含在本协议的条款中。

由拥有或控制计划书“B”所包含的大部分炼油厂的人现在拥有或控制的炼油厂，都应被包含在计划书“B”中；今后因同样的利益而拥有和控制的炼油厂，也应与现在已拥有和控制的炼油厂一样，被添加到计划书“B”中，这些炼油厂也包含在本协议的条款中。

第十，由计划书“A”中包含的任何炼油厂或炼油公司的内陆出口部或沿海出口部完成的业务，应该被视为甲方为达成协议目的所做的努力。由计划书“B”包含的任何炼油厂或炼油公司的上述出口部门完成的业务，应该被视为乙方为达成协议目的所做的努力。

第十一，本协议统一规定，一桶为42加仑。

第十二，本协议中的一年指的是一个公历年。

第十三，本协议自1883年10月1日起正式生效。除非如第八条所述的情况，被提前终止，否则本协议将从1883年10月1日起一直持续生效15年。

特此证明，甲方盖上公司印章并由他们的相应人员签字以作证明，乙方亦如此，并由两位代表签字，附上签署日期。

国家运输公司

本杰明·布鲁斯特，副董事长

证明人：约翰·布什内尔，秘书

联合管道公司

J.J.范德格里夫特，副董事长

证明人：H.D.汉考克，秘书

协议中提及的炼油厂计划书

计划书“A”

阿特拉斯精炼油公司	厂址在布法罗,纽约
宾夕法尼亚顶点石油公司	厂址在泰特斯维尔,宾夕法尼亚
纽约顶点石油公司	厂址在奥里安,纽约
大西洋精炼油公司	厂址在费城,宾夕法尼亚
美国润滑油公司	厂址在克利夫兰,俄亥俄
巴尔的摩联合石油公司	厂址在坎顿,马里兰
布什·丹斯洛制造公司	厂址在南布鲁克林,纽约
卡姆登联合石油公司	厂址在帕克斯堡,西弗吉尼亚
卡姆登联合石油公司	厂址在坎顿,马里兰
中央精炼油有限公司	厂址在新城溪,长岛
帝国精炼油有限公司	厂址在新城溪,长岛
日食润滑油有限公司	厂址在富兰克林,宾夕法尼亚
日食润滑油有限公司	厂址在奥里安,纽约
伊戈尔石油公司	厂址在克缪尼帕,新泽西
加利纳石油有限公司	厂址在富兰克林,宾夕法尼亚
帝国精炼油公司	厂址在石油城,宾夕法尼亚
普拉特制造公司	厂址在布什维克溪,长岛
杰尼-索恩公司	厂址在华勒伯特兰德
唐纳德-詹姆斯公司	厂址在新城溪,长岛
波特兰煤油公司	厂址在波特兰,缅因
佩恩-阿布利有限公司	厂址在史密斯费里
佩恩-阿布利有限公司	厂址在弗里德姆,宾夕法尼亚
弗恩-弗莱明制造有限公司	厂址在新城溪,长岛
纽约美孚石油公司	厂址在新城溪,长岛
纽约美孚石油公司	厂址在猎人角,长岛
新泽西美孚石油公司	厂址在贝永,新泽西

宾夕法尼亚美孚石油公司	厂址在匹兹堡,宾夕法尼亚
俄亥俄州美孚石油公司	厂址在克利夫兰,俄亥俄
联合炼油有限公司	厂址在石油城,宾夕法尼亚
真空石油公司	厂址在罗切斯特,纽约

计划书“B”

切斯特石油公司	厂址在切斯特,宾夕法尼亚
海洋石油公司	厂址在贝永,纽约
海岸石油公司	厂址在贝永,纽约
太阳石油公司	厂址在布法罗,纽约

附录40号

宾夕法尼亚铁路公司和国家运输公司于1884年8月22日签订的两份协议

(工业委员会的报告,1900年,第一卷,第663—666页)

运输协议的备忘录于1884年8月22日完成,这份协议涉及宾夕法尼亚铁路公司,以下统称为铁路公司,及国家运输公司,以下统称为运输公司。

出于彼此的利益考虑,双方在此同意如下的条款:

第一,运输公司拥有宾夕法尼亚州和纽约州油区内本地运输管道线路的延伸线路,归属于独立部门,即国家运输公司的联合管道部门。这个部门以下统称为运输公司的本地部门。

这个部门的业务是收集生产者手中的原油,将其储存在油罐中并进行运输。正如设想的那样,这个部门会通过所有的石油运输工具,将石油运至提炼点或其他处理原油的地方。

运输公司也拥有直达与主干管道,这些管道可以连接至上述本地管线的数个连接点,并延伸至各个提炼点及集散点。

通过上述管道,以下统称为运输公司的管道干线部门,该公司可以与其他承运者,无论管道还是铁路,在石油运输中互相竞争。

运输公司本地部门的业务与管道干线部门的业务是完全不同的。

运输公司必须保证其本地部门无论在哪个常规运输点,都使用铁路公司提供的车皮进行运输,并且无论货运主需要运输什么石油产品,都应遵循常规的运送规定。既然铁路公司已经提供了运输用的车皮,运输公司就不能在本地运输、储存和其他服务的费用上有所歧视，在本地设备的使用上也不能有歧视，在任何时候都要像将货物运输到自己的管道干线部门或是其他运输公司那里那样认真地对待。

第二，运输公司保证，所有通过现有的运输工具运往大西洋沿岸的石油，无论这些石油是通过现在的铁路、管道，还是可以在将来通过运输公司的管道联合运输，都要按月进行核查。那些以精炼油形态出现的石油，应按每1.3加仑原油可以提炼出1加仑精炼油的标准，换算成等量的原油。运输公司进一步同意，若铁路公司的运输总量未达到其运输车皮的26%，运输公司应当将货物交由宾夕法尼亚州米尔顿的铁路公司提供的车皮运输。这部分原油，加上相应月份铁路公司实际运到沿海地区的原油，应达到前文所述的26%。

铁路公司要保证提供必需的车皮和设备，并且及时运送运输公司在本协议中同意于米尔顿交付的石油。

另外，如果在任意一个月里，铁路公司无法指派足够的车皮来为运输公司运送于米尔顿交付的石油，那么该月，运输公司只需要把铁路公司能够运输的等量石油送达即可，且无须为这个月可能出现的损失做任何补偿。

运输公司应该为每月的货运量做出充分的努力，以使铁路公司的运输总量达到上述所需的百分比。

并非由于运输车皮不足而造成的运量短缺，或是在任何一个月出现的运量超负荷的情况，应在之后或下一个月内尽快做出调整。

第三，双方同意，根据本协议的第二节，运输公司交付运输的石油应被视为从宾夕法尼亚州的科尔格罗夫，通过米尔顿，运往大西洋沿海地区的。铁路公司应有权享受当前运费率一半的运费价格。

双方同意，无论在任何时候，一旦运费率过低，铁路公司就应该暂停所有采油点（除了米尔顿）的石油运输业务。在暂停期间，运输公司不应向米尔顿的铁路公司运输石油。

第四，从本地管道部门的任何运送点联合运输石油至任何石油提炼点及终端零售点的联合运费率由铁路公司制定，但是应告知运输公司并获得同意。

双方同意，上述的联合运费率对各方都是统一的。铁路公司规定，无论是针对运输公司，还是针对运输公司根据协议运输的石油，在运费率和设施方面都不会有任何歧视。

双方同意，费城的原油及精炼油联合运费率比纽约港口的运费率每桶低5美分。

双方同意，联合运费率应该不时更改，控制在与竞争对手的价格相同或相近的小幅度浮动区间内，不能高于石油城南部、奥里安及其他相似的产油点按现行的近似英里数比例计算的运费率。

双方还同意，精炼油及其他原油产品的运费率应该由铁路公司制定，但要符合以下基本原则，即：

从油区内的铁路站点利用本地管道将石油运至目的地，抵达东部任何站点的1桶精炼油或其他石油产品，是当时运至同一站点的1桶原油运费率的1.3倍。

从匹兹堡运到东部任何站点的1桶精炼油或其他石油产品，是当时从油区铁路站点运至东部任何站点的1桶原油费率的1.3倍。但是，该1.3倍的运费率中应当首先扣除通过铁路或管道将原油从本地管道运往匹兹堡的费用。

从克利夫兰和布法罗运往东部任何站点的精炼油及其他石油产品，每桶的运费率不得低于当时从匹兹堡运往同一站点的运费率。

第五，无论何时，除非有特殊说明，本协议中"1桶"指的是45加仑原油；无论何时，除非有特殊说明，本协议中"石油"均指原油。

第六，运输公司保证，除本协议中向铁路公司提供的优惠条件外，不会再向其他任何与公司管道相连的铁路公司提供更有利的优惠条件。如果出于某种原因运输公司希望这样做，那么他们将同意修改这份协议，给予铁路公司"更优惠的条件"。

第七，双方之前已经签订的协议均被视为已经完成，自本协议生效之日起，其他协议自动无效。

第八，本协议自1844年8月1日开始生效，并持续至协议规定的终止日期。本协议可在1889年8月1日之后终止,提出终止的一方需向另一方发出书面通知,表达希望终止协议的意愿,期限为90天,到期后协议自动终止。

以此为证,本协议双方于上述日期达成协议,并加盖公司印章以作证明。

宾夕法尼亚铁路公司

弗兰克·汤姆森,副董事长

证明人:小约翰·C.西姆斯,秘书

国家运输公司

C.A.格里斯科姆,董事长

证明人:约翰·布什内尔,秘书

1884年8月22日,宾夕法尼亚铁路公司,以下简称为铁路公司,以及国家运输公司,以下简称为运输公司,签订如下协议备忘录。

出于共同利益考量,双方在此同意如下条款:

鉴于,双方于协议签署之日达成一致,规定在某些情况下,运输公司必须用宾夕法尼亚米尔顿的铁路公司提供的车皮来运输原油;

又,有建议提到,铁路公司应与运输公司签订协议,以使运输公司通过其拥有的管道运输上述原油。根据上述的另一份协议,运输公司承诺在米尔顿将原油交由铁路公司的车皮运输。

因此,本协议内容如下:

第一,铁路公司同意,不再通过车皮将原油运输至米尔顿,而是让运输公司通过管道将原油运至目的地。运输公司同意并承诺承担此项运输。双方同意,对运输公司的上述运输做出如下补偿:

无论何时,一桶原油从奥里安运至费城的运费率应为40美分,依据本协议规定,运输公司可对上述原油每桶收取8美分的补偿金,这部分原油将被视为费城的石油。

从奥里安到费城的运费率每增加或减少5美分，费城的石油补偿金就相应增加或减少1美分。

但是，针对上述费城的石油，运输公司无须被迫接受低于每桶6美分的上述补偿金；同时，也不能接受高于每桶10美分的上述补偿金。

双方同意，根据本协议规定，纽约原油的上述补偿金应该比费城原油每桶高出1美分。

无论何时，当联合运费率降低，运输公司获得的补偿金低于每桶6美分的限额，金额相当于甚至高于铁路公司在联合运费率中的份额，协议双方的任意一方可选择暂停本协议。本协议暂停期间，上述其他协议依然有效。无论何时，一旦上述联合运费率升高，金额足以使补偿金超过最低限额，且处于上述浮动比例之间，同时又低于铁路公司在联合运费率中承担的份额时，本协议重新恢复效力。

第二，运输公司同意，并将于每个月的20日或之前，向铁路公司支付上一个月通过米尔顿的原油的联合运费（依照上述其他协议中的规定），但前提是运输公司必须通过其服务将这部分石油通过管道运至滨海地区。

双方同意，所有此类业务合作应被视为从科尔格罗夫市，途经米尔顿，运往大西洋沿海地区的；也应被视为运往巴尔的摩、费城、纽约或分别运往上述各地的。运往纽约部分的油量规定如下：

根据上述其他协议，铁路公司每月运往纽约的石油总量应与铁路公司有权在当月运输的油量的50%相比较。如果某个月用车皮运输的石油量低于总量的50%，那么差额部分的石油将被视为通过管道运往纽约，并按照纽约的运费率计算总运费。其余通过米尔顿的石油应按费城的运费率计算总运费。

这份协议与上述其他协议同时生效及终止。

以此为证，本协议双方于上述日期达成协议，并加盖公司印章以作证明。

宾夕法尼亚铁路公司

弗兰克·汤姆森,副董事长

证明人:约翰·C.西姆斯,秘书

国家运输公司

C.A.格里斯科姆,董事长

证明人:约翰·布什内尔,秘书

第41号

1892年竞争性和非竞争性站点的油价表

(俄亥俄州议会的托拉斯调查,附录,1898年,第43—44页)

州与准州	上等白油						水白油						每加仑(美元)			
	无竞争时每加仑的价格(美元)			有竞争时每加仑的价格(美元)			无竞争时每加仑的价格(美元)			有竞争时每加仑的价格(美元)						
	桶	箱	散装	桶	箱	散装	桶	箱	散装	桶	箱	散装	最高	最低	差额	每车皮6000加仑的价格差距
亚利桑那州	……	……	……	……	……	……	……	31	……	……	……	……	31	……	……	……
阿肯色州	14	……	13	8	……	7-1/2	16	……	17	……	……	……	17	7-1/2	9-1/2	570
亚拉巴马州	13	……	8-1/2	8-1/4	……	6-1/2	17	……	12	10-3/4	……	……	17	6-1/2	10-1/2	630
加利福尼亚州	……	……	16	13	……	12-1/2	……	26-1/2	……	13	17-1/2	11-1/2	26-1/2	11-1/2	15	900

续表

州与准州	上等白油						水白油						每加仑(美元)			
	无竞争时每加仑的价格(美元)			有竞争时每加仑的价格(美元)			无竞争时每加仑的价格(美元)			有竞争时每加仑的价格(美元)						
	桶	箱	散装	桶	箱	散装	桶	箱	散装	桶	箱	散装	最高	最低	差额	每车皮6000加仑的价格差距
科罗拉多州	……	26	21	10	15	17	……	31	25	……	……	……	31	7	24	1440
佛罗里达州	13-1/2	16	12	……	……	……	17	18-1/2	……	……	……	……	18-1/2	12	6-1/2	390
佐治亚州	14	……	9-1/2	9-1/2	……	6-1/2	17	……	14	……	……	……	17	6-1/2	10-1/2	630
爱达荷州	22-1/2	29	……	……	……	……	22-1/2	30	17	……	……	……	30	17	13	780
伊利诺伊州	10	……	8	7-1/2	……	5-1/2	15	……	……	7-3/4	……	5-1/2	15	5-1/2	9-1/2	570
印第安纳州	……	……	……	6-1/4	……	5	12-1/2	……	……	6-1/2	……	……	12-1/2	5	7-1/2	450
艾奥瓦州	9-1/2	……	8	……	……	7	12	……	……	10-1/2	……	8	12	7	5	300
堪萨斯州	10-1/2	……	9-1/2	8-1/2	……	……	16-1/2	……	……	9-1/2	……	……	16-1/2	8-1/2	8	480
肯塔基州	9-1/2	……	8-3/4	7	……	6-1/2	12	……	……	8-1/2	……	……	12	6-1/2	5-1/2	330
路易斯安那州	12	……	10	7-1/4	……	7	16	……	14	7-3/4	……	7-1/2	16	7	9	540

续表

州与准州	上等白油						水白油						每加仑(美元)			
	无竞争时每加仑的价格(美元)			有竞争时每加仑的价格(美元)			无竞争时每加仑的价格(美元)			有竞争时每加仑的价格(美元)						
	桶	箱	散装	桶	箱	散装	桶	箱	散装	桶	箱	散装	最高	最低	差额	每车皮6000加仑的价格差距
密歇根州	8-1/2	……	6-3/4	6-3/4	……	3-1/2	8-1/2	……	7	7-1/2	……	3.4	8-1/2	3-1/2	5	300
明尼苏达州	……	……	9	7-1/2	……	5	13	……	11	8	……	5-1/2	13	5	8	480
密西西比州	13-1/2	……	……	7-1/4	……	……	15-1/2	……	……	9-1/2	……	……	15-1/2	7-1/4	7-1/4	435
密苏里州	12	……	……	6	……	5-1/2	17	……	……	7-3/4	……	5-1/2	17	5-1/2	11-1/2	690
蒙大拿州	……	……	20	……	……	13	21	33	25	……	……	……	33	13	20	1200
内布拉斯加州	18	……	……	7-1/2	……	……	27	……	……	8-1/2	……	……	27	7-1/2	19-1/2	1170
内华达州	……	37-1/2		……	……	……	……	……	……	……	……	……	37-1/2	……	……	……
新墨西哥州	……	31	26	……	……	……	……	32	28	……	……	……	32	26	6	360
北达科他州	15-1/2	……	……	12-1/2	……	……	18	……	14	12-1/4	……	11-1/4	18	11-1/4	6-3/4	405
俄勒冈州	……	21	14	……	19	13	……	24	……	……	23	……	24	13	……	660

续表

州与准州	上等白油						水白油						每加仑(美元)			
	无竞争时每加仑的价格(美元)			有竞争时每加仑的价格(美元)			无竞争时每加仑的价格(美元)			有竞争时每加仑的价格(美元)						
	桶	箱	散装	桶	箱	散装	桶	箱	散装	桶	箱	散装	最高	最低	差额	每车皮6000加仑的价格差距
俄克拉何马州	……	……	15	9-1/2	……	……	……	……	17	……	……	……	17	9-1/2	7-1/2	450
南加利福尼亚州	12-1/2	……	……	8	……	……	13-1/2	……	……	9	……	……	13-1/2	8	5-1/2	330
南达科他州	11-1/2	……	……	……	……	8	……	……	12	……	……	8	12	8	4	240
田纳西州	11-1/2	..	8-1/2	7-3/4	……	6	17	……	……	8-1/2	……	……	17	6	11	660
得克萨斯州	25	27-1/2	19	8	14	9	30	33-1/2	24	12	16-1/2	8	33-1/2	8	25-1/2	1530
犹他州	23	28	25	13	……	……	……	……	……	……	…	……	28	13	15	900
华盛顿州	16	20-1/2	15	……	……	……	……	25-1/2	……	……	……	……	25-1/2	15	10-1/2	630
威斯康星州	9	……	……	7-1/2	……	6	15-1/4	……	……	7-1/2	…………	6	15-1/4	6	9-1/4	555
怀俄明州	20	25	15	……	……	……	21	35	29	8	16	15	35	8	27	1620

上等白油

不同等级的石油价格范围如下：

桶装…………每加仑 6—25 美分

箱装…………每加仑 14—37-1/2 美分

散装…………每加仑 3-1/2—25 美分

水白油

不同等级的石油价格范围如下：

桶装…………每加仑 6-1/2—30 美分

箱装…………每加仑 16—35 美分

散装…………每加仑 3-1/2—29 美分

两个等级的石油比较：

桶装石油每加仑相差 24 美分

箱装石油每加仑相差 21 美分

散装石油每加仑相差 25-1/2 美分

附录 42 号

美孚石油公司申请赔偿和禁令的诉状

(俄亥俄州凯霍加县民事诉讼法庭,美孚石油公司诉威廉·斯科菲尔德等案,1880 年)

原告,美孚石油公司,于公元 1876 年 7 月 20 日,是且至今仍是根据并在俄亥俄州法律管控下组织并运营的公司;被告,威廉·C.斯科菲尔德、查尔斯·W.斯科菲尔德、丹尼尔·舒默和约翰·蒂格尔,是且至今仍是斯科菲尔德-舒默-蒂格尔公司的合伙人。原告对被告的指控如下:公元 1876 年 7 月 20 日,原告与被告作为合作伙伴,分别经营提炼和出售原油产品的贸易。原告在俄亥俄州克利夫兰有大量炼油厂,被告仅拥有并运营一家炼油厂,也在克利夫兰,位于大西洋-大西部铁路沿线。1876 年 7 月 20 日,原告与被告作为合作伙伴,在双方同意的基础上制定并签订了一份协议。除协议事项外,原告与被告中的每一位也达成了一致,自 1876 年 7 月 20 日起的 10 年内,被告将继续像之前一样以斯科菲尔德-舒默-蒂格尔公司的名义收购、提炼、销售原油及其产品,为炼油厂提供生产所需的储油设备、固定装置、建筑、工具和所有的机械设备,以及工厂所在的土地;并且自协议签订之日起的 5 日内,为该项合作提供总金额为 10,000 美元的现金,这笔钱将持续用于该项目的商业运营,直至公元 1886 年 7 月 20 日。在关于成立合资企业的协议中,威廉·C.斯科菲尔德、查尔斯·W.斯科菲尔德、丹尼尔·舒默和约翰·蒂格尔,进一步同意并承诺,会在上述时期内投入他们所有的时间和必需的精力来组创业务。在该合资企业存在期间,他们或他们中的任何一人都不会在凯霍加县或其他地方，以公司或个人名义，直接或间接参与、涉及任何与原油或原油产品有关的经济活动，除非与本协议的双方有关；他们或他们中的任何一人不会参与任何新的经济活动，以免影响他们全心全意地投入到上述合资企业的组建之中。

在上述关于组建合资企业的协议中，威廉·C.斯科菲尔德、查尔斯·W.斯科菲尔德、丹尼尔·舒默和约翰·蒂格尔，与原告达成一致并进一步承诺，在上述关于成立合资企业的协议中，由他们提炼的原油数量，任何一年都不得超过85,000桶，每桶为42加仑。自公元1876年7月20日起，每6个月生产42,500桶，每桶为42加仑，但所述的42,500桶生产的时间可能会少于6个月。

在上述关于成立合资企业的协议中，双方同意并规定，除有其他规定外，在协议有效期内，被告可从该合资企业的净利润中，每年获得并持有35,000美元；并且，若在协议有效期内的任意一年，利润总和未达到35,000美元，那么在该年期满之时，原告有义务向被告支付一定数目的补偿款，以达到35,000美元的金额。每年所有被告获得的超过协议中规定的35,000美元的利润，被告应在协议的规定下另外支付给原告，直到原告获得与被告相同金额的净利润。另外，每年所有超过70,000美元的净利润，都应由双方平均分配。

出于上述合资企业开展业务的考虑，原告与被告达成一致并承诺，除有其他规定外，在公元1876年7月25日或之前，原告将提供总额为10,000美元现金，以供被告用于共担风险的合资企业的运营，这笔钱已如数支付，并仍用于商业运营中。

原告也将在不收取中介费和手续费的前提下，接收石油入港，并且在纽约售卖由斯科菲尔德-舒默-蒂格尔公司委托出售的所有原油及原油产品。

自公元1876年7月20日至1886年7月20日的10年里，在协议履行期内，按前述规定，原告同意并且已做到对被告的保证，每年根据合资企业运营所得净利润，分配给被告35,000美元。原告进一步陈述，自1876年7月20日至今，被告多次违背协议——自协议签订以来，被告每年提炼超过85,000桶原油：1876年7月20日至1877年7月20日，提炼了89,983桶；1877年7月20日至1878年7月20日，提炼了87,754桶；1878年7月20日至1879年7月20日，提炼了100,246桶；1879年7月20日至1880年7月20日，提炼了90,082桶。

截至目前，被告已经提炼了协议中他们在1881年1月20日之前有权提炼的全部数量。此外，他们还购买了大量的原油，并无视上述协议，提炼了其中的一部分，打破了市场平衡。上述被告提炼的原油数量并没有遵照之前的约定分配，即实际平均每6个月提炼42,500桶，每桶42加仑。相反，被告违背了约定，1876年7月20日到1877年1月1日，提炼了43,509桶；1877年1月1日到1877年7月20日提炼了46,473桶；1877年7月20日到1878年1月1日，提炼了50,416桶；1878年1月1日到1878年7月20日，提炼了37,337桶；1878年7月20日到1879年1月1日，提炼了56,974桶；1879年1月1日到1879年7月20日，提炼了43,272桶；1879年7月20日到1880年1月1日，提炼了57,499桶。在1879年7月20日前后，原告发现被告违背了协议，提炼了超过协议条款中允许提炼的石油数量，大约22,984桶，原告对此向被告表示了反对和不满，被告也随即承认确实违背了协议。双方都同意，被告在接下来的几年应该并将会减少足够的产量，使得总产量保持在协议相关条款规定的范围内。

在接下来的1879年7月20日至1880年7月20日，被告并没有依照之前的承诺，将他们的产量减少至85,000桶以下。相反，被告自1879年7月20日到1880年1月1日，提炼了原油57,499桶，自1880年1月1日到1880年7月20日提炼了原油32,582桶，使得该年提炼的原油总量达到了90,082桶，比协议中规定的提炼数85,000桶多出了5082桶。

被告告知并威胁原告，他们将在之后完全忽视协议且不考虑数量地继续提炼原油。

原告进一步提到，自协议签订之后，在过去几年里，丹尼尔·舒默和约翰·蒂格尔违背了相关协议，为了与他人而非协议中规定的人一起提炼原油，参与了在纽约布法罗的炼油厂的建设，并且目前仍参与其运营。

在过去的几年间，丹尼尔·舒默和约翰·蒂格尔，或是他们中的任意一人，为了与他人而非协议中规定的人一起提炼原油和生产相关产品，已经投资了10,000美元，并且目前仍参与炼油厂的建设。同时，他们试图和他人建立并运营与协议中构想组建的合资企业同样的经济体，因此建立并运营了与上述合资企业竞争的产业，并倾向于让原告蒙受损失，因为原告曾在协议中保证，合资企业建成后需要每年向被告提供每年35,000美金的利润。他们于过去的几年内，在上述布法罗和其他地方投入了大量的时间和精力，当协议规定中的克利夫兰合资企业需要他们集中精力时，他们仍然那样做。

原告还称，由于被告拒绝履行他们之间的协议，原告一直承受着巨大的损失。如果继续允许被告上述违背协议的行为，原告将不得不承受更多的损失。由于损失造成的时间太漫长且具体数额难以查明，需要多种途径进行诉讼，原告至今没有通过法律获得足够的赔偿，并且依然在不断地遭受损失。这些损失来源于协议中提及的合资企业产量的增长，以及原告被剥夺了的相应的利润。

因此原告要求威廉·C.斯科菲尔德、查尔斯·W.斯科菲尔德、丹尼尔·舒默和约翰·蒂格尔，经由合理程序，成为本案被告，并强制要求他们回应这份诉状。法院应发出初步的强制令和禁止令，限制上述威廉·C.斯科菲尔德、查尔斯·W.斯科菲尔德、丹尼尔·舒默、约翰·蒂格尔，以及斯科菲尔德-舒默-蒂格尔公司名下的每一个合伙人的石油生产行为，直至对他们在俄亥俄州克利夫兰每年提炼超过85,000桶的原油,每桶为42加仑;每6个月提炼了超过42,500桶原油,每桶为42加仑;自1880年7月20日之后的6个月,提炼了超过协议规定数量的原油;除了协议中与原告相关的业务,还直接或间接地参与了与原油及其产品相关的商业活动;等等行为做出进一步判决。在这场案件的最终聆讯中,上述被告的行为将受到类似限制,且上述行为均应被禁止,直至协议到期,进一步的解决方案有待法院在衡平法的基础上做出裁决。

M.R.基思

R.P.兰尼

原告律师

附录 43 号

威廉・C.斯科菲尔德的答复

（俄亥俄州凯霍加县民事诉讼法庭，美孚石油公司诉威廉・斯科菲尔德等人案，1880 年）

所谓协议在条款方面限制了商业贸易，违背了公共政策，因此该协议在任何时候都是完全无效的。

被告们进一步表示，他们否认他们采取的任何措施会导致原告承受或将要承受任何损失。被告们称，他们的精炼油生意一直都有着巨额收益，直到现在也是如此。目前精炼油的价格非常高，原油和精炼油的价格有很大差距，所以制造、销售精炼油会带来巨额利润。原告和被告双方都尽全力运营提炼原油的炼油厂，依旧无法满足公众对于石油的需求。如果被告的产业像原告所请求的那样被暂停运营，那将会导致更高的精炼油价格，而原告在精炼油制造和销售方面的垄断将得以进一步推进。

被告们声称，原告一直不断违反所谓已订协议的相关条款，故意不提供甚至扣留他们承诺给予被告的利益与好处，并且，原告非但没有向被告提供协议中约定的关于原油和精炼油运输方面的便利，反而一直要求被告们支付更多的运输费用，同时，原告还不允许被告们获得原告从不同的货运商那里得到的折扣。另外，原告最近铺设了一条通向宾夕法尼亚油田的运输管道，通过这条管道以大约每桶 12 美分的价格将石油运往克利夫兰，但被告使用相同的管道运油时却需要支付每桶 20 美分的运费。

被告还称，在签订协议的同时，原告还和不同的人建立合作关系，试图在俄亥俄州甚至全国建立精炼油制造的垄断。为了垄断精炼油贸易，提高精炼油的价格并将其维持在一个不正常的高价位，原告以合资企业的形式达成了所谓协议，向所谓合资企业投入了总额为 10,000 美元的资金，然而被告却投入了 73,000 美元的资金，以及难以量化的时间和精力，而且正如原告所了解的，被告的炼油厂拥有每年提炼 180,000 桶原油的能力。原告通过出于同样目的的其他协议，成功地建立起了一个反对竞争的庞大的垄断，将精炼油价格维持在高位。所以，所谓协议限制了商业贸易，违背公共政策，因此是无效的。

被告们称，被告一直都按协议向原告支付合资企业所得利润的全部份额。原告从未被要求支付任何一笔费用给被告，却从上述经济活动中获得了大笔利润。在 1880 年 3 月 4 日，原告在清楚地知道被告每年产量超出 85,000 桶的情况下，要求被告向他们支付超额量的全部利润，并宣称他们的垄断体系十分完美，如果被告未售出超额部分的石油，原告会将其出售，而被告确实向原告支付了售出超额量石油所获利润的一半。

附录44号

约翰·D.洛克菲勒的证词

（俄亥俄州凯霍加县民事诉讼法庭，美孚石油公司诉威廉·斯科菲尔德等人案，1880年）

约翰·D.洛克菲勒宣誓并声称，在过去的18年里他一直从事原油提炼事业。自1863年到1870年，他是炼油厂的一名员工，自1870年2月起直到现在，他都担任上述作为原告的石油精炼油公司，即美孚石油公司的董事长。在此期间，他一直非常重视这份事业，因此对提炼原油的业务、原油生产量、被提炼的原油量，尤其是对美孚石油公司的商业运营十分熟悉，这些都是可以查明的。

宣誓人称，美孚石油公司在俄亥俄州克利夫兰市和新泽西州贝永市拥有并经营炼油厂，除此之外没有其他炼油厂，同样也对其他炼油厂毫无兴趣；公司没有运营或控制美国其他任何原油炼油厂。在俄亥俄州、西弗吉尼亚州、宾夕法尼亚州、纽约和新泽西州也并没有大量的原油炼油厂被美孚石油公司直接或间接地拥有或控制，公司对它们毫无兴趣，而这些炼油厂一直以来，甚至直到现在，都在提炼原油，并在公开市场中销售其产品。美孚石油公司提炼的原油数量也没有超过美国原油提炼总量的33%。

宣誓人还声称，美国所有炼油厂的生产能力能够充分满足全世界的市场需求。根据宣誓人的判断，如果所有的炼油厂都尽全力运营，他们提炼的石油量将是世界市场需求石油量的两倍。在过去七年间，炼油厂的生产能力和市场需求之间一直存在这样的差距；而在这段时期内，美孚石油公司的炼油厂并没有发挥他们全部的生产能力，而且据宣誓人判断还没有超过全部能力的一半。

宣誓人称，在所有他参与的原油提炼业务中，他对于原油价格、精炼油价格和从中赚取的利润都很了解。根据相关经验，他表示，自 1876 年以来，精炼油的平均价格和制造商每加仑的平均利润都比 1876 年前的平均利润低。美孚石油公司现在，并且永远不可能通过减少在公开市场上产品的投放量，而对精炼油价格施加丝毫的影响。

宣誓人还称，美孚石油公司从未在原油产业拥有利益，也从未控制原油产品。公司并未且永远不会拥有任何油井或油田；公司也没有控制原油的价格，而是像其他所有炼油公司一样依赖原油供应，以同样价格在公共市场购买原油；公司现在，并且从来没有成为铁路、管道或其他大众石油运输工具的股东，只是在过去的几年里为了自己的便利铺设、拥有并运营了一条从克利夫兰到宾夕法尼亚州西部的管道，用于给克利夫兰的炼油厂输油，而这条管道尚不能满足美孚石油公司自己炼油厂的需求，因此现在不得不用车皮向克利夫兰运油。

从宣誓人的经验来看，他知道一个大的制造商通常会比小制造商获得更低廉的成本；而美孚石油公司得到的所有商业优势都是合法的，这些优势来自自身购买的大量原材料，在商业活动中的长期运转及从中得出的经验，对所有的商业渠道熟悉，有经验的员工提供的技能，拥有并使用所有最新、最有价值的机器，最先进的原油提炼方案和工艺，以及自己生产的油桶、胶水等，因此才能够获得较其他没有相同优势的炼油商更低成本的石油。这些能使美孚石油公司以更低廉的成本提炼石油的优势，并不为美孚石油公司所独有，而是对所有在相似情况下从事商业贸易的人开放的。这样的事实状态对小炼油商是不利的，会妨碍他们得到想要的利润，甚至在一些情况下不得不停产，进而构成了几个常见词汇的基本来源："榨出""挤出"和"铲平"。

宣誓人表示，他查看了被告舒默和蒂格尔的回复，注意到了其中的一些说法。关于其中"如果被告的产业像原告所请求的那样被暂停运营，那将会导致更高的精炼油价格，而原告在精炼油制造和销售方面的垄断将得以进一步推进"之类的说法是不真实的，因为提炼原油的制造业不可能出现垄断，协议中对产量的限制也不可能影响整个炼油业的产量。原告提出的让被告减少产量的要求，对精炼油价格的影响是极小的，就算除去被告炼油厂的全部生产能力，现阶段的炼油业要满足公众需求都已绰绰有余，所以价格也不会提高，原告也无法在炼油业建立起垄断。

宣誓人还表示，原告并没有像上述回复或任何其他行为里提到的那样，在任何时间以任何方式违反协议中的条款。说原告故意或以其他形式扣留在协议中承诺给被告的利益，这样的说法是不真实的。同样，说原告没有给被告协议中关于原油和精炼油运费的便利，也是不真实的；相反，原告给了被告协议中没有的特权。当被告按协议相关条款规定运输石油时，被告从未被要求支付比原告更高的运输费用；而且原告也没有不允许被告在按照相关协议条款运输石油时，从承运者处获得与原告相同的折扣。

原告确实最近建造了一条从克利夫兰到宾夕法尼亚州西部的管道，自 1880 年春天开始就通过其输油至克利夫兰，但就此认为原告是从宾夕法尼亚州西部到油田管道的所有者，那就错了。为了保证被告的利益，原告确实规定，可以通过上述管道给被告运输原油，并收取每桶 20 美分的费用，但就此说这条管道的铺设是为了赚取他人的石油运输费用，而非出于原告自身的利益需求，这种说法是不真实的。按照上述协议相关条款，被告有权使用这条管道运输石油，但认为用这条管道从油田运油到克利夫兰收取每桶 20 美分的运费不合理，这种说法也是不真实的。宣誓人证实，在那段时间，该条管道确实以每桶（42 加仑）20 美分的价格提供石油运输，而当时铁路收取的运费是每桶（45 加仑）35—50 美分。

原告一直以每桶 20 美分的价格为被告运输石油，直至 1876 年 7 月 20 日，他们收到了在协议规定下可以提炼的所有原油量。

宣誓人称“在签订协议的同时，原告还和不同的人建立合作关系，试图在俄亥俄州甚至全国建立精炼油制造的垄断”的说法是不真实的。宣誓人证实，原告确实和其他人签订了与被告一样的协议，并且是在同一天,即1876年7月20日,与克利夫兰市的先锋石油公司签订的协议,对此被告完全知情。宣誓人还称,他出席并参加了与被告达成协议的谈判,这份协议的签订并非出于垄断精炼油贸易,或者提高精炼油价格进而使其停留在不正常的高价位的目的。宣誓人称,说原告通过该协议和其他以相同目的签订的协议,成功地建立了一个稳固的垄断体系和反竞争集团,并使精炼油价格提高到不正常的价位,这种说法是不真实的;他们签订的协议就像其制定时所陈述的那样,是为了给予协议各方应得的比例来均衡地发展石油业务。被告在协议中同意的每年提炼原油85,000桶的产量限制,是根据他们全部的生产能力决定的,并获得了同意,就像自协议签订后根据原告全部炼油能力决定的每年炼油量一样。被告在答复中说这份协议限制了商业贸易并违背了公共政策的说法是不真实的。宣誓人称,大概在1879年10月1日,他得知被告已经违背了协议,提炼了超过相关协议条款规定的约22,984桶石油,因此他和被告斯科菲尔德、约翰·蒂格尔进行了一次面谈,被告承认提炼了超过协议中规定数量的石油,并同意在接下来的一年中,减少在1879年7月20日之前所生产的超额产量。但他们表示希望可以在该年的每6个月平均减少地产量,而不是在1879年7月20日之后一年的前6个月或后6个月一次性减产,宣誓人答应了这项要求。

宣誓人称"在1880年3月4日,原告在清楚地知道被告每年产量超出85,000桶的情况下,要求被告向他们支付超额量的全部利润"的说法是错误的,但下文所述情况除外。关于原告在要求获得所谓利润时,宣称他们有任何垄断,或者说有多么完美的垄断,因此可以售出被告未售出的超额油量,或者说原告有权因任何垄断而获得利润,这些说法都是不真实的。宣誓人称,原告确实要求获得在超过85,000桶的超额提炼油量上所得的利润,因为被告违背了和原告签订的协议,因此这种超额产生的利润,原告当时认为应当作为被告违背既定协议的赔偿。

宣誓人表示,他不知道被告签订的与石油销售相关的协议,也不知道被告签订的有关生产或者制造油桶的协议,更不知道他们可能对客户负有怎样的义务;但是他称,在过去很长一段时间里,被告已经注意到，原告坚持被告应当履行协议规定的义务。如果像他们宣称的，他们已经履行了关于石油销售的协议以及其他的义务，那么他们应当完全清楚地知道自己正在且一直在违反1876年7月20日所签订的协议。

宣誓人已经阅读了在1880年10月18日存档的H.L.泰勒关于此案件的证词，证词中泰勒说，他和洛克菲勒先生、弗拉格勒先生和佩恩先生，还有其他人已经认识6—8年了，他和他们谈论过美孚石油公司对俄亥俄州和全国的炼油业的控制。他还听他们说，事实上，美孚石油公司打算除掉国内所有除他们外的所有炼油商，进而垄断美国的炼油业。宣誓人称，他的确和H.L.泰勒认识好几年了，但上述所有与他有关的陈述都是不真实的，他从未向泰勒或者任何人说过泰勒在听证会上陈述的内容，或者实质上意思相同的内容。宣誓人进一步称，他从未与泰勒一起到访泰勒证词中提及的城市或地方，调查或监视炼油商。尽管他可能偶然间在不同地方遇见了泰勒，但是他从来没有带泰勒去看过受其他力量控制的或独立运营的炼油商，并称这些炼油厂是在美孚石油公司的控制下运营的。宣誓人还表示，其他人也没有向泰勒说过他在听证会上说的那些内容。

宣誓人称，泰勒宣称的美孚石油公司已经"摧毁"了美国的炼油业，或者说现如今已经控制了美国的炼油业，这些事情并未发生。宣誓人认为，在泰勒作证的时候，他知道有很多炼油商是独立运营的，也绝不可能和美孚石油公司有联系，那只是泰勒个人对由与美孚石油公司竞争的许多独立炼油商构成的庞大炼油业的利益感兴趣而已。

根据泰勒的说法，美孚石油公司很多次收购炼油厂并将其搞垮。宣誓人称，在几年前，当炼油业还很散乱的时候，在很多情况下，为了石油业更好的经济发展，美孚石油公司解散了一些地理位置不好的炼油厂，并利用其结构、机器和设备来发展其在克利夫兰的炼油业。

确实，在许多案例中，那些不能成功跻身炼油业但是经验丰富的人，都在一定程度上被美孚石油公司纳入自身的炼油业中，但是泰勒的证词中所陈述的，公司以高薪聘请拥有炼油厂的人，同时又不完全雇用他们，这是不真实的。不过公司的确限制职员发展精炼和蒸馏石油业务，要在公司的引导下才可以进行。

但是所有的这些事，没有一件是原告为了创造并保持其在炼油业的垄断地位而做的，做这些只是出于更高效地运营自身商业的目的。

宣誓人还称，泰勒证词中说，美孚石油公司在其所提及的很长一段时间内，即过去的6—8年的时间里，或者任何一段时间里，曾经实际上控制了石油的运输，这是不真实的。说美孚石油公司曾经或者现在与任何运输公司间有协议，规定其享有比其他负有相同义务、拥有相同终端设备的承运者更低的运费率，这也是不真实的。在所有与铁路公司签署的协议中，铁路公司都保有向其他公司收取与美孚石油公司一样价格的权利。宣誓人进一步称，那些曾经与铁路公司签署的，保证给美孚石油公司佣金以配置设备的协议已经被废除，并且被废除很久了。

宣誓人称，至于泰勒证词中所说的，用公司的职员对他说的话来说，大意是"该公司打算收购所有的炼油厂，并着眼于全面控制整个石油市场"之类的说法，都是完全不真实的。

宣誓人表示，说原告控制了诸如宾夕法尼亚罗根兄弟公司、奥克塔夫石油公司、伊斯特利-戴维斯公司、宾夕法尼亚州泰特斯维尔贝内特-沃纳公司、匹兹堡R.S.沃宁公司、匹兹堡的市民石油公司这些炼油业公司，或者其中之一，这是不真实的。H.L.泰勒的证词中说，这些独立炼油商受美孚石油公司控制的最主要的原因，是小公司无法享有大公司得到的运费率；当大公司拥有这种优势力量时，它会与这些炼油商签订协议，防止他们日后与美孚石油公司竞争。这种说法这与事实相悖，也不符合逻辑。宣誓人已经对克利夫兰美孚石油公司收购的炼油厂名称、收购的原因，以及任职于这些炼油厂的人在某些情况下受雇于美孚等事实做出了正确的陈述；任何有关原告运用不合法手段或不公平的影响来"排挤"和"清除"小炼油商并防止他们东山再起的陈述与推断都是不真实的。

宣誓人进一步就泰勒的证词做出回应，他表示，证词中关于美孚石油公司控制炼油业，对石油市场产生的影响，大大提高了消费者要支付的价格的部分内容是不真实的。他再次强调，自与被告签订协议起，消费者购买精炼油的平均价格比前几年更低。

根据泰勒的陈述，如果炼油业仅在独立炼油商之间发展，那么该行业需要聘用的人力会比目前更多，独立炼油商之间的公平竞争也有助于提升国家整体的炼油业。类似这样的陈述，是暗示除原告的工厂外不存在独立的有竞争力的炼油厂，这是不真实的。事实上，比起以前，现在有更大一批人从事与炼油业有关的工作。

宣誓人称，关于海瑟尔在证词中说到的海瑟尔并不害怕，洛克菲勒对此的回应是，“你也许不害怕自己的头被砍下，但你的身体会遭殃”，“这是宣誓人在把他炼油业的股权卖给毕夏公司之前说的，这样说的目的是在于诱逼宣誓人低价将股份出售给美孚石油公司”，宣誓人关于是否对海瑟尔说过这样的话已没有任何印象，至于上述陈述中所暗示的美孚石油公司对海瑟尔的威胁和诱导，并试图借此获得对毕夏公司和海瑟尔的控制，这种想法在精神上和实际效果上都是子虚乌有。

宣誓人称，关于海瑟尔证词中的部分内容，如“美孚石油公司控制整个克利夫兰地区的炼油业所造成的影响，在很大程度上提高了消费者购买精炼油的价格，减少了石油产量，减少了炼油业受雇人员的数量，减少了劳动人员的工资，继而很大程度上伤害了公众”，此类宣称美孚石油公司对整个炼油业的控制也是不真实的，而其陈述的由美孚石油公司所谓控制而导致的结果当然也是不真实的。

宣誓人已经看过 B 太太在 1880 年 10 月 18 日递交的关于本案的证词，该证词是不恰当的、错误的，在许多方面是虚假的。

我①和 B 太太的第一次会面是在她家里，那时她请弗拉格勒先生和我去商议关于将她的公司出售给她的一位雇员的事，这件事发生在 1876 年。她告诉我们她从那个雇员处得到了相关提议，并表达了处理该业务的期望，希望可以尽早摆脱业务所带来的困扰和焦虑，并向我们表达了接受提议的倾向，我们建议她以可靠的支付条件为前提接受提议，之后便再也没见过她，直到 1878 年的秋天，中间的时间超过两年。

① 编者注：即宣誓人洛克菲勒，原文如此。

之后在她的急切请求之下，我们在她家见了面，那个时候她谈到自己曾经与詹宁斯先生的谈话，并希望我和她一起跟进关于她财产出售的谈判工作，但是我婉言谢绝了。我告诉她，我对她的事业一无所知，同样也不了解她的公司使用的机械设备等，因此不能和她一起跟进任何有关上述谈判的工作。但是如果她在深思熟虑之后，还是执意这么做的话，我们当中一些熟悉润滑油业务的人可以和她一起处理这个问题。她非常渴望马上开始谈判，但是我反对立即谈判，并建议她不要采取任何过急的措施。因为从她的表述来看，如果业务状况没有任何改变，那么公司就会跟过去一样没有任何改善的希望。她的回答表达了她对未来事业的恐惧，说自己无法得到车皮去运输足够的石油，还有些其他类似的话语。我对她说，虽然我们车皮正在使用，并且我们的业务也需要这些车皮，但是为了帮助她，我们可以根据她的需要借给她一定数量的车皮，或者给予她一些合理的帮助。宣誓人找不到任何让她无法像从前那样继续成功地经营事业的理由，这也是宣誓人和她的最后一次会面。

宣誓人认为，B 太太在谈话过程中实质上是在说，B.石油公司完全在美孚石油公司的掌控之下，她所能做的只有利用唤醒宣誓人的绅士风度，使其出于同情而尽最大的努力帮助她。对于她所说的她的公司被美孚石油公司操控的说法，宣誓人表示绝对的否认，并认为她所表现出来的恐惧毫无根据，因此才提出为她提供车皮的提议。宣誓人不记得在会议中，对一份关于美孚石油公司不涉及润滑油贸易的协议，B 太太说了什么。早在 1873 年，美孚石油公司的确和 B.石油公司签过一份协议，协议可以在任何一方发出通知后的 60 天终止。该协议内容仅与碳油相关，且该协议是 B.石油公司自愿签署的——B.石油公司完全可以在提交通知 60 天后终止该协议。因此，只要该公司有终止协议的意愿，就可以免除履行义务。但是，直至 B 太太出售她在 B.石油公司的股份时，该协议仍然继续生效中。美孚石油公司从未和 B.石油公司就“同意不涉及润滑油贸易”达成过协议，也没有和 B.石油公司在润滑油业务方面有过任何特别的协议，宣誓人也没有签过这样的协议。然而，虽然宣誓人拒绝参与和B太太的谈判，但可能真的曾在会议中暗示过，假使收购达成，她可以保留任何她在B.石油公司想要的股份。由于宣誓人未参加谈判，B.石油公司的建筑物和品牌以60,000美元的价格被收购，这至少超出了它的价值20,000美元，也大大超过了B太太在1876年和弗拉格勒先生及宣誓人商议时提出的价格。除了价值60,000美元的建筑物和品牌，B.石油公司手上的全部石油的股票也按市场价格被收购，总值19,144.49美元，使得公司合计卖出了79,144.49美元，这还没有包括其他的公司资产，例如现金、应收账款和累积分红。

关于该证词中所称的，B太太眼看自己的财产将要流失，要求容许她根据公司董事长的意思，保留她在公司价值15,000美金的股票，上述陈词中暗示，B太太由于受到一些胁迫、强制和不适当的影响，或者是受到美孚石油公司的任何强迫，不得不放弃自己的财产，这是完全不真实的。还有她曾和美孚石油公司的董事会有过协议，同意她保留15,000美金的B.石油公司的股份，也是不真实的，上文提及的其他保留也毫无根据。如果说B太太在那次联系中提及了宣誓人，并声称关于这个请求的回答是，"没有任何外人会对这件事情感兴趣"，以及"美孚石油公司已经决定轻率地对待这件事，所以必须在当天解决，或者直接放任不理，同时坚持让她签署上述有关的约定"，此类陈述都是不真实的。宣誓人并不知道在上述协商中曾使用过类似语言，也不知道协商是在那样的情况下进行或结束的。

宣誓人表示，说他从未在精神上或文字上履行任何之前做出的承诺，这是不真实的，宣誓人也从未以任何方式协助逼迫B太太以远低于真实价格的价位抛售公司财产。与此相反，宣誓人认为，B太太并不是被迫抛售财产，这种销售是出于自愿的，也获得了远超其价值的售价，从她那购买的建筑物最多只值20,000美元。

在1878年11月9日，星期天，谈判结束，B太太收到相应款项。宣誓人并不知道她对金额不满意，直到收到一封写于11月11日，星期一的信。那封信是12号寄达的，他在11月13日回复，回复的副本如下：

1878 年 11 月 13 日

亲爱的夫人:

我自昨天收到您 11 号寄出的信后,立即拆开细读,一直读到今天,因为我希望能彻底看清每一条关于 B.石油公司股份出售协议的要点,进而了解自己是否在无意间做了令您觉得权益受损的事。的确,在我们的会面中,我曾向您建议,如果您愿意的话,可以通过保留一定数量的股份,依旧从 B.石油公司的业务中获利。但听了您的意思之后我明白,如果您选择抛售公司股份,说明您是想完全脱离该业务领域。我的理解是,我们的安排是基于您决定进行交易而做出的,所以排除了其他利益。因此,当您对股票进行询价时,我们的回答是基于上述事实做出的,而非您在信中所说的我们想要拒绝您。至于您所提到的,公司是在我的允许下从您手中夺走 B.石油公司的业务的,我认为您在这一点,还有 11 号的信中提及的其他点上,都对我有极大的误解。B.石油公司的业务是否被收购,与我的利益关系很小。我认为这笔交易是为了您的利益而做的,并且我在这番述词中完全坦白,恳求您把注意力放到大约两年前,也就是您向弗拉格勒先生与我咨询有关将您的股权出售给罗斯先生的时候。当时您想要以比现在所得的金额低得多的价格出售公司,若不是当时延期的款项迟迟未支付,您可能已经进行了那场交易。至于购置这些资产所耗费的金额,是我们现在配置同等或更好的设备所需花费的整整三倍多。出于自由、平等的考虑,我大力提议向您支付 60,000 美元,而我的一些同僚认为这个出价太高了。我相信,如果您重新考虑信中所写的内容,您必须得承认对我做出了极不公平的判断,我也非常乐意等待您从心底里承认这一点。然而,鉴于您目前的感受,我现在建议,我们可以把购买的股份还给您,您只需要将我们的投资金额归还,就像我们之间从未做过交易一样。如果您不打算接受这个建议,我会按照我们支付的价格,给您一百、两百或是三百股。此外,如果我们能保留收购的资产,那么按照协议,我们还要向 B.石油公司财务部支付一笔钱,这笔钱加上已经支付的金额,将达到 100,000 美元,使股价变为 100 美元一股。

您不必急于下结论，我将会给您 3 天的时间，让您考虑接受或拒绝这个提议，同时，请您相信我。

您忠诚的，

约翰·D.洛克菲勒

这封信没有收到任何回复，从那时候起，宣誓人再也没有和 B 太太有过任何关于这件事的交流。

宣誓人称，他注意到，丹尼尔·舒默在 1880 年 10 月 18 日递交的本案证词中有如下陈述，称美孚石油公司已经搞垮了一家与舒默本人有关的炼油公司，这导致他损失了超过 20,000 美元，宣誓人称这个说法是不真实的，因为这样的事情根本没有发生过。

宣誓人称，曾与被告进行过许多进入签订阶段的协议谈判。据宣誓人所知，在那之前，以及在那期间，并不存在来自宣誓人本人、美孚石油公司的职员或代理人向斯科菲尔德-舒默-蒂格尔公司发出过不签订协议就会摧毁他们公司的威胁，宣誓人或者其他任何人也从未代表美孚石油公司向舒默和其他被告做出承诺，即协议签订后美孚石油公司和被告将能控制和垄断克利夫兰地区的炼油业。舒默宣称，他是很不情愿地加入这个协议的，这也是不真实的。据宣誓人所知，舒默很急于签订这份协议，他相信这对被告们都很有利。在 1872 年的某一段时间，当时克利夫兰市的炼油业掌控在一些小炼油商手中，而且无法盈利。出于经济利益而考虑聚拢商业，联合他们的共同资产，许多参与其中的人认为这种方式是可行的。当时精炼油贸易的状态是这样的：油田附近的炼油点享有克利夫兰炼油商没有的特权，并且可以以比克利夫兰的炼油商更低的成本生产精炼油。所以当时炼油商们很清楚，为了集中业务，必须要签订某些协议，否则不仅炼油厂将会遭受毁灭性的打击，还有可能不得不放弃克利夫兰这个炼油点。在那期间，行业中资历最老的一些人聚集在一起共同商讨，其中几位炼油商选择把自己的炼油厂交给了原告,并且可以根据需要,决定是收取等额的美孚石油公司的股票还是收取现金。当时的美孚石油公司,由于其设备和庞大的现金资本,被认为是最适合用于集中商业的公司,而且非其莫属。也就是说,美孚石油公司的发展局面不是人为造成的,而是当时炼油业发展的必然结果,是贸易的自然规律所致。在接下来的谈判中,也未曾使用任何过分的或不公平的手段。但总的来说,为了大体上满足那些出售或转让炼油厂的人,不管他们要求收取股票还是现金,美孚石油公司都按照当事人的意愿全额支付。

从那时起,美孚石油公司通过勤勉、忠诚地关注业务,苛刻地厉行节约,敏捷地利用合法的商业机遇,在克利夫兰获得了大量有价值的资产,并拥有远超于其他地方炼油商的生产力。但是宣誓人否认,自 1872 年至今,美孚石油公司曾利用任何协议、阴谋或者不正当的手段来获得现在的身份地位和能力,或是通过形成并保持垄断,来获得在业界的绝对控制地位。

约翰 · D.洛克菲勒

附录45号

事实发现

（文字记录稿，美国联邦最高法院，提请复审当事人湖滨及密歇根南部铁路公司诉斯科菲尔德-舒默-蒂格尔等案件，向俄亥俄州最高法院提请复审，1886年10月，编号1290，第14—31页）

这起诉讼的诉状、证物和证词已经由当庭检视，并经过了律师们的反复辩论。考虑到相关事件的原告向最高法院提起诉讼，所有法官一致认为，这起案件中存在着重要且难以回答的问题，这些问题将留至最高法院做出判决。这些问题包括以下方面：

1.这起案件由诉状提起诉讼，在州法律下，法院是否应通过发布禁止令的方式进行干涉？

2.法院发布禁止令的解决方法，是否也适用于仅仅通过被告的铁路进行运输的货运情况？是否适用于贯穿这条铁路及与其相连铁路的货运运输情况？

3.普通法中和俄亥俄州及其他州法定条款中，对公共承运者的责任和义务是如何规定的？

4.在普通法中，被告是否有义务向参与运输的各方以及公众收取同样的运费，而不考虑具体的运输数量或其他情况？

5.作为公共承运者，或是为此目的成立企业的被告，考虑到公共承运者将收取的发货方的全部运费，是否可以与控制了90%或是更高比例的某一特定种类货物的发货方达成协议，在特定的城市或地点，以同等或者更低的运费率为发货方运输货物？

6.作为公共承运者的被告，考虑到将收取的发货方的全部运费，在不降低运费的前提下，应当提供不同于运输和装卸其他货物的站点设施，收取的运费也应与运输其他货物不同。在运输成本和风险更低的情况下，考虑到此类货运所有的便利和好处，承运者在运输此类货物时，是否会考虑收取更低的运费率？

7.在所有提供同样运量的发货人享有相同运费率的前提下，当作为公共承运者的被告运输的石油量等同于每天全部车皮的运量时，每辆车皮收取的运费是否会比对一般公众收取的运费更低？

8.当运输少量货物而收取相同运费可获得更高的利润时，作为公共承运者的被告会出于运量及协议等原因，进行价格歧视吗？在运输距离相同，运量相同的情况下，被告有义务为运输同类货物的所有人提供每吨（或其他单位）相同价格的运费率吗？或者是否会出于善意，在无意伤害其他石油生产商或是老顾客的情况下，与某一货运主签订协议，自愿收取低于公开运费率的运费，以确保做成有利可图的大生意，避免对方将业务部分或全部转移？

8.5.是否应当针对被告发布法令？如果发布的话，这条法令能在多大程度上得到执行？是只限定在州的范围内，还是包括州内州外，或是针对被告铁路及与其连接的铁路的所有站点？

9.修订后的第3373条法令是否能运用到如今这起案件中？在这条法令之下发布的禁止令在这起案件中有多大的效力？

10.被告使用车皮运输桶装石油时，无论是整车满载还是少量运输，无论是在联邦法律还是俄亥俄州法律规定之下，无论是在铁路沿线的站点还是线路之外的站点，原告是否都有权支付与美孚石油公司或其他货运主相同的运费？

11.被告作为公共承运者，是否有权要求原告在按照美孚石油公司的运费率标准运输桶装石油时，要提供比美孚更大的运量，而当原告提出使用自己的油罐车进行运输时，只需要与美孚的运量大致相同？

12.如果可以要求被告对原告通过其铁路及其支线运输的货物提供与美孚石油公司相同的运费率，那么，是否可以要求被告按照其在各点提供服务的比例，对运至枢纽站、其他各点的货物，无论是直达还是通过其连接线路运输,按照同样低的运费率收取运费?

13.是否确实存在这样的价格安排:美孚石油公司拥有比原告更大的货运量,能否成为原告需要支付比美孚石油公司更多的运费的正当理由?为了能让事情经过被完整真实地依法呈现在联邦最高法院面前,州地方法院罗列以下已发现的事实:

(1)法庭发现,原告自1875年起,合伙在俄亥俄州克利夫兰经营炼油厂,在贯穿克利夫兰西部、西北部并延伸至整个西部的各州范围内出售精炼油产品。他们投入大量资金,在这片土地上建立了巨大的、有利可图的贸易,这片土地也自然成了在克利夫兰制造的产品的销售市场。原告的石油精炼成本在70,000美元左右,而精炼产品的产量则是大约每年150,000桶。

(2)被告是一家拥有从纽约州布法罗到伊利诺伊州芝加哥的铁路所有权和使用权的联合铁路公司——该铁路穿过纽约州、宾夕法尼亚州、俄亥俄州、印第安纳州、密歇根州、伊利诺伊州等的部分地区;他们同时拥有从俄亥俄州托莱多到密歇根州底特律的铁路支线,以及从密歇根州白鸽到该州境内大急流城的铁路支路的所有权和使用权。

(3)这条在俄亥俄州境内建设和运营的铁路,东至阿什塔比拉,西至威廉斯县。这家公司作为公共承运者,将铁路出租给他人用于客运及货运,并以此获利。

(4)这条铁路贯穿托莱多和科德沃特,并与芝加哥的其他铁路相连。基于此,它能根据运营者的要求和指挥,将乘客或货物运至目的地或托运点。

(5)被告作为这样的公共承运者,已经习惯通过其主要运输线路及抵达终点前的各点连成的支线来获取财富,并且对抵达终点前,以各个支点为目的地的运输收取运费。

(6)货运的收费标准依据拥有铁路的不同铁路公司之间的协议而定,不会因被告一家公司的意愿而随意更改,同时该标准不时因协议的变动而更改。条款上的当地运费率——通过被告的铁路的各个站点收集或运输货物的费用——由被告公司自主确定。

(7)一些位于被告公司铁路干线和支线上的城镇，只能经由克利夫兰的承运者通过所述线路抵达；而所有这些城镇，包括大多数位于支线上的城镇和铁路，都可以通过克利夫兰的铁路直接抵达。

(8)被告公司提供足够的车皮、发动机及相关设备，接收原告及其合伙人的产品，并将其从克利夫兰运至其他市场，以保证原告日常业务的运营。

(9)当原告及其合伙人开始在克利夫兰生产石油时，为了公众的利益，被告公布了频繁变动的当地及各支点的运费率，同时还包括桶装石油的运费率。

(10)在1875年的春季或夏季，原告及其合伙人开始发展如今在克利夫兰的业务，之后，在1876年的7月，根据与美孚石油公司的协议，部分参与到他们自己的炼油业建设中。

(10.5)在美孚石油公司案件的诉讼中，作为原告主要的商业竞争对手，美孚石油公司与被告也有业务往来。美孚石油公司在克利夫兰拥有一家巨大的炼油厂，并在相同的市场中销售类似的产品。双方的炼油厂都位于非被告所拥有的铁路的沿线，但都有线路与被告的铁路相连。双方的炼油厂均可以通过可切换的轨道与被告的主要干线相连，两家炼油厂也都通过这样的路线运输货物。被告通过车皮满载的方式进行此类运输(这也是运输业务通常使用的方式)，按照双方的要求提供车皮，货物通过与炼油厂连接的线路运出，经过车皮转换后再运至被告的铁路，托运方负责货物的装卸。根据各铁路公司之间的运输协议，每趟车皮的转换费用由当地铁路公司向被告收取，被告再自行裁量向托运方收取多少运费。未满载的车皮，货物均先运至被告的仓库。

(11)美孚石油公司从那时起就在克利夫兰和其他地方开展同样的业务，生产和运出超过91%的照明油，以及克利夫兰的其他石油产品。

(12)法庭进一步发现，在1875年之前，美孚石油公司尚未确定是保留在克利夫兰的石油业务，还是将全部业务转移至石油生产区，而这主要取决于从克利夫兰到销售市场的运费率。在这之前，美孚石油公司的确通过水路将大量产品运往芝加哥及其他港口，并通过铁路向内陆市场运输石油。之后，他们向被告表明了业务转移的可能性。在航运季节，水路运输的运费往往非常低廉。所以，除非达成某种协议，让他们获得一个优惠的运费率来安排全年的运输，否则他们将通过水路进行石油运输，并为冬季提前储备石油。美孚石油公司在芝加哥、托莱多、底特律和大急流城都即将或者已经拥有自己的油罐车、油罐站和转运站，无论是车载还是散装的石油都能在不产生其他费用的基础上通过被告的铁路装卸。美孚石油公司在克利夫兰设有转运站，可以装卸所有车皮的货物。公司的货运量非常大，可以占到克利夫兰生产及经此运出石油总量的90%甚至更多。所以，如果能商定一个令人满意的运费率，那么几乎所有从克利夫兰生产或经此运输的石油产品，将会通过被告的铁路运往克利夫兰西部及西北部的市场。美孚石油公司每年运输的石油产品数量将与上一年保持一致。基于对这些表述的信任，被告确实与美孚签订了被告的陈述中所述的协议。该运费率并不固定，随着公开运费率的变化而变化，但通常比公开的运费率每桶低10美分左右。为了使散装的石油也享受到优惠的运输价格，美孚公司同意自己配备车皮和油罐车，在各个分布点的转运站装货，再卸货至油罐车中，同时他们也负责装卸桶装石油，无须被告承担任何费用。出于上述原因，被告在无须承担太大风险的同时，可以将大量石油运往克利夫兰西部和西北部，运往铁路线路之前无法到达的湖港，再考虑到货运安排、时间和车皮等因素，签订协议对被告来说是最有利的，因此被告同意了协议中的条件。上述协议于1875年签订并生效。

(13)美孚石油公司称已投资超过100,000美元用于铁路货运枢纽站的设施建设。然而事实上，被告需要承担的火灾风险、装卸货物的成本，以及使用美孚油罐车的费用低于不使用类似设施运输石油的货运枢纽站(但具体低多少证词中没有显示)。所述美孚石油公司起初每年在被告的铁路上运输约450,000桶石油，这个数量逐年递增，到1882年，即本诉讼被提起的前一年，美孚石油公司在被告的铁路上运输的石油数量已经达到742,000桶，这相当于每日2000桶或一趟货车满载的运量。

(14)上述协议并非排他性的,类似的服务和设施在任何时候都向其他可以提供同等数量、配有同样设备货物的货运主开放。被告无意以任何方式伤害或继续伤害原告。原告早在1880年1月1日就知道被告与美孚石油公司之间有价格协议,而这份签订于1876年7月20日的协议给了美孚石油公司操控原告石油运输的权利,也使被告得以从当时已经存在的,或之后签订的与美孚石油公司的协议中获益。1880年1月,当原告停止与美孚石油公司的合作后,就一直按照被告向公众公布的运费率支付运费。除与被告有协议的美孚石油公司外,其余货运主也均按照该运费率支付运费。

(15)原告们的证词没有透露由他们制造或托运的石油产品的数量,以及如果向美孚石油公司收取相同运费率,美孚会通过被告的铁路运输多少产品,这些内容都未出现在证词中。尽管证词中确实说明原告使用车皮运输了大量货物,但是法庭发现,美孚石油公司实际上通过被告的铁路运输了由克利夫兰生产并运出的石油总量的90%以上。

(16)法庭进一步发现,在提出诉讼后,自1882年11月29日起,美孚石油公司从克利夫兰运往芝加哥的石油,运费率为每桶50美分,每辆油罐车40美元。自1883年5月19日起,上述各站点之间的公共运费率为每桶60美分;而自1882年11月20日到1883年5月19日,公共运费率为每桶70美分。在上述日期之前,公共运费率与美孚石油公司享受的运费率变动频繁,而在上述日期之后,两者间的差异更大了。一辆满载的货车大约可装运61桶石油,而一辆油罐车大约可以装运80桶石油,有些油罐车甚至装运着100—120桶石油。然而,被告从来没有公布过使用油罐车运输石油的运费率,除非是替美孚石油公司运输石油。

(17)自1883年5月19日起,被告铁路沿线各点以及除终点外的托运点征收的运费,与他们向美孚征收的运费,每桶相差约10美分。5桶石油即为1吨,自1882年11月起,美孚石油公司从克利夫兰运往芝加哥的石油运费率为每吨每英里0.7美分,而当时的运费率是每吨每英里0.83美分。与被告签订的协议对被告而言利润可观。在适合水路运输的季节,美孚石油公司可以用船,通过河流或湖泊将桶装石油运至各分布点，通过这种运输方式所需支付的运费，比被告向原告收取的运费更少，但该运费对公众而言才是合理的。

（18）被告不时地向公众发布且目前仍在发布各类货物的运费率，包括原告炼油厂的产品从克利夫兰到上述铁路线路、支线，以及连接线路上的各城镇的运费率，拒绝且目前仍然拒绝为原告运输产品至运费表上未明确列出价格的地点。这样的运费表向公众公开了每桶石油的固定运输价格，却不考虑它们是通过普通货运车皮运输还是油罐车散装运输的。

（19）原告自1879年以来，经常向被告提出降低运费率的申请。无论是由被告的普通货运车皮进行一般的货运，还是通过其拥有的油罐车进行散装运输，原告希望能获得与美孚石油公司相同的运费率。被告建议由他们在货运枢纽站装卸货物，并愿意承担发生火灾或渗漏的风险，但是仍然拒绝降低运费率，运费率以每车装载80桶石油为标准收取。

（20）被告自1879年12月1日起就收到并至今仍然收到位于克利夫兰的美孚石油公司生产的与原告类似的产品，以远低于计划运费的价格为他们提供运输服务。他们还通过美孚石油公司的油罐车，以散装方式将美孚的石油运至各点，收取的运费低于计划运费，也低于通过普通的货车运送桶装石油的运费。这种针对油罐车运输的运费折扣，既可通过被告降低利用车皮进行桶装运输时每桶的运费率来实现，也可以通过提升运载率来实现，即每车装载80—120桶，平均每辆车装载100桶以上，而目前收取的运费率是以每车80桶为基准的。被告向原告收取转运费，却没有对美孚石油公司收取同样的费用。更深层次的理解是，如果被告向其他托运人提供了与美孚石油公司类似的运费率，那么美孚石油公司将会尽可能地撤回他们所有的货运业务。为了保全上述大部分业务的安全，被告在纽约-克利夫兰-圣路易斯铁路——这条与克利夫兰通往西部的铁路竞争的线路完成之际，于1883年与该公司签订了一份运输协议，让出一部分美孚石油公司西部的货运，但条件是它必须与美孚联合，并按照协议降低对美孚的运费率，这一协议现在仍有效。

(21)在被告为所述美孚石油公司装运这类产品时,通过与被告相连的铁路或其他线路向各点收取的石油产品运费,比通过他们自己的铁路运输同等距离收取的运费更低,比计划运费率更低,比向美孚石油公司收取的通过连接线路将货物运至终点的费用更低;然而具体低多少,被告拒绝透露。

(22)对美孚石油公司的运费率减免是在对他们征收全额费率的前提下实现的。之后,再按照之前与美孚石油公司的协议,将如此收取的运费退还给他们一部分,这部分退款被称为“退款”或“回扣”。

(23)这些证据无法证明,与美孚石油公司签订的协议中被告承诺的各种优惠条件即为货运中的运费歧视。

附录 46 号

爱德华·S.拉帕洛致克利夫兰-玛丽埃塔铁路公司接管人菲尼亚斯·皮斯的信件

(有关托拉斯的材料汇编,众议院,1888 年,文件编号 3112,第 576—577 页)

拿索大街 32 号,纽约,1885 年 3 月 2 日

收信人为克利夫兰-玛丽埃塔铁路公司接管人,
菲尼亚斯·皮斯先生,
亲爱的先生:

关于您问及的与美孚石油公司所签订的协议的合法性,在下的意见陈述如下。

如果我的理解正确,事实是这样的:

美孚石油公司提议利用贵公司铁路大量运输石油,并称其运量可让贵公司获得每月 3000 美元的运费。除了自己拥有连接油井管道的乔治·赖斯先生,美孚石油公司拥有所有从独立商的油井通向贵公司铁路的管道。美孚公司已经或者可以获得所有石油的储存设备,直至其铺设通往玛丽埃塔铁路的管道,进而剥夺贵公司运输所有石油的机会为止。

赖斯先生运输的石油数量相对较小,每月的运输量只需支付 300 美元的运费。

美孚石油公司威胁贵公司,说要一手操控所有石油的储存以及运输管道,直至贵公司答应以下条件,即制定除美孚石油公司外其他独立

商必须支付的每桶石油35美分的统一价格。贵公司可以向美孚收取每桶石油10美分的费用，但当从其他独立商处收集石油时，需要将35美分中的25美分付给美孚公司。

如果您能首先考虑好，作为接管人哪些行为并不恰当，那么可能会使您能更容易做出决定。

法院依据相关法律法规，赋予您拥有作为接管人的全部合法权利，贵公司也应当继续维持铁路的运营，并依据法令指示，安全地利用现有资金支付工资、利息、税收、租金、运费、不断变动的股票的收益及支出、贸易差额以及一定的债务。

在我看来，从一个托运人处收取运费，再支付给另一个人，并无法保证贵公司的利益。

所有通过贵公司铁路的货运，所得的运费都会经过您的手，并经由有关部门支付。然而，在检查贵公司的规章时，我发现规章中没有关于禁止给予折扣，或是向货运量较大的货运主收取低于标准的运费的条款。

您的行为都是为了公司的利益，是在竭尽全力地增加公司的合法收入，因此我在公司规章中没有找到任何禁止价格歧视的条款，尤其是当某些运量大的货运主要求您给出运费折扣，否则拒绝将货运交由您的铁路运输时。所以，如果没有禁止上述行为的条款存在，那么法律也无法对有同样实际效果的协议提出异议。

您可以允许美孚石油公司对通过他们管道运输到贵公司铁路的石油收取每桶25美分的运费，我也从泰瑞先生那边了解到，这样做是可行的，公司可以直接处理这些细节问题，不用您亲自操作。您可以同意美孚石油公司或者其他通过自己管道将石油运输到贵公司铁路上的独立货运主以每桶10美分的价格运输全部石油。您也可以收取其他所有货运主每桶35美分的运费，尽管他们是通过自己的管道将石油运输到贵公司的铁路上的。这些想法是我从您的信件中，以及同泰瑞先生和赖斯先生的交流中得出的。

贵公司还可自由决定美孚石油公司的运费支付标准，计算依据如下：

美孚石油公司要求支付每桶石油 10 美分的运费，这个价格低于赖斯先生运输石油支付的每桶 25 美分。在贵公司与美孚公司的协议中，美孚需要支付的运费是通过计算得出的。如果美孚石油公司要对通过其公司管道将石油运至铁路的货运主收取每桶 25 美分的费用，且不经过您的手，这种安排是不现实的。您或许可以从美孚公司将要支付的石油运费中，扣除一笔总额与每桶 25 美分相等的费用。假如您的账户、账单、凭单等始终与实际安排一致，我认为，您将无须承担任何责任。如果您按照我建议的这样做，您将无须承担任何个人责任。通过向法庭提出合理诉求，某些人可能会在将来要求您不再进行任何货运歧视。考虑到美孚石油公司的收益，即便赖斯先生强迫您将多支付给美孚石油公司的运费退还给他，结果也不会给您的线路造成损失。而且，据我所知，从法院的判决来看，关于这类事件的处理没有相关的法律依据，因而可以事实上成功地保护这种操作方式。

您真诚的，

爱德华 · S.拉帕洛

附录 47 号

克利夫兰-玛丽埃塔铁路公司的货运代理商 F.G.卡雷尔的证词

（受托人帕克·汉迪和约翰·佩顿诉克利夫兰-玛丽埃塔铁路公司等其他公司的案件，美国巡回法院，俄亥俄州南部地区，东部大区）

问：审计员报告说，在 1885 年 10 月 29 日收到一笔 340 美元的汇款。请你陈述从 5 月初起持有这笔汇款直到 10 月 20 日的人是谁？

答：我们不妨回到那个日期，根据我所知的事实来解释这一情况。25 美分的额外费用是由麦克斯堡管道公司收取的。我无法说这是对方总代理人的过失，还是我本人的过失。在我看来，赖斯先生的石油和麦克斯堡管道公司的石油没有区别。

问：该公司的账簿上显示，自 1885 年的 3 月 26 日至 5 月 28 日，赖斯先生从麦克斯堡向玛丽埃塔运输了 1360 桶石油。运输这批石油 340 美元的总运费，或者说每桶 25 美分的运费，于 10 月 29 日被交给了克利夫兰-玛丽埃塔铁路公司的总代理。是谁把这笔钱转到了铁路公司？又是谁将具体数额报告给了代理人呢？

答：如果我理解无误，这笔钱就是那笔额外的费用。它是由我的办公室转出的。

问：这笔由赖斯先生支付的 340 美元的费用在由您转至剑桥的银行之前，是在谁手中的呢？

答：是管道公司将这份账单寄给了我。

问：你在收到账单后多久将钱款转至剑桥银行的？

答:我记得是第二天。

问:你是如何拿到那份账单的呢?

答:我不明白您的意思。

问:你是自己设法拿到账单的吗?

答:不是的先生。是有人通过邮件寄给我的。

问:账单是从哪里寄出?

答:我想是石油城。

问:账单的落款人是谁?

答:我想是管道公司的财务主管 J.R.坎贝尔。

问:如果关于 1885 年 5 月的价格协议,我的理解正确的话,你从乔治·赖斯先生全部石油的运输中收取了每桶 35 美分的运费,并将每桶运费中的 10 美分支付给了铁路公司的接管人,另外 25 美分支付给了麦克斯堡管道公司?

答:是的先生,如果赖斯先生确实是通过本公司的铁路运输石油的话。

问:之后麦克斯堡管道公司将收到的资金还给您,而您在 1885 年 10 月 29 日将这笔钱存入了铁路公司的账户,对吗?

答:是的,先生。

附录48号

首席特派员乔治·K.纳什对巡回法院的报告

(在受托人帕克·汉迪和约翰·佩顿诉克利夫兰-玛丽埃塔铁路公司等其他公司的案件中,美国巡回法院,俄亥俄州南部地区,东部大区)

俄亥俄州南部地区东部大区,

尊敬的美国巡回法院:

根据1885年12月18日法院针对受托人帕克·汉迪和约翰·佩顿诉克利夫兰-玛丽埃塔铁路公司等其他公司的案件颁发的法令,我被任命为首席特派员,调查接管人皮斯先生在石油运输过程中是否实施运费歧视,以及在他任命期间他的下属是否有过这样的行为,并将结果上报给法院。在这一期间我拥有必要的自由裁量权,可以召集并询问该事件的证人并将证词整理成文字稿。我也被要求充分、细致地查明事实,调查在什么样的协议下,在什么程度上,做出了哪些运费歧视,以及公司在什么情况下做出了何种程度的不利于或有利于货运商的运费歧视,是谁授权实施歧视行为及由谁实施的具体行动。我将这些事实完整地上报法院。按照该法令,我开始询问事件相关证人,在此过程中参与的证人如下:

T.D.塔莱,C.C.皮克林(在接管人皮斯手下工作的克利夫兰-玛丽埃塔公司的审计员),F.G.卡雷尔,J.E.泰瑞,丹尼尔·奥戴,乔治·赖斯,H.L.威尔格斯,W.H.沙伊德,W.J. 克拉姆,乔治·贝斯特,小乔治·贝斯特以及J.C.麦克加利。这些证人的口头证词由速记员 A.C.阿姆斯特朗整理成文字稿并随文附上。

在证词中我发现,在皮斯被任命为克利夫兰-玛丽埃塔铁路公司的接管人后不久,有一项与丹尼尔·奥戴和W.H.沙伊德的协议,这项协议规定:通过克利夫兰-玛丽埃塔铁路公司的线路从麦克斯堡及附近地区到玛丽埃塔,接管人皮斯及其下属收取的原油运输价格为每桶35美分。玛丽埃塔地区接管人的代理商也须向以奥戴和沙伊德为代表的代理方付款;他每月能因此获得85美元的酬劳,其中65美元由接管人皮斯支付,另外20美元由奥戴和沙伊德的代理方支付。联合代理商(包括F.G.卡雷尔在内)的职责就是从所有货运主处收取每桶35美分的运费,并将这其中的10美分交给接管人皮斯,剩余的交给以奥戴和沙伊德为代表的代理方。这一协议自1885年3月20日开始生效,并在当年的9月前一直有效,直至乔治·赖斯开始对接管人在石油运输上实施的运费歧视提出诉讼。

此次价格协议的谈判于1885年2月8日在托莱多市进行,与会者有丹尼尔·奥戴、W.H.沙伊德、A.G.布莱尔(惠灵-伊利湖铁路公司接管人的货运和客运代理人)以及J.E.泰瑞(克利夫兰-玛丽埃塔铁路公司的接管人皮斯的货物和客运代理人)。正是在这次会议上达成了上一段中的协议。泰瑞将这些情况报告给了克利夫兰-玛丽埃塔铁路公司的接管人皮斯,皮斯随即吩咐J.E.泰瑞私下给身在纽约的法律顾问寄去一封信件,以寻求相关意见。这位法律顾问就是纽约市的律师E.S.拉帕洛,他之后写信回复了皮斯。这封信的副本在1885年11月由皮斯随报告呈上,如今已存档在法院中。这次的价格协议是接管人皮斯在咨询他的法律顾问后,与货运和客运代理人J.E.泰瑞完全了解情况后达成的。

乔治·赖斯是麦克斯堡油区某一油井的拥有者,同时他也从同区的其他油田的所有者手中购买石油。他习惯将那些由他独立生产并运输的石油通过克利夫兰-玛丽埃塔的铁路运往他位于俄亥俄州玛丽埃塔的炼油厂。在我提及的那个价格协议生效之前,他支付的石油运费为每桶17.5美分。在1885年3月20日之后,他运输石油的运费为每桶35美分。其后,在1885年3月20日到4月30日之间,赖斯通过克利夫兰-玛丽埃塔的铁路,从麦克斯堡运到玛丽埃塔的石油一共1360桶。

这批石油的运费被定为每桶 35 美分，总共 476 美元。这笔资金被作为接管人的代理人 F.G.卡雷尔、以奥戴和沙伊德为代表的托莱多的代理方收取。这笔金额根据协议被分成两部分，其中的 136 美元被卡雷尔转到了接管人在剑桥和俄亥俄的银行账户，另外的 340 美元，或者说赖斯运送每桶石油的运费中的 25 美分，被卡雷尔转给了宾夕法尼亚州石油城总部的当事人。在大约 1885 年 10 月 29 日，这笔 340 美元的资金被署名为 J.R.坎贝尔的会计以支票的形式从石油城寄还给了在玛丽埃塔的卡雷尔。这笔钱转到了接管人在剑桥的银行账户中。我们知道，法官巴斯特针对赖斯起诉案件下达了命令，要求接管人皮斯做出关于是否针对乔治·赖斯的石油运输实施运费歧视的报告，而这笔转账是在法官巴斯特下达命令之后的 10—12 天进行的，在 J.E.泰瑞与丹尼尔·奥戴在克利夫兰磋商之后被寄回。泰瑞称，接管人对于他处理该事务采取的步骤非常了解。接管人并没有参与相关事件的审查，但是提交了一份我附在这份报告之后的宣誓口供，在这份口供中他说，在他整理递交给法院的报告时，他并不知道协议中的部分内容，即要求他把收取的那笔每桶石油 25 美分的运费支付给石油方当事人的行为已经实施，且由赖斯和卡雷尔支付给石油方当事人的金额已经被退还。接管人皮斯和泰瑞为加入这个价格协议给出的理由是：以奥戴和沙伊德为代表的石油代理方威胁他们要管制自玛丽埃塔到麦克斯堡的管道，而他们要通过这条管道将石油从油区运往之后的几座城市，一旦这个威胁变成现实，那么铁路公司将不会运输他们生产的石油至玛丽埃塔。他们进一步陈述，考虑到我提及的那份价格协议，以奥戴和沙伊德为代表的石油代理方同意不管制这条管道，但是要使用克利夫兰-玛丽埃塔的铁路运输他们的石油。

乔治·赖斯一发现石油运费已经从每桶 17.5 美分提升至每桶 35 美分，并且无法在铁路运输上获得优惠，便开始在马斯金古河上铺设从他在麦克斯堡地区的油田到洛厄尔的管道线路。这条管道于 1885 年 5 月 1 日正式完工，此后他通过这条管道运送石油至洛厄尔，再从那里通过马斯金古河上的船只将石油运至玛丽埃塔。以奥戴和沙伊德为代表的石油代理方打探到了赖斯铺设新管道线路的消息，也开始着手铺设一条从麦克斯堡油田通往西弗吉尼亚州帕克斯堡的管道。这条管道线路完工后，所有运往帕克斯堡和玛丽埃塔的石油将全部通过这条管道运输。他们曾持续数月通过克利夫兰-玛丽埃塔铁路公司以北的路线运输石油至克利夫兰，但是在最近的两个月，这些运输停止了。如今，所有以奥戴和沙伊德为代表的石油代理方生产的石油，都经由他们自己的管道线路运至麦克斯堡。

自管道铺设完成到现在，赖斯已通过其向玛丽埃塔运输了超过45,000桶石油。如果继续维持每桶石油17.5美分的运费，铁路公司或许可以继续保有赖斯的货运业务，并因此获益。而如果不考虑达成价格协议，以奥戴和沙伊德为代表的石油代理方很可能会管制管道线路，赖斯的业务或许就能保留。看上去，这个协议最终造成的结果是，铁路不仅得不到以奥戴和沙伊德为代表的石油代理方的光顾，也失去了赖斯这个客户，这可不是一两桶石油的问题。

阿尔冈石油工厂和阿尔冈炼油公司这两家位于俄亥俄州玛丽埃塔的企业已经投诉，自1885年2月18日到10月14日，通过克利夫兰-玛丽埃塔铁路公司从麦克斯堡的油区运输石油，曾一度遭到接管人及其代理人的运费歧视。我认为法院向我下达这道命令的权力范围，足以涉及这些公司的相关投诉，并且相应的，出于维护这些公司的尊严的考量，我邀请了W.H.斯莱克、W.J.克莱姆、C.C.皮克林和F.G.卡雷尔来做证人，他们的证词会和上述两家公司的账目以及运费的收据清单一并附上。这些证人提供的证据显示，在诉讼期间，阿尔冈石油工厂和阿尔冈精炼油公司一直在俄亥俄州玛丽埃塔忙于石油提炼业务。他们买下了以奥戴和沙伊特为代表的石油代理方的原油。他们是应一位名叫西普的订购者的需要购买的石油，该订购者从宾夕法尼亚州石油城发来电报，表示需要订购石油。在发出电报的当天，他们因石油城的石油市场价而被起诉。这些石油之后通过克利夫兰-玛丽埃塔铁路公司运输，同时他们收到了一张运费单，上面写着："阿尔冈石油工厂，俄亥俄州玛丽埃塔，至克利夫兰-玛丽埃塔铁路公司"。

账单显示，这两家公司按照每桶35美分的运费运输所有石油。他们将这笔费用支付给了俄亥俄州玛丽埃塔的接管人代理卡雷尔。而在这笔费用中，卡雷尔将其中的10美分付给了接管人，另外25美分付给了以奥戴和沙伊德为代表的石油代理方。在我看来，这些代理方其实和乔治·赖斯处在相同的地位，只不过赖斯是从地底开采石油，并通过克利夫兰-玛丽埃塔铁路公司进行运输，而这些代理方则是石油的买主而非生产者。我看不出两方有任何会导致运费歧视的差别。这两家公司声称，自1885年2月18日到1885年10月14日，他们总共运输了3679.6桶石油，支付了共计1232.06美元的运费，这其中有888.70美元的运费是只针对他们而设的。他们的账单中本该减少一部分金额。所有早于1885年3月20日的运输都该被排除运费歧视实施之外，因为接管人和以奥戴和沙伊德为代表的代理方达成的歧视协议直至1885年3月20日才生效。另外，8月7日和9月21日的运输也应该排除在外，因为所有来自德克斯特市的石油运费率与被告们的运费率相同。阿尔冈石油工厂和阿尔冈精炼油公司在3月20日至10月14日期间运送了2695桶石油，并支付了894.59美元的运费。在做出一些扣除计算之后，我发现，根据这项被起诉的协议，玛丽埃塔公司接管人的代理人卡雷尔把这笔费用中的245.44美元付给了接管人，而另外的649.15美元付给了以奥戴和沙伊德为代表的宾夕法尼亚州的代理方。

玛丽埃塔石油厂在俄亥俄州玛丽埃塔主营精炼油生意。根据他们的起诉，我审问了证人小乔治·贝斯特、J.C.麦克加利、W.H.斯莱克、C.C.皮克林及F.G.卡雷尔，他们提供的完整证据，合伙经营的账目，以及克利夫兰-玛丽埃塔铁路公司的收付款的收据，随函附上。他们的案件情况在各个方面都和阿尔冈石油工厂和阿尔冈精炼油公司非常相似。他们称，在1885年的4月1日到8月31日期间总共运送了2717桶石油，并支付运费950.95美元，而这其中有679.25美元是运费歧视造成的。从他们的账目中，我想可以排除两次来自德克斯特市的货运，即6月12日和6月18日的货运，因为接管人并未对自德克斯特市运来的石油实施运费歧视。在排除这两次货运后，我发现，根据他们的账目，玛丽埃塔石油厂从麦克斯堡和厄尔巴运输了2547桶石油，并支付了891.45美元的运费，而代理人卡雷尔将这笔费用中的251.70美元付给了接管人，另外的639.75美元付给了以奥戴和沙伊德为代表的代理方。

在皮斯作为接管人期间，除了以奥戴和沙伊德两位先生代表的代理方的石油，没有其他石油从麦克斯堡北部通过克利夫兰-玛丽埃塔铁路公司运输。

我之前刻意将与接管人皮斯以及他的货运代理商J.E.泰瑞签订协议的一方称为“以奥戴和沙伊德为代表的代理方”，这是因为我无法确定这代表的到底是谁。从证据上看，在M.D.伍德福德作为克利夫兰-玛丽埃塔铁路公司的经理期间，W.J.布伦得瑞德和T.D.塔莱产生了这样的想法：将管道与麦克斯堡油区的全部油井连接，把石油聚集起来，通过克利夫兰-玛丽埃塔铁路公司的主要干线集中运输。为了实现这样的想法，他们考虑与伍德福德签订协议。这份协议的副本附在皮斯的报告之后，已于1885年11月在法院存档。在签订协议之后，他们成立了一家由T.D.塔莱出任董事长、W.J.布伦得瑞德出任副董事长的俄亥俄运输公司，由该公司执行协议。该公司直至1885年1月前都维持运营。公司董事长塔莱陈述道：“我们无法与美孚石油公司竞争，所以我们以公平的价格出售产品。”当被问及他的公司向谁出售产品时，塔莱回答道：“我不确定是哪家公司，但在我的记忆中可能是国家运输公司。”“他们总是在他们的办公室里进行业务销售，所以我无法确定是向奥戴先生还是向沙伊德先生开具销售清单。”塔莱进一步陈述道：“奥戴先生和沙伊德先生分别是国家运输公司的副董事长和总经理，然而这都是我的个人推测。”塔莱还说过，管理国家运输公司的先生们买下了俄亥俄运输公司的所有权，而这几位先生正是丹尼尔·奥戴、W.T.沙伊德和J.R.坎贝尔。这个经营着麦克斯堡延伸至帕克斯堡油田的管道系统的企业或者说是联合企业，被称为麦克斯堡管道公司，如今已在麦克斯堡设立了总部，丹尼尔·奥戴是该管道公司的经理。当被问及“麦克斯堡管道公司属于谁”时，塔莱回答道：“我不认为我能回答这个问题，我并不清楚。”再被问及是谁在管理该公司时，他回答道：“沙伊德先生、奥戴先生和 J.R.坎贝尔。”“沙伊德先生住在泰特斯维尔，坎贝尔先生住在石油城，而奥戴先生住在布法罗。”他称这三位先生是国家运输公司及其分公司联合管道公司的主管，奥戴是国家运输公司的总经理。当被问及“麦克斯堡管道公司是否也是同一系统下的分公司”时，他回答说：“我不能完全确定，但我推测是的。”丹尼尔·奥戴也称，国家运输公司是在纽约州的法律规定下建立起来的企业，它的总部位于纽约市内，所有权归属于纽约州和宾尼法尼亚州，还有一部分位于俄亥俄州。在他的描述中，这条位于俄亥俄州内的铁路从宾尼法尼亚州的帕克码头延伸至克利夫兰。他还说，联合管道公司是国家运输公司的分公司，负责位于阿勒格尼、纽约以及宾夕法尼亚大部分油井到铁路站点或是泵站的业务；而麦克斯堡管道公司则通过租赁，拥有了克利夫兰-玛丽埃塔铁路公司主要干线经过区域内 60—70 英亩土地的所有权。这些土地的租赁行为是以纽约人本杰明·布鲁斯特的名义进行的，这个人是国家运输公司的副董事长。当奥戴被问及“国家运输公司以及联合管道公司和美孚石油公司有什么关系”时，他回答道：“我相信在国家运输公司和联合管道公司中持有股份的人一定也在美孚石油公司内持有股份，但我不清楚更深层的关系。”

根据法庭发出的指令，我本打算总结出一份简短明确的证词，然而为了能够清晰完整地解释整件事的来龙去脉，也许有必要完整地阅读在此附上的所有证词和已归档的皮斯于 1885 年 11 月提交的报告和证物。

谨上，

乔治·K.纳什

特派员

附录 49 号

1886 年来自一名石油生产商的观点陈述

(在反对比林斯利法案通过的运动中使用的通告)

1886 年生产总量:25,145,088 桶

每桶平均价格:0.71-1/2 美元

基于以上数字,整个油区的总收入:17,978,237 美元

生产以上数量的石油的成本如下:

油井钻探 3525 口——平均每个油井花费 3000 美元	10,575,000 美元
泵送石油至地表、维修钻探装备及油井——预估每桶费用为 0.25 美元	6,286,272 美元
1/8 的专利费	2,247,342 美元
	——
总支出	19,108,614 美元
扣除整个油区的总收入	17,978,237 美元
	——
1886 年间石油生产商的净损耗	1,129,877 美元

如果不加 1/8 的专利费,那么 5 英亩地的成本也应被算入每口油井的成本中,因而结果实际上是一致的。

1886 年 1 月 1 日的日产量:59,603 桶,每桶价值 750 美元	44,702,250 美元
1887 年 1 月 1 日的日产量:66,383 桶,每桶价值 500 美元	33,191,500 美元
	——————
1886 年石油产区价值缩减为	11,510,750 美元

注解:为了更清楚地说明这一点,前面提及的意思是,在 1885 年,每桶石油在生产地的买卖基础价格是 750 美元,1886 年则变为 500 美元。基于这个基础,来估计石油产区的价值。每天油井生产 1 桶石油,目前价值为 500 美元,一年前则为 750 美元。

美孚石油公司如今的股票估价为 150,000,000 美元,这几乎是整个油区价值的 5 倍。美孚石油公司 1886 年的收益超过了 26,000,000 美元。

不知情者可能会问,若利润如此之高,为什么在石油的管道运输和储存中不存在商家的竞争?我们会回答:通过折扣、退款、运输歧视及阴谋等,美孚石油公司有能力压制并挤垮任何有参与竞争意图的商人。

难道前面这些排列整齐的数字没有显现出石油生产商的财产在一年中就出现了 25%的严重缩水吗?难道我们不该在参议院面前要求利用比林斯利法案就管道运输、石油存储、财产缩减要求赔偿吗?

附录 50 号

《比林斯利法案》

（宾夕法尼亚州议会，众议院文件，报告编号 104，1887 年会议）

这是一项规范和惩戒股份有限公司、公司、联合公司、协会、个人以及任意一方利用管道、铁路运输石油和利用油罐储存石油的法案，通过对超过一定固定比例的石油开采量、运输量、储存量以及送出量进行收费以达到一定的约束和惩罚目的，并且规定了因雷击、火灾、暴风雨或其他不可避免因素造成管道中石油或者储油罐中石油损失时，应扣除的金额。

一、宾夕法尼亚州参议院和众议院于会上制定并特此颁布：从今往后，任何依靠管道运输并利用油罐储存原油或精炼油的股份有限公司、公司、联合公司、协会和个人，不得对每桶石油收取超过 10 美分的费用，一桶为 42 加仑。在本州范围内，所有从储油罐或其他油田的储油设备中接收与运输的石油，或是管道部门按照石油持有者、拥有者和购买者的指示通过管道部门的石油装运点接收的等量的类似石油，无论所述石油是否有证书、凭证、收据、贷方余额、订单或其他证明文件，收费标准同上。上述有限公司、公司、联合公司、协会和个人中的各方，应在本法案通过后，立即在本州内每个管道部门设立至少一个装运点（如果之前尚未设立的话），该装运点应拥有充分的空间、容量和设备，以使此类管道部门能为整个贸易提供服务。

二、有限公司、公司、联合公司、协会和个人不能向在管道或储油罐中持有石油贷方余额的个人、公司、协会，在所述贷方余额生效起的 30 日内收取任何费用，无论这个费用是桶槽的租赁费还是储油费。任何通过有限公司、公司、联合公司、协会和个人，无论是正在从事或是之后将要从事石油运输与储存业务，在原油或精炼油存储于油罐期间内，均不能通过任何方式收取超过每天每桶1/60美分的费用，一桶为42加仑。

三、特此规定，此类有限公司、公司、联合公司、协会和个人，有义务储存或持有交由他们储存或运输的所有石油；自所述有限公司、公司、联合公司、协会和个人收到石油起的一年之内，在石油持有者或证书、凭证、收据、贷方余额、订单持有者提出要求的情况下，为其提供服务，并按照每天1/60美分的费率收取服务费，一桶为42加仑。除非上述石油属于所述贷方余额，否则自上述贷方余额生效起的30日内，不能对所述贷方余额收取任何费用。

四、此类有限公司、公司、联合公司、协会和个人应当允许从接收、运输、储存的石油中扣除一部分由于水分、沉淀、蒸发、浪费及其他类似原因而出现的损耗，比例不超过0.5%。本条所述的扣除，应当在石油首次经由上述有限公司、公司、联合公司、协会和个人从油罐、其他储存容器或产出地取出进行操作和运输时做出。特此规定，上述有限公司、公司、联合公司、协会和个人在本条规定以外的任何时间地点做出上述削减，都是违约的。

五、此类有限公司、公司、联合公司、协会和个人，只要在本州范围内开展管道运输及原油或精炼油储存业务，在油井所有者提出申请的情况下，均可以以租赁的方式，将管道铺设至任何产油地的油井，并在获得那里的石油后，在上述任何石油所有者或购买者指定的地区，按照本法案规定的运费率或收费标准，通过管道运输石油，或将石油储存在油罐中。

六、此类有限公司、公司、联合公司、协会和个人，将对所有因雷击、火灾、暴风雨或其他不可避免因素，对他们获取、运输和存储的石油造成的损失负责；在任何诸如此类的损失事件中，上述有限公司、公司、联合公司、协会，及其职员、代理人或个人将按损失的比例收取费用，具体金额基于上述有限公司、公司、联合公司、协会，及其职员、代理人或个人自接收石油之日起石油减少的量而定。

七、此类开展管道运输或原油与精炼油储存业务的有限公司、公司、联合公司、协会和个人，在本州范围内，为所有从储油罐或其他油田的储油设备中接收与运输的石油，或是管道部门按照石油持有者、拥有者和购买者的指示通过管道部门的石油装运点接收的等量的类似石油提供服务时，每桶收取超过10美分的费用，一桶为42加仑；在本法案通过后，未能建立或拒绝建立装运点（如果之前尚未建立的话），并且未在本州内每个管道部门设立至少一个装运点，使得装运点拥有充分的空间、容量和设备，保障此类管道部门能为整个贸易提供服务；向本州范围内的储存在油罐中的石油，索要或收取超过每天每桶1/60美分的费用，一桶为42加仑；在本州范围内，向任何在管道或储油罐中持有石油贷方余额的个人、公司、协会，在所述贷方余额生效起的30日内，索要和收取任何费用；拒绝用油罐储存他们从石油所有者处接收和运输的石油；在接收石油后的一年之内，此类有限公司、公司、联合公司、协会和个人拒绝在石油所有者或证书、凭证、收据、贷方余额、订单持有者提出要求的情况下，拒绝为其提供服务；对证书、凭证、收据、贷方余额、订单的持有者收取每天每桶1/60美分的费用，一桶为42加仑，但是在石油属于所述贷方余额时，在贷方余额生效起的30日内未收取任何费用；对接收、运输、储存的石油中扣除的由于水分、沉淀、蒸发、浪费及其他类似原因而出现的损耗，比例超过0.5%；妨碍本法案第一节任意设施设备的运营；等等行为，将被判定为违法。定罪后，若是初犯，将被处以1000美元以上2000美元以下的罚款，若是再犯或屡次违法，将被处以2000美元以上5000美元以下的罚款，并处以60日以上一年以下有期徒刑。罚款金额的一半交给起诉者，另一半则交由该犯下此类罪行所在的县。除以上规定的处罚外，任何个人、公司、有限公司、联合公司、协会因违反了本法案，造成了双倍损害的，应负相应赔偿责任。

八、本州迄今为止从未订立，而且目前也不存在受该法案条款影响和损害的关于接收、运输或存储石油的协议。

九、所有与本法案不一致的法案，或法案中的部分条款，现予废除。

十、本法案一经通过即刻生效。

附录51号

H.H.罗杰斯的证词摘录

（铁路特别委员会的报告，纽约州议会，1879年，第111卷，第2613—2018页）

问：你们公司是否已经出售给美孚石油公司？

答：我希望您能解释下这个问题的意思。

问：你们公司是否转移或者出售给了美孚石油公司，美孚石油公司实质上控制着你们公司的业务？

答：对这个问题，我的回答是，美孚石油公司没有实质上控制我们公司的业务。

问：那他们是否控制了你们运输石油的运费率？

答：对此我一无所知，我不知道任何有关运费率的事情。

主任委员提问。

问：你们公司难道没有和美孚石油公司达成过一些双方同意的文件或签订协议？无论你是否将其视为买卖或是转让。

答：我们和美孚石油公司和谐共事已经很多年了。

问：这些合作是基于一些双方同意的文件或曾签订过协议吗？

答：我们的利益在某种程度上是一致的。

问：你们公司是否与美孚石油公司签订过任何协议？

答：这个问题我无法回答。

问：那你们公司中有哪位可以回答这个问题呢？

答：我想是普拉特先生，如果他在这儿的话。

问:你们公司是何时起与美孚石油公司和谐共事的?

答:我无法明确地说出具体时间。大约七八年前,我们在此成立了一个炼油商协会,那是第一个联盟,此后我们成立了一个又一个的联盟。我们一直尝试与所有炼油商建立联系,这样我们才有可能在这一行业赚钱。

问:在你们和美孚石油公司产生任何联系之前,是否很难在炼油业赚钱?

答:这一行中竞争总是很激烈的,而且总有人想以比成本更低的价格出售商品,这使得市场价飘忽不定。我们成立联盟,然后将所有炼油商拉进来,直到他们中有些人背叛我们,打破了联盟。之后我们又尝试了两三次。

问:所以最终你们与美孚达成了协议?

答:那之后我们和这里的一些炼油商结成了联盟,或者说协会,但并不成功。

问:这里和你们结盟的炼油商是哪些?他们是否加入了美孚石油协议?

答:联盟的成员一直"进进出出"的,除了一个和纽约有关的炼油商,没有一个炼油商是我了解的,而那个例外也只是因为他曾经加入过联盟。

问:现在和这份协议有关的炼油商有哪些?

答:我想现在和我们和谐共处的炼油商大约占90%—95%。

问:现在告诉我们那些主要成员公司的名字。

答:主要成员中的一部分是:美孚石油公司、查尔斯-普拉特联合公司、索恩-弗莱明制造公司、费城瓦登-弗鲁公司、匹兹堡美孚石油公司、泰特斯维尔顶点石油炼油公司、石油城的帝国精炼油公司、巴尔的摩的巴尔的摩联合石油公司。

问:你说实质上有95%的炼油商与美孚签订了石油协议?

答:我说的是90%—95%。至少在我看来他们和谐共事。

问:当你说和美孚石油公司和谐共事,具体是指什么意思?

答:我想表达的就是和谐的字面意思。

问:你的意思是不是说他们和美孚石油公司签订过一份协议?

答:如果我说我和我妻子和谐相处,意思就是指我和她和平地相处,并一起处理事务。

问:你和妻子结婚了,并且你们有一份协议对吗?

答:是的,先生。

问:这是你想表达的意思是么?

答:但是也有一些人没有结婚,也和谐地生活在一起。

问:在没有协议的条件下?

答:是的,我听说过。

问:现在你告诉我你想表达的意思是什么。你的意思是,那些在美孚石油协议里的人与美孚和谐共处,"嫁"给了美孚石油公司,还是处于"独身"这样一种自由的状态?

答:这不好说,只要他们开心就好。

问:这里的和谐是否源于一份"婚姻协议"?

答:不一定,只要他们开心就好。

问:当你提到他们相处和谐,是否指他们之间有合约关系?

答:我所指的和谐,举例说就是,如果您和我达成一同去华尔街的共识,然后以33美元每股的价格买了100股伊利湖的股份,并且同意当价格上涨到40美元每股的时候一同出售,这就是和谐。我的意思如上所述——如果我进入美孚石油公司的办公室,然后决定买一些他们的石油,且双方就价格达成共识,那就是和谐。

问:你所说的和谐共事是不是指你们彼此之间就买入价格和卖出价格达成了共识?

答:这里的细节就不用细究了,我只能说我们的关系非常令人满意。

问:但我们想知道细节,我们想知道和谐具体指的是什么,它包含了什么,以及什么致使了和谐?

答:这是铁路公司的罪责吗?或者,与人和谐共事是一项罪责吗?

问:不,和谐共事不是罪责,只是有些和谐在法律看来是共谋。

答:好吧,我明白了。

主任委员提问。

问:据我们所知,这家美孚石油公司内部是个庞大的组织,其本身经营范围不是很广,但凭借和许多其他组织合作,通过书面协议、口头协议、某种理解上的约定俗成,或者不论你称其为什么,最终做成了这个规模,而这些组织原本都不属于美孚石油公司。我们想知道的是,这些情况是否属实,以及当你说和谐共事时,是否指的就是你想表达的意思?

答:主席先生,我想告诉您所有关于这件事对于您来说必要的信息。但我一直在思考一个问题:这样做对我来说是否合适?即便这样做无害,也是在泄露商业机密。

问:我们没有要求你泄露商业机密,我们只是在询问你这个组织的一般情况。

答:那我想我已经尽我所能地向您解释过了。

附录 52 号

1882 年的托拉斯协议

（有关托拉斯的材料汇编，众议院，1888 年，报告编号 3112，第 307—313 页）

本协议于公元 1882 年 1 月 2 日签订，由所有现在或今后成为缔约方者签署。兹证如下：

Ⅰ.本协议中涉及三方：

一、下列公司及有限合伙公司所有的股东和成员：

顶点石油公司，纽约；顶点石油公司，宾夕法尼亚；费城大西洋精炼油公司；布什有限公司；卡姆登联合石油公司；伊丽莎白港制酸公司；帝国精炼油有限公司；查尔斯·普拉特公司；佩恩-阿博特公司；美孚石油公司，俄亥俄；美孚石油公司，匹兹堡；史密斯渡船石油运输公司；太阳能石油有限公司；索恩-弗莱明制造有限公司。

此后加入本协议的公司及有限合伙公司的股东和成员，须经由协议中所列的所有受托人同意。

二、以下个人：

W.C.安德鲁；约翰·D.阿奇博尔德；莱德·K.阿特；J.A.博斯特维克；本杰明·布鲁斯特；D.布什内尔；托马斯·C.布什内尔；J.N.卡姆登；亨利·L.戴维斯；H.M.弗拉格勒；H.M.弗拉格勒夫人；约翰·亨廷顿；H.A.哈钦斯；查尔斯·F.G.海伊；A.B.詹宁斯；查尔斯·洛克哈特；A.M.麦格雷戈；威廉·H.梅西；小威廉·H.梅西；小约西亚·梅西；小威廉·H.梅西，执行者；O.H. 佩恩；A.J. 波奇；约翰·D.洛克菲勒；威廉·洛克菲勒；亨利·H.罗杰斯；W.P.汤普森；J.J.范德格里夫特；威廉·T.沃德韦尔；W.G.瓦登；约瑟夫·瓦登，瓦登-弗鲁公司；路易斯·C.惠顿；H.M.汉纳和乔治·W.查宾;D.M.哈克尼斯;D.M.哈克尼斯,受托人;S.V.哈克尼斯;O.H.佩恩,受托人;查尔斯·普拉特;贺拉斯·A.普拉特;C.M.普拉特;茱莉亚·H.约克;乔治·H.维拉斯;M.R.基思,受托人;乔治·F.切斯特。

此后加入本协议的个人,须经由协议中所列的所有受托人同意。

三、下列公司和及有限合伙公司的部分股东和成员:

美国润滑油公司、巴尔的摩联合石油公司、灯塔石油公司、布什-丹斯洛制造公司、匹兹堡中央炼油公司、契斯伯勒制造公司、切斯-卡利公司、联合油罐线路公司、内陆石油公司、基斯通精炼油公司、马弗里克石油公司、国家运输公司、波特兰煤油石油公司、生产商联合土地与石油公司、西格纳尔石油有限工厂、汤普森-贝德福德有限公司、德沃制造公司、日食润滑油有限公司、帝国精炼油有限公司、富兰克林管道有限公司、加利纳石油有限工厂、加利纳农场石油有限公司、赫尔马尼亚采矿公司、真空石油公司、H.C.范蒂娜有限公司、沃特斯-皮尔斯石油公司。

此后加入协议的公司及有限合伙公司的股东和成员(并非其所有成员),须经由协议中所列的所有受托人同意。

Ⅱ.达成一致并签订协议的缔约各方,均同意如下契约和协议:

1.在俄亥俄州、纽约州、宾夕法尼亚州、新泽西州法律允许的情况下,迅速成立一家新公司;但是,若通过有效利用现有组织和组织章程就能达到目的,则无须成立一家新公司。

2.上述公司的目的和权限应包括开采、生产、制造、提炼和处理石油及其产品,以及所有在石油业务中需要用到的材料,同时还可拓展其他附属业务。但包含在几份章程中的其他目的和权利应当有利于符合章程的一方。如果有必要遵守法律,上述权利可以被限制或削减。

3.从今往后的任何时间,在本协议规定的受托人认为合适的情况下,类似的公司可以在其他州和地区成立。

4.上述所有公司均属美孚石油公司旗下(根据公司组织所要遵循的法律,各公司应在其后加上州或地方名称)。

5.鉴于要达成的目标,上述每个公司的股本应限于组织认为合理且必要的数额范围之内。

6.上述每个公司的股份仅能以现金、财产和资产的形式发行，且金额应等同于发行股票的面值。

7.所有在此提及的第一类成员个人及其有限合伙公司的不动产、资产与业务应被转让并归属于上述几家美孚石油公司。在每个特定州的财产、资产和业务应被转让并归属于该州的美孚石油公司。为了达成这个目的，第一类成员及其有限合伙公司的董事、经理，经过股东及上述成员（均为本协议各方）的授权和指示，在所述公司组建完成并准备好接收各公司个人及其有限合伙公司的不动产、资产与业务后，将所述资产出售、分配、转移、转让、移交给美孚石油公司或州内与其相关的多家公司。每次出现此类财产、资产转让时，应附有准确的计划表。

8.本协议第二类包括的所有个人，代表自己本人，均同意在所述公司组建完成并准备好接收各公司个人及其有限合伙公司的不动产、资产与业务后，将所述资产出售、分配、转移、转让、移交给美孚石油公司或州内与其相关的多家公司。

9.本协议第三类中的各方均签订协议并同意，将其持有的股票，或其在所述有限合伙公司中持有的股票，依据下述条件，转让给本协议的受托人。上述受托人及其继承者可按照本协议订立的条款，接收同一公司或类似公司的股份转让。无论何时，只要任何公司或有限合伙公司的所有股票全部属于上述受托人，则可采取适当措施，将此类公司或有限合伙公司的所资产、财产、不动产和个人财产，转让或移交给适当州的美孚石油公司。按照本协议的条款和规定，在此类情况下，受托人应当获得美孚石油公司的股票，其价值等同于其转让的资产、财产和业务，以替原公司的股票和财产。

10.上述将资金、财产和业务转让与移交给各美孚石油公司的行为，应被视为相应美孚石油公司的股票转让，其价值与资金、财产和业务估值相等。上述股票应交付给协议规定的受托人及其继任者，除资金、资产与业务外，上述公司不能再发行股票，至少，不能再发行面值相等的股票；除所述受托人外，上述任何公司不得出于任何目的发行股票，且其行为受下述托拉斯条款的约束。然而，本条款并非旨在彻底限制上述美孚石油公司的资产购买、出售和交换，他们可根据各自的章程，获得相应授权；本条款只要求，除上述受托人外，上述各公司不能再发售股票。

11.按上述条款，任何交付给上述受托人及交付给本协议第三类提及的受托人的股票，应由上述受托人向授权人提供托拉斯证明，其价值与受托人所持的几家美孚石油公司的股票面值相等，也与其他公司及有限合伙公司交付给受托人的股票估值相等。

上述估值应按照利益相关方和上述受托人一致同意的方法进行。

然而，上述受托人可在持有托拉斯资本的情况下，按照其认为适当的条款及方式，通过除上述模式外的其他方式，购买与美孚石油业务相似的其他公司的债券与股票，并为了托拉斯凭证所有者的利益而持有这些资产，同时可以在任何他们认为对该托拉斯有益时，对这些债券与股票进行出售、转让、移交和抵押。

Ⅲ、持有该托拉斯股份的受托人，其数量、权利和责任具体如下：

1. 受托人应有九位。

2.J.D.洛克菲勒、O.H.佩恩和威廉·洛克菲勒特此被任命为受托人，任期至1885年4月的第一个星期三。

3.J.A.博斯特维克、H.M.弗拉格勒和W.G.瓦登特此被任命为受托人，任期至1885年4月的第一个星期三。

4.查尔斯·普拉特、本杰明·布鲁斯特和约翰·阿奇博尔德被任命为受托人，任期至1885年4月的第一个星期三。

5.每年要选举继任的受托人。选举中需要选出足够数量的受托人，填补因受托人任期结束或其他原因而造成的空缺。每位受托人的任期为三年，那些因任期结束而临时被选举出来填补空缺的受托人除外，他们只需完成空缺职位剩余的任期。所有受托人应尽职尽责，直至选出继任者。

6.受托人应由托拉斯凭证的持有者或其代理人以投票方式选出。在所有会议上，托拉斯凭证的持有者，应在受托人名册上登记，并亲自投票,或由代理人代为投票。他们名下的每一份托拉斯凭证代表一张选票,但无权就指定选举日期前三十日未计入其名下的股份投票。年度选举日前三十天,暂停所有过户登记。选举产生的受托人,应代表托拉斯过半的股份。

7.托拉斯凭证持有者选举受托人和处理其他业务的年度例会应于每年4月的第一个星期三在纽约受托人办公室召开,除非受托人要求更改会议地址。会议时间将持续并顺延至相关事务处理结束。过半数受托人可在他们指定的时间地点召集托拉斯凭证持有者召开特别会议。同样,受托人有义务,在持有价值超过10%的托拉斯凭证的持有者签署请愿书提出要求时,召开特别会议。此类特别会议的讨论事项仅限于通知特定的内容。会议举办的时间和地点,应通过私人通信及在所在州主要报纸上刊登公告的方式,至少提前十天通知所有托拉斯凭证持有者。在任何会议上,只要过半数的托拉斯凭证持有者表示同意,即可制定、修订以及废除关于选举受托人的方式及托拉斯凭证持有者的其他业务章程,但其细则必须符合本协议的规定。在任何会议上,只要过半数的托拉斯凭证持有者同意,即可制定、修订以及废除公司细则,这将有可能改变协议中关于受托人数量、权利和责任的规定,以及其他能更有效率地实现托拉斯目的的事项;仅规定,本协议的基本意图和目的不可更改。

8.无论何时,只要董事会出现受托人位置空缺,且时间距离年度选举还有六十天以上,其余受托人有责任召集美孚石油公司托拉斯凭证的持有者召开会议,选举一名或数名受托人,填补位置空缺。如果出于某些原因,在年度选举前六十天内出现受托人位置空缺,则该空缺由其余受托人填补,或根据他们决定保留该空缺直至选举。

9. 无论在任何时间,出于任何原因,法院指派一名或数名受托人填补上述受托人位置空缺,如此被委任的一名或数名受托人,只可担任各自的职务,直至继任者按上述规定方式被选出。

10. 无论何时,若受托人董事会出现任何变动,托拉斯股票和其他以信托形式持有的资产的法定所有权则被移交给上述受托人的继任者，无须经过任何正式形式。但无论何时，若正式的转让形式被认为是适当且必要的，那么任何将要退休的受托人、已故的受托人的财产管理者或执行者都有责任做出上述正式转让。

11.受托人应当提供可以显示每位受益人在上述托拉斯中权益的凭证，并将其交给享有该权益的人。这些凭证应被均分，面值与100美元的股票相等，称作美孚石油公司托拉斯凭证，在本协议条款的约束下发行。受托人有权管理和通过上述凭证的形式、内容以及签署、证明和转让的方式。凭证上应载有明确规定，其持有者受本协议条款和在此规定的公司章程的约束。

12.除本协议规定的股票和信托债券外，不应发行任何凭证。由上述受托人发行的凭证，其面值应与美孚石油公司股票的面值及托拉斯持有的其他债券和股票估值相等。托拉斯集团名下的各种债券、股票和财产应当由相关利益方共同持有，发布的托拉斯凭证应当是托拉斯集团中的各方拥有权益的证明。受托人不得发布托拉斯凭证副本，除非托拉斯凭证原件已收回、作废，或者有充分的证据可以证明原件遗失。针对后一种情况，还需提供充分的赔偿作为担保。

13.只要所述托拉斯继续存在，上述受托人在托拉斯持有的各美孚石油公司的股份，均不得由上述受托人或受益人出售、移交及转让。上述受托人持有的其他公司的股票和债券，可由其交换或出售，其收益应按比例分配给托拉斯凭证的持有者，或由上述受托人以托拉斯的发展和利益为目的继续持有和投资。上述受托人可不时将上述美孚石油公司的股份转让给被选为美孚石油公司董事或高级官员的任何人，使其具备管理公司的资格。

14.上述受托人有责任接收并妥善保管由托拉斯持有的任何债券、股票和财产带来的利息和分红，同时将由此获得的所有资金，在向托拉斯凭证持有者通报并支付股息之后，如若不需要用于所述托拉斯的其他开支，则将其作为托拉斯的资本累积。受托人应对利息分红的账目收入或支出及托拉斯资产的出售或转让分开登记，在分配托拉斯资产时，应将出售或转让所得的款项包括在内，并向托拉斯凭证持有者提供一份报表，显示从此类出售或转让中获得的具体金额比例。当有过半数托拉斯凭证持有者投票通过时，上述受托人可获得授权，在他们购买及持有的股票或债券升值时，或受托人持有股票的公司进行股息分配时，或者任何出于某些原因认为可行的情况下，增加发行的托拉斯凭证数量，以此来增加和积累资本，同时按托拉斯凭证持有者持有的比例进行资本分配。

15.上述受托人有责任对上述数家美孚石油公司，以及在可行的范围内，对所述托拉斯持股的公司及其他合伙公司的事务进行监督。作为上述公司的股东，他们有责任选出有忠诚、有能力的人担任董事和高级官员。在他们认为合适的时候，可选择自己担任上述职位，并且致力于用他们认为最有利于托拉斯凭证持有者的方式，管理和指导所有上述公司的事务。

16.所有的受托人的权利应在过半数受托人同意的情况下行使。他们可以从受托人中选举执行委员会和其他的委员会。在各委员会过半数成员同意的情况下，该委员会可行使受托人赋予其的权利。

17.受托人管理托拉斯的过程中，可在认为必要时雇用代理人与律师，并向他们支付工资。

18.根据具体提供的服务，每位受托人均有权获得每年不超过25,000美元的工资，董事长除外。董事长可获得每年不超过30,000美元的工资，具体金额由受托人组成的董事会决定。所有与托拉斯有关，以及因托拉斯产生的工资和开支，应由受托人从托拉斯资金中支付。

19.除非经由受托人投票通过，要求更改地址，否则董事会应在纽约设立总办公室，债券和股票应被存放在该办公室，或者该城市的银行保险库中。受托人有权通过董事会制定规则与章程、选举高级官员以及管理托拉斯。

20.受托人应在每年年度会议上就托拉斯的事务提交报表。如果终止托拉斯的协议获得通过，或距其终止仍有一段合理的时间，受托人应向托拉斯凭证持有者提供一份包含所有股票及其他托拉斯资产的真实、详尽的估价清单，以及托拉斯持有股份的各家公司的财务报表。

21.本托拉斯在本协议所述受托人及其遗属有生之年将一直存在，并在此后的二十一年里持续运营。但是，如果在十年之后，有超过三分之二托拉斯凭证的持有者决定终止协议；或者在一年之后，有90%的持有者决定终止协议，那么在托拉斯凭证持有者为此召开的会议上，由大家投票决定在何时终止协议，并确定具体的日期。此后，托拉斯协议在既定终止日失效。如果托拉斯凭证持有者按照上述投票方式终止托拉斯协议，那么应在该会议上或随后召开的会议上，由超过三分之二的托拉斯凭证持有者投票决定托拉斯的结束模式及是否分配托拉斯资产、是否出售托拉斯资产等；如果要分配或出售的话应当如何拆分，哪些部分要被出售，此类出售是私人还是公开的，等等。

受托人应当继续履行其职责，按照指定的方式进行分配。如果分配方式未获得超过三分之二凭证持有者认可，受托人将根据法律分配托拉斯资产。但上述分配一旦做出，无论是根据资产还是价值分配，又或者是两者结合，都应是公平、公正的，必须确保每个托拉斯凭证持有者能获得其在托拉斯资产中应得比例的资产或价值。

22.如果这份托拉斯协议因到期而终止，托拉斯资产应按上述规定方式分配。

23.本协议，连同注册证明、账簿和其他有关上述托拉斯协议的记录和文件需被妥善保管在上述受托人设立的总办公室处。

本杰明·布鲁斯特；约翰·D.阿奇博尔德；J.A.博斯特维克；查尔斯·普拉特；亨利·H.罗杰斯；H.A.普拉特；C.M.普拉特；D.M.哈克尼斯，受托人，通过H.M.弗拉格勒，代理人；托马斯·C.布什内尔；W.C.安德鲁斯；查尔斯·F.海伊；威廉·T.沃德韦尔；威廉·H.梅西；小约西亚·梅西；小威廉·H.梅西，执行人；A.M.麦格雷戈；J.N.卡姆登，通过H.M.弗拉格勒，代理人；O.H.佩恩，通过H.M.弗拉格勒，代理人；乔治·F.切斯特，受托人；乔治·H.维拉斯，受托人；W.G.瓦登；H.M.弗拉格勒；约翰·D.洛克菲勒；威廉·洛克菲勒；J.J.范德格里夫特；H.M.弗拉格勒夫人，通过H.M.弗拉格勒；A.J.波奇；O.B.詹宁斯；D.M.哈克尼斯，通过H.

M.弗拉格勒，代理人；W.P.汤普森，通过H.M.弗拉格勒，代理人；S.V.哈克尼斯，通过H.M.弗拉格勒，代理人；约翰·亨廷顿，通过H.M.弗拉格勒，代理人；莱德·K.阿特，通过H.M.弗拉格勒，代理人；H.M.汉纳和乔治·W.查宾，通过H.M.弗拉格勒，代理人；路易斯·C.惠顿，通过H.M.弗拉格勒，代理人；O.H.佩恩，受托人，通过H.M.弗拉格勒，代理人；查尔斯·洛克哈特；约瑟夫·L.瓦登，通过亨利·L.戴维斯，代理人；茱莉亚·H.约克，通过H.M.弗拉格勒，代理人；H.A.哈钦斯，通过H.M.弗拉格勒，代理人；M.R.基思，受托人；D.布什内尔；瓦登-弗鲁公司；亨利·L.戴维斯。

有鉴于，在1882年1月2日的美孚托拉斯协议中，各方达成协议并同意以下内容：在各州成立美孚石油公司，所有上述协议第一类中包含的公司和有限合伙公司，其动产、不动产、资产及业务应被转让或移交给上述数家美孚石油公司；以及，所有特定州内的财产、资产及业务应被转让或移交给该州的美孚石油公司，同时，特定州内的美孚石油公司一经成立，授权上述第一类提到的几家公司和协会的董事和经理，出售、分配、转让、转移和移交所有动产和不动产、资产以及上述公司和协会的业务至特定州的美孚石油公司。

又，目前将上述所有公司与协会的财产转让给上述美孚石油公司并不现实。并且，对于一些公司和协会来说，这类转让永远都无法实现，因为这些公司和协会已不复存在。

又，受托人应拥有自由裁量权，决定何时进行此类转让或转移。

现在，鉴于上述情况，作为对该协议的补充，上述托拉斯协议的各方在此达成共识，上述协议中提及的受托人及他们的继任者有权决定，哪些公司应按照上述协议转移所述财产，以及，如果出现财产的出售和转让，应当在何时进行。而在上述受托人做出决定之前，上述各公司继续存在，并保留其财产及业务，受托人应当按照上述协议的规定，通过托拉斯继续持股。当实施上述自由裁量权时，受托人应按照上述协议规定，按照过半数人的意愿行事。上述托拉斯协议中与本主题相关的所有部分,均应做出适当变更,以与本补充协议一致。

以此为证,上述各方于 1882 年 1 月 4 日签署本协议。

本杰明·布鲁斯特;约翰·D.阿奇博尔德;J.A.博斯特维克;查尔斯·普拉特;亨利·H.罗杰斯;H.A.普拉特;C.M.普拉特;D.M.哈克尼斯,受托人;D.M.哈克尼斯;T.C.布什内尔;W.C.安德鲁斯;查尔斯·F.G.海伊;威廉·T.沃德韦尔;威廉·H.梅西;小约西亚·梅西;小威廉·H.梅西,执行人;A.M.麦格雷戈;J.N.卡姆登;茱莉亚·H.约克,通过 B.H.Y.;O.H.佩恩;乔治·F.切斯特,受托人;M.R.基思,受托人;H.M.弗拉格勒;约翰·D.洛克菲勒;威廉·洛克菲勒;J.J.范德格里夫特;H.M.弗拉格勒夫人,通过 H.M.弗拉格勒;A.J.波奇;O.B.詹宁斯;W.O.汤普森;S.V.哈克尼斯;约翰·亨廷顿;莱德·K.阿特; H.M.汉纳,乔治·W.查宾,H.M.汉纳的授权代理人;路易斯·C.惠顿,通过 H·M.弗拉格勒;O.H.佩恩,受托人;查尔斯·洛克哈特;约瑟夫·L.瓦登;亨利·L.戴维斯;W.G.瓦登,瓦登-弗鲁公司;D.布什内尔;H.A.哈钦斯;乔治·H.维拉斯,受托人。

附录 53 号

美孚石油托拉斯各子公司 1892 年资产与资本总额列表

(来自俄亥俄州最高法院关于美孚石油公司相关案件的历史记录,1897年至 1898 年,第一部分,第 112 页)

	资产(美元)	资本总额(美元)
英美石油有限公司	6, 913, 639.49	5, 000, 000
大西洋精炼油公司	8, 631, 376.67	5, 000, 000
七叶树管道公司	7, 941, 038.15	10, 000, 000
尤里卡管道公司	1, 547, 055, 16	5, 000, 000
森林石油公司	3, 528, 813.11	5, 500, 000
印第安纳管道公司	2, 014, 053, 91	1, 000, 000
国家运输公司	25, 796, 712.97	25, 455, 200
纽约运输公司	4, 999, 300.00	5, 000, 000
北方管道公司	707, 067.00	1, 000, 000
西北俄亥俄天然气公司	1, 396, 760.00	3, 278, 500
俄亥俄石油公司	8, 260, 378.04	2, 000, 000
太阳能炼油公司	711, 793.87	500, 000
南方管道公司	3, 279, 018.28	5, 000, 000
南宾夕法尼亚石油公司	3, 021, 654.87	2, 500, 000
印第安纳美孚石油公司	1, 038, 518.61	1, 000, 000
肯塔基美孚石油公司	3, 604, 800.78	1, 000, 000

续表

	资产(美元)	资本总额(美元)
新泽西美孚石油公司	14, 983, 943.30	10, 000, 000
纽约美孚石油公司	16, 772, 186.29	7, 000, 000
俄亥俄美孚石油公司	3, 426, 014.72	3, 500, 000
联合油罐管道公司	3, 057, 187.41	3, 500, 000
20 家公司的资产	121, 631, 312.63	
20 家公司的资本总额	102, 233, 700.00	
资产超过资本总额	19, 397, 612.63	

附录54号

洛克菲勒在美孚石油托拉斯所持股份的凭证，1892年生效的合法所有权转让协议

（来自俄亥俄州最高法院美孚石油公司相关案件的历史记录,1897年至1898年,第二部分,第53—56页）

所有在场者均知晓

我们所有受托人,约翰·D.洛克菲勒、亨利·M.弗拉格勒、威廉·洛克菲勒、约翰·D.阿奇博尔德、本杰明·布鲁斯特、亨利·H.罗杰斯、卫斯理·H.蒂尔福德和O.B.詹宁斯,出于解散美孚石油托拉斯的考虑,委托我们的代理人W.H.蒂尔福德,以及约翰·D.洛克菲勒……特此委任纽约市的约翰·本辛格作为我们真正法律意义上的代理人,处理下述事务:

鉴于,约翰·D.洛克菲勒在1892年7月1日,将编号为A365的关于上述受托人在每家公司持有的256,854/972,500份企业股票的转让协议交至上述代理人手中。

现在,上述代理人特此授权,确保上述每家公司基于公司股票的账目进行股票转让,包括全部股份和股份凭证,以及零股的临时凭证。当收到上述所有公司的上述凭证及临时凭证后,上述代理人应将其交付给约翰·D.洛克菲勒,同时将上述编号为A365的转让协议交付给上述受托人。

上述代理人特此同意获取上述凭证及临时凭证,并依照上述规定

交付相应资料及转让证书。

约翰·D.洛克菲勒

亨利·M.弗拉格勒

威廉·洛克菲勒

约翰·D.阿奇博尔德

本杰明·布鲁斯特

亨利·H.罗杰斯

O.B.詹宁斯

卫斯理·H.蒂尔福德

W.H.蒂尔福德(委托代理人)

约翰·D.洛克菲勒,通过杰奥·D.罗杰斯

约翰·本辛格

从上述代理人约翰·本辛格那里收到的股票凭证和临时凭证如下,即上述编号为A365的转让凭证:

公司名称	股份	临时凭证
英美石油有限公司	6867	465-9725
大西洋精炼油公司	13205	8375-9725
七叶树管道公司	52823	4325-9725
尤里卡管道公司	13205	8375-9725
森林石油公司	14526	4350-9725
印第安纳管道公司	5282	3350-9725
国家运输公司	134463	131316-9725
纽约运输公司	13205	8375-9725
北方管道公司	2641	1675-9725
西北俄亥俄天然气公司	8653	80890-9725
俄亥俄石油公司	21129	3675-9725

续表

公司名称	股份	临时凭证
太阳能精炼油公司	1320	5700-9725
南方管道公司	13205	8375-9725
南宾夕法尼亚石油公司	6602	9056-9725
印第安纳美孚石油公司	2641	1675-9725
肯塔基美孚石油公司	2641	1675-9725
新泽西美孚石油公司	26411	7025-9725
纽约美孚石油公司	18488	2000-9725
俄亥俄美孚石油公司	9244	1000-9725
联合油罐管道公司	9244	1000-9725

约翰·D.洛克菲勒

通过杰奥·D.罗杰斯

从代理人约翰·本辛格那里收到的协议凭证,编号……

约翰·D.洛克菲勒

威廉·洛克菲勒

本杰明·布鲁斯特

卫斯理·H.蒂尔福德

亨利·M.弗拉格勒

约翰·D.阿奇博尔德

亨利·H.罗杰斯

O.B.詹宁斯

通过……,代理人。

11-3-92

约翰·D.洛克菲勒

编号 A365

从受托人处收到清算美孚石油托拉斯的转让凭证，转让受托人于1892年7月1日在各家公司持有的256, 854/972, 500份企业股票的合法所有权。本人在此授权并要求上述受托人或他们的遗属，从各自公司收取并将股票分红支付给本人或本人的受让人，并将其实际转让记录在各自公司的账簿中。

约翰 · D.洛克菲勒

通过杰奥 · D.罗杰斯

存根上附有洛克菲勒先生在以上各公司股份中托拉斯凭证转让的原始凭证。那份被退回并标有"作废"的文件，附在原始存根后，内容如下：

编号 A365

美孚石油托拉斯公司

股份所有权的转让凭证，截至目前股份共计256, 854股。

鉴于，约翰 · D.洛克菲勒拥有256, 854/972, 500份股票的合法所有权，而这些股份为美孚石油托拉斯受托人在各家公司持有的股份，这些公司的股份自1892年7月1日起由托拉斯所持有。其中由美孚石油托拉斯的256, 854股股票代表的衡平法所有权作废。现在我们这些拥有股票所有权的受托人，特此将上述股份的所有权转让给约翰 · D.洛克菲勒及其受让人，并同意这些公司的相关职员在账簿中留下转让记录，同时在本转让提出及取消时，为各自的资本存量开具公司凭证。几家公司将开具所有股票的股票凭证和零股临时凭证，并在提交了足够的零股临时凭证后，为所有的股票开具证明。当公司账簿上的股票转让需要依据此转让凭证时，必须交由一位委托代理人处理，这是出于对受让人和下面署名的受托人双方利益的考虑。而上述代理人应当先从这些公司手上获取相应的凭证和临时凭证,随即将凭证转交给受托人,同时将股票凭证和临时凭证送至享有权利的另一方或多方手中。

约翰·D.洛克菲勒

威廉·洛克菲勒

亨利·M.弗拉格勒

约翰·D.阿奇博尔德

本杰明·布鲁斯特

亨利·H.罗杰斯

卫斯理·H.蒂尔福德

O.B.詹宁斯,受托人

H.M.弗拉格勒,秘书

W.H.蒂尔福德,委托代理人

在同一份凭证的左侧角落有如下背书:

于1892年11月7日作废。转让编号4833。开具证明。

在这份所有权转让凭证的背后写有如下内容:

如数收讫,特此转让在转让凭证中提及或涉及的公司股票,并授权他们将相应的公司账簿转交给我或我的继承人。

约翰·D.洛克菲勒

附录55号

1887年美孚石油公司和生产商之间的协议

（关于托拉斯的诉讼，众议院，1888年，报告编号3112，第69—70页）

1887年11月1日，纽约美孚石油公司与下列人员、合伙人以及公司，原油生产商托马斯·W.菲利普斯以及其他在计划表中提及的人达成协议，并于本文件后附上名单，作为协议的一部分。协议内容具体如下：

有鉴于，在过去几年内积累下来的大量原油库存，品质在不断变差，每年其中的一部分都会沉淀，已经没有任何利用价值，且冗余库存的运输每年都需要大量支出。又，鉴于所述库存的存在，原油价格在过去一年里都远低于生产成本。现在，为了尽可能地避免所述存货的进一步浪费，同时为保护公众及我们自身的利益，达成如下协议：

纽约美孚石油公司每桶石油应留出62美分，留待上述提及的生产商及属于该协议方的成员使用。5,000,000桶原油，每桶42加仑，将按以下规定方式进行售卖和处理。上述5,000,000桶原油直至由上述生产商出售之前，都要按照常规情况进行评估，收取储存费和利息，所述原油利息为每桶62美分；所述评估、收费和利息都要计入所述价格中。

考虑到上述生产商同意限制他们的石油生产，自协议签订之日起，在之后的一年内，他们或他们中的部分公司，每日的原油产量应至少减少17,500桶，低于他们或他们中的部分公司在1887年7月和8月每日的产量。他们将尽其所能控制产量，使得每日的总产量较1887年7月和8月每日总产量减少30,000桶。

如果在协定签订日起的三个月后，实现了上述每天17,500桶的减少量，则应对上述生产商12月与下一年1月的平均生产量进行测量，并将之与1887年7月和8月的平均生产量进行比较，并附上一份报表作为本协议的附件。上述5,000,000桶原油将根据订单以最快的速度交付，并且按照协议，由所述生产商通过他们任命的执行委员会负责销售、利润支付和提供仓储。依照协议的条款，上述5,000,000桶原油的销售利润应通过美孚石油公司和生产商的执行委员会，存入纽约市的美国托拉斯公司的账户。协议签订后的一年内，双方遵守并受制于协议的条款。如果上述生产商或其中任何成员未能按照协议将日产量减少17,500桶，那么上述5,000,000桶原油的全部利润将归纽约美孚石油公司所有；如果上述生产商或其中任何成员在上述期间将日产量减少了17,500桶，那么上述5,000,000桶原油的全部利润将归生产商的执行委员会所有，然后再根据他们之间的协议，由执行委员会将利润分配给相应生产商。这是因为他们遵守了本协议，以及他们之间与此类产量分配有关的条款。

美孚石油公司承诺承担上述5,000,000桶原油在上述期间给生产商带来的损失。生产商应通过减少或降低产量的方式将日产量减少17,500桶，签订协议的生产商不能通过任何方式增加产量。

自本协议生效之日起，生产商即为本协议的缔约方，授权执行委员会代表他们签署本协议，并将他们的名字作为缔约方加入本协议中。

下列人员组成了上述执行委员会，即：

（经过委员会主席的同意，省略名字。）

附录56号

约翰·D.阿奇博尔德对工业委员会的陈述

（工业委员会的报告，1900年，第1卷，第529页）

李先生就合众国管道公司的管道在穿越铁路及通往沿海地区的权益受阻的问题上做出了陈述。陈述中他暗示，我们对公司的发展造成了巨大的阻碍。我对他的说法全盘否认。我们在任何时候都不会对同一行业的竞争者进行任何阻碍或者妨碍。关于李先生提到的那些，他用尽一切办法在暗示，他们试图穿过新泽西州的特拉华-拉克万纳铁路一事与我们有关。我想说的是，运输方面的竞争完全由铁路公司掌控，与我们毫无关系。他们在一个周日偷偷地去到了那里，试图强行穿过一条无论是通过私人购买或是公共特许权都无权干涉的线路。他们鬼鬼祟祟地穿过了那条路线，还在那驻扎了武装力量，防止铁路公司因维护自身权益而将他们驱逐出去，这种状况持续了很长一段时间。铁路公司试图通过法院，以和平的方式解决这件事，最终判决结果对合众国管道公司不利。在案件最终被移交至州最高法院后，他们自然必须将管道撤走。但是，在李先生或是任何证人的陈述中，说我们与此事，或者与他们的线路通往沿海地区遇到的任何困难有关，都是绝对错误的。

菲利普斯先生提问。

问：你们公司是否拥有这片土地的所有权？土地所有者是否保留了这条道路的所有权？那条道路是否被你们公司买下？

答：这不是我负责的，所以我对有关细节不是很清楚。他们在报纸上和法庭上争论了几年，寻求法官和公众的同情。但事实是州最高法院拒绝了他们的要求，这就是最好的证据，我认为正义并未站在他们那边。我想说，以我们自己的管道建设为例，我们从未在没有与对方沟通过的情况下，强行穿过任何人的铁路。

问：难道他们不是在自己拥有的土地上穿过铁路吗？而不是最终判决中所说的，当有人对这块地的地下保留所有权时，他们无权在那里铺设管道？

答：判决不仅指出他们无权在那里铺设管道，还要求他们撤离。

附录 57 号

原油和精炼油的年平均价格表

（来自《石油城井架报》1899 年之前的报价，1900 年至 1903 年间的报价来自《纽约商业报》）

原油年平均价格表

下表展示的是石油的最高价和最低价，其所在的月份的报价以及每年的均价。均价通常是根据给定时间的最高价和最低价之间的均值估算的。数据足够精准，可以满足一般的比较目的。要从现在记录在案的日销量报告中得出一个“真正的均值”几乎是不可能的。1875 年前的报价是根据油溪区域各点给出的价格，很难代表生产商对油井开采的真实情况。从 1875 年开始，因管道证书的出现，石油贸易拥有了更可靠的数据采集渠道，牌价也更加准确地反映了油井中石油的价值。当炼油商最终获得管道证书后，石油从油井运至最近的装运点的输送费有了统一的收费标准。

年份	价格最高月	价格（美元）	价格最低月	价格（美元）	均价（美元）	年份	价格最高月	价格（美元）	价格最低月	价格（美元）	均价（美元）
1859	9 月	20.00	12 月	20.00	20.00	1882	11 月	1.37	7 月	0.49–1/4	0.78–1/2
1860	1 月	20.00	12 月	2.00	9.60	1883	6 月	1.24–3/4	1 月	0.83–1/4	1.05–7/8
1861	1 月	1.75	12 月	0.10	0.52	1884	1 月	1.15–5/8	6 月	0.51–1/4	0.83–5/8
1862	12 月	2.50	1 月	0.10	1.05	1885	10 月	1.12– 5/8	1 月	0.68	0.88–3/8
1863	12 月	4.00	1 月	2.00	3.15	1886	1 月	0.92–1/4	8 月	0.59–3/4	0.71–3/8
1864	7 月	14.00	2 月	3.75	8.15	1887	12 月	0.90	7 月	0.54	0.66–5/8
1865	1 月	10.00	8 月	4.00	6.59	1888	3 月	1.00	6 月	0.71–3/8	0.87
1866	1 月	5.50	12 月	1.35	3.75	1889	11 月	1.12–1/2	4 月	0.79–1/2	0.94–1/8
1867	10 月	4.00	6 月	1.50	2.40	1890	1 月	1.07–5/8	12 月	0.60–3/4	0.86–5/8

续表

年份	价格最高月	价格（美元）	价格最低月	价格（美元）	均价（美元）	年份	价格最高月	价格（美元）	价格最低月	价格（美元）	均价（美元）
1868	7月	5.75	1月	1.70	3.62-1/2	1891	2月	0.81-3/8	8月	0.50	0.66-7/8
1869	1月	7.00	12月	4.25	5.60	1892	1月	0.64-1/8	10月	0.50	0.55-1/2
1870	1月	4.90	8月	2.75	3.90	1893	12月	0.80	1月	0.52-7/8	0.64
1871	6月	5.25	1月	3.25	4.40	1894	12月	0.95-3/4	1月	0.78-1/2	0.83-3/4
1872	10月	4.55	12月	2.67-1/2	3.75	1895	4月	2.60	1月	0.95-1/4	1.35-1/4
1873	1月	2.75	11月	0.82-1/2	1.80	1896	1月	1.50	12月	0.90	1.19
1874	2月	2.25	11月	0.62-1/2	1.15	1897	3月	0.96	10月	0.65	0.78-3/8
1875	2月	1.82-1/2	1月	0.75	1.24-3/4	1898	12月	1.19	1月	0.65	0.91-1/8
1876	12月	4.23-3/4	1月	1.47-1/2	2.57-5/8	1899	12月	1.66	2月	1.13	1.29-3/8
1877	1月	3.69-3/8	6月	1.53-1/2	2.39-3/8	1900	3月	1.68	11月	1.07	1.35-1/4
1878	2月	1.87-1/2	9月	0.78-3/4	1.17-1/8	1901	11月	1.30	6月	1.05	1.21-1/8
1879	12月	1.28-3/4	6月	0.63-1/8	0.85-5/8	1902	12月	1.44-1/2	3月	1.15	1.23
1880	6月	1.24-3/4	4月	0.71-1/4	0.94-1/8	1903	12月	1.88	3月	1.50	1.58-3/4
1881	9月	1.0-1/4	7月	0.72-1/2	0.85-1/4						

精炼油月平均、年平均价格表

下表给出了纽约自1863年1月到1903年12月，桶装精炼油每加仑的月均价和年均价。在对国内生产征税的年份里，下列报价不含税。

	1863	1864	1865	1866	1867	1868	1869	1870	1871	1872
1月	40	46-5/8	70	57-7/8	31	24-3/4	34-1/8	31-3/8	24-5/8	22-5/8
2月	38-1/4	47-1/8	67-1/4	48-5/8	28-1/4	25	36-3/8	29-7/8	25-1/8	21-3/4
3月	34-3/4	49-1/8	58-3/4	41-7/8	27-1/2	25-3/4	32-1/8	27	24-1/8	22-5/8
4月	33-1/4	54-1/8	52-7/8	40-1/8	27	26-1/4	32-1/4	26-1/2	23-1/4	21-3/4
5月	39-1/2	59-1/2	51-1/8	43	26-3/4	29-5/8	31-1/2	27-1/2	24-5/8	23-3/8
6月	44-1/2	72	51-1/2	41-7/8	24-3/4	31-3/8	31	27	25-3/4	23
7月	49	86-1/8	52-1/8	39-1/2	30-7/8	34-1/4	32-1/4	26	25-3/4	22-3/8
8月	53-1/2	84-7/8	52	44-3/8	29-1/4	33	32-1/2	25	24-3/8	22-3/8
9月	58	75	58-1/4	44-5/8	31-3/4	31	32-1/4	26-1/8	24-1/8	24-1/8
10月	52-1/2	63-3/4	61-3/4	40-5/8	34-1/2	30	32-7/8	24-5/8	23-3/4	26
11月	41-1/2	70	62-5/8	35-3/4	27-1/2	30-7/8	34	23	22-3/8	27
12月	46-1/2	72-3/4	65-1/4	31-1/4	24-3/4	32-1/4	31-1/8	23	23	26

续表

	1863	1864	1865	1866	1867	1868	1869	1870	1871	1872
年平均	44-3/4	64-3/4	58-3/4	42-1/2	28-3/8	29-1/8	32-3/4	26-3/8	24-1/4	23-5/8

	1873	1874	1875	1876	1877	1878	1879	1880	1881	1882
1月	22-1/8	13-1/2	12-3/8	14-1/8	24	12-1/8	9	7-7/8	9-1/4	7
2月	19-5/8	15	14	14-1/4	18-5/8	12-1/4	9-3/8	7-7/8	9-1/4	7-3/8
3月	19	14-7/8	15	14-1/2	16	11-5/8	9-1/4	7-3/4	8-1/2	7-3/8
4月	20	15-5/8	13-7/8	14	15-3/4	11-3/8	9-1/8	7-5/8	7-3/4	7-3/8
5月	19-3/4	13-7/8	12-3/4	14-1/8	14-1/2	11-1/4	8-1/2	7-5/8	8	7-1/2
6月	19	12-7/8	12-5/8	14-3/4	13-3/4	11-1/4	7-1/2	9-5/8	8-1/8	7-1/2
7月	18-1/8	12-1/8	11-1/2	16-7/8	13-3/8	10-3/4	6-3/4	9-7/8	7-7/8	6-3/4
8月	16-1/2	11-3/4	11-1/4	19-7/8	13-5/8	10-7/8	6-5/8	9	7-3/4	6-7/8
9月	16-1/2	12-1/8	12-3/4	26	14-1/2	10-1/4	6-7/8	10-5/8	8	7-1/2
10月	16-1/4	11-7/8	14-1/8	26	14-5/8	9-5/8	7-1/2	12	7-3/4	8
11月	14-1/8	10-3/4	13	26-1/4	13-1/4	9-1/8	8	10-1/2	7-1/2	8-1/4
12月	13-1/2	11-1/4	12-3/4	29-3/8	13-1/8	8-5/8	8-5/8	9-1/2	7-1/8	7-5/8
年平均	18-1/4	13	13	19-1/8	15-3/4	10-3/4	8-1/8	9-1/8	8	7-3/8

	1883	1884	1885	1886	1887	1888	1889	1890	1891	1892
1月	7-3/4	9-3/8	7-3/4	7-3/4	6-3/4	7-3/4	7	7-1/2	7.42	6.45
2月	7-7/8	9-1/8	7-3/4	7-5/8	6-5/8	7-3/4	7-1/8	7-1/2	7.48	6.42
3月	8	8-1/2	8	7-3/8	6-5/8	7-3/4	7	7-1/4	7.31	6.32
4月	8-1/4	8-5/8	7-7/8	7-3/8	6-5/8	7-3/8	6-7/8	7-1/8	7.18	6.10
5月	7-7/8	8-1/2	7-3/4	7-1/4	6-3/4	7-1/2	6-7/8	7-1/4	7.20	6.06
6月	8	8-1/8	8	7-1/8	6-5/8	7-1/8	6-7/8	7-1/8	7.13	6.00
7月	7-5/8	7-7/8	8-1/4	7	6-1/2	7-1/4	7-1/4	7-1/8	7.02	6.00
8月	7-7/8	8	8-3/8	6-3/4	6-1/2	7-5/8	7-1/4	7-1/4	6.70	6.08
9月	8-1/8	7-7/8	8-3/8	6-5/8	6-3/4	7-3/4	7-1/8	7-3/8	6.42	6.10
10月	8-3/8	7-7/8	8-1/2	6-3/4	6-3/4	7-5/8	7-1/8	7-1/2	6.45	6.03
11月	8-3/4	7-7/8	8-1/2	6-7/8	7	7-1/4	7-1/2	7-1/2	6.40	5.80
12月	9-1/8	7-3/4	8	6-7/8	7-1/4	7-1/4	7-1/2	7-1/4	6.44	5.45
年平均	8-1/8	8-1/4	8-1/8	7-1/8	6-3/4	7-1/2	7-1/8	7-3/8	6.93	6.07

	1893	1894	1895	1896	1897	1898	1899	1900	1901	1902	1903
1月	5.33	5.15	5.87	7.85	6.13	5.40	7.43	9.90	7.58	7.20	8.27
2月	5.30	5.15	6.00	7.35	6.26	5.48	7.40	9.90	7.81	7.20	8.20
3月	5.34	5.15	6.75	7.40	6.36	5.82	7.33	9.90	8.00	7.20	8.21
4月	5.52	5.15	9.12	7.00	6.13	6.67	7.05	9.51	7.68	7.30	8.35
5月	5.20	5.15	8.20	6.75	6.23	6.00	7.01	8.98	7.04	7.40	8.47
6月	5.21	5.15	7.83	6.85	6.14	6.16	7.20	7.88	6.90	7.40	8.55
7月	5.15	5.15	7.65	6.55	5.87	6.27	7.61	7.90	7.15	7.40	8.55
8月	5.18	5.15	7.10	6.65	5.75	6.44	7.82	8.05	7.50	7.21	8.55
9月	5.15	5.15	7.10	6.85	5.74	6.60	8.63	7.98	7.50	7.20	8.55
10月	5.15	5.15	7.10	6.90	5.55	7.21	9.00	7.48	7.65	7.26	9.01
11月	5.15	5.15	7.88	7.15	5.40	7.35	9.40	7.33	7.65	7.71	9.36
12月	5.15	5.61	7.77	6.35	5.40	7.40	9.85	7.28	7.43	8.12	9.45
年平均	5.24	5.19	7.36	6.98	5.91	6.32	7.98	8.50	7.49	7.38	8.62

注:在上表中,至1890年(包括1890年在内),价格以美分和美分的分数形式记录;自1891年至1903年,价格以美分和美分的小数形式记录。例如7.42代表7-42/100美分,而9-3/8代表9-3/8美分每加仑。上述是纽约桶装精炼油的报价,散装精炼油通常比这些价格低2.50美分。费城和巴尔的摩的报价比纽约低5个点。例如,如果纽约的价格是5.75美分,费城和巴尔的摩的价格就是5.70美分。

附录 58 号

约翰·D.阿奇博尔德关于美孚石油公司收购精炼油价格的陈述

（工业委员会的报告，1900 年，第 1 卷，第 569—570 页）

问：那么，现在的结论是，凭借你的力量，就可以保证价格在整体上稳定高于竞争时的价格？

答：我希望是如此。我认为我们比我们的竞争对手拥有更好的营销手段、更好的经营机构、更好的分配机制，以及更聪明的人才。

问：我不是根据你的获利能力提出的这个问题，而是就你对销售者的定价提问。

答：价格决定利益。如果能有一个更好的均价，我们就能获取更多利益。

问：总体来说，您认为油价会稍高于竞争时的油价？

答：嗯，可以说是这么认为的。我无法给出具体的回答，因为这个问题太过宽泛，而且很难详细说明。但我希望我们能做到。

问：当然，在这次调查中，我们正在尝试总结一些可以作为立法基础的一般原则。如果我们能够做到，那么将会引发关于“为何一个组织可以对价格产生如此大的影响”这类问题的讨论。届时你能否回答，一个几乎控制了国家 80%的市场的组织中，是否存在着某些垄断的要素，使他们有能力维持某种产品的价格高于常规价格？是否存在某种仅来自资本本身的垄断力量？

答：毋庸置疑，存在这样的力量，当这种力量像我说的一样被不明智地使用时,最终只能自取灭亡。

问:如果这样的力量导致了过高的价格,当然会引发竞争,但是当这个力量被适度控制,你是否还坚持认为,某个组织中通过垄断获利的这种力量仅仅来源于资本本身?

答:嗯,我只能说这种力量非常有限。这个国家的竞争者都很活跃。

问:什么?

答:竞争者们都很活跃。他们一直都很警惕,希望能发现您所描述的那种情况。

问:那是当然。

答:但是如我所说,这么多年来贸易一直是这样的状况。作为商人,我们没有那么大的力量。

问:如果这种力量在某些程度上是有效的,那么你认为,应该如何区分我们所说的6%—7%的适度股息,和15%—20%的高额股息?

答:您提出了一个好问题,我几乎无法回答,但总的来说,就对社会的影响而言,我会说……

问:通常体现在美国的市场价格上?

答:我应该说,因大量开展业务而带来的成本降低,远可以超过那些抬高价格的力量,对消费者做出补偿。

问:那么,就涉及下面这点,如果竞争者之间的权利实质上是平等的,那么是否大型资本本身就赋予了企业获得比市场均价更高价格的权利?

答:嗯,可能就是这样,但这个问题很难回答。

附录59号

W.H.范德比尔特对美孚石油公司人员的描述

（来自铁路特别委员会的报告，纽约议会，1879年，第1卷，第1668—1669页）

问：你认为，造成如今只有1家炼油厂而不是50家炼油厂的状况的，除了美孚石油公司的庞大的资本，还有什么其他的原因？

答：这里面有很多的原因。他们的生意并不仅是建立在庞大的资本之上，这一点毫无疑问。这些人——如果您也与他们有联系，我想您也会得出和我很久以前得出的相同的结论——我认为他们比我聪明，而且聪明百倍。他们是非常有事业心的聪明人，我从来没有在这一行业中接触过任何与他们一样聪明、有能力的人，我认为（美孚的成功）很大程度上是源于这个原因。

问：这是否会对行业形成垄断？

答：这可能是在引领这一行业的发展。如果没有那么强的能力，他们绝不可能获得现在的位置；一个人也几乎无法做到这些，这是他们一群人齐心协力的结果。

问：难道这不是一个囊括了铁路公司和美孚石油公司的聪明人才的联合吗？

答：我认为这些先生通过他们的聪明才智，利用了铁路公司之间日益增长的竞争，并从中获益，这一点毋庸置疑。

问：你难道不认为他们会和铁路公司或铁路公司的官员联合么？

答：我还没听说过任何铁路公司的官员在他们的任何公司有股份；只有几年前，我曾在报纸上看到过我在其中有些股份。

问:没人能想到您在铁路公司占股份额如此之大。出于个人利益考量,您会在竞争对手的公司占股吗?

答:当他们来和我们做生意时(我会这样做);这也是我转让股份的原因。

问:这是您对垄断越来越巨大的唯一解释吗?

答:是的。他们都是很精明的人,我不相信能通过任何法令,或通过某个州、甚至所有州来控制他们。你们做不到,他们将永远处于行业尖端,您可以看看他们是不是这样。

问:你认为他们已经处于铁路行业的尖端了吗?

答:是的,居于所有与他们签订协议的人之上。对我来说他们太聪明了。

附录 60 号

一份卡尔弗先生的股份副本

（来自俄亥俄州最高法院的美孚石油公司的历史记录，1897 年至 1898 年，第二部分，第 271 页）

编号.S. Ⅱ

509, 104/972, 500　在宾夕法尼亚州法律下组建　股票每股为 50 美元

国家运输公司

本文件证明，J.L.卡尔弗持有国家运输公司 972, 500 份股份中的 509, 104 股。这张凭证的拥有者或者受让人有权获得一张股票凭证，并且可以作为股东被列入公司簿册内，授予他足够的零股临时证明，使他拥有一份完整的股权。

有公司印章及费城公司董事长与财务主管的签名为证，1896 年 2 月 20 日。

H.H.罗杰斯，董事长

杰奥 · W.科尔顿，财务主管

【背面】

如数收讫……据此售卖、让渡及转让……本纸质证明代表着 972, 500 股股票的一份股本，据此不可改变构成和委任……委托人应将该凭证转入公司内部的账簿中，在本公司拥有完全置换权。

日期,……

J.L.卡尔弗

哈伍德 · R.普尔在场见证

注——本凭证上的签名必须与凭证正面的姓名一致,不能有任何的修改、增补或变更。

附录61号

美孚石油公司总资产负债表，1896年12月31日

（俄亥俄州凯霍加县民事诉讼法庭，詹姆斯·科里根诉约翰·D.洛克菲勒案，1897年）

	资产（美元）			名义负债（美元）				
	设备	其他资产	总计	负债	净值	总股值	盈余或减损	净值
英美石油有限公司	6, 111, 436.75	10, 877, 942.53	16, 989, 379.28	8, 997, 759.61	7, 991, 619.67	2, 530, 666.66	5, 460, 953.01	
大西洋精炼油公司	4, 879, 636.08	6, 637, 750.39	11, 517, 386.47	357, 691.56	11, 159, 694.91	5, 000, 000.00	6, 159, 694.91	
俄亥俄管道公司	4, 559, 213.27	8, 539, 413.44	13, 152, 626.71	302, 998.58	12, 849, 628.13	10, 000, 000.00	2, 849, 628.13	
尤里卡管道公司	1, 489, 533.37	5, 050, 615.30	6, 540, 148.67	352, 320.90	6, 187, 827, 77	5, 000, 000.00	1, 187, 827.77	
森林石油公司	4, 236, 370.10	800, 482.59	5, 036, 852.60	198, 645.38	4, 838, 207.31	5, 500, 000.00	661, 792.69	
印第安纳管道公司	992, 426.01	2, 222, 381.90	3, 214, 807.91	7, 8212.80	3, 206, 986.11	1, 000, 000.00	2, 206, 986.11	

续表

	资产(美元)			名义负债(美元)				
	设备	其他资产	总计	负债	净值	总股值	盈余或减损	净值
国家运输公司	6, 800, 056.66	42, 529, 353.39	49, 329, 410.05	23, 296, 866.66	26, 032, 543.39	25, 455, 200.00	577, 343.39	
纽约运输公司	1, 860, 334.55	5, 171, 303.80	7, 031, 638.35	202, 139.33	6, 829, 499.02	5, 000, 000.00	1, 829, 499.02	
北方管道公司	639, 001.65	583, 766.46	1, 222, 768.11	44, 161.69	1, 178, 606.42	1, 000, 000.00	178, 606.42	
西北俄亥俄天然气公司	118, 679.71	204, 480.33	323, 160.04	11, 384.76	311, 775.28	1, 967, 100.00	1, 655, 324.72	
俄亥俄石油公司	4, 832, 307.19	310, 705.42	5, 143.012.61	326, 923.43	4, 816, 089.18	2, 000, 000.00	2, 816, 089.18	
太阳能炼油公司	537, 797.54	1, 323, 374.05	1, 861, 172.46	298, 137.91	1, 563, 034.55	500, 000.00	1, 063, 034.55	
南方管道公司	1, 527, 175.80	2, 074, 374.05	3, 601, 549.85	66, 929.31	3, 534, 620.54	5, 000, 000.00	1, 465, 379.46	
南宾夕法尼亚石油公司	11, 300, 603.72	1, 735, 979.54	13, 036, 583.26	1, 278, 580.96	11, 578, 002.30	2, 500, 000.00	9, 258.002.30	
印第安纳美孚石油公司	3, 105, 001.95	4, 918, 025.18	8, 023, 027.13	3, 372, 518.91	4, 650, 508.22	1, 000, 000.00	3, 650, 508.22	
肯塔基美孚石油公司	474, 352.83	4, 236, 638.24	4, 710, 991.07	49, 835.90	4, 661, 155.17	1, 000, 000.00	3, 661, 155.17	
新泽西美孚石油公司	5, 469, 277.44	13, 864, 446.39	19, 333, 723.83	2, 396, 607.81	16, 937, 116.02	10, 000, 000.00	6, 937, 116.02	

续表

	资产（美元）			名义负债（美元）				
	设备	其他资产	总计	负债	净值	总股值	盈余或减损	净值
纽约美孚石油公司	4, 957, 545.26	56, 822, 284.95	61, 779, 1830.21	48, 919, 899.34	12, 859, 930.87	7, 000, 000.00	5, 859, 930.87	
俄亥俄美孚石油公司	1, 166, 013.90	2, 752, 274.01	3, 918, 287.91	1, 013, 373.13	2, 904, 914.78	3, 500, 000.00	595, 085.22	
联合油罐管道公司	2, 615, 594.64	340, 563.75	2, 956, 158.39	11, 653.38	2, 944, 505.01	3, 500, 000.00	555, 494.99	
设备总值	67, 672, 358.42							
其他资产		171, 050, 156.58						
总资产			238, 722, 515.00					
实际负债				91, 506, 250.35				
总净值					147, 216, 264.65			
总股值						98, 452, 966.99		
未分红利润总值							48, 763, 297.99	
总资本和盈余								147, 216, 264.65
其他美孚石油托拉斯资产								4, 135.25
								147, 220, 399.90

附录 62 号

新泽西美孚石油公司的注册修订声明

经决定，现将该公司的章程修改如下，股东会议应于 1899 年 6 月 14 日上午 11 点在新泽西州贝永的公司总部召开。由董事长和秘书签署的会议通知应在会议举行的至少 10 天之前当面交给每位股东，或邮寄至合适的地址。

第一，公司名称为美孚石油公司。

第二，新泽西州总部的地址为公司在哈德逊县贝永市的炼油厂。公司的主管、代理人，以及公司各类诉讼事务的负责人，为 J.H. 亚历山大。

第三，这家公司成立的目标是：完成各种开采、制造和贸易业务；通过陆路或者水路运输及买卖货物；购买、销售、出租以及提高土地价值；建造房屋、构筑物、船只、汽车、停靠码头、船坞以及桥墩；铺设及运营管道；架设和控制电报、电话以及电力线路；签订并实施各种与其业务有关的协议；在专利权的保护下获取、使用、售卖和授予许可证；购买或者并购、持有、出售、让渡或转让公司的股票、债券或者其他的公司负债凭证，并行使所有者的全部权利，包括就持有股份进行表决；继续开展业务，并在世界各地拥有办公室和经销处，同时在新泽西州外持有、购买、抵押以及转让不动产和动产。

第四，公司的授权股票总额为 110,000,000 美元，被分成 1,100,000 股，每股价值为 100 美元。上述股票中现已发行的 100,000 股票应为优先股，而增加的 1,000,000 股应为普通股。所述优先股将使其拥有者有权获取净收入以外的分红，但不会超过 1.5 个百分点，每季度可优先于任何普通股参与分红。公司可酌情发行部分普通股以换取优先股，但相应的优先股份额应当从总额中扣除。优先股及普通股的持有者享有同样的投票权。

第五，公司创办人的姓名、邮政地址还有各自认购的股票份额，应与公司原注册证书中一致。

第六，公司的运营没有期限限制。

第七，公司可以利用其盈余或法律规定之下持有的累计利润进行资产购置以及股本购置，以何种方式购买多少均由董事会决定。如此购买的财产或股本，不论购置的资产还是股本，或任何支付与清偿公司债务时所有的股本，都不应被视为利润申报或股息支付，除非董事会中的大多数或股东中的大多数同意这样做。

公司可依据章程规定公司董事会法定人数的数量，这个数量应少于全体股东的多数。

在任何时候，董事人数的增减应经由董事会投票决定。如果有任何成员增加，董事会有权选择要增加的董事，他们将任职至下一次股东大会召开，或直至继任者被选出。

董事会有权制定、改变、修订以及废除公司章程，确定作为营运资本的资本量，授权并执行公司的不动产及动产的抵押或留置，出售、让渡、转让或以其他方式处置公司的任何财产，但不得出售公司的全部资产，除非得到董事会超过三分之二的成员投票通过。

在董事会大多数成员通过的前提下，可指派一个由三人或更多人组成的执行委员会，该委员会可在公司决议或公司章程规定的范围内，行使董事会在公司经营管理中的权利，并有权授权在各类有需要的公司文件上盖章。

董事会有权决定在何种程度上，以及在怎样的时间、地点、条件下，公开公司的账簿或其中的任何一部分，以接受股东的检查。除非有法令授权、董事会授权或股东们决议通过，否则股东无权查阅公司的各类财务账簿或文件。

董事会有权召开会议，设立一个或多个办事处，并将公司的各类文件（除股票和过户名册外）存放在该州之外，具体的存放地点由董事会指定。

以此证明，上述决议在美孚石油公司董事会于1899年5月26日举行的会议上通过，多数董事出席并投了赞成票。加盖公司的印章证明。

L.D.克拉克，秘书

附录63号

美孚石油公司1890年至1898年间在宾夕法尼亚和莱马的原油产量（每桶42加仑）

（工业委员会的报告，1900年，第1卷，第561页）

年份	宾夕法尼亚石油			莱马石油			总计		
	总产量	美孚的产量	美孚产量百分比	总产量	美孚的产量	美孚产量百分比	总产量	美孚的产量	美孚产量百分比
1890	30, 065, 867	2, 618, 637	8.71	15, 014, 882	8, 400, 568	55.95	45, 080, 749	11, 019, 205	24.44
1891	35, 742, 127	4, 913, 775	13.74	17, 381, 923	9, 319, 156	53.61	53, 124, 050	14, 232, 931	26.79
1892	33, 332, 306	4, 338, 822	13.02	16, 685, 193	7, 843, 324	47.01	50, 017, 499	12, 182, 146	24.36
1893	31, 256, 283	6, 705, 276	21.45	17, 823, 255	7, 260, 899	40.74	49, 079, 538	13, 966, 175	28.46
1894	30, 696, 716	7, 210, 345	23.49	18, 575, 603	6, 690, 951	36.02	49, 272, 319	13, 901, 296	28.21
1895	30, 891, 868	9, 199, 920	29.52	21, 719, 250	6, 808, 876	31.35	52, 611, 118	15, 928, 796	30.28
1896	33, 908, 041	9, 380, 654	27.66	25, 222, 091	8, 031, 793	31.84	59, 130, 132	17, 412, 447	29.45
1897	35, 170, 367	9, 787, 353	27.83	22, 793, 033	7, 497, 349	32.89	57, 963, 400	17, 284, 702	29.82
1898	31, 645, 151	11, 248, 443	35.55	20, 266, 328	7, 220, 606	35.63	51, 911, 479	18, 469, 049	35.58
总计	292, 708, 726	65, 323, 225	22.32	175, 481, 558	69, 073, 522	39.36	468, 190, 284	134, 396, 747	28.70

附录 64 号

1894 年至 1898 年美孚石油公司和其他炼油商的业务（每桶 50 加仑，所有产品，国内贸易）

（工业委员会的报告，1900 年，第 1 卷，第 561 页）

年份	美孚石油公司		其他炼油商		总计
	桶	总计百分比	桶	总计百分比	桶
1894	18, 118, 933	81.4	4, 145, 232	18.6	22, 264, 165
1895	18, 348, 051	81.8	4, 084, 720	18.2	22, 432, 771
1896	16, 341, 161	82.1	3, 569, 719	17.9	19, 910, 880
1897	18, 141, 479	82.4	3, 876, 706	17.6	22, 018, 185
1898	19, 999, 939	83.7	3, 914, 999	16.3	23, 914, 938
合计	90, 949, 563	82.3	19, 591, 376	17.7	110, 540, 930

译后记

说到“调查性新闻”“深度报道”“扒粪新闻”或者“黑幕揭露新闻”，我们不能不想到一百一十多年前活跃在美国杂志新闻界的十三位记者。是他们通过新闻实践，在世界新闻史上创造了一种全新的新闻范式。

1906年4月14日，美国历史上最年轻的总统西奥多·罗斯福在美国众议院新大楼奠基典礼的演讲中，如此说道：“班扬的《天路历程》，会让你想到这样一个手握钉耙的人。他手里抓着钉耙，目不斜视，只朝下看。有人为他的钉耙送了一顶神圣的皇冠，但他既不朝上看，也不在乎他的皇冠，而是继续耙地上的污秽。”①

作为曾经研究过美国黑幕揭露运动②的我，非常清楚地知道罗斯福总统说此话的时代背景。20世纪初，一批自称“无冕之王”的新闻记者，与作家、改革家、教授、牧师、环境保护主义者，乃至政府官员等一起，拿起手中的笔，针砭时弊，掀起了一股揭露美国社会黑暗的“黑幕揭露运动”，俗称“扒粪运动”。经过19世纪后半叶至20世纪初的数十年强取豪夺的原始积累，美国社会各个藏污纳垢的地方几乎都被“扒粪者”们翻了个底朝天。其中，他们关注的重点是政治腐败、大财团非法垄断、食品药品安全、非法使用童工等。

不容否认，罗斯福总统是一位开明的领导者，他自上台开始，就大刀阔斧地推动改革，而且“大方地”结交了许多新闻记者朋友，希望他们为他的改革事业鸣锣开道。

但是，当1906年，作家大卫·格莱汉姆·菲利普斯在《世界主义

---

① Theodore Roosevelt, *The Man with the Muckrake*, cited from *The Muckrakers*, edited and with notes by Arthur and Lila Weinberg, New York, 1961, P58.

② 有兴趣者可以参看拙著《舆论监督与社会进步：美国黑幕揭发运动研究》，上海：上海三联书店，2007年。

者》杂志上连载其《参议院的背叛》，指名道姓地揭露了美国一些资深参议员的腐败行为，其中还包括不少罗斯福的老朋友时，罗斯福发怒了。他严厉指责这些黑幕揭露者是一些不谙世事、只注意“地上的污秽”而从不仰看“头上的皇冠”的“扒粪者”(muckrakers)。

很明显，在这里，罗斯福是在讥讽那些报道者们无视光明，只看阴暗，但他一不小心杜撰出了“muckraker”这个词，也一不小心提出了我们新闻报道的一种体裁“muckraking journalism”，这实际上就是我们现在“调查性报道”的先声。

在当时，新闻学尚未作为一门正式学科出现，而在美国社会问题不断涌现的时代背景下，美国“进步知识分子”①们愤世嫉俗，带有煽情地揭露社会黑暗，我认为情有可原。但不可否认，当时也有一批写作态度非常严谨的黑幕揭露记者，是他们为后来的调查性新闻树立了榜样，奠定了严肃新闻的基调。其中最著名的代表当属艾达·塔贝尔。所有黑幕揭露者中，对整个社会启蒙做出最有说服力、最仔细、最大量而且最具影响力报道的，正是塔贝尔小姐。② 她是黑幕揭露运动核心共同体的十三位记者中唯一的女性。

塔贝尔③是宾夕法尼亚州石油巨头的女儿，受教于阿勒格尼大学，才华横溢。1883 年，只有 26 岁的她就担任了《肖托夸人》(19 世纪 70 年代组织起来的成人教育中心肖托夸组织办的刊物)的副总编，直至 1889 年。她一直梦想当一名传记作家。考虑到当时美国的传记文学非常“原始”，她于 1891 年前往巴黎索邦大学和法兰西学院专修历史，并成为自由作家。受麦克卢尔④的邀请，1894 年回国加盟《麦克卢尔杂志》，任副总编，直至 1906 年。在《美孚石油公司史》发表前，她已经在

---

① 有关“进步知识分子”，可以参见拙文《美国黑幕揭露运动：大众化杂志、进步知识分子与公众舆论》，《历史研究》2004 年第 4 期。

② Peter Lyon, *Success Story: The Life and Times of s. s. Mcclure*, New York, Charles Scribner's Sons, 1963, p.210.

③ 以下关于塔贝尔和美孚石油公司的概述，见拙著《舆论监督与社会进步：美国黑幕揭发运动研究》，上海三联书店 2007 年 10 月，第 158—162 页。

④ 麦克卢尔是 19 世纪末 20 世纪初美国著名的出版商，他因创办廉价的大众化杂志《麦克卢尔杂志》并策划系列黑幕揭露新闻而闻名，亦因此被称为美国黑幕揭露运动的伟大旗手。

《麦克卢尔杂志》上连载其作品《林肯传》，名声大震，“已奠定其最受欢迎的非虚构文学作家的基础，而《美孚石油公司史》一下子使她居于美国最有名的人之列”①。或许因为学历史的缘故，塔贝尔的黑幕揭露作品被认为是同时代黑幕揭露作品中最严肃、最有学术气息的。

美孚石油托拉斯是黑幕揭露者们关注的重点。早在1881年和1894年，亨利·D.劳埃德就先后发表了《一个垄断企业的故事》和《与联邦对立的财富》，集中揭露了美孚石油公司“见不得人”的发迹史。在其作品中，劳埃德无意保持“中立”。他妙笔生辉，目的明确。他深信，这家托拉斯公司为所欲为，政府已经成为它们的俘虏。所以，劳埃德的作品带有很多主观态度和煽情色彩。其写作的目的，就是要激起公众对托拉斯的反抗情绪②。而塔贝尔则并非如此。

《美孚石油公司史》的选题是麦克卢尔定的。为满足读者们对托拉斯问题的好奇，麦克卢尔决定，不再刊登那些笼统描写托拉斯和公司问题的文章，决定以某一行业垄断为案例进行研究，以使读者对垄断的过程有一个简明、清晰的认识③。最后，他选定了美孚石油公司，要求作者“给它写一部‘仔细彻底的’全史，以表明它的历史、影响及发展趋势”。麦克卢尔相信，在这样一部洋洋洒洒而具体的叙述史里，读者对大公司的问题所获得的信息会比从关于一百个公司的轻描淡写中得到的信息更多④。他的真正目的并非揭露，而在于通过美孚石油公司的个案，研究宣扬“美国发明的”托拉斯这种经济组织。其本意是刊发一系列旨在宣传“最伟大的美国公司的成就”的文章⑤。

塔贝尔之所以成为麦克卢尔的首选作者，是因为塔贝尔拥有他人

---

① Louis Filler, *The Muckrakers: Crusaders for American Liberalism*, California, Stanford University Press, 1993, p.105.

② Louis Filler, *The Muckrakers*, p.106.

③ Ida M. Tarbell, *The History of the Standard Oil Company*, New York: McClure, Phillips, 1904, p. ix.

④ Louis Filler, *The Muckrakers*, pp.102—103.

⑤ Arthur and Lila Weinberg, *The Muckrakers: the Era in Journalism that moved America to Reform——the most significant magazine articles of* 1902—1912, New York: Simon and Schuster, INC. 1961, p.242.

无可比拟的条件：她是一位历史研究者，工作有耐心，冷静，文笔朴实客观，分析问题的能力和删繁就简的处理资料的能力非常强，有论有据。其次，她拥有描写石油行业发展史的得天独厚的优势。其父亲是宾夕法尼亚州石油巨头，她是在“石油钻塔、油罐、石油管道、炼油厂、石油交易”中成长起来的①。在稿件的序言中，塔贝尔提到了选定美孚石油公司的原因，有以下几点：1.美孚石油公司是美国第一个托拉斯组织，是各公司效仿的对象，也是发展最完善的托拉斯；它不仅在短时间内实现了行业垄断，而且经营范围已扩展到铁路、航运、铜业、钢铁、银行等；它在州政府、联邦政府、新闻出版、大学、宗教等领域都有势力；它是最具代表性的托拉斯公司，象征着企业的“效益和组织”②。2.有关美孚石油公司史的“可信文件”最丰富。自1870年成立以来，该公司就一直受到美国国会及各州议会的调查，积累了大量的书面材料，其中就包括洛克菲勒本人在内的公司员工的证词、与其他公司的合同和协议、1872年至1900年间公司员工的档案等。各报刊和出版社发表的许多关于该公司情况的研究成果也是颇有参考价值的二手资料。此外，还有许多当事人健在，方便塔贝尔进行采访③。塔贝尔在系列文章发表前的两年时间里，通过马克·吐温的引荐，结识了美孚石油公司的高级行政主管亨利·罗杰斯，常常与他会面。同时她又通过罗杰斯结识了公司的其他官员④。凭借这样的方式，塔贝尔获取了大量的一手资料。

经过五年的调查和研究，大部头的《美孚石油公司史》于1904年分两卷面世。该书资料非常丰富翔实，除550多页的正文外，还有数百页的附录。为尽量保持中立，塔贝尔不轻易表明自己的观点，她总是“非常慎重地反对那些支持美孚石油公司的观点”⑤。

但是，作者追求客观中立，并非说《美孚石油公司史》只是资料的堆

---

① Arthur and Lila Weinberg, *The Muckrakers*, p.242.

② Louis Filler, *The Muckrakers*, p.104.

③ Ida M. Tarbell, *ibid*, pp.ix-xiii.

④ Arthur and Lila Weinberg, *The Muckrakers*, pp.242—243.

⑤ Louis Filler, *The Muckrakers*, p.47.

砌,没有作者自己的观点。实际上,在消化大量有关美孚石油公司的档案资料后,塔贝尔对美孚石油公司的行为颇为不满。她不反对该公司庞大的规模,她反对的是其运作过程中使用的非法和不道德的手段。她写道:“长时间的经验告诉我们,如果让一个人或一群人在政府或教会拥有专制权力,那么他们就会去压迫和欺骗人民”。数个世纪以来,各个国家努力通过公平施政追求稳定的政府,为此,通过了大量的法律来限制我们的“国王、皇帝和总统”的权力,然而,如今我们却允许一部分人在商业上拥有特权,这些特权正是美孚石油公司遏制其竞争者的“最残酷的手段”①。在其鸿篇巨制之中,塔贝尔暗示了她的两大论点:垄断毁灭了健康的个人主义,且手段是非法和不道德的。《美孚石油公司史》实际上是一部公司的“非法行为史”,是这只“大手”如何攫取同行的“战利品”,“扼杀其未来发展”的历史②。

塔贝尔主张一种健康的竞争机制,她坚持认为,垄断会人为地提高物价。美孚石油公司在实现垄断之后并未提供廉价的石油。先进行行业垄断,再实行价格垄断,从而获取更多利润,这正是公司合并的主要目的③。

塔贝尔在进一步研究后认为,垄断使得财富集中在少数人手里,增加了消费者的负担,其后果不止体现在经济上,更重要的是伦理道德上的问题。“我们是一个商业民族,我们无法夸耀我们的艺术、工艺品和农作物,我们值得夸耀的是我们创造出来的财富。”④只要公司能获得成功,任何方式都可以采用。为谋求发展而不择手段成了最高道德准则。洛克菲勒因此被公认是“世界上最成功的人”。在这种伦理道德的支配下,行贿受贿、非法竞争自然有了其存在的舆论基础。然而,塔贝尔对此嗤之以鼻。洛克菲勒的商业信条是“商业马基雅维里主义”,其特征

---

① Ida M. Tarbell, *ibid*, Vol. 2, pp.229—230.

② Ida M. Tarbell, *ibid*, Vol. 1, p.37.

③ Ida M. Tarbell, *ibid*, Vol. 2, pp.224—225.

④ Ida M. Tarbell, *ibid*, Vol. 2, p.284.

是“威胁、行贿和诈骗等手段兼用的伪善和犬儒主义”①。这种价值观对美国伦理道德的塑造危害匪浅。尤其是美孚的公司职员中大部分是年轻人，在平时的工作中，他们认为“商业就是战争，且与道德无关”②。这无疑使美国庸俗的商业化倾向越来越严重。

塔贝尔认为，解决这一问题的方法必须是“政治和道德并进”。关键一点是民众的觉醒。从政治改革来讲，选民必须行使其权力，制定相应法律以使联邦政府有权监督企业的运行。而为了达到这一目的，舆论的支持是关键。公众舆论是社会发展的推动力。“人为的公众舆论在遏制垄断的过程中将起决定作用”③。为此，从道德方面来说，《美孚石油公司史》之主要目的，是激发民众对托拉斯的厌恶。在书的结语中，塔贝尔表明了她期待恢复竞争的愿望。她认为，要从道德上遏制垄断，除了激发越来越多的人对不公平交易的蔑视④，没有其他方法。只有恢复公平的竞争，公正的道德伦理才能复苏，才能恢复人的自力更生和商业上的诚实⑤。不公平的交易手段将会受到蔑视，“财富即真理”的信条将会被削弱，取而代之的是“通过破坏规则赢得的胜利没有任何价值”。

依据麦克卢尔的指示，塔贝尔研究美孚石油公司史并非仅仅为了黑幕揭露。实际上，在其作品中也没有黑幕揭露腔调⑥。塔贝尔并未要求读者采取任何行动。她纯粹是出于学术研究的目的，按历史线索把美孚石油公司的发展过程交代清楚。然而，其中清晰丰富的史料，可以使读者对该公司的历史和洛克菲勒的品性一目了然。他们不禁问道："一个人除了钱，什么都不在乎，他到底是怎样一个人?"洛克菲勒的宗教忏悔只会让读者感到气愤，穷人们将他看作伪君子。正如此，《美孚石油公司史》在民众当中所引起的轰动、激发的反抗情绪比《与联邦对

---

① David M. Chalmers, *The Social and Political Ideas of the Muckrakers*, New York: Citadel Press, 1970, p.49.

② Ida M. Tarbell, *ibid*, Vol. 2, pp.291—292.

③ David M. Chalmers, *ibid*, p.49.

④ Ida M. Tarbell, *ibid*, Vol. 2, p.292.

⑤ David M. Chalmers, *ibid*, p.51.

⑥ Louis Filler, *The Muckrakers*, *p*.106.

立的财富》要大得多、快得多①。在随后的数年里，有关托拉斯问题的作品源源不断地出现，其中大多数都用到了塔贝尔的《美孚石油公司史》中的资料②。

所以，塔贝尔的《美孚石油公司史》表面上读起来是一部严谨的历史著作，实际上是一部黑幕揭露作品，达到了深入揭露美孚石油公司非法垄断的效果。为了阻止托拉斯的非法垄断，西奥多·罗斯福总统先后发起了四十四起针对大公司的诉讼。同时，他还签署了自然资源保护法、公平交易法和食品药品安全法等关系到基本民生的法案。

非常感谢广西师范大学出版社主动邀请我组织翻译一百一十多年前塔贝尔所写的两卷本《美孚石油公司史》，这无疑是在学术上对我曾经深入研究美国黑幕揭露运动给出的充分肯定。同时，也要感谢我临时组建起来的翻译团队，他们是：华东政法大学外国语学院副教授方芳（翻译第9—18章，附录第37—64号），南昌航空大学文法学院讲师陈莹（翻译第5—6章）、黄洁（翻译第7—8章），江西师范大学传播学院副教授王永环（翻译附录第1—36号）。因本书翻译量比较大，没有他们较扎实的英语功底和积极接受翻译任务的态度，该书的翻译难以保证质量。当然，由于该书完成于20世纪初，其中涉及的许多背景知识和石油专业知识等，外加分量不小的公司协议等附录资料，翻译难度非常大，限于我们的知识水平，难免会有翻译上的纰漏，敬请读者谅解！我相信，我们为翻译好这部作品所花费的大量时间和精力不会白费。本书对读者们进一步了解20世纪初美国黑幕揭露运动、美国垄断资本主义及独具美国特色的托拉斯组织的发展历史等不无裨益。

肖华锋

湖南师范大学外国语学院教授、博士生导师

（负责全书审校，翻译序言及第1—6章）

2017年10月19日

---

① Louis Filler, *The Muckrakers*, p.107.

② Louis Filler, *The Muckrakers*, p.109.